JISHU ZHENCHA CUOSHI LIFA
WENTI YANJIU

技术侦查措施立法问题研究

邓立军◎主编

中国政法大学出版社

2021·北京

图书在版编目（ＣＩＰ）数据

技术侦查措施立法问题研究/邓立军主编. —北京：中国政法大学出版社，2021.12
ISBN 978-7-5764-0199-8

Ⅰ.①技… Ⅱ.①邓… Ⅲ. ①刑事侦查－立法－研究 Ⅳ.①D918.2

中国版本图书馆 CIP 数据核字(2021)第 262588 号

出　版　者　　中国政法大学出版社

地　　　址　　北京市海淀区西土城路 25 号

邮寄地址　　北京 100088 信箱 8034 分箱　邮编 100088

网　　　址　　http://www.cuplpress.com (网络实名：中国政法大学出版社)

电　　　话　　010-58908586(编辑部) 58908334(邮购部)

编辑邮箱　　zhengfadch@126.com

承　　　印　　固安华明印业有限公司

开　　　本　　720mm×960mm　　1/16

印　　　张　　28.75

字　　　数　　490 千字

版　　　次　　2021 年 12 月第 1 版

印　　　次　　2021 年 12 月第 1 次印刷

定　　　价　　119.00 元

序 言
PREFACE

2012 年 3 月 14 日，第十一届全国人民代表大会第五次会议对《刑事诉讼法》进行了第二次修正，这次修正的重大突破是首次对技术侦查措施的适用程序作了规定，具有里程碑意义。然而由于多种因素的影响和制约，此次技术侦查措施的立法依然存在不少问题，亟需完善。2018 年 10 月 26 日，第十三届全国人民代表大会常务委员会第六次会议对《刑事诉讼法》[1]进行了第三次修正，但此次《刑事诉讼法》的修正主要局限于完善《刑事诉讼法》与《监察法》的衔接机制，调整人民检察院的侦查职权，建立刑事缺席审判制度，完善刑事案件认罪认罚从宽制度和增加速裁程序等内容，并没有对技术侦查措施的程序问题作出任何修正与调整。为了防止技术侦查措施的滥用，加强对公民隐私权、秘密通信自由权等合法权利的保障，有必要改革和完善我国的技术侦查措施立法。改革和完善我国技术侦查措施立法多元的途径，从我国实际情况出发，注意研究、借鉴域外有关技术侦查措施立法、司法和执法的共同规律，大胆地吸收和借鉴对我国有用的法制文明成果无疑是重要的途径之一。

著名法学家边沁指出："在一个法治的政府之下，善良公民的座右铭

---

〔1〕《刑事诉讼法》，即《中华人民共和国刑事诉讼法》。为行文方便，本书中涉及我国法律直接使用简称，省去"中华人民共和国"字样，全书统一，后不赘述。

是什么？那就是严格地服从，自由地批判。"毫无疑问，对技术侦查措施立法、司法和执法进行"自由地批判"既是我们的权利，也是我们的义务，更是我们的责任。考虑到目前学术界对域外技术侦查措施立法研究的欠缺，为了搭建一个共同研讨的平台，我们决定联合举办"技术侦查措施立法比较研究"高峰论坛。该高峰论坛（2020年）由广东财经大学法学院、中国政法大学刑事司法学院、广东财经大学法治与经济发展研究所、成都理工大学司法研究院、广东财经大学人权研究院、广东财经大学信息网络法研究中心共同联合主办。"技术侦查措施立法比较研究"高峰论坛于2020年11月7日于广东财经大学通过"线上+线下"的方式顺利举办。来自中国人民大学、中国政法大学、复旦大学、湖南大学、清华大学、成都理工大学、吉林大学、西南政法大学、华东政法大学、西北政法大学、中南财经政法大学、美国圣托马斯大学、四川大学、上海大学、北京外国语大学、中山大学、德国科隆大学、广州大学、广东外语外贸大学、四川警察学院、广东警官学院、广州商学院、广东财经大学、四川省公安厅、广东盈达律师事务所、四川省泸州市公安局、广州市公安局、东莞市公安局、佛山市公安局、广州市人民检察院、韶关市人民检察院、清远市公安局、广州市花都区监察委员会（排名不分先后）等单位的领导、专家和学者以及广东财经大学法学院的师生，通过线下或线上的形式参与了本次论坛。

　　"技术侦查措施立法比较研究"高峰论坛由广东财经大学法治与经济发展研究所常务副所长邓立军教授主持，中国刑事诉讼法学研究会副会长、湖南大学博士研究生导师谢佑平教授，广东财经大学法学院党委书记袁东卫，四川大学法学院博士研究生导师、成都理工大学司法研究院院长万毅教授分别致开幕词。开幕式结束以后，中国人民大学法学院副院长程雷教授、西南政法大学博士研究生导师艾明教授、西南政法大学博士研究生导师刘梅湘教授、吉林大学法学院博士研究生导师谢登科教授、美国圣托马斯大学周东发教授、上海大学法学院兰跃军教授、广东财经大学法治与经济发展研究所常务副所长邓立军教授、北京外国语大学法学院郑曦副教授、广东财经大学法学院蔡孟兼博士、德国科隆大学石家慧博士、佛山市公安局吴俊柳警官、广州市花都区监察委员会梁敏烨、中山大学严椰铭博士、华东政法大学利月萍博士（排名不分先后）等领导、专家和学者在论坛上发表了精彩绝伦的演讲。领导、专家和学者发言的内容涉及国际法视野下的技术侦查措施，技术侦查措施的国际司法准则研究，欧洲人权法院技术侦查措施判例研究，世界各国技术侦查措施立法的发展、演变及其规律，世界各国法院审判有关技术侦查措施案件的实践与制度革新，世界各国对技术侦查证据进行质证和认证的特殊程序与方法，世界各国非法证据排除规则在技术侦查措施领域的运用，世界各国对技术侦查措施的法律监督，世界各国运用技术侦查措施侦破案件的实战技法等各个方面，总结和交流了近年来我国理论界和实务界对域外技术侦查领域的最新研究成果，同时线上和线下的参会人员也展开了广泛而深入的讨论。主题探讨结束以后，广东财经大学法学院副院长鲁晓明教授做了总结发言，对此次高峰论坛所取得的成果给予了充分的肯定。

党的十八届四中全会指出，"汲取中华法律文化精华，借鉴国外法治有益经验，但决不照搬外国法治理念和模式"。习近平总书记也强调，"我们愿意借鉴人类一切文明成果，但不会照抄照搬任何国家的发展模式"。毫无疑问，域外技术侦查措施的法律制度是"人类一切文明成果"的表现形态之一，我们没有不学习和借鉴的理由。而且由于我国在技术侦查措施立法方面的后发性，学习和借鉴域外技术侦查措施的法律制度就成为改革和完善我国技术侦查措施立法的重要路径之一。作为中华人民共和国建立以来首次专题研究"技术侦查措施"的国际学术研讨会，"技术侦查措施立法比较研究"高峰论坛在国内外产生了广泛的影响，论坛的成果也为我国立法机关将来进行技术侦查措施立法的改革与完善提供了很好的域外参考与借鉴。

"盖文章，经国之大业，不朽之盛事。"为了更加广泛地传播此次高峰论坛的研究成果，"技术侦查措施立法比较研究"高峰论坛组委会经过公正的、严格的程序，从收到的95篇论文中筛选出优秀论文25篇，交由中国政法大学出版社出版。这些优秀论文通过鲜活的素材、广泛的考察、深入的研究、审慎的思考、卓越的见解抒写着作者对改革与完善我国技术侦查措施立法的认真和执著，也抒写着他们对建设法治国家、法治政府和法治社会的无私大爱。这部高峰论坛文集的出版无疑具有重要意义，它不仅展示了近年来我国理论界和实务界研究域外技术侦查措施法律制度的最新成果，更填补了我国技术侦查措施理论研究的一项空白。

它山之石，可以攻玉。只要我们在域外技术侦查措施理论研究的道路上敢于探索、思考和创新，只要我们善于学习和借鉴域外技术侦查措施法律制度中有益的成分，并且不离开中国具体实际而盲目照搬照套，我国技术侦查措施的立法就一定会迈入法治化的轨道，在打击犯罪和保障人权方面创造辉煌的明天！

是为序。

邓立军

2021 年 1 月 20 日于广东财经大学

目 录

CONTENTS

大数据侦查的法律控制

程　雷*

摘　要： 大数据侦查是通过计算机技术对存储于网络与计算机系统中的海量数据进行收集、共享、清洗、对比和挖掘，从而发现犯罪线索、证据信息或者犯罪嫌疑人的侦查措施。大数据侦查主要包括目标驱动型、比对驱动型与事件驱动型三种行为样态，在犯罪预防预测和犯罪侦破领域均有实践应用。大数据侦查对一些基本权利和法律价值构成了挑战，有必要对其进行法律控制。然而，传统的法律规范框架存在滞后性，对大数据侦查的法律属性界定模糊，区分数据内容与元数据具有局限性，侦查启动门槛虚置，已然犯罪与未然犯罪界限模糊。对大数据侦查进行法律控制，可采取侦查规范和数据规范的双重路径。在侦查规范方面，应遵循合法性原则、比例原则，加强外部监督和司法监督。在数据规范方面，建议适度引入个人信息保护方面的法律原则和机制，包括确立目的合法与特定原则，赋予信息主体知悉权与更正权，建立信息安全与数据质量控制机制，以及个人信息使用的监督与救济程序。

关键词： 大数据；侦查；大数据侦查；个人信息；技术侦查措施

当前，发展大数据技术已成为影响世界发展格局的大趋势，对自然科学、商业、政府管理等社会领域具有直接且深远的影响。2015 年 10 月，党的十八届五中全会明确提出实施国家大数据战略，[1]这一技术趋势成了中国社会发展的重要驱动力。社会发展形态的变迁直接决定着作为社会控制

---

* 作者简介：程雷，中国人民大学法学院副院长，法学教授，法学博士。本文发表于《中国社会科学》2018 年第 11 期。

〔1〕 参见《中国共产党第十八届中央委员会第五次全体会议公报》。

机制重要组成部分的犯罪侦查与预防工作，大数据技术在中外警务界的侦查活动中得到愈发广泛的应用。[1]然而，在大数据侦查蓬勃发展的背景下，全球多数国家的刑事司法规范与体系均表现出滞后性，面对陌生的新型技术手段，法律规制滞后于技术发展、法学理论落后于司法实践的问题愈发突出。何为大数据侦查？如何从法律上评价大数据侦查？如何对大数据侦查进行法律控制？这些现实问题亟待在梳理、提炼实践的基础上作出理论回应。

一、大数据侦查的实践类型

大数据是以容量大、类型多、存取速度快、应用价值高为主要特征的数据集合，正快速发展为对数量巨大、来源分散、格式多样的数据进行采集、储存和关联分析，从中发现新知识、创造新价值、提升新能力的新一代信息技术和服务业态。[2]大数据技术包括对海量数据的采集、储存、清洗、分析和使用，其中最核心的技术为数据挖掘。数据挖掘（data mining）是指通过特定的计算机算法对大量的数据进行自动分析，从而揭示数据之间隐藏的关系、模式和趋势，为决策者提供新的知识。[3]数据挖掘技术在大数据趋势成熟之前就有所应用，随着人类社会拥有和可使用的数据的激增，数据挖掘技术的应用广度与深度持续拓展。在大数据时代，数据挖掘技术的作用得到了最佳的展示机会，侦查实践亦成了其深度应用的场域之一。

（一）大数据侦查的行为样态

大数据侦查，是指通过计算机技术对存储于网络与计算机系统中的海量数据进行收集、共享、清洗、比对和挖掘，从而发现犯罪线索、证据信息或者犯罪嫌疑人的侦查措施与方法。其中，数据查询、数据比对与数据挖掘是大数据侦查的三种具体行为样态。

刑事侦查工作的核心任务是发现犯罪嫌疑人、收集相关证据，以查明案

---

〔1〕 为行文方便，笔者将大数据技术在侦查中的各类应用方式统称为"大数据侦查"，用以概括通过计算机技术对数据库进行数据收集、共享、清洗、比对与挖掘，从而发现侦查信息的侦查措施与方法。国内较早使用"大数据侦查"用语的研究，参见王燃：《大数据侦查》，清华大学出版社 2017 年版，第 12 页。

〔2〕 2015 年 8 月 31 日《促进大数据发展行动纲要》。

〔3〕 涂子沛：《大数据：正在到来的数据革命，以及它如何改变政府、商业与我们的生活》，广西师范大学出版社 2013 年版，第 98 页。

件事实。[1]其中最为基础性与源头性的工作是锁定犯罪嫌疑人，否则以被追诉人为对象的刑事司法程序将根本无从展开。锁定犯罪嫌疑人必然依赖于识别犯罪人的个别化信息，而这一任务恰恰是大数据技术的优势所在。一方面，大数据技术具备从海量数据中比对、挖掘、识别个人信息的强大功能，这可以为侦查机关履行传统侦查职能提供高效、简便的智能辅助支持。另一方面，伴随着现代社会的加速发展与剧烈转型，犯罪愈发隐形化、智能化，[2]加之恐怖主义犯罪在全球的泛滥与犯罪的严重后果，犯罪预防越来越优先于案发后的侦查与打击，将犯罪消灭于萌芽状态或者能够在犯罪现场即时破获案件成了侦查隐形犯罪与恐怖主义犯罪的当务之急。因此，大数据预测未来的功能在犯罪预防领域也变得愈发重要。

在刑事侦查中，根据使用目的的不同，数据挖掘可被分为三大类：一是目标驱动型数据挖掘（target-driven data mining），也称适用对象型数据挖掘（subject-based data mining），是指针对特定明确目标进行的搜索其所有记录以获取相关信息的过程；二是比对驱动型数据挖掘（match-driven data mining），此种模式的数据挖掘被用于确认某人是否已经被作为"值得关注的人"，即用于确认某人是否为已知的犯罪嫌疑人；三是事件驱动型数据挖掘（event-driven data mining），也称为模式型监控，此种数据挖掘方法并非起始于具体、明确的犯罪嫌疑人，而是用于发现过去或者未来事件的违法行为人。[3]事件驱动或者模式驱动型数据挖掘被用于搜寻反常的或者事先确定的行为模式或关系模式。[4]在各国的刑事侦查实践中，前两类数据挖掘方法早已有之并在

---

〔1〕《刑事诉讼法》第 115 条规定了侦查的任务，即公安机关对于已经立案的刑事案件，应当进行侦查，收集、调取犯罪嫌疑人有罪或者无罪、罪轻或者罪重的证据材料。对现行犯或者重大嫌疑分子可以依法先行拘留，对符合逮捕条件的犯罪嫌疑人，应当依法逮捕。

〔2〕 隐形犯罪（invisible of offences）最早由美国学者马克·门罗（Mark Moore）提出，用来指代那些犯罪消息知悉困难、发现犯罪消息渠道不畅的犯罪类型，比如毒品、非法武器交易、贿赂犯罪等。See Mark H. Moore, "Invisible of Offences: A Challenge to Minimally Instrusive Law Enforcement", in Gerald M. Caplan, ed., *ABSCAM Ethics: Moral Issues and Deception in Law Enforcement*, Ballinger Pub. Co., 1983, p. 21; 程雷：《秘密侦查比较研究——以美、德、荷、英四国为样本的分析》，中国人民公安大学出版社 2008 年版，第 65~75 页。

〔3〕 Christopher Slobogin, "Government Data Mining and the Fourth Amendment", *The University of Chicago Law Review*, Vol. 75, No. 1, 2008, pp. 322~323.

〔4〕 Fred H. Cate, "Government Data Mining: The Need For a Legal Framework", *Harvard Law Review*, Vol. 43, No. 2, 2008, pp. 438~439.

侦查实践中得到了广泛的应用。比如，查询已知犯罪嫌疑人的全部信息，通过现场遗留的指纹比对出谁是犯罪嫌疑人等，[1]而大数据时代的数据查询与比对方法的革新之处只不过是可供查询或比对的信息库容量发生了巨幅增加，但查询与比对的方式、方法并未发生根本改变。事件驱动型的数据挖掘对于犯罪预防与实时打击意义重大，大数据技术在对过去一定时期内的犯罪数据进行挖掘后可针对犯罪热点地区、犯罪人群、犯罪手法等犯罪趋势提出的科学预测，将犯罪预防与防控建立在大数据预测的犯罪规律基础之上，从而能够更为精确、科学地调动警力并实现对犯罪的精确打击。

（二）大数据侦查的应用类型

大数据技术在刑事侦查中的应用前提是收集海量数据并形成各类数据库，这是数据查询、比对与挖掘技术应用的基础。从我国公安机关使用数据库查询、比对、分析各种记录的发展状况来看，自 1998 年公安部启动"金盾工程"开始，各类数据库的建设与应用就逐步成了重要的侦查手段，2008 年起公安部进一步开始了对公安大情报系统的建设，当前公安机关内网联网运行的各类信息系统已达 7000 多个，已建成以全国人口信息库为代表的八大全国公安基础信息库（包括全国重大案件、在逃人员、出所人员、违法人员、盗抢汽车、未名尸体、失踪人员、杀人案件信息库），存储了数百亿条基础数据。[2]此外，公安机关还积极运用各类社会管理数据库，利用各类信息资源开展侦查，包括互联网信息资源、视频监控信息资源、通信信息资源、银行卡信息资源、各类社会服务中的信息资源，如保险、民航、工商、税务、邮政、社保、劳务、房产、公路、出租车、二手车交易、物流、出版印刷、房屋交易等。[3]上述各类数据库中的海量记录涵盖了信息社会中人们生活、工作、社交等方方面面的信息，对这些大数据进行比对、分析已经成为当前侦查实践中提升破案率的主要驱动力。[4]

---

〔1〕 Fred H. Cate, "Government Data Mining: The Need For a Legal Framework", pp. 438~439.

〔2〕 参见艾明：《新型监控侦查措施法律规制研究》，法律出版社 2013 年版，第 169~170 页。

〔3〕 艾明：《新型监控侦查措施法律规制研究》，法律出版社 2013 年版，第 171~172 页。

〔4〕 记录查询与数据库侦查对于破案的贡献并无官方统计数据。艾明教授在 G 省开展的针对 93 例个案的小样本本实证研究显示：侦查机关在超过 2/3 的案件中使用了记录监控类的侦查手段进而破获了相应的案件。(参见艾明：《新型监控侦查措施法律规制研究》，法律出版社 2013 年版，第 175~179 页。) 也有学者认为，在近年来犯罪形势逐年恶化、诱发犯罪的社会条件逐步加强的背景下，杀人、抢劫等重大恶性案件反而逐年下降，背后的原因恰恰是公安机关充分利用信息平台开展数据库侦查。

大数据技术在我国侦查实践中的应用方向，既有针对已经发生的刑事案件的回溯性侦查，用以锁定犯罪嫌疑人或查明案件事实，也有防患于未然式的对未来犯罪的预测与预警。在犯罪预测方面，北京市公安局"犯罪数据分析和趋势预测系统"是大数据技术应用的典型例证：2014 年 5 月，北京市公安局怀柔分局的上述犯罪预警系统预测提示，近期泉河派出所辖区北斜街发生盗窃案的可能性较高。怀柔公安情报信息中心根据提示，指导泉河派出所对该区域加大巡逻防控。5 月 7 日 1 时许，泉河派出所民警巡逻至北斜街南口时，当场抓获一名盗窃汽车内财物的犯罪嫌疑人。经讯问，犯罪嫌疑人李某交代了伙同他人流窜至怀柔区，撬机动车锁并盗窃车内财物作案 3 起的犯罪事实。[1]

在针对已然犯罪的刑事侦查过程中，大数据侦查在司法实践中的作用逐渐显现。通过对中国裁判文书网 2016 年度刑事案件法院裁判文书的检索、查阅，可以得出部分定量分析结论。[2]在检索到的 571 件明确表明适用过技术侦查措施的刑事案件中，使用大数据技术锁定犯罪嫌疑人的案件为 113 件，涵盖的罪名根据出现频率的高低排序依次为盗窃（79 件）、抢劫（13 件）、抢夺（6 件）、交通肇事（5 件）、故意杀人（4 件）以及故意伤害、绑架、非法制造买卖枪支弹药爆炸物、信用卡诈骗、诈骗、强奸案（各 1 件）。

总结上述 113 件个案中大数据技术的应用情况，我们可以发现如下应用趋势。

首先，大数据侦查的应用对象主要为作案工具或作案对象为摩托车、电动车或汽车等车辆及手机的侵财类案件以及相关刑事案件，这些案件过程中的犯罪嫌疑人在作案中通常会产生公共场所的视频监控与手机移动轨迹等数据，两类以上的数据库信息为数据比对提供了条件。大数据技术适用的案件范围是基于适用案件的客观情状经由侦查人员自发选择加以适用，并未受到案件严重与否、罪名范围等条件的限制。样本案件显示，多数案件都是轻微犯

（接上页）（参见江涌："数据库扫描侦查及其制度建构"，载《中国人民公安大学学报（社会科学版）》2013 年第 2 期。）

〔1〕 金江军、郭英楼：《智慧城市：大数据、互联网时代的城市治理》，电子工业出版社 2016 年版，第 112 页。

〔2〕 检索对象为中国裁判文书网（wenshu. court. gov. cn），访问日期：2017 年 5 月 5 日。检索范围为选择"刑事案件"，检索之日共有刑事案件的裁判文书 1 464 530 件，检索关键词为"技术侦查"，年份选择"2016"。

罪，适用大数据侦查主要是基于侦查便利的考量。

其次，大数据侦查的主要目的是发现并锁定犯罪嫌疑人，在上述 113 件样本案件中绝大多数案件都是陌生人之间发生的偶发性流动犯罪，基本上无法在犯罪现场提取到有效的痕迹物证，受害人基本上无法指认出相应的犯罪嫌疑人，因此锁定犯罪嫌疑人就成了侦破犯罪的基本前提，也是最为关键的侦查步骤。数据来源主要集中于公共场所的视频监控与手机通信的基站数据这两类数据库，数据比对与挖掘的内容与对象较为单一。

最后，大数据技术尽管对锁定犯罪嫌疑人发挥了重大作用，但在完成侦查工作的第二项重要任务（即收集证据材料）方面作用十分有限。在 570 件适用技术侦查措施的裁判文书中，虽然有 52 件案件将技术侦查措施用作了诉讼证据，但上述 113 件适用大数据技术的案件均未被涵括在内。换言之，大数据技术锁定犯罪嫌疑人过程中的相关材料与信息在诉讼过程中基本上无法发挥证明作用。大数据技术的应用结果在案件材料与诉讼过程中至多作为"抓获经过""到案经过""破获经过"等辅助性说明材料出现。基于这些说明性材料在内容上的模糊与缩略，[1] 一方面对于锁定犯罪嫌疑人的方式并未进行详尽、如实的说明，导致大数据技术的应用过程被极大地忽略；另一方面，也导致这些情况说明材料不属于法定的证据种类，不是证据，只能作为加强法官内心确信的辅助材料使用。[2]

（三）大数据侦查的实践特征

与传统侦查行为相比，大数据侦查在实践运行中呈现出以下四项特征，恰恰是这些独特属性显示出对其进行法律规制具有极大必要性，也从根本上影响着相应的规范工具与立场。

首先，大数据侦查具有权利干预的普遍性与深刻性。大数据侦查通过大数据技术对海量存储信息加以充分挖掘利用，对公民个人信息乃至隐私权的干预都具有史无前例的广泛性与深刻性，公民对于大数据侦查中侦查机关收

---

〔1〕 司法实践中，此类关于犯罪嫌疑人、被告人如何到案或者如何被抓捕归案的描述性材料几乎存在于所有刑事案卷当中，但关于其证据属性与证明作用有无，理论界与实务界长期聚讼不一。相关讨论参见陈为明："《案发经过》不应当作证据使用"，载《中国刑事法杂志》2004 年第 4 期；李继华："浅谈'抓获经过'"，载《公安研究》2000 年第 1 期。

〔2〕 江必新主编：《〈最高人民法院关于适用〈中华人民共和国刑事诉讼法〉的解释〉理解与适用》，中国法制出版社 2013 年版，第 124 页。

集与使用公民个人信息的过程，既不知情亦无法抗拒。

其次，大数据侦查的出现改变了侦查权的权力分布格局，侦查权逐步社会化与弥散化。大数据侦查改变了传统的侦查参与主体结构，由于大数据主要被掌握在社会机构、商业机构手中，在大数据侦查过程中，侦查机关对社会机构、商业企业机构收集的公民个人信息进行数据比对与挖掘，形成了"国家—社会—个人"三方参与的新型侦查主体分布模式，社会力量而非侦查机关在侦查权行使过程中的作用愈发重要。

再次，大数据侦查在应用时间节点上呈现出前瞻性与主动性。此类侦查行为主要发生在立案之前发现犯罪嫌疑的早期阶段，具有典型的"无中生有"的特点。这与传统侦查行为系针对具体的犯罪嫌疑进行的回应性侦查模式明显不同。

最后，大数据侦查的实现过程具有智能化、低风险性和常规化趋势。大数据侦查主要依赖于大数据挖掘与比对技术通过计算机自动进行，机器学习、人工智能的应用使得发现犯罪线索的工作过程逐步实现了由机器替代人工，极大地提高了识别特定目标与特定事项的效率，降低了侦查过程中侦查人员的人身安全风险，正逐步成为逢案必用的常规化侦查手段。

二、大数据侦查法律控制的必要性

大数据侦查是侦查机关顺应信息社会发展潮流的明智选择，其深度应用既有助于提高犯罪预防的精确性，提升警力配置效率，也有助于增强侦查取证的科学性，提高破案效率与破案能力，带来用信息换安全的社会效果。从权利保障的角度看，大数据技术的应用将无所不在的记录与数据经过分析、挖掘形成更为客观、精确的证明犯罪过程的材料，客观上有助于改变长期以来侦查机关对口供的严重依赖，降低对干预公民隐私权的技术侦查的依赖，带来用信息换权利的法律效果。对于大数据侦查带来的侦查效能提升与侦查模式转型的积极效果，应当给予充分肯定。

然而，大数据侦查尚处于初始应用阶段，其"双刃剑"效应亦同时凸显，在执法司法实践中已然暴露出一些问题，对一些基本权利和法律价值形成挑战，及时对其进行法律控制具有必要性。

首先，大数据侦查的推广适用标志着隐私逐渐受到限制，甚至有消亡的危险。边沁于1787年设计出的圆形监狱概念（panopticon），在大数据时代应验成真。[1]在大数据时代，公民个人的所有活动实现了全部数据化存储，生活、学习、人际交往间的所有活动均会留存下各种类型的数据记录，当这些记录借由大数据技术进行自动化分析、比对之后，所有公民的一举一动甚至所思所想都会被纳入系统的、广泛的监控当中，从而形成了边沁所言的每个人随时可能受到监视，但每个人却不知道何时受到监视的类似圆形监狱的效果。信息社会的特点决定了只要公民个人需要参与正常的生产、生活，就必须选择交出个人隐私，留存下各类个人信息。从这个角度来看，公民个人隐私的消亡是不可阻挡的历史发展趋势，渺小的个人在信息社会发展的大潮面前显得如此弱小与无力。当隐私消亡时，不仅仅是个人尊严、人格自治等固有的人类价值会受到威胁，从社会发展的整体角度观之，隐私权保护缺失必然会导致民主制度受损，也必然会威胁到公民个体创造力的发挥，进而导致整个社会缺乏创造力与发展活力，国家的发展动能与样态令人担忧。

大数据侦查植根于公民为参与信息社会生活而不得不交出并汇集的海量信息，必然带来大规模监控（mass surveillance）的效果，即全体公民的各种信息都将成为其分析对象，这是一种不以犯罪嫌疑为前提的广泛监控，全体国民甚至全球民众都可成为潜在的侦查对象，大量无罪公民的个人信息在大数据侦查的过程中被储存、比对、挖掘。

大数据侦查的广泛应用促使侦查权干预权利的类型发生转换与升级，侦查行为的对象由传统的人身权、财产权转向平等权、隐私权、人格尊严、精神自由等基本权利和自由，权利干预的类型更加无形化、抽象化，在权利体系中的地位更接近权利构造的顶端。权利本身的无形性、抽象性令干预权利的侦查行为更难被识别与感知进而导致权利的救济困难；权利位阶具备更强的政治性则意味着与国家权力的冲突会更为剧烈。在这个意义上，对大数据侦查进行法律控制是维系国家治理体系正当性的必然要求。如果任其发展，此类侦查方法将会扩大社会不平等的裂痕，抑制社会的活力与创造力。

同时，大数据也可能犯错，这主要源于两个方面：一方面，大数据技术通过机器学习与人工智能，根据侦查人员设计的各种模型对数据进行挖掘，

---

[1] ［英］吉隆·奥哈拉、奈杰尔·沙德博尔特：《咖啡机中的间谍：个人隐私的终结》，毕小青译，生活·读书·新知三联书店 2011 年版，第 192~193 页。

而各种算法与分析模型的来源只能是侦查经验的人为积累。人类侦查经验的局限性会照搬给机器算法，大数据的预测功能同样会产生错误。在模型建构过程中，侦查人员的自由裁量权乃至偏见会融入大数据侦查，形成选择性执法、执法偏见与歧视。比如，基于过去某类手法的诈骗犯罪具有较强的地域性，侦查人员会将该地区的户籍所在地设为模型要素，将其居民作为重点监控对象，这显然属于违反法律面前人人平等原则的选择性执法与执法歧视。类似问题在大数据应用程度较强的美国普遍存在，在大数据侦查过程中，对于社会底层人群特别是有色人种的执法歧视被进一步放大。比如，在大麻毒品犯罪打击过程中，尽管白人与黑人具有相同的吸食比例，但黑人犯罪嫌疑人的犯罪数据更多地被收集并存入数据库，其结果是更多的黑人犯罪嫌疑人被警察抓捕。[1]

另一方面，大数据的挖掘或预测结果取决于数据的质量，作为源头的数据质量瑕疵将直接导致误导性甚至根本性错误。与商业领域不同，刑事司法领域的容错率相当有限，毕竟刑事司法事关公民的生命与自由。[2]数据质量上的瑕疵将导致公民权利受到错误干预，大数据侦查的基础是正确、客观的数据库，而基于未经核实的甚至是错误的数据开展的大数据侦查将直接得出错误的推理结论，并误导着侦查机关错误干预公民权利甚至错误剥夺公民自由。无论是利用警方自建的数据库，还是利用社会第三方机构的数据库，司法实践已经反复证明，数据瑕疵与质量低下的数据经常导致错误的关联，甚至给公民自由带来直接损害。[3]数据质量瑕疵导致无辜公民被错误抓捕的事例在国内近年来的执法实践中也屡次出现，多名无辜公民由于身份证被冒用或重名、重号等原因而被警方错误羁押。[4]侦查机关相关数据库对公民信息的错录以及对数据质量管控的失责、失察，还会导致无辜公民的声誉、出行自

〔1〕　Andrew Guthrie Ferguson, "Big data and Predictive Reasonable Suspicion", *University of Pennsylvania Law Review*, Vol. 163, No. 2, 2015, 9, p. 402.

〔2〕　关于大数据侦查在美国司法实践中暴露出来的弊端及部分实际危害，See Andrew Guthrie Ferguson, "Big Data and Predictive Reasonable Suspicion", *University of Pennsylvania Law Review*, Vol. 163, No. 2, 2015, 9, pp. 398~403.

〔3〕　Andrew Guthrie Ferguson, "Big data and Predictive Reasonable Suspicion", p. 399

〔4〕　类似事例的报道参见杨涛："错误拘留频现亟待建立有效防范机制"，载《北京青年报》2013年12月11日。

由、参军招考、经济交往等基本权利受到侵犯。[1]

三、传统法律规范框架的问题

人类社会迈入信息社会的发展态势与大数据侦查广泛应用的司法实践，超越了传统法律规范与法学理论所提供的规范框架。国际范围内形成于第二次世界大战后的刑事诉讼法传统规范工具表现出了滞后性，法律控制机制的阙如导致法律呈现真空或者稀薄状态，与大数据侦查的勃兴及其挑战形成了鲜明对比。这一判断放在中国法的语境下依然适用。2012 年《刑事诉讼法》为技术侦查措施设置了全新的规范程序，大数据侦查对刑事程序权利的干预深度与广度超过了技术侦查措施，但却处于无法可依的状态。基于比例原则的精神，干预公民基本权利的剧烈程度应当与其法律控制程序的正当性成比例。当前，各国大数据侦查的法律控制强度均低于技术侦查的已有法律程序，法律控制体系严重失衡。

（一）大数据侦查的法律属性模糊

对一项全新科学技术在刑事侦查中的应用进行法律规范首先应当明晰其法律属性，因此大数据侦查属于何种侦查措施是对其进行规范的前置性问题。对于这一问题，有两种不同的解决方案：如果能够将大数据侦查归入传统侦查行为当中，就可以依照既有的法律规范实施；如果传统的法律框架无法容纳这一新技术，则需要修改法律，创设全新的法律规范框架。面对这一新技术浪潮，拥有不同法治传统的国家基于各自不同国情在上述两种解决方案上的选择各不相同。

美国和德国作为两大法系的代表国家，其各自规范大数据侦查的进路颇具代表性。《美国宪法第四修正案》关于搜查及隐私权保障的判例法一直被奉为规范政府各类获取信息行为的圭臬。1967 年美国联邦最高法院裁决的"卡茨案"是美国隐私权保障的标杆性判决，在该案中，美国联邦最高法院将《美国宪法第四修正案》中搜查的界定标准由物理侵入说改为隐私保护说，隐私权保护的标准被确定为对隐私的合理期待。[2]大数据侦查涉及对各类公民

---

〔1〕 林崇寿、洪双敏："错录公民违法犯罪身份信息引发问题的思考"，载《河北公安警察职业学院学报》2017 年第 2 期。

〔2〕 Katz v. United States, 389. U. S. 387（1967）.

数字记录的应用，能否被视为搜查从而被纳入宪法规范视野，取决于大数据侦查是否构成干预公民对隐私的合理期待。根据美国联邦最高法院在 1976 年"米勒案"和 1979 年"史密斯案"确立的自愿交与第三方规则，即公民对自愿交给第三方机构保存的各类信息记录无隐私的合理期待，使用这些信息的政府行为当然不被视为搜查行为，《美国宪法第四修正案》无从适用。[1] 即使经过几十年的时代变迁，面对大数据时代的来临，第三方理论仍然主导着美国的隐私权保护规则。虽然在 2012 年的"琼斯案"中，美国联邦最高法院在协同意见中提出，在现代电子化时代第三方理论应加以反思，但该案并未推翻"米勒案"与"史密斯案"的基本结论。[2] 总体上看，《美国宪法第四修正案》关注的焦点在于政府执法机构未经个人同意而获取信息的搜查行为，[3] 只关心数据的获取过程，而获取数据后的使用过程则并非《美国宪法第四修正案》的规范旨趣。[4] 数据挖掘与数据比对等大数据技术是对已经留存于社会各领域的海量数据进行后续深度应用的过程，只规范收集不规范使用的《美国宪法第四修正案》及搜查法规范，导致数据挖掘式的侦查行为基本上不受规范。[5]

《德国基本法》及德国联邦宪法法院规范政府干预公民个人信息的工具主要是人格尊严与信息自决权，并将其视为一种积极性权利，在宪法位阶之下的《德国刑事诉讼法》也详尽规定了干预公民个人信息自决权的各类侦查行为。[6]《德国刑事诉讼法》第 98 条 a、b 和第 98 条 c 分别规定了计算机排查侦缉和数据比对，[7] 计算机排查侦缉与英语中的数据筛查（data screening）

〔1〕 Miller v. United States 425 U. S. 435（1976）；Smith v. Maryland，442U. S. 735（1979）.

〔2〕 United States v. Jones，132S. Ct. at 957（2012），参见索托马约尔（Sotomayor）大法官的协同意见部分。

〔3〕 Russell D. Covey，"Pervasive Surveillance and the Future of the Fourth Amendment"，*Mississippi Law Journal*，Vol. 80，No. 4，2010，pp. 1289，1294~1295.

〔4〕 Elizabeth E. Joh，"Policing by Numbers：Big Data and the Fourth Amendment"，*Washington Law Review*，Vol. 89，No. 1，2014，p. 63.

〔5〕 Paul M. Schwartz，"Regulating Governmental Data Mining in the United States and Germany：Constitutional Courts，the State，and New Technology"，*William and Mary Law Review*，Vol. 53，No. 1，2011，p. 354；"Department of Defence，Safeguarding Privacy in the Fight Against Terrorism：The Report of the Technology and Privacy Advisory Com mittee"，*Create Space Independent Publishing Platform*，2004，pp. viii~x.

〔6〕 Paul M. Schwartz，"Regulating Governmental Data Mining in the United States and Germany：Constitutional Courts，the State，and New Technology"，*William and Mary Law Review*，Vol. 53，No. 1，2011，p. 354.

〔7〕 参见《德国刑事诉讼法》第 98 条。本文引用的中译本均为《德国刑事诉讼法典》，宗玉琨译注，知识产权出版社 2013 年版。

语义相同，是指通过计算机的数据模型对数字化的信息进行挖掘、比对以确定犯罪嫌疑人或者排除犯罪嫌疑人。从工作原理上看，德国法中的计算机排查侦缉与美国法中的数据挖掘是相同的信息技术应用过程。德国法典中规定的数据比对，是指将刑事诉讼中获取的个人数据与政府已经掌握的执法司法数据库进行机器比对，以查明犯罪事实或者定位被侦缉人员所在地。[1]德国法典对计算机排查侦缉或者数据挖掘规定了严格的法定程序，而数据比对的规范密度要低得多，主要原因在于前者在实施过程中可以对刑事追诉机关之外的其他部门保存的数据进行海量数据挖掘，[2]而后者比对的数据库仅为刑事司法部门管理的数据库，二者涉及的公民个人信息自决权的干涉范围不同。对于计算机排查侦缉，《德国刑事诉讼法》第98条a、b设置了与电话监听相当的严格程序，须遵循一系列干预公民权利的传统法律原则（比如，法官令状原则、重罪原则、比例原则与最后手段原则等），同时还应遵循个人信息保护的基本法律原理（比如，数据的有限使用原则、及时删除原则以及接受数据保护部门的监督）。[3]

美德两国对于大数据侦查法律属性的差异化处理，根源于对此类侦查措施干预权利类型的不同认识与判断。德国法认为，大数据侦查是对公民个人信息自决权与人格尊严的干预，进而应遵循干预基本权利的基本要求，在刑事诉讼法典设置严格而详尽的法定程序。美国法则坚持在《美国宪法第四修正案》关于搜查与隐私权保障的框架内审视数据比对与数据挖掘，其结果是无法对大数据侦查施加有效控制。两国的共同之处是，从权利干预的角度出发来界定大数据侦查的法律属性。从规制思路的社会背景来看，美国法仅关注个人信息保护中的核心区域，即隐私权保护，对其他大量个人信息保护问题持放任态度，这与美国信息产业蓬勃发展并维系其信息世界领导地位的社会发展需要直接相关。而欧洲大陆国家基于第二次世界大战后形成的重视人格尊严、个人自治的法治传统，对公民个人信息保护强调严格的法律控制政策，当然，这也在一定程度上限制了欧洲信息产业的发展。

对中国而言，隐私权与个人信息权两种规范路径的选择各有利弊，兼顾

---

〔1〕 参见《德国刑事诉讼法》第98条c。
〔2〕 参见《德国刑事诉讼法》第54条。
〔3〕 参见《德国刑事诉讼法》第98条a、b。

二者并适度调试两种规范路径在未来制度体系中的权重是更妥当的选择。从整体上看，中国刑事司法中对隐私权的保护有待完善，同时也面临信息社会信息使用与保护的需求，这种迭代发展的现实状况要求在刑事司法制度的设计安排上应当通盘考量两种权利路径的兼容。当然，两大法系国家的出发点都是基于权利保障的视角看待大数据侦查，这一基本出发点尤其值得我们认真对待。

在中国的制度语境中，《刑事诉讼法》第二编第二章"侦查"共规定了8种法定的侦查措施；第一编第五章"证据"第50条在规定证据种类时，间接确认了辨认这种侦查行为。《刑事诉讼法》第115条还概括性地授权侦查机关对已经立案的刑事案件，应当进行侦查并收集、调取相关证据材料。《刑事诉讼法》第54条规定公安机关有权向有关单位和个人收集、调取证据，有关单位和个人应当如实提供证据。公安部发布的《公安机关办理刑事案件程序规定》第59条将《刑事诉讼法》第54条规定的调取证据视为一类侦查行为，并规定相应的调取程序与法律文书。[1]

在上述法定侦查行为中，有三项侦查行为可与大数据侦查产生关联，即搜查、调取与技术侦查。但笔者认为，上述三种侦查行为都难以作为大数据侦查的规范依据。换言之，大数据侦查的法律属性既不是搜查，也不是调取，亦不能被视为技术侦查。

首先，我国《刑事诉讼法》第136~140条规定的"搜查"与美国法中的"搜查"存在重大差异，前者仅指在被搜查人与见证人在场的情形下，对人的身体、物品、住处和其他地方等有形物或地点进行的搜索过程。[2]大数据侦查的对象是数字化的信息，且获取、使用相关数字信息时信息主体并不知情。将大数据侦查比照搜查进行规范，不符合我国刑事诉讼法的既有规范框架。

其次，调取并非刑事诉讼法明文规定的侦查行为，《刑事诉讼法》只是在第54条第1款对此作出了规定，公安机关有权向有关单位和个人收集、调取证据，有关单位和个人应当如实提供证据。根据《公安机关办理刑事案件程序规定》第59~61条以及《公安机关执法细则（第三版）》（以下简称《执

---

〔1〕 《调取证据通知书》是公安机关进行调取证据时的制式法律文书，关于其内容、制作要求及样式参见孙茂利主编：《公安机关刑事法律文书制作指南与范例》，中国长安出版社2015年版，第297~302页。

〔2〕 参见《刑事诉讼法》第136条。

法细则》）的相关规范，在侦查实践中，当侦查机关发现有关单位或者个人持有与案件有关的证据时，即可予以调取，调取行为的对象是作为证据使用的实物证据，主要是物证、书证、视听资料。[1]调取首先要表明调取的对象是与证明案件事实相关的证据材料，其次应当制作清单详细写明物品或文件的名称、编号、数量、特征等，被调取的单位和个人应签字确认调取的内容。[2]通过上述规范内容可知，调取行为根本无法作为大数据时代对海量记录进行比对与挖掘的规范依据，大数据侦查获取的全数据样本中必然包含大量与案件无关的信息，更谈不上满足"与犯罪事实有关的证据"这一调取行为的前提条件，如果让侦查机关逐一告知海量数据的持有人，则调取行为根本不具有可行性。调取行为的本质是小数据时代针对已有一定根据表明具体的持有人持有与案件事实证明有关的证据材料，进而要求其提供的一种非强制性侦查行为。在大数据时代，调取行为的本质功能如不进行拓展，根本无法成为获取海量数据的正当化手段。

最后，大数据侦查与技术侦查措施之间也存在本质的不同。2012 年《刑事诉讼法》新增的技术侦查措施一节以及后续公安部制定的《公安机关办理刑事案件程序规定》对于技术侦查措施的内涵与外延都采取了回避态度，导致技术侦查措施包括哪些具体的措施与手段十分模糊。《公安机关办理刑事案件程序规定》第 264 条将技术侦查措施的范围概括为记录监控、行踪监控、通信监控、场所监控等措施，在侦查机关看来，技术侦查措施的本质是监控，上条规定中的"记录监控"虽未进一步明确，但从名称上看与大数据对海量数据、记录的比对、挖掘的过程最为相关。对这一问题的讨论，应当回归技术侦查措施的本质问题。笔者主张技术侦查措施的各类监控手段不仅应具有秘密性与技术性的特征，还应兼具同步即时性的本质要求。[3]从立法者对已有技术侦查手段的部分列举中我们可以归纳出同步即时性的特征，技术侦查措施通常包括的电子侦听、电话监听、电子监控、秘密拍照或者秘密录像、秘密获取某些物证、邮件检查等专门技术手段，[4]毫无例外均属在违法犯罪

---

[1] 参见孙茂利主编：《公安机关执法细则释义》（第 3 版），中国民主法制出版社 2016 年版，第 295~296 页。

[2] 参见《执法细则》第 21-01 条。

[3] 程雷："检察机关技术侦查权相关问题研究"，载《中国刑事法杂志》2012 年第 10 期。

[4] 郎胜主编：《中华人民共和国刑事诉讼法修改与适用》，新华出版社 2012 年版，第 277 页。

行为实施过程中同步展开的侦查行为。这与调取通信记录或话单、查询财产等针对已储存信息的各类侦查行为在刑事诉讼法规范上存在明显区别。

正是由于现行《刑事诉讼法》及法律解释规定的侦查行为的分类无法容纳大数据侦查这一新兴侦查措施，公安部才会在《执法细则》中将"查询、检索、比对数据"单列为了一种侦查措施，规定进行下列侦查活动时，应当利用有关信息数据库查询、检索、比对有关数据：①核查犯罪嫌疑人身份的；②核查犯罪嫌疑人前科信息的；③查找无名尸体、失踪人员的；④查找犯罪、犯罪嫌疑人线索的；⑤查找被盗抢的机动车、枪支、违禁品以及其他物品的；⑥分析案情和犯罪规律，串并案件，确定下一步侦查方向的。[1]这一规定凸显出了数据比对、挖掘等大数据侦查技术的独立性，侦查部门也认识到了此类侦查措施与刑事诉讼法已经规定的传统侦查行为之间的差异以及单独予以规范的必要性。当然，由于《执法细则》本身属于内部规范，仅限公安机关内部适用，不得在法律文书中引用，不向外部单位、个人公开，[2]导致《执法细则》欠缺法律文件的基本属性，相应的大数据侦查依然处于无法可依的状态。

迄今为止，人类社会经历了从农业社会到工业社会、再到信息社会的演进，刑事诉讼法对权利的保护重点也相应经历着由关注人身自由权到财产权、再到公民个人信息隐私权的变迁。大数据侦查在为侦查机关提供更高效的犯罪控制工具的同时，对公民个人信息隐私的干预程度也已超出传统侦查措施。信息社会发展至今，超过98%的信息都已转化为数字化记录，大数据技术得以对全数据进行分析、挖掘与应用。在迅速扩散的信息技术面前，规范隐私权的工具不能适应大数据时代的发展需要，因为社会与个人都需要依赖于海量个人信息的共享获得发展动力。传统法律规范缺失与滞后的主要原因在于其仅仅关注信息搜集过程，而对大数据背景下的如下核心问题完全予以忽略：当侦查机关将公民基于适应现代信息社会的必然要求而留存在社会各个机构的数字记录改变最初留存目的用于侦查工作时，法律应当如何评价侦查机关的行为以及设定何种法定程序？我国刑事诉讼法的相关规定比较抽象，且法律解释工作相对滞后，对大数据侦查的本质和法律属性的认识

---

[1]《执法细则》第29-02条。
[2]《执法细则》第1-02条。

与处理落后于大数据时代的发展步伐。司法实践中，对大数据法律属性的认识盲区导致多层级的侦查部门对大数据侦查技术的应用处于相对无序的发展状态，同时囿于法律授权的阙如，侦查机关的数据共享与合理利用也面临"瓶颈"。

（二）数据内容与元数据区别化处理的局限性

传统侦查过程对信息内容的重视程度远远超过信息的形式，因为信息的内容可以直接作为证明犯罪的证据使用，而信息的形式主要是辅助证明信息的来源，其重要性不如信息的内容。数据信息的形式，即元数据是关于数据的数据或关于信息的信息，其表示的是数据的存在形式与产生过程，只要人们使用任何一种电子产品或者电子服务，便都会产生元数据，以电子通信为例，其主要包括通信的时间、地点、时长、通信双方的地址或号码，使用的电子设备及其唯一识别码。[1]由于数字化时代对隐私权的干预方式主要是通过收集电子通信的形式要素，再通过大数据的挖掘、分析技术深描出个人的完整信息，在传统观点下，这些通信形式方面的信息与通信内容不同，不是隐私权保障的对象。大多数国家对通信形式的法律保护力度都远低于通信内容，在我国刑事诉讼中亦是如此，虽然法律文本上并未区分通信内容与通信形式，但司法实践中调取通话记录的适用频率远远高于对通信内容的监控。[2]这一传统观点在大数据时代的局限性愈发明显，因为大数据的本质就是对多样化的海量记录进行集成、碰撞以产生预见性的知识。从某种意义上讲，通信的形式包括位置信息、通话时长、通话对象等比通信内容更有价值的内容。2014年，联合国人权事务委员会在其提交给联合国大会的专题报告中呼吁各成员国与时俱进地摒弃上述传统思维，在新信息技术背景下树立全新的信息保护理念，区分通信形式与内容从保护隐私权的角度来看是不具有说服力的，因为信息的合成，通常被称为元数据（metadata），能够显示个人行为、社会关系、私人嗜好、身份等方方面面的信息，甚至比通信内容更能全面地揭示一

---

〔1〕 Bryce Clayton Newell, "The Massive Metadata Machine: Liberty, Power and Mass Surveillance in the U. S. and Europe", *A Journal of Law and Policy for the Information Society*, Vol. 10, No. 2, 2014, pp. 487~488.

〔2〕 这一结论通过对中国裁判文书网上的刑事裁判文书的关键词检索能够得到充分印证，以笔者2017年7月1日的检索结果为例，以"通话记录"为关键词可以检索到105 385件刑事案件的裁判文书，而以"通话内容"为关键词检索，只能检索到693个裁判文书样本，二者之间的差异巨大。

个人。[1]

（三）侦查启动门槛虚置、已然犯罪与未然犯罪界限模糊

为防范警察权被滥用，两大法系国家都通过设置警察权启动的事实条件为刑事程序启动设置了限制条件。大陆法系国家的传统理论在对警察权控制机制上坚持区分犯罪预防与犯罪打击两个领域，二者的界限在于只有在出现具体的犯罪嫌疑或者犯罪将要发生的即刻危险时，警察才能干预公民权利，此种警察的行动方式被界定为回应型警务模式（reactive policing）。[2]这种警察职权启动模式可将警察权严格限制在不得已方可使用的必要范围内，有助于防止警察权被滥用。这种古典自由主义思想下的警察权控制模式在20世纪60年代起逐渐发生变化，警察不再仅仅被视为"执行工具"，而应成为智能化、主动型的犯罪抗制机构。基于这种理念变化，警察的调查方法发生了很大变化，一些属于"预防性犯罪控制手段"的侦查方法开始在侦查实践中被推广，包括计算机数据库检索、拉网缉捕、电子监控等。[3]通过这些大数据技术新型侦查手段的运用，警察可以发现用以确定初步怀疑的各种信息，从而正式启动侦查程序。如此一来，警察所承担的预防犯罪与打击犯罪两大截然不同的功能开始混合。

在身为英美法系的代表国家的美国，法律规范警察执法权的起点是警察权对公民自由的干预，始于警察对公民的截停，自此刻起《美国宪法第四修正案》为警察权启动设置的事实要件为合理怀疑（probable suspicion）。[4]对于警察针对某人截停前的发现、判断犯罪嫌疑的过程，美国宪法基本不予评价，委诸警察根据自己的经验以及具体案件、对象的个案情况进行自由裁量。[5]大数据技术在侦查初期的应用增强了警察发现犯罪嫌疑人信息的能力，

〔1〕 The Right to Privacy in the Digital Age, Report of the Office of the United Nations High Commissioner for Human Rights, 30 June 2014, p. 3, http://www.ohchr.org/EN/HRBodies/HRC/RegularSessions/Session27/Documents/A. HRC. 27. 37_ en. pdf, 访问日期：2017 年 4 月 6 日。

〔2〕 Funk, *A. Polizei and Rechatsstaat*, 转引自 Cyrille Fijnaut and Gary T. Marx, eds., *Undercover: Police Surveillance in Comparative Perspective*, The Hague: Kluwer Law International, 1995, p. 58.

〔3〕 Funk, *A. Polizei and Rechatsstaat*, 转引自 Cyrille Fijnaut and Gary T. Marx, eds., *Undercover: Police Surveillance in Comparative Perspective*, The Hague: Kluwer Law International, 1995, pp. 57~58.

〔4〕 Terry v. Ohio, 392 U. S. 1, 27 (1968); Andrew Guthrie Ferguson, *Big Data and Predictive Reasonable Suspicion*, p. 329.

〔5〕 Elizabeth E. Joh, "The New Surveillance Discretion: Automated Suspicion, Big Data, and Policing", *Harvard Law & Policy Review*, Vol. 10, No. 15, 2016, p. 33.

凸显出了合理怀疑标准的固有漏洞，也暴露出了该标准的脆弱性。[1]大数据对潜在犯罪嫌疑人的强大识别功能，令原本设置在警察权启动之初的门槛性条件流于形式。

为防止侦查权的恣意启动、任意干预公民权利，我国刑事诉讼法将立案程序设置为刑事诉讼的起始程序，规定只有在立案之后侦查机关才可行使侦查权。[2]"认为有犯罪事实需要追究刑事责任"是立案的事实证据要求，[3]为发现犯罪线索或者确认是否达到启动侦查的事实门槛，相关法律解释进一步规定了立案前的初查程序，允许侦查机关采取不限制被调查对象人身权与财产权的各类措施。[4]但上述法律规范严重滞后于大数据侦查技术的应用实际，侦查机关对海量数据记录的查询、比对、碰撞正在成为锁定犯罪嫌疑人的重要方法，由于其应用时段多在立案前的初查阶段，甚至在并无具体犯罪嫌疑的前嫌疑阶段使用以达到"无中生有"的预测犯罪或者抓获现行犯的重要作用，其在深度应用的同时也逐渐侵蚀甚至架空了立案程序的立法目的。

从总体上看，大数据技术在侦查初期的广泛应用在各个法系国家都导致基于限制警察权而设置的侦查启动门槛流于形式，已然犯罪与现行犯、即将发生的未然犯之间的界限愈发模糊。大数据技术令警察权突破了传统法律框架在起点环节上的约束，形成了初期侦查权规制的法律真空。

四、通过侦查规范的法律控制

信息社会无疑是人类社会发展形态上的重大飞跃，但不容否认的是，信息社会是在传统社会发展形态基础上逐步演变、发展起来的，相应的人类社会的治理方式与治理模式也应当在承继传统的基础上加以革新。正是基于这一判断，笔者认为规范大数据侦查的路径既要遵循传统规范框架，更应沿着

---

〔1〕 Andrew Guthrie Ferguson, "Big Data and Predictive Reasonable Suspicion", *University of Pennsylvania Law Review*, Vol. 163, Vo. 2, 2015, 9, pp. 387~388.

〔2〕 参见《刑事诉讼法》第110、113条。

〔3〕 参见《刑事诉讼法》第110条。

〔4〕《公安机关办理刑事案件程序规定》（2012年修订）第171条规定，在立案审查环节中，"对于在审查中发现案件事实或者线索不明的，必要时，经办案部门负责人批准，可以进行初查。初查过程中，公安机关可以依照有关法律和规定采取询问、查询、勘验、鉴定和调取证据材料等不限制被调查对象人身、财产权利的措施"。《人民检察院刑事诉讼规则》第173条也规定了类似的初查程序与权限。

个人信息保护的新兴路径深入探索，应当同时关注传统的侦查法律规范与相对新兴的数据保护法律规范，两类规范相互协作的双重路径是当下对大数据侦查进行法律控制的适当选择。在双重路径并行的过程中，规范重心应当更侧重于对隐私权的保障，因为是隐私权而非个人信息权承载着人格尊严、个人自治、私生活安宁、通信自由等一系列公民弥足珍贵的基本权利。刑事司法过程中，政府对公民个人信息的利用是信息社会发展到一定阶段政府治理模式的必然要求，刑事司法又承载着维护社会安全与稳定的特殊利益与价值追求，因此个人信息保护的诸多制度安排无法在刑事司法系统中得到完整落实，权衡之后的结果只能是个人信息保护制度在刑事司法中的适度应用。在本部分，笔者首先就第一条路径传统侦查规范工具的适用加以探讨，另一路径关于数据保护方面的法律控制问题容留下一部分详述。

大数据侦查作为一种新兴侦查措施，其运行机理与我国现行《刑事诉讼法》规定的各类传统侦查行为均存在本质差异，应当作为一类独立的新型侦查行为予以法律规制。在大数据侦查权的规范立场选择上，基于侦查规律与大数据侦查的运行机理，首先应更新如下三项规范理念，才能为具体规则的建构提供基本支撑：其一，犯罪类型的嬗变引领着大数据侦查的兴起，侦查工作的起点愈发向前延伸，在前瞻性侦查阶段，为维系侦查权的有效行使与权利保障的平衡，事后监督与控制比事先审批机制更具规范价值。同时，类似立案程序式的侦查启动门槛制度基本无法适应大数据侦查的发展需要，对侦查权的控制模式应当由关键节点控制转向过程控制。其二，用隐私换安全、用信息换公平应当成为规范大数据侦查的基本策略，因此大数据侦查的合法化过程应当伴随着常规侦查权规制的进一步正当化与严格化，大数据侦查的正当化过程同时伴随着的是干预公民人身权、财产权的侦查行为进一步严格化，进而继续维持侦查权与公民基本权利的大体平衡。其三，应当深刻洞察到侦查权的本质是对公民基本权利的干预，不应仅仅从权力行使的外观或形式角度规范侦查权。物理属性不应再是侦查权行使的本质特征，权利干预强度应当成为规制侦查权的基本视角，后者应当成为决定规范密度、规范工具的出发点。

基于现有法律规范经验与国际社会通行的规范策略，规范路径主要还是应当遵循合法性原则与比例原则或必要性原则这些传统法律规范工具。基于合法性原则，规范我国大数据侦查首先应当解决的问题是增补相应的法律依据，为开展大数据侦查提供清晰、具体与公开的法律依据。根据大数据侦查技术应用领域的二分趋势，应当分别补齐犯罪侦查和犯罪预防、情报收集两项领域相关的法律规范。前者应在《刑事诉讼法》的"侦查"章增补一类全新的侦查措施及适用程序，后者需要修改完善《国家安全法》《反恐怖主义法》《网络安全法》等相关部门法。〔1〕

就犯罪侦查领域大数据侦查的具体规范路径而言，首先，应在《刑事诉讼法》第二章"侦查"第八节"技术侦查措施"中将大数据侦查增列为一种全新的侦查行为加以规范，同时应将该节的节名进行更为准确的表述，改为"秘密侦查措施"，以涵盖第153条及新增列的大数据侦查相关条文。〔2〕可考虑在现行《刑事诉讼法》第153条之后增加专条规定，凡是使用计算机技术对政府数据库、社会机构数据库进行信息记录共享、检索、比对、分析的行为，均属大数据侦查。其次，应当详细列明大数据侦查的启动条件、适用对象与适用程序，在启动条件、适用对象与适用程序的制度设计过程中应当充分考量比例原则的要求。鉴于大数据技术引发的"隐私逐步消亡的世界"这一重大挑战，考虑到其大规模性的对无辜公民个人信息的比对使用过程以及结果意义上对具体公民的近乎所有个人信息全面、深入展示的效果，比例原则具有极大的适用必要性。大数据侦查的适用首先应当坚持目的正当原则，即"只能用于对犯罪的侦查、起诉和审判，不得用于其他用途"。〔3〕排除在外的其他用途均属违反法定目的的侦查权滥用行为。在适用条件上，应当明确启动该项侦查措施的事实门槛条件，即只有具备初步的犯罪嫌疑之后方可启

〔1〕 《国家安全法》第53条规定："开展情报信息工作，应当充分运用现代科学技术手段，加强对情报信息的鉴别、筛选、综合和研判分析。"《反恐怖主义法》第18条规定："电信业务经营者、互联网服务提供者应当为公安机关、国家安全机关依法进行防范、调查恐怖活动提供技术接口和解密等技术支持和协助。"《网络安全法》第28条规定："网络运营者应当为公安机关、国家安全机关依法维护国家安全和侦查犯罪的活动提供技术支持和协助。"上述法律中的相关条款对于情报收集、犯罪预防中的大数据侦查进行了初步性、概括性的授权，但法律规范明确、具体的程度距离合法性原则的要求还有一定差距，比例性原则也未得到确立。

〔2〕 现有的"技术侦查措施"的节名原本属于"搭车式"的表述方式，2012年法律修改时为回避使用"秘密侦查"一词，将节名表述为更中性的"技术侦查措施"。但就该节规范内容来看，除技术侦查措施外，第151条规定了另外两类秘密侦查措施，即隐匿身份的侦查和控制下交付。大数据侦查本质上也是秘密侦查，尽管相关数据多为公开留存于各个数据库的信息，但对数据的分析、碰撞过程属于典型的秘密侦查过程。

〔3〕 参见《刑事诉讼法》第150条关于技术侦查措施目的正当原则的规定。

用，在启动决定的法律文书中应当明确表明依据何种已有的事实材料表明存在何种具体的犯罪嫌疑。这种启动条件与现行刑事诉讼法所表述的立案条件应大致相当，附加此种启动条件的目的在于防止基于犯罪侦查之外的其他不正当目的任意启动大数据侦查，也有助于防止侦查机关基于其他宽泛的执法需求而任意启动大数据侦查，从而导致常态化的全民监控、大规模监控。

程序合法性原则要求侦查措施应当经过法定程序审批后方可启用，以德国为代表的部分大陆法系国家对大数据侦查实行法官令状制度，比照电话监听实施相应的程序控制机制。就我国的情况看，不具备实行法官令状机制的条件和可能性，理由主要有二：一方面，大数据侦查作为侦查措施的一种，其审批主体的制度设计应当与我国刑事诉讼中既有的强制措施、侦查措施的程序控制机制相协调。在剥夺公民自由的逮捕措施、严重限制公民自由的指定居所监视居住、严重干预公民隐私权的技术侦查措施尚未实行法官令状制度之前，对大数据侦查实行法官审批的司法审查与强制性措施体系均衡性要求不符。另一方面，不少实行法官令状制度的国家的司法实践已经证明对于侦查初期的技术侦查、大数据侦查等特殊侦查手段，法官令状制度经常流于形式，法官通常会沦为警察适用相应侦查措施的橡皮图章。[1]国际社会的经验与教训亦表明，对于侦查初期的大数据侦查，在实行司法令状机制的同时，更应注重综合监督机制。从总体上看，就我国目前的状况而言，当务之急是改革大数据侦查封闭运行的现状，较为便捷可行的方式是实行检察官审批制，辅之以紧急情形下的侦查机关自我先行审批机制。[2]同时应当考虑建立各类基于个人信息权的数据使用监督机制（关于这方面的内容容留下文一并加以论述）。上述两方面监督机制的建构有助于预防大数据侦查的恣意启动与过度使用。

在必要性原则方面，应当坚持重罪原则与最后手段原则，即鉴于大数据侦查对犯罪嫌疑人和大量无辜公民的个人信息甚至隐私信息施加了全面监控与比对，该项措施只能限于在预防或者侦查严重犯罪时方可使用，这是比例原则的基本要求。严重犯罪的范围可参考《刑事诉讼法》第150条及《公安

---

〔1〕 The Right to Privacy in the Digital Age, Report of the Office of the United Nations High Commissioner for Human Rights, 30 June 2014, Para. 38, http://www. ohchr. org/EN/HRBodies/HRC/RegularSessions/Session27/Documents/A. HRC. 27. 37_ en. pdf.

〔2〕 参见程雷："秘密侦查立法宏观问题研究"，载《政法论坛》2011年第5期。

机关办理刑事案件程序规定》第 263 条对重罪的范围加以规定，即包括危害国家安全犯罪、恐怖活动犯罪、黑社会性质的组织犯罪、重大毒品犯罪或者其他可能判处 7 年以上有期徒刑的案件。最后手段原则要求大数据侦查应当是在采取了询问被害人或证人、勘验检查犯罪现场、对物证进行提取、鉴定等常规侦查措施之后且常规侦查措施无效或者难以锁定犯罪嫌疑人时方可适用。通过最后手段原则的要求，可以限制在无犯罪嫌疑的情况下漫无目的、漫天撒网式的大规模数据比对，同时要求大数据侦查以前期常规侦查获取的信息为基础，在科学合理的信息模型上开展有针对性的、高效精确的数据挖掘。

封闭的内部运行模式是各类侦查措施滥用的主要成因，因此加强外部监督与司法监督是确保侦查权依法运行的基本经验。根据现行宪法框架与司法体制的国情，可以考虑通过加强检察机关检察监督与通过审判过程中对证据来源合法性的审查发挥法官的审查功能来实现对大数据侦查的司法审查功效。《刑事诉讼法》第 8 条规定了人民检察院依法对刑事诉讼实行法律监督的基本原则，在大数据侦查的检察监督问题上，应当进一步增设具体的法律监督机制，在《刑事诉讼法》第 152 条之后增加专条规定检察机关对秘密侦查行为进行监督。同时，可以考虑设置大数据侦查的备案机制、办案电子系统互联互通等方式，要求侦查机关在适用大数据侦查之后，将大数据侦查的开展过程、相应成果报告给负责侦查监督的检察官，接受备案审查与法律监督。如果检察机关发现侦查机关的秘密侦查行为有违法情况，应当通知侦查机关予以纠正，侦查机关应当将纠正情况通知人民检察院。

法官对大数据侦查的司法审查根据大数据侦查在诉讼中的作用不同可以通过两种途径展开。对于少量将大数据侦查获取的信息作为证据的案件，法官可以通过对大数据侦查的证据材料进行审查判断从而对取证的合法性进行间接审查。而在大量案件的司法实践中，大数据侦查的主要功能是发现案件线索或锁定犯罪嫌疑人，其本身是证据来源的前置性工作而非证据收集工作本身。在这种情况下，审理案件的法官应当着重审查到案经过或者破案报告等侦查机关制作的用以说明案件来源的书面材料，查明大数据侦查的过程是否符合法定程序，对于违法的大数据侦查行为应当在裁判文书中列明，并将违法情况移交人民检察院开展法律监督。在未来的法律完善过程中，还可以考虑赋予法官针对大数据侦查中的程序违法行为给予独立制裁的权力，比如建立针对重大程序违法行为的终止诉讼机制，责令侦查机关对违法责任人加以惩戒、处分等等。

五、通过数据规范的法律控制

信息社会的到来对隐私权的既有法律保护框架形成了冲击，传统意义上具有消极、被动等特点的隐私权概念已经显得过于狭隘，很难适应社会发展的需要。[1]个人信息权作为保护公民个人信息的全新法律工具日益受到社会各界的重视，成了社会转型过程中法律治理体系的重要工具。可以说，将个人信息权作为一种独立的权利是现代社会发展的趋势。[2]

在公民个人信息保护法律体系的建构与运行过程中，多数国家的个人信息保护法均将国家安全与刑事司法领域的个人信息保护排除在法律适用范围之外。[3]这一传统观念过于关注公共利益，无视公民个人信息权的基本法律价值，导致近年来国家大规模监控在全球范围内盛行。从长远发展的视角观之，信息社会的发展必须依赖强大的个人信息保护机制。从公民基本权利保护的视角观之，在现代信息技术之下，几乎所有的个人行为都会留有信息痕迹，这些信息痕迹关涉个人生活的方方面面，实现了对个人从摇篮到坟墓的全程记录；现代信息技术可以实现对个人碎片化信息的整合，随着信息质和量的累积，碎片化的个人信息逐渐形成个人的"人格剖面图"，[4]从这个角度观之，个人信息对维护信息主体的人格尊严和自由价值意义重大。大数据侦查也必须在打击犯罪与维护公民个人信息权、人格尊严、个人自治等价值追求之间寻求平衡，个人数据保护的法律原则与机制在刑事司法领域应当得到适度应用。[5]

---

〔1〕 周汉华：《中华人民共和国个人信息保护法（专家建议稿）及立法研究报告》，法律出版社2006年版，第48页。

〔2〕 王利明："论个人信息权的法律保护——以个人信息权与隐私权的界分为中心"，载《现代法学》2013年第4期。

〔3〕 周汉华：《中华人民共和国个人信息保护法（专家建议稿）及立法研究报告》，法律出版社2006年版，第58~59页。

〔4〕 张新宝："从隐私到个人信息：利益再衡量的理论与制度安排"，载《中国法学》2015年第3期。

〔5〕 2016年4月27日，欧洲议会与欧洲委员会在通过旨在全面保护公民个人信息权的《通用数据保护条例》（General Data Protection Regulation）的同时，通过了《以犯罪预防、调查、侦查、起诉或者刑罚执行为目的的自然人个人数据保护指令》，将个人数据保护的法律原则与机制部分引入刑事司法领域。

之所以强调适度应用，主要是基于两个方面的考量：一方面，大数据侦查的兴起是侦查方式顺应信息社会蓬勃发展的社会发展规律的产物，信息是信息社会最为重要的发展资源，也必将作为社会治理方式的核心要素，从这个角度来看，积极利用海量数据发展大数据侦查是社会发展的必然要求。个人信息的范围大于个人隐私，个人信息权的权能较之隐私权更为积极主动，个人信息保护机制的内涵与制度设计也与隐私权的保障原则、理念存在诸多不同。刑事司法承载的国家安全、社会安全等一系列社会价值与公民个人信息的保护之间应当进行相应的权衡，引入个人信息保护机制只能是适度进行，国家为履行在信息社会条件下保护国民安全的使命可以干预公民的个人信息权，但应当遵循最低限度的个人信息保护规则。另一方面，也应当认识到个人信息保护的不少法律机制与侦查的既定目的和侦查规律不无冲突。比如，个人信息公平保护实践要求对个人信息的使用应当坚持自愿同意原则、公开透明原则。然而，防范反侦查的执法目的以及侦查效率的要求使得侦查机关无法在利用海量个人信息前征得各个信息主体的知情同意，大数据侦查模型中的算法设计过程也因为涉及侦查经验、犯罪规律等侦查秘密，基本无从做到算法公开。因此，对于信息公平实践中的知情同意、算法公开透明等原则，在大数据侦查的规范体系中只能适度应用。

在我国个人信息保护法出台前，[1]对大数据侦查的规制，建议引入如下个人信息保护方面的法律原则和机制：

（一）目的合法与特定原则

大数据侦查过程对公民个人信息的收集与处理应当基于合法、具体且特定的执法或司法目的，不得超越收集个人信息时的合法目的使用相关个人信息。"合法"是指基于刑事诉讼法、网络安全法等法律明确授权的执法与司法的正当目的；"具体"是指法律授权时不应准许无任何嫌疑基础而发动大规模信息收集与处理活动；"特定"是指当社会机构将数据库信息传递给侦查机关或者与侦查机关共享数据库时，应当事先告知信息主体在何种情形下为追诉哪些犯罪行为，社会机构将与侦查机关共享公民的个人信息。目的特定原则

---

〔1〕 近年来，我国立法机关通过分散立法方式，在《刑法修正案（七）》和《刑法修正案（九）》中加强了对个人信息的刑法保护；在《民法典》第 1034 条规定了个人信息的保护规则；在《网络安全法》第 41、42 条规定了网络个人信息保护的条款。从总体上看，我国仍缺乏一部专门的个人信息保护法，以统筹公民个人信息保护的各个方面。

禁止未经信息主体的明示同意或授权将商业用途产生的个人信息用于犯罪侦查，除非信息收集主体或处理主体在收集与处理数据前已经明确告知信息主体特定目的中包括了未来可能将其个人信息用于对其犯罪的追诉。通过目的合法与特定原则，信息主体在行使个人信息的知情同意与授权前具备了对该个人信息未来可能使用目的的全面、清晰的认识，大数据侦查对公民个人信息的收集、处理方才具备正当性。

（二）信息主体的知悉权与更正权

信息主体的知悉权与更正权是保障信息主体信息权，防止信息管理者、使用者、控制者滥用公民个人信息的重要制度安排。刑事诉讼中的被追诉人作为信息主体应当有权知悉信息被司法机关收集的目的及用途，有权查询、修改、更正不准确、不客观或过时的数据信息。信息主体的知悉权对于被追诉人知悉控方的指控方向与证据来源，进而有效准备辩护至关重要。同时，知悉权既是信息主体充分行使信息权的前提条件，也是信息主体寻求法律救济的基础性权利。信息主体的更正权是确保数据质量的重要机制，也是防范刑事司法中数据失真引发错误司法行为的有效工具。当然，基于刑事司法顺利进行的合理理由，侦查机关可以推迟告知犯罪嫌疑人、被告人等信息主体个人信息的干预过程及结果，但推迟告知信息主体的例外应当是明确而具体的法定事由。适当的法定事由可以包括两个方面：一是涉及国家安全和国家核心利益的案件，比如危害国家安全、恐怖活动犯罪等，由于涉及犯罪组织以及情报信息的未来使用，可以推迟告知信息主体；二是告知信息主体可能有碍侦查的，侦查机关应在有碍侦查的情形消失后立即进行告知。

（三）信息安全与数据质量控制机制

侦查机关对信息的处理过程应当体现安全性，与其他信息处理者、使用者相比，侦查机关具有更为强大的信息收集与使用能力，其汇总的各类个人信息不仅规模巨大，更包含大量高度敏感信息，这对信息安全提出了更高的要求。因此，应当考量建立并运行各类信息安全防护机制，制作监控日志并做到操作留痕。

侦查过程中，根据比例原则的要求，对于公民信息应当实行分级管理，对于公民个人敏感信息，在刑事司法与侦查活动中应当重点保护，设置更高的审批权限与启动事实条件。公民个人敏感信息是指那些一旦遭到泄露或修改，就会对标识的个人大数据侦查的法律控制信息主体造成不良影响的个人信息。[1]刑事司法中的个人信息至少包括行踪轨迹信息、通信内容、征信信息、财产信息以及住宿信息、通信记录、健康生理信息、交易信息等。[2]

数据质量控制机制是大数据侦查正确展开、防止侦查错误的基础性制度，数据收集主体包括商业机构、社会机构与侦查机关，均应当根据《网络安全法》等相关法律的规定建立确保数据真实性的相关机制，侦查机关在开展大数据侦查过程中应当通过数据清洗、多库交叉检验等方式验证数据的真实性。禁止包括侦查机关在内的数据使用者、管理者共享、传输无法验证真实性、过时的相关数据。同时，数据使用者与管理者也负有及时修正虚假、过时信息的相应义务。

（四）个人信息使用的监督与救济程序

对个人信息的处理应当设置相应的监督与救济程序，除前文提及的刑事程序的外部审批机制之外，还应当根据个人信息保护的特有要求，建立独立监督机构、定期报告机制等救济渠道，强化对个人信息使用的监督。大数据侦查的监督机制应当在侦查效能、侦查方法保密与公民个人信息保护之间寻求平衡，监督的重点应集中于平等权的保护、禁止选择性执法、数据安全的执行状况等总体情况。监督的方式应当以事后监督为主，因为大数据侦查处于前侦查阶段，对于侦查经验的应用与选择、侦查启动的时间节点选择等，事先审批与监督并不具备可行性。在事后监督机制方面，可以考虑结合《个人信息保护法》的起草，设立个人信息专门保护机构对大数据侦查等个人信息使用机制进行事后监督，个人信息保护机构可以受理信息主体的权利救济申请，也可以依职权进行调查，或者要求侦查机关就大数据侦查使用的整体状况定期加以备案或者建立定期报告机制，对大数据侦查使用情况进行定期审查。

结　语

大数据侦查在中国的发展既存在着特有的必要性，也面临着独特风险。一方面，作为国家治理体系重要组成部分的刑事司法系统必须拥抱大数据，

---

　　[1]　参见《信息安全技术　公共及商用服务信息系统个人信息保护指南》第3.7条。
　　[2]　参见最高人民法院、最高人民检察院2017年发布的《关于办理侵犯公民个人信息刑事案件适用法律若干问题的解释》第5条。

唯有如此才能有效化解深刻转型社会所带来的犯罪率持续攀升、新型犯罪层出不穷的社会治理难题，有效治理口供过度依赖的传统刑事司法弊端，严格落实无罪推定原则，防范冤假错案。大数据侦查是顺应信息社会背景下侦查规律的必然选择，符合社会控制机制演进的基本趋势。中国是一个数据大国，且具有"集中力量办大事"的制度优势，对于大数据侦查的发展具备更多有利条件。比如，基于全球数量最多的互联网使用用户、移动手机用户、公共视频监控视频，以及移动支付平台、共享经济平台、互联网金融平台，大数据侦查拥有极为丰富的数据资源，数据比对与数据挖掘具备绝佳的开展条件。另一方面，应当认识到，正当的法律程序与个人信息保护制度对于大数据侦查的良性、可持续性发展同样至关重要，发展大数据侦查的各项优势缺少法律控制机制的制衡极易演化为巨大的风险。比如，数据量大并不代表数据质量高，瑕疵数据、错误数据的大量存在反而更易使侦查工作走上歧途，甚至导致公民权利被错误干预甚至剥夺，在这方面个人信息法律制度的引入对于大数据侦查的健康发展至关重要。

大数据侦查这一方兴未艾的新型侦查行为，也为刑事诉讼法学传统理论设置了许多新的研究课题，客观上推动着刑事诉讼法学研究范式的转型。首先，大数据侦查凸显出无罪推定这一现代刑事诉讼基本原则存在适用空间上的边界，其无法向前延伸至犯罪嫌疑产生之前的前嫌疑阶段。而恰恰是在前嫌疑阶段，大数据侦查应用空间广泛，其重要价值是在刑事司法程序开始前发现启动刑事司法程序的信息与线索，而无罪推定原则无论是作为狭义的证据规则还是作为广义的权利保障原则，都无法在被追诉人产生之前的前嫌疑阶段予以适用。现代刑事诉讼法的绝大多数原则与规则都是建立在无罪推定原则基础上的，其在大数据侦查中的适用真空附带导致多数诉讼规则与制度的空转。现代刑事诉讼法学理论必须继续探索发展其理论范畴填补这一空白。其次，以尊重和保障人权为重要使命的刑事诉讼法在传统上关注的权利类型主要是人身权、财产权与隐私权，大数据侦查的出现使得权利干预类型进一步无形化，传统权利干预形态逐渐为大数据侦查所替代，监控社会的到来也就意味着绝大多数犯罪过程会被如实记录，追诉犯罪的过程越来越不需要依赖干预传统权利的各类侦查行为，但同时监控社会的加速形成会引发人们对言论自由、思想自由的忧虑，算法歧视会带来平等权保护的迫切需要，刑事诉讼法学的研究需要关注这些课题，才能在更为宏大的视角之下合理规范大数据侦查。

从大数据未来发展方向的角度观之，有三大趋势值得持续关注：

第一，大数据侦查的深度应用将升级犯罪的类型，导致对犯罪打击的难度逐步上升，在侦查与反侦查的多轮较量中，街头犯罪、暴力犯罪将会因为大数据侦查的有效打击而逐步退出历史舞台，相应的犯罪人群将进一步转向更为隐形化的经济犯罪，同时为规避大数据记录的搜集，犯罪的地点将更为全球化，基于境外实施的各类犯罪类型将进一步多发。侦查机关在应用大数据的过程中需要不断培养专业分析人才、研发新型算法模型以适应愈发隐蔽、变化的新型犯罪手法，同时还应当开始探索数据全球化共享的规则与机制，建立数据司法协助的相应制度安排。

第二，伴随着我国刑事司法制度中以审判为中心的改革逐步推进，证明标准、证据规则的严格适用对侦查机关取证的规范性提出了越来越高的要求。伴随着大数据侦查在案件侦破过程中发挥的作用愈发突出，法庭对其证明作用的需求也就会日益凸显。实现大数据侦查由"幕后"走向"台前"，需要对大数据证据问题展开进一步研究。现有证据法的理论与规则提供的解决方案极为有限。比如，大数据侦查的分析结论归于何种证据种类、适用何种证据规则；如何进行人脸识别、声音视频、生物信息识别上的同一认定；如何在庭审上对大数据证据进行质证、如何在保障质证权与保守侦查方法秘密之间寻求有效平衡；等等。诸多证据法问题都需要未雨绸缪展开研究，以迎接大数据侦查的常态应用所引发的刑事审判方式变革。

第三，大数据侦查的发展将改变政府与商业机构在刑事司法中的关系格局，刑事司法界应当开始关注如何在法律上评判二者之间的相关关系这一全新课题。大数据侦查的数据来源除了政府各部门基于政府管理需要而收集、储存的数据之外，多数的海量信息均来源于商业机构为公民提供日常生活服务、经济交往当中储存的各类信息。大数据侦查越来越多地需要与商业机构的数据库互通共享，而传统刑事司法的规范原理是规制公权、保障私权。如何跨越这一规范鸿沟，需要法学界与法律界进一步思索。

论美国对新型监控侦查措施的法律规制

——以 GPS 和视频监控为例

艾　明*

摘　要： 随着现代科技的发展，美国执法部门开始在侦查实践中运用 GPS 和视频监控进行特别监视。此后，如何规制这些新型的监控侦查措施成了美国法律界持续关注的热点。梳理美国规制新型监控侦查措施的判例、理论和立法，对我国侦查法治化建设大有裨益。

关键词： GPS；视频监控；新型监控侦查措施；法律规制

作为世界上科技最为发达的国家，美国早在 20 世纪 70 年代就开始运用新型监控侦查措施开展侦查。此后，如何规制新型监控侦查措施成了美国法律界持续关注的热点。梳理美国规制新型监控侦查措施的判例、理论和立法，对我国侦查法治化建设不无裨益。

一、美国运用 GPS 和视频监控进行侦查的实践

在侦查实务中，美国历来重视运用秘密侦查措施。有学者将美国侦查实践中这种重视秘密侦查措施运用的做法概括为"美式侦查方法"，建议各国向美国学习，为应对犯罪全球化，引进包括控制下交付、卧底侦查、电话监听等秘密侦查方法。随着科技的发展，美国执法部门在原有秘密侦查措施的基础上又开发出众多新型监控侦查措施，并成功运用于实践，运用 GPS 和视频监控进行特别监视即属此例。

全球定位系统（Global Positioning System，GPS），原系 20 世纪 70 年代初期由美国国防部设计并供美军使用的卫星导航系统。GPS 定位的原理是通过

---

* 作者简介：艾明，男，重庆人，西南政法大学刑事侦查学院教授，法学博士，研究方向为侦查学。

24 颗卫星绕行地球时传送信号到接收器，并以接收信号时间差推算接收器与卫星的距离。而接收器接收卫星传输信号时，得以三角测量法测定出接收器所在的经度、纬度及海拔。随着 GPS 定位技术的不断完善，目前定位 GPS 接收器的准确性可达 1 米至 3 米。GPS 由定位卫星、地面控制系统与应用端系统三个部分组成，详细的架构如下图：

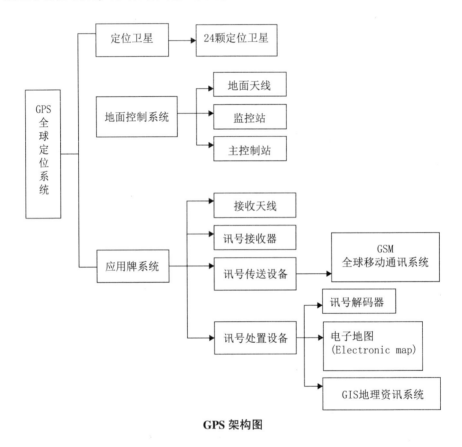

GPS 架构图

GPS 具有定位更精确的特点，因此在侦查实践中逐渐取代传统的无线电发射装置（Beeper）追踪器，成为美国执法部门进行定位追踪的首选工具。在侦查实践中，美国执法部门通常将 GPS 装设于车辆的底部，借此收集特定人及特定车辆的位置信息和行动轨迹信息。如在"杰克逊案"中，[1]警察怀疑

---

〔1〕 State v. Jackson, 76 P. 3d 217-224（Wash. 2003）.

华盛顿州居民杰克逊亲手杀死自己的女儿后谎报失踪，于是申请搜查令状搜查杰克逊的住宅及汽车，并在未告知被告人的情形下，在被告人车底的电子引擎下装设 GPS。通过 GPS，警察追踪了被告人的行动轨迹 18 天，知悉被告人曾开车到离其住处 50 英里〔1〕的一偏僻处停留。警察随后在该处找到其女儿的尸体，被告人因此被控谋杀罪。在"贝里案"中，〔2〕缉毒人员依巴尔的摩市法院的授权，在贝里的共犯希尔所有的车辆保险杠下方装设 GPS，期限为 6 天。通过 GPS，缉毒人员得知该车 6 天内先后进出纽约 4 次。在期限届满后，缉毒人员继续通过 GPS 追踪该车的行动轨迹，进而怀疑希尔涉嫌运输毒品。缉毒人员依据 GPS 所记录的该车行动轨迹，向联邦法院申请搜查令状，后在希尔住处搜查到海洛因及若干制毒工具。

由于在侦查实践中运用 GPS 进行定位追踪较为普遍，美国联邦执法训练中心还专门开设了教授执法人员如何装设 GPS 进行定位追踪的训练课程。

在侦查实践中，美国执法部门也经常装设视频监控设备进行特别监视，以了解监视对象于特定空间内的活动情况。如在"杰克逊案"中，〔3〕美国联邦调查局（FBI）特工协同俄克拉荷马州埃尔克城的警察，在两名贩运毒品嫌犯住宅外的一根电线杆顶端装设了视频监控设备，以监视其活动情况。该设备的监控角度可以被警察遥控调整，但是该设备并不能记录谈话信息，也不能观察到住宅内部的情况。在"库瓦-桑切斯案"中，〔4〕警方怀疑被告人的物业被贩毒分子用作藏毒的仓库。由于被告人在庭园筑起了高逾 10 英尺的院墙，为有效监视，联邦执法人员向法院申请了命令后，在其庭园后面的一根电线杆顶端装设了视频监控设备，借此收集到被告人藏毒的证据。

二、美国联邦最高法院规制监控型侦查措施的理论

在美国联邦最高法院看来，监控型侦查措施主要干预的是公民受宪法保障的隐私权，因此在对监控型侦查措施进行司法审查时，美国联邦最高法院主要以其创设的隐私的合理期待理论作为审查依据，为此有必要介绍该理论及相关分支理论。

---

〔1〕 1 英里≈1.61 千米；1 英尺≈0.3 米。为行文方便本文中使用英里、英尺。

〔2〕 United States v. Berry, 300 F. Supp. 2d 366 (D. Md. 2004).

〔3〕 United States v. Jackson, 213 F. 3d at 1276-1281.

〔4〕 United States v. Cuevas-Sanchez, 821 F. 2d at 250.

（一）隐私的合理期待理论

传统上，美国联邦最高法院一直以"财产权/侵害分析方法"作为衡量某项侦查措施是否构成美国宪法第四修正案所定义的"搜查"的标准。随着现代科技的发展，美国联邦最高法院逐渐意识到，侵害理论"既不是好的物理学标准，也不是理想的法律规制"。为此，在1967年的"卡茨案"中，[1]美国联邦最高法院创设了隐私的合理期待理论。在该案中，美国联邦最高法院的多数意见认为，只要警察行为侵害了嫌犯合理期待的隐私即构成搜查，并认为，《美国宪法第四修正案》所保护的客体是"人"而非"地"。本条立法旨在保护当事人对其所信赖的某特定地具有隐私权，至于该地为住宅、办公室、汽车，还是公共电话亭，在所不问。

根据大法官哈兰的解释，"合理的隐私期待"包括主观要件和客观要件两个方面。首先，个人必须"表现出一种真实的（主观）隐私期待"；其次，他须证明，该期待为一般社会大众所认为是合理的。在符合上述二要件时，受侵害人可以主张宪法上的隐私权，执法部门所采取的措施则必须遵守美国宪法第四修正案所要求的令状原则及相当理由标准。反之，若受侵害人的主张欠缺上述标准的任何一个要件，执法部门所采取的措施便不构成宪法意义上的搜查，无须事先向法官申请令状。

仔细分析隐私的合理期待理论可以发现，该理论的核心是在如何界定客观要件上，因为就主观要件而言，任何受侵害之人均可宣称自身所遭受侵犯的隐私利益是一种真实的（主观）隐私期待。哈兰大法官后来也认为，该理论的真正焦点应当集中在客观期待方面，隐私分析应当"超越对主观隐私期待的探寻"。隐私的合理期待理论后续的历史发展，颇能印证哈兰大法官的观点，因为美国联邦最高法院在后续的多个判决中发展出一系列的分支理论，这些理论的核心即在界定受侵害的隐私期待是否是一种社会大众认为是合理的隐私期待。以下仅就与新型监控侦查措施有关的代表性分支理论作一介绍。

（二）开放区域与庭院理论

开放区域理论起源于1924年的"海斯特案"。[2]在该案中，美国联邦最高法院认为，《美国宪法第四修正案》对人、住宅、文件、财产的保护并没有

---

〔1〕 389 U.S. 347 (1967).

〔2〕 265 U.S. 57, 59 (1924).

扩大到开放区域。在1984年的"桑顿案"和"奥利弗案"中，[1]美国联邦最高法院重申了该理论。在前案中，警察获得了一个匿名的线报，于是穿过桑顿住宅与其邻居住宅之间的小路，进入了一片树林，并发现了桑顿种植的大麻。美国联邦最高法院坚持认为，个人对住宅外区域的活动不享有合理的隐私期待，除非该区域紧密地与住宅相连。在后案中，警察在没有搜查令状的情况下，绕过锁着的大门进入私人的领地（竖有"请勿穿越"的告示），并在离奥利弗住宅1英里外的地方发现了其种植的大麻。在该案中，美国联邦最高法院将"开放区域"定义为：庭院外部任何未经利用或充分开发的区域。将"庭院"定义为"住宅周围或者与之直接关联的土地"，该区域是与"私人住宅及其生活隐私的尊严"密不可分的私密活动所延伸的区域。根据这一区分，美国联邦最高法院认为离奥利弗住宅1英里外的大麻田属于开放领域，警察的行为并没有违反《美国宪法第四修正案》的规定，即使被告人采取了一些防范和警示措施。

根据开放区域与庭院理论，公民的住宅和庭院受到《美国宪法第四修正案》的保护，而开放区域不受美国宪法第四修正案的保护，如下图：

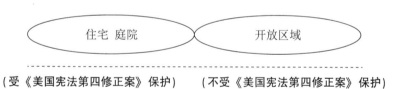

（受《美国宪法第四修正案》保护）　　（不受《美国宪法第四修正案》保护）

在1987年的"邓恩案"中，[2]美国联邦最高法院进一步提出了区分庭院和开放区域的四个相关因素：①该区域与住宅的临近程度；②该区域是否为围绕住宅的封闭区域；③该区域的性质与用途；④居住人为保护区域不被观察而采取的措施。

（三）共见共闻理论

开放区域与庭院理论划定了《美国宪法第四修正案》保护的区域，以防止警察恣意闯入，但其并不能对抗警察从外部进行的观察活动，即使被观察到的活动和状态处于《美国宪法第四修正案》保护的区域，只要这些活动和

---

〔1〕　466 U. S. 170（1984）.

〔2〕　480 U. S. 294（1987）.

状态处于一种共见共闻的状态，美国联邦最高法院仍然认为这些活动和状态不符合隐私的合理期待理论的客观要件。

在"西拉奥洛案"中，[1]加利福尼亚州圣克拉拉市警局接获线报称西拉奥洛在自家后院种植大麻。后院有 6 英尺高的外墙、10 英尺高的内墙，警察无法从地面观察西拉奥洛是否在其间种植了大麻。于是警方租用了一架飞机，并从 1000 英尺的高空对后院进行拍照，然后警方以航拍照片为据向法院申请搜查令状，在西拉奥洛家中找到了大麻。被告人西拉奥洛认为，警方的航拍行为未取得搜查令状，属于违法搜查，要求法院排除相关证据。初审法院拒绝排除，上诉法院推翻了初审法院的判决，认为被告人在自家后院筑高墙就显示了自己合理期待的隐私权，而警方所租用飞机的飞行高度并不符合飞行标准，其目的只在于侦查被告人是否在家中种植大麻，因而侵犯了被告人合理期待的隐私权。警方不服，再上诉至美国联邦最高法院。美国联邦最高法院认为，尽管后院属于《美国宪法第四修正案》保护的庭院区域，且被告构筑围墙也已表明了主观的隐私期待，但这一行为并不能阻止任何个人从卡车或双层巴士上用肉眼观察后院的情况。事实上，后院的情况处于一个共见共闻的状态，在这种状态下，不能主张主观的隐私期待是合理的。具体到本案，警察在高空观察被告人的后院，是一般搭乘飞机之人都可在空中往下鸟瞰的景象，所以被告人对于警方的航拍行为不能主张合理期待的隐私利益。

在随后的"赖利案"中，[2]美国联邦最高法院重申了共见共闻理论。在本案中，警方接到密报称赖利在家中后面的温室内种植大麻。赖利住在一处组合屋内，组合屋的后面是一个温室，赖利用铁丝网将组合屋和温室围起来，并在温室外注明不得进入。温室四周紧闭，不能从平面进行观察，但警方发现温室屋顶有一个破洞，于是派人坐直升机从 400 英尺的高空透过破洞看到温室内有种植的大麻，随后警方取得搜查令状进入温室内扣押了大麻。

美国联邦最高法院认为，被告人虽有保护温室不被其他人从平面窥视的隐私利益，不过因为温室屋顶有一个破洞，所以并无法防止他人从空中进行观察。警察可以坐在直升机上于 400 英尺的低空透过破洞观察室内的情形，一般的公众也可以搭乘直升机如此做，此时，室内的情况处于共见共闻的状

---

[1] 476 U. S. 207 (1986).

[2] 488 U. S. 445, 448 (1989).

态，被告人主张的隐私利益是不合理的。

（四）感官强化理论

随着科技的发展，在侦查活动中警察常利用某些增强自身感官能力的科技工具从事观察、跟踪、探测活动。对于这些科技工具的运用，美国联邦最高法院总体上持支持态度，但也提出了一些限制运用的要求。

在"诺茨案"中，[1]阿姆斯特朗向霍金化学公司购买三氯甲烷，目的在于制造安非他命毒品。霍金公司同意警察在装三氯甲烷的桶内安装 Beeper，并同意阿姆斯特朗下次购买时将装有追踪器的这一桶三氯甲烷卖给他。后警察利用这一追踪器跟踪嫌犯的汽车，知悉装有三氯甲烷的桶被锁在靠近诺茨的隐蔽小木屋内。警察随后在取得搜查令状的情况下闯进木屋，破获了该起制造毒品案。

在审判中，被告人诺茨以警察在未取得搜查令状的情况下，利用追踪器监控自己构成违法搜查为由进行抗辩。美国联邦最高法院认为，警察无搜查令状使用追踪器追踪被告人的行为并未侵害其合理期待的隐私，这主要是因为：首先，一个人开车行驶在马路上，既然警察可以用肉眼看到被告人的车辆，则被告人对其从某处移动到另一处的行动就无合理期待的隐私。其次，使用追踪器仅在强化警察的肉眼感知能力，《美国宪法第四修正案》并未禁止警察通过运用科技工具强化自身的感知能力。最后，使用追踪器只是提升警察执法的效率，而警察有效执法并不等于违宪。最重要的是，追踪器并未侵入私人住所并揭露内部细节。

然而，如果警察运用的这种科技工具有可能侵入私人住所并揭示内部细节，或者不属于"一般公众使用"的类型，美国联邦最高法院有可能会认为警察的行为侵犯特定人隐私的合理期待。在"卡罗案"中，[2]缉毒局特工知悉被告人自一线人处订购了大量醚用以制造可卡因，在征得该线人同意的情况下，将 Beeper 装设于其中的一个罐子上，这个罐子后来被卖给被告人。约一个月时间内，特工经由 Beeper 监视罐子的移动，知悉了许多有关私人住所及两个化学储存设备的信息，于是申请搜索令，取得证据控诉被告人。被告人质疑该证据的合法性。美国联邦最高法院认为，在本案中，特工运用

---

[1] 460 U. S. 276, 277 (1983).

[2] 468 U. S. 705, 715 (1984).

Beeper 进行监视获得了从住宅庭园外面观察时不能获得的信息，尽管这种监视比搜查的侵扰度低，但是它揭露了住宅内部的关键事实，除非有法院授予的司法令状，侦查人员不得擅自进行。

在"凯洛案"中，[1] 凯洛在家中种植大麻，因种植大麻需要高强度的灯光，警察遂在半夜于凯洛家外运用红外线热成像仪进行扫描，发现室内屋顶及墙体有异常高温，于是向法院申请搜查令状，并在凯洛家中搜出大麻。美国联邦最高法院认为，在本案中，警察所使用的红外线热成像仪并非一般公众使用的工具，警察用此种工具收集住宅内私密生活细节信息，应当遵守《美国宪法第四修正案》的要求。

三、美国法院对 GPS 和视频监控运用的规制态度

以上对美国联邦最高法院创设的隐私的合理期待理论及相关的分支理论作了介绍，以下主要结合 GPS 和视频监控运用的具体情况，阐明美国法院（联邦法院和州法院）对这些措施运用的规制态度。

（一）对 GPS 运用的规制态度

GPS 的出现使侦查机关定位追踪的持续性、精确性和隐蔽性得到了极大的提升，尽管有学者已指出，没有任何人或者任何一种装置能像 GPS 一样具有如此复杂的、持续的、精确的收集个人行动轨迹和位置信息的能力，因此不能将规制传统追踪器 Beeper 的理论运用于对 GPS 的规制中，但迄今为止，美国联邦最高法院并未对这一问题表态。由于缺乏美国联邦最高法院的判例指引，美国联邦上诉法院和各州最高法院及地方法院对这一问题的看法并不一致。

在"迈克维尔案"中，[2] 库特耐（Kootenai）国家森林警察发现有人在森林内种植大麻。警察因人手不足于是在种植大麻的地点附近架设视频监视设备拍摄接近该区域的人。之后拍到一部卡车，并拍到本案被告人迈克维尔靠近那些大麻。几天后，警察发现一台类似在森林内拍到的卡车，并看到走出车外的被告人很像在森林里拍到的靠近大麻的那个人。警察查询车辆记录后得知，该车属于被告人。在大麻快要成熟之际，警察在被告人那辆停在自家庭院外、车库前私人车道的卡车底下安装了 GPS 追踪器。几天后，警察发

---

〔1〕 533 U. S. 29-30 (2001).

〔2〕 186 F. 3d 1119-24 (9th Cir. 1999).

现被告人等人前往采收大麻，于是尾随被告人在无搜查令状的情况下进入被告人家中逮捕被告人，在取得搜查令状后扣押了大麻。

被告人主张，警察在卡车底下安装 GPS 追踪器构成违法搜索，由此产生的证据应予排除。审理该案的美国联邦第九巡回上诉法院认为，被告人并未证明其所有的私人车道具有《美国宪法第四修正案》保障的合理期待的隐私权。汽车外部是所有路过的人都可以看得到的地方，汽车底盘属于汽车外部，因此也是众人共见共闻的地方，被告人不能主张合理期待的隐私权。加之，被告人并没有采取任何保护措施以避免汽车底下让其他人看见，警察的 GPS 追踪器也不是装在隐秘或看不到的地方，所以装设 GPS 追踪器并不构成搜查，且警察装设的 GPS 追踪器不会妨碍被告人对汽车的所有和使用，所以也不构成扣押。

在该案中，美国联邦第九巡回上诉法院综合运用了美国联邦最高法院创设的开放区域与庭院理论、共见共闻理论和感官强化理论，论证警察运用 GPS 进行定位追踪的合宪性。

在前述提及的"杰克逊案"中，华盛顿州最高法院首先引用美国联邦最高法院创设的感官强化理论，认为如果执法机关使用辅助或提升感官的工具，如望远镜、探照灯进行一般目视的观察，不是宪法意义上的搜查行为。然而如果执法机关利用此种工具达到不合理的侵入程度时，则可能会构成搜查。在本案中，执法人员在被告人车底装设 GPS 进行跟踪，时间超过 10 天。在此过程中，执法人员并未实际进行跟踪监视，而是由 GPS 记录行为人的行踪，此种记录已达到巨细靡遗的程度，这就不是望远镜或探照灯所能提供的功能，也不属于辅助或提升执法人员感官能力的工具，而是利用一种新的监视技术取代传统的目视跟踪监视措施，最终华盛顿州最高法院判定执法人员的此种行为构成搜查。

在这一案件中，华盛顿州最高法院虽然引用了感官强化理论，但并未将 GPS 视为一种强化感官的工具，而是将其认定为一种新的、独立类型的监视技术，并用搜查的标准衡量之。

在前述提及的"贝里案"中，马里兰州地方法院认为，GPS 不同于传统的仅仅扩大警察目视监视能力的 Beeper；首先，GPS 能将目标对象的行动信息储存其中，并在日后下载使用；其次，GPS 能及时、精确地追踪目标，并在地图上显示目标位置，因此该法院将 GPS 归类为一种更精密的电子追踪器，表示警方如使用有存取功能的 GPS 进行追踪应事先取得法院的命令（该案中，缉毒人员事先已获得了巴尔的摩市法院的授权）。

在"加西亚案"中，[1]被告人加西亚将车停放于街道上，警察在该车保险杠底下安装 GPS 进行追踪，被告人主张警察的行为构成扣押和搜查。审理该案的联邦第七巡回上诉法院由著名的波斯纳法官执笔判决。他首先认为，警察安装的 GPS 并未影响该车的性能，也并未从该车的引擎或电池取得电力，该 GPS 也未占去乘客或行李所使用的空间，甚至也并未改变该车的外貌，因此不构成扣押。其次，他认为警察的这种行为并不构成搜查。

第一，波斯纳法官将 GPS 类比为卫星空照图，认为如果卫星空照图不构成搜查，那么 GPS 追踪同样不会构成搜查。"本案 GPS 追踪器是透过卫星接收信号，虽然卫星传送的是地理坐标而不是像卫星空照图那样传送图像。这两者之间唯一的区别是卫星空照图并没有接触到车辆，而 GPS 接触了车辆，但这种区分在本案中并无意义。"

第二，波斯纳法官虽然指出了警察尾随跟踪与运用 GPS 进行追踪有差异，但认为这种差异不足以使后者构成搜查，因为在本案中警察运用 GPS 收集的是被告人在公开街道上的活动。

第三，在该案中，波斯纳法官进行了利益衡量。他认为："《美国宪法第四修正案》并没有规定 21 世纪的警察不能用比 19 世纪更有效的方法，这是安全与隐私权之间的权衡，而往往安全占上风。以'诺茨案'的 Beeper 为例，其只是对于人类目视监视车辆技术的适度改进。科技的发展使得 GPS 技术日益普遍，因而对隐私权构成了威胁。对于如何规制警方运用 GPS 进行监控是一个重大的充满争议的问题，所幸我们无须在本案中解决这个问题。到目前为止，警察并没有进行大规模的监控，他们仅在锁定嫌犯并有充足理由时才会运用 GPS 进行追踪。"

第四，波斯纳法官也提出了警告："如果哪一天政府决定要对车辆着手实施大规模监控时，那将是考虑是否将《美国宪法第四修正案》适用于 GPS 定位追踪的时刻了。"

从以上的分析可以看出，由于缺乏美国联邦最高法院的判例指引，美国联邦上诉法院和各州最高法院及地方法院对警方运用 GPS 进行定位追踪的看

---

[1] United States v. Garcia, 474 F. 3d 994 (2007).

法并不一致。在司法审查时，警方安装 GPS 的地点（私人车库、庭院还是公共街道）、警方安装 GPS 的部位（是否侵入车内）、GPS 的动力如何取得（是自身电力还是借助目标车辆的动力）、定位追踪的范围（仅限于收集目标车辆于公共街道的活动，还是也涉及进入私人区域进行监控和收集位置信息）都可能影响法院的判断。

由于法院见解不一致，导致侦查实务中某些执法部门对运用 GPS 收集的证据是否具备证据能力充满疑虑。为稳妥起见，美国的某些执法部门发展出了一些替代的"转换证据"的方法。例如，执法部门先经由 GPS 了解目标车辆详细的行动轨迹，然后再派出目击证人到这条行动轨迹上的各个观测点，让他们观察目标车辆，然后再收集这些不同的目击证人的证言。再如，执法部门先经由 GPS 了解目标车辆详细的行动轨迹，然后再在这条行动轨迹上架设多个视频监控摄像头进行拍照，最后将拍摄到的目标车辆的照片作为证据提交。

（二）对视频监控运用的规制态度

对侦查机关安装视频监控设备进行特别监视的行为，美国联邦法院的见解也并不一致。在前述提及的"杰克逊案"中，审理该案的美国联邦第十巡回上诉法院认为，警察在被告人室外电线杆顶端安装视频监控设备进行特别监视的行为并未侵犯其合理期待的隐私，不需要事先获得搜查令状。而在"库瓦-桑切斯案"中，审理该案的美国联邦第十五巡回上诉法院则作出了相反的判断。

在该案中，侦查机关怀疑被告人的物业被贩毒分子用作藏毒的仓库。由于被告人在庭院筑起了高逾 10 英尺的院墙，为有效监视，侦查人员向法院申请了期限为 30 天的命令后，在其庭园后面的一根电线杆的顶端装设了视频监控摄像头，借此收集到被告人藏毒的证据。被告人主张排除这些证据。政府运用"西拉奥洛案"所提出的共见共闻理论进行抗辩，认为即使被告人已筑起了逾 10 英尺的院墙，但一个维修电线的电力公司工人或者一个站在卡车顶部的警察亦可以观察到庭院内的活动。美国联邦第十五巡回上诉法院并未认同政府的观点。首先，在该案中，被告人通过构筑围墙，展示了他对隐私的主观期待。其次，监视的区域是被告人家中的庭院，这个区域受到《美国宪法第四修正案》的保护。再次，美国联邦第十五巡回法院认为，政府不加节制地运用视频监控摄像头进行特定监视会增加监控的负面效应，这种负面效应在奥威尔的小说《一九八四》里得到了充分的描述。最后，美国联邦第十五巡回法院指出，本案并不适用"西拉奥洛案"的判决，因为在本案中，政府的侵害并不是最小的，政府并不是通过偶然的观察侦测到被告人于庭院内的活动，而是通过运用视频监控摄像头记录下被告人庭院内 30 天的所有活动，这种全方位的监控与"西拉奥洛案"所允许的最小侵害的空中观察并不类似。

美国联邦第十五巡回上诉法院强调，侦查机关在安装视频监控摄像头进行特定监视时仍然要遵守联邦法律中关于电子监视的要求：①签发令状的法官应当审查是否已经具备如下条件：侦查机关已"穷尽其他调查手段或者运用其他侦查措施并无成效或将面临某种危险"；②该令状必须针对法律规定的可以适用的特定犯罪；③授权的期限不应超过 30 天（符合条件可以申请延期）或者不应明显超过取得调查成效所需要的必要期限；④令状应当遵守最小程度侵害原则。

在 2006 年的"阿珀森案"中，[1]美国联邦第十巡回上诉法院判决执法机关运用视频监控设备进行监视并未违反《美国宪法第四修正案》。在该案中，缉毒局怀疑被告人克莱德·阿珀森、威廉·皮卡德在一个废弃的导弹发射基地制造毒品迷幻剂 LSD。在取得法院核发的监视录影令状后，缉毒局特工装设了监视系统对该处进行了监视。最终，阿珀森被判监禁 3 年，皮卡德被判终身监禁。被告人质疑监视令状的合法性。美国联邦第十巡回上诉法院认为，无论执法机关是否取得法院的令状，本案的监视录像都是合法的，因为缉毒局运用监视录像并未侵害被告人的隐私利益。不过，美国联邦第十巡回上诉法院仍认为除非符合下列五个标准，否则法院不应该核发监视录像令状：①已有合理根据显示特定人正在实行犯罪、已实行犯罪或准备犯罪；②该令状应针对特定监视处所及物品；③该令状有足够的明确性能使与犯罪无关活动的录像记录减到最低程度；④签发令状的法官认为侦查机关已采取通常的侦查措施却未能成功，或合理显示即使采取通常侦查措施也不可能成功或太过困难；⑤该令状不得允许超过达到法院授权目的的必要期限，或无论如何不得超过 30 天。

四、理论界和实务界的反思

一向以来，美国联邦最高法院以其创设的隐私的合理期待理论及其他分

---

〔1〕 United States v. Apperson，441 F. 3d 1162（10th cir. 2006）.

支理论作为审查新型监控侦查措施是否合宪的理论依据。对这些理论依据，部分学者提出了质疑。例如，依据美国联邦最高法院的开放区域理论，个人对其于公众场合的行动不享有合理期待的隐私。然而有学者认为，当某人驾车行驶在道路上，虽然无法期待不被人看见，但不必然意味着其同意国家公权力能毫无遗漏地观察并记录所有行动轨迹并汇编成一个日常生活行为清单。一个人虽不能期待其在公开领域的行动不被看见，但至少可以期待短暂地被人观察会随时间流逝而遗忘，也可以期待其行动是逐渐看不见而非持续被追踪和监视。[1]

对于警察运用科技工具进行侦查的行为，美国联邦最高法院曾发展出"感官强化"理论作为审查其是否侵害合理隐私期待的理论依据，并以是否为"一般公众使用"作为判断该科技工具是属于"感官强化工具"抑或"超感官强化工具"的标准。随着科技的发展，这种形式意义上的简单标准受到了越来越多的质疑。通过梳理美国联邦最高法院所做的判例，学者哈钦斯（Hutchins）提出了侵害性评估理论对其予以修正，并将其作为检验警察运用科技工具进行侦查是否侵害合理隐私期待的判断标准。具体而言，该理论依据科技工具所揭露的信息类型与信息数量这两个指标衡量该工具的侵害性程度。

首先，依据所揭露的信息类型，将科技工具分为感官强化工具和超感官强化工具。感官强化工具意指某种科技工具所揭露的信息类型在理论上能够经由人类的一种感官知觉（视觉、听觉、嗅觉、味觉和触觉）而获得。哈钦斯认为，美国联邦最高法院的判例倾向是如果警察运用此类科技工具进行侦查不会侵害合理期待的隐私，就无须事先获得令状。例如，在"卡塞雷尔案""史密斯案""诺茨案"中，美国联邦最高法院认为以随身秘密录音设备取证、安装电话拨号记录器及运用 Beeper 进行追踪，其侵害性均未超出人类感官知觉所能达到的程度，因此被划归为感官强化工具，不构成侵害合理期待的隐私，无须事先获得令状。

超感官强化工具意指某种科技工具所揭露的信息类型无法以单纯人类感官知觉而获得。对于此类科技工具的运用，美国联邦最高法院倾向于认为构成《美国宪法第四修正案》意义上的搜查，应当事先获得令状。如在"凯洛案"中，美国联邦最高法院认为警察运用红外线热成像仪所揭露的信息类型

---

〔1〕 Dorothy J. Glancy. Privacy on the Open Road. 30 OHIO N. U. L. REV. 295, 324（2004）.

是一般人类感官知觉所无法察觉的，因此此种侦查方法属于宪法意义上的搜查，应当事先获得令状。

其次，该工具所揭露的信息数量可以作为调节因素予以考虑。如在"诺茨案"中，虽然美国联邦最高法院将 Beeper 视为感官强化工具，但仍发出警告：如果执法机关以天罗地网方式对任何人实施监控，将会作出不同判断。因此，即使某工具被划归为感官强化工具，但如其揭露的信息数量或细节是大量的、显著的，仍有可能被判断为具备侵害性。反之，如果某种工具被认定为超感官强化工具，但如揭露的信息数量有限，仍有可能被判断为不具备侵害性。例如，在"普莱斯案"中，美国联邦最高法院认为，执法机关运用缉毒犬这种超感官强化工具去检查乘客的行李不构成搜查，因为缉毒犬揭露的信息数量仅限于行李内是否藏毒。在这种情况下，所揭露的信息数量极其有限，执法机关运用此种超感官强化工具并不具备侵害性。

最后，侵害性评估理论有一项例外，即住宅例外，意指当执法机关针对私人住宅运用科技工具进行侦查时，美国联邦最高法院倾向于认为侵害了合理期待的隐私。如在"卡罗案"中，执法机关虽然运用的是 Beeper 这种感官强化工具，但由于这种工具侵入了住宅内部，因此仍被美国联邦最高法院判定为侵害了合理期待的隐私。美国联邦最高法院为此强调："私人住宅是个人通常具有隐私期待而不受国家公权力无令状授权加以侵入的地方，且这种隐私期待显然是一个社会准备好承认为正当的。"

此外，部分下级法院的法官亦倾向于对某些新型监控侦查措施实施更为严格的法律规制。例如，长期以来，美国执法机关在调取手机通讯记录时，常通过运用混合理论以取得法院的支持，而法院也一直予以配合。然而，进入 2005 年后，联邦法院的态度发生了某些改变，在对待执法机关申请核发法院命令时，数个联邦法院都表示，侦查机关如欲向运营商调取即时/未来的手机基站记录，应具备相当理由，且事先取得相当于搜查令状的法律文书，尤其是利用这种信息对特定对象进行监控追踪时。例如，在得克萨斯州南部的一个案件中，[1] 侦查机关运用混合理论，希望获得目标人物手机开始通话和结束通话时提供服务基站的位置信息、通话时长信息和基站方向角信息。法官并不认同执法机关的混合理论，认为必须具备《美国联邦刑事诉讼规则》

---

〔1〕 396 F. Supp. 2d747 (S. D. Tex. 2005).

第 41 条规定的相关理由时才可以使用这种类型的监控措施。

理论界和实务界的反思也促使美国国会用更审慎的态度来对待新型监控侦查措施，最直接的例证就是其于《美国联邦刑事诉讼规则》第 41 条中增订 GPS 运用的规定。

《美国联邦刑事诉讼规则》第 41 条原系有关执行搜查与扣押的程序规范。该规则于 2006 年 4 月 12 日由美国国会通过若干条文修订，并于 2006 年 12 月 1 日起生效。[1] 此次修订在第 41 条中增加了使用追踪器的相关内容。

1. 第 41 条（a）（2）（E）规定了追踪器的定义。此处的追踪器是一种可以追踪人或物体移动的电子或机械装置。执法人员安装 GPS 进行定位追踪属于第 41 条规制的范围。

2. 第 41 条（b）（4）规定：治安法官有权在管辖区内核发令状，授权于该管辖区内安装追踪器。该令状可授权使用追踪器追踪该管辖区内或管辖区外之人或物的行动，或者同时在管辖区内外进行追踪。依据本条，执法人员可以进入被告人有合理期待的隐私区域安装或移除追踪器。该令状授权执法人员既可在该法院管辖区内追踪特定人或物，也可以跨管辖区进行追踪。

3. 第 41 条（d）（1）规定：治安法官或由第 41 条（b）授权的州记录法庭法官，在收到宣誓书或其他信息后，如有相当理由得对人或物搜查或扣押，或有相当理由得安装及使用追踪器时，必须签发令状。

4. 第 41 条（e）（2）（C）规定：追踪器令状须确定所追踪的人或物，注明缴还令状的法官及该装置使用的合理期限。该期间自令状核发之日起不得超过 45 天。法院基于充足理由可以准许一次以上合理期间的延长，但每次不得超过 45 天。令状必须要求执法人员：①执行安装须在令状授权的特定时间，但不得超过 10 天；②应在白天执行令状授权的安装，除非法官基于充足理由明确授权于其他时间安装；③要将令状缴还给令状指定的法官。

5. 第 41 条（f）（2）规定：（A）记载时间。执行追踪器令状的官员须将追踪器安装的正确日期、时间及使用期间记载在令状上。（B）缴还。在结束

---

〔1〕《美国联邦刑事诉讼规则》是规范美国联邦各级法院刑事诉讼活动的规则，由美国联邦司法会议于 1946 年制定。修订该规则的程序为：先由美国联邦司法会议下的诉讼程序及证据规则委员会中的咨询委员会向常务委员会提出修正条文及修法意见。常务委员会通过后再提交给联邦司法会议审查，审查通过后由联邦司法会议呈送美国联邦最高法院审查。如果美国联邦最高法院同意修法内容则送交国会进行审查。国会可针对修正案行使否决、修改或延期审查等权力。如国会同意，则该修正案成为正式法规。

使用追踪器后的 10 天内，执行令状官员须缴还给指定法官。（C）送达。在结束使用追踪器后的 10 天内，执行令状官员须送达令状复印件给被追踪人或其物品被追踪之人。惟根据官员请求，法官可依第 41 条(f)(3)规定延缓告知。

论技术侦查中的隐私权保障

谢登科*

摘　要： 在现代信息社会中，国家为打击犯罪而不断提升其利用信息技术监控和干涉个人隐私的能力。在传统侦查中，隐私利益可依附于住宅权、财产权等传统权利而获得保护。而在技术侦查中，传统权利系谱并不具备足够的张力，以为个人隐私提供有效保护，隐私权这一新兴权利的独立性得以彰显。技术侦查中存在公共利益与个人隐私的冲突与平衡。国家在追诉犯罪的过程中采取技术侦查必然会侵犯和限制个人隐私权。公共利益和社会秩序是个人隐私权的边界之一，个人需容忍国家在适用技术侦查时对其隐私利益的侵犯。但这并不意味着国家权力在技术侦查中可以不受限制和制约。技术侦查中的隐私权保护在本质上属于隐私权的公法保护，它强调个人隐私权免受国家权力不正当侵害，其运作是要实现对国家权力的正当程序控制。技术侦查需要受到法律保留原则、比例原则和司法审查等限制。基于隐私权在现代权利体系中的重要性，技术侦查仅能被适用于重大犯罪，在适用顺序上具有末尾性。对于违法技术侦查侵犯个人隐私的行为，需予以程序性制裁措施以强化刑事诉讼中的隐私权保障和救济。

关键词： 隐私权；技术侦查；新兴权利；司法审查；程序性制裁

政治、社会和经济的发展不断要求承认新的权利，而普通法在其永恒的青春中不断成长以满足社会需求。随着文化修养的提高，人们对公共场合更加敏感，独处与隐私对于个人来说必不可少。侵害个人隐私，使人遭受精神上的痛苦与困扰，较之于纯粹身体或者财产上的伤害，有过之而无不

---

* 作者简介：谢登科，吉林大学法学院副教授，法学博士，博士研究生导师。本文发表于《理论月刊》2020 年第 12 期。

及。——［美］路易斯·D. 布兰代斯〔1〕

一、问题与路径

自启蒙时代以来的权利理论发展至今已有数个世纪，受古典自由主义影响的传统权利理论和司法实践侧重于对生命、身体、住宅和财产等权利的保障。随着信息技术的迅猛发展和大数据时代的悄然降临，国家利用"千里眼"（现代闭路系统足不出户即可监视民众一举一动）、"顺风耳"（通过窃听设备或录音摄像机监控民众谈话）、"隐身术"（依靠微型化技术或后门程序等隐匿行踪）、"追踪剂"（借由定位追踪装置实时精准锁定目标位置）、"蜘蛛网"（建立民众隐私信息联网数据库以供交叉检索）等现代信息技术手段，监控和干涉个人隐私的能力不断增强。但是，传统权利谱系中的财产权、人身权并不具有足够的理论张力为个人合理隐私利益提供有效的法律保护。依附于隐私利益之下的侵害行为，比如监视监听、定位追踪等，并非住宅权、身体权等传统权利所能调整和规范的。因此，隐私权作为一种新兴权利逐渐兴起。隐私利益备受重视，隐私权制度日臻完备，这为隐私权研究提供了丰富素材。隐私权亦成了新型权利研究的重要课题之一，理论界和实务界对隐私权的争论历久弥新，在隐私权权利属性、独立的必要性、客体范围等方面争议颇多。不过，国内学者对隐私权理论的探讨和研究多集中于民法、宪法等语境，〔2〕鲜有学者从刑事程序法角度来思考隐私权保护的问题。实际上，国外某调查结果显示：政府才是个人隐私权的主要侵犯者，而这其中又以因刑事侦查而实施的侵犯行为占绝大多数。〔3〕隐私权的私法运作主要是实现对私人行为的控制和规范，以保障隐私权免受来自个人的不当侵害。而刑事诉讼法中隐私权保护在本质上属于隐私权的公法保护，它强调个人隐私免受国家权力的不正当侵害，其运作是要实现对国家权力的有效控制。在刑事司法领域，一方

---

〔1〕［美］路易斯·D. 布兰代斯等：《隐私权》，宦盛奎译，北京大学出版社 2014 年版，第 3~7 页。

〔2〕详见王立志："隐私权之定义是否可能"，载《政治与法律》2015 年第 8 期；谢远扬："信息论视角下个人信息的价值——兼对隐私权保护模式的检讨"，载《清华法学》2015 年第 3 期；马特："隐私权的谱系学考察——兼论我国的法典化构建"，载《湖南社会科学》2014 年第 3 期；王利明："隐私权概念的再界定"，载《法学家》2012 年第 1 期；高圣平："比较法视野下人格权的发展——以美国隐私权为例"，载《法商研究》2012 年第 1 期等。

〔3〕张新宝：《隐私权的法律保护》，群众出版社 1997 年版，第 58~59 页。

面国家需要强化其利用现代信息技术的监控能力，以实现打击犯罪、维护秩序的社会需求，另一方面则需要为民众隐私利益提供有效的法律保护，防止犯罪控制中的权力滥用。因此，在查明事实、惩罚犯罪的过程中存在公共利益和个人隐私的冲突。随着国家利用现代信息技术监控和干涉个人隐私的能力不断增强，亦需要不断强化在刑事诉讼中对隐私权的程序性保障。虽然，隐私权作为一种新兴权利已被法律界和社会公众所普遍接受，但基于隐私权概念的抽象性、客体的不确定性、侵害方式的多样性等问题，其在实践中仍然面临诸多困境与冲突，这在刑事诉讼中亦不例外。因此，研究刑事诉讼中的隐私权保障离不开对隐私权基本理论的探讨。

隐私权在我国经历了"利益→法益→权利"的发展历程，2001年最高人民法院颁布的《关于确定民事侵权精神损害赔偿责任若干问题的解释》（已失效）第1条将隐私列为了"人格权益"。2009年颁布的《侵权责任法》（已失效）第2条正式规定了"隐私权"。2012年《刑事诉讼法》专门规定了技术侦查，为侦查机关开展监视监听、定位追踪等技术侦查措施奠定了合法性基础。技术侦查是信息社会发展过程中国家惩罚犯罪、维护社会秩序的必要手段。刑事侦查领域历来是国家权力与个人权利冲突最为激烈的领域，而技术侦查领域则是国家权力与个人隐私权冲突最为激烈的领域。在技术侦查中如何实现隐私权保护是本文所要研究的核心问题。对刑事诉讼中隐私权侵害与保护问题的探讨，离不开对隐私权这一新兴权利的权利性质、理论定位、客体范围等诸多基本问题的关注。技术侦查中的隐私权保护，并非中国特色的本土问题，而是信息社会、风险社会下各国所面临的共同难题，域外在技术侦查中隐私权保护的成功经验可以为我国所借鉴。因此，本文拟以隐私权理论为基础，运用实证分析、比较分析等方法探讨我国技术侦查中的隐私权保护。

二、嬗变与平衡：技术侦查中隐私权保护之证成

"技术侦查中隐私权保护"蕴含着两个层面的问题：其一，是否存在独立的隐私权，或者隐私权是否有其独立存在的必要性，通过传统权利能否有效保护隐藏于人身、财产、住宅之后的隐私利益。这涉及隐私权独立性问题，历来是隐私权"否定论"者和"肯定论"者激烈争议的领域。"否定论"者通常认为隐私权概念不清晰、边界不明确，缺乏权利内核，从而主张将隐私

利益纳入财产权、身体权、知识产权等范畴予以保护。"肯定论"者则认为传统权利系谱无法为隐私利益提供有效保护，隐私权存在其独立空间。技术侦查中的隐私利益是通过传统权利保护，还是通过隐私权保护？这必然涉及对隐私权独立性问题的探讨。其二，技术侦查中隐私权保护的必要性和特殊性。为何要单独强调在技术侦查中对隐私权的保护？这主要涉及隐私权侵害行为形态变化的问题。上述两个问题并非截然分离而是相辅相成：隐私权的独立性在技术性侦查中得以彰显；而在技术侦查中强调隐私权保护，也离不开对隐私权这一新兴权利的本质探析和理论定位。

（一）权利嬗变：隐私权独立性证成

如何处理与旧有权利之间的关系，历来都是新型权利在发展壮大过程中所无法回避的障碍与难题，这在隐私权的兴起中亦不例外。正如姚建宗教授所言："新兴权利与旧有权利关系极其复杂。一方面任何新兴权利都主要由旧有权利所催生，也可能是旧有非法律权利所催生，旧有法律权利和非法律权利是任何新兴权利的母体和孕育土壤；另一方面新兴权利得到法律确认之后，在法律理论和法律实践中都可能出现不和谐、不协调状态，即旧有法律权利和新兴权利可能冲突。"[1]传统权利注重于对生命、身体、住宅和财产等物质性利益的保障。随着政治、经济、文化和社会的不断发展，人们逐渐认识到生活中只有小部分痛苦、愉悦和受益是源于物质世界的，精神、感情及心智需要得到法律承认。法律权利的范围也逐渐扩大，这其中就包括隐私利益的权利化。在现代社会中，由于社会生活日渐紧张复杂，适时远离世事纷扰，保持独处免受干扰，是隐私权诞生的重要根基。个人保持独处、免受干扰的隐私权，不仅包括免受其他公民、新闻报刊、影视传媒等的不法侵害，而且也包括对抗国家对个人隐私利益的不法侵害。在刑事诉讼中，国家享有搜查、勘验、检查等强制性侦查权，如果缺乏程序性保障措施，很容易因滥用权力而侵犯个人隐私利益。在传统侦查手段中，隐私利益可以依附于住宅权、财产权、身体权等传统权利而获得保护。而在技术侦查中，住宅权、财产权、身体权等传统权利则无法为个人隐私利益提供足够的保护，隐私权独立性得以彰显。下面，笔者将结合两个典型的案例详细阐述。

---

[1] 姚建宗等：《新兴权利研究》，中国人民大学出版社 2011 年版，第 20~21 页。

案例一："夫妻看黄碟事件"[1]

2002年8月18日晚11时许，某派出所民警接到群众电话举报，称李某夫妇在家中播放"黄碟"。于是，3名民警遂前往调查，在未着警服、未出示证件的情况下强行进入李某家中。在此期间，民警与李某夫妇发生冲突，两名民警受伤。随后民警以妨碍执行公务为由，将李某带回派出所，并将从现场搜到的光碟、电视机、影碟机等作为证据扣押。两个月后，李某被以涉嫌"妨害公务罪"刑事拘留。后李某向派出所缴纳2万元罚款后被释放。为维护自己的合法权益，李某向检察院提出控诉，认为自己在家庭财产受到威胁、出于无奈情况下才动手，属正当防卫，民警既未着警装，也未出示证件，以执行公务为由侵入民宅，属于非法行为。后3名民警中，一人被判处滥用职权罪，两人被给予纪律处分。

案例二：热像仪对隐私权的侵犯 [凯洛案（Kyllo v. United States）][2]

警察怀疑凯洛家中种植大麻。种植大麻需大灯照射以增加室内热量，为确认该事实，警察用热像仪对凯洛家进行扫描。结果显示，凯洛家车库屋顶和墙壁散发的热量明显偏高，警察用热像仪分析图和电费单申请到搜查令对凯洛家进行搜查，发现凯洛家果然种植大麻，凯洛被逮捕起诉。但使用热像仪是否合法、是否涉嫌非法搜查等问题却引发了争议。美国联邦最高法院以5:4的微弱多数投票认定该行为构成非法搜查、侵犯了个人隐私。

通过比较上述两个案件，我们会发现住宅权、财产权等传统权利在保护隐私利益方面的不足，隐私权有其存在的必要性与独立空间。

首先，从权利客体范围来看，部分隐私利益会依附于住宅权、财产权等传统权利客体而存在，因此部分隐私利益可经由住宅权、财产权等传统权利而获得保护。比如，在案例一中，本案的起因是夫妻在家中观看"黄碟"，但只要不公开或者聚众播放"黄碟"且未影响到他人生活，其在本质上便仍属

---

[1] 王小润："河南'夫妻看黄碟事件'始末"，载《法律与生活》2003年第11期，第25~27页。

[2] 533 U. S. 27 (2001). 关于该判例中文版内容详见 [美] 约书亚·德雷斯勒、艾伦·C. 迈克尔斯：《美国刑事诉讼法精解》（第1卷·刑事侦查），吴宏耀译，北京大学出版社2009年版，第101~103页。

于个人私生活范畴，属于个人隐私利益范畴。在前信息化时代，受制于技术条件、经济水平等因素，国家侦查犯罪的手段相对较为有限，个人住宅之内的隐私利益完全可经由房屋所有权而获得保护。法彦曰："每个人的房屋就是他的城堡。"个人房屋所有权可以抵御他人非法侵入，这其中就包括国家公权力的非法侵入。此时，法律对于个人利益的保护侧重于人身、财产等物质利益，个人隐私利益缺乏其独立根基，只能依附于其他权利。由于前信息化时代侵害隐私利益的手段相对有限，对于物质利益的保护也能较好地完成对隐私利益的保护。对于财产权、住宅权等进行保护，其所承载的私人信息便无法对外披露，隐私利益保障亦可同时完成。

但是，在科学技术日益发达的当今信息社会，个人的合理隐私期待已突破了住宅权、财产权等传统权利的客体范围，有相当比例的个人隐私利益无法经由传统权利而获得有效保护。比如，前文案例二和后文案例三，两案恰恰是传统住宅权、财产权无法为个人合理隐私期待提供有效法律保护的典型例证。正如美国联邦最高法院大法官波特·斯图尔特在案例三判决中的经典论断："隐私权保护的是人而不是场所。"这说明个人隐私已经突破了住宅、财产等特定物质载体或者场所的界限。而隐私权之父布兰代斯也曾说过："隐私权完全可以独立于思想、情绪以及感情的载体，可以独立存在于任何有形实体之外。"[1]相当部分个人隐私利益在信息化时代逐渐失去其客观、有形的庇护体，这使得隐私利益的独立性法律地位日益凸显，也催生了人们对隐私权的客观需求。当然，隐私权的独立性并不排斥住宅权、财产权等传统权利对隐私利益的保护，而独立的隐私权却能为传统权利所无暇顾及的个人隐私利益提供更加有效的保护。

其次，从权利效力内容来看，与隐私权一样，住宅权、财产权等传统权利都要求排除他人非法干涉。但是，由于隐私权和住宅权、财产权等旧有权利的客体不同于隐私权，其排他性效力的范围也存在差别。住宅权、财产权等旧有权利的排他效力主要体现为排除他人妨碍其对特定财产或者物品予以有效支配的权利。而隐私权则主要表现为保持独处、私密状态的排他性效力。不过，由于部分隐私利益会依附于住宅权、财产权等传统权利客体而存在，这也决定了部分隐私利益可以经由住宅权、财产权等传统权利的排他效力而

---

〔1〕[美]路易斯·D.布兰代斯等：《隐私权》，宦盛奎译，北京大学出版社2014年版，第3页。

获得保护。比如，在案例一中，夫妻在申诉时也主要从住宅免受非法侵入的角度来主张权利救济。由于夫妻对其房屋享有排他性的所有权，所有权的排他性决定了任何人未经其同意或者取得搜查证而予以搜查的行为都是违法的。所有权的排他性保护了房屋自身的使用价值和交换价值，也保护了隐藏于房屋之内个人私生活和隐私信息不受干扰的状态。

但是，在信息化时代，新形态的干预手段借助于先进的科学技术，使得侦查措施基本形态发生了很大变化，对于个人隐私利益的非法侵害已经不局限于物理性侵害形态。随着监视监听、定位追踪等技术侦查措施的大量适用，非物理性、非接触性等侵犯个人隐私行为形态大量出现。个人有形财产即便没有受到物理性侵犯，其承载的个人信息或者隐私利益也仍有可能被外界所获得。比如，在案例二中，通过热像仪对房屋进行检测，并没有与犯罪嫌疑人房屋存在"物理性接触"，也并不会影响所有权人对其房屋的排他性支配权。但是，这种技术性侦查行为已经侵害到了个人私生活和隐私信息不受干扰的状态，而这恰恰是隐私权最为核心和本质的部分。人们生活中的痛苦、愉悦和受益只有小部分是源于物质世界的，侵害个人隐私使人遭受的精神痛苦与困扰，较之于纯粹的身体或者财产伤害，有过之而无不及。如果缺乏隐私权而仅仅依赖于住宅权、财产权等传统权利，是无法为技术侦查中的个人隐私利益提供有效保护屏障的。因此，在侦查措施基本形态发生较大变化的情况下，隐私权的独立性地位亦日益彰显。

有学者将侦查中侵扰当事人隐私的行为分为"严重侵扰隐私行为"和"轻微侵扰隐私行为"两类，并认为前者包括搜查人身和住宅、扣押等传统侦查行为，而后者则主要包括技术侦查措施。[1]该观点注意到了传统侦查与技术侦查对隐私权侵犯的差异。传统侦查行为侵犯隐私权时，往往会同时侵犯住宅权、人身权、财产权等传统权利，因为传统侦查行为需要通过物理接触才能窥测隐藏于住宅、人身、财产之后的信息。而技术侦查则多借助于现代信息技术，无须直接与住宅、财产、人身等有形物体接触即可窥测到个人隐私。但是，该观点将搜查、扣押等传统侦查行为视为"严重侵扰隐私行为"，而将技术侦查视为"轻微侵扰隐私行为"，显然忽视了隐私权的本质特征及其

---

〔1〕 毕惜茜："侦查中隐私权保护问题研究"，载《中国人民公安大学学报（社会科学版）》2008年第1期，第11~16页。

独立性。部分隐私利益虽然可能会依附于住宅、财产、人身等传统权利客体，但这并不能否定隐私权自身的独立性。隐私权的本质是保持个人独处和私密信息的权利，技术性侦查与传统侦查在侵犯隐私权上不存在区别，区别仅在于是否附带性地侵犯住宅、财产、人身等传统权利。侵害个人隐私使人遭受的精神痛苦与困扰较之于纯粹的身体或者财产伤害有过之而无不及。由于技术侦查措施的非接触性、非公开性，其侵犯个人隐私权的深度和广度要远远高于传统侦查措施。因此，不能仅仅因为传统侦查措施在侵犯隐私权过程中附带性地侵犯住宅、财产、人身等传统权利就认为其侵扰隐私权的严重程度高于技术侦查。

（二）利益平衡：技术侦查中隐私权保护的必要性与特殊性

在刑事诉讼中历来存在犯罪控制与人权保障两种不同价值的冲突与平衡。随着科学技术的不断发展，犯罪分子利用现代科技实施犯罪的能力亦不断提高，犯罪手段和形态也日新月异。这就要求国家提升运用现代科学技术打击犯罪的能力，但这也必然伴随着国家干预个人隐私权能力的提升。国家在追诉犯罪中可以采取技术性侦查措施，这必然会对公民个人隐私权构成侵害和限制。公共利益和社会秩序历来是个人隐私权的边界之一，个人需要容忍国家在适用技术侦查过程中对其隐私权的侵犯，这是实现社会秩序所必然要付出的成本。一般而言，国家不得干涉和侵害个人隐私权，但为保护国家利益、社会利益等而进行的必要干预则属例外。但这也并不意味着国家在刑事诉讼中可以不择手段、不问是非、不计成本地查明案件事实。因此，在刑事诉讼中虽然允许侵犯隐私权，但亦应给予隐私权正当的程序保护，需要受到法律保留原则和比例原则的限制。基于隐私权在现代权利体系中的重要地位，技术侦查中的隐私权保护亦存在其特殊性。

第一，在适用范围上，隐私权在现代权利体系中的重要性决定了技术侦查仅适用于严重犯罪。旧有权利虽然是隐私权的母体和孕育土壤，但这并不意味着隐私权的地位就低于旧有权利。隐私权作为一项精神性人格权，自诞生之日就在权利体系中居于重要地位。它意味着在法律上人的身体与精神被平等对待。若法律缺乏对精神的重视，灵魂将在法律中面临不如身体重要的尴尬，甚至会让个人丧失其主体性。正如王泽鉴先生所言："隐私权价值在于个人自由和尊严，体现了个人自主，不受他人操纵及支配。某人若被任意监视、窃听或者干涉，将无法对个人事务保有最终决定权，势必听命于他人，丧失其作为独立个体的地位。"〔1〕刑事诉讼中的侦查措施应遵循比例原则，技术侦查亦不例外。基于隐私权在现代权利体系中居于重要地位，侵犯隐私权属于对个人利益的重大侵犯。比例原则决定了技术侦查只能适用于严重侵害社会利益的重大犯罪，比如危害国家安全犯罪、恐怖活动犯罪、重大毒品犯罪、重大贪污贿赂犯罪。根据比例原则，对于轻微犯罪不能适用技术侦查。这也契合了隐私权在现代权利体系中的地位。

第二，在适用顺序上，隐私权在现代权利体系中的重要性决定了技术侦查适用的末位性。如果能够通过其他侦查措施查明案件事实，则不能适用技术侦查。只有在通过其他侦查措施无法查明或者查明案件事实成本极高的情况下，才可以适用技术侦查。技术侦查适用的末尾性也是源于比例原则和隐私权的重要性。我国《刑事诉讼法》第150条规定侦查机关可以"根据侦查犯罪的需要"采取技术侦查。根据参与立法人员的权威观点，"根据侦查犯罪的需要"并不意味着只要办理案件就可以采取技术侦查，采取技术侦查的前提一定是使用常规侦查手段无法达到侦查目的。〔2〕该观点也体现了技术侦查适用的末尾性，只有在通过其他常规手段无法查明案件事实或者查明的成本极高时才适用技术侦查。由于隐私权涉及人的基本尊严和生活安定，滥用技术侦查会极大地侵扰人们保持独处、不受干扰的生活状态。因此，技术侦查在适用上具有末尾性。

第三，在权利救济上，需要运用程序性制裁措施来强化技术侦查中的隐私权保障和救济。程序性制裁是指通过宣告程序违法者收集的证据、开展的诉讼行为或者作出的裁判丧失法律效力，来发挥惩罚程序违法者的作用。〔3〕程序性制裁是程序法中最严厉的制裁措施，也是最能体现对权利人程序性救济的措施。因此，它只能适用于程序性违法严重侵犯个人权益的场合。对于违法适用技术侦查侵犯个人隐私权所收集的证据，应适用程序性制裁否定其证据能力。这一方面是源于隐私权在现代权利体系中的重要性决定了其完全足以匹配程序法中最严厉的制裁措施；另一方面也是源于隐私权自身的特性。隐私权的主要内容是维护个人生活安宁、个人私密信息免于公开、个人生活

〔1〕 王泽鉴："人格权的具体化及其保护范围：隐私权篇（上）"，载《比较法研究》2008年第6期，第1~21页。
〔2〕 郎胜主编：《中华人民共和国刑事诉讼法修改与适用》，新华出版社2012年版，第277页。
〔3〕 陈瑞华：《程序性制裁理论》，中国法制出版社2010年版，第102~176页。

自主决定等，其本质在于对个人自由和尊严等精神世界的关注。这就决定了隐私权一旦遭受侵害便很难通过单纯的物质性赔偿获得救济。正如王利明教授所言："对于隐私权保护注重事后救济。"[1]而在程序法领域对隐私权的事后救济则主要体现为程序性制裁。只有通过宣告违法技术侦查所收集的证据无效，才能真正威慑技术侦查中不当侵犯个人隐私的违法行为。

三、差异与暗合：域外技术侦查中隐私权保障的比较法分析

在现代信息社会下，世界各国均存在提升运用现代科学技术打击犯罪能力的社会需求，亦面临在技术侦查中如何保障个人隐私权的共同难题。但由于英美法系与大陆法系在法律渊源、诉讼构造和审判组织等方面存在较大差异，因此不同国家在技术侦查中隐私权保障的制度设计也不尽相同。在比较法层面观察技术侦查中的隐私权保障，有助于发现技术侦查中隐私权保障的不同模式和共同规律，从而为推进我国技术侦查中隐私权保障的规范体系提供有益借鉴。因此，下文将选取英美法系和大陆法系的代表美国和德国，比较分析其技术侦查中的隐私权保障。

（一）英美法系国家在技术侦查中对隐私权的保障：以美国为例

美国基于其普通法的传统经由一系列判例而创设了隐私权。但是，隐私权概念的提出则可追溯至塞缪尔·D. 沃伦（Samuel D. Warren）、路易斯·D. 布兰代斯（Louis D. Brandeis）于 1890 年 12 月发表于《哈佛法律评论》第 4 期的《隐私权》一文。[2]当时，美国新闻报刊界超出了传统道德可以容忍的限度，为满足好色之徒的口味，使与性有关的细节描写在各种报刊上广为传播；为让无所事事者心满意足，报刊充斥着各种只有侵入家庭隐私才能获取的报道。沃伦创作《隐私权》一文，主要源于《波士顿报》详尽报道了其某次家宴中令人不愉快的隐私细节，其遂邀请好友布兰代斯共同撰文强调隐私权保护。该文发表后并未立即引起实务界重视，但自美国联邦最高法院于 1965 年在"格里斯沃尔德案"中首次明确隐私权系宪法权利后，隐私权就成为宪法中最重要也最具争议的领域之一，它涉及新闻自由、个人信息、避孕

---

[1] 王利明："隐私权概念的再界定"，载《法学家》2012 年第 1 期，第 108～120 页。

[2] 关于该文中文版详见［美］路易斯·D. 布兰代斯等：《隐私权》，宦盛奎译，北京大学出版社 2014 年版。

用具使用、同性恋自由等诸多极具争议的问题。而美国联邦最高法院首次强调刑事侦查中的隐私权保护，则是在 1967 年作出的"卡茨案"这一标志性判例。

案例三：卡茨案（Katz v. United States）[1]

查理斯·卡茨（Charles Katz）在公用电话亭通过付费电话赌博。他并不知道，联邦调查局警员已在该电话亭安装电子监听器，记录下其谈话内容。对卡茨的监听并未取得搜查令。在审判中，控方出示该电话录音作为证据。卡茨争辩未取得搜查令在公用电话亭安装监听装置属于非法搜查，申请排除该证据。控方认为证据取得合法，原因在于：侦查人员未进入电话亭，不存在搜查；公用电话亭的主要建材是玻璃，从外面即可看清其举动，该电话亭不属于"宪法保护领域"，故无证监听合法。初审法院采信了该证据，作出有罪判决。卡茨不服，向美国联邦上诉巡回法庭提出上诉。巡回法庭维持原判。卡茨仍不服，向美国联邦最高法院提出申诉。美国联邦最高法院在调卷复审时认为，卡茨在公用电话亭存在"合理隐私期待"，无证监听违法，故裁决撤销原判。

《美国宪法第四修正案》规定："个人享有人身、住宅、文件和财产不受不合理搜查和扣押的权利。"搜查通常需要进入住宅或者搜查个人财产，这就不可避免地会牵涉个人隐私。但是，《美国宪法第四修正案》对住宅和财产等传统权利都明确加以规定，对隐私权则未予规定，这一权利是由美国联邦最高法院根据《美国宪法第四修正案》所作的判例创制出来的。[2]在"卡茨案"之前，对搜查合法性的分析都是以"财产权/侵害"为中心，将是否存在对财产权的物理性侵入作为非法搜查的判断标准。若不存在对宪法保护领域的物理性侵入，则不存在法律意义上的侵害，也就不适用《美国宪法第四修正案》。比如，1928 年的"奥姆斯泰德案"就是美国联邦最高法院以"财产权/侵害"分析法适用《美国宪法第四修正案》的典型判例。[3]在该案中，

---

〔1〕 389 U.S. 347（1967）. 关于该判例中文版内容详见孟军：《艰难的正义：影响美国的 15 个刑事司法大案评析》，中国法制出版社 2015 年版，第 189~204 页。

〔2〕 ［美］罗纳尔多·V. 戴尔卡门：《美国刑事诉讼——法律和实践》，张鸿巍等译，武汉大学出版社 2006 年版，第 231~233 页。

〔3〕 ［美］约书亚·德雷斯勒、艾伦·C. 迈克尔斯：《美国刑事诉讼法精解》（第 1 卷·刑事侦查），吴宏耀译，北京大学出版社 2009 年版，第 69~78 页。

联邦警员未取得搜查令便对奥姆斯泰德的住宅电话、办公电话实施搭线监听。但是，法院认为该监听行为不受《美国宪法第四修正案》调整，主要理由是谈话是无形的，不属于"人身、住宅、文件和财产"范围，不受宪法保护；住宅和办公室虽受《美国宪法第四修正案》保护，但宪法只保护其不受到物理性侵害，眼睛和耳朵不能实施"搜查"，同样也不会造成侵害；搭线监听虽然能够造成损害，但安装搭线装置的电话线并不属于奥姆斯泰德的财产。这是将搜查合法性依附于财产权的典型案例，此时并未确立搜查中的隐私权保护。

而"卡茨案"则赋予了隐私权支配性地位，将"合理隐私期待"（reasonable expectation of privacy）作为考察搜查的主要标准，此后，影响搜查合法性的核心已不是财产权而是隐私权。正如代表美国联邦最高法院撰写"卡茨案"判决的波特·斯图尔特大法官在判决中指出："《美国宪法第四修正案》保护的是人们的正当隐私权，主要目的在于保护人而不是场所。一个人即使在家，但他有意将自己的行为或者文件暴露给公众，那么这些财产和信息也不是《美国宪法第四修正案》保护的对象。相反，一个人即使身处公共场所，但他不想将自己的物品或信息泄漏给公众，那么，他的这种隐私权仍然可能受到《美国宪法第四修正案》保护。"[1]按照"合理隐私期待"标准来分析，搜查并不局限于住宅、办公室、建筑物或者其他封闭地方，它可能发生于任何有隐私合理期待的地方，即使这个地方在公共领域。如果存在合理隐私期待，即使是在公共场所或者不存在直接的物理性接触，警察无证搜查行为仍然可能违法，他所收集的证据就可能不被法庭所采纳。关于"合理隐私期待"需要从两个层面予以理解：在主观层面个人必须表现出真实的隐私期待；在客观层面该隐私期待必须被社会公众认为是合理的。[2]美国联邦最高法院之所以采取了从以"财产权/侵害"到以"隐私权/侵害"为中心的转变，主要在于科技发展扩大了人们的视觉、听觉范围，信息社会的到来凸显了隐私权保护的必要性和独立性。而美国刑事司法充分运用其判例法所具有的灵活性优势，通过判例解释宪法、确立法律原则，为技术侦查中的隐私

---

〔1〕 孟军：《艰难的正义：影响美国的 15 个刑事司法大案评析》，中国法制出版社 2015 年版，第 191~192 页。

〔2〕 王兆鹏：《美国刑事诉讼法》，北京大学出版社 2005 年版，第 221~223 页。

权保障提供了基础。

（二）大陆法系国家在技术侦查中对隐私权的保障：以德国为例

德国作为大陆法系国家的代表，在立法层面并没有隐私权的概念，但这并不意味着德国法不重视对个人隐私利益的保护。德国判例学说主张将隐私权作为一般人格权的重要内容，通过一般人格权来为个人生活领域提供法律保护。[1]德国判例学说认为隐私权属于宪法基本权利的范畴。监听、邮件检查和电话监控是侦查中常用的手段。这些手段可以秘密进行，被监视人不会意识到自己的通信正处于被监控之中，因而可能会泄露某些秘密信息。《德国基本法》第 10 条第 1 款："信件、邮件以及电子通信的秘密性不受侵犯。"国家在开展刑事侦查时亦适用该禁止性规定。在刑事诉讼中，可以依据司法令状对信件、邮件以及电子通信进行监控。[2]但是，监控必须受到法定主义和令状主义的限制。法定主义要求监控须存在法定理由，主要是为了查明特定的重大犯罪案件事实。同时须受到比例原则限制，如果犯罪轻微，则监控构成对隐私权的不当侵犯。只有在对犯罪嫌疑人已经实施严重犯罪存在理由充分的怀疑，且无法采取其他侦查手段或者其他侦查手段已经被证明无效时，才可以进行监听，在监听过程中可以进行录音。[3]监听损害了通信的秘密性，也损害了公民不得违背其意愿情况下将其言词予以记录的权利。立法通过实体性和程序性保护措施来保护个人免受不当窃听的侵害。只有在特定的严重犯罪侦查中才允许进行电话监听。这些犯罪包括背叛国家犯罪、侵害国家利益犯罪、恐怖组织犯罪、杀人、绑架、抢劫、敲诈、纵火、严重盗窃和收受盗赃、严重毒品犯罪以及违反保护外贸特定条款的犯罪。这些犯罪的未遂、预备行为也包括在内。如果对上述所列之犯罪存在有事实根据的怀疑，且通过其他手段无法或者很难侦查，则可以申请窃听。在监听令中，应当指明监控种类、范围、持续期限。监听的最长期限为 3 个月，但每次可以延长 3 个月，且没有绝对上限。德国程序法总体上为其通信提供了较为有效的保护，

---

〔1〕 王泽鉴："人格权的具体化及其保护范围：隐私权篇（上）"，载《比较法研究》2008 年第 6 期，第 1~21 页。

〔2〕 ［德］托马斯·魏根特：《德国刑事诉讼程序》，岳礼玲、温小洁译，中国政法大学出版社 2004 年版，第 119 页。

〔3〕 ［德］托马斯·魏根特：《德国刑事诉讼程序》，岳礼玲、温小洁译，中国政法大学出版社 2004 年版，第 121 页。

但是，实践中运用犯罪嫌疑人言词对其定罪的诱惑如此强烈，以至于超出了对隐私权的关注。[1]

在德国，监听被区分为"大监听"和"小监听"。"小监听"是对电话的监听，其对隐私权的侵犯相对较轻。而"大监听"则是对住宅的监听，由于住宅关涉个人独处、隐私秘密的核心部分，它对个人隐私权的侵犯更为彻底。因此，对于住宅监听的要件限制更为严格，设置了较多附加条件。关于违法监听所收集证据的证据能力问题，德国刑事诉讼法并未明确此种类型证据的使用禁止。但是，德国法院通过判例确立了禁止使用因违法监听所收集的有罪证据。其中比较有代表性的案例主要有两个：第一个案例，是警察未取得监听令，径行监听犯罪嫌疑人电话、收集到有罪证据。依据该案客观情形，若警察事前申请监听令，法官应能批准。但由于警察未取得监听令，违法在先，因此法院禁止将该证据作为有罪判决的基础。在第二个案例中，前期电话监听合法，但被监听人通话后未将电话挂好，以至于住宅内的谈话全部被监听，警察因此收集到其他有罪的证据。德国最高法院以后来的监听违法侵犯个人隐私权为由，禁止在诉讼中使用因此而收集的证据。[2]因此，德国亦通过判例形式确立了违法监听侵犯个人隐私权的程序性制裁，通过证据使用禁止强化了技术侦查中的隐私权保障。

（三）差异与暗合：两大法系技术侦查中隐私权保护之规律

通过前面介绍美、德两国技术侦查中的隐私权保护，我们可以发现它们之间既有差异，也有共性。鉴于控制犯罪、维护秩序的公共利益，两国均容忍技术侦查对个人隐私权的侵犯以便查明案件事实，但对于隐私权的侵犯均要求受到正当程序的规制。基于在司法传统、诉讼构造、价值取向上的差异，两国在技术侦查中对隐私权保护的程度存在差异，美国的"合理隐私期待"标准为个人隐私免受不当搜查提供了更为有效的保护。总体而言，两国在技术侦查中的隐私保护存在着如下共同规律：

第一，两国均采取判例形式来推进技术侦查中隐私权的程序保护，有效契合了这一新兴权利的生成与发展路径。对于新兴权利的生成，姚建宗教授

---

〔1〕 ［德］托马斯·魏根特：《德国刑事诉讼程序》，岳礼玲、温小洁译，中国政法大学出版社2004年版，第127页。

〔2〕 林钰雄：《刑事法理论与实践》，中国人民大学出版社2008年版，第297~302页。

归纳总结为立法确认、司法创设和权利推定三种路径。[1]基于法律的安定性与滞后性，立法确认新兴权利并不是总能有效适应科学技术、经济水平、社会观念的发展，并不是总能对人们新的利益诉求作出及时回应。基于隐私权客体的不确定性、边界的模糊性以及信息社会下个人隐私利益需求的不断扩大，需要对隐私权生成与发展持适当的开放性与灵活性的态度。而隐私权的司法创制无疑有效契合了上述社会需求。如果说英美法系主要通过判例来发展其技术侦查中的隐私权保护是基于其判例法的传统，那么作为大陆法系国家的德国则很难用法律传统作出解释。通过司法判例来推动隐私权保护，可以最大限度地缓解信息社会下个人隐私利益扩张与法律安定性之间的矛盾。以这种方式推进技术侦查中隐私权保护符合隐私权这一新兴权利的生成和发展规律。

第二，事先司法审查保障技术侦查侵犯隐私权的合法性和必要性。在美国，"卡茨案"确立了以"隐私权/侵害"为中心的《美国宪法第四修正案》分析方法。只要在具有"合理隐私期待"的场合进行搜查，就必须取得法院令状。通过超然而中立的法官进行事前司法审查，来保障技术侦查侵犯隐私权具有合理性和必要性。在"卡茨案"中，警察搜查行为的缺陷并非缺少搜查的实质性理由，而是未获取搜查令状。实际上，法官在按照"合理隐私期待"标准决定是否颁发司法令时，就实现了对个人隐私权的程序性保护。在德国，窃听、邮件检查和电话监控等技术侦查措施属法官保留的基本范畴，只有取得法官授权才能实施。由法官对国家侦查行为对个人生活产生的侵扰进行事实判断，个人对该事项是否存在隐私的合理期待，侦查是否具有法定理由和证据。司法审查的事先介入限制了国家肆意启动技术侦查对隐私权的不当侵害。

第三，事后程序性制裁强化隐私权正当程序保障的制度刚性。在美国，对于违反《美国宪法第四修正案》侵犯个人隐私权的违法搜查，适用非法证据排除规则。法院可以宣告通过违反个人隐私权的不当搜查所收集的证据不具有证据能力。排除规则可以防止警察违反《美国宪法第四修正案》不当侵犯个人隐私权。在德国，法律并未明确规定排除非法搜查所得证据的一般规则，但在实践中，法院可根据侵犯隐私权的严重程度和惩罚犯罪的公共利益

---

〔1〕 姚建宗等：《新兴权利研究》，中国人民大学出版社2011年版，第20~21页。

的大小予以权衡。[1]德国亦通过判例形式确立了违法监听侵犯个人隐私权的程序性制裁，通过证据使用禁止强化了技术侦查中的隐私权保障。如果缺乏对违法技术侦查侵犯个人隐私权的程序性制裁，将违法技术侦查收集的证据作为司法裁判依据，那就等于法院放纵、认可了侦查机关非法侵犯个人隐私权的行为，由此将会极大地减损刑事诉讼中对个人隐私权程序性保障的法律效力，也会损害司法的公正性和权威性。因此，为强化隐私权保障的制度刚性，法治发达的国家均存在对违法技术侦查侵害个人隐私权的程序性制裁。

四、现状与展望：我国技术侦查中的隐私权保障

(一) 我国技术侦查中隐私权保障的现状分析

我国 2012 年修订的《刑事诉讼法》规定了技术侦查，这有利于技术侦查的规范化、法治化，也有利于实现犯罪控制与隐私权保障的平衡。为实现在技术侦查中的隐私权保障，刑事诉讼法严格限定了技术侦查的适用范围，将其仅适用于危害国家安全犯罪、恐怖活动犯罪、黑社会性质的组织犯罪、重大毒品犯罪、重大的贪污贿赂犯罪案件以及利用职权实施的严重侵犯公民人身权利的重大犯罪案件，而对于轻微刑事案件则不能适用技术侦查。这有效契合了隐私权在现代权利体系中的地位，符合对技术侦查的比例性要求。赋予了侦查人员对技术侦查中知悉的个人隐私负有保密义务，限定了对个人隐私信息的使用范围和目的，仅能为了侦查、起诉、审判来使用个人隐私信息，除此之外，不得将个人隐私信息用于其他目的。总体来看，我国刑事诉讼法在技术侦查对个人隐私权的保障方面注重于实体性保护，而忽视了对个人隐私权的程序性保障。这主要体现在以下方面：

第一，技术侦查启动依赖于行政科层式审批而缺乏事前的司法审查，缺乏中立、超然的法官审查，会导致审批仅注重案件办理的便利性，而忽视隐私权保障的有效性。我国现行《刑事诉讼法》第 150 条规定，"经过严格的批准手续"才可采取技术侦查，但立法并未明确"批准手续"是法院的司法审查，还是侦查机关内部的行政审批。实践中，技术侦查都是由侦查机关经内部行政审批方式来决定的。技术侦查分为普通案件中的技术侦查和自侦案件

---

[1] ［美］弗洛伊德·菲尼、［德］约阿希姆·赫尔曼、岳礼玲：《一个案例　两种制度——美德刑事司法比较》，中国法制出版社 2006 年版，第 314～315 页。

中的技术侦查。在前者中，技术侦查通常由办案人员提出，经科室领导和单位领导签批后执行。公安机关在技术侦查中自行承担申请、审查、决定、执行等多项职权。而在自侦案件中，检察院适用技术侦查除内部行政化审批外，往往还需根据调查对象的行政级别报请不同级别的政法委批准。[1]行政化审批方式有利于打击犯罪的社会需求，却不利于对个人隐私权的保障。缺乏中立及超然者的审查，侦查机关会基于自身便利性考量来决定是否适用技术侦查。来看下列案件：

案例四：检察院对法官的监听

在某刑事案件审理中，检察院提出的公诉意见始终未得到法院支持。检察院怀疑承办法官收受贿赂、枉法裁判。于是检察院在经过内部审批之后，对承办该案件的合议庭法官和书记员进行监听。通过监听证实了检察院的怀疑，在技术侦查收集到相应证据后，检察院对该案法官和书记员予以起诉，后该法官被定罪。

在该案中，如果仅从实体角度来看，检察院对法官进行监听并无任何问题，但从程序角度出发，则并未实现程序公正。正如前文所述，技术侦查中存在侵犯个人隐私的巨大风险，在适用前应进行严格审查，以确定其是否符合事实要件、比例原则和必要性要求。而在本案中，检察院仅因为自己提出的公诉意见没有得到支持，在怀疑法官收受贿赂的情况下，就对其适用技术侦查，实际上不无打击报复法官之嫌。对法官实施监听侵犯了其自主决定权，这种自主决定权一方面源于法官独立审理案件的职责要求，另一方面则源于法官保持独处的隐私权。"隐私权有助于个人自我发展，保证了人际关系的相对稳定性，人身、财产的安全性，维护了个人的安宁和安全感。"[2]当然，隐私权可因公共利益而有所减损，但这种减损须受到正当程序保护。如果检察院为了办案可随意监听法官，那么必然会影响法官思想的独立自主性。如果技术侦查的适用缺乏正当的程序控制，任何人都有随时可能处于被监控之虞。

---

〔1〕 闵春雷等："东北三省检察机关新刑诉法实施调研报告"，载《国家检察官学院学报》2014年第3期，第33~53页。

〔2〕 陈年冰："隐私权与公共利益的冲突及其调整"，载《法制与社会发展》2006年第4期，第144~149页。

个人隐私随时处于他人的监控之下，个人将无法主导自己的生活，个人自由将受到极大减损。而具体到检察院对法官的监控亦是如此，若因法官作出与检察院指控内容不同的判决，而让其个人生活或者隐私随时处于检察院监控之下，恐怕没有法官能在检察官的指控面前保持自己独立的判断。

第二，技术侦查适用范围模糊，无法有效满足人们对隐私保护的合理预期。技术侦查适用应受比例原则规制，我国《刑事诉讼法》第 150 条亦遵循了比例原则。该条通过列举方式规定技术侦查仅适用于重大犯罪案件，具体包括：危害国家安全犯罪、恐怖活动犯罪、黑社会性质的组织犯罪、重大毒品犯罪、重大的贪污、贿赂犯罪案件以及利用职权实施的严重侵犯公民人身权利的重大犯罪案件。将技术侦查仅适用于重大犯罪契合了隐私权在权利体系中的地位。但何谓"重大"，存在标准不清、主观性强的问题。这里的"重大"是已查明系重大犯罪，还是仅为侦查人员怀疑有重大犯罪？在司法实践中往往存在分歧。适用范围的模糊性，既不利于对技术审查的审查批准，也不利于对违法技术侦查侵害隐私权的事后救济。技术侦查中适用范围的模糊性和审批程序的行政化，为侦查机关随意启动技术侦查、侵犯个人隐私留有巨大空间。比如以下案例：

案例五：毒品犯罪中的技术侦查[1]

公安机关在"张某贩卖毒品案"中适用技术侦查，后现场缴获海洛因不足 5 克。在案件审理中，辩护方提出本案不属于重大毒品犯罪案件，不应适用技术侦查，申请将通过技术侦查所收集的证据予以排除。法院经审理后认为，本案适用技术侦查合法，收集的证据可以作为对被告人定罪量刑的依据。

在本案中，控辩双方对技术侦查的合法性存在重大分歧，主要原因就在于立法对于技术侦查适用范围规定得较为模糊，正是基于适用范围的模糊性，法院也无法轻易判断技术侦查是否违法、是否应当予以程序性制裁。适用范围和标准的模糊性为侦查人员启动技术侦查留有较大裁量空间。

第三，缺乏违法适用技术性侦查侵犯隐私权的程序性制裁，不能有效遏制侵犯隐私权的违法行为。我国刑事诉讼法规定通过技术侦查收集的材料可

---

〔1〕 本案例来源于中国裁判文书网。

以在刑事诉讼中作为证据使用，但是并未明确因违法技术侦查侵犯个人隐私权所收集的证据材料是否应当予以排除。缺乏程序性制裁措施，侵犯个人隐私、违法收集的证据被法官所采信作为定案依据，这就等于从司法角度承认了违法技术侦查的合法性，弱化了技术侦查对隐私权保障的制度刚性，不利于威慑侦查机关在适用技术侦查中的违法行为，也不利于对个人隐私权的正当程序保障。

（二）我国技术侦查中隐私权保障的前景展望

科技是把"双刃剑"。一方面，犯罪分子会利用现代信息技术实施恐怖活动、危害国家安全等犯罪。另一方面，国家运用现代信息技术打击犯罪的能力亦不断提升。但具有讽刺意味的是随着打击犯罪能力的提升，国家在保障个人自由的同时对个人自由的侵犯能力亦随之扩张。随着我国法治化、信息化建设的不断推进，国民既希望国家能运用技术侦查措施提升打击犯罪的能力，创造安全、和谐的社会秩序，也希望个人隐私能得到国家的承认和尊重。正当程序是实现国家控制犯罪和个人隐私权保护协调与平衡的有效途径。但是，按照正当程序标准，我国技术侦查在保障个人隐私权方面还具有较大的提升空间：

第一，建立技术侦查启动的司法审查，发挥隐私权权力控制功能。我国技术侦查启动依赖于行政科层式审批，而缺乏中立、超然的法官予以事前司法审查。这就导致审批中较为注重侦查机关案件办理的便利性，而忽视个人隐私权保障的有效性。我国正在推进"以审判为中心"的诉讼制度改革。在这一背景下，有学者主张将涉及当事人实体权益以及重大程序争议的问题均交由法院予以司法审查。[1] 而技术侦查是涉及当事人隐私权利的重大强制措施，其实施亦应由中立而超然的司法机关签发令状。虽然，公安机关、检察院作为刑事诉讼中的国家专门机关承担着客观、公正的职责，但是，其作为国家追诉者的角色会影响在决定适用技术侦查时的中立性和超然性，从而导致隐私权程序性保护的法律规定在自我的行政科层式审批中落空。因此，技术侦查启动宜交由中立而超然的法院来决定，而不应交由侦查机关和检察院予以行政审批。技术侦查启动中的司法审查，可实现技术侦查申请权与决定

---

[1] 闵春雷："以审判为中心：内涵解读及实现路径"，载《法律科学（西北政法大学学报）》2015年第3期，第35~42页。

权、决定权与执行权的有效分离和制约，发挥法院对公安机关、检察院技术侦查的司法监督，可以让立法对技术侦查中隐私权的程序保障措施得以有效落实。

第二，细化技术侦查的适用标准，强化隐私权保护的合理预期。可通过司法解释或指导性案例，对技术侦查的适用范围予以细化和明确，消除适用范围的模糊性和适用标准的地区差异性，增强对隐私权程序性保护和救济的合理预期。当然，通过司法解释和指导性案例对技术侦查适用标准的细化，亦不能突破比例性原则的限制。虽然，最高人民检察院在《人民检察院刑事诉讼规则》中对重大贪污、贿赂犯罪案件的定义予以细化，将其限定为"涉案数额超过 10 万元以上"的案件，这一标准有利于打击贪污、贿赂的社会需求，但却不无背离比例原则之嫌，降低了技术侦查适用的门槛，为检察机关随意启动技术侦查提供便利。因此，宜通过指导性案例根据社会经济发展状况适当调整技术侦查的适用条件与范围。

第三，明确违法技术侦查的程序性制裁，提升隐私权保护的制度刚性。隐私权在现代权利体系中的重要性和特殊性，完全足以匹配程序法中最严厉的制裁措施。正如前文所述，隐私权自身的性质决定了对其的保护主要依赖于事后救济，其在程序层面的救济主要体现为程序性制裁。若缺乏程序性制裁的保障，个人隐私权将在违法技术侦查面前沦为一纸空文。从域外技术侦查的立法和司法实践来看，各国普遍确立了违法技术侦查侵犯个人隐私权的程序性制裁，通过对违法技术侦查收集的证据予以排除、否定其证据能力，来威慑侦查机关技术侦查中的违法行为，实现对个人隐私权的程序性救济。我国亦有必要通过司法解释或者指导性案例，明确违法适用技术侦查所收集的证据应予以排除。在现代信息社会下，不仅国家专门机关可以进行技术侦查，个人也可能取得非法监视监听的工具。在程序性制裁中存在的突出问题是，个人通过侵犯他人隐私权收集的证据材料能否作为定案依据。这种情况在实践中也时有发生，比如下文所述案例六。

案例六：李某等非法使用窃听、窃照专用器材

被告人李某、杨某在县委书记胡某办公室安装窃听窃照设备，利用偷拍领导隐私及违纪视频，以要挟领导达到提拔目的。对胡某非法窃听、窃照，并将非法监控视频存放于移动硬盘中。后而二被告人找到胡某，并将相关视频播放给胡某，向胡某提出解决政治待遇的非法要求。后胡某报案。被告人

李某、杨某被法院判处非法使用窃听、窃照专用器材罪。对于二被告人侵犯个人隐私所收集的证据，能否作为对县委书记定罪量刑的依据？

在案件六中，对二被告人判处非法使用窃听、窃照专用器材罪并无争议。但是，由本案所引发的关于个人以侵犯他人隐私所获取的证据，是否可被认定为"非法证据"而否定其证据能力，则争议较大。若肯定其证据能力，无异于鼓励个人侵犯他人隐私的行为。若否定其证据能力，则与程序性制裁理论相悖。主流观点认为，刑事诉讼中的程序性制裁仅适用于警察、检察官和法官的违法行为，而不适用于个人违法行为。[1]这就意味着个人违法监听收集的证据材料可能具有证据能力。世界上的主要国家普遍认为，对于个人侵犯他人隐私权所收集的证据一般不予排除。比如，美国联邦最高法院曾在"布尔多案"中认为，自证据排除规则的历史和理论而言，其主要意在限制政府权力，而不是要限制非政府机关的违法行为，故对个人违法收集的证据不适用排除规则。[2]德国理论和实务界也认为，刑事诉讼中的证据禁止制度主要是规范国家公权力机关的行为，个人通过违法方式取得证据，并将该证据交给侦查机关，该证据原则上具有证据能力，只有在极端违反人权的情况下，才作为例外予以证据使用禁止。[3]作为程序性制裁的非法证据排除规则体现了犯罪控制与人权保障的冲突与平衡。排除非法证据可能导致放纵犯罪，而采信非法证据则可能导致人权侵犯，这种困境在个人违法收集的证据中亦得到了体现。但是，个人取证与政府取证二者有本质区别，后者存在国家公权介入，不通过排除规则将无法遏制警察的违法取证行为。个人取证不存在国家公权力介入，且存在很多法律机制来制裁和威慑个人违法取证。因此，对个人违法取证通常不宜适用程序性制裁。具体到案例六，李某、杨某以对县委书记窃听、窃照，严重侵犯其个人隐私。法律已给予其相应的刑事制裁，这种刑事制裁足以威慑侵犯个人隐私的违法犯罪行为，无须在刑事制裁之外再对二人施以程序性制裁。因此，其违法窃听、窃照虽侵犯个人隐私，但并不影响其作为对县委书记定罪量刑事实基础的证据能力。

---

〔1〕 陈瑞华：《程序性制裁理论》，中国法制出版社2010年版，第102~176页。

〔2〕 王兆鹏：《美国刑事诉讼法》，北京大学出版社2005年版，第221~223页。

〔3〕 ［德］托马斯·魏根特：《德国刑事诉讼程序》，岳礼玲、温小洁译，中国政法大学出版社2004年版，第199~200页。

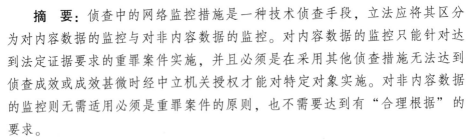

侦查机关实施网络监控措施的程序法规制

——以域外法的相关规定为参照

刘梅湘*

摘 要：侦查中的网络监控措施是一种技术侦查手段，立法应将其区分为对内容数据的监控与对非内容数据的监控。对内容数据的监控只能针对达到法定证据要求的重罪案件实施，并且必须是在采用其他侦查措施无法达到侦查成效或成效甚微时经中立机关授权才能对特定对象实施。对非内容数据的监控则无需适用必须是重罪案件的原则，也不需要达到有"合理根据"的要求。

关键词：网络监控；内容数据；非内容数据；程序法规制

一、侦查机关是如何进行网络监控的

网络监控是指侦查机关采用特殊软、硬件设备截取他人网络传输数据及其电脑中存储资料的行为，包括网络数据的复制、存储和检索等行为。网络监控的技术种类繁多，如木马程序、跳板技术、网络攻击、网络陷阱、电磁泄漏探测、IP查找定位及路由追踪等等。木马程序是指将能够完成某一特定动作的程序依附在侦查对象的正常程序中，侦查对象一旦触发该程序，依附在其内的侦查员指令代码便会同时被激活，侦查员就会获得远程访问和控制系统的权限，以达到获取数据的目的。跳板技术是指攻击者在攻击之前寻找一台正在上网的电脑，假借该电脑的地址隐藏自己，使用该电脑对其他电脑发动攻击，该电脑通常被黑客称为"肉机"或"肉鸡"。网络攻击是指打断从被侦查对象主机到目标服务器之间的正常连接，并建立一条从被侦查对象

---

* 作者简介：西南政法大学法学院教授，法学博士，博士生导师。

主机到侦查者主机再到目标服务器的连接。侦查者可以轻而易举地获取被侦查对象输入的用户名、密码等个人资料，而被侦查对象则浑然不觉。侦查者还可以在被侦查对象重新开机后自动格式化其电脑硬盘。网络陷阱是指通过构造一个虚拟的系统、服务或环境，以诱骗攻击者对其发起攻击，在攻击者不知情的情况下，取证系统潜伏在这里记录下攻击者完整的攻击流程、路径等对取证极为有利的信息。电磁泄漏探测是指计算机及其外部设备携带的数据信息可以通过辐射泄漏和传导泄漏两种方式泄漏出去，如果这些泄漏夹带着设备所处理的信息，那么就构成电磁信息泄漏。对于这些信息，可以采用特定的仪器设备予以接收和还原。IP查找定位及路由追踪是指通过IP地址往往可以找到犯罪嫌疑人所在的物理地址。目前可以通过网址、文件传输协议地址、域名、电子邮件、使用有关命令和专用软件进行查找。

从世界范围来看，目前最具影响的网络监控技术是美国联邦调查局使用的"食肉者"技术。"食肉者"能把所有流经某一特定服务器的数据全部加以复制，包括电子邮件、聊天室的即时信息、即时通信甚至金融转账的相关信息。为了避免影响网络的传输速度，"食肉者"会先把所有的数据复制下来放在硬盘里，然后再把特定的信息转储存到特殊的软件中，这样美国联邦调查局的探员就能用软件将收集的信息包重新进行组合，并"阅读'食肉者'截获的信息。接着，执法人员必须判断哪些信息是有关的而哪些是无关的。无关的信息将被立即删除、拷贝也不予保留；而相关的信息就成为调查的有用文件"。"食肉者"可以采用两种截取方式：一种是根据内容将数据分类并收集，如对浏览网页的内容、指令和数据以及电子邮件内容的收集，对包含特定字符串的网页内容的收集等；另一种则是根据"非内容性"的元素（如接收和发送地址、非内容性的电子数据、非内容性的网页浏览等）来确定目标。这些方式既可以单独使用也可以组合使用，以便获得特定地点收发的通话及其内容的全面记录。

我国侦查机关比较常用的两款网络监控设备是"网络信息取证系统DC-9600/9800"和"苏-27网络远程取证系统"。前者能监控流经网络的全部信息流，其实质是通过将木马程序植入目标计算机中，从而获取目标计算机传输数据的技术设备。该设备既能获取目标计算机的源端口号、目标端口号等往来数据，又能获取电子邮件、各种即时通信信息等内容数据。这些数据不限于以文字方式表达，还包括视频、音频、图片等。除此之外，还可以监控侦查对象浏览加密数据传输的内容。实际上，该设备的功能非常强大，可以监控侦查对象在网上的全部活动轨迹。后者是一款基于反弹式机制开发的远程取证系统，可以穿越防火墙，甚至还能入侵局域网内部的计算机，具有文件操作、注册表操作、键盘记录等功能。其不仅具有高植入率及隐蔽性强等特点，而且还具有离线改变指挥中心和中转站 IP 以及在线改变地址寄存服务器、指挥中心、中转站的 IP、通信端口的功能。它的工作方式也很灵活，可以仅使用指挥中心来控制，而不使用地址寄存服务器和中转站。

上述网络监控技术不仅能监控网络通信数据，而且还兼具诱惑侦查之特性。例如，采用木马技术不仅能截取目标计算机通过网络传输的包括文字、视频、音频、图片等各种形式的全部数据，获取侦查对象硬盘中的全部信息，而且还能够冒充被侦查对象发送邮件、修改文档、利用被侵占的计算机攻击其他的计算机。网络陷阱更是一种直接的网络诱惑侦查手段。由此可见，实施网络监控措施既有可能侵犯公民的隐私权和言论自由权，又有可能侵犯公民自由判断的权利。

鉴于实施网络监控措施截取的数据既包括内容数据，也包括非内容数据（往来数据），而前者属于深度隐私，后者属于一般隐私，因此对实施监控这两种数据措施的规制在程序法设置上应有所不同。下面，笔者将对这两者分别展开讨论。

二、实施监控内容数据措施的程序法规制

目前，美国法、英国法和欧洲委员会《网络犯罪公约》（本文以下简称《公约》）均对计算机网络数据作了区分。美国法不仅根据计算机网络数据的表现形态将其区分为内容数据、基本用户信息、用户记录及其他附属信息，而且还根据计算机网络数据是否处于传输状态将其区分为实时传输数据与存储数据，并且据此设置了宽严不一的程序。此外，美国法还针对计算机网络服务的特点，规定了从网络服务提供者处获取证据的程序。《公约》根据计算机数据是处于存储状态还是处于传输状态将其区分为存储数据与实时传输数据。对于实时传输数据，根据其是否包含内容信息又区分为内容数据与往来数据。按照《公约》第 1 条的解释，往来数据是指计算机系统中与通信相关的任何计算机数据，由构成通信链组成部分的某一计算机系统所产生，表明该通信的发出地、目标地、路径、时间、日期、长度、持续时间或底层服务类型的计算机数据。虽然《公约》未给内容数据下定义，但是从其规定的内容看，应是指除往来数据以外的所有数据，即通过网络传输的各种通信内容。

从我国刑事诉讼法的规定看，对于无论是获取内容信息的行为，还是仅仅获取 IP 地址、网络账号等往来数据的行为，皆适用同一种程序法进行规制，即都要经过"严格的审批程序"。

鉴于域外网络监控立法已取得一些成功的经验，笔者将以域外立法为参照，分析我国对实施监控内容数据的措施应确立的程序法规范。

（一）网络监控措施适用的案件范围

由于对内容数据进行监控有可能对公民的隐私权、言论自由权等基本人权造成严重侵害，因此监控内容数据的措施只能适用于严重的刑事案件。从《美国电子通信隐私法》的规定看，网络监控措施原则上适用于美国联邦法律规定的重罪或州法律特别规定之罪名，即对监控措施的适用范围采取列举罪名加刑期的方式予以确定。由于其适用的犯罪包含已经、正在或将要实施的特定犯罪，因此罪名也包含已经、正在或将要犯特定罪之罪名。《英国 2000 年侦查权规制法》及《英国 2015 年侦查权力法草案》都规定通信截取适用于预防和打击严重犯罪。在德国，电话监听或监视电讯往来措施仅适用于《德国刑事诉讼法》第 100 条 a 所列举之犯罪，这些犯罪主要是危害国家安全、公共秩序的犯罪以及其他重大犯罪。从《日本通信监听法》第 3 条及附则之规定看，监听适用的范围主要是与毒品有关的犯罪，违反持有枪支、刀具等管理法规定的有关犯罪，有组织杀人罪，有充分理由怀疑其犯有相当于死刑、无期惩役或无期监禁以及最高刑期为 2 年以上的惩役或监禁之罪等。《公约》第 21 条第 1 款规定："各缔约方应调整必要的国内法或者规定，就国内法规定的一类严重犯罪，授权主管部门：（1）在缔约方境内应用技术手段收集或者记录；（2）强令网络服务提供者在其能力范围内：a. 在缔约方境内应用技术手段收集或者记录；或者 b. 与有权机关合作并协助有权机关收集或者记录在缔约方境内通过计算机系统传输的特定通信的内容数据。"从该规定看，监控内容数据的措施只能适用于国内法规定的严重犯罪；否则，不能监控内容数据。

虽然在该侦查措施的适用范围方面美国法、英国法、德国法、日本法以及《公约》都规定只适用于重罪案件，但是对于何种案件为重罪案件不同的国家实际上存在不同的认识。2012 年我国《刑事诉讼法》第 148 条规定，技术侦查措施适用的案件范围包括危害国家安全犯罪、恐怖活动犯罪、黑社会性质的组织犯罪、重大毒品犯罪或者其他严重危害社会的犯罪案件，重大的贪污、贿赂犯罪案件以及利用职权实施的严重侵犯公民人身权利的重大犯罪案件。2012 年《公安机关办理刑事案件程序规定》（本文以下简称《程序规定》）第 254 条将可以实施技术侦查措施的案件细分为五类：①危害国家安全犯罪、恐怖活动犯罪、黑社会性质的组织犯罪、重大毒品犯罪案件；②故意杀人、故意伤害致人重伤或者死亡、强奸、抢劫、绑架、放火、爆炸、投放危险物质等严重暴力犯罪案件；③集团性、系列性、跨区域性重大犯罪案件；④利用电信、计算机网络、寄递渠道等实施的重大犯罪案件，以及针对计算机网络实施的重大犯罪案件；⑤其他严重危害社会的犯罪案件，依法可能被判处 7 年以上有期徒刑的。笔者认为，我国法律关于技术侦查措施适用案件范围的规定并不适当。其理由是：①2012 年《刑事诉讼法》第 148 条除明确列举的犯罪案件外，将其他案件限定为"严重危害社会的犯罪案件"，《程序规定》在明确何为"严重危害社会的犯罪案件"时，在列举的罪名后都以"等严重暴力犯罪案件""重大犯罪案件"加以限定。这种限定意味着无论是集团性、系列性、跨区域性犯罪案件还是利用电信、计算机网络等实施的犯罪案件，都必须达到"重大犯罪"的程度才能对其适用技术侦查措施。否则，不得适用技术侦查措施。这一限定实际上是在无视不同刑事案件具有不同特点的情况下对"重罪"原则作了僵化的解读。对于利用计算机网络以及针对计算机网络实施的犯罪（如网络赌博、网络诈骗等），如果不对其采用网络监控措施，那么对这类犯罪案件的侦查将难以取得成效。因此，对这类案件实施网络监控措施是由其本身固有的特点决定的，如果因其未达到重大犯罪程度而不能对其实施网络监控措施，那么无异于放弃对这部分案件行为人刑事责任的追究，而这对被害人和社会而言都是不公正的。②《程序规定》将列举的罪名以外的案件限定为"可能被判处 7 年"。

以上规定将适用的案件条件定得太高，以致仅能对极少数案件实施技术侦查措施。即使是强调正当程序的美国，也仅将有可能被判处"1 年以上有期徒刑"的案件作为重罪案件。由此可见，我国法律对实施网络监控措施的案件范围作了不太适当的限制。因此，我国立法应重构防止技术侦查被滥用的程序机制，新的程序机制不应以将实施网络监控措施的案件范围限定在狭小的范围内为主要目的，而应旨在通过设立严格的审查程序、证据标准以及确立最后手段原则来防止网络监控措施被滥用。为此，笔者建议将 2012 年《刑事诉讼法》第 148 条规定的"严重危害社会的犯罪案件"解释为"可能被判处 3 年以上有期徒刑的案件"，将《程序规定》规定的"利用电信、计算机网络、寄递渠道等实施的重大犯罪案件，以及针对计算机网络实施的重大犯罪案件"修改为"利用电信、计算机网络、寄递渠道等实施的犯罪案件，以及针对计算机网络实施的犯罪案件"。

（二）实施监控内容数据措施的申请与审核主体

目前，在实施监控内容数据措施的申请与核准程序方面主要存在以下三种模式：①美国模式。在美国联邦层面，执法机关如认为需要监控内容数据，经美国联邦检察总长、副检察总长、助理检察总长及由检察总长特别指定之刑事司法部门之副助理检察总长之批准，向管辖法院提出申请书，法官依照规定签发监控命令，准许或追认美国联邦调查局或联邦有权调查申请书所列犯罪之机关截取有线通信或口头对话。在美国州的层面，州检察长或其下属机关之检察长，应依州法律授权向有管辖权之州法院法官申请核发监控之命令或追认命令。由此可见，美国执法机关申请实施网络监控措施，应先经一定级别的检察官批准，然后再向有管辖权的法官提出。换言之，执法机关不能直接向法官申请签发令状。②德国模式。德国的警察可以直接向法官申请令状，令状原则上只能由法官签发，但在"延误就有危险"时可由检察官决定。③英国模式。在英国，一直采用由内务大臣签发通信截收令状的行政审批模式。值得注意的是，在重新权衡法律的秩序与自由价值后，英国颁布了《英国 2015 年侦查权力法草案》。该草案的最大亮点是改变此前令状仅由内务大臣核准的纯行政审核机制，实行"双锁机制"，即内务大臣核准的令状必须取得法官之同意才有效力。虽然该草案还在讨论之中，但是这一改革动向值得我们重视。

比较上述几种模式，美国模式从表面上看似乎更为严格，因为其在申请程序上多设置了一道关卡。然而，实际上并非如此。诉讼程序是一套机制，每一个具体程序规则的设置都应当考虑与其他程序规则的协调问题，即需要考量整个程序机制，在总体上体现出"宽严相济"的特征。美国法虽然在这一程序的设置上体现了严格性，但是其适用的最低刑期起点比德国的要低。美国法规定实施监控内容数据措施的最低刑期起点为 1 年，而德国法则采取罪名列举的方式，其适用的案件范围比美国的更窄。因此，在借鉴域外的立法经验时，综合考量整个程序机制也是我们应当注意的问题。

我国刑事诉讼法对实施技术侦查措施规定需"经过严格的批准手续"，《程序规定》第 255 条规定"技术侦查措施由设区的市一级以上公安机关负责技术侦查的部门实施……"该条只规定了"实施"的机关，而未规定审批核准的机关，在实务中公安部门往往将"实施"机关与"核准"机关视为同一机关，即实施技术侦查措施需由设区的市一级以上公安机关审核批准。由此可见，我国实施技术侦查措施在审核机制上仍采用"自侦自审"的模式。虽然此前我国学术界已大声疾呼强制措施应司法化，并对此进行了充分论证，但是立法机关基于种种因素的考量，仍将实施强制措施的核准权授予侦查机关。

从发展趋势看，对强制措施实行司法审查制度势在必行，我国将面临选择何种模式的问题。考虑到我国法律与德国法律有着较相近之处，检察机关亦享有宪法上的法律监督权，笔者建议我国采用德国模式，即侦查机关若需对内容数据实施网络监控措施，则原则上应由法官审核决定是否签发令状，在"延误就有危险"时，检察官也可以批准实施。

（三）网络监控措施的适用对象

2012 年《刑事诉讼法》没有明确规定网络监控措施的适用对象，但《程序规定》第 255 条第 2 款对此作了规定，即"技术侦查措施的适用对象是犯罪嫌疑人、被告人以及与犯罪活动有直接关联的人员"。这一规定表明，网络监控措施的适用对象不限于涉案的犯罪嫌疑人和被告人，还包括与犯罪活动有直接关联的人员。借鉴域外的经验，笔者认为，在实施网络监控措施时，"与犯罪活动有直接关联的人员"应包括以下三类：①任何使用涉嫌犯罪账号的人。即凡属使用涉嫌犯罪账号的人，无论是否在申请令或批准令上列明，只要其使用该账号传递犯罪信息，便都属于被监控之对象。美国联邦最高法院在"美国诉科恩案"中肯定了这一做法。该案的判决表明，监听的对象是"该部电话"而不仅仅是"特定的人"，这实际上是将监听对象扩大到任何使用该电话的人。②任何与犯罪嫌疑人的账号发生通信联系的相对方。之所以将与犯罪嫌疑人的账号发生联系的相对方也列入监控对象的范围，是因为只要通信相对方与犯罪嫌疑人进行通信往来，那么其通信内容就不再拥有"合理的隐私期待权"。当然，对通信相对方实施监控应以通信内容涉嫌犯罪为前提，如果通信相对方与犯罪嫌疑人的通信与犯罪无关，那么就不得对其通信进行监控。③代收或转送信息者、线路供应者。代收或转送信息者、线路供应者是否明知自己代收或传送的信息是犯罪之信息并不影响对其进行网络监控，即使其毫不知情，也可以对其进行网络监控。这样做可以最大限度地防范犯罪嫌疑人利用他人来逃避法律的制裁。

这里还须探讨的一个问题是对犯罪嫌疑人委托的辩护人能否进行网络监控的问题。依照我国刑事诉讼法的规定，辩护律师享有与犯罪嫌疑人、被告人通信的权利。此处的"通信"既包括传统的以纸质等物品为载体的通信，也包括以电话、传真、邮件等形式进行的电子通信。对于律师与犯罪嫌疑人之间的通信能否进行网络监控，我国立法并未作出明确的规定。从美国的立法看，其各州的规定有所不同，如堪萨斯、夏威夷等州都不允许对律师进行监听。堪萨斯州的法律规定，除非能够阐明有特别的必要性存在，或者有相当理由相信律师参与违法行为，否则，不得进行监听。夏威夷州的法律规定，除非令状上所明示之通信、会话的两方当事者亦包括律师，否则，不得进行监听。而康涅狄格州、威斯康星州的法律则规定对于这种会话、通信，或者律师用以进行会话、通信之设备及场所，都可以实施监听。德国的法律规定，律师的电话可以被监控。德国持主流观点的学者亦认为应允许将电话录音作为证据，但犯罪嫌疑人与其辩护律师的谈话不得作为证据。笔者认为，鉴于域外立法并不完全禁止对律师与犯罪嫌疑人的通信进行网络监控，我国立法也可允许对律师与犯罪嫌疑人、被告人的通信进行网络监控。需要指出的是，目前我国的法律规定律师在会见犯罪嫌疑人时不得被监听，侦查机关亦不得派员在场，而会见权与通信权具有同质性，都是为了保障律师与犯罪嫌疑人、被告人之间的沟通和交流，按照这一逻辑，律师与犯罪嫌疑人、被告人通信时似乎也不应当被监控。但是，笔者认为，"会见"与"通信"存在一定的差异，两者在时空条件上均有不同。"会见"的场所在看守所，律师在会见时即便不被监听，侦查机关也未派员在场，看守所特有的氛围也会给律师带来较大的压力，以致其不敢轻易违法。而"通信"则不同，通信的地点可以是任何公开的或隐秘的场所，通信在时间上也完全不受限制。由此可见，律师与犯罪嫌疑人通信比律师会见犯罪嫌疑人具有更大的违法可能性，立法如果不允许对其通信进行网络监控，任由其处于自由状态，那么对预防犯罪目标之实现将带来不利的影响。

（四）嫌疑事实所要达到的程度

2012 年《刑事诉讼法》除了对实施逮捕有明确的证据要求外，对于采取其他强制措施包括技术侦查措施都没有关于证据方面的要求。从域外的立法看，警方欲对犯罪嫌疑人实施监听或网络监控在证据方面都应当符合一定的条件。例如，《美国法典》第 2518 条规定，在截取口头、有线和电子通信时，在证据方面应同时具备以下三个条件：①基于相当理由确信有人正在、已经或即将实施本条所列举之罪名；②基于相当理由确信与某一犯罪有关的特定通信将通过此一截取而取得；③基于相当理由确信截取通信之设备、场所正在或即将被用于犯罪行为，或即将被出租给他人实施犯罪行为。德国法要求监控电讯往来需要有特定之事实"足以怀疑"。德国学术界认为，"足以怀疑"大约介于开始侦查时的"单纯嫌疑"与羁押时的"重大犯罪嫌疑"之间。嫌疑必须有一定的事实基础，即其必须建立在特定的、已经被证实的事实之上，并且已经达到某种程度的具体化。特定程度的具体事实可以是卧底警察或秘密证人的报告，而秘密证人的可信度应该经由侦查机关证明。纯粹的猜测或推论均不足以构成此种嫌疑。日本法也规定对犯罪嫌疑人的通信进行监控在证据方面需要达到有"充分理由足以怀疑"的程度。

鉴于对内容数据实施网络监控措施有可能严重侵犯公民的隐私权，借鉴域外的相关经验，我国法律应规定在监控犯罪嫌疑人的内容数据时，在证据方面应具备一定的条件。具体而言，我国立法可以借鉴美国的"相当理由"标准。对于"相当理由"的含义，根据美国联邦最高法院的法官以及学者的解释，是指根据执法人员所了解的事实或者所得到的可以合理信赖的信息，足以使一个正常而谨慎的人相信犯罪正在发生或者已经发生，即获取的相关事实和材料使一个理智的人相信犯罪嫌疑人有罪的可能性要大于无罪的可能性。

（五）实施网络监控措施必须坚持的原则——必要性原则

必要性原则是指强制性的侦查手段只能在迫不得已的情况下才能采用。在存在多种能达到同样效果的侦查方法中，应该选择对基本人权干预最小的方式为之。这意味着网络监控措施不得作为获取内容数据的首选侦查措施，如果能用勘验、搜查、调查、跟踪等侦查措施取得侦查成效，那么就不得采用监控内容数据的方法进行侦查。这是法治国家的普遍做法。例如，《美国法典》第 2518 条（1）（c）规定，电子通信之监控必须在采用其他侦查措施无法取得成功或者过于危险的情况下才能采用。《德国刑事诉讼法》第 100 条 a 规定："在以其他方式不能或者难以查明案情、侦查被指控人居所的条件下，允许命令监视、录制电讯往来。"从实践看，只要可以选择的侦查手段将浪费更多的时间或者花费更多的努力，那么就会被认为满足了这一条件。依照德国学术界的观点，费用的支出问题原则上是不予以考虑的，不能因为采用其他侦查方法的费用较高就弃用其他方法而对内容数据进行监控。

在我国，无论是 2012 年《刑事诉讼法》还是《程序规定》都只规定采取何种侦查措施要"根据侦查犯罪的需要"，即只要符合侦查犯罪的需要就可以实施技术侦查措施。这意味着，包括监控内容数据在内的所有技术侦查措施都不具有手段的最后性，即便采用其他侦查措施也能达至同样的侦查效果，也可以基于费用等因素的考虑而优先适用技术侦查措施。2012 年 8 月，笔者曾对银川市、西宁市、兰州市等地的公安机关进行调研，有侦查人员指出，技术侦查措施在侦查实务中往往会得到优先适用，即只要是符合适用技术侦查措施的案件，无论采取其他侦查手段能否达到侦查成效，都会首先适用技术侦查措施。由此可见，在我国立法中确立实施技术侦查措施必须坚持必要性原则已迫在眉睫。

（六）令状的内容及要求

司法令状的意义在于明确强制处分措施的对象和范围，使强制处分措施针对的是特定的人、事、物，防止执法机关恣意妄为。域外法治国家普遍要求在实施强制处分措施时应依据司法令状记载的内容实施。就网络监控的令状而言，《美国电子通信隐私法》的相关规定最具代表性。该法要求法官在核发的令状上载明以下事项：①被监控人的身份及罪名；②监控之场所；③所要监控的通信类型与设备之特定描述；④授权监控的机关与授权人的身份；⑤授权监控的期间，包括有关所欲监控的通信在首次获得后是否自动终止的说明。除上述特定要求外，令状上还必须有若干指示，以限定令状之范围。例如，依照《美国法典》第 2518 条（5）的规定，监控令状上必须记载"尽速执行""须以最小限度监控通信""不得监控与核发令状无关的通信"等指示。

2012 年《刑事诉讼法》第 150 条第 1 款规定："采取技术侦查措施，必须严格按照批准的措施种类、适用对象和期限执行。"《程序规定》第 256 条规定，有批准权的公安机关在批准实施技术侦查时，需制作实施技术侦查措施决定书。毋庸置疑，该"决定书"需要载明技术侦查的种类、适用对象和期限。由此可见，虽然我国法律没有明确规定采用司法令状主义，但是"决定书"的规定在形式上已初具令状的雏形。当然，要完善我国的网络监控令状制度还需借鉴美国以及其他法治发达国家的相关规定。我国的网络监控令状至少应当记载以下内容：被监控人的姓名及罪名、监控的理由、应予监控的通信设备、实施监控的方法及场所、授权监控之期限、授权监控之机关与授权人之身份。鉴于我国的现状，令状上还应当记载相关的法律要求，借鉴美国的经验，令状上必须记载"尽速执行"的指令，并且监控的时间不得超过达成授权目的所必需的时间。此外，令状上还应当载明监控须以造成最小限度侵害的方法为之，并且不得监控与核发令状无关之通信。

在令状中载明"被监控人的姓名"实质上是将被监控人"特定化"。这一要求在网络监控中有其特殊作用。网络世界是一个虚拟空间，从理论上讲，虚拟世界中的个人可以拥有无数个身份和网络账号。如果一个人拥有数个身份和账号，而有证据证明涉嫌用来实施犯罪的账号只是其中的一个，那么令状中应指明涉嫌的账号，对于其他账号则不得进行监控。需要指出的是，网络账号多以英文字母和数字组成，这两者很容易被误写，如果在令状中错将字母写成数字或者相反，从原则上讲并不影响令状之效力。

在令状中记载上述内容基本上能满足令状的特定性要求，但是还应当记载以下两个方面的内容：①从技术操作方面看，如果不知监控对象的 IP 地址、物理地址或者账号，那么实际上将无从下手，因此令状上还应当记载上述内容。由于有些 IP 地址是动态分配的，并非固定给某一台计算机使用，因此在签发令状时还需记载登录账号等信息，如电子邮件账号、QQ 号码等。②由于网络资料的传输是通过封包交换网络系统同时处理许多使用者的封包，因此当需要追查特定讯息的发源地或目的地时，可能会截取到其他人的通信内容，从而侵犯他人的秘密通讯自由。要解决这一问题，可通过使用过滤器技术来实现，因此令状中还应当载明欲设置的关键词。以监控电子邮件为例，至少应通过载明以下内容使其特定化：邮件所在的网络服务总公司（如新浪、网易）、电子邮箱账号、应具备的关键字或关键内容等，以便通过过滤器设置关键词来实现监控信息的特定化，避免或减少收集与案件无关的通信。

（七）令状之例外

为有效控制犯罪，法律应当允许在一些特定情形下即使没有令状也可以实施网络监控措施。从 2012 年《刑事诉讼法》第 148 条和第 150 条的规定看，实施技术侦查措施都必须经过严格的批准程序。换言之，侦查机关在未获得批准的情况下，无论情况多么紧急都不得先行实施技术侦查措施。借鉴域外的经验，我国法律至少应规定在以下情况下侦查机关可以先行实施网络监控措施：①存在延误有碍侦查的情形。此处的"延误有碍侦查"是指如果经过严格的批准程序，那么会耽误时间使网络监控措施不能有效实施。②已取得通信一方同意的。③系入侵计算机系统犯罪并经被害计算机用户授权，侦查人员可以直接监控计算机系统侵入者的电子通信。④获取网络服务商提供的信息。网络服务商在日常的维护管理中基于维护自身利益的目的而获取用户的犯罪信息并提供给侦查机关的，侦查机关无需经过严格的审批程序就可以实施网络监控措施。⑤获取公众可以进入的电子系统信息。"公众可以进入"意味着信息发布者放弃了隐私权保护，因此侦查机关无需经过严格的审批程序就可以实施网络监控措施。

三、实施监控非内容数据措施的程序法规制

非内容数据也称往来数据。相对于内容数据而言，非内容数据涉及的隐私程度要低一些，因而实施监控非内容数据措施的程序没有实施监控内容数据措施的程序严格。美国规范非内容数据监控的设备主要是"记录拨出号码及截取拨进号码设备"（本文以下简称"记录与截取号码设备"）。该设备从技术方面看，主要用来解读被监控对象的地址信息。这一设备原来用于获取电话号码，包括拨出和打进的号码，现在也用于获取互联网上的地址信息。美国于"9·11 恐怖袭击事件"后修订的《美国爱国者法案》对该设备的含义作了修改，扩大了其适用范围。修正后的"记录与截取号码设备"既包括可以用来获取传统电话系统的打进和拨出号码的设备，又包括可以获取互联网上的路径、地址或信号信息的设备。

（一）可实施网络监控措施的范围

由于非内容数据反映的隐私程度不是很高，因此实施非内容数据监控措施可以不受案件范围的限制，即对所有存在电子证据的案件都可以实施这一措施。《公约》和美国规范非内容数据监控的成文法都没有限定该措施适用的案件。根据《公约》第 14 条第 2 款的规定，对非内容数据实施监控措施的适用范围包括《公约》第 2 条至第 11 条规定的犯罪、其他通过计算机系统实施

的犯罪等。这一适用范围实际上是非常宽泛的，几乎包括所有存在电子证据的犯罪。这表明，对非内容数据实施网络监控可以不受重罪案件范围的限制。

（二）嫌疑事实应达到的法定标准

对非内容数据实施监控措施应设置比对内容数据实施监控措施更低的门槛。根据美国法的规定，监控非内容数据只要证明安装与使用监控设备很可能获得与正在调查的案件相关的信息即可，并不需要达到监控内容数据所要求的"相当理由"标准。

（三）令状的申请、核准及特定性要求

对非内容数据实施监控措施是否应经过司法审查，《公约》并未作出明确的规定，但是根据美国法的规定，即便"记录与截取号码设备"只是获取地址信息也应接受司法审查，即须在法官签发令状后始得为之。关于令状的特定性要求，根据《美国爱国者法案》第216条之规定，联邦法官签发的记录与截取号码令状可以在签发令状的法庭司法管辖区外具有效力，即在美国联邦执法官员作为申请人时，该令状适用于任何在美国境内提供有线或电子通信服务的个人或单位。在互联网通信中，如果黑客正在通过一连串的中介计算机发送信息，该令状就可以适用于从被害计算机到信息源计算机的计算机链中的每一台计算机。由此可见，记录与截取号码申请或令状并不要求对令状指向的所有服务提供者作详细的说明。这一规定符合计算机网络犯罪证据调查的实际情况，因为当侦查机关申请记录与截取号码令状时通常并不知道通信链中的上游服务提供者的身份，如果执法人员被要求在每一次发现新的服务提供者的身份时都要返回法院签发令状，那么侦查工作将会受到严重的阻碍。不过，美国的州法院仍应在"该法院管辖权内"授权实施网络监控措施。

我国现行法律规定实施技术侦查措施需"经过严格的审查程序"。这意味着无论是监控内容数据还是监控非内容数据都适用同一条件。这实际上是提高了监控非内容数据所要达到的条件。这既有违比例性原则，也不利于惩罚犯罪目标的实现。解决这一问题的方法是在司法解释中区分内容数据与非内容数据，并分别规定监控不同数据所要达到的条件。详言之，侦查机关在使用类似于"记录与截取号码设备"监控非内容数据时，应该经县级以上公安机关负责人书面审批。侦查人员在提出申请时，应于申请书中说明将获得的非内容数据与正在侦查的案件有关及申请人的姓名。县级公安机关负责人在签发令状时应载明侦查之对象、主要的犯罪事实、设置监控设备之网络租用者、IP 地址与位置、监控的期限等事项。

侦查机关监控非内容数据原则上应在获得批准后方能为之，但在下列紧急情况下，经县级以上侦查机关负责人口头同意可以先行实施监控措施：有生命或健康之紧急危险的；国家安全利益受到直接威胁的；正在预谋进行恐怖犯罪活动的；正在对计算机系统实施攻击，并且可能被判处 6 个月拘役或以上之刑罚的。不过，侦查机关在实施监控措施后应在 48 小时内申请补发令状。

（四）监控非内容数据技术设备之要求

监控非内容数据的设备应具有可行的技术保障，以确保监控的仅仅是非内容数据。美国法规定被授权安装和使用记录与监控号码设备的执法机关，应当使用可行技术将电子或其他信号的记录和解密的对象限制在有线或电子通信的处理和传输中的拨号、路线、地址和信号信息范围内，以避免涉及有线或电子通信的内容。因此，执法人员在安装和使用记录与监控号码设备时应当对过滤器进行适当设置，即过滤器应仅保留上述非内容数据而过滤掉所有内容数据。从前面介绍的我国侦查实践中常用的两款监控设备"网络信息取证系统 DC-9600/9800"和"苏-27 网络远程取证系统"看，我国目前并未区分监控内容数据与非内容数据的不同技术要求。之所以如此，是因为我国法律没有将监控数据作内容数据与非内容数据之区分。要解决这一问题首先就应当在法律上对监控数据作合理的区分。

结　语

网络监控是与网络相伴而生的一项新兴侦查措施，其功能十分强大，既能截获网络中传输的电子邮件、聊天记录、视频或音频等信息，又能远程起获目标计算机中存储的资料、破解加密数据，恢复删除或被格式化的数据，因而会对公民基本权利诸如隐私权和言论自由权造成不同程度的侵害。法律应针对实施监控内容数据与非内容数据措施设置不同的程序规则，对内容数据的监控有可能对公民的隐私权和言论自由权造成重大侵犯，因而应对其进行严格的程序法规制。对非内容数据监控的程序要求应低于对内容数据监控的程序要求，其不受重罪原则的限制，亦不需要达到有"相当理由"的证据标准。从审核程序看，美国要求进行司法审核，而《公约》则没有提出这一要求。根据我国目前的法治状况，对于实施网络监控措施是否需要经司法机关核准可由侦查机关自行决定。笔者在本文中研究的实施监控内容数据与非内容数据措施的程序法规制所指向的主要是实施监控实时的传输数据措施，对实施诱惑性监控技术措施的程序法规制、远程获取计算机存储资料措施的程序法规制等问题都没有展开讨论，这些问题只能留待以后作进一步的探讨。还需要指出的是，实现网络监控措施程序规则的确立需以一些基础制度（诸如隐私权宪法保护、令状主义之肯认、禁止空白令状原则等）的设立为前提，如果没有确立这些基础制度，那么对实施网络监控措施进行程序法规制注定不会收到成效。

比较法视野中的技术侦查措施

兰跃军*

摘　要：技术侦查措施在我国司法实践中早已得到适用，2012 年《刑事诉讼法》将其增设为一种法定侦查行为，并从实体和程序两个方面进行了规制，这有利于防止其滥用而侵犯侦查相对人的基本人权。但从比较法视角进行审视，许多规定还有待进一步完善。

关键词：技术侦查；秘密侦查；实体限制；程序控制

技术侦查与常规侦查、视频侦查及 DNA 检测一样，是各国（地区）司法实践中使用的侦查取证方法之一。我国 1979 年《刑事诉讼法》和 1996 年《刑事诉讼法》都没有规定技术侦查措施，学者们对其概念和种类也存在不同认识。随着犯罪手段的日益国际化、组织化、隐蔽化和高科技化，侦查机关在侦办危害国家安全、贪污贿赂等重大犯罪案件时，有时不得不采用监听、摄录、卧底等技术侦查措施。2012 年《刑事诉讼法》在第二章"侦查"中增加了第八节"技术侦查措施"，从实体和程序两个方面对其进行了规制，从而使其走向了法治化。但与国际公约和域外国家（地区）相关规定相比，我国技术侦查措施制度还有许多问题值得深入研究。

一、技术侦查措施的界定

尽管技术侦查措施已有很长的发展史，国内外刑事司法实践都在使用各种技术侦查手段，学者们也对其进行过研究，但对于技术侦查措施的概念、种类，尤其是技术侦查与秘密侦查的关系，学界仍然存在不同的认识。概括起来，主要有三种观点：第一种观点认为技术侦查就是秘密侦查，即"秘密

＊ 作者简介：兰跃军，上海大学法学院教授，法学博士。

侦查，是指在案件侦查过程中侦查主体采取伪装或隐瞒身份、目的、手段的方法，运用一些科学技术手段，在侦查对象不察觉的情况下，为发现犯罪线索、收集犯罪证据、缉捕犯罪嫌疑人而采取的一种特殊的侦查活动。由于秘密侦查往往要使用一些专门的科学技术手段，故又称为'技术侦查'"。[1]"所谓技术侦查权，也叫秘密侦查权，指侦查员利用窃听、电话秘密跟踪、手机定位等高科技手段，在秘密状态下对犯罪嫌疑人采用的特殊侦查手段。"[2]这种等同观已成为我国学界的通说，许多学者都将技术侦查与秘密侦查混在一起进行研究，没有区分。第二种观点认为技术侦查与秘密侦查是交叉关系，技术侦查主要是秘密的强制性的侦查方式，但还包括一些公开的任意性的侦查方式，即"所谓技术侦查，是指利用现代科学知识、方法和技术的各种侦查手段的总称。……在世界各国的刑事侦查中，技术手段的运用大体可以分为两种情况：一是技术手段的使用对当事人公开，甚至需要征得其同意，如进行测谎检查；二是技术手段的采用在一定范围内秘密进行，如电话监听、秘密拍照或录像等"。[3]第三种观点认为技术侦查与秘密侦查是从属关系，秘密侦查主要是指技术侦查，是一种以专门技术侦查器材为辅助的侦查手段，但还包括许多不需要专门技术器材辅助就可以实施的其他侦查手段，如跟踪、守候监视、刑事特情、诱惑侦查、卧底侦查等。这种观点是学者们近年来通过对国内外秘密侦查制度进行比较研究后得出的结论，已经得到越来越多实证资料的支持。有学者将秘密侦查分为乔装侦查和秘密监控两大类，还有学者将秘密侦查分为外线侦查、内线侦查和秘密监控三大类，但他们都认为秘密监控就是技术侦查。笔者赞成第三种观点，认为技术侦查和秘密侦查都属于技术侦查措施。技术侦查强调侦查手段的技术性，即侦查手段的运用需要借助于专门的技术知识，需要专门的侦查人员才能实施。普通人由于不具备这种专门知识而无法实施。秘密侦查强调侦查手段的秘密性，即侦查相对人并不知情，侦查手段的运用一般也不需要征得相对人同意，从而具有强制性。这种秘密性大部分需要借助于专门的技术设备等才能实现，但有的是普通人在乔装下就能完成的，无需借助于专门的技术设备，如跟踪、守候监视、卧底

---

[1] 何家弘："秘密侦查立法之我见"，载《法学杂志》2004年第6期。

[2] 陈瑞华："刑事诉讼法修正案之隐忧"，载《南方周末》2011年9月1日。

[3] 宋英辉："刑事程序中的技术侦查研究"，载《法学研究》2000年第3期。

侦查等。等同说掩盖了技术侦查与秘密侦查的分界线，不利于对这两类不同的侦查措施进行区别对待和立法规制。交叉说以测谎检查等侦查手段的实施需要公开进行甚至事先取得相对人同意为由，主张此类技术侦查措施不具有秘密性，虽然具有一定合理性，但在司法实践中，此类侦查措施实施的科学性备受争议，各国无论是否允许在诉讼中使用测谎检查，几乎都不认可将测谎结果作为证据使用。技术侦查措施就是指侦查机关为了侦破特定犯罪，根据国家有关规定并且经过严格审批程序所采取的一种特殊侦查手段。其本质特征在于技术性、秘密性和强制性，主要包括监听、技术追踪（如 GPS 定位）、音频视频监控、互联网监控等手段，可分为技术侦查和其他秘密侦查。技术侦查一般是指不经当事人知晓，需要借助于专门的技术设备等才能实施的侦查手段，主要包括电子侦听、电信监控、秘密拍照或录像等电子监控、密搜密取等秘密获取某些证据、邮件检查、外线侦查、网络侦查等七种。秘密侦查主要是指技术侦查，但还包括许多不需要专门技术器材辅助就可以实施的侦查手段，如跟踪、守候监视、刑事特情、诱惑侦查、卧底侦查、控制下交付等。《联合国打击跨国有组织犯罪公约》第 20 条第 1 项和《联合国反腐败公约》第 50 条第 1 项规定的"特殊侦查手段"其实就是技术侦查措施。这两款规定的侦查手段如控制下交付、电子或其他形式的监视和特工行动等，没有明确区分技术侦查和秘密侦查。《俄罗斯联邦刑事诉讼法》第 164 条第 6 项对技术侦查措施进行了规范，即"在进行侦查行为时可以采用技术侦查手段和方式发现、固定和提取犯罪痕迹和物证"。该法第 25 章专门规定了邮件电报的搜查、提取和扣押，以及谈话的监听和录音等技术侦查措施制度。日本学者田口守一将拍照和录像、采集体液、监听通信、电磁记录物的搜查和查封统称为"技术侦查"。[1]

我国 1979 年《刑事诉讼法》和 1996 年《刑事诉讼法》及其司法解释都没有规定技术侦查措施，《人民警察法》第 16 条规定了一种与"技术侦查"具有相同含义的"技术侦察"制度，赋予国家安全机关和公安机关为了侦查犯罪的需要而采取特殊侦查措施，包括电子侦听、电话监听、电子监控、邮件检查、秘密拍照或录像、秘密获取某些物证等秘密侦查的专门技术手段。

---

〔1〕 ［日］田口守一：《刑事诉讼法》（第 5 版），张凌、于秀峰译，中国政法大学出版社 2010 年版，第 77~93 页。

在司法实践中，这些技术侦查手段已经被运用于通信监控、网络技术侦查、追踪定位、电子监控、身份辨识、证据收集和固定等方面。最高人民法院、最高人民检察院、公安部、国家安全部、司法部于 2010 年发布的《关于办理死刑案件审查判断证据若干问题的规定》第 35 条也没有区分技术侦查和秘密侦查，统称为"特殊侦查措施"，规定："侦查机关依照有关规定采用特殊侦查措施所收集的物证、书证及其他证据材料，经法庭查证属实，可以作为定案的根据。法庭依法不公开特殊侦查措施的过程及方法。"这在我国首次肯定了技术侦查措施取得材料的证据效力。为了履行我国作为《联合国打击跨国有组织犯罪公约》和《联合国反腐败公约》的缔约国义务，满足司法实践中打击危害国家安全犯罪、恐怖活动犯罪、黑社会性质的组织犯罪、重大毒品犯罪及重大贪污贿赂犯罪的需要，2012 年《刑事诉讼法》在第二章"侦查"中专门增加第八节"技术侦查措施"，包括技术侦查和其他秘密侦查，[1]从适用时间、范围、条件、程序、期限、材料使用等方面对技术侦查措施进行了规范。

二、技术侦查措施的实体限制

（一）适用范围

技术侦查措施作为一种特殊侦查手段，具有扩张性和侵权性，只能适用于法律规定的特定案件，不具有普遍适用性。从各国（地区）的立法规定看，技术侦查措施主要适用于两类犯罪：一是重罪，即性质严重的犯罪；二是组织化、技术化、隐秘化的特殊类型犯罪。前者反映出被害权益的重大性，针对这类犯罪采用技术侦查措施足以抵消因侵害公民隐私权而带来的负面影响；后者基于犯罪行为的特点，给侦查机关的侦查带来了重重困难，侦查机关采用一般侦查措施常常收效甚微甚至无效，如果不采用技术侦查措施，实在难以发现犯罪、侦破案件。这时，技术侦查措施的适用必须遵循最后手段原则。为此，各国（地区）采取列举、概括或两者相结合的方式明确限制了技术侦查措施的适用范围。《美国综合犯罪控制与街道安全法》第 3 条规定，秘密监听只能适用于间谍罪、叛国罪、劳动敲诈罪、谋杀罪、绑架罪、抢劫罪、敲诈

---

〔1〕 2012 年《刑事诉讼法》修正案一审稿曾经使用"秘密侦查"字样，在全民征求意见中，许多群众均提出了关于秘密拘留、逮捕、秘密侦查等担忧，二审稿删去了"秘密侦查"字样，代之以"有关人员隐匿其身份实施侦查"。

勒索罪、贿赂政府官员罪、赌博罪、贩毒罪、伪造罪等严重犯罪案件。[1]《日本通信监听法》第 3 条将监听的对象犯罪限定为药物犯罪、涉枪犯罪、有关集团偷渡的犯罪和有组织的杀人犯罪四种。《法国刑事诉讼法》第 100 条规定，在重罪或轻罪案件中，如果可能判处的刑罚为 2 年或 2 年以上的监禁刑，预审法官认为侦查有必要时，可以命令截留、登记和抄录经电讯渠道发送的通信，即采取技术侦查措施。

我国《人民警察法》没有限制"技术侦察"的适用范围。从司法实践看，技术侦察（查）被作为一种常规侦查手段普遍适用，大有"逢案必用"之势，这在满足侦查需要的同时，也给人权保障带来了一些隐患。为此，2012 年《刑事诉讼法》第 148 条对技术侦查措施的适用范围进行了限制，适用主体包括公安机关和检察机关，但执行主体只有公安机关，而且只能在立案后才能适用。具体包括三种情况：一是公安机关管辖的危害国家安全犯罪、恐怖活动犯罪、黑社会性质的组织犯罪、重大毒品犯罪或者其他严重危害社会的犯罪案件；二是人民检察院管辖的重大贪污、贿赂犯罪案件以及利用职权实施的严重侵犯公民人身权利的重大犯罪案件；三是公安机关或检察机关追捕被通缉或者批准、决定逮捕的在逃的犯罪嫌疑人、被告人。笔者认为，立法规定的这三种情况与国际公约及域外国家（地区）规定的技术侦查措施的适用范围基本一致，这些犯罪本身对社会危害较大，犯罪嫌疑人通常反侦查能力强，侦查机关收集证据难度大，如果不使用技术侦查措施，就不能及时地发现犯罪和打击犯罪。但是，立法使用"重大""其他严重危害社会"此类模糊术语，而没有明确可能判处刑罚的最低年限，在实践中可能引起不同理解，从而造成技术侦查措施的滥用。而且，无论是《人民警察法》还是《刑事诉讼法》都没有明确规定技术侦查措施的种类，这也极易引起适用上的混乱。此外，2012 年《刑事诉讼法》第 151 条规定了诱惑侦查和控制下交付两种秘密侦查："为了查明案情，在必要的时候，经公安机关负责人决定，可以由有关人员隐匿其身份实施侦查。但是，不得诱使他人犯罪，不得采用可能危害公共安全或者发生重大人身危险的方法。对涉及给付毒品等违禁品或者财物的犯罪活动，公安机关根据侦查犯罪的需要，可以依照规定实施控制下交付。"这里将控制下交付的适用范围界定为涉及给付毒品等违禁品或者财

---

[1] See John N. Ic′rdico. J. D. Criminal Procedure. West Publishing Co., 2006, p. 356.

物的犯罪活动，但也没有明确诱惑侦查的适用范围。为此，笔者认为可以借鉴域外做法，在采用概括方式规定技术侦查措施的适用范围时，根据不同类型犯罪的社会危害性和不同技术侦查措施的特点，规定可能判处刑罚的最低年限，同时取消"重大""其他严重危害社会"这类口袋式规定，从而使技术侦查措施的适用范围具体化，适用符合重罪原则。

（二）适用条件

从域外立法规定看，技术侦查措施的适用必须符合两个条件：一是措施必要；二是合理怀疑。换言之，技术侦查措施作为一种补充手段，只能在确有必要的情况下，对高度犯罪嫌疑人、被指控人以及有证据证明与被指控人存在密切关联的其他人员实施，一般不得对无关联的人员尤其是被害人、证人采用，法律另有规定的除外。[1]《美国综合犯罪控制与街道安全法》规定，警察申请窃听许可时，必须以"可能的理由"使法官确信：嫌疑人已经实施了该法案所规定的某一特定犯罪；窃听将有助于警察收集与该犯罪有关的证据；已经尝试过正常的调查程序但已告失败，或者很可能失败或极具危险性；窃听的地点和方式与该犯罪有关联，或者与某一被监控的嫌疑人有关。[2]欧洲人权法院在判例中对通信监听的标准作了要求，包括：通信监听应由国内法予以规范；批准实施通信监听需要遵循下列标准：第一，侦查涉及严重犯罪；第二，常规的侦查方式已被尝试，未获成功；情况表明，如不试着采用秘密监听手段，侦查将不可能获得成功；第三，必须有理由相信，该措施的使用将可能导致对监听对象的逮捕和定罪，或者对恐怖主义行为的预防；第四，该措施的采用必须具有适宜性，批准实施技术侦查措施的官员应当确信，实施秘密监听对隐私权的侵犯程度与被监听的犯罪的严重程度相适应。[3]《德国刑事诉讼法》第100条 c 规定，特殊侦查措施的适用必须是"在采取其他方式进行侦查将成果甚微或者难以取得成果的情形"。而且使用技术手段窃听、录制非公开言论必须是在有一定事实使得某人具有实施了该法第100条 a 所规

---

[1] 《俄罗斯联邦刑事诉讼法》第186条第2项规定，如果存在对被害人、证人或他们的近亲属、亲属、亲近的人实施暴力、勒索和其他犯罪行为的威胁，电话和其他谈话的监听和录音可以根据上述人员书面申请或法院裁判（无申请）进行。

[2] See John C. Klotter, *Criminal Evidence*, *fifth edition*, Anderson Publishing Co., 1992, pp. 408~409.

[3] See Mireille Delmas-Marty & J. R. Spencer, *European Criminal Procedures*, Cambridge University Press, 2003, pp. 476~482.

定的某种犯罪行为嫌疑，并且采用其他方式不能或者难以查清案情、侦查被指控人的居所的情况下。而且德国法禁止侵犯公民最隐秘的隐私。例如，即使是为了侦查严重犯罪，也不允许在一对夫妻的床下面安装窃听器。《意大利刑事诉讼法》第 267 条第 1 项规定，实行窃听必须"存在重大犯罪嫌疑并且为进行侦查工作必需"。《俄罗斯联邦刑事诉讼法》第 186 条第 1 项规定，只有有足够的理由认为犯罪嫌疑人、刑事被告人和其他人的电话和其他谈话可能含有对刑事案件有意义的内容，才能在严重犯罪和特别严重犯罪案件中允许监听和录音。根据《日本通信监听法》第 3 条规定，监听令状需要同时具备犯罪嫌疑要件、盖然性要件和补充性要件。[1]

我国 2012 年《刑事诉讼法》第 148 条和第 151 条分别将技术侦查和控制下交付的适用条件规定为"根据侦查犯罪的需要"，将诱惑侦查的适用条件规定为"为了查明案情，在必要的时候"，过于笼统。虽然《刑事诉讼法》作为基本法律，不可能对每一种技术侦查措施的适用条件作出具体规范，但借鉴域外国家做法，笔者认为，可以根据各种技术侦查措施的特点进行细化分类，在刑事诉讼法中对其共通性条件作出明确规范，使之符合侦查法治原则、必要性原则和比例原则的要求，从而将"侦查需要"具体化。此外，技术侦查措施所采用的具体手段和实施的侦查范围应严格限制在与侦查目的有关的内容上，收集的证据材料应仅限于与指控内容有关联。

（三）侵权救济

由于技术侦查措施通常都是在当事人不知情的情况下实施的，并且没有第三人在场见证。为了防止技术侦查措施的实施人员歪曲或篡改原意或原貌，在技术侦查措施实施结束时，当事人应当被告知采取技术侦查措施的有关情况，以便于其核对情况是否属实并提出异议，主张损害赔偿，申请排除非法证据等。为此，各国（地区）立法在对技术侦查措施进行程序设计的同时，都规定了一系列侵权救济措施，包括告知、异议和赔偿等。

1. 告知。在技术侦查措施实施完毕后，侦查机关应当将采取技术侦查措施的有关情况通知当事人，使其知情。这既是为了保障当事人的知情权，实现侦查程序的正当性，也是为了保障犯罪嫌疑人、被告人的辩护权，防止庭

---

[1] ［日］田口守一：《刑事诉讼法》（第 5 版），张凌、于秀峰译，中国政法大学出版社 2010 年版，第 84 页。

审突袭现象。《德国刑事诉讼法》第101条第1款规定，一旦对侦查目的、公共安全、他人人身或者生命以及派遣的侦查员的继续使用不会构成危险，便应当将采取的措施通知当事人。《意大利刑事诉讼法》第268条规定，对窃听的执行情况应立即通知当事人的辩护人，辩护人可以得到有关材料的副本，并且要求转录磁带上的录音。

2. 异议。如果当事人对其实施技术侦查措施提出不服，可以向侦查机关、检察机关提出异议，要求有关机关进行复议。如果技术侦查措施的适用确属非法，或者采用的手段违反必要性原则或比例原则的要求，复议机关应当撤销技术侦查措施的实施，原来的技术侦查措施行为自始无效。《日本通信监听法》第26条规定了当事人对监听通信声明不服的救济机制。

3. 赔偿。对于违法实施技术侦查措施给当事人合法权利造成损害的，当事人可以对相关人员或国家机关提起诉讼，并获得相应的赔偿。具体来说，对于技术侦查措施实施过程中的相关人员（如侦查人员、协助人员），由于其个人原因，故意造成当事人人身权利、财产权利受到损害的，可以对相关人员提出民事赔偿请求；对于国家机关工作人员在行使职权过程中造成的不法侵害，当事人可以提出国家赔偿请求；同时，对于过失损害当事人合法权益的情况，也应当纳入国家赔偿的范围之内。这是对违法实施技术侦查措施的一种实体性制裁。《美国综合犯罪控制与街道安全法》规定了对违法窃听行为的实体性制裁和程序性制裁，即任何违反该法的窃听行为都构成一项联邦犯罪，最高刑罚达5年监禁或10 000美元罚金。而且，以违反上述程序的方式所取得的证据，在任何联邦或州刑事诉讼中都不具有可采性。《日本通信监听法》第30条也规定了对违法监听通信、侵害公民通信秘密行为的处罚。

我国《刑事诉讼法》没有规定技术侦查措施的侵权救济机制，这不利于抑制技术侦查权的滥用。笔者认为，立法应增加规定，在不妨碍侦查目的、公共安全的情况下，侦查机关实施技术侦查措施后应当立即将有关情况告知当事人。如果当事人对实施技术侦查措施不服，可以向作出批准决定的检察机关的上一级检察机关提出申诉。对于违法实施技术侦查措施给当事人合法权利造成损害的，当事人可以对相关人员或国家机关提起诉讼，并获得相应的赔偿。为此，《国家赔偿法》再修改时应将其列入国家赔偿范畴。

三、技术侦查措施的程序控制

（一）审批程序

为了防止侦查机关动辄实施技术侦查措施而侵犯公民隐私权，各国（地区）都规定了比较严格的审批程序，并且原则上都实行了司法审查制度，由中立的法官或法院加以审查和授权。在法定的紧急情况下，不经法官或法院审批可以自行实施某些技术侦查措施，但事后必须在法定期间提交法官或法院予以追认，否则已经进行的技术侦查措施无效。世界刑法学协会第十五届代表大会1994年通过的《关于刑事诉讼法中的人权问题的决议》第11条规定："严重侵犯隐私基本权利的证据方法，诸如窃听录音，必须是经法官命令进行并且法律明文规定的，方得接纳为证据。"美国、德国、法国、日本、俄罗斯、阿尔巴尼亚等都对技术侦查措施实行法官审批制。《美国综合犯罪控制与街道安全法》规定，警察实施窃听行为必须事先取得法官颁发的许可令状。但如果警察能够证明案件存在着与有组织犯罪的预谋活动有关的紧急情况，而即使按照正常的申报程序法官也会发布窃听的许可令状，警察可以在未持司法授权令状的情况下直接实施窃听活动。但是，这种无证窃听必须由特别任命的刑事执法官员实施，并且在窃听开始后的48小时内向法官申请许可令状。窃听持续时间不超过48小时的情况除外。《德国刑事诉讼法》第100条b规定："对电讯往来是否监视、录制，只允许由法官决定。在延误就有危险时也可以由检察院决定。检察院的命令如果在3日内未获得法官确认的，失去效力。"《日本通信监听法》第4条规定，监听通信必须出示监听证。监听证由检察总长指定的检察官或者国家公安委员会及都道府县公安委员会指定的警视以上的警察申请，由地方法院法官签发。《阿尔巴尼亚刑事诉讼法》第222条规定，对于被法律所允许的并且对于继续调查监控必不可少的案件，法院可以根据检察官或被害人的请求准许进行监控。如果检察官有事实根据地认为，监控的迟延可能对调查带来严重的损害，他可以主动下令采取行动，并且马上向法院通报。通报的时限最迟不得超过24小时，在法官知晓检察官的决定后24小时内，通过一个合理的决定对检察官的行动作出评价；如果法官在法定时限内没有作出决定，那么，监控行动必须停止，监控的结果也不得被采用。英国对监听实行行政审批机制。根据《英国侦查权力规则》的规定，当警察需要采取有计划的直接秘密监听时，应当由职务不低于警察局长的警官书面批准，并应当确定监听的时间。在住宅及车辆中秘密安放技术装置的入侵式监听，只能适用于最严重的犯罪，由主管警官批准，并且还需要 1 名监听委员会委员核准，该委员通常由退休的高级法官担任。

我国 2012 年《刑事诉讼法》第 148 条规定，实施技术侦查必须"经过严格的批准手续"；第 151 条规定，实施诱惑侦查和控制下交付经公安机关负责人决定，并由公安机关执行，但都没有明确审批机关的级别及批准程序。在侦查实践中，技术侦查措施基本上都是侦查机关自行审批、自我授权。以湖南省中部地区某基层公安机关为例，技术侦控的审批程序是：由县级公安机关主管刑侦的负责人签字后，报市、州一级公安机关的主管刑侦负责人审批，然后交技术部门具体实施。电话查询、秘密搜查、秘密辨认、秘密拍照、录像等技术侦查的使用，由县级主管刑侦负责人审批，再由本局刑侦部门具体实施。据统计，在 2002 年至 2007 年间，本局审批的数量分别为 67 件、78 件、144 件、263 件、703 件和 1225 件，分别占当年实施技术侦查案件数的 70%、53%、58%、56%、60% 和 66%，而市级审批的数量分别为 29 件、70 件、105 件、208 件、471 件和 634 件，分别占当年实施技术侦查措施案件数的 30%、47%、42%、44%、40% 和 34%。[1] 可见，大部分技术侦查措施都是由本级公安机关批准实施的，缺乏有效监督。检察机关申请使用技术侦查措施略有不同，相对公安机关来说还受到一定制约。以上海市为例，检察机关自侦部门申请使用技术侦查措施的基本程序是：先由各级检察院自侦部门的侦查人员写出请示报告并填写《使用技侦措施审批表》，经自侦部门负责人审核，报分管检察长审批。经分管检察长同意签发并加盖院印后，报市检察院侦查指挥中心办公室审核，并报市检察院分管检察长决定并加盖市院院印。市院审批通过后，再由市公安局分管副局长签字后交市公安局技侦总队执行。笔者认为，《刑事诉讼法》应当将"经过严格的批准手续"进一步细化。结合我国刑事司法体制，人民检察院作为国家专门的法律监督机关，对刑事诉

---

〔1〕 周雄哲："秘密侦查应用现状的调查与思考——以湘中某基层公安机关为例"，载《湖南行政学院学报》2008 年第 3 期。而在日本，自 1999 年《日本通信监听法》制定以来，全国实施情况是：2000 年 0 件，2001 年 0 件，2002 年 2 件（8 人，药物犯罪），2003 年 2 件（18 人，药物犯罪），2004 年 4 件（17 人，药物犯罪），2005 年 5 件（20 人，药物犯罪 4 件，有组织的杀人、携带枪支 1 件），2006 年 9 件（29 人，药物犯罪），2007 年 7 件（34 人，药物犯罪），2008 年 22 件（34 人，药物犯罪 16 件，违反刀枪法 6 件）。参见 ［日］田口守一：《刑事诉讼法》（第 5 版），张凌、于秀峰译，中国政法大学出版社 2010 年版，第 86~87 页。

讼实行法律监督，负责审查批准逮捕。因此，笔者主张建立中国式司法审查制度，确认检察机关作为技术侦查措施的审批机关，但执行仍然由公安机关负责。具体来说，无论公安机关还是检察机关申请使用技术侦查措施，均先由侦查人员填写《使用技侦措施审批表》，交侦查部门负责人审核，经分管副局长或副检察长同意后，报上一级检察院侦查指挥中心，由该院分管检察长或检察长批准，交同级公安机关技侦总队执行。在延误就有严重影响侦查工作危险的紧急情况下，可以不经审批实施某些技术侦查措施，但必须在48小时内报审批机关追认，否则技术侦查措施无效。检察机关审批的重点是采取技术侦查措施的理由是否合理和必要，不必进行专门的调查或听证，只须根据有关法律进行书面审查并作出直接的决定，以提高效率；检察机关决定批准的，应当采用书面形式，明确规定采取技术侦查措施的种类、适用对象和适用期限等。此外，人民检察院审查批准逮捕和审查起诉时，也应当对技术侦查措施的合法性和必要性进行审查。如果有疑问，可以要求公安机关作出解释，或者退回补充侦查。

（二）监督程序

各国（地区）对技术侦查措施实施的监督主要是限制其有效期和延长的次数，以及定期报告制度等，有的还明确规定了实施程序。《意大利刑事诉讼法》第267条规定，窃听的时间不得超过15日，到期必须申请法官重新审批才能继续实施。如果适用条件一直具备，法官可以附理由地命令将此期限延长，但每次延长的时间也不超过15日。《英国1985年通信截收法》规定，监听令状的有效期为2个月，必要时可以再延长2个月。但内政大臣认为没有必要继续监听时，可以立即停止。《德国刑事诉讼法》第100条b规定，特殊侦查措施的有效期最长为3个月，如果适用条件继续存在，法官可以准许对期限延长每次不超过3个月。《俄罗斯联邦刑事诉讼法》第186条第5项规定，进行电话和其他谈话监听和录音的期限最长为6个月，如果没有必要再采取这项措施，侦查员在该刑事案件审前调查结束之前可以决定撤销。《日本通信监听法》规定，监听期间最长10日，该期间可以延长但不得超过30日。该法要求政府每年向国会报告请求和签发监听令状的件数、与该请求及签发相关的罪名、作为监听对象的通信手段的种类、实施监听的器件、实施监听中通话的次数等，从而对技术侦查措施的实施进行监督。该法还规定了实施监听时的程序，包括：①出示监听证、指定见证人，见证人可以对监听的实施提出意见，并在监听的记录硬盘上封印。②检察官等人为了判断该通信是否应当被监听，可以在必要的最小限度内监听该通信。③在监听的实施过程中，如果明确发现其他重大犯罪正在通话中，除了可以监听该对象犯罪以外，还可以监听其他可能判处死刑、无期或者 1 年以上有期惩役或禁锢之罪的重大犯罪。在这种情况下法官可以依照职权进行审查。④已被监听的通信，录制在硬盘中、密封之后提交给法官，同时为了在其他刑事程序中使用该资料，应当另行制作备份。此外，为了规范监听通信的程序，日本国家公安委员会制定了《通信监听规则》。[1]

我国 2012 年《刑事诉讼法》第 149 条将技术侦查的有效期规定为 3 个月，自签发之日起计算。对于不需要继续采取技术侦查措施的，侦查机关应当及时解除；对于复杂、疑难案件，期限届满仍有必要继续采取技术侦查措施的，经过批准，有效期可以延长，每次不得超过 3 个月。"这就意味着只要批准了对一个公民的秘密录音、秘密录像或者手机定位，3 个月内可以每天 24 个小时监控你，而且可以无限期延长，时间次数不受限制，容易导致权力的滥用。"[2]而且这里继续使用"复杂、疑难案件"此类模糊术语，也没有对不同技术侦查措施的有效期限加以区分，很可能导致技术侦查措施适用普遍化、随意化。立法没有规定其他秘密侦查的有效期限。因此，笔者认为，立法在明确规定技术侦查措施适用条件和审批程序的基础上，应当进一步明确，技术侦查措施的有效期限一般是 3 个月，在 3 个月期限届满前 7 天，如果实施技术侦查措施的条件继续存在，应当在重新申请并获得批准后，才能继续实施。而且，借鉴日本的做法，可以建立定期报告制度，要求各级人民检察院检察长每年向同级人大做工作报告时，必须详细说明该院批准实施技术侦查措施的情况。如果对同一相对人实施技术侦查措施批准延期的次数超过 5 次，检察长在年度工作报告中应当说明。

（三）材料处理

技术侦查措施的结果必须以笔录或录音、录像等材料固定下来，才能在诉讼中使用。虽然这些材料内容有的与查明案件事实、查获犯罪嫌疑人有关，

---

〔1〕 ［日］田口守一：《刑事诉讼法》（第 5 版），张凌、于秀峰译，中国政法大学出版社 2010 年版，第 85 页。

〔2〕 陈瑞华："刑事诉讼法修正案之隐忧"．载《南方周末》2011 年 9 月 1 日。

有的与之无关，但都可能涉及侦查相对人及相关人员的隐私。因此，各国立法对技术侦查措施所获得材料的处理都作了明确规范，包括材料的保存、销毁、保密等，从而最大限度地减少技术侦查措施对公民隐私权的侵犯。《意大利刑事诉讼法》第 269 条规定，窃听的笔录和录音应当被完整地保存在作出窃听决定的公诉人那里。除该法第 271 条第 3 款规定外，录音材料应保存到判决不再可能受到上诉之时，但诉讼不再需要有关材料时，关系人为了维护其隐私权，可以申请曾经批准或认可窃听工作的法官将其销毁。销毁必须在法官的监督下进行，并制作笔录。《德国刑事诉讼法》第 100 条 i 第 6 项和第 100 条 d 第 1 项规定，一旦追诉不再需要以技术侦查措施获得的材料，执法部门应当在检察院的监督下不迟延地将它们销毁，并且对销毁情况制作笔录。

我国 2012 年《刑事诉讼法》第 150 条对技术侦查措施材料的处理作了规范，主要包括三方面内容：一是程序法定原则，即采取技术侦查措施，必须严格按照批准的措施种类、对象和期限执行。二是保密原则，侦查人员对于采取技术侦查措施过程中知悉的国家秘密、商业秘密和个人隐私，应当保密。公安机关依法采取技术侦查措施，有关单位和个人应当配合，并且对有关情况予以保密。三是销毁规定，对采取技术侦查措施获取的与案件无关的材料，必须及时销毁，但对材料的保存和销毁材料的监督立法没有明确规定。笔者认为，一旦立法将技术侦查措施的审批权赋予检察机关，公安机关实施技术侦查措施获得有关材料后，至迟应在 24 小时内传送给检察机关。检察机关认为该材料或材料的某些部分与案件无关的，应当及时决定在其监督下销毁，并且制作笔录，利害关系人也可以提出销毁请求。至于其余材料的保存，可以由实施技术侦查措施的公安机关负责。在这方面，俄罗斯和美国的做法值得借鉴。《俄罗斯联邦刑事诉讼法》第 186 条规定，全部录音应根据侦查员的决定作为物证加封归入刑事案件材料，保管的条件应排除他人放听和复制的可能性，保证材料完好和技术上适于重复播放，包括在法庭上重复播放。《美国法典》第 2518 条规定："监听到的内容应尽可能记录在磁带上或其他记录媒体上。记录方式应当能够保护记录不被编辑或改动。"

（四）证据效力

《联合国反腐败公约》第 50 条第 1 项明确要求各缔约国允许法庭采信由特殊侦查手段所取得的证据。各国（地区）立法也对技术侦查措施所获得材料的证据效力作了明确规定，主要包括两种方式：第一种方式是明确规定依照法定条件和程序实施的技术侦查措施所取得的材料可以在诉讼中使用，具有证据能力。第二种方式是明确禁止技术侦查措施所取得的材料在其他诉讼中使用，或者禁止使用在某些情况下所取得的材料，除此之外，此类材料具有证据能力。意大利和德国采用第二种方式。《意大利刑事诉讼法》第 270 条和第 271 条分别规定了"在其他诉讼中使用有关材料"和"对使用的禁止"，除非窃听材料对于查明某些必须实行当场逮捕的犯罪来说是必不可少的，窃听所取得的材料不得在其他诉讼中使用。关于违法窃听所取得证据的排除，第 271 条规定了两种情形：其一，如果窃听是在法律允许的情况以外进行的，或者没有遵守该法第 267 条和第 268 条第 1 款和第 3 款规定，则产生于上述窃听活动中的材料禁止使用。其二，如果窃听的对象是该法第 200 条第 1 款所列举的人员因为其职务或职业原因而了解的事实，则除非上述人员已经对这些事实做过陈述或以其他方式进行过传播，产生于对这些人员谈话或通信的窃听材料禁止使用。对于这些违法窃听活动所取得的材料，法官可以在诉讼的任何阶段和审级中决定将其销毁，除非它们构成犯罪的物证。《德国刑事诉讼法》第 100 条 a 第 5 项和第 100 条 d 第 2 项规定，对于技术侦查措施手段所获得的个人情况信息，只有在处理分析时发现了为查明该法第 100 条 a 所规定的某一犯罪行为时，才允许用在其他诉讼程序中作为证据。

由于我国 1979 年《刑事诉讼法》和 1996 年《刑事诉讼法》都没有将技术侦查措施列为法定侦查行为，学者们对技术侦查措施所取得材料的证据效力存在争议。概括起来，主要有三种观点：第一种观点认为，技术侦查属于侦查措施的一种，是《国家安全法》和《人民警察法》规定的法定侦查手段，我们不能因为其手段特殊而否定其材料的证据能力，因此，技术侦查所获得的材料能够直接作为证据使用。第二种观点认为，由于刑事诉讼法对特殊手段获取证据的证据能力没有任何规定，因此通过技术侦查手段所获得的材料，只能在分析案情时使用，不能进入审判程序作为证据使用。第三种观点认为，通过技术侦查手段获取的证据材料具有证明效力，但基于技术侦查方式的特殊性，其材料如果要作为证据在审判中使用，必须经过一个证据转化过程，将其转化为犯罪嫌疑人、被告人供述和辩解或证人证言。第三种观点是大多数学者的观点，也是我国目前司法实践中常用的方法。这种复杂的证据转化过程不仅无法保证技术侦查所获得的材料都转化为法庭证据，严重影响诉讼效率，而且容易诱发刑讯逼供等非法取证现象，从而危及侦查相对人的人权保障。

2012 年《刑事诉讼法》从两个方面对技术侦查措施取得材料的证据效力作了规范。该法第 150 条第 3 款规定，采取技术侦查措施获取的材料，只能用于对犯罪的侦查、起诉和审判，不得用于其他用途。该款明确限制此类材料的使用范围，即只能用于追诉犯罪。但这里的"犯罪"仅限于批准实施技术侦查措施所涉嫌的犯罪，还是指所有构成犯罪的行为，需要立法进一步明确。否则，可能导致材料使用范围无限制扩大。《阿尔巴尼亚刑事诉讼法》第 225 条规定，只有在对已经被强行拘捕的罪犯进行调查所必需的时候，才可以在其他诉讼过程中使用已经取得的监控结果。而且，在这种情况下，监控的记录和录音应该被移交给其他的法官。该法第 226 条还规定了"使用的禁止"，明确规定在以下两种情况下，监控的结果不能被使用：①不是为了法律所规定的案件而制作的；②监控过程没有遵守本法有关规定。法院应当命令将不能使用的监控文件予以销毁，除非这些文件中含有实在证据。在德国，通过电话窃听取得的任何谈话都会被录制在录音带上，只要符合允许电讯监视的情况，录音带就可以在审判中作为证据使用。但这些录音带有时也会揭示一些不允许使用电讯监视的犯罪，或者是由犯罪嫌疑人以外的人所实施的犯罪。德国法认为，只要这种"偶然的发现"与《德国刑事诉讼法》第 100 条 a 以及第 100 条 b 第 5 款规定的犯罪有联系，就可以作为证据使用。[1]此外，我国 2012 年《刑事诉讼法》第 152 条明确规定，依照本节规定采取技术侦查措施所收集的材料在刑事诉讼中可以作为证据使用，即具有证据能力。这样有利于避免复杂的证据转化过程，从而提高侦查机关控制犯罪的能力，纠正侦查活动过于依赖犯罪嫌疑人口供的定式，但立法必须进一步明确各种技术侦查措施的适用范围、适用条件和适用程序等，真正实现技术侦查措施的法治化。同时，为了保护秘密侦查员等有关人员，防止因公开的证据调查而危及其人身安全，2012 年《刑事诉讼法》第 152 条还规定了秘密侦查员的特殊作证方式，即如果使用该证据可能危及有关人员的人身安全，或者可能产生其他严重后果的，应当采取不暴露有关人员身份、技术方法等保护措施，必要的时候，可以由审判人员在庭外对证据进行核实。该规定允许审判人员

---

〔1〕 [德] 托马斯·魏根特："德国现代侦查程序与人权保护"，刘莹译，载孙长永主编：《现代侦查取证程序》，中国检察出版社 2005 年版，第 341 页。

在庭外核实采用某些技术侦查措施所获取的证据，但没有规定相应的程序保障机制，包括要求控辩双方到场等，有可能脱离三方组合的庭审空间，背离证据质证原则，从而形成事实上的秘密审理与裁判，突破审判公正的底线，存在司法恣意的极大可能性。因此，笔者认为，审判人员在庭外核实此类证据，应当通知检察人员和辩护人、诉讼代理人到场，并按规定签订保密协定。如果这些在场人对证据有疑问，他们可以申请发问或通过其他方式调查核实。

结　语

技术侦查措施作为现代科学技术在刑事诉讼中的运用，始终面临着为了满足侦查需要而不得不适用的"现实必要性"和对公民隐私权与自治权等基本人权构成威胁的"现实危险性"两难选择。只有通过立法明确界定其概念和种类，并从实体和程序两个方面严格限制其适用，才能为控制犯罪而授权，为保障人权而控权，以授权实现真正有效的控权，从而使刑事侦查活动在犯罪控制与人权保障之间实现动态平衡。

刑事侦查中公民定位信息的收集使用与规制

——从美国判例谈起

郑 曦[*]

摘 要：侦查机关收集使用特定公民定位信息为刑事侦查所需。侦查机关可以通过主动实施侵入性行为或通过特定第三方获取此种定位信息，但是此类侦查行为可能对个人权利造成侵犯。欲规制收集使用公民定位信息行为主要有两种路径，在隐私权保护路径下可对此种侦查行为进行外部司法控制或内部监督，但此路径存在一些不足，可以通过数据权利保护路径予以补充。参考欧盟《通用数据保护条例》（GDPR），根据"授权"和"限权"并举的理念，应要求收集使用相关数据时遵循目的限制性、最小必要性、权责一致性等原则。协调隐私权和数据权利保护的思路，在规范我国刑事侦查中有关公民定位信息收集使用的制度时，可以将事前的内部审批改为外部司法规制、在事中厘清权利和权责的内容、在事后提供相应的救济途径。

关键词：刑事侦查；定位信息；隐私权；数据权利

特定公民的行踪包含大量信息，通过对其的定位，可以得知其在特定时间所处的特定位置，从而将其与某一事件联系起来。刑事侦查中对公民定位信息的收集和使用已十分常见，一旦操作不当便可能对公民权利造成侵害，兹事体大。对于侦查机关收集使用公民定位信息的行为，必须从公民隐私权和数据权利保障两方面着手加以规制，以防止公权的滥用，实现打击犯罪和保障人权的平衡。

---

* 作者简介：郑曦，北京外国语大学法学院副教授，法学博士，硕士生导师。本文发表于《学习与探索》2020 年第 4 期。

一、侦查机关收集使用公民定位信息的现实和风险

在刑事侦查中，收集使用特定人员的定位信息，对于侦查机关查获犯罪嫌疑人、查明案件事实有极大帮助：首先，在侦查初期，此种定位信息能帮助侦查机关将特定人员与特定刑事案件进行关联，从而有助于侦查机关理清侦查思路、明确侦查方向；其次，定位信息可以用于证明犯罪嫌疑人一方提供的某些辩护证据之不实，例如不在场证明等；最后，定位信息可以与其他证据相印证，从而帮助侦查机关确定或排除特定人员的犯罪嫌疑，并用于后续程序中的起诉和审判。

侦查机关收集使用特定公民定位的需求随着科技的发展变得易于实现。一方面，侦查机关的技术侦查装备和水平提升使得其对特定公民实施追踪定位的技术难度大大降低；另一方面，普通人生活中所依赖的先进软硬件设施也为侦查机关收集使用此种定位信息提供了便利，例如现代人时刻不离手的手机及其上所安装的各种社交、导航等应用软件，随时都记录着使用者的定位信息。在此种现实下，侦查机关欲收集使用特定公民的定位信息，在技术层面上并无实质性的障碍；而对于公民个人而言，在现代生活中，"事了拂衣去，深藏身与名"已然是不切实际的幻想。

具体而言，侦查机关收集特定公民的定位信息，主要有两大类途径。第一类途径是侦查机关主动实施具有侵入性的侦查行为，在特定公民（犯罪嫌疑人）的人身、物品或交通工具上安装专门的定位设备，从而获取相应的定位信息。在 20 世纪中后期，侦查机关常在犯罪嫌疑人特定财物或车辆上安装无线电发射装置（俗称 Beeper）对其进行追踪定位，例如美国联邦最高法院在 20 世纪 80 年代审理的数个案件都涉及警察利用 Beeper 定位犯罪嫌疑人而引发的证据可采性争论。[1]Beeper 的缺点在于其发射的无线电信号接收范围有限，警察往往需要驾车追踪此装置以持续接收信号。随着技术水平的提高，进入 21 世纪后，侦查机关开始广泛使用全球定位系统（GPS）收集使用特定公民的定位信息，如在 2012 年的"琼斯案"中，警察就在犯罪嫌疑人的汽车上安装了 GPS 装置对其进行追踪，从而得到其从事毒品犯罪的证据。[2]此种

---

〔1〕 United States v. Knotts, 460 U. S. 276 (1983). United States v. Karo, 468 U. S. 705 (1984).

〔2〕 United States v. Jones, 565 U. S. 400 (2012).

途径下的定位信息收集方式的特点在于，侦查机关需以隐秘且具有侵入性的方式对特定公民安装特定装置，信息收集过程不涉及第三方。

第二类途径是侦查机关通过特定第三方，如通信公司、应用软件运营商等，获取特定公民主动发送给该第三方的定位信息。此种途径之典型为侦查机关收集使用公民手机定位信息。由于手机等移动通信设备必须持续接收移动通信运营商设置的基站（无线电台）的信号方可工作，通过运用时间到达（TOA）、增强时间测量差（E-OTD）和辅助 GPS（A-GPS）等定位方法，[1]即可获得手机定位信息（cell-site location information，CSLI）。此种手机定位信息被存储于移动通信运营商处，侦查机关可以通过相应移动通信运营商，收集使用特定公民的手机定位信息，例如 2018 年的"卡朋特案"即涉及此种手机定位信息收集合法性之讨论。[2]除此之外，特定公民在使用社交网络、打车或导航等软件时，也往往会同意应用软件运营商关于收集定位信息的合同条款，从而主动向其提供定位信息，侦查机关也可以通过其收集使用特定公民的定位信息。

尽管侦查机关收集使用特定公民的定位信息，对于案件顺利办理、预防和打击犯罪有着重要意义，是刑事侦查高科技化的必然结果，但其仍然存在着一定的风险，一旦操之不慎就可能导致危险后果。

第一，公民定位信息可能被滥用于刑事侦查之外的其他目的。一旦监督不足、制约失效，公民定位信息就可能被用于满足侦查人员个人的窥私欲或其他刑事侦查之外的目的。此种担忧并非杞人忧天，2015 年 9 月湖南省岳阳市就曾发生过警察运用技术侦查手段定位追踪前女友并对其实施非法拘禁的案件。在该案中，岳阳市公安局经侦支队民警顾某对前女友进行手机定位追踪后强掳其上车并对其进行辱骂、殴打和猥亵，最终被法院判定构成非法拘禁罪。[3]可见，倘若公民定位信息被滥用，可能给公民的人身安全和自由等重要权利带来巨大威胁，甚至会成为某些机关或其工作人员谋求私利的工具。

第二，收集使用公民定位信息可能侵犯该特定公民的隐私权。在现代社会中，人们的个人隐私常常受到威胁，无论是其在现实生活还是网络虚拟空

---

〔1〕 朗亚东、吴娟："GSM 手机定位技术研究"，载《邮电设计技术》2004 年第 7 期。

〔2〕 Carpenter v. United States, 138 S. Ct. 2206（2018）.

〔3〕 薛应军：""最大问题是要解决好对人民负责'：改革须解决警力滥用、监督不到位、专业性不够问题"，载《民主与法制时报》2015 年 11 月 29 日。

间中的行为，都可能被记录和监控，甚至可能对公民的私人生活之安宁造成直接破坏，如 2013 年发生的"2000 万开房数据泄露"事件即为典型。[1]而允许刑事侦查机关收集使用公民定位信息，无论以主动实施侵入性行为还是通过特定第三方获取公民主动发送的定位信息，均可能对该特定公民的隐私权造成冲击和侵犯。正因为如此，有必要从隐私权保护的角度出发，对侦查机关收集公民定位信息的行为进行规范和制约。在上文提到的美国 2012 年"琼斯案"和 2018 年"卡朋特案"中，美国联邦最高法院都是从这个角度展开论证并作出裁判的。

第三，定位信息的使用可能与公民的数据权利发生冲突。随着隐私权在现代社会受到威胁的风险日渐增加、传统隐私权保护措施应对乏力，个人数据权利逐渐从隐私权中独立出来，发展出个人数据权利与隐私权的"二元制"模式。[2]所谓数据权利，是指主体以某种正当的、合法的理由要求或吁请承认主张者对数据的占有，或要求返还数据，或要求承认数据事实（行为）的法律效果。[3]这类权利之核心在于强调数据主体（特别是作为数据主体的公民个人）对其数据的有效控制，在欧洲国家得到了充分重视，尤其体现在欧盟《通用数据保护条例》（GDPR）中。而刑事侦查中侦查机关收集使用公民定位信息的行为往往是具有强制性的，显然将与以公民对其数据的有效控制为核心的数据权利发生冲突，于是亦需合理协调二者关系，以免权力与权利之间出现失衡。

二、隐私权保护视角下刑事侦查中定位信息的合理使用

（一）公民定位信息的隐私权保护逻辑

隐私权观念起源于美国，自 1890 年《哈佛法律评论》发表《隐私权》（The Right to Privacy）一文后，隐私权观念便渐入人心，并在全世界得到广泛认可。[4]尽管隐私权的概念模糊、内容宽泛、边界不清，但其核心在于保

---

〔1〕刘武俊："海量开房数据泄露　折射信息保护立法短板"，载《中国商报》2014 年 2 月 21 日。

〔2〕李永军："论《民法总则》中个人隐私与信息的'二元制'保护及请求权基础"，载《浙江工商大学学报》2017 年第 3 期。

〔3〕李爱君："数据权利属性与法律特征"，载《东方法学》2018 年第 3 期。

〔4〕Samuel Warren, Louis Brandeis, "The Right to Privacy", *Harvard Law Review*, vol. 4, no. 5, 1890.

障私生活的安宁和不受打扰，有学者即将个人隐私与私人生活秘密或私生活秘密画上等号。[1]而判断公民的某一项活动或生活行为是否构成个人隐私，从而在受到侵犯之后得以获得法律甚至宪法层面的保护，美国联邦最高法院的哈兰大法官在"卡茨案"的协同意见中提出的"主客观双重判断法"可以作为标准。该判断法一是要求主观方面该公民"必须表现出某种实际（主观）的隐私期待"，二是需证明社会已经准备承认其所表现出的隐私期待具有正当性。[2]

根据上述要求，公民定位信息显然可以被视为个人隐私。在刑事侦查中侦查机关所获取的公民定位信息，无论是由该侦查机关主动出击、通过安装定位设备而获得的，还是公民主动向第三方发送、再由该第三方转交于侦查机关的，均满足主客观要件要求。就主观方面而言，公民对于侦查机关安装定位设备收取其定位信息的事实往往毫不知情，而对于其主动发送给第三方（如移动通信运营商）的定位信息可能被侦查机关获得的事实也是既不知情也无事先同意，完全符合主观方面的要求。就客观方面而言，社会大众对于公民针对定位信息的隐私期待亦予以承认，例如在智能手机上安装某一应用软件后，在首次运行时往往会出现关于获取定位信息的授权请求弹框，若使用者拒绝授权则不得收集定位信息，这表明社会对公民针对其定位信息的隐私期待有普遍承认。

既然公民定位信息是个人隐私，则收集使用公民定位信息的行为即可能涉及对隐私权的侵犯，除非有合法的依据并遵守相关规则，否则不得实施。侦查机关收集公民定位信息的行为以强大的国家权力为后盾，往往在封闭、秘密的情况下实施，且通常不考虑当事人的意志而具有强制性，因此对公民隐私权的侵犯风险尤其巨大，必须予以有效制约。对于此种侦查行为的制约有两种方式：一种是外部控制方式，主要通过司法机关的审查规制侦查机关收集公民定位信息的行为；另一种则是内部制约方式，主要由侦查机关通过内部的审批和监督规范此种侦查行为。

（二）对侦查机关收集使用公民定位信息的外部司法控制

采取外部司法控制方式规制侦查机关收集公民定位信息者，以美国为典

---

[1] 张新宝："从隐私到个人信息：利益再衡量的理论与制度安排"，载《中国法学》2015 年第 3 期。

[2] Katz v. United States, 389 U. S. 347 (1967).

型，其基本逻辑在于将侦查机关收集公民定位信息的行为纳入《美国宪法第四修正案》规定的"搜查"范畴，从而令法院对其进行事前的批准和事后的审查。

在 2012 年的"琼斯案"中，美国联邦最高法院针对侦查机关主动给犯罪嫌疑人安装定位装备的定位信息收集方式，认定此种安装行为已经构成"物理侵入"，即便根据传统的定义，也构成了《美国宪法第四修正案》所指之搜查。尽管斯卡利亚大法官代表美国联邦最高法院撰写的判决意见是遵循传统搜查的"物理侵入"标准作出的，但阿里托大法官所撰写的协同意见则一针见血地指出了其中所涉及的隐私权保护问题，主张用"卡茨案"中哈兰大法官提出的"主客观双重判断法"作为标准，判断侦查机关安装定位设备、收集定位信息的行为构成搜查，应受司法权之规制。[1]在 2018 年的"卡朋特案"中，针对侦查机关通过手机移动通信运营商这类第三方获取公民定位信息的行为，认定并不适用无须司法审批的"第三方原则"，[2]因其涉及公民的隐私权这一宪法所保障之权利，而仍构成《美国宪法第四修正案》中所指的搜查。

由于侦查机关无论以"主动出击"、安装定位装备还是从手机移动通信运营商等第三方处获得公民定位信息，均构成《美国宪法第四修正案》中所指之搜查，则根据该修正案，必须符合"合理性"（reasonableness）条款和令状条款的规定。按照令状条款的要求，只有当法官根据"合理根据"（probable cause）签发令状后，侦查机关方可收集特定公民的定位信息，且实施相关行为时必须严格遵守令状的规定。除了事前的令状审批之外，在案件审理中，法院还可以根据控辩双方所提出的动议，对侦查机关收集特定公民定位信息行为的合法性进行审查，如果认定取证行为违法，则可以排除由此得到的证据，上文所述的"琼斯案"和"卡朋特案"均涉及此问题。

以外部司法控制方式规制侦查机关收集公民定位信息，其优点在于权力分立下来自外部的权力制约不必受到本部门利益、思维方式和人情关系的羁绊，从而保障此种制约的客观性和有效性。正是基于此种原因，许多国家都有类似的外部司法控制规定，如《德国刑事诉讼法》第 100 条 j 规定，只有

---

〔1〕　United States v. Jones, 565 U. S. 400（2012）.

〔2〕　"第三方原则"指公民自愿发送给第三方的信息不受美国宪法第四修正案保护，参见 United States v. Miller, 425 U. S. 435（1976），Smith v. Maryland, 442 U. S. 735（1979）.

"由检察官提起申请，由法院作出命令"后，方可取得相关数据；[1]《意大利刑事诉讼法》第254-2条规定，只有司法机关有权决定在信息、电信或电讯服务商处扣押由服务商持有的数据材料，包括送达的或者定位的数据材料。[2]《俄罗斯联邦刑事诉讼法》第29条规定："只有法院，其中包括在审前诉讼程序运行阶段，有权下达下述判决：……（12）获取用户与（或者）用户设备间连接信息的。"然而，以外部司法控制方式规制侦查机关收集公民定位信息亦有弊端，容易因不同机关的利益争夺、观念差异等原因导致审批效率低下、错失侦查良机、放纵有罪之人等后果，因此一些国家亦允许由侦查机关对其收集公民定位信息的行为进行内部的监督制约。

（三）对侦查机关收集使用公民定位信息的内部制约

采取侦查机关内部制约方式规制刑事侦查中收集公民定位信息行为者，以我国为典型。

我国将侦查机关主动实施的收集公民定位信息行为纳入技术侦查的范畴，例如2012年发布的《公安机关办理刑事案件程序规定》第255条第1款即明确规定："技术侦查措施是指由设区的市一级以上公安机关负责技术侦查的部门实施的记录监控、行踪监控、通信监控、场所监控等措施。"其中"行踪监控"即主要针对公民的定位信息。按照这一定义，侦查机关主动采取的、特别是以安装定位设备实施的收集公民定位信息行为，显然属于技术侦查。而根据《刑事诉讼法》第150条的规定，侦查机关经过"严格的批准手续"，可以采取技术侦查手段，包括收集犯罪嫌疑人及其他相关人员的定位信息。具体而言，根据2012年《公安机关办理刑事案件程序规定》第256~258条的规定，公安机关欲实施收集定位信息行为，需制作呈请采取技术侦查措施报告书，报设区的市一级以上公安机关负责人批准并制作采取技术侦查措施决定书后方可执行。除批准程序之外，收集公民定位信息行为实施过程中的延期、变更、解除等，也以内部监督的方式进行。

而对于侦查机关向手机移动通信运营商等第三方收集公民定位信息的行为，则由于相关定位信息常以电子化形态出现，符合2016年最高人民法院、

---

[1] 参见《德国刑事诉讼法典》，岳礼玲、林静译，中国检察出版社2016年版。

[2] 参见《世界各国刑事诉讼法（欧洲卷）》，《世界各国刑事诉讼法》编辑委员会编译，中国检察出版社2016年版。

最高人民检察院、公安部发布的《关于办理刑事案件收集提取和审查判断电子数据若干问题的规定》（本文以下简称《电子数据规定》）第 1 条规定的"案件发生过程中形成的，以数字化形式存储、处理、传输的，能够证明案件事实的数据"这一电子数据的定义，可以适用 2019 年公安部《公安机关办理刑事案件电子数据取证规则》（本文以下简称《电子数据取证规则》）第 41 条的规定，"经办案部门负责人批准，开具《调取证据通知书》，注明需要调取电子数据的相关信息，通知电子数据持有人、网络服务提供者或者有关部门执行"。

由上可见，无论针对侦查机关主动实施的安装定位设备等被收集定位信息行为，还是针对侦查机关向手机移动通信运营商等第三方收集公民定位信息的行为，我国法律均规定由侦查机关内部进行事前审批和实施过程中的监督制约。然而，以"技术侦查"或是"调取电子数据"为名的两类收集使用公民定位信息行为的内部规制方式仍都是以隐私权保护为重要考虑因素的。例如全国人大法工委相关负责人在 2012 年"技术侦查"写入《刑事诉讼法》时就宣称"通过法律手段对侦查机关使用技术侦查措施进行约束和限制，……对保护公民通信自由、个人隐私等合法权益，都具有重要的现实意义，体现了法治的进步"[1]，《电子数据规定》的主要起草人也称严格的内部审批"以有效防范相关侦查活动对隐私权、通信自由等权利的侵犯"[2]。相较于由司法机关实施的外部控制，我国针对刑事侦查中收集公民定位信息行为的侦查机关内部审批方式同样以隐私权保护为逻辑基础，尽管在监督力度和效果方面受到一些批评和质疑，但其在实现打击犯罪和提高诉讼效率方面具有一定优势。

三、数据权利保护：规制侦查机关收集使用公民定位信息之补充

（一）隐私权保护方式之不足

以隐私权保护为基础对刑事侦查中侦查机关收集使用公民定位信息的行为进行规制，无论采取外部司法控制模式还是内部监督模式，其好处均在于可以充分利用现有的制度，如《美国宪法第四修正案》、我国技术侦查相关规

---

[1] 黄太云："刑事诉讼法修改释义"，载《人民检察》2012 年第 8 期。

[2] 周加海、喻海松："《关于办理刑事案件收集提取和审查判断电子数据若干问题的规定》的理解与适用"，载《人民司法（应用）》2017 年第 28 期。

定等，而无须重新创设规则。但隐私权保护的路径也存在一些缺陷，其中最重要的一点在于其忽视了作为侦查对象的该特定公民即权利主体的积极作用，而将对该公民的权利保障完全系于公权力之手。

由于隐私权的核心在于保障私生活的安宁和不受打扰，可以判定隐私权"是一种消极的、防御性的权利，在该权利遭受侵害之前，个人无法积极主动地行使权利，而只能在遭受侵害的情况下请求他人排除妨害、赔偿损失等"[1]。就侦查机关收集使用公民定位信息一事而言，依照隐私权保护的逻辑，作为权利人的特定公民，其隐私权能否在侦查机关实施收集使用其定位信息过程中得到合理、合法的保护，全然仰仗于司法机关的外部控制或侦查机关的内部监督，而其本人在该侦查行为实施之前或实施过程中无法提出主张和要求救济。于是在该公民主张权利之前，其对个人隐私存在一段时间的"失控"状态，直至其知悉隐私权已然受到侵害。

除了忽视权利人对自身权利的掌控之外，以传统的隐私权保护路径规制侦查机关收集使用公民定位信息，还存在重"取证"轻"使用"的问题。无论外部司法控制模式还是内部监督模式，其基本视角主要集中于取证过程，对于取得定位信息之后的证据适用限制或规定作用有限。例如美国联邦最高法院多次在判决中指出，《美国宪法第四修正案》及其排除规则适用于规制警察取证行为，而对取得证据之用的证据使用则不在《美国宪法第四修正案》的考虑范围之内。

面对上述权利保护和权力制约之缺陷，我们可以考虑是否可以用其他方式对传统的隐私权保护方式加以补充，使得侦查机关收集使用公民定位信息这一侦查行为的运行更为合理。如上文所述，现代社会下个人数据权利已逐渐从隐私权中独立出来形成数据权利与隐私权的"二元制"模式，可以考虑以个人数据保护的方式对隐私权保护方式进行补充，从而实现对侦查机关收集使用公民定位信息的合理规制。

（二）数据权利保护方式的理念：以 GDPR 为参考

2018 年生效的欧盟《通用数据保护条例》（GDPR）为个人数据权利保护提供了一个范本。尽管根据其第 2 条第 2 款的规定，该条例并不能直接适用

---

[1] 王利明："论个人信息权的法律保护——以个人信息权与隐私权的界分为中心"，载《现代法学》2013 年第 4 期。

于刑事司法，[1]但其基本理念和制度规范可以为刑事司法所参考，并被用于对隐私权视角下的公民定位信息使用之规制提供补充。

相较于以往的相关规定，GDPR 对个人数据权利的规定更为完整、细致，根据其第 5 条之规定，个人数据的使用必须遵循合法性、公平性、透明性、目的限制、数据最小化、精确性、存储限制、完整性与保密性、权责一致等诸多原则。为实现上述原则，GDPR 秉持"赋权"和"控权"两方面的基本理念。一方面，GDPR 赋予数据主体更多、更大的权利，肯定其对个人数据的必要掌控，例如强调数据主体同意的重要性、允许其反对个人数据的使用或要求删除相关个人数据，试图尽力降低数据主体对其个人数据的"失控"风险；另一方面，GDPR 对数据的控制者和处理者科以更为严格的责任，并规定了极为严厉的罚则，如 2019 年法国数据保护监管机构 CNIL 即根据相关法则对谷歌开出 5700 万美元的罚单，[2]迫使数据控制者和处理者不得不履行相关的个人数据保护义务。具体而言，GDPR 第三、四章规定数据主体针对其个人数据享有的一系列成体系的权利，如数据访问权、更正权、删除权（被遗忘权）、限制处理权、可携带权、反对权等，以及数据控制者和处理者的义务和责任，如数据处理活动记录义务、数据保护影响评估义务、事先协商义务、数据泄露报告与通知义务、安全保障责任等。

GDPR 的规定对于刑事侦查中侦查机关收集使用公民定位信息这一问题而言，最大的借鉴意义在于上述两方面基本理念：规制侦查机关依法合理收集使用公民定位信息，也可从"赋权"和"限权"两个思路展开：一方面，刑事侦查中侦查机关收集使用公民定位信息的行为可以通过赋予作为数据主体的公民个人更多的权利予以制约，允许公民个人对其定位信息有必要的掌控、处分的权利，特别是承认其在诉讼的适当阶段享有知情、访问、更正、反对等权利，从而实现个人权利对公权力的制约。另一方面，可以通过对侦查机关及后续程序中使用相关数据的机关科以明确严格的数据保护义务，加强对此类数据收集使用的内外部监督等方式，合理限制公权力以防止其滥用。

---

〔1〕 GDPR 第 2 条第 2 款规定："本条例不适用于以下个人数据处理情形：……（d）主管当局以预防、调查、侦查或起诉刑事犯罪，或执行刑事处罚为目的（包括保障并预防公共安全受到威胁）。"参见欧盟法律法规数据库，载 http://eur-lex. europa. eu/legal-content/EN/TXT/PDF/？uri＝CELEX：32016R0679&from＝EN，访问日期：2019 年 3 月 21 日。

〔2〕 叶纯青："GDPR 开出实施后的最大罚单"，载《金融科技时代》2019 年第 2 期。

（三）数据权利保护方式的基本要求

基于以上"赋权"和"限权"的理念，可以提出关于刑事侦查中公民个人定位信息收集使用的三项原则性要求。

第一，数据收集使用的目的限制性。所谓目的限制性，要求数据的取得、存储、分享、运用等遵循合法目的。就侦查机关收集使用公民定位信息一事而言，相关信息的收集使用必须以刑事诉讼之目的为限，不得被用于满足该机关或办案人员的其他利益或目的；倘若此种目的已不复存在，则有关机关应及时停止对承载公民定位信息的相关数据的收集使用。相应的，如果作为数据主体的公民发现对其定位信息相关数据的收集使用超出刑事诉讼之目的或者此时已不存在满足刑事诉讼目的之可能或必要，则有权提出对收集使用相关数据的反对，并寻求救济。例如，提出异议或控告、要求行使被遗忘权删除相关数据等。

第二，数据收集使用过程的最小必要性。GDPR 规定的"数据最小必要原则"要求"个人数据处理应充分考虑处理目的与处理活动之间的相关性，在满足充分性基础上以数据最小化处理及利用为原则，数据处理不得超过处理目的之必要限度"[1]。这一原则与公法领域的比例原则要求一致，只要能够实现法律所规定的目的，在有若干种权力行使方式的选择下，公权力在行使时就应当采取对公民权利侵害最小的方式进行。[2]针对刑事侦查中收集使用公民定位信息问题而言也是如此，侦查机关在实施此种行为时，特别是实施具有侵入性的收集定位信息行为时，应当尽量避免对公民掌控个人数据的权利造成过度和不当的侵害，努力以最小侵害方式完成侦查目的，实现行为方式与行为目的之间的比例平衡。

第三，数据收集使用者的权责一致性。数据收集使用者在行使权力的过程中也应当履行相应的义务，否则即可能被追究责任，此即为权责一致性的要求，对于收集使用公民定位信息的公权力机关也应如此。一方面，应当明确其应当承担的义务；另一方面，应当规定其违反这些义务所应负的责任，如纪律处分、行政处分、证据排除、败诉风险等等，从而不至于使得上述义

---

〔1〕 京东法律研究院：《欧盟数据宪章——〈一般数据保护条例〉GDPR 评述及实务指引》，法律出版社 2018 年版。

〔2〕 郑曦：《警察暂时性人身限制权研究》，人民法院出版社 2018 年版。

务规定落空。

四、协调隐私权和数据权利保护下我国刑事侦查中公民定位信息的收集使用

（一）事前由内部审批走向外部规制

如上文所述，基于隐私权保护的逻辑，对于侦查机关的取证行为，包括刑事侦查中收集使用公民定位的行为，既有外部司法控制又有本部门内部规制的立法例，对于二者孰优孰劣向来争论不休、莫衷一是。然而由于隐私权本身是一种消极的防御性权利，非待至已然被侵犯之后无法主张，于是在本部门内部审批和司法外部规制这两种情形下，均系将避免隐私权受到不当侵害的期望维系于公权力。二者权衡，由司法机关对侦查机关进行外部规制，特别是在侦查机关实施收集使用公民定位信息的侦查行为之前由司法机关进行审查批准，由于两类机关在权力属性、价值追求、部门利益、思维方式上的差异，相比于本部门内部审批，此种外部规制沦为有名无实的"橡皮图章"的可能性较小、实现避免隐私权受到非法侵害的期望的可能性较大。面对此种现实，针对侦查机关收集使用公民定位信息这类具有强制性的侦查行为，将审批权力交于司法，不失为一种契合"以审判为中心"的选择。[1]

就我国而言，欲由法院对侦查机关收集使用公民定位信息进行事前审批并不现实，而将此项权力交于检察院则"相对合理"。首先，法院既无力也不愿行使此种事前审批的权力。目前各级法院普遍存在案多人少、工作量过大的情况，将侦查行为的事前审批权交于法院，法院恐无力承担；另外我国法院相对于侦查机关既不具有权力位阶上的优越性，也没有力量对比上的强势地位，让其行使此种事前审批权未免强人所难。其次，检察院具有"法律监督机关"、广义下"司法机关"的属性，[2]由其行使此种事前审批权"名正言顺"。作为《宪法》规定的"法律监督机关"，检察院对包括刑事侦查在内

---

〔1〕 龙宗智："寻求有效取证与保证权利的平衡——评'两高一部'电子数据证据规定"，载《法学》2016年第11期。

〔2〕 关于检察机关是否属于司法机关的问题存在争论。按照司法即为审判的狭义理解，司法机关仅为法院，而不包括检察院；但按照司法即为诉讼的广义理解，参考我国相关法律的描述，可以将检察机关视为广义之司法机关。参见陈光中、崔洁："司法、司法机关的中国式解读"，载《中国法学》2008年第2期，第83~84页。

的刑事诉讼活动进行监督是法律的明确规定，将对侦查机关收集使用公民定位信息进行事前审批交于检察院于法有据；而作为广义下的"司法机关"，将此种权力交给检察院，也算是实现了司法规制。最后，司法改革的现实使得检察院有行使此种事前审批权的动力。监察体制改革和刑诉法修改后，由于侦查权被大幅缩减，检察院承受了质疑和压力。为重塑检察院法律监督机关的权威，将包括收集使用公民定位信息等强制侦查行为的事前审批权交于检察院，恰好符合检察院加强侦查监督的工作重心变化。[1]鉴于上述三点，在对侦查机关收集使用公民定位信息确定外部司法规制时，可以将事前的审批权交于检察院。

（二）事中的权利和权责厘清

根据隐私权的消极防御属性，结合数据权利的"主动进取"性，可以罗列出作为数据主体的公民个人，特别是犯罪嫌疑人、被告人等被追诉人，在侦查机关收集使用其个人定位信息过程中所享有的权利。这些权利主要包括：其一，知情权。在诉讼的适当阶段（例如侦查终结后）该公民个人应有权获知其定位信息被收集使用的事实和使用此类定位信息的目的。其二，数据访问权。作为辩方的公民，应可以通过行使其法定的阅卷权，查阅、访问其被收集使用的承载个人定位信息的相关数据，以为其他权利的行使提供基础。其三，数据可携带权。数据主体可以要求从公安司法机关处以"结构化的、普遍使用的机器可读的形式"[2]获得由其控制使用的承载个人定位信息的相关数据，以利辩护。其四，更正权。数据主体在对相关定位信息的准确性存在异议时，有权要求收集使用该信息的机关核实、查证并更正。其五，限制处理权。在定位信息准确性的核实期间内、或数据使用的目的已不复存在时、或有关机关欲超出刑事诉讼目的而使用相关数据时，必须取得数据主体的同意，否则不可使用相关数据。其六，反对权。当有关机关在未经同意的情况下超出诉讼目的而使用承载个人定位信息的数据或以其他方式造成了对其隐私权的明显侵犯，该公民有权反对使用相关数据。

而对于侦查机关和在后续程序中使用公民定位信息的其他机关而言，对

---

〔1〕 参见张军：《最高人民检察院工作报告——2019 年 3 月 12 日在第十三届全国人民代表大会第二次会议上》，载 http://www.spp.gov.cn/spp/tt/201903/t20190312_ 411422.shtml，访问日期：2019 年 3 月 21 日。

〔2〕 参见 GDPR 第 20 条。

应其权利，需承担以下几个方面的主要义务和责任。其一，收集使用过程记录义务。记录收集使用定位信息的过程，方可能审查其行为的合法性。我国法律对于电子数据收集使用过程的记录义务已有明确规定，例如《电子数据规定》第 14 条规定收集、提取电子数据应当制作笔录，有条件时还应录像，《电子数据取证规则》也有类似的规定，那么对于承载公民定位信息的数据的收集使用也不例外，应进行全程记录。其二，严守刑事诉讼目的义务。根据《刑事诉讼法》第 152 条第 3 款的规定，采取技术侦查手段获得的公民定位信息，只能用于对犯罪的侦查、起诉、审判，不得用于其他目的。其三，隐私权和数据安全保障义务。在收集和使用公民定位信息时，尤其在不同机关和部门共享此类信息而发生数据流转时，侦查机关和有关机关应采取必要手段，例如对数据作匿名化处理、添加密级标识、设置加密授权触发机制等，保障公民的隐私权和数据安全。其四，数据泄漏及时处置和追责义务。当侦查机关和有关机关发现承载公民定位信息的相关数据发生泄漏时，应当及时采取包括但不限于以下之措施加以处置，例如，尽快告知数据主体并提示风险、向数据监管机构汇报、切断数据泄漏路径、运用技术手段降低泄漏导致的损失等。此外，发生数据泄漏事故后，侦查机关和有关机关应当按照法律或内部纪律规定，对相关责任人进行及时有效的追责。

（三）事后的隐私权和数据权利救济

因侦查机关收集使用其定位信息而导致其隐私权和数据权利受到不当侵害的公民，可以通过运用投诉、控告等权利而寻求救济。其一，根据《公安机关信访工作规定》第 18 条，针对"本级公安机关及其派出机构和民警的职务行为"，公民可以"提出建议、意见或者投诉请求"，各级公安机关应当"依照有关法律、法规的规定管辖和处理"。其二，根据《刑事诉讼法》第 57 条规定："人民检察院接到报案、控告、举报或者发现侦查人员以非法方法收集证据的，应当进行调查核实。对于确有以非法方法收集证据情形的，应当提出纠正意见；构成犯罪的，依法追究刑事责任。"刑事侦查中违法收集公民定位信息而侵害公民隐私权和数据权利，极可能构成"以非法方法收集证据"，当事人有权向检察机关提出控告，要求纠正或追究相关人员的责任。其三，倘若对于公民定位信息的非法收集满足违反法定程序、可能严重影响司法公正、不能补正或者作出合理解释的几方面条件，则可以申请排除相关证据，令此种定位信息不被用作定案依据。

　　除了控告权和非法证据排除制度外，公民针对侵犯其隐私权和数据权利而收集使用的定位信息，还可以主张被遗忘权而寻求救济。所谓被遗忘权，是指公民在其个人信息不再有合法之需时要求将其删除或不再使用的权利，这一权利已被 GDPR 所肯认，并在民商法领域得到广泛适用。[1]而在刑事诉讼领域，这一权利尚属新生，但已有制度基础如封存犯罪记录制度和适用空间。[2]倘若作为数据主体的公民发现侦查机关收集使用其定位信息的行为没有合法依据或者此种合法目的已不复存在，例如，刑事诉讼程序已经完结而相关信息已不再有合法之需，则可以申请侦查机关或其他使用此种定位信息的机关删除或封存承担定位信息的相关数据。而作为义务主体的侦查机关或其他机关，可以认可数据主体的被遗忘权请求和删除或封存定位信息相关数据，也可以拒绝此种请求后由数据主体向法院申请而由法院审查删除或封存相关数据的合理性和合法性。[3]当然，此种被遗忘权的行使需要平衡个人隐私、数据权利与公众知情权、打击犯罪目标等诸多价值，应当审慎地在有限的情形下适用，不可过于冒进，以致顾此失彼、损害刑事司法根本价值目标的实现。

---

　　[1]　郑曦："'被遗忘'的权利：刑事司法视野下被遗忘权的适用"，载《学习与探索》2016 年第 4 期。

　　[2]　郑曦："大数据时代的刑事领域被遗忘权"，载《求是学刊》2017 年第 6 期。

　　[3]　郑曦："个人信息保护视角下的刑事被遗忘权对应义务研究"，载《浙江工商大学学报》2019 年第 1 期。

英国秘密侦查专员制度的变迁与改革

利月萍*

摘　要：英国设立了独特的秘密侦查专员制度，旨在加强对秘密侦查之授权行为和执行行为的管控。基于秘密侦查专员存在的监督隐忧以及秘密侦查单一且行政化的审批弊病，英国于2016年对秘密侦查专员进行了重大改革，撤销了2016年以前的通信截收专员、情报专员、首席监控专员等一系列职能重叠且混淆不清的监督部门，建立了统一的监督主体即侦查权专员，确立了"双锁审批机制"，明确了司法专员的审批职能。秘密侦查专员制度的改革不仅保障了监督主体的独立性，而且创立了双重监督机制，促使秘密侦查专员的监督活动前置，有利于实现监督的全流程，即事前、事中和事后的监督。

关键词：秘密侦查；司法专员；通信截收；双锁审批机制

一、问题的提出

任何一种侦查手段，从其本质来看，都是对某种公民权利的干预，是对公民权利的限制或剥夺。[1]与传统侦查措施相比，秘密侦查措施对公民权利的限制程度更深、侵扰性更强。对此，英国为了防止侦查人员滥用秘密侦查权，不断通过立法完善秘密侦查的监督制度。在借鉴行政专员的基础上，[2]

＊　作者简介：利月萍，华东政法大学博士研究生。

〔1〕　G. Marx, *Undercover*: *Police Surveillance in America*, University of California Press, 1988, pp. 32~33.

〔2〕　英国行政专员主要负责处理公民对政府不良行政行为的申诉，监督政府的行政行为，并给受行政侵权的公民提供行政救济。秘密侦查专员也是负责监督政府的行政行为即秘密侦查的审批和执行，并据此形成秘密侦查报告呈报给首相。秘密侦查专员不处理公民对秘密侦查行为的申诉，公民因秘密侦查的侵权而提起的申诉应由侦查权特别法庭（investigatory power tribunal）受理。

英国设立了独特的秘密侦查专员，[1]旨在加强对秘密侦查之授权行为和执行行为的管控。秘密侦查专员从设立之初到现在，经历了一系列的动态调整，故其自身的内涵也随着立法的变动而有所改变。但从总体上看，英国秘密侦查专员唯一未发生重大变化的特色在于它是一个完全独立于警察机关、情报机关等侦查部门的监督主体。从《1985 年通信截收法》《2000 年侦查权规制法》到《2016 年侦查权法》，英国秘密侦查专员制度发生了重大的变革，尤其是《2016 年侦查权法》改变了以往侧重事后审查的监督模式，确立了事前审查和事后审查并重的监督模式，创立了"双锁审查"机制，引入了"司法审查"的因素，加强司法权对行政权的制约，反映了"国家权力的分离与制约，保障人民民主权利的理念"。[2]我国学者已经注意到了英国秘密侦查法治化的重大转变，也留意到英国在双锁审查机制中设立了司法专员（judicial commissioner）负责审批秘密侦查措施的申请，改变了过去由国务大臣独揽秘密侦查审批权的局面。但这种域外考察只停留在宏观研究的基础上，主要概述了《2016 年侦查权法》的重要立法内容及其影响，如阐述了"双锁审批机制"的特色及其争议，[3]并没有从微观层面介绍"双锁审批机制"、司法专员等监督制度的产生机理。因此，本文将以秘密侦查专员为切入点，以此探索英国秘密侦查之法律监督的特点，重点关注秘密侦查专员的立法沿革、变迁背景、变迁内容、立法评价等。

二、《2000 年侦查权规制法》：秘密侦查专员制度的基本架构

（一）秘密侦查专员的分类概述

英国根据《1985 年通信截收法》首先设立了通信截收专员（interception of communications commissioner），主要负责监督和审查国务大臣审批通信截收的权限是否得到妥当执行。《2000 年侦查权规制法》废除了《1985 年通信截

---

〔1〕 秘密侦查专员只是一个统称，它囊括了《1985 年通信截收法》确立的通信截收专员、《2000 年侦查权规制法》增加的情报专员和首席监控专员、《2016 年侦查权法》侦查权专员和司法专员。

〔2〕 孙长永：《侦查程序与人权保障——中国侦查程序的改革与完善》，中国法制出版社 2009 年版，第 136 页。

〔3〕 详情参见吴常青、路长明、李晨蕾："英国情报部门大规模通讯截取制度研究"，载《情报杂志》2020 年第 7 期；孙明泽："英国通讯截取的最新制度及对我国的启示——基于英国《2016 年侦查权力法案》的考察"，载《情报杂志》2019 年第 2 期；孙明泽："英国通讯截取程序立法：历程、特征及启示"，载《中国人民公安大学学报（社会科学版）》2019 年第 4 期。

收法》，[1]并根据不同的秘密侦查措施设立了对应的秘密侦查专员，主要包括通信截收专员、情报专员（intelligence service commissioner）和首席监控专员（chief surveillance commissioner）。因此，在 2000 年至 2016 年间，英国主要由这三类专员来监督和审查不同秘密侦查措施的实施，形成了一个三足鼎立的局面。三种专员之间互不隶属，更不相互制约，同处于一种平等地位，专职监督行政权的行使。

（二）秘密侦查专员的任职资格

《1985 年通信截收法》只是简单规定了通信截收专员的任职条件，包括任命主体和任职前提。通信截收专员由首相任命且在被任命之前须具有高级司法职务（High Judicial Office）。[2]这里的"高级司法职务"是《1876 年上诉管辖法》（Appellate Jurisdiction Act 1876）第 25 条规定的高级司法职务（High Judicial Office），它是指大不列颠或北爱尔兰的大法官（the Lord Chancellor）职衔，或枢密院司法委员会的授薪法官（Paid Judge），或大不列颠或北爱尔兰之皇家高等法院（Superior Court）的法官。[3]其中，大法官位于英国法官序列的顶层，也是英国整个司法界的首脑，并在事实上任命所有其他的法官。

《2000 年侦查权规制法》增加了秘密侦查专员的种类，除了通信截收专员，该法还规定了情报专员和首席监控专员。其中，通信截收专员和情报专员都是由首相任命并且须具有高级司法职务，须在一定期限内任职，有权获得财政部拨付的津贴。[4]首席监控专员并非《2000 年侦查权规制法》首创的专员，而是来源于《1997 年警察法》，由首相任命，须具有高级司法职务，任期为 3 年，也享有国务大臣决定拨付的津贴。[5]《1997 年警察法》规定首

---

〔1〕 这部分内容主要以《2000 年侦查权规制法》为主，但是为了更加完整地呈现英国秘密侦查专员制度的立法沿革，在重点介绍《2000 年侦查权规制法》的同时也会简单回顾《1985 年通信截收法》的立法。

〔2〕 See section 8（1）of Interception of Communications Act 1985, available at https://www. legislation. gov. uk/ukpga/1985/56/pdfs/ukpga_ 19850056_ en. pdf. accessed 20Mar 2020.

〔3〕 See section 25 of Appellate Jurisdiction Act 1876, available at http://www. legislation. gov. uk/ukpga/Vict/39-40/59/enacted. accessed 20Mar 2020.

〔4〕 See section 57（1）（4）、59（1）（4）of Regulation of Investigatory Powers Act 2000, available at http://www. legislation. gov. uk/ukpga/2000/23/contents. accessed 20Mar 2020.

〔5〕 See section 91 of Police Act 1997, available at https://www. legislation. gov. uk/ukpga/1997/50/pdfs/ukpga_ 19970050_ en. pdf. accessed 20Mar 2020.

席监控专员负责变更或取消侦查机关的授权书以及处理公民对警察提出的申诉，《2000 年侦查权规制法》则是补充了首席监控专员的职能，即该专员还须负责监督侦查人员的秘密监控、秘密人工情报员以及获取加密电子数据的侦查行为。[1]此外，为了更好地发挥首席监控专员的监督职能，《2000 年侦查权规制法》设立了助理监控专员（Assistant Surveillance Commissioners），主要任务是协助首席监控专员履职。助理监控专员的任职条件较前面的专员更为复杂。首先，助理监控专员的任命主体是首相，但是在任命前，首相须咨询首席监控专员的意见。[2]其次，助理监控专员在任命前须具备以下其中一种任职经历：①皇家法院的法官或巡回法院的法官；②苏格兰法官；③北爱尔兰郡法院的法官。[3]

（三）秘密侦查专员的组织机构

在行政管理领域，英国实行部长负责制，即谁管理谁负责。因此，英国的部长更像是一人一个机关。即使是像内政部这样拥有广泛管理职能的部门，英国行政法讨论更多的也还是内政部部长的职责而非内政部部门的职责。英国部长与部门之间的关系，更主要是部长与其办公室（office）的关系。所以，根据制定法新设立的行政机构，一般是根据机构首长的职位名称决定机构名称，首长须对整个机构的行政管理事务承担政治责任和法律责任。

英国在对秘密侦查领域设立监督主体时并非直接设立一个监督机构或部门，而是首先设立一位部门首长的职位，再根据该部门首长职位建立相应的办公机构。由此可见，在部长负责制的影响下，英国的机构设置是"由人到机构"，而非"由机构到人"。如上述三大类的秘密侦查专员都设立了对应的办公室——通信截收专员办公室（interception of communications commissioner office）、情报专员办公室（intelligence commissioner office）、首席监控专员办公室（office of surveillance commissioners）。不同专员须对各自的办公室的职

---

〔1〕 See section 62（1）of Regulation of Investigatory Powers Act 2000, available at http://www. legislation. gov. uk/ukpga/2000/23/contents. accessed 20Mar 2020.

〔2〕 See section 62（1）of Regulation of Investigatory Powers Act 2000, available at http://www. legislation. gov. uk/ukpga/2000/23/contents. accessed 20Mar 2020.

〔3〕 See section 62（1）of Regulation of Investigatory Powers Act 2000, available at http://www. legislation. gov. uk/ukpga/2000/23/contents. accessed 20Mar 2020.

能行为负责，专员承担部门责任的具体表现为每年制作工作报告并向首相提交该报告，说明本部门的职能履行情况。

一般情况下，秘密侦查专员的办公部门由专员、检查员（inspector）和秘书（secretariat）组成。如根据通信截收专员 2016 年的年度报告，通信截收专员办公室由 1 名通信截收专员、1 名办公室主任、10 名检查员和 2 名秘书组成。根据首席监控专员 2012 年度报告，首席监控专员办公室由 1 名首席监控专员、6 名（普通）监控专员、3 名助理监控专员、1 名首席监控检查员、6 名监控检查员和 6 名秘书组成。

（四）秘密侦查专员的监督事项

1. 通信截收专员的监督事项

通信截收专员实施监督的主要法律依据是《2000 年侦查权规制法》。首先，通信截收专员有权监督通信截收的授权和执行。其一，通信截收专员有权监督内政大臣、外交大臣和北爱尔兰或苏格兰部长关于通信截收的授权行为。其二，在通信截收方面，专员还有权监督采取通信截收措施的执法机关。其三，通信截收专员有权监督收集通信数据的授权和执行。通信数据的收集由公共当局的高级官员授权。通信截收专员可以审查高级官员的授权是否符合必要性规定。其四，通信截收专员还可以监督审查获取加密电子数据的授权和执法行为。其中，加密电子数据的获取主要由法官授权，但是只有当授权主体是司法当局（judicial authority）时，该授权行为才会受到专员的监督。

2. 情报专员的监督事项

根据《2000 年侦查权规制法》，情报专员主要监督的侦查措施是秘密监控、秘密人工情报员、获取加密电子数据和财产干预的行为。其一，情报专员有权监督国务大臣在财产干预、侵入监视、获取加密电子数据等方面的授权。此外，还包括对指定官员授权实施指向监视的行为进行监督。其二，情报专员有权监督采取指向监视、秘密人工情报员和获取加密电子数据的情报机构及其执法行为。其三，情报专员有权监督采取侵入监视、秘密人工情报员和获取加密电子数据的国防部（北爱尔兰除外）和皇家军队及其执法行为。其四，情报专员可以审查和监督情报机构、国防部和皇家军队实施相应侦查措施时是否采取了法定的保障措施，如信息或密匙的披露保障措施。[1]

3. 首席监控专员的监督事项

首席监控专员最初来源于《1997 年警察法》的规定，主要负责监督警察实施财产干预的授权和执行的行为。后来，首席监控专员被《2000 年侦查权规制法》所吸收，除了保留其监督财产干预的职能外，该法还规定首席监控专员可以监督秘密监视、秘密人工情报员和获取电子加密数据的授权和实施行为，其中包括由公共当局实施的秘密行动（covert activities），但不包括公共当局实施电话、邮件截收的行为，也不包括情报机构实施的秘密行动，如秘密人工情报员，而且首席监控专员还可以监督获取加密电子数据的行为。根据《2013 年侦查权规制指令》，首席监控专员的监督范围涉及执法部门使用秘密警察（undercover officers）的行为。此外，与情报专员一样，首席监控专员在监督过程中也采取了"双重审批机制"，首席监控专员从 2001 年起负责审批许可财产干预、侵入监视和秘密警察的审批许可。

表 1 三类秘密侦查专员的监督内容

秘密侦查措施 秘密侦查专员	通信截收	收集通信数据	秘密监视	秘密人工情报员	获取加密 电子数据
通信截收专员	√	√			√
情报专员			√	√	√
首席监控专员			√	√	√

资料来源：作者自行整理。

（五）秘密侦查专员的监督方式

1. 检查制度

检查（inspection），又被称为视察，一般是指秘密侦查专员亲自到授权或执行秘密侦查措施的公共当局，并要求被检查的公共当局现场提供相关书面文件或电子文件，以协助专员履行审查和监督职能。本文将以通信截收专员的检查方式为例，详细介绍检查制度的主要内容，包括检查主体、时间（次数）、内容以及检查报告。

---

[1] Report of the Intelligence Service Commissioner for 2010. pp. 9~10, available at https://assets. publishing. service. gov. uk/government/uploads/system/uploads/attachment_ data/file/247326/1240. pdf. accessed20 Mar 2020.

（1）关于检查时间。通信截收的监督一般由通信截收专员本人以及检查员一起实施。在 2016 年以前，总体上实行一年 2 次的大检查，但是针对具体公共当局的检查次数可能多达 20 次以上。2016 年以后实行一年 1 次的检查，目的是增强检查的连贯性和持续性，尤其是加强对英国政府通信总部的监督和检查。

（2）关于检查内容。通信截收专员 2016 年的侦查报告显示：通信截收专员的检查内容主要包括以下几方面：其一，对筛选的截收申请书进行审查，评估他们在初审时是否符合必要性的要求以及申请书的要求是否满足法定必要性和相称性的条件；其二，与筛选侦查或行动的案件负责人、分析师或语言学者进行面谈，从而评估获取所有材料的截收行为和理由是否成比例；其三，审查任何紧急的口头批准程序，分析这种紧急许可程序的判断和使用是否正确；其四，审查与法律特权和新闻机密信息有关的通信案件且该通信被截收和保留，以及律师成为侦查目标的案件；其五，现场调查截收材料和相关通信数据的保留、储蓄和销毁程序；其六，审查公共当局的违法报告，查看公共当局所采取的防止类似事件再发生的措施是否充分。[1]

（3）关于检查报告。专员检查完毕后的 2 个月内须制定检查报告并分别送交截收执行部门和许可证签发部门。检查报告就是通信截收专员针对检查内容所作的总结，主要包括以下内容：其一，针对之前检查建议的落实情况所作的评价；其二，概括用于检查的截收文件的数量并详细列明经过检查的许可证；其三，对所有精选的许可证进行详细的评论，目的是进行进一步的审查和探讨；其四，对向通信截收专员报告的违法行为进行评估；其五，叙述对留存、存储以及销毁程序的审查情况；其六，针对执法机构或许可证签发部门向通信截收专员提出的政策或行动问题进行解答和说明；其七，对如何处理涉及法律特权或新闻机密信息的材料作出回应；其八，提出促进守法和执法的建议；其九，对截收执法当局或许可证签发部门的守法情况作整体评价。[2]

---

〔1〕 2015 Annual Report of the Interception of Communications Commissioner. p. 26, available at https://assets. publishing. service. gov. uk/government/uploads/system/uploads/attachment_ data/file/552913/56850_ HC_ 255_ ICCO_ Web_ only. pdf, accessed 20Mar 2020.

〔2〕 2015 Annual Report of the Interception of Communications Commissioner. p. 27, available at https://assets. publishing. service. gov. uk/government/uploads/system/uploads/attachment_ data/file/552913/56850_ HC_ 255_ ICCO_ Web_ only. pdf, accessed 20Mar 2020.

2. 文书审查

三大秘密侦查专员的监督方式都会涉及审查记录侦查措施授权和执行的文书，但是通信截收专员和首席监控专员的监督方式侧重于检查方式或会议座谈（详见下文），而情报专员则倾向于使用文书审查的方式来监督情报机关的执法行为。在不采用检查制度的情况下，为了确保情报专员能够顺利、全面地监督情报机关的秘密侦查行为，情报机关须及时向情报专员提供必要的协助。如《2000 年侦查权规制法》第 60 条第 1 款规定："在情报专员行使监督权时，情报局的任何成员、国务大臣所在部门的任何官员以及王室军队的任何成员都要向情报专员提交和披露专员履行监督职能所需的文件和信息。"[1]因此，当情报专员不能亲自到情报机关等部门获取监督所需的文件材料时，被监督的机关须根据情报专员的要求依法提供电子或纸质的文件和信息材料。

3. 会议座谈

会议座谈也是通信截收专员和首席监控专员比较常用的方式。会议座谈分为两种形式：内部会议和外部会议。内部会议是指专员与检查员等监督人员一起就监督事项进行讨论和决定。如首席监控专员在制作年度报告的过程中召开的专员会议，参会人员除了首席监控专员，还包括助理监控专员、检查员、监控专员秘书以及秘书经理。会议目的是针对检查中产生的解释问题、进一步检查以及公共当局提出的请求作出一致决定。外部会议是指，监督人员参与由公共当局举办的会议或课程，并致力于促使公共当局在实施秘密侦查时严格遵守法律要求，以及让公共当局更好地理解专员的监督工作。如首席监控专员办公室的首席检查员在 2008 年就参加了 20 堂由授权当局举办的课程、6 场由个别执法人员或国家秘密行动当局举办的会议以及 1 场培训会议。[2]

---

〔1〕 See section 60 （1） of Regulation of Investigatory Powers Act 2000, available at http://www. legislation. gov. uk/ukpga/2000/23/contents. accessed 20Mar 2020.

〔2〕 2009 Annual Report of the Chief Surveillance Commissioner. p. 8, available at https://assets. publishing. service. gov. uk/government/uploads/system/uploads/attachment_ data/file/250436/0704. pdf. accessed 20Mar 2020.

表 2　三大秘密侦查专员的监督方式

监督方式专员	检查制度	文书审查	会议座谈
通信截收专员	√	√	√
情报专员		√	
首席监控专员	√		√

资料来源：作者自行整理。

三、《2016 年侦查权法》：秘密侦查专员制度的重大变革

（一）秘密侦查专员的改革背景

1. 秘密侦查专员的监督隐忧

2016 年以前的秘密侦查专员的缺陷主要表现在职能重叠混淆、缺乏独立性和透明度不足。[1]

（1）秘密侦查专员职能重叠混淆是备受诟病的缺陷之一。除了通信截收和收集通信数据只能由通信截收专员监督之外，其他秘密侦查措施均受到两个以上专员的监督和审查。如三种类型的秘密侦查专员都有权监督加密电子数据的收集，情报专员和首席监控专员可以同时对秘密监视和秘密人工情报员实施监督和审查。这种监督范围重叠的现象不仅会浪费监督资源、降低监督效率，也有可能造成监督主体之间相互推诿，最终导致监督漏洞，无法真正发挥权力监督和制约的功能。英国皇室律师顾问大卫·安德森在 2015 年《信任问题：侦查权的审查报告》中写道："秘密侦查专员的种类以及各自职责的划分造成了严重的混乱，这意味着没有任何一个专员可以充分并适当地评估秘密侦查措施的比例性……而且这也意味着他们无法充分地进行调查。"[2]

（2）秘密侦查专员缺乏独立性。欧洲人权法院在"克拉斯诉德国案"中强调监督主体不仅要独立于行政权（the executive），而且要独立于政府机构（the sate）。秘密侦查专员虽然是由首相任命且只对首相负责，并看似独立于政府以及其他侦查机关，但是实际上，秘密侦查专员没有完全独立于政府，

---

〔1〕　此处论述秘密侦查专员的局限性特指 2016 年以前的通信截收专员、情报专员和首席监控专员在监督方面存在的局限。

〔2〕　David Anderson，*A Question of Trust：Report of the Investigatory Powers Review*，2015，para 12，86.

如三大秘密侦查专员的薪资须受到财政部的制约,专员的监督配套措施也是严重受制于国务大臣。

(3)秘密侦查专员虽然须依法制作年度报告,不仅要向首相报告监督情况,也要向社会公众公开该报告内容,但是这种公开仍然缺乏透明度。其一,透明度不足是因为这种公开属于有限公开,首相在公开专员的年度报告时须修正或删掉某些涉及有损国家、经济利益的事项。其二,专员主动限制了年度报告的披露范围。如通信截收专员基本不会在报告中披露通信数据的许可证或请求存在不符合相称性的内容。情报专员不会在年度报告中披露安全与情报机构(security and intelligence service)签发许可证的数量。

2. 秘密侦查的审批弊病

英国长期以来一直采取行政授权(ministerial authorization)的方式批准执法机关实施秘密侦查措施,主要是由国务大臣或高级官员批准和签发秘密侦查措施的许可证。秘密侦查的行政授权实际上是一种"自我授权"和"自我监督",难以摆脱行政机关对授权的影响,因而容易缺乏中立性和客观性。这种授权的制度设计根本无法让国务大臣或高级官员扮演好"守门人"的角色,更加无法从源头上把控秘密侦查措施的实施。所以,《2000年侦查权规制法》所规定的"行政授权"遭受了许多学者、民众的强烈反对。譬如,有学者评论,该法令人沮丧的一个地方就是没有在通信截收方面引入事前司法许可程序。[1]其他学者也认为,英国采取行政授权的形式已经弱化了法律所规定的隐私保障措施。[2]因此,英国民众更希望政府采用"司法授权"(judicial authorization)的模式来制约秘密侦查措施,由法官来审查和批准执法人员实施秘密侦查措施。

(二)侦查权专员制度的设立

1. 侦查权专员和司法专员的确立

2016年,英国开创了秘密侦查监督的新局面,建立了一个由"侦查权专员"(investigatory powers commissioner)主导的监督主体。侦查权专员取代了通信截收专员、情报专员和秘密监控专员,成了唯一一个有权审批和监督秘

〔1〕 David G. Barnum, "Judicial Oversight of Interception of Communications in the United Kingdom: An Historical and Comparative Analysis", 44 Ga. J. Int'l & Comp. L. 237 (2016), p. 284.

〔2〕 Rita Esen, "Intercepting Communications in Accordance with the Law", 76 J. Crim. L. 164 (2012), p. 178.

密侦查措施的行政主体。为了协助侦查权专员履行监督职能，法律还设立了另外一种监督主体——司法专员（judicial commissioner）。该司法专员不仅可以发挥旧法中三大秘密侦查专员的监督审查职能，还可以审查和批准许可证。立法之所以要在许可证的审批程序中引入司法因素，就是为了回应上述民众呼吁采取司法授权的要求。

虽然司法专员就像是侦查权专员的助手，后者则像是前者的领导，但是根据立法，实际上，侦查权专员也是一名司法专员。侦查权专员办公室的所有专员都可以被统称为司法专员。因此，表面上虽然是以侦查权专员作为监督主体，但是真正履行监督工作的还是司法专员，包括侦查权专员和其他司法专员。

2. 任职条件

侦查权专员和其他司法专员在任职前须是曾任或现任高级司法职衔（high judicial office）的人员。这里的高级司法职衔具有《2005年宪法改革法》中所规定的含义，它是指在以下法院担任法官的任何人员：最高法院（the supreme court）；英格兰和威尔士的上诉法院；英格兰和威尔士的高等法院；苏格兰高等民事法院（court of session）；北爱尔兰的上诉法院以及北爱尔兰的高等法院。[1]因此，侦查权专员和其他司法专员都需具备法官的任职经历，为秘密侦查的司法授权奠定基调。

侦查权专员和其他司法专员虽然都须经过首相的任命，但是两者的任命程序有一定区别。其一，侦查权专员在被首相任命前须获得以下主体的共同推荐：大法官；英格兰和威尔士的首席大法官；苏格兰高等民事法院的院长以及北爱尔兰的首席大法官。其二，侦查权专员除外的其他司法专员在被首相任命前须获得以下主体的共同推荐：大法官；英格兰和威尔士的首席大法官；苏格兰高等民事法院的院长；北爱尔兰的首席大法官以及侦查权专员。由此可见，侦查权专员在一定程度上可以影响其他司法专员的任职。虽然其他司法专员都须经过首相的任命，但侦查权专员对其他司法专员也拥有间接的任命权。

3. 任职期限

侦查权专员和司法专员的任职期限为3年，期限届满后可以再次由首相

---

〔1〕 这里的高级司法职衔与《1876年上诉管辖法》（Appellate Act 1876）所规定的高级司法职衔的含义不同。主要是因为《1876年上诉管辖法》已经被《2005年宪法改革法》所取代，后法修改了前法关于"高级司法职衔"的内涵。改革后的高级司法职衔显然比旧法规定的任职条件要低一些。

任命为司法专员。在《2016 年侦查权法草案》的讨论中，有些学者、议员认为，尽管规定了任职期限，但是由于首相可以再次进行任命，司法专员的任职期限可以无限地续展。这种制度设置实际上等于没有设置任职期限，或者说司法专员的任职期限不明确。因此，有学者建议废除任期的续展并直接设立 4 年至 5 年的任期，这样可以帮助司法专员在工作中获得更好的表现。但英国皇家法律顾问大卫·安德森认为，超过 3 年的任职期限将会妨碍担任司法专员的法官回归到法院正常的法官工作中。[1]还有学者认为，如果允许首相继续享有任命权，则应该赋予司法专员在任期方面的选择权，如在 3 年、4 年和 5 年这些不可续展的期限中选择。最后，法律并没有采取这些学者、议员的建议，仍然坚持 3 年的任职期限及其续展。

（三）双锁审批机制的建构

1. 双锁审批机制的内涵解读

《2016 年侦查权法》最重要的创新之处就是正式在法律中确立了秘密侦查领域中的"双锁审批机制"（double lock），即双重审批机制。它是指通信截收等侦查措施的许可证由国务大臣签发后，还要经过司法专员的审查和授权的批准机制。[2]"双锁重审批机制"不仅有利于司法专员制约国务大臣的审批权，而且在保留行政审批机制的前提下恰当地引入了"司法审查"的合理因子。从总体上看，根据授权主体的职位，国务大臣和司法专员都属于行政主体，所以秘密侦查仍然采取行政授权的审批方式，但从具体的授权性质来看，国务大臣的授权属于行政授权（executive authorization），而司法专员的授权则类似"司法审查"，即司法授权（judicial authorization）。司法专员虽然属于行政监督主体，但是行使监督权的具体人员实际上都具有法官任职经历。尽管他们在行使审批权时并非以法官身份进行，而是以行政监督人员身份进行，但是他们在审批时仍需适用类似法官审理案件所采取的"司法审查"原则来决定是否批准许可秘密侦查措施的申请。因此，司法专员的审批实质上带有"司法授权"的性质。

---

〔1〕 因为有些担任司法专员的人员是法院的现任法官，在监督秘密侦查措施时是以司法专员的身份进行监督的。任职期满后，该人员可能继续被任命为司法专员，或者重新回到法院继续担任法官一职。大卫·安德森意思是说，任期过长会导致担任司法专员的人员逐渐对法官技能生疏，不利于其重新回归到法官的工作序列中。

〔2〕 Lorna Woods, "The Investigatory Powers Act 2016", 3 Eur. Data Prot. L. Rev. 103 (2017).

2. 英国建立司法授权的缘由

在确立"双锁审批机制"以前,英国秘密侦查一直沿用行政审批机制,即主要由国务大臣或其指定的高级官员批准许可秘密侦查的申请。行政审批模式备受英国推崇的原因主要有:其一,行政审批有利于提高通信截收的效率,减少因司法审查程序繁琐而导致的效率低下;其二,行政审批模式有利于减少通信截收的知情面,避免因通信截收信息的不当扩散而引发不利局面的发生;其三,近年来,世界其他国家的司法审查机制对侦查权的监督和制约功能日益弱化并沦为所谓的"橡皮图章";其四,在通信截收领域实施行政审批也是英国对其三百多年历史传统的沿袭和承继。[1]

2016 年英国终于决心吸收"北美模式"之"司法审查"的合理因子,并在秘密侦查的审批程序中引入了"司法授权"的模式,允许具有法官任职背景的司法专员审查和批准国务大臣签发许可证的决定,从而直接制约和监督国务大臣的审批权和执法机关的侦查权。英国建立司法授权机制的原因主要有如下三点:

(1)司法授权自身拥有行政审批无可匹敌的优越性。法官在审查秘密侦查的申请过程中,具有天然的中立性和超然性,而且不承担任何追诉职能。在这种情况下,法官才能全面、客观、中立地判断对行为人采取秘密侦查措施是否符合必要性、比例性和最后手段原则,从而更好地控制侦查权,保障公民不易受到政府的非法侵害。虽然行政审批也能在一定程度上监督侦查机关的侦查权,但是它终究是一种"同体监督",严重缺乏中立性和客观性。因为行政审批主体与侦查机关可能存在某种职务上的联系,甚至连行政审批主体也间接负有追诉职责,这无法确保行政官员能够作出公正、无偏倚的审批决定。所以,"司法最终裁决原则"决定了司法授权对侦查权的控制要优于行政审批对侦查权的制约。正如王名扬教授所说:"在监督行政活动的各种方式中,司法审查是最主要的监督方式,因为它是经常性的、局外的、有严格程序保障的、具有传统权威性的监督。"[2]

(2)欧洲人权法院和其他国家司法实践的影响。首先,欧洲人权法院一再强调司法监督对于严格制约政府的通信截收权具有非常重要的意义。在侦

---

〔1〕 邓立军:《外国秘密侦查制度》,法律出版社 2013 年版,第 41 页。

〔2〕 王名扬:《美国行政法》(下),中国法制出版社 1995 年版,第 567 页。

查情况下，事前的司法裁决机制才是保护《欧洲人权公约》第 8 条之公民隐私权的最好保障措施。此外，欧洲人权法院在"克拉斯诉德国案"中，认为把监督权限赋予法院是非常符合要求的，在"科普诉瑞典案"中，法院裁决执法人员对律师事务所的电话进行监听也需要获得一定程度的司法监督。[1] 其次，在许多普通法国家（如加拿大、美国、新西兰以及南非等国家），通信截收都需要获得司法授权。在这些国家中，公权力机关必须单方面向法官申请授权采取通信截收。而英国只是单独由国务大臣审批许可通信截收的实施，严重缺乏了司法授权的监督机制，即国务大臣的审批权和公权力机关的执法权缺乏外部的司法监督。

（3）英国学者、民间团体的批评和建议。《2000 年侦查权规制法》出台后，国务大臣的行政审批一直饱受英国各界民众的批评和质疑，并且纷纷建议英国应该向其他国家那样在秘密侦查的审批程序中引入司法授权的模式。有学者认为，《2000 年侦查权规制法》令人可惜之处就是没有在通信截收领域引入事前司法授权机制。其他学者则认为，该法允许高级官员在没有司法介入的前提下授权实施通信截收的情形已经严重弱化了该法规定的防止权力滥用的保障措施。[2] 民间团体"自由组织"也认为该法虽然改善了《1985 年通信截收法》的规定，但是其最终还是失利于没有引入司法授权机制。所以，许多民众强烈建议英国议会通过修法引入司法授权。2014 年 5 月，约瑟夫·朗特里信托改革基金会（Joseph Rowntree Reform Trust）举行了一次民意调查，约有 1/2 的英国民众支持司法授权，只有 1/6 的人支持行政授权。[3] 英国军情五处和军情六处的前法务总监大卫·比克福德认为："司法授权不仅可以减少风险以及官员的勾结共谋，而且通过废除行政审批的模式，司法授权还可以限制政治干预的空间以及很好的遵循《欧洲人权公约》规定的义务。"[4]

---

〔1〕 Rita Esen, "Intercepting Communications in Accordance with the Law", 76 J. Crim. L. 164 (2012), pp. 177~178.

〔2〕 Rita Esen, "Intercepting Communications in Accordance with the Law", 76 J. Crim. L. 164 (2012), pp. 177~178.

〔3〕 "Don't Spy on Us: Reforming Surveillance in the UK", available at https://www. dontspyonus. org. uk/assets/files/pdfs/reports/DSOU_ Reforming_ surveillance. pdf. accessed 20 Mar 2020.

〔4〕 David Bickford "European Parliament LIBE Enquiry", *Judicial Scrutiny of Intelligence Agencies*, 7 November 2013.

（四）司法专员的监督职能

1. 事前监督机制：审批职能

（1）审批范围。司法专员的审批范围主要是指需要获得司法专员审查并通过批准签发许可证的形式才能实施的秘密侦查措施的类型，具体表现为秘密侦查的许可证类型。根据《2016年侦查权法》，以下秘密侦查许可证须经过司法专员的审查和批准：目标截收许可证，主要是授权实施通信截收；目标审查许可证，授权对大量的通信内容进行审查；互助许可证，授权获取海外当局的协助或向海外当局提供协助；设备干扰许可证；目标设备干扰许可证；大规模截收许可证，授权对海外通信进行大规模截收；大规模收集许可证，授权获取大量的通信数据；大规模设备干扰许可证，授权大规模干扰设备，目的是获取海外通信、信息或数据；大规模私人数据库许可证，授权留存和审查大量的私人数据库。[1]

但司法专员的审批范围也存在例外，如通信数据的收集和互联网接入记录的收集不须经过司法专员的审查和批准，只需经过行政官员审查和批准即可。即通信数据和互联网接入记录排除了"双重审批机制"的适用。赞成单一采用行政授权方式的官员认为，每天都会有大量的执法人员申请收集通信数据，如果在获得高级官员的许可后还要经过司法授权则不具有实践可行性。

（2）审批程序。司法专员的审批程序要求先由需要采取秘密侦查措施的机关提出申请，然后再由国务大臣对该申请进行审查，查看该申请是否符合

---

〔1〕《2016年侦查权法》在旧法的基础上整合了"大规模的侦查权"（bulk powers），它的基础含义是指公共当局，尤其是执法机关和情报机关，出于特定目的截获大量的数据（large quantities of data），但大部分的数据与执法人员当前的侦查目标没有任何关联。比如，警察可以要求其他公共当局或商业机构提交记录了某个街道在特定时间内路面情况的闭路电视录像带，目的是调查或指控被新闻报道过的犯罪行为。因此，大规模侦查权强调的是执法人员收集数据的数量过大。大规模之侦查措施主要包括三种类型：大规模的通信截收（bulk interception of communications）、大规模的通信数据收集（bulk acquisition of communications data）和大规模的设备干扰（bulk equipment interference）。其一，大规模通信截收是指执法人员在获得许可证后收集英国境外特定个人或组织一定数量的相关通信或二手数据的侦查行为。这些数据被统称为"海外相关通信"（oversea-related communications），即在英国境外的个人发送或接收的通信。其二，大规模的通信数据收集一般是指情报机关在获得许可证之后收集英国境内外的通信数据，或要求通信服务提供商披露持有或未持有的通信数据。其三，大规模的设备干扰是指执法人员在获得许可证后通过干扰设备的行为收集海外相关通信、私人信息或设备数据。它主要是为了收集与设备有关的通信或通信数据，不是针对特定个人、组织、地点或用于特定活动的设备。

必要性规定，许可证授权的通信截收行为与该行为所要达到的目标是否成比例；如果符合法律规定就签发许可证，国务大臣再把许可证交由司法专员审查；若符合法律规定，司法专员可以批准国务大臣签发许可证的决定。[1]紧急情况下，侦查人员在获取国务大臣的许可后就可以采取秘密侦查措施，但国务大臣须在签发许可证后立即向司法专员报告许可证签发的情况，司法专员须在许可证签发后3个工作日之内作出决定，即是否批准国务大臣的签发并把决定告知国务大臣。[2]

（3）审批结果。在非紧急情况下，司法专员的审批会有两种结果：批准签发许可证和拒绝批准签发许可证。若是后者，非侦查权专员的司法专员须提供书面的拒绝理由。国务大臣可以再次向侦查权专员申请批准签发许可证。即国务大臣在被拒绝后还有一次"救济机会"。但是，如果第一次审查国务大臣签发的许可证就是侦查权专员，若被拒绝则无权请求其他司法专员审批。

在紧急情况下，司法专员的审批结果也有两种：批准签发和拒绝批准签发。如果是前者，则已经采取秘密侦查措施的执法人员可以继续进行。如果是后者：其一，对于许可证来说，已经签发的许可证立即失效，且禁止被续期。其二，正在实施许可证授权措施的执法人员应该尽可能停止下来。但是，司法专员的拒绝审批不影响许可证失效前已经实施的行为的合法性。其三，司法专员可以作出以下决定，指令执法人员销毁根据许可证获取的材料或对任何材料的使用或留存附加条件。如果国务大臣或执法人员对司法专员的这些决定不服，则可以申请侦查权专员进行审查，侦查权专员可以维持司法专员的决定或重新作出决定。[3]

2. 事中及事后监督机制

司法专员除了事前直接通过审批授权的方式来监督秘密侦查的实施，还包括事中和事后监督。也就是说，司法专员的监督将贯穿秘密侦查实施的全过程。司法专员的事中监督主要是指司法专员在批准签发许可证后，还要继

---

〔1〕 See section 23 of Investigatory Powers Act 2016, available at http://www.legislation.gov.uk/ukpga/2016/25/contents, accessed 20 Mar 2020.

〔2〕 See section 24 of Investigatory Powers Act 2016, available at http://www.legislation.gov.uk/ukpga/2016/25/contents, accessed 20 Mar 2020.

〔3〕 Section 25 of the Investigatory Powers Act 2016, available at http://www.legislation.gov.uk/ukpga/2016/25/contents, accessed 20 Mar 2020.

续跟进许可证所授权的侦查措施的实施情况。执法人员在实施秘密侦查措施的过程中可能会遇到新情况，如需要扩大通信截收的范围或发生了不需再采取秘密侦查措施的情况，执法人员不能擅自扩大通信截收的范围或继续采取秘密侦查措施。这些情况均需要司法专员对许可证进行重新评估，并作出相应的决定。所以，在事中监督过程中，司法专员涉及的职责包括两个方面：其一，司法专员需要决定是否修正（modification）或续展（renewal）已经获得签发的许可证。其二，司法专员需要决定是否销毁执法人员所获材料，或在不销毁材料的情况下，决定如何处理这两种情形，一是基于紧急情况而修正许可证的这种情况未获得司法专员的批准，二是在审查过程中获得了涉及法律特权的材料，而且不是为了实现销毁该材料的目的。[1]

司法专员的事后监督主要体现在向首相提交侦查报告和向当事人提交违法报告。这两项职责是司法专员事后监督的基本工作方式，即对自身的监督职责以及对秘密侦查实施情况进行总结归纳，并分别向首相汇报以及告知被采取秘密侦查措施的当事人。这种事后监督不仅可以让首相监督司法专员的履职情况，并通过间接监督秘密侦查的实施来调整秘密侦查的相关决策，包括人员配备、技术支持等，而且也可以保障当事人以及公众的知情权和监督权。

（五）对新型秘密侦查专员制度的评价

1. 保障了监督主体的独立性

与"三足鼎立"但职能混乱不堪的秘密侦查专员制度相比，2016年英国设置了侦查权专员统一行使秘密侦查的监督权，负责监督所有情报机构、执法机构等政府部门的秘密侦查活动，成为秘密侦查领域独立的监督主体（independent oversight body）。首先，在监督范围方面，三大秘密侦查专员虽然名义上是对各自负责的监督对象实施监督，但他们的监督范围却存在严重的交叉，如三者都可以监督执法人员获取电子加密数据的行为，但这样不仅会导致重复监督，也会导致监督的疏漏。所以，2016年以前的秘密侦查专员在监督范围方面因重叠而缺乏确立性。其次，在监督机构设置方面，英国针对通信截收、情报收集和秘密监视分别设置了通信截收专员、情报专员和首席监

---

[1] Section 229（8）（c）of the Investigatory Powers Act 2016, available at http://www. legislation. gov. uk/ukpga/2016/25/contents, accessed 20 Mar 2020.

控专员。换言之，在秘密侦查的监督领域，英国设有三个并行的监督机构。但是，侦查权专员不管是在监督范围上还是在监督机构设置上都是唯一且独立的。随着立法赋予警察、情报人员越来越多的秘密侦查权限，侦查权专员的这种独立性可以确保尽可能集中所有监督资源，提升对执法机关的监督力度，扩大监督范围，从而形成一个良好的监督局面。

此外，侦查权专员虽是由首相任命，但其不属于"行政监督制度"，因为被任命人员一般是现任或曾任的法官。其次，侦查权专员虽是现任或曾任的法官，但该制度并非属于"司法监督制度"。因为从整体上看，侦查权专员制度属于具有行政性质的监督主体。因此，只能把侦查权专员制度视为一种独立的监督制度，而不是单纯的行政监督制度或司法监督制度。

2. 创设了双重监督机制

传统的秘密侦查专员只享有单一的监督功能，即监督国务大臣签发许可证的行为是否符合必要性和比例性，以及侦查人员的执法行为是否合法。如果专员发现了国务大臣或侦查人员存在违法行为，只能通过事后的侦查报告来反映这些违法行为，并报告首相，由首相来规范和调整国务大臣的授权许可行为。可见，在传统的秘密侦查专员制度中，专员只是单纯的监督，而缺乏实质的可以制约国务大臣或执法人员的权力。相反，侦查权专员不仅沿袭了传统专员的监督功能，而且还拥有审批授权侦查许可证的监督功能。换言之，国务大臣签发许可证之后，该许可证还要获得侦查权专员的最终许可。若侦查权专员发现国务大臣违规签发许可证，专员可以直接拒绝批准签发该许可证的决定，这不仅直接监督和制约了国务大臣的审批权，也间接地制约了执法人员的侦查权。由此可见，2016 年的立法不仅赋予了侦查权专员强大的监督权限，而且还赋予了其享有直接制约国务大臣的监督手段，即有权决定是否批准国务大臣的签发。因此，侦查权专员除了享有传统意义上的监督权限，还拥有审批授权许可证的权限。

3. 司法专员的审批权存在争议

司法专员审批职能与监督职能存在冲突。从形式上看，司法专员似乎又陷入了类似行政审批的"自我监督""同体监督"的尴尬局面。英国民众质疑司法专员在履行双重职责时能否继续确保监督的独立性和中立性。正如通信截收专员所质疑的："如果（司法专员的）许可证的适当性存在严重的问题并且需要（司法专员）进行正确的调查时，司法专员（因承担双重职能）这项制度设计就会突显出自身无法回避的问题。"[1]换言之，当司法专员批准国务大臣签发的许可证后，在事中或事后的监督中，发现了自身批准的许可证存在违法情形，司法专员是否仍然会客观、中立地对待自己犯下的错误？还是会在监督中直接忽略自身的审批错误？司法专员能否勇敢地、客观地对待自身的错误？这些都是英国民众所担忧的地方。民间正义团体（JUSTICE）认为："司法专员的职能合并将会降低专员自身的客观独立性，并且也会逐渐危害侦查权专员监督功能的有效性。"[2]

结　语

环顾全球，作为海洋法系国家的英国，其秘密侦查的立法虽然经历了一个漫长而曲折的过程，但是时至今日已经建立了非常发达的秘密侦查制度，有关秘密侦查的法律监督制度也日趋完善。[3]《2016年侦查权法》设立的统一且独立的监督主体（即侦查权专员）在司法实践中取得了一定的监督实效。首先，监督主体的统一性促进了侦查权专员与不同执法部门的同步沟通，减少了重复监督，有利于协调监督者和被监督者各自的需求，化解了秘密侦查的透明化与侦查机密之间的冲突。其次，监督重点从秘密侦查措施向执法部门的转向有利于保障监督对象的精准性和彻底性。根据秘密侦查专员历年的侦查报告，2017年以前各专员的侦查报告都是以秘密侦查措施为导向，即重点监督不同执法部门对同一秘密侦查措施的使用情况，如情报专员负责监督不同执法部门对秘密人工情报员、秘密监控的使用，首席监控专员监督不同执法部门对秘密监控、获取电子加密数据的使用等，但是这种监督活动容易发生重叠和混淆，甚至发生监督主体互相推卸监督职责的情况。2016年取消各种秘密侦查专员，直接设立统一的监督主体即侦查权专员，以执法部门为导向，直接监督各个执法部门对所有秘密侦查措施的使用情形，防止监督工作的混淆、监督对象的遗漏以及监督职责的推卸等弊端。正是源于侦查权专员

〔1〕 Interception of Communications Commissioner's Office—written evidence（IPB0101），available at http：//data. parliament. uk/writtenevidence/committeeevidence. svc/evidencedocument/draft-investigatory-powers-bill-committee/draft-investigatory-powers-bill/written/26352. html. accessed 20 Mar 2019.

〔2〕 Justice—written evidence（IPB0148），available at http：//data. parliament. uk/writtenevidence/committeeevidence. svc/evidencedocument/draft-investigatory-powers-bill-committee/draft-investigatory-powers-bill/written/26448. html. accessed 20 Mar 2019.

〔3〕 利月萍："英国秘密侦查的法律监督制度研究"，载《政法学刊》2018年第5期。

的设立，2019 年英国秘密侦查取得了较为重要的成效。侦查权专员办公室通过以部门为导向的监督模式，发现了英国军情五处和英国税务海关总署在行使秘密侦查权过程中产生的某些重大错误。在侦查权专员聚焦式的审查和督促下，这两个部门也意识到了问题的严重性，并且积极配合监督机关纠正了这些错误。[1]最后，英国在侦查权专员制度的前提下不断促进监督机制的自我完善，如在 2018 年设立了通信数据授权办公室（the Office for Communications Data Authorizations），负责审查和批准与通信数据有关的侦查措施，如通信数据的获取、通信数据的留存等，以保障通信数据措施满足合法性、必要性和比例性的要求。由此可见，英国秘密侦查专员制度不仅在立法上取得了一定成功，在司法实践中也发挥了重要的监督作用。

---

〔1〕 Annual Report of the Investigatory Powers Commissioner 2019, available at https://www. ipco. org. uk/docs/IPC%20Annual%20Report%202019_ Web%20Accessible%20version_ final. pdfHC. accessed 20 Mar 2020.

技术侦查措施法律规制比较研究

徐　诺*

摘　要：技术侦查是公安工作的重要组成部分，是维护国家安全和社会政治稳定的特殊侦查手段，是巩固党的执政地位和人民民主专政的秘密武器。技术侦查法律规制的研究目的在于，在我国《刑事诉讼法》对于技术侦查相关规定的基础上，适应新时代的执法环境，削弱技术侦查法律的空白性和滞后性，进一步完善技术侦查的程序和制度。技术侦查法律规制的研究意义在于：一是有助于规范侦查行为，实现人权保障。通过约束侦查机关的侦查权力，技术侦查法律规制是保障公民权利的需要。二是有助于打击犯罪。在法律规定的范围内合理使用技术侦查措施，降低侦查成本、提高侦查效率，从而增加惩治犯罪的准确性和有效性。三是有助于实现侦查程序法治化。对技术侦查进行法律规制能有效地防止侦查机关任意采用技术侦查手段，滥用侦查权力，促进侦查活动在法治化的轨道内运行。就打击犯罪和保障人权而言，很有必要对技术侦查进行整体性研究，为技术侦查提供实务上更加规范和细化的法律依据。如今，世界上的许多国家基本都已经实现了技术侦查法治化，注重打击犯罪与人权保障的相对平衡，为推进我国技术侦查法治化提供了借鉴和参考的重要依据。因此，笔者将从以下七个方面进行借鉴，提出使我国技术侦查法律规制更加规范、程序足够细化的建议。

关键词：技术侦查；审批机制；适用期间；取证质证；监督救济

2012年3月14日，第十一届全国人民代表大会第五次会议对《刑事诉讼法》的修订使技术侦查措施由"幕后"走向"台前"，这使得技术侦查有了法律规范的指引和约束。研究技术侦查法律规制的意义可以从理论意义和实

---

* 作者简介：徐诺，四川省公安厅干警，法律硕士。

践价值两方面来阐述。从理论意义上讲：一是技术侦查的法律规制能够完善刑事诉讼法的法律体系；二是推进了我国技术侦查法治化的进程。从实践价值上讲：一是有助于案件侦查部门打击犯罪。技术侦查主体可以在法律的明文授权下，利用充分的大数据资源和异于传统侦查的手段打击违法犯罪活动，为维护国家安全、政权稳定和社会治安提供有力支撑。二是有助于约束技术侦查手段的滥用使法律对人权保障得以最大化实现。法无明文规定即禁止，技术侦查主体只能在法律授权的范围内实施技术侦查活动，没有滥用技术侦查手段的漏洞可钻，另外还赋予了技术侦查相对人监督救济的权利，以最大限度地保障公民合法权益不被侵害。技术具有无限延伸的特点，而法律具有约束规制的特性，技术与法律之间存在天然的紧张关系。笔者将从整体性入手，以全球化视角对技术侦查的法律规制进行论证和借鉴，为指导司法实践提出使技术侦查法律规制更加规范、程序足够细化的建议。

一、英美法系典型国家或地区对技术侦查的法律规制概况

（一）英国技术侦查的法律规制概况

英国是普通法国家，亦是英美法系的发源地，法院的判例是英国刑事诉讼法的主要渊源，英国迄今没有一部统一的刑事诉讼法典。除了法院的判例，英国议会制定的法律也是英国刑事诉讼法的重要渊源。英国有关技术侦查的立法包括《英国 1985 年通信截收法》《英国 2000 年侦查权规制法》《英国 2014 年数据留存和侦查权法》《英国 2016 年侦查权法》等法律。可见，英国在技术侦查方面的立法是与时俱进的。其中，最近一部《英国 2016 年侦查权法》涉及了八个方面的内容，分别为一般隐私的保护规定、合法通信截收制度、通信数据的收集、通信数据的留存、设备干扰措施、大规模侦查权、大规模私人数据收集的许可令、秘密侦查监督制度。由于颁布施行后弊端过多，《英国 1985 年通信截收法》未能对公民进行合理的隐私权保护，终被废止，针对通信截收的修改体现在随后出台的《英国 2000 年侦查权规制法》中。《英国 2000 年侦查权规制法》，对英国通信截收制度的立法沿革、法律架构、立法得失进行了探讨和评价，对我国技术侦查的法治化具有重要的借鉴意义。《英国 2000 年侦查权规制法》修改和完善了通信截收制度，涵盖了秘密监视（covert surveillance）、加密电子数据监控（access to encrypted data）等侦查行为，构建出了该制度的基本法律架构。《英国 2000 年侦查权规制法》的第一

部分包括：一是非法截收和合法截收的清晰界定，其中获得截收授权批准后实施的通信截收是当然合法截收的情况，在技术侦查人员未获得截收许可证时，如技术侦查相对人同意也可以视为合法截收。反之，皆属于非法截收，蓄意且未经过合法授权系统传输通信的，构成非法截收罪，处以 2 年以下有期徒刑或罚金。这样便可轻易辨别其合法性。二是制定了技术侦查人员通过通信截收所获的信息和证据材料的使用限制。三是通信截收的许可证制度，技术侦查人员实施该技术侦查措施必须以获得书面许可为前提，国务大臣的证明书和普通许可证才是合法形式的许可，否则通过通信截收所获的信息和证据材料极易被排除。四是制定了通信截收能力与费用的问题等，为通信截收提供了全面的法律依据。第四部分更多的是关于对通信截收审查的技术侦查法律规制，包括成立可以单独行使司法权力的司法组织，并设置有特别法庭，该司法组织和特别法庭的设立为被通信截收的技术侦查相对人提供了一个可以行使其司法救济权利的途径。

（二）美国技术侦查的法律规制概况

多样性和差异性是美国秘密侦查制度的特点。具体而言，美国联邦法律将秘密侦查分为乔装型秘密侦查和监控型技术侦查两类，并为其设置了不同的规范制度。笔者在此将主要介绍美国联邦层面的技术侦查制度，并只从监控型技术侦查展开评述。在秘密监听的技术侦查活动中：其一，秘密监听的适用范围和权限。《美国综合犯罪控制与街道安全法》详细、明确地列举了秘密监听所适用的犯罪的特定罪名，其中包括劳动敲诈罪、赌博罪等。大多属于危害国家安全类和重大侵犯公民人身财产安全类犯罪。其二，秘密监听适用的条件。《美国综合犯罪控制与街道安全法》规定：一是积极条件，技术侦查人员只有获得法官的授权批准，才能够对技术侦查相对人实施窃听；窃听严格限制了适用的地点和方式，且与技术侦查相对人和侦办的案件必须有紧密相关性。二是消极条件，就是如果没有法院的授权，任何人都不得实施技术侦查措施。其三，秘密监听的期限和延长适用的规定。美国技术侦查令状所授权的监听期限是不超过 30 天，必须按照法律的批准程序和条件重新办理手续，监听期限才可以延长，延长的期限最长不超过 30 天且没有次数限制。[1]

---

[1] 孙赟昕："完善我国刑事诉讼法中技术侦查的立法建议"，载《贵州职业警察学院学报》2012 年第 1 期。

其中《美国联邦刑事诉讼规则》明确规定，"电话"是指通过电子传输进行语音交流的技术。

有美国学者指出，为了确保及时完善成文法，以适应实践需要，一方面要保障联邦法院行政管理局能收到全部的数据；另一方面，为应对实践中出现的但又没有法律明文规定的技术侦查行为，应当及时修改制定有关电子通信监控的法律。[1]

(三) 澳大利亚技术侦查的法律规制概况

澳大利亚作为联邦制国家，其宪法规定，澳大利亚的国家权力同样是三权分立，即立法、司法、行政。其中立法权由联邦议会行使；司法权由法院行使，包括刑事审判、解决相关的合同纠纷、解决交通事故纷争等；行政权由联邦政府行使，实施法律、执行政府相关事务。在联邦一级澳大利亚设联邦议会、高等法院、澳大利亚联邦法院，各州可以在法律规定范围内行使三权。[2]联邦和地方政府均享有立法权，其中联邦政府享有在国防、外交、商贸、税收、移民等领域的立法权，而地方政府也有一定的立法权，所以澳大利亚法律制度有着显著的"双轨制"特点，在澳大利亚，存在联邦和州两套司法制度，分别是平行运作且相互独立的。[3]澳大利亚联邦政府与八个州级政府（6 个州与 2 个领地）有自己单独的法律与警察系统。[4]澳大利亚的刑事诉讼制度主要被规定在《澳大利亚 1995 年证据法》《澳大利亚 2011 年联邦法院规则》《澳大利亚联邦起诉政策》中。在澳大利亚，秘密侦查法治化的帷幕早在 20 世纪 70 年代末就已拉开，其标志为《澳大利亚 1979 年电信（监听与访问）法》和《澳大利亚 1979 年安全情报法》的制定和颁布。

二、大陆法系典型国家对技术侦查的法律规制概况

(一) 德国技术侦查的法律规制概况

德国采取的是分散型立法模式，是当今世界在技术侦查立法模式上分散

---

〔1〕 SCHWARTZPM. Reviving telecommunications surveillance law, *University of Chicago Law Review*, 2008, 75 (1), pp. 312~313.

〔2〕《世界各国刑事诉讼法（大洋洲卷）》，《世界各国刑事诉讼法》编辑委员会编译，中国检察出版社 2016 年版，第 1 页。

〔3〕 董开军："澳大利亚联邦司法制度研究报告（上）"，载《中国司法》2005 年第 3 期。

〔4〕 马荣梁、唐卫军："澳大利亚犯罪追踪系统介绍及对我国公安工作信息化的启示"，载《刑事技术》2013 年第 2 期。

立法的典型。分散性立法模式是把有关技术侦查的规定分散于刑事诉讼法或其他法律当中，目前这种模式在世界上也相当普遍，这些国家大多是以成文法作为治理国家和社会主要方式的国家。德国的刑事诉讼制度不只是被规定于《德国刑事诉讼法》中，还被补充规定在《德国少年法院法》《德国法院组织法》等法典中。德国是大陆法系的代表国家之一，该国技术侦查有着十分悠久的历史，德国是世界上较早把技术侦查法律规制纳入法治化进程的欧洲国家。[1]追溯到1877年的《德国刑事诉讼法》，深受文艺复兴启蒙思潮的影响，自此以后《德国刑事诉讼法》历经了多次补充和修订。

在德国，主要是由《德国刑事诉讼法》来规制技术侦查的程序性规范，《德国刑事诉讼法》对以下程序作出了规定。

（1）通信监听。《德国刑事诉讼法》第100条a规定了通信监听获得批准的条件和适用的案件范围，积极要件必须同时满足，有一定的事实构成嫌疑、具有严重犯罪行为的个案犯罪、其他侦查手段已经被穷尽适用。其中，严重犯罪采取列举的方式呈现了各项罪名，包括危害和平罪、贿赂议员罪、危害外部安全罪、危害民主法治国家罪或者叛国罪、叛乱罪和危害国防罪等多项罪名。消极要件规定了，如果技术侦查人员通过通信监听获取的信息和证据材料，只获得了来自技术侦查相对人生活状态下的私人信息，则需要立即停止实施通信监听，技术侦查人员由此获得的信息和证据材料不得使用，应当立即删除。[2]该法还规定，技术侦查人员使用技术手段窃听并录制音像材料的，必须是在技术侦查相对人具有法律规定的犯罪行为嫌疑时，才可以开展技术侦查活动。通信监听的实施限于严重的犯罪行为。既包括《德国刑法》第86条列举并且明文规定的犯罪行为，也包括可能判处5年自由刑以上刑罚的犯罪行为。[3]

（2）对住宅外非公开谈话的窃听。如果有确定的事实怀疑行为人已经触犯了《德国刑事诉讼法》第100条a所列举的罪名，同时在个案中属于特别严重的案件，或者已经预谋犯罪，或者调查事实采取其他侦查手段毫无希望或更加困难，才可以在技术侦查相对人不知情的情况下，对住宅外的非公开

---

〔1〕 谢佑平、邓立军：“德国的秘密侦查制度”，载《甘肃政法学院学报》2011年第6期。

〔2〕 《德国刑事诉讼法典》，宗玉琨译注，知识产权出版社2013年版，第63页。

〔3〕 《德国刑事诉讼法典》，宗玉琨译注，知识产权出版社2013年版，第58页。

谈话进行窃听和录音。

（3）对私人住宅进行监听。如果有足够的事实怀疑犯罪人、参与人或包庇人已经触犯了《德国刑事诉讼法》第100条c第2款所规定的特别严重犯罪，或者在预谋犯罪也要承担刑事责任，已经预谋实施该犯罪。同时满足在事实基础上可以推论监听可导致被告人的陈述被录音，而此陈述对查明事实或确定共同被告人所在地有重要意义，采取其他侦查手段毫无希望或更加困难时，允许在私人住宅里用技术手段监听并对私人谈话进行录音。[1]

（4）密拍密录，是指技术侦查人员在运用其他侦查手段无法查清案情时，为了实现监控目的，在技术侦查相对人住宅外通过秘密拍照和录像的方式，获取案件证据材料的技术侦查措施。需要注意的是，密拍密录（包含在住宅外的拍照和录像）可以由技术侦查人员自行决定，即使该技术侦查措施可能不可避免地影响到第三人也可以被实施。密拍密录没有法律规定适用的案件范围，这就导致技术侦查机关享有极大的自由裁量权。[2]

（5）邮件检查，是指基于国家安全和侦破案件的需要，秘密查获并检查可能涉嫌犯罪邮件的一种技术侦查活动。[3]电子邮件是指性质上满足通过网络相互传递信息的现代化通信工具，工作原理上满足客户端之间传递信息经由SMTP邮件服务器与POP3服务器处理，微博、博客、手机短信、聊天工具、BBS等通信方式均不在此列。[4]邮件检查的对象有由邮政或电信服务商保管的，向被指控人发送的邮件或电报；邮件是由被指控人寄出的且具备侦查意义。[5]技术侦查机关扣押邮件需要获得法官的授权批准，检察院的授权批准在紧急情况下也是合法有效的，但一定要取得法官的授权批准追认，否则就会失效。[6]

综上，控制最为严格的住宅监听是第一层级；通信监听和住宅外监听是

---

〔1〕《世界各国刑事诉讼法（欧洲卷）》，《世界各国刑事诉讼法》编辑委员会编译，中国检察出版社2016年版，第264页。

〔2〕 邓立军：《外国秘密侦查制度》，法律出版社2013年版，第268页。

〔3〕 邓立军：《全球视野与本土架构——秘密侦查法治化与刑事诉讼法的再修改》，中国社会科学出版社2012年版，第40~41页。

〔4〕 庄乾龙：《刑事电子邮件证据论》，社会科学文献出版社2013年版，第17~18页。

〔5〕《德国刑事诉讼法典》，宗玉琨译注，知识产权出版社2013年版，第55页。

〔6〕《德国刑事诉讼法典》，宗玉琨译注，知识产权出版社2013年版，第55~56页。

第二层级；邮件检查是第三层级；监管程度最为宽松的密拍密录是第四层级。[1]

（二）意大利技术侦查的法律规制概况

意大利的技术侦查长期以来是没有法律规范的，公民权益时常受到侵犯，为此欧洲人权法院曾严厉谴责意大利。在人权运动国际化浪潮的推动和追求公正与效率的侦查价值观的影响下，意大利技术侦查的立法取得了重大进展。1988 年 9 月 20 日，意大利总统宣布新的意大利共和国刑事诉讼法典颁布，1989 年 10 月 22 日意大利第四部刑事诉讼法典正式生效，也是现行的刑事诉讼法典。意大利第四部刑事诉讼法典的出台，代表了大陆法系国家侦查程序的最新趋势，引发了世界各地的关注。[2]意大利是职权主义刑事诉讼模式的典型国家，自 1998 年开始，意大利在其原有的大陆法系基础上，移植了英美法系的对抗制刑事诉讼制度，贯彻了对抗式诉讼的精神，制约了司法权力，注重保护犯罪嫌疑人和被告人的权利。[3]意大利最主要的技术侦查活动包括邮件检查和谈话或通信窃听，均已实现法治化。意大利技术侦查制度有以下几个特征：一是注重对职业特权和职务的保护，司法审查机制对秘密侦查活动的控制力度增强；二是在推进意大利秘密侦查的法治化的道路上，《欧洲人权公约》起到了举足轻重的作用；三是通过技术侦查所获取的材料，其使用受到了严格的限制；四是电话监听成了一把"双刃剑"，既在侦办案件中发挥了重大作用，也出现了滥用的现象。[4]

三、域外技术侦查法律规制的特点

结合两大法系具有代表性的国家对技术侦查的相关法律规制，从我国实际情况出发，应借鉴而不照搬一些能为我国所用的域外技术侦查法律规制。笔者将从以下七个方面展开借鉴，并提出促使我国技术侦查法律规制更加规范、程序足够细化的建议。其一，技术侦查的适用条件可采取穷尽列举罪名与最低刑期兜底的方式并用；其二，技术侦查的审批机制可以检察机关为审

---

[1] 严椰铭："论我国技术侦查报告制度的构建"，广东财经大学 2015 年硕士学位论文。

[2] 陈瑞华：《刑事诉讼的前沿问题》，中国人民大学出版社 2000 年版，第 316 页。

[3] 卞建林、刘玫：《外国刑事诉讼法》，人民法院出版社、中国社会科学出版社 2002 年版，第287 页。

[4] 邓立军、吴良培："意大利的秘密侦查制度研究"，载《山东警察学院学报》2013 年第 4 期。

批主体，技术侦查的审批流程要将内部"行政令状模式"与国外的"司法令状模式"相结合；其三，可建立技术侦查的紧急授权制度并且实行事后追责机制；其四，技术侦查的适用期间可缩减为 2 个月，延长次数不得超过 3 次；其五，要适用严格的技术侦查证据排除规则，限制庭外核实技术侦查证据的条件；其六，对技术侦查活动可采取内部、外部和建立报告制度的监督机制；其七，赋予侦查相对人被告知、可异议、能赔偿的权利。

（一）技术侦查的适用条件明确

以案件的性质严重程度作为技术侦查措施适用范围，并将其缩小化，有助于节约侦查资源和约束技术侦查的使用，技术侦查措施要运用于小范围、极其严重、危害性极大的刑事案件侦查活动。法国技术侦查措施的适用案件范围包括恐怖主义犯罪和有组织性质犯罪，其他刑事犯罪只有在法定刑达到具有监禁以上的可能时，有预审法官的批准授权才可以开展技术侦查活动。《法国刑事诉讼法》第 100 条规定，基于侦查必要并且依法应当判处刑罚在 2 年或 2 年以上监禁刑的，预审法官可以发出截收、录制、抄录经电讯渠道传送的通信的命令。[1]《法国刑事诉讼法》第 706 条第 79 款规定，为调查现行犯罪，或与本法典第 706 条第 73 款适用范围的犯罪之一进行的必要初步调查，法官经检察官申请，可批准截留、下载、录制和转录经电讯渠道进行的通信材料。[2]《法国刑事诉讼法》第 100 条规定："处刑罚为 2 年以及 2 年以上监禁刑，在侦查有此需要时，可由预审法官命令监听。"因为 2 年的刑期界限可以规避掉多数的轻、小、微刑事案件。技术侦查措施具有侵权隐蔽性、侵权范围不易控制等内在不足，尤其是与人权保障的价值理念始终存在一定的紧张关系，因此在考虑采取侦查措施时，技术侦查措施具有补充性，应做兜底考虑。比如，《德国刑事诉讼法》第 100 条 a 针对电子监视措施规定了在穷尽方式不能查明案情的条件下，允许监视、录制电讯往来。[3]《意大利刑事诉讼法》第 266 条作出了明文规定，穷尽列举了允许对谈话、电话及其

---

〔1〕《世界各国刑事诉讼法（欧洲卷）》，《世界各国刑事诉讼法》编辑委员会编译，中国检察出版社 2016 年版，第 580 页。

〔2〕《世界各国刑事诉讼法（欧洲卷）》，《世界各国刑事诉讼法》编辑委员会编译，中国检察出版社 2016 年版，第 742 页。

〔3〕张云霄、温树飞："论我国职务犯罪技术侦查措施适用与人权保障之平衡——以与国外职务犯罪技术侦查措施适用比较研究为视角"，载《法学杂志》2014 年第 7 期。

他电讯活动进行窃听的情况，包括涉及麻醉品或精神刺激药物的犯罪和可能判处 5 年以上有期徒刑的非过失犯罪。并且，以上穷尽列举的犯罪以及利用电子或电信技术实施的犯罪程序赋予了侦查人员对与电子或电信系统相关的通信流或者数个系统之间相交的通信流进行监听的权力。其方式被明文规定于刑事诉讼法典，对技术侦查主体进行了法律层面上的规制。《澳大利亚 1979 年电信（监听与访问）法》规定了适用"监听许可令"的犯罪行为，即只有在调查严重犯罪行为时才可适用，该犯罪人通常至少被判处 7 年及以上有期徒刑，如人身伤害犯罪、绑架犯罪、毒品犯罪、恐怖主义犯罪、儿童色情犯罪、洗钱犯罪和有组织犯罪等。《澳大利亚 1979 年电信（监听与访问）法》允许澳大利亚联邦警察等机构实施合法监听，并且指明了在哪些情况下实施监听是合法的。该法 1997 年于修正后将它的适用对象进行了扩大，增加了电信运营商、互联网服务提供商两大主体，以填补科技进步发展后的法律上的空白。该法的 2002 年修正案规定了政府的监管权限，对合法监听的范围进行了扩大，增加了涉及儿童色情、恐怖主义等犯罪。[1]《澳大利亚 2014 年国家安全法修正案》赋予了澳大利亚安全情报局更大的网络监听权力。如果在一台计算机中被认为存有涉及国家安全的重要数据，安全情报局局长会签发一份许可令，允许计算机远程登录。[2]

（二）技术侦查的审批机制合理

无论是大陆法系国家还是英美法系国家，各国均普遍建立起了关于职务犯罪技术侦查措施适用的相关司法审查制度，遵循"决定权"和"执行权"相分离的刑事诉讼原则。

技术侦查的审批主体。美国在采取技术侦查措施的审批上，多采用内部行政审批机制。《美国综合犯罪控制与街道安全法》规定，由执法机关或检察机关作为审批主体。即美国执法机关申请实施监控，应由一定级别的检察官批准后，再向有管辖权的法官提出申请。对采取技术侦查措施的审批应采用秘密窃听的审批程序，技术侦查人员取得法官的许可是实施窃听行为的前提条件。《澳大利亚 1979 年电信（监听与访问）法》规定了可以发出"监听许

---

〔1〕 于新丽、王朕："澳大利亚政府系统性获取个人数据的有关法律概览"，载《国外行动技术参考·公安部技术侦察局公安部第一研究所》2017 年第 1 期。

〔2〕 于新丽、王朕："澳大利亚政府系统性获取个人数据的有关法律概览"，载《国外行动技术参考·公安部技术侦察局公安部第一研究所》2017 年第 1 期。

可令"的机构。只有符合条件的法官或指定的行政裁判所（AAT）成员才能发出监听许可令。符合条件的法官是指经总检察长书面授权同意并宣布符合条件的法官。符合条件的法官来自于澳大利亚联邦法院、澳大利亚家庭法院以及联邦巡回法院。指定的行政裁判所成员是指由总检察长任命的可签发许可令许可的行政裁判所的副庭长、高级成员或普通成员。[1]《意大利刑事诉讼法》规定，技术侦查人员实施通信窃听，应当由法官授权批准。

英国现行法规定了行政许可模式，也被称为行政令状制度，是由内务大臣签发令状。对监听实行的行政审批机制是由《英国侦查权力规则》规定的，只有最严重的犯罪才适用在住宅及车辆中秘密安放技术装置的入侵式监听，而在一般情况下，只有获得警察局长非口头形式的授权批准，技术侦查人员才可以根据案情需要，按计划对技术侦查相对人实施秘密监听。法国在审批机制上采用准司法审查模式，其审查模式并不具有司法性质，导致技术侦查相对人不能通过上诉等方式来获得救济。因为法国的预审法官兼具侦查和审判两项职能，具有比较大的权力，通过预审法官对案件性质进行判断，从而决定是否同意侦查机关采取技术侦查措施来对案件进行侦查。

技术侦查审批机制中行政令状模式的好处在于时间成本低，利于采取技术侦查措施的高效率，程序较为简化，较少知情主体也有利于保密。行政令状模式的不足之处在于技术侦查措施的实施缺乏外部监督，不能有效地防止权力被滥用，这恰恰是司法令状模式的优势之所在，在价值冲突时，舍高效率而保权力制约，用外部控制的手段取得合法使用技术侦查权和保障公民隐私权的泛化。

笔者认为，纵观世界各国，大多采用批准权和执行权分离的方式，也就是说，既然身为本场比赛的运动员，就不能再兼任本场比赛的裁判员。审批必须采用书面形式和外部审批，用以保障公民的合法权利和加强对技术侦查的法律监督。而司法令状制度被运用于技术侦查已经是具有普适价值的司法准则，此模式符合"分权与制衡"的基本法理，能有效避免技术侦查人员滥用技术侦查权，能有效保障技术侦查相对人的合法权益。

（三）技术侦查执行程序规范

（1）技术侦查执行程序的相关主体权限划分。以监听为例，法国只有预

---

〔1〕 刘志伟："澳大利亚 2015-2016 年度监听报告概览"，载《国外行动技术参考·公安部技术侦察局公安部第一研究所》2017 年第 4 期。

审法官或者由预审法官委派的司法警察才有权要求电讯部监督部门工作人员提供帮助。此外，截收通信时间最长为 4 个月，执行时间只有在按照相同形式与时间条件的情况下才能更改决定。《法国刑事诉讼法》第 81 条第 1 款规定，预审法官要想获得犯罪的相关信息，应在法律的框架内使用可行的手段来获取。[1]这种做法受到了法国最高法院的肯定，即通过法国最高法院相关的判决得以维护，法国直到 1991 年才制定了专门规定电话窃听的适用条件、基本程序的独立法律。德国根据监听令状，有关邮局和电话、电子通信设备经营管理部门都应当配合法官、检察官，无权拒绝法官、检察官的要求，对于拒绝的人员可以处以罚款或者采取强制措施。[2]根据德国有关执行程序方面的规定，技术侦查部门应告知作出命令的法院关于采取技术侦查措施的进程和结果。如果采取技术侦查措施的条件不复存在，在检察机关没有命令停止的情况下，则由法院作出终止技术侦查措施的命令。《意大利刑事诉讼法》在通信窃听材料的保存方面明确指出，笔录和录音要被完整地保存在作出监听决定的公诉人处，如不是用于物证，通信监听获取的任何材料都应当及时销毁。《意大利刑事诉讼法》第 261 条赋予了司法机关在助理人员的配合下开拆封印文件的权利。这也是邮件检查体现于立法的表现，虽然赋予了司法机关开拆检查权，但在某种意义上也存在助理人员的制约。对通话应当录音并将录音内容整理成笔录，通过监听方式取得笔录和录音，由公诉人自工作结束之日起 5 日内将它们储存在秘书室，辩护人有权审查有关文书和录音，有权了解电子电信数据，由法官将调取的录音或通信流整理出来并加入法庭审理的卷宗之中。

（2）通过技术侦查行为取得的材料使用规则。英国针对通信截收获取的信息和证据材料的使用设立了一些禁止性规定，以保障技术侦查相对人的隐私权能够得到行之有效的救济。将通信截收信息和证据材料的使用、公布限制在一个极小的范围内，用以应对技术侦查人员通信截收活动的任意扩张；列举了负有保密义务的人员，细化规定了通信截收获取的信息和证据材料的使用范围，该类人员对被截收的相关通信数据和内容进行保密；技术侦查人

---

〔1〕《法国刑事诉讼法典》，罗洁珍译，中国法制出版社 2006 年版，第 95 页。

〔2〕张云霄、温树飞："论我国职务犯罪技术侦查措施适用与人权保障之平衡——以与国外职务犯罪技术侦查措施适用比较研究为视角"，载《法学杂志》2014 年第 7 期。

员通过通信截收获取的信息和证据材料，必要保留的予以保存，反之，所有通信截收材料及有关复印件皆要立即销毁。[1]

（3）关于紧急情况下的技术侦查执行程序。《德国刑事诉讼法》规定，在审批机制上，采取技术侦查措施的命令应以书面形式作出，只有经过法官批准才可以使用电子监听，如果情况紧急，电子监听由检察院授权批准也是合法有效的，但一定得取得法官的授权批准追认，时间限制在实施后的 3 日内，否则就会失效。也就是说，由检察院申请后，法院发布命令，遇到紧急情况，如拖延可能会导致危险发生，可以检察院直接发布命令。但检察院发布的命令在 3 个工作日内未获得法院的确认，将失去效力。德国的侦查法官只对侦查行为是否合法作出判断。[2]美国对采取技术侦查措施的审批采用秘密窃听的审批程序，即《美国综合犯罪控制与街道安全法》规定，警察实施窃听行为必须事先取得法官颁发的许可令状。但若存在紧急情况，警察可以在未持司法授权令状的情况下直接实施窃听活动，在窃听开始后的 48 小时内必须向法官申请许可。《意大利刑事诉讼法》规定在紧急特殊情况下，检察官以附理由命令的形式决定进行通信窃听，以书面形式通知负责初期侦查的法官，通知期限不超过 24 小时，法官在作出上述决定后的 48 小时内以附理由命令的形式决定是否予以认可。

总之，各国均对执行程序的主体权限划分、材料使用、紧急授权机制作了十分明确的规定，以确定的法律规制技术侦查措施的适用。各国刑事诉讼法律基本上都明确了技术侦查措施必须在法律和令状所载明的事项范围内执行。

（四）合理规范的期间适用

在一般情况下，英国通信截收许可证有 3 个月的有效期，如遇有紧急情况，则可以延长适用 6 个月。美国令状所授权的技术侦查机关监听期限最长为 30 天，监听期限可以延长，但必须重新办理授权批准手续。延长的期限最长不超过 30 天且没有次数限制。[3]《法国刑事诉讼法》第 100 条第 2 款规定，

---

[1] 邓立军："英国通信截收制度的变迁与改革"，载《中国人民公安大学学报（社会科学版）》2007 年第 6 期。

[2] ［德］托马斯·魏根特：《德国刑事诉讼程序》，岳礼玲、温小洁译，中国政法大学出版社 2004 年版，第 43 页。

[3] 孙赟昕："完善我国刑事诉讼法中技术侦查的立法建议"，载《贵州职业警察学院学报》2012 年第 15 期。

在技术侦查适用期限上，法律规定适用期限是 4 个月，符合条件的，经法官批准授权可以再延长 4 个月的技术侦查期限。即电讯截留期限最长是 4 个月，技术侦查机关需要继续截留的，必须重新获得授权批准。《意大利刑事诉讼法》明确指出，经法官授权批准，适用期限为 15 日；法官可以采用附理由的命令来延长期限，延长最多 15 日并且没有次数限制。即窃听适用期限最多为 15 日，法官可授权批准延长，每次延长的时间不得超过 15 日。德国在适用期间上，即便是遇到可以由检察院直接发布命令的情况，此命令也同样被限制在至多 3 个月的期限内。如果却有必要延长采取技术侦查措施的期限，准予每次不超过 3 个月的延长。《德国刑事诉讼法》还规定在命令或延长命令的理由中应阐明决定的条件和主要考虑因素，包括所依据的特别事实、对措施的需求和比例性的基本考量、事实依据等。[1]荷兰规定，首次窃听期限最长为 4 个星期，符合延长情形最多延长 4 个星期，无延长次数限制。[2]日本要求首次授权时间不得超过 10 日，每次延长的时间也不得超过 10 日，对延长次数无限制，但将总的监听期限限定在 30 日内。[3]

不难看出，各国在技术侦查期间适用上虽不一致，但立法目的是一致的，就是要严格控制技术侦查适用的期限和延长期限的次数，这是最大限度地限制技术侦查活动被滥用和最大限度地保障人权的体现。

（五）有效的取证质证制度

在技术侦查非法证据排除规则适用上，《英国警察与刑事证据法》规定，由法官决定是否排除非法技术侦查证据，所以英国法官在排除非法证据时享有较大的自由裁量权。《美国联邦刑事诉讼规则》规定了法庭可以要求出示有关的书籍、纸张、文件、记录、录音或数据等其他不属于特权保密范围的材料。《美国联邦刑事诉讼规则》第 403 条规定，如果相关性证据的证明价值明显不及下列一项或者多项风险，法院可以对其予以排除：不公正的偏见、混淆争点、误导陪审团、不当延迟、浪费时间或者不必要的重复举证。美国早在 19 世纪末 20 世纪初就确立了非法证据排除规则，建立了目前仍在适用的

---

〔1〕《世界各国刑事诉讼法（欧洲卷）》，《世界各国刑事诉讼法》编辑委员会编译，中国检察出版社 2016 年版，第 265 页。

〔2〕王东："技术侦查的法律规制"，载《中国法学》2014 年第 5 期。

〔3〕《关于犯罪侦查中监听通讯的法律》，宋英辉译，中国政法大学出版社 2000 年版，第 213~214 页。

一套比较完整的证据排除规则体系。技术侦查证据也毫无例外地适用该非法证据排除规则。其中，对于技术侦查措施获取的实物证据，适用绝对排除原则，凡是非法取得的，一律排除。有学者认为，证据排除规则并没有赋予被告新的权利，仅仅是在司法上为被告提供了一种救济措施。[1]但在早期判例中，美国法官对于技术侦查人员通过违反的程序监听行为获取的证据材料，是根据判断其是否起"核心作用"（central role）来决定是否排除适用的。[2]总之，在美国，使用非法技术侦查措施获取的实物证据是要被绝对排除的。美国在技术侦查措施获取的实物证据上，适用绝对排除原则，凡是非法取得的技术侦查证据，一律予以排除；涉及危害国家安全的犯罪，通过技术侦查获取的证据材料不会被排除。法国在证据排除规则方面采用侦查无效制度，其法律对侦查和预审程序也都作了明文规定，类似于非法证据排除规则。在法国，预审程序和侦查程序都是需要秘密进行的。[3]法律对预审程序和侦查程序也都作了明文规定，并且确立了侦查无效制度，类似于非法证据排除规则。《法国刑事诉讼法》第171条规定了侦查行为无效的情形，即只要侵害了有利害关系的一方当事人利益，违背该法典的程序性规定，就视为无效侦查行为。[4]《法国刑事诉讼法》规定了被全部或部分宣布无效的证据和文件，应撤出审查案卷，甚至应予注销；如果引用被全部或部分宣布无效的证据材料来反驳对方当事人，就会追究法官或律师的纪律责任。"[5]《法国刑事诉讼法》第206条规定了宣布案卷所附某一文件无效和宣布后续诉讼中的某些文件无效两种情形，一定要在发现有无效情事和必要的条件下进行。[6]可见，凡被认定为无效的侦查行为获取的全部或部分证据，均将被从案卷中撤出。因侦查无效而被撤出案卷的证据或诉讼文件，不再具有证据效力，侦查无效实际上的功能等同于非法证据排除。《法国刑事诉讼法》第100条第6款规定，公诉时效期间届满，录制的电讯通信材料，要在检察官或检察长的负责与关注下进行销毁，并制作销毁笔录。另外，法国针对在实施过程中导致侦

---

〔1〕 刘梅湘：《侦查中的网络监控法制化研究》，法律出版社2017年版，第151页。

〔2〕 梁立峥："非法技术侦查证据排除制度比较研究——以英、美、法、德四国为样本的分析"，载《江南社会学院学报》2017年第3期。

〔3〕 《法国刑事诉讼法典》，余叔通、谢朝华译，中国政法大学出版社1997年版，第12页。

〔4〕 《法国刑事诉讼法典》，余叔通、谢朝华译，中国政法大学出版社1997年版，第83页。

〔5〕 《法国刑事诉讼法典》，余叔通、谢朝华译，中国政法大学出版社1997年版，第85页。

〔6〕 《法国刑事诉讼法典》，余叔通、谢朝华译，中国政法大学出版社1997年版，第98页。

查无效的情形，仅在《法国刑事诉讼法》第 100 条第 7 款中有所规定，预审法官必须事先通知国民议会议长或律师公会会长，才允许在通向侦查相对人的电讯线路上截留或在通向律师住宅或其办公室的电讯线路上截留，否则行为视为无效。[1]《法国刑事诉讼法》第 171 条规定，违反本法和其他刑诉法程序规定的实质性手续，危害所涉及当事人利益的，侦查行为无效。[2]《法国刑事诉讼法》第 174 条规定，对于侦查无效的情况，预审庭有权决定撤销全部诉讼行为或文书，或撤销某一部分，或撤销扩大行为发生以后进行的程序活动。[3]在实务判例中，法国最高法院各法庭已经达成共识，对于技术侦查人员以非法方法获取的信息和证据材料，应予以排除，原则上对技术侦查人员使用不正当手段获取信息和证据材料的行为给予惩处。[4]意大利在 1988 年正式确立了自己的非法证据排除规则，这也是在借鉴英美证据法排除规则的基础上建立的非法证据排除制度，但其立法规定却走在了英美国家的前面。《意大利刑事诉讼法》第 189 条制定了对法律未规定证据的做法，即如果需要获取法律未规定的证据，只有在该证据有利于事实核查并且不影响相对人的精神自由时，法官才可以调取该证据，并在听取当事人意见后决定是否采纳该证据。其中，精神自由指的是不得使用足以影响人自由的决定权或者足以改变对事实的记忆和评价能力的方法或技术，即便关系人同意。《意大利刑事诉讼法》第 191 条规定意大利侦查人员不得利用非法手段收集证据，否则获取的证据将不被采纳，该条款所指的证据既包括口供、证人证言，也包括书证和物证。另外，证据的不得使用和排除可以在诉讼的任何阶段和审级中被指出，法官对证据作出判断必须要说明采用的标准和得出的结论。

《澳大利亚 1995 年证据法》将证据排除分为裁量性和强制性，裁量性的证据排除包括证据可能给一方造成不公平的损害、可能会带来误导或困惑、可能付出不合理的时间成本，对此法庭有权拒绝采纳该证据；强制性的证据

---

〔1〕《法国刑事诉讼法典》，余叔通、谢朝华译，中国政法大学出版社 1997 年版，第 52 页。

〔2〕《世界各国刑事诉讼法（欧洲卷）》，《世界各国刑事诉讼法》编辑委员会编译，中国检察出版社 2016 年版，第 602 页。

〔3〕《世界各国刑事诉讼法（欧洲卷）》，《世界各国刑事诉讼法》编辑委员会编译，中国检察出版社 2016 年版，第 603 页。

〔4〕宋英辉等：《外国刑事诉讼法》，法律出版社 2006 年版，第 267 页。

排除指如果该证据给被告人带来的不公平危害超过其证明价值，法庭必须拒绝控方出示的证据。[1]德国对于技术侦查措施手段所获得的个人情况信息，只有在处理分析时为查明法律规定的某一犯罪行为时，才允许作为证据。在采取技术侦查措施中取得的涉及生活核心领域的信息是不能被使用的，相关的通信监听录音必须被立即删除，但信息取得和删除的事实应当被记录在案。在证据使用上，未获得法官的授权批准或违反法律监听的案件适用范围取得的录音材料，不能被作为证据使用。技术侦查人员通过技术侦查手段获取的技术侦查相对人个人情况信息被作为证据材料使用时，必须是以为查明该法第 100 条 a 所规定的某一犯罪行为为前提条件。依照目前德国的通说，证据禁止是上位概念，而"证据取得禁止"和"证据使用禁止"是下位概念。[2]即在证据上的构成禁止取得的条件不必然导致证据上的禁止使用，构成证据上的禁止使用的条件也不能以证据取得禁止为前提条件。[3]这样将证据排除进行合理化区分，能够使倾向被告的证据合法化，向有利于被告的方向发展。在采取技术侦查措施中取得的涉及生活核心领域的信息是不能被使用的，相关的通信监听录音必须被立即删除，但信息取得和删除的事实应当被记录在案。

关于采取技术侦查措施获取的材料证据的移送使用，英国为通信截收获取的信息和证据材料的使用设立了一些禁止性规定，以保障技术侦查相对人的隐私权能够得到行之有效的救济。对通信截收信息和证据材料的使用、公布被限制在一个极小的范围内，用以应对技术侦查人员开展通信截收活动的任意扩张；列举了负有保密义务的人员，细化规定了通信截收获取的信息和证据材料的使用范围，该类人员对被截收的相关通信数据和内容进行保密；技术侦查人员通过通信截收获取的信息和证据材料，必要的予以保存，反之，所有通信截收材料及有关复印件皆要立即销毁。[4]澳大利亚也有关于通过技术侦查活动获取证据材料的限制性规定。《澳大利亚 1979 年安全情报法》赋

---

〔1〕《世界各国刑事诉讼法（大洋洲卷）》，《世界各国刑事诉讼法》编辑委员会编译，中国检察出版社 2016 年版，第 29 页。

〔2〕林钰雄：《干预处分与刑事证据》，北京大学出版社 2010 年版，第 280 页。

〔3〕刘梅湘：《侦查中的网络监控法制化研究》，法律出版社 2017 年版，第 156 页。

〔4〕邓立军："英国通信截收制度的变迁与改革"，载《中国人民公安大学学报（社会科学版）》2007 年第 6 期。

予了澳大利亚安全情报局一系列特殊的数据搜集权力，涉及搜查、向航空器或船只的经营者索取信息或文件、检查邮件或快递物品、使用监听设备以及使用跟踪定位设备等多个方面。该法规定安全情报局在获取信息的过程中必须遵守两个原则：一是获取信息所采取的方式要与威胁的严重性和威胁的发生概率相称；二是对个体和团队的询问和调查尽可能不要侵犯个人隐私。意大利针对通信窃听材料的保存规定笔录和录音要被完整地保存在作出监听决定的公诉人处，如不是用于物证，通信监听获取的任何材料都应被及时销毁。

综上，世界上的大多数国家对技术侦查活动获取的证据均设置了严格的证据排除规则，同时又不失灵活地采用实物证据与言词证据区别对待原则，而德国更为细化地就上位概念证据禁止进行了下位概念"证据取得禁止"和"证据使用禁止"的解释运用，值得借鉴。

（六）具有有效的监督机制

美国在技术侦查活动的监督上，将技术侦查人员违反法律规定程序采取的窃听行为纳入构成犯罪的范畴，最高刑罚达 5 年监禁或处以 10 000 美元罚金。对技术侦查人员违反法律规定程序采取的窃听行为的制裁包括实体性制裁和程序性制裁。技术侦查人员违反法律规定程序采取窃听行为所取得的信息和证据材料，在刑事诉讼过程中都被禁止采用。《德国刑事诉讼法》第 201条规定，技术侦查主体通过非法渠道录制他人私密言论或将通过采取技术侦查手段获取的监听材料给第三方使用的，处 5 年以下自由刑或罚金。《英国2000 年侦查权规制法》第一部分对非法截收和合法截收作出了清晰界定，其中获得截收授权批准后实施的通信截收是当然的合法截收，在技术侦查人员未获得截收许可证时，若技术侦查相对人同意也可以视为合法截收。反之，皆属于非法截收，在蓄意且未经过合法授权系统传输通信的情况下，构成非法截收罪，处以 2 年以下有期徒刑或罚金。技术侦查人员违反法律规定程序采取窃听行为所取得的信息和证据材料，在刑事诉讼过程中都被禁止采用。通过将非法适用技术侦查手段造成危害后果的行为入罪刑法，借鉴英美国家的定罪量刑，用滥用手段责罚、入罪或处以罚金的刑罚，激发技术侦查人员的法律底线思维，提升触碰法律红线的代价，以达到变相监督的目的。以英国为例，技术侦查是通过行政监督和司法监督两种模式，行政监督模式是通过专门的行政监督机构行使对技术侦查行为的审查。目前，英国设立了技术侦查监察专员制度负责监督侦查人员实施通信截收、秘密监控等侦查行为。比起行政监督模式的事前、事中监督，司法监督模式更侧重事后监督，由英国的司法机关特别法庭，负责受理和审查对技术侦查侵犯其隐私权的当事人的申诉。这种监督机制就覆盖了技术侦查的整个流程，全面囊括了对技术侦查的事前、事中和事后的全方位监督，倒逼技术侦查行为的合法性和技术侦查主体的依法性。

（七）具有可操作的救济机制

多数国家均规定有救济措施，皆赋予了被监听人事后救济权，如知情权和对非法监听的异议诉讼权。[1]《美国综合犯罪控制与街道安全法》规定，法官应当在监听结束后 90 日内将监听结果告知被监听人并送达一份清单；赋予犯罪嫌疑人及其辩护人等阅卷权，通过对技术侦查措施相关法律文书的查阅进行真实性审查从而提出异议的权利，更大限度地维护权利。美国各法院皆允许利害关系人查阅被监听的部门内容或由此派生的证据，其中包括申请书和监听令状等材料；确实存在对公民合法权利造成侵害的，公民有权要求国家赔偿，更有权对其进行揭发和检举。侵犯技术侦查相对人合法权益的，相对人可提起民事诉讼，获得的赔偿包含律师费在内。[2]在救济方面，法国规定诉讼过程中窃听所得的录像、录音资料必须提供给侦查相对人的辩护律师参阅，技术侦查相对人享有对录像材料和录音的异议权，必要时可以通过展示封存材料的方式，使得技术侦查相对人的异议问题得以解决。《德国刑事诉讼法》第 296 条至第 298 条规定，赋予了检察院、犯罪嫌疑人、辩护人和法定代理人等提出法律救济程序的权利。《德国刑事诉讼法》第 302 条也赋予了申请法律救济的主体提出撤回和放弃法律救济的权利。《日本刑事诉讼法》规定，侦查机关在监听结束后 30 日内，将采取监听手段取得的监听记录和监听令状相关信息书面告知被采取技术侦查监听手段的相对人。[3]借鉴国外关于公民救济权利的法律规定，以期收获最大限度地对犯罪予以打击和最大保障人权的双赢效果。

---

〔1〕 刘延文："论技术侦查的法律规制"，河北大学 2016 年硕士学位论文。

〔2〕 张云霄、温树飞："论我国职务犯罪技术侦查措施适用与人权保障之平衡——以与国外职务犯罪技术侦查措施适用比较研究为视角"，载《法学杂志》2014 年第 7 期。

〔3〕《关于犯罪侦查中监听通讯的法律》，宋英辉译，中国政法大学出版社 2000 年版，第 219～220 页。

结　语

技术侦查手段是一把"双刃剑",既是高效打击犯罪的锐利武器,也潜藏着侵犯公民隐私权的巨大风险。技术侦查就是以"小恶"除"大恶",利用得好,就可以大力度地打击犯罪,以维护国家稳定和社会治安秩序。但如果不加以法律上的明确限制,就会造成滥用、私用等侵犯公民隐私权的可能。

为此,必须在合理平衡打击犯罪和保障人权的基础上理解和适用技术侦查相关法律,最大限度地实现技术侦查的正向价值和避免负面侵害。

技术侦查措施适用案件范围的域外考察及启示

杨　希[*]

摘　要：技术侦查措施适用案件范围的确定化使相关案件适用技术侦查措施有了具体的法律依据，而不再依赖于法外权力解决，也能够限定技术侦查措施在侦查中的适用比例，防止其沦为常态化的侦查手段。本文以剖析技术侦查措施适用案件范围的立法与实践现状为研究的基本点，提出完善技术侦查措施适用案件范围的建议，借此重申技术侦查措施适用案件范围的立法规制的重要价值。

关键词：技术侦查措施；适用案件范围；重罪原则；权利保障

本文将从国际法的视角出发，探寻技术侦查措施适用案件范围的规定在各国法律上的来源和主要依据，通过对英、美、德、日等国对技术侦查措施适用案件范围的确立模式、立法原则、具体的法律规范的比较法考察，分析、探讨全球化视野下技术侦查措施适用案件范围的立法趋势，在比较的过程中，检视和反思我国的现行立法，并得出相关具体的立法启示，以供国内立法参考。

一、国际法中技术侦查措施适用的案件范围

随着"法律全球化"程度越来越高，在国际公法的约束下，缔约国必须遵守所签订条约的刚性约束，承担相应的责任与义务，以此强化国际公法的实际效用，强化国际司法环境的融合程度。技术侦查措施适用案件范围的确定，除了根据本国犯罪形势、法律传统等因素作出具体规范以外，立法也必

---

　*　作者简介：杨希，法学硕士，广州国信信扬律师事务所律师。

须考虑并且遵循本国所加入的国际公约的规定，使之内化为有实际意义的法律规范，而非沦为纯粹宣言式的公约规定。

在我国参与的国际公约中，涉及技术侦查措施适用案件范围的主要有《联合国打击跨国有组织犯罪公约》以及《联合国反腐败公约》。这两个公约文本深刻地影响着我国2012年《刑事诉讼法》对技术侦查措施适用案件范围的立法控制。

（一）《联合国打击跨国有组织犯罪公约》的规定

不可否认的是，全球化在一定程度上加剧了犯罪形势的恶化，犯罪形态的演变日益多元化。犯罪的普遍性和犯罪总量在不断扩大，新型犯罪衍生能力逐步增强，传统犯罪的犯罪基数仍旧庞大。毒品、走私、恐怖主义等犯罪情势日益严峻，"作为一种新类型和更为复杂的犯罪——跨国有组织犯罪开始呈现出日益严重的情势"。[1]跨国有组织犯罪作为犯罪中的高级组织形式，具有组织严密、专业化程度以及职业化程度高等特征，同时兼具掩饰性、暴力性以及强大的经济基础。较之于传统犯罪，其打击难度极大，对国际社会的稳定造成了威胁。除此之外，国际实践经验已经表明，就针对跨国有组织犯罪的打击和预防而言，依靠单一国家的单向努力，基本无法达到理想的遏制效果。因此，联合国敏锐地注意到了相关形势的变化，并且极力促成了《联合国打击跨国有组织犯罪公约》的诞生。

作为当今世界上第一部针对"跨国有组织犯罪"的全球性公约，《联合国打击跨国有组织犯罪公约》在2000年第55届联合国大会上通过，并于2003年9月29日正式生效，其能够较为积极地预防和打击此类犯罪，为国家间的司法协作提供了良好的法律基础。

第一，《联合国打击跨国有组织犯罪公约》第20条第1项明确了公约各国当局在不违反本国司法原则的前提下，在必要时可以采用特殊侦查手段，并且确定特殊侦查手段的表现形式为"电子或其他形式的监视和特工行动"，但此种列举方式属于模糊化处理，只能起到基本的指引作用，而无法对各公约国的特殊侦查措施种类作出统一且面面俱到的规定。

第二，《联合国打击跨国有组织犯罪公约》并没有对特殊侦查手段具体的

---

〔1〕 陈光中主编：《联合国打击跨国有组织犯罪公约和反腐败公约程序问题研究》，中国政法大学出版社2007年版，第2页。

适用案件范围作出具有特定性、针对性的规定，只是简单地将其适用限定为打击有组织犯罪。在笔者看来，出现这种情况的主要原因是受制于公约的局限性，只能针对某一特定的国际问题作出约束，而无法对各国出现的各类犯罪情况作出具有普适性的规定。另外，从有组织犯罪的性质来看，其所包含的具体罪名及其构成也是丰富多样的，并且因不同的国家刑法规定而有所差别，而非单一的罪名。

第三，从有组织犯罪的具体表现形式来看，《联合国打击跨国有组织犯罪公约》第 3 条规定了该公约的适用范围，包括"（1）依照本公约第 5 条、第 6 条、第 8 条和第 23 条确立的犯罪；（2）本公约第 2 条所界定的严重犯罪"。详言之，上述条文分别对应的是：参加有组织犯罪集团行为、洗钱行为、腐败行为以及妨害司法行为。第 2 条（b）则已经明确指出"严重犯罪"系指构成可受到 4 年以上的剥夺自由或更严厉处罚的犯罪的行为。

从上述公约文本规定的内容来看，特殊侦查手段适用于有组织犯罪集团行为、洗钱行为、腐败行为以及妨害司法行为这四类案件的侦查。再者，该公约还对"严重犯罪"从刑罚的角度作出了界定，以 4 年自由刑期为界限，应判处 4 年自由刑以上刑罚则为严重犯罪。该界定方式虽然单一，但从国际法的角度来看，考虑到各国国情和立法的差异，此种法定刑界定方式具有可行性以及普遍适用性。

（二）《联合国反腐败公约》的规定

2003 年第 58 届联合国大会正式通过的《联合国反腐败公约》是历史上第一部指导国际反腐斗争的法律性文件，是在反腐败领域规定得最完善、全面且具有广泛性的法律文件，具有重要的导向性作用，为各成员国打击反腐败的刑事立法和政策制定提供了最低限度的标准。

首先，《联合国反腐败公约》第 50 条第 1 项再次重申了特殊侦查措施运用的相关限定条件。其次，基于公约的局限性，特殊侦查手段的适用案件范围只被限定在腐败犯罪的框架之内。最后，腐败犯罪并非指向单一的具体罪名，而是涵盖了具体内容。从本公约的内容出发，在第三章关于定罪和执法的内容中，第 15 条至第 25 条将下列行为认定为犯罪：贿赂本国公职人员；贿赂外国公职人员或者国际公共组织官员；公职人员贪污、挪用或者以其他类似方式侵犯财产；影响力交易；滥用职权；资产非法增加；私营部门内的贿赂；私营部门内的侵吞财产；对犯罪所得的洗钱行为；窝赃；妨害司法。

换言之，必要时，电子或者其他监视形式等特殊侦查手段可以被运用到上述案件的侦查之中。

除此之外，该公约并没有像《联合国打击跨国有组织犯罪公约》那样，对"严重犯罪"作出具体的刑期限定。因此，两个公约文本相比较而言，《联合国反腐败公约》规定的特殊侦查手段的适用案件范围已经被限缩，对腐败犯罪的认定作出了较为严格且细化的控制，进而限制了特殊侦查手段的适用。

（三）国际法中技术侦查措施适用案件范围的特点

在国际刑事司法领域，国际公约的订立主要是基于约束和遏制某一特定犯罪的恶化，维护正常的国际法律秩序，为人类社会的发展提供制度性的保障。从上述法律文本中，我们可以初步得出在国际公法领域中技术侦查措施适用案件范围的特点，笔者尝试通过对其特点的分析，为国内立法的完善提供国际法上的理论支持。

第一，国际公约规定的技术侦查措施适用案件范围具有针对性。现有的国际公约允许技术侦查措施适用的案件范围主要包括腐败犯罪与跨国有组织犯罪，亦即对于国际刑事司法中的其余类型的犯罪案件，国际法并没有明确肯认其具体的适用。

第二，国际公约规定的技术侦查措施适用案件范围具有国际意义上的普遍性。由于腐败犯罪和有组织犯罪盛行于世界各国，且兼具高发性、严重性，给社会的良性发展造成了相当负面的影响，如不重拳打击遏制，将对社会秩序运行带来巨大冲击。

第三，国际公约规定的技术侦查措施适用案件范围具有局限性。在国际公法领域，基于国家司法主权独立这一基本原则的限制，在国际刑事司法领域，联合打击犯罪必然会受到一定的约束，无法对各类型犯罪案件的打击作出面面俱到的规制，只能在特定类型犯罪的打击上达成一定程度的共识。技术侦查措施适用案件范围规范也不能例外，其在适用于某些特定类型案件的同时，也包含着适用案件范围的天然局限性。

应当说，从国际法的角度来看，技术侦查措施的适用案件范围已被描绘出大致的轮廓，并且我国国内立法也在一定程度上吸收了相关的规定。更细致地适用案件范围的探讨，我们可以从域外相关国家的立法中深入展开，从而寻找国内立法的可借鉴依据。

二、两大法系技术侦查措施适用案件范围的立法考察

为了进一步了解世界上不同国家和地区在适用技术侦查措施时所具有的共性，发掘技术侦查的一般性规律，能够被国内立法所借鉴吸收，因此有必要对域外的监听、电子监控、邮件检查等技术侦查措施的理论、立法状况以及司法实务作出详尽且细致的考察。由于本文的篇幅所限以及所要考察的内容过于宏大，无法面面俱到，在此只能选择具有一定代表性的国家加以剖析。

具体到技术侦查措施适用案件范围的考察而言，基于立法模式和法律传统的迥异，各国规定的技术侦查措施的种类存在差异，但从现有的立法规范来看，关于监听的立法是较为全面和详细的。因此，本部分拟就部分具有代表性的国家和地区就其明文规定的监听适用的案件范围规定进行分析，附带性地介绍其他具有普遍适用性的技术侦查措施所涉及的适用案件范围，在此基础上，得出初步的结论。

（一）适用案件范围的确立方式

就技术侦查措施适用案件范围的立法确立方式而言，不同的国家基于本国的司法实际采用了不同的确立方式，总括来说，主要有以下三种方式：

1. 列举法

将列举法运用到技术侦查措施适用案件范围的立法当中，一般指的是将技术侦查措施可适用的具体罪名以穷尽的方式在成文法中予以明确。需要作出说明的是，所列举的罪名一般都在本国刑法所限定的重罪之列。

采用此法对秘密监听等具体技术侦查措施的适用案件范围作出列举，有利于严格限制侦查机关的技术侦查权，防止技术侦查措施沦为常态化的侦查方式，同时也有利于保障公民权利。与此同时，其显见的弊端在于，适用的案件范围过于僵化，对于新形势下的新型犯罪的打击有一定的困难，存在一定程度的滞后性。

2. 以刑划线法

以刑划线法在技术侦查措施适用案件范围中的运用一般指的是以刑法中具体某一法定刑为分界点，所涉案件范围在该法定刑以上则可以在侦查过程中适用技术侦查措施，反之，则否定其适用。从域外国家的立法现状来分析，该法定刑的界限并非立法者随意而划，而是严格遵循本国刑法以及刑事诉讼法所明文规定的重罪原则，即所涉罪名在该法定刑以上即为重罪。

3. 二者相兼法

二者相兼法又称"混合法"，即将上述的列举法与以刑划线法融合适用，对重罪罪名作出陈列，同时以法定刑作最后的限制。其在明确技术侦查措施具体适用的同时，也能限制其适用范围，防止无限度扩张。

通过上述三种立法方式的优劣比对，采用以刑划线的方法对相关技术侦查措施适用的案件范围作出规定，有利于克服清单式立法僵化性的弊端，具有一定的灵活性。但又在无形中扩大了技术侦查措施的可适用案件范围，技术侦查权被滥用的可能以及公民权利遭受减损的风险也在增加。综合目前的实践和理论现状来看，采用以刑划线和列举的并行方式作出规定，是较为周全的立法选择。

（二）适用案件范围的立法原则

域外技术侦查措施中包含的具体的种类因各国的立法不同而存在具体的差异，就宏观而言，域外技术侦查往往只能被运用于重大、复杂的犯罪案件。

1. 域外重罪的基本界定

重罪与轻罪是法治国家的法定概念，也是一组相对的概念，一般在刑法中予以明确规定，属于刑法学的研究范畴。本文将从英美法系以及大陆法系中选取几个具有代表性的国家，试图从各国关于重罪的不同定义中抽象出一个较为通行的标准，以期对我国重罪原则的明确作出些许启示。

（1）英国。英国按照犯罪的性质将其划分为三个层次，分别是简易罪、可诉罪以及必诉罪。实际上，三者的严重程度呈现的是依次递增的关系。同时，不同层次的犯罪案件到达不同层次的法院进行审判。具体来说，简易罪是指犯罪性质轻微的案件，一般包括道路交通犯罪、扰乱社会治安的行为以及轻微的刑事损害等。[1]可诉罪属于中等严重程度的犯罪，一般包括盗窃、侵入住宅等。必诉罪则属于最严重的犯罪，包括谋杀、强奸、恐怖、贩毒等，且该类型的犯罪只能在刑事法院适用公诉书进行审判。

（2）美国。美国是典型的联邦制国家，除了联邦层面的立法，还有各州的立法，导致美国的司法体系实质上呈现出了一种杂糅的复合形态。根据"剩余权力"理论，联邦宪法没有予以列举的权力都将归属于各州。

具体到刑事司法方面，美国各州都有本州的刑法，但立法普遍都以《美

---

〔1〕 宋英辉等：《外国刑事诉讼法》，北京大学出版社2011年版，第4页。

国模范刑法典》为主要的参考蓝本。因此，我们可以从该刑法典中探寻美国刑法上关于重罪与轻罪的界分规则。该刑法典将犯罪明确地分为重罪、轻罪、轻微罪以及违警罪。此外，还划定了不同的法定刑幅度，以此作为区分罪行轻重的主要依据：法定刑在 1 年以上监禁的在美国即属重罪范畴；轻罪则是法定刑不超过 1 年监禁的犯罪；而轻微罪的最高监禁刑期只能达到 30 天，除此之外，对于违警罪只能处予罚金、没收等制裁措施，而禁止监禁刑的适用。

（3）德国。1999 年《德国刑法》第 12 条明确地区分了刑法中的重罪与轻罪。该条规定："重罪是最低以一年或者一年以上的自由刑相威吓的违法行为。"[1] 2002 年《德国刑法》延续了此种分类方式，即仍旧以 1 年自由刑为划分的主要标准。

通过上文的简单描述，我们可以清楚地发现：针对"重罪"，不同国家基于其不同的社会背景、法律环境、法律传统会产生不同的理解，立法上也采用了不同的方式来展现。有的国家通过对犯罪性质的判断来确定重罪与轻罪，这其中以英国为代表；有的国家则以自由刑的长短加以区别，这其中以美国、德国为代表。目前，通过对自由刑的法定刑期作出划分，以此来判断犯罪是否处于重罪范畴的判断标准，已经被越来越多的国家所接受。此种判断方式对我国的立法来说也有着重要的启迪作用，具有一定的可行性和合理性。

虽然重罪与轻罪在严格意义上属于实体法的范畴，但实体和程序两者之间却有着唇亡齿寒的紧密关系。"实体刑法典规定了社会意欲威慑和惩罚的行为。诉讼程序法则发挥着手段的作用，即社会通过它来贯彻刑事实体法的目标。"[2]简要地说，重罪与轻罪的界定在刑事诉讼程序中直接影响着侦查期限、强制措施的适用、级别管辖等一系列刑事诉讼程序。特别需要指出的是，就我国目前的刑事司法现状而言，刑事诉讼法语境下的"重罪"的识别与认定，在技术侦查措施适用案件范围的设立中具有决定性作用，即技术侦查措施适用案件范围必须严格遵循基本的"重罪原则"，且该原则应当居于核心

---

〔1〕《德国刑法典》，冯军译，中国政法大学出版社 2000 年版，第 2 页。

〔2〕［美］约书亚·德雷斯勒、艾伦·C. 迈克尔斯：《美国刑事诉讼法精解》（第 1 卷·刑事侦查），吴宏耀译，北京大学出版社 2009 年版，第 10 页。

地位。

2. 重罪原则的基本含义

在域外，重罪原则在技术侦查措施中设定的主要意义是限定其适用的案件范围，以此来保障公民的基本权利不受国家公权力扩张的侵犯。一般来说，其主要含义指的是，技术侦查措施的适用只能被限定在严重刑事犯罪案件的侦查之中，对于轻微刑事案件的侦查则绝对排除适用。具体来说，技术侦查措施中的重罪原则主要有以下几方面的特点：

第一，重罪原则的界定与本国刑法中明文规定的重罪相适应。如前所述，上述法治国家基本都在本国刑法中清晰展示了重罪的基本含义，使得刑事实体法与程序法之间构成了有机联系的整体，最大限度地防止了实体法与程序法在实践运行中的冲突，有利于减少技术侦查措施在适用案件范围界定上的争议。

第二，在重罪原则下，"重罪"的实质是对罪质轻重的直接反映。基于不同国家的基本国情迥异，不同的法益之间存在不同程度的保护需要。相应地，重罪所包含的犯罪内容也各不相同，无法作出整齐划一的规定，但无一例外，重罪都属于本国刑法所保护的最重大的法益范畴。

第三，重罪原则所确立的界分标准一般以自由刑的法定刑期长短来进行界分，但对于自由刑的刑期长短规定不一。笔者认为，这主要受本国的基本价值取向的影响。在崇尚绝对自由主义的国家，个人自由本位占绝对的优势地位，1年以上的自由刑期都可以被判定属于重罪的范畴。受传统重刑主义影响的国家，国家权力本位的影响根深蒂固，10年以上的自由刑期方才被认定为重罪。

因此，在对技术侦查措施适用案件范围的划定中，重罪原则的确立并不能够机械、简单地照搬他国的规定，而应当综合性地考量本土法治因素。

（三）适用案件范围的具体规范

纵观世界各国的立法，有的国家允许技术侦查措施存在，有的国家则仍旧对技术侦查措施的适用持保守的态度。但可以确定的是，允许适用技术侦查措施的国家或地区大都通过立法对其进行了严格的限制。通过探讨各国在立法时对其作出的适用案件范围限制，以此寻求对我国在技术侦查措施适用案件范围方面的立法借鉴，是检讨和反思我国国内立法的重要途径之一。

1. 英美法系国家的技术侦查措施适用案件范围

（1）英国技术侦查措施适用的案件范围。

英美法系国家的法治水平基本以英国、美国为杰出代表。作为英美法系的重要组成部分，英国的法律以保守闻名于世。但随着秘密侦查日臻完善、技术水平的提升推动了技术侦查措施的不断升级、国民隐私权的保护意识日益强烈等复杂的社会情势变迁，英国不得不作出一定的变革，以回应国民的合理期待。

以通信截取为英国技术侦查措施的代表，《英国1985年通信截收法》的出台改变了秘密侦查长期以来无法可依的状态，并且正式在立法层面确认了公民的隐私权。"门罗案"直接促成了该法的诞生，并使得英国执法部门的监听活动正式有了成文法上的依据。该法对通信截收的适用范围作出了一定的规范，认为通信截收许可证的签发是"为了维护国家安全利益；为了防止或者侦查重大犯罪；为了维护英国国家的经济福祉"。[1]其中，属于重大犯罪的情形有二："暴力犯罪、获得大量财务收益之犯罪或多数人追求共同目的之犯罪；犯罪行为人年满21岁，无犯罪前科，但仍有可能被判处3年以上有期徒刑之犯罪。"[2]

随着社会情势的变迁，《英国1985年通信截收法》已经无法适应英国司法实务的发展，修法的呼声甚嚣尘上。因此，《英国2000年侦查权规制法》的出台是顺应时代发展的产物，也是目前规制通信截收、秘密监视等侦查行为的主要法律依据，就上述两者技术侦查措施的适用范围也作出了具有区分度的规定。

通过比较可以发现，侵入式监视的侵害性强于指向性监视，因此，前者的适用范围小于后者。换言之，指向性监视的适用案件范围并不仅限于重罪，甚至在税收和公共卫生保护中都可以适用。因此，其适用的范围相对较广。但英国并没有以罪名列举的方式或者是法定刑界分的方式对适用案件范围作出规定，而是在较为宏观的层面对适用案件范围作出抽象性的描述。

（2）美国监听适用的案件范围。

美国是世界上犯罪率最高的国家之一，为了解决犯罪率居高不下的社会

---

[1] 邓立军：《外国秘密侦查制度》，法律出版社2013年版，第9页。

[2] 邓立军：《外国秘密侦查制度》，法律出版社2013年版，第10页。

问题，美国警方率先将技术侦查措施运用到刑事侦查之中，并逐步通过判例将其合法化，成了打击犯罪的有效力量，进而被世界各国所效仿。1791年《美国宪法第四修正案》针对"搜查和扣押"作出了严格的限制，确定了广为人知的"令状原则"。

作为典型的判例法国家，判例在美国的法治发展进程中发挥着举足轻重的作用。1967年的"卡茨案"、2001年的"伊洛案"、2012年的"琼斯案"逐步将《美国宪法第四修正案》的"搜查"的表现形式不断扩充和丰富，以此遏制犯罪。目前，美国法上的搜查具体包括一般意义上的搜查行为、监听、秘密拍摄、使用红外热像仪以及使用跟踪定位装置秘密跟踪等技术侦查行为。

随着社会的不断发展，社会情势瞬息万变，仅仅依靠单一的判例无法适应由社会变化带来的司法负担。因此，作为特殊的存在——"制定法"也对美国的法治进程产生了积极、正面的影响，并且其效用日益突出。

就现状来看，美国对于监听的规制主要是依靠制定法统一进行，而其余技术侦查措施的调整则大部分依靠传统的判例法来完成。涉及规制监听的法律制度主要是1968年《美国综合犯罪控制与街道安全法》。该法对监听的案件适用范围作出了较为严格的限制。总的来说，主要分为两部分：第一部分指的是美国联邦法院授权许可监听的案件范围，主要被规定在美国法典的具体条文之中，所涉罪名较为庞杂，主要针对的是叛国、间谍、暴动等可处死刑或1年以上监禁的犯罪；第二部分指的是美国各州法院授权许可监听的案件范围，该范围也被限定在特定的具体罪名之中，如谋杀、受贿或者对他人之生命、肢体或财产有危险并得处1年以上监禁的犯罪。

美国联邦层面关于监听的法律规制具有全面且明确的特点，立法对于授权监听的罪名作出了整体性的罗列，并且指向单一的罪名，鲜见模糊性的表述。虽然适用的罪名过于庞杂，但在司法实务中，令状制度则能够控制适用的比例，能够较完美地契合一案一授权的程序规范。

2. 大陆法系国家的技术侦查措施适用案件范围

与上述英美国家的立法相似，在技术侦查措施适用案件范围的立法方面，大陆法系国家也普遍遵循重罪原则，并以此作为设置案件范围的基础。欧洲人权法院提出的国内法批准实施通信监听所需要遵循的标准之一就是：监听行为所涉及的案件应当属于严重的犯罪行为。但大陆法系各国基于政治、经济、法治环境的差异，针对不同种类的技术侦查措施所划定的案件范围也存在一定的区别。

（1）德国监听适用的案件范围。

德国是大陆法系的代表国家，也是世界上较早地将技术侦查纳入法治化进程的国度。《德国刑事诉讼法》是规范技术侦查措施的主要法律依据，该法明确的技术侦查行为有：监听和记录电信通信、住宅监听、住宅外监听、密拍密录。其适用的范围也应针对对象不同而存在具体差异。且该法第 99 条、第 100 条 a~h 分别对上述技术侦查措施具体的适用案件范围、审批程序、执行以及监督程序作出了较为细致的规范。

《德国刑事诉讼法》第 100 条 a 规定了监听和记录电信通信获得批准的条件和适用的案件范围。第 100 条 a 第 1 款规定了监听和记录电信通信适用于第 2 款所称的严重犯罪行为。按照德国刑法的相关规定，"严重犯罪行为"是介于特别严重和重大犯罪行为之间的犯罪行为，除了《德国刑法》第 86 条的规定外，原则上是指最低刑罚为 5 年自由刑的犯罪行为。[1] 第 100 条 a 第 2 款则具有针对性地详细列举了"严重犯罪"所属项下的罪名，所涉及的罪名分布在《德国刑法》《德国麻醉品法》等 11 部法律涵盖的特定罪名。

《德国刑事诉讼法》第 100 条 c 则对住宅监听的适用案件范围作出了规定，认为住宅监听适用于特别严重犯罪行为，且对特别严重犯罪行为进行一一列举，涉及《德国刑法》《德国避难程序法》等总共 7 部法律项下的若干具体罪名。《德国刑事诉讼法》第 100 条 f 则针对住宅外监听的适用案件范围作了规定，其具体适用案件范围在第 100 条 a 第 2 款中的具体罪名中予以体现。（如表 1 所示）

表 1　德国监听适用案件范围对比

种类	具体适用案件范围
监听和记录电信通信	反和平罪；内乱罪；危害民主法治国家罪；叛国罪和内乱罪；以贿赂手段破坏议员选举罪；危害国防罪；危害公共秩序罪；伪造货币和有价证券罪；侵犯性自主决定权罪；传播、购买和持有淫秽儿童与青少年文书罪；谋杀罪；杀人罪；侵犯人身自由罪；结伙盗窃罪；重大结伙盗窃罪；抢劫罪；勒索罪；职业性窝赃罪；结伙窝赃罪；职业性结伙窝赃罪；洗钱罪；隐蔽非

---

〔1〕《德国刑事诉讼法典》，宗玉琨译注，知识产权出版社 2013 年版，第 58 页。

种类	具体适用案件范围
	法所得财产价值罪；诈骗罪；计算机诈骗罪；补助金诈骗罪；伪造证书罪；破产罪；不正当竞争；危害公共安全罪；受贿罪；行贿罪；逃税罪；职业性、暴力性和结伙性走私；税收窝藏罪；诱使滥用避难申请罪；职业性和团伙性诱使滥用避难申请罪；偷渡外国人罪；造成死亡后果的偷渡罪；职业性和团伙性偷渡罪；种族灭绝罪；反人道罪；灭绝罪等
住宅监听	反和平罪；内乱罪；危害民主法治国家罪；叛国和内乱罪；建立恐怖组织罪；伪造货币和有价证券罪；侵犯性自主决定权罪；传播、购买和持有淫秽儿童与青少年文书罪；谋杀罪；杀人罪；侵犯人身自由的犯罪行为；旨在性剥削和劳动力剥削的贩卖人口罪；结伙盗窃罪；重大结伙盗窃罪；重大抢劫罪；造成死亡后果的抢劫罪；抢劫性勒索罪；职业性窝赃罪；结伙窝赃罪；职业性结伙窝赃罪；洗钱罪；隐蔽非法所得财产价值罪之特别严重情形；受贿罪和行贿罪之特别严重情形；诱使滥用避难申请罪；职业性和团伙性诱使滥用避难申请罪；偷渡外国人罪；造成死亡后果的偷渡罪；职业性和团伙性偷渡罪；种族灭绝罪；反人道罪；战争罪等
住宅外监听	反和平罪；内乱罪；危害民主法治国家罪；叛国和内乱罪；以贿赂手段破坏议员选举罪；危害国防罪；危害公共秩序罪；伪造货币和有价证券罪；侵犯性自主决定权罪；传播、购买和持有淫秽儿童与青少年文书罪；谋杀罪；杀人罪；侵犯人身自由罪；结伙盗窃罪；重大结伙盗窃罪；抢劫罪；勒索罪；职业性窝赃罪；结伙窝赃罪；职业性结伙窝赃罪；洗钱罪；隐蔽非法所得财产价值罪；诈骗罪；计算机诈骗罪；补助金诈骗罪；伪造证书罪；破产罪；不正当竞争罪；危害公共安全罪；受贿罪；行贿罪；逃税罪；职业性、暴力性和结伙性走私罪；税收窝藏罪；诱使滥用避难申请罪；职业性和团伙性诱使滥用避难申请罪；偷渡外国人罪；造成死亡后果的偷渡罪；职业性和团伙性偷渡罪；种族灭绝罪；反人道罪；灭绝罪等

资料来源：《德国刑事诉讼法》第 100 条。

从上述表格我们可以清楚地发现，德国刑事诉讼法针对技术侦查措施适用案件范围采用的是穷尽式的立法方式，并对不同种类的技术侦查措施所允许适用的范围作了详细的列举，极大程度地杜绝了适用案件范围的争议，但不同类型的技术侦查措施也存在适用案件范围交叉的情况。

（2）日本监听适用的案件范围。

毒品犯罪和有组织犯罪的日益恶化在一定程度上促进了日本技术侦查措施的法治化进程。以监听为技术侦查措施的典型代表，由于立法存在一定的滞后性，对于监听的规制主要依靠判例发挥作用，对于公民基本权利无法做到周全的保护。随着公民权利意识日渐深入人心，日本国内人权保障的呼声不断高涨，将监听纳入法治轨道也成了法治发展的必然结果。

从立法现状来看，《日本刑事诉讼法》《日本通信监听法》是规制其国内监听的主要法律文件，后者还进一步将监听的犯罪案件限定为药物犯罪、涉枪犯罪、有关集团偷渡的犯罪以及有组织的杀人这四种犯罪。同时还规定，可能判处死刑、无期徒刑或者1年以上有期惩役或禁锢之罪的重大犯罪，可以适用监听，但其实施的前提要件是在监听实施过程中并且明确发现了该重大犯罪。更进一步而言，上述四类罪名在日本法上有更为细致的内涵指向，涵盖了其他法律中的罪名。（如表2所示）

表2　日本监听适用的法定案件范围

犯罪类型	具体范围
毒品犯罪	1948年《大麻控制法》——非法种植大麻罪；非法进出口大麻罪；非法运输、提供大麻罪；非法贩卖大麻罪；非法持有大麻罪
	1951年《兴奋剂控制法》——非法制造兴奋剂罪；非法进出口兴奋剂罪；非法运输、提供兴奋剂罪；非法持有兴奋剂罪；非法输入、制造、持有、转让兴奋剂前体罪
	1954年《鸦片法》——非法种植罂粟及其衍生品罪；非法进出口鸦片罪；非法运输、提供鸦片罪；非法持有鸦片罪
	1955年《麻醉药品及精神药物管理法》——非法种植罂粟之外的其他毒品原植物罪；非法制造、合成海洛因之外的麻醉药品罪等
	1991年《毒品特例法》——以非法输入毒品为职业罪
枪械犯罪	《武器等制造法》——未经许可制造枪支罪；未经许可制造枪支以外的武器罪
	《持有枪支、刀具等管理法》——发射、输入、持有、转让手枪罪；输入、持有、转让手枪子弹罪等
集团偷越国境罪	《出入境管理及难民认定法》——使集体偷渡者非法入境罪；运送集体偷渡者罪；收容集体偷渡者罪

续表

犯罪类型	具体范围
有组织杀人罪	《有组织犯罪处罚及犯罪收益控制法》——有组织杀人罪

资料来源：《日本刑事诉讼法》《日本通信监听法》。

从上述所涉及的罪名来看，日本关于监听适用案件范围的规定较为集中且狭窄，集中打击的是暴力性犯罪以及毒品犯罪。同时，日本倾向于对监听的适用案件范围作出详尽的罪名列举，但最终辅之以适用的兜底条款收尾，从而既可以在一定程度上控制适用的案件范围的目的，也保证了技术侦查措施运行的灵活性。

（三）适用案件范围的具体监督

如上文所述，发达的法治国家普遍对技术侦查措施适用案件范围作出了较为细致、可行的规范。但要想保证上述案件范围的设置能够在实践中被恰当地遵守，不致于被侦查机关随意使用，还需要一套完整的法律监督制度加以配合，从而形成完整的程序链条。

为此，域外立法者主要通过事前审批的方式加以控制，概括地说，可以分为行政机关监督、法院监督和检察院监督。前文所涉及的国家，大都选择将法院监督作为技术侦查的主要监督模式，极个别国家则采行政机关监督的模式。

第一，法院监督以美国为典型代表，德、法、日亦多采此模式。其运行的基础是"司法令状主义"的确立，其根本目的是利用司法权控制侦查权，从而防止侦查权对公民权造成不当的侵害。

第二，行政机关监督则以英国为代表。在技术侦查措施的适用授权中采用的是"行政令状主义"而非"司法令状主义"。该模式的优势在于高效，摆脱了繁复的司法审批，但其缺陷也是显而易见的，无法摆脱"自我授权、自我监督"的桎梏，从而使得控权的目标大打折扣甚至落空。

事前审批制度的确立，有助于将技术侦查措施的适用控制在法定的案件范围之内，进而更好地达到控权、治权的目的。除此之外，从域外的立法来看，大多数发达法治国家都针对技术侦查措施的实施状况设置了对应的报告制度，以求达到事后监督的目的。通过事后的书面报告，可以对技术侦查的实施全貌作出较为完整的描述，有益于防止权力的不当扩张。同时，为了贯彻"有权利必有救济"的基本理念，还规定了技术侦查措施实施完毕后的告知制度，用以保障当事人的知情权，并且为其设置一定的救济渠道。

三、域外技术侦查措施适用案件范围的立法启示

通过对域外立法的初步考察，可以知道，域外针对技术侦查措施的立法大多采用的是较为精细化的立法方式，即不同类型的技术侦查措施适用的案件范围有具体的差异，与此同时，其适用的具体案件范围基本能够与本国的刑事实体法较好地契合，减少了适用上的争议与分歧。

（一）明确适用案件范围的立法原则

因存在重罪这一法定概念，各国普遍在此基础上设定重罪原则，以此强力约束适用案件范围的广度，大大降低其被人为扩张适用的可能性。从上述对域外立法现状的描述来看，不管是英美法系国家还是大陆法系国家，都能基本遵从重罪原则对技术侦查措施适用案件范围加以限定，一旦越过案件范围的适用界限，即属违法，据此所得的相关证据也将无效。更严重者，相关实施违法侦查行为的侦查人员可能面临不同程度的处罚。此外，还辅之以必要性原则、比例原则等加以制约，配合重罪原则发挥更为积极的作用。

同时，在实际运行过程中，配套的监督机制和救济渠道设置较为完备。如前文所述，上述国家或地区对于技术侦查措施的监督和救济都有相关的配套设置，而非仅仅是单向的授权性规范。

（二）适用案件范围与刑事实体法相对接

技术侦查措施适用的案件范围在高位阶法律中予以明确。按照一般的立法学原理，上位法的效力大于下位法。技术侦查措施对公民基本权利的强烈侵扰性决定了对其适用案件范围的约束只能在刑事诉讼法这一基本法律中予以明确，而不能对此作出任意的扩张性变动和更改。同时，技术侦查措施适用案件范围与刑法相对接，适用案件范围可以直接在刑法条文中找到对应。从上述国家的立法状况来看，技术侦查措施的适用案件范围都能在刑事实体法中找到明确且唯一的指向，可以细致到该法的具体条文，而非笼统地规定涉嫌某种犯罪行为。可以对刑事侦查实践起到良好的导向性作用，更为重要的一点是，防止技术侦查措施在其他类型案件中被使用。

因此，在未来国内的立法完善过程中，我国可以借鉴此种精细化的方式，技术侦查措施适用案件的立法应当与刑法的罪名、条文一一对接，以防止对

其作过度的理解与解释，从而达到控制技术侦查措施适用的直接目的。

（三）适用案件范围的类型设置明确

技术侦查措施适用的犯罪类型主要集中于两类犯罪：一类是法定的重罪，主要是基于对重大法益的保护需要，比如保护国家安全的犯罪、恐怖活动犯罪等；另一类则是有组织犯罪、犯罪形态隐蔽的高科技犯罪，此类犯罪依靠传统的侦查方法难以侦破，因此应赋予侦查机关使用技术侦查措施的权力以促进此类案件的侦破。同时，技术侦查措施适用案件范围的划定与所保护的法益相契合。如前文所述，诸如美国、德国、日本等国家规定的技术侦查措施适用案件范围，从外观上看极其庞杂、细致，但同时却能够抽象出内在的逻辑。危害国家安全、毒品犯罪案件、恐怖活动案件基本都被纳入了允许适用技术侦查措施的案件范畴。

可见，上述类型案件所侵犯的法益需要受到最严密的保护，这一点已经成了世界各国的基本共识。因此，对此类型案件配备使用技术侦查措施也具有其必然性。除此之外，从世界各国家和地区关于技术侦查措施的立法趋势来看，技术侦查措施除了主要适用于传统的重罪，更多地还有向组织化、技术化、高隐秘化的犯罪类型作出集中规定的趋势，这也契合了技术侦查措施的内在属性需求。

《日本通信监听法》之检讨及其启示

李　牧　王和文*

摘　要:《日本通信监听法》自实施以来，在规范技侦手段、制约公权力滥用、打击违法犯罪等方面发挥出了重要作用，但反对之声也十分强烈。其监听范围、执行、监督、救济等方面有其自己的特点，合宪性、立法目的、修正案也备受诟病。在依法治国的背景下，我国专门针对监听的立法势在必行。以《日本通信监听法》为镜鉴，构建我国专门监听立法时应注意严格限定监听主体和监听对象、健全审查监督机制、赋予被监听人事后救济权以及实现打击犯罪，兼顾保障人权的立法目的。

关键词:通信监听；监听法；技术侦查；监察委员会

刑事"侦查监听"[1]是一项犯罪侦查活动中非常重要的措施，而经常采取的手段即为通信监听，极易对公民的秘密通信自由造成侵害。监听措施的使用一方面是基于刑事侦查的需要，另一方面又可能侵害公民的基本权利。如何权衡两者的关系是多数国家所共同面临的问题。为防止监听被滥用，侵害公民的基本权利，必须在范围、原则、程序以及要件等方面，对监听予以立法规制。就相关立法现状而言，我国针对监听的立法较为零散，2012 年我国在通信监听方面的立法迈向了一个新台阶，修改的刑事诉讼法把监听措施纳入其中，但主要是原则性条款。2014 年颁布的《反间谍法》、2015 年颁布

---

　　* 作者简介：李牧，男，湖北省仙桃市人，武汉理工大学法学与人文社会学院教授、博士生导师，主要从事宪法、行政法研究；王和文，男，贵州省黔东南市人，武汉理工大学法学与人文社会学院硕士生，主要从事宪法、行政法研究。本文发表于《武汉理工大学学报（社会科学版）》2017 年第 2 期。
　　[1] 我国学者在技术侦查界说上主要有广义说和狭义说两种，我们采用监听侦查与狭义的技术侦查的含义基本相同的观点。参见曾赟："监听侦查的法治实践：美国经验与中国路径"，载《法学研究》2015 年第 3 期，第 158 页。

的《国家安全法》等法律也只是提及了监听措施，并无专门规定。随着监听措施的广泛运用，在法治建设全面推进的背景下，亟须制定一部专门的监听法来调整监听关系。日本是制定通信监听法相对较晚的国家，其立法大量借鉴了域外的立法经验，在借鉴的基础上又独树一帜。本文将对此予以剖析，以期对我国的监听立法有所裨益。

一、《日本通信监听法》的特点

《日本通信监听法》[1]由 39 个法律条文、7 个附则、2 个附表构成。内容涉及通信监听立法目的、相关概念的定义、通信监听的条件与实施程序、特定的计算机关于监听记录的处理、通信监听的监督与救济以及与刑事诉讼法的关系等。

从监听范围、执行、监督、救济程序方面来看，其主要特点表现如下：

（一）适用范围较广，但实施要件严格

在适用监听范围上，之前的《日本通信监听法》主要是针对毒品（麻药、兴奋剂等）、武器（枪炮、弹药等）、走私贩运及组织杀人等四大犯罪类型。此外，在有充分理由，足以怀疑相当于死刑、无期徒刑或无期监禁的犯罪以及数人共同为上述四大犯罪类型而准备实施的并且最高刑期为 20 年以上的徒刑或监禁的犯罪的情况下，均可以实施监听。2016 年的修正案通过后，日本在四大类型犯罪的基础上，把爆炸、放火、杀人、故意伤害、非法拘禁、拐卖未成年人、盗窃、抢劫、诈骗、恐吓、儿童性交易犯罪纳入了监听的范围[2]。这样一来，在日本刑法中最常见的犯罪类型都已被纳入监听的范围。可见，只要行为人触犯刑法，日本侦查机关在大多数情况下便都可进行监听。但另一方面，日本在实施要件上表现得非常严格，要同时满足以下这四个要件才能实施监听：一是有充足的理由足以怀疑犯罪嫌疑人实施了所列举的罪，即侦查机关在实施监听前必须掌握相应有力的证据；二是数人共同实施犯罪；

---

　　[1]　该法原名《犯罪搜查のための通信傍受に関する法律》，我国有学者称为《关于犯罪侦查中监听通信的法律》。参见宋英辉："刑事程序中的技术侦查研究"，载《法学研究》2000 年第 3 期，第 84 页。但由于名称稍长，我们把它称为《日本通信监听法》。参见青、管克江："日本〈通信监听法〉起争议"，载《人民日报》2000 年 8 月 22 日。新的《日本通信监听法》于 2016 年 12 月 1 日逐步开始实施，该法并非自公布之日起实施，而是从公布之日起 3 年内通过政令的方式决定对相应的条款公布施行。

　　[2]　"改正法情报刑事诉讼法编"，载 https://www.sanseidopubl.co.jp/publ/roppou/roppou_dic/moroku_2016_tuika/moroku_2016_tuika_keiso.htmlJHJ6，访问日期：2019 年 4 月 2 日。

三是犯罪嫌疑人正在使用的电话号码或者其他方法的通信手段已经和通信运营商订立了合同，或者该通信与犯罪有关；四是侦查手段穷尽原则，即如果不使用监听手段，查明案件真相也极其困难。

（二）监听期限较短，监听地点严格限制

日本法官负责核发通信监听令状并限定 10 日以内的通信监听期间，可依据检察官或者司法警察的请求，法官在认为必要时延长监听的期间，但累计不得超过 30 日。日本的监听期间相比于其他国家是比较短的，美国授权监听期限为 30 日，英国为 3 个月，而法国监听期限长达 4 个月。日本对监听地点进行了严格限制，有人居住或者有人看守的宅邸、建筑物或船舶内不得进行监听，这是为了避免不当侵害其他无关的人，通信监听的手段与侦查犯罪的目的必须要存在关联性，通信本身属于一方传达意思，另一方回复意见的双方沟通模式，虽然被告或犯罪嫌疑人所进行的通信内容有可能传递或显示犯罪线索，但并非都与犯罪有关。因此，为了保障无关人的通信秘密自由，日本对其作了严格限制。

（三）设立了多种监督方式

首先，被监听人可以进行事后的监督。检察官或者司法警察把已经制作监听记录的目的、实施起止时间、监听手段、罪名以及不服告知申述信息，在监听结束后的 30 日内以书面形式通知被监听人。其次，法院也进行了相应的监督。侦查机关实施通信监听后，将通信运营商已经加密的监听原始记录立即提交给核发监听令状的法官所属法院，当申请人有正当理由向法院提出请求时，法院可采用专用的仪器（特定的计算机）对加密监听数据进行复原，保证了原始监听记录的真实性，防止被篡改。再者，监听行为受国会监督。关于通信监听，政府每年要向国会报告三项信息：一是监听令状的申请及核发件数；二是申请及核发的罪名、监听对象及通信方式的种类、通信监听实施的时间段、通信监听实施期间的通信次数；三是因通信监听手段而逮捕的人数。最后，监听行为还要接受社会的监督。向国会报告的监听信息应向社会公开发表，只有在罪名公开妨碍侦查时才不公开，但在妨碍消除后应进行公开。

（四）被监听人享有一定的救济权利

首先，被监听人享有听取的权利。该法规定，在一般情况下应在监听结束后的 30 日以内将有关监听事项以书面形式通知当事人，除非因客观原因而无法得知被监听人的情况或者不知道被监听人所在地，否则都要通知。另外，在特殊情况下，监听时间会延长一些，检察官或者司法警察向法院申请通知的期间延长，法官认为有妨碍侦查的情形时，可以将通知的期间延长至60日以内。收到通知的被监听人如果向法院申请听取、阅览或者复制监听记录中有关自己参与的该通信的部分内容，法院认为确认监听记录的正确性有必要，或者认为有其他正当理由，法院应当采用专用的仪器对加密的原始记录进行复原，准许听取、阅览或者复制原监听记录中认为必要的部分。其次，被监听人有申诉的权利。对法官、检察官、司法警察作出的裁判、处分不服的，被监听人可以向法院进行申诉。

二、《日本通信监听法》之检讨

《日本通信监听法》的立法框架比较健全，从立法目的、适用的监听范围、监听令状的签发、执行的监督以及事后的救济等方面规定得较为详细，操作性强。其在程序的设计方面也极具特色，如关于侦查机关在侦破哪些案件时针对通信线路及对话进行监听，究竟在附加什么样的条件下履行什么样的程序才被法律所允许，以及作为正当程序核心内容的告知义务在该法中都有所体现。虽然如此，《日本通信监听法》从立法到实施并不顺利，可谓是阻力重重。其主要原因在于以下几个方面。

（一）立法依据存在违宪之嫌

《日本通信监听法》为避免侵犯宪法所赋予公民的个人隐私与通信秘密权设定了较为严格的实施要件，且事先必须得到法官签发的监听令状检察官或警察才可以实施监听措施，整个监听程序也设置了相应的监督，以符合《日本宪法》第13条与第21条对隐私权与通信秘密的保障。采取监听措施虽看似有法可依，但其实不然。该法与《日本宪法》第21条和第35条相抵触。《日本宪法》规定搜查与扣留应当依据主管司法官署单独签发的命令书才可以实施，而搜查与扣留并不包含监听，电话监听属于《日本刑事诉讼法》第197条但书关于强制处分的规定。该条规定："为实现侦查的目的，可以进行必要的调查。但除本法有特别规定的以外，不得进行强制处分。"而法律特别规定属于强制处分的类型仅有搜索、扣押、勘验检查、逮捕、羁押，[1]并没

---

[1] [日] 绿大辅："日本侦查程序中的强制处分法定主义"，肖萍译，载《国家检察官学院学报》2014年第2期，第167~168页。

有监听。另外，监听处分与上述类型的强制处分要件是不同的，即不符合上述的任何一类型，在没有对《日本宪法》作出修改的情况下通过《日本通信监听法》是违宪的。[1]因此，日本部分民众认为，无论该法程序看似如何正当，即使有法官签署的监听令状，通信监听仍然是不符合宪法规定的。这种情况导致日本一些政党与团体多次游行抗议，认为该法与宪法保障的通信秘密相抵触，在该法实施之日举行游行示威，要求停止该法律的实施。

（二）立法目的存在非正当之疑

日本制定《日本通信监听法》主要是为了应对有组织的共同犯罪，以及协助各国共同打击犯罪。然而，对组织犯罪而言，自由民主党在立法时提出《通信监听法》能否真正地打击像奥姆真理教这类犯罪集团，是否真的能瓦解犯罪集团、逮捕集团首脑皆不得而知。在回应国家间共同打击犯罪方面，各国制定通信监听相关法律的背景、原因都有所不同，如德国曾经为了达到军事目的而制定，法国则是为制止警察随意监听而制定，美国则是要打击黑手党、塔利班等恐怖组织而将监听作为重要手段。日本在制定之初也反省了警察权力无限上涨造成的人权侵害，但事实上，《日本通信监听法》施行后，犯罪集团首脑都明白电话联系是要被监听的，势必会改用其他暗语或其他联系方式进行联络，甚至改为使用他人号码或不断更换新号码，使侦查机关在申请令状时无法掌握。基于科技的日新月异，除电话外，犯罪集团还可以使用网络等新方式进行联络，并且对其加密。这样一来，侦查机关使用监听手段侦破案件的效果可能会不尽如人意。从这个角度看，该法意义不大。该法的主要立法目的如果是加强打击组织犯罪，不仅执行效果令人存疑，也严重侵犯了受《日本宪法》保障公民隐私与秘密通信自由的权利，而且《日本通信监听法》自施行以来，法务省也没有提供该法对于破案率提高、犯罪率下降有明显效果的确切数据。此外，以美国 1969 年至 1972 年期间的数据来看，共电话监听 73 000 人，其中 72 000 人是清白的或与犯罪案件无关的人，数据显示通过监听只有 1.4% 的概率查出犯罪，却有 98.6% 无辜者的隐私与秘密通信自由被侵犯。[2]由此看来，一般民众承认通信监听可以成为一种有效

---

〔1〕［日］奥平康弘：《盗聴法の総合的研究：通信傍受法と市民的自由》，日本评论社 2010 年版，第 6 页。

〔2〕数据统计来源于，载 http://biglibrary.co/download/against - the - law - the - nixon - courtand - criminal-justice.pdf，访问日期：2016 年 8 月 25 日。

的侦查方法，但是极大地侵犯了公民的隐私与秘密通信自由。在针对特定号码进行通信监听有执行上的困难时，侦查机关还可能进一步将权限扩大至室内监听、通信卫星监控等，这可能成为法务省及侦查机关扩权的利器，可能极大地侵害公民的基本权利，当权者有用正当的立法目的来掩盖扩权，其立法目的存在不正当之嫌。

（三）修正案存在多点之争

虽然新的《日本通信监听法》已颁布，但在此之前该法修正案引发了强烈争议，这并非个案，而是当今世界各国普遍面临的问题，在保障人权与打击高科技、高智商犯罪之间寻求最佳平衡点最为困难。2013 年日本法务省开始研讨与推动通信监听相关法案革新，于 2015 年向国会提交了《日本通信监听法》修正案，以下几个争议的焦点仍值得我们关注，以期从中吸取经验教训。

1. 扩大适用范围引发国民恐慌

在原来规定的四大类型通信监听对象犯罪外，增加盗窃、抢劫、诈欺、杀人、拘禁、诱拐儿童等 9 种犯罪[1]。再者，2020 年日本举办东京奥运会，面临的国际化、组织化的犯罪更加严峻，安倍政权正在研议共谋罪立法，这样一来，监听犯罪范围将被扩大至 600 个罪名以上[2]，难免造成公民对国家权力过度扩张而感到恐慌，基于此，有部分市民强烈要求废除该法[3]。尽管存在较大争议，但新法还是通过了该规定。

2. 装置监听器材（bugging）监听遭到各界强烈反对

日本法务省为改变过度依赖口供及自证其罪的刑事司法制度现状，并活用通信监听手段，参考了德国立法中采用严格的对话监听模式[4]，当时的草案提出专门针对电信汇款诈欺集团的窝点、暴力集团的常聚地及暴力集团骨干、首脑使用的车辆，以及实施控制下交付（controlled delivery）的情形等进

---

〔1〕 "日本刑事司法改革方案出炉"，载 http://japan. people. com. cn/n/2014/0923/c35467-25713444. html，访问日期：2016 年 8 月 25 日。

〔2〕 "盗聴法の改正問題~通信監視の捜査手法も併せて"，载 http://www006. upp. so-net. ne. jp/kansi-no/kenkyukai/documents/20130620yamashita. pdf，访问日期：2016 年 8 月 25 日。

〔3〕 "盗聴法（通信傍受法）の大幅拡大および刑事訴訟法の改悪に反対し、刑事訴訟法等改正案の廃案を求める法律家団体の共同声明"，载 http://www. jlaf. jp/html/menu2/2016/20160502142617_5. pdf，访问日期：2016 年 8 月 25 日。

〔4〕 彭勃："论监听作为侦查手段的法律问题"，载《法商研究》2002 年第 6 期，第 11~16 页。

行对话监听，凭借强化搜查方式，便于掌握重大犯罪相关信息，提出了增加装置监听器材（bugging）进行对话监听。对此，日本各地律师公会、市民团体提出了反对意见。律师公会认为，现行《日本通信监听法》监听对象犯罪限于所列举的重大犯罪，且搜查手段必须要符合必要性原则和法定程序。法务省的提案允许室内监听，其有效性有待考证，然而一旦在室内设置监听器材，即是长期而广泛地进行对话监控，将极大地侵犯公民隐私，应谨慎为之。在以"新搜查手法反对联络会议"为首的市民团体方面，认为进行室内设置器材监听的做法将严重侵害宪法所保障的公民的隐私权，它以改革创新为名的新搜查手法只是令警察权限无限上涨，并把日本变成监视国家。[1]由于该规定遭到了各界的强烈反对，国会在最终通过该法时删除了该项规定。

3. 废除见证人制度导致监听缺乏监督

之前的《日本通信监听法》第 12 条规定进行监听时，必须由通信运营商或其代表人参与见证并对该措施发表意见，负责为日本法务省草拟提案的新时代刑事司法制度特别部会提出，为求监听更加合理及效率，拟将通信营运商监听所得的资料，经暗号或加密处理后传送给侦查机关，由搜查行动组"解密"变为声音档案后再进行听取。这样一来，即排除了通信运营商作为监听程序中的参与活动，而该声音档案可能事后遭录音、伪造、变造或篡改，缺乏监督会使真实性难以确保，通信运营商扮演公正与专业的第三人被排除，难以取信于民。对此，虽争议较大，但日本认为可以通过技术的手段确保监听记录的真实性，所以，新法最后还是废除了见证人制度。

三、我国监听立法的构建

当下各国使用监听手段侦破重大刑事犯罪已成为趋势，在依法治国的背景下，我国专门针对监听立法势在必行，但为了避免重蹈日本颁布该法以来出现的问题，应以其发生的问题为镜鉴，同时，借鉴其成功的立法经验，立足国情，在专门监听立法构建时应重点注意以下几个问题。

（一）确立打击犯罪与人权保障并重的立法目的

打击犯罪兼顾保障人权的立法目的应始终贯穿于立法过程中，它既是监

---

[1] "〈寄稿〉刑事司法大改悪許すな 新捜査手法反対連絡会議呼びかけ人弁護士西村正治"，载 http://www.zenshin.org/zh/f-kiji/2014/07/f26400602.html，访问日期：2016 年 8 月 20 日。

听立法的起点也是归宿，应尽量避免像日本颁布该法以来那样遭到非正当性质疑。首先，应避免不当侵害，进行通信监听必须符合最小限度侵害原则。通信监听是目前侦查机关执行犯罪调查、搜集证据的有效利器之一，但也是国家侵犯公民隐私权最严重的做法。因此，应使公民或犯罪嫌疑人权利所受到的侵害降至最低。对此，这也是对于公民通信自由和通信秘密的重要保障。再者，尊重当事人隐私的合理期待，如与特定关系的人通信是受人委托执行其业务时，不得监听，除非其属于监听对象——犯罪嫌疑人，才能进行有线通信的监听，此规定也类似于德国司法实务与诉讼法的见解，律师与当事人间的谈话，原则上不得加以监听录音，以保障当事人委托律师辩护的权利[1]，除非律师自己是共同被告或者触犯了使刑罚无效的罪。日本和德国的通信监听法制均重视特定业务关系所存在的高度信赖感以及通话内容与过程中对隐私的合理期待，仅在特殊业务从业人员成为犯罪嫌疑人时，信赖与隐私保障才给予排除，从保障人权的角度考量，其做法值得借鉴。最后，应做到实体公正与程序公正并重。实体公正固然重要，随着中国法治进程的不断推进，程序公正的重要性也越来越引起社会各界的关注，若程序不公正，则人权保障也就无从谈起。在监听过程中，违反相关程序以及不符合程序收集非法监听所获得的资料，法院不得采纳，监听侦查所得证据不得游离于法治之外，必须接受正当法律程序的检验[2]。

（二）严格限定监听主体和监听对象

为了使监听措施不被滥用，监听主体方面应被严格限定，即有侦查权的机关才能采取监听措施。根据《宪法》第40条的规定，我国目前可以将通信进行检查的主体限定为公安机关和检察机关，又根据《刑事诉讼法》第150条的规定，实际上真正实施技术侦查措施（通信监听）的只有公安机关（包含国家安全机关）。因此，我国在制定专门监听立法时，严格限定监听主体为拥有侦查权的公安机关和检察机关。另外，还需要注意一个新的问题，即将人民检察院查处贪污贿赂、失职渎职以及预防职务犯罪等部门的相关职能整合至监察委员会，也即监察委员会行使相应的侦查权，为了侦破重大的职务

---

〔1〕〔德〕克劳思·罗科信：《刑事诉讼法》（第24版），吴丽琪译，法律出版社2003年版，第381页。

〔2〕曾赟："监听侦查的法治实践：美国经验与中国路径"，载《法学研究》2015年第3期，第158~175页。

违法和职务犯罪行为以及丰富监察手段的需要可能会赋予监察委员会使用监听措施的权力。如果改革全面推进，在制定监听立法时应考虑修改《宪法》第 40 条等相关条文。根据我国《刑事诉讼法》第 150 条的规定，我国目前可以实施侦查监听的犯罪内容有：危害国家安全犯罪、恐怖活动犯罪、黑社会性质的组织犯罪、重大毒品犯罪或者其他严重危害社会的犯罪，此外，对于重大的职务犯罪以及在逃的犯罪嫌疑人的案件也可实施技术侦查。关于技术侦查措施仅仅用 5 个条文进行规定，在适用的范围上规定得过于宽泛，没有严格限定，如"重大""其他严重"等规范的构成要素，因而侦查机关可能通过自由裁量权把不应被监听的犯罪纳入监听的范围，导致权力被滥用，侵犯公民的基本权利。之前的《日本通信监听法》将犯罪对象范围限定为四大犯罪类型，但新的《日本通信监听法》监听犯罪对象过大，遭到强烈反对，一些团体游行示威，造成了不同程度的社会动荡。因此，我国监听立法在犯罪对象上应以重罪为原则，打击犯罪的同时也要符合宪法保障公民的基本权利，在规定上应当更具体，严格限定适用的罪名。

在监听通信范围方面，日本监听手段仅限于有线通信（wiretapping），增加装置监听器材（bugging）进行对话的监听被禁止，监听对象通信内容小于我国规定的范围，实践中监听的通信范围在我国没有被严格限定，其几乎涵盖有线与无线的通信，包括了通信监听、监视、网络监控、邮件检查、乔装侦查、特工行动等多种具有较大差异的特殊侦查手段。[1]需要特别注意的是，在室内装设监听器材设备不仅仅涉及侵入住宅，显然有侵犯居住自由之嫌，属于侵犯公民隐私权、居住权等基本权利，必须有更为严格、谨慎的程序和限制要件为宜。总之，监听手段应避免过度扩张，要受到严格限制，其立法目的要正当，更应符合宪法保障公民通信秘密与隐私的目的。所以，在监听通信范围方面也应受到限制，关于增加装置监听器材（bugging）进行对话监听，原则上禁止，但可以例外规定侵犯国家安全等利益时可以实施。

---

〔1〕 技术侦查可分为三类：其一，侵入通信联络的技术侦查，如电话监听、电子监控等，其侵入式特点直接关涉公民隐私权；其二，监控相对人活动的技术侦查，如监视、定位等，主要涉及公民日常生活自由权和独处的权利；其三，监控相对人物品的技术侦查，如秘搜、邮件检查等传统监控方法，主要涉及公民财产权利及其背后的隐私权。参见胡铭："技术侦查：模糊授权抑或严格规制——以《人民检察院刑事诉讼规则》第 263 条为中心"，载《清华法学》2013 年第 6 期，第 243 页。

（三）健全审查监督机制

监听令状需要由法官审查及核发，多数国家亦采用，在刑事侦查程序中引入令状制度，"其基本要求是在侦查阶段引入中立的审判机关，就强制侦查的理由进行司法审查，以判断强制侦查的合法性和必要性，其本质上通过司法权控制侦查权以保障人权"[1]，健全监督机制防止权力被滥用，避免类似于日本国民因《日本通信监听法》的实施时感到恐慌的局面。因此，我国可以建立监听令状制度，监听令状的审查批准可以结合我国现存制度参照检察机关关于逮捕令的程序，检察机关要对监听侦查的力度和范围、实质要件等进行严格审查，赋予司法机关在事前、事中加以审查及监督的权力。其次，要实现事后的人大监督和社会监督。政府年度的工作报告要把监听案件总汇信息纳入报告的内容，接受各级人大的监督，人大"质询对于督促政府改进工作、将自身行为限制在一定的范围之内是有一定的效果的"[2]。

（四）赋予被监听人事后救济权

由于通信监听不像传统的"强制处分"[3]，在执行时即可明确得知已受强制处分的状况，往往在事后才发现自己遭到检察机关的监听。因此，要赋予被监听人事后救济的权利，弥补监听过程中可能产生的瑕疵以及对于公民权利的不当侵犯。首先，要赋予被监听人听取、阅览与复制权，即刑事程序中阅卷权应当包含可以阅览监听侦查相关法律文书的权利，被监听人对监听记录的真实性有异议，或有其他正当理由，法院应根据被监听人的申请，可以批准其听取、阅览或复制监听原始记录中有关个人通信部分的内容，被监听人可以在法庭审理过程中对其进行质证，除涉及国家秘密、商业秘密和个人隐私或者法律规定的其他应当保密的证据外，应当公开质证。另外，被监听人如对监听程序有异议也可提出，法院应当受理，如存在违法收集的证据材料，法院应当对其证据进行排除。其次，对于疑难复杂且争议较大的案件可以举行听证。最后，对于侦查机关在实施监听侦查期间对公民权利造成严

---

〔1〕 孙长永、高峰："刑事侦查中的司法令状制度探析"，载《广东社会科学》2006 年第 2 期，第 184~189 页。

〔2〕 吕艳滨："西方主要国家议会监督手段之比较"，载《环球法律评论》2003 年第 2 期，第 232~239 页。

〔3〕 日本有学者认为对重要权利及利益的制约，且无须征得被处分人的同意而实施的处分称为强制处分。参见 [日] 井上正仁：《强制搜查と任意搜查》（新版），有斐阁 2014 年版，第 243 页。

重侵害的，应明确被纳入国家赔偿的范围。

结　语

在法治思想与人权保障盛行的今天，个人权利保护意识不断高涨，尤其是隐私权成为人们日益关注的重要权利。特别是"棱镜门"事件后，监听与隐私权的保护更成为关注的焦点。我国法治建设正全面推进，一切权力必须受到法律的有效规范和制约。以日本通信监听立法实践为镜鉴，制定一部专门的监听法无疑是一条可行的路径。

技术侦查领域非法证据排除规则的域外考察

摘　要： 技术侦查具有强制性特征，其实施必然存在侵害普通公民合法权利的风险。我国立法赋予了技术侦查所获材料的证据资格，但对如何处理非法技术侦查措施所获取的证据却未进行明确规定。运用比较研究方法考察域外关于技术侦查证据的立法例可以发现，对技术侦查所获材料的证据可采性问题，除少部分国家或地区外，大部分国家都认可其证据资格；对通过非法技术侦查措施获取的材料能否具有证据能力问题，全球视野下有两种不同的做法，即自动排除加例外规定模式、裁量排除模式。总结域外先进立法经验，应当从加强技术侦查证据开示与质证权的保障、细化证据合法性的考量因素这两个方面完善我国非法技术侦查证据排除规则。

关键词： 技术侦查；非法证据排除规则；证据资格；权利保障

过去，我国刑事诉讼长期坚持"实事求是，有错必纠"以及"发现真实"的刑事诉讼理念。尽管承认认识的真理性与认识过程的正当性并重，但在两者出现冲突的时候，程序的正当性往往处于被牺牲的地位。非法证据排除规则作为规制侦查活动的制度，其存在价值也曾受质疑，尤其是在使用技术侦查措施的重大疑难案件中，若因程序违法而排除了技术侦查证据的使用，无异于阻塞了"发现犯罪事实"的道路。近年来，通过对传统刑事诉讼理念的不断修正，非法证据排除规则的程序性价值越来越受到重视。技术侦查领域，我国立法赋予了技术侦查所获材料证据资格，但对如何处理非法技术侦查措施所获取的证据却未进行明确规定。虽然世界各国的法制传统、刑事诉讼理念以及司法实践不尽相同，但在非法技术侦查证据排除路径的选择与规

---

* 作者简介：戴雪莹，广东省韶关市人民检察院检察官，法学硕士。

则建立等方面都进行了许多积极的探索。本文意在通过对域外相关规则的考察，以寻找可供我国借鉴的立法与司法经验。

一、技术侦查所获材料的证据可采性域外立法考察

一项证据材料是否最终能否被法官采纳作为定案依据，一般需要经过两个关卡，一个是对证据的可采性判定，另一个是对证据证明力程度的判断。从全球视野来看，无论是大陆法系还是英美法系的立法例，抑或突破国家权力的界分后兴起的国际刑事证据规则，对技术侦查的证据证明力规定都表现出了相同的特点：由法官自由裁量。对于证据可采性的问题，域外主要存在两种立法例：一是对其准入性持宽松的态度，在一般情况下允许技术侦查材料作为证据使用；二是持保守的态度，禁止使用通过技术侦查措施收集的材料。由于技术侦查具有强制性特征，其实施必然存在侵害普通公民合法权利与权益的风险[1]，在不同国家对技术侦查所获材料是否允许其作为证据使用的立法例背后，体现的是该国对技术侦查措施侵权风险、公民权利保障等一系列重要因素的考量。对不同因素的侧重往往决定了技术侦查所获材料能否在该国刑事诉讼中具备证据可采性，这也是值得在立法与司法活动中着重考量的。

（一）"一般允许"模式：技术侦查所获材料一般具有证据可采性

经由技术侦查手段所取得的证据往往具有极强的客观性与直接性，通常能够通过录音或录像的载体完全地展现犯罪过程，对犯罪控制的力度一般大于其他证据。因此，世界大多数国家和地区都承认采取法技术侦查措施所获材料的证据能力或可采性，本文称其为"一般允许"模式。在这种模式下，只要技术侦查措施的实施依照法定程序，所获的材料就可以被作为证据使用，如美国、俄罗斯的立法以及部分国际条约。

1. 国家法中允许技术侦查材料作为证据使用的规定

（1）美国立法对监听材料证据能力的规定。在美国，与中国语境下的

---

〔1〕 技术侦查的实行对普通公民的个人合法权利与权益具有损害的可能性，表现为程序上的侵权性与实体角度上的侵权性。首先，由于技术侦查措施在一种隐秘的环境下实施，知悉的人群仅限于本案的侦查人员与相关的辅助人员（如相关的技术提供者），因此在相关监督力量的匮乏的情况下存在侦查人员违背比例原则要求，滥用技术侦查措施的风险。当技术侦查措施被滥用时，犯罪嫌疑人或相关被采取技术侦查的案外人对此全然不知情，无法提出控告，难以保障其诉讼权利。其次，技术侦查措施的实施以强大的公权力和先进的科学技术为依托，悄无声息地进入公民的私密生活并获取公民的隐私，给公民的隐私与通信自由等基本权益带来极大的侵犯性。

"技术侦查"相对应的侦查措施主要指秘密监听。[1]对于通过技术侦查获得的材料是否具有证据能力的问题，美国立法经历了几次变迁。1928年"奥姆斯特德诉美国案"[2]引发了关于监听手段是否违反《美国宪法第四修正案》的争论，最终法院认为在电话线路上装置监听设备不属于入侵住宅，不违反《美国宪法第四修正案》关于非法搜查扣押的规定，并且通过监听手段获得的内容为合法取得的证据。但仍有部分法官对此提出强烈的反对意见，认为政府监听行为对公民的隐私权造成了严重的不法侵害。另外，"奥姆斯特德诉美国案"确立的物理入侵法则导致了一些不合理之处[3]，随后通过的《1934年联邦通信法》禁止了对有线通信的监听，这也意味着依其获得的证据材料不具备证据能力。"卡茨诉美国案"[4]加速了《1968年综合犯罪控制与街道安全法》的通过，这一部法典从正面的角度明确规定了监听材料可以被作为证据使用：任何调查或执法人员，通过授权的任何方式，已获得任何有线或口头通信内容的信息或从中获得的证据，可以披露或使用此类信息，只要该使用符合该官员的正常职责要求。当调查人员或执法人员进行拦截有线或口头通信时，截取与授权或批准顺序中指定的以外的犯罪有关的有线或口头通信，其内容和由此产生的证据，可按第2517条第（1）和（2）款的规定披露或使用。这些内容及由此产生的任何证据，经有关法官批准或授权，可在第（3）款下使用，而该法官需要在随后的申请中认定该内容是按照该章的规定截获的。[5]

由此可见，美国对技术侦查所获材料能否作为证据使用的态度经历了"采纳—禁止—采纳"几次转变。美国立法态度转变的背后存在两个主要的落脚点：其一，是《美国宪法第四修正案》对监听行为的约束，监听行为属于

---

〔1〕 秘密监听，是指通过使用任何电子。机械或其他形式的设备听到或其他方法获得任何电话的、电子的或口头的通信内容。监听的对象主要包括有线通信、口头通信、电子通信。有线通信，是指借助电线、电缆或其他连接物，在发送端与接收端之间实现的声音传递，这种传递可以全部或部分借助通信设备实现。口头通信，是指由人发出来的任何口头通信，该发出口头通信之人有不被监听之期待。电子通信，是指全部或部分借由电线、无线电、电磁、光电、光学系统传送的足以影响洲际或外国商业贸易的记号、信号、文书、影像、声音、资料或任何性质的情报之传递。

〔2〕 Olmstead v. United States, 277U. S. 438 (1928).

〔3〕 邓立军：《外国秘密侦查制度》，法律出版社2013年版，第47页。

〔4〕 Katz v. United States, 389 U. S. 347 (1967).

〔5〕 18 U. S. C. § 2517.

对公民私生活领域的入侵，需要合乎法律与合乎情理地进行，否则监听行为违法，获得的材料也不能作为证据使用。其二，是对公民隐私权的保护，公民隐私权并非狭隘地受区域限制，公共场所也有隐私权可言，对公民隐私权的保护应当使其剥离于私人场所这类三维空间，因此如果要将监听材料作为证据使用，需要在监听的范围内完成公民隐私权内涵的诠释。

（2）俄罗斯立法对监听材料证据能力的规定。俄罗斯当下对技术侦查材料证据能力承认主要源于其社会历史背景与社会犯罪态势。首先，随着苏联的解体与俄罗斯的成立，社会制度发生了较大的变革，苏联法治传统受到了英美法系国家法律制度的冲击，1993 年全民投票通过的俄罗斯宪法以"人和人的权利和自由具有至高无上的价值"为宗旨，[1]强调对人权保障，还明文对公民电话、邮件和其他通信秘密权予以保护。刑事诉讼法向来都有"小宪法"之称，在限制国家公权力与人权保障方面，以宪法为依据进行细化规定。俄罗斯宪法条文中的精神，为其刑事诉讼法的制定提供了原则性与方向性的指引。其次，国家政治的变革导致俄罗斯在经济全球化发展的过程中错失了许多机会，经济日益衰退，由于贫穷是导致犯罪的根源，俄罗斯的犯罪活动在数量、规模、严重性方面都急剧增加，有组织犯罪尤为突出。俄罗斯境内有组织的犯罪集团不少于 5400 个，毒品犯罪交易额每年能达到 1000 亿美元，还控制着不少的正规企业。俄罗斯犯罪集团借政府废除苏联时期公民出入境旅游限制的机会，逐渐流向世界并形成全球性的犯罪集团，使得案件侦破尤为困难。[2]面对严峻的犯罪态势，国家更加注重对犯罪的打击，对于上述有组织犯罪与毒品犯罪等复杂的犯罪案件，监听与邮件检查等技术侦查手段的使用更加频繁。在新宪法的要求下，《俄罗斯联邦刑事诉讼法》在制定时，更强调对技术侦查措施的规范与相关证据的使用，选择了一条平衡犯罪打击与人权保障需求的道路，在技术侦查材料能否作为证据使用的问题方面，体现为将允许经合法手段获取的材料作为证据使用，但要符合人权保障的要求。

《俄罗斯联邦刑事诉讼法》第 186 条对监听录音的使用进行了规范，只要是依法进行搜集的技术侦查材料便可以被作为证据使用，但是需要遵循一定

---

〔1〕 邓立军：《外国秘密侦查制度》，法律出版社 2013 年版，第 309 页。
〔2〕 康树华主编：《当代有组织犯罪与防治对策》，中国方正出版社 1998 年版，第 74 页。

的规则[1]：在进行电话和其他谈话监听和录音的整个期间，侦查员有权在任何时间向监听和录音的机关调取录音进行检查和放听。录音应当加封送交侦查员，并附信说明开始录音和结束录音的时间，说明技术侦查手段。在侦查人员对电话和谈话录音进行检查和播放时，应当有见证人在场，必要时还可允许专家与被监听人参加。侦查人员对检查和播放的结果制作笔录，笔录部分应当逐字逐句叙述侦查员认为录音中与刑事案件相关的部分，参加播放的人员有权在同一笔录中记录或单独叙述自己的意见。在录音的封存方面，全部录音应当根据侦查人员的决定作为物证加封归入刑事案件材料，保管条件应当排除他人放听和复制的可能性，保证其完好与重复播放的功能。

2. 国际法对特殊侦查所获材料证据能力的规定

（1）《联合国打击跨国有组织犯罪公约》与《联合国反腐败公约》。《联合国打击跨国有组织犯罪公约》在 2000 年第 55 届联合国大会上通过，是第一个关于打击跨国有组织犯罪的公约。该公约第 20 条第 1 项对特殊侦查手段的使用进行了规定，特殊侦查手段主要包括控制下交付、电子或其他形式的监视与特工行动。与我国"技术侦查"相对应的是电子或其他形式的监视，是指以窃听设施为形式的电子监视或拦截通信。[2]对于所获材料能否作为证据使用的问题，该公约没有进行明确规定，而是将证据的使用问题留给各国国内法进行规定。2003 年《联合国反腐败公约》在通过后不到 2 个月的时间内已有 95 个国家签署。其中，与本文中讨论的"技术侦查"相对应的是特殊侦查措施中的电子或其他特殊形式。《联合国反腐败公约》第 50 条第 1 项明确规定了电子或其他监视手段获取的材料可以被作为证据使用：为有效打击腐败，各缔约国均应当在其本国法律制度基本原则许可的范围内，根据本国法律规定的条件在其力所能及的情况下采取必要措施，允许其主管单位在其领域内酌情使用控制下交付和其认为适当时使用诸如电子或其他监视形式和特工行动等其他特殊侦查手段，并允许法庭采信由这些手段产生的证据。[3]从《联合国反腐败公约》的规定来看，基于主权原则，如果案件中的犯罪属

---

〔1〕《俄罗斯联邦刑事诉讼法典》，黄道秀译，中国政法大学出版社 2003 年版，第 145 页。

〔2〕陈光中主编：《联合国打击跨国有组织犯罪公约和反腐败公约程序问题研究》，中国政法大学出版社 2007 年版，第 116 页。

〔3〕《联合国反腐败公约及相关法律文件》，外交部条约法律司编译，法律出版社 2004 年版，第 35 页。

于条约所涵盖的犯罪类型，如果侦查行为合乎缔约国国内法的规定，那么由此产生的监控材料便具备证据能力。缔约国间进行国际合作时，可以适当地缔结双边或多边条约，尊重双方的国情与传统进行特殊侦查手段，由此获得的材料的证据能力，法庭亦予以承认。

（2）国际刑事诉讼规则中的相关规定。2002年成立的国际刑事法院所适用的《罗马规约》，是在承袭《纽伦堡国际军事法庭和远东国际军事法庭宪章》《前南斯拉夫国际刑事法庭规则》《卢旺达国际刑事法庭规则》的刑事理念、技术规则和制度的基础上，通过不断丰盈和完善而形成的针对国际罪行的较为完备的法律文件。虽然该规约没有细致地专门对技术侦查证据的可采性进行规定，但从其对证据原则、当事人权利的规定可知，通过技术侦查措施所获得的证据的可采性得到了承认，也即采取"一般允许"模式。

第一，国际刑事审判类似于大陆法系国家的刑事审判，在"自由评价证据"中运行，即采取证据自由原则。[1]证据自由原则与大陆法系的自由心证原则具有密切的联系，是指审判者可以采纳任何其认为有证明价值的证据，不受国内证据规则的管束。《前南斯拉夫国际刑事法庭规则》最初对证据自由原则进行了明文规定，《罗马规约》也承继了该规定，法院可以依照《程序和证据规则》，考虑各项因素，包括证据的证明价值，以及这种证据对公平审判或公平评估证人证言可能造成的任何不利影响，裁定证据的相关性或可采性。[2]国际刑事法院在决定证据是否具有可采性时，主要考量两个因素：证据的相关性和证明价值。[3]法官对于相关性的考量标准，往往低于国内法语境中的考量标准。由于国际法院审判的案件范围主要涉及灭绝种族罪、危害人类罪、战争罪与侵略罪四种国际性的犯罪，这几类犯罪往往牵涉多个国家、历时性较长，因此证据往往十分繁杂，间接性特征比较明显，某国的地理环境或时代背景常常会成为法官考量的对象，但在国内审判中，涉及某一案件的社会背景资料却通常不会作为证据进入法庭，一个材料的证明价值[4]往往决定了它的相关性。由此可见，国际刑事诉讼中对证据可采性的考量重点在于其内容是否具有相关性，而不在于其形式与种类。

---

〔1〕 肖铃：《国际刑事诉讼证据规则研究》，人民出版社2010年版，第74页。

〔2〕 Rome Statute of the International Criminal Court, s. 69 (4).

〔3〕 肖铃：《国际刑事诉讼证据规则研究》，人民出版社2010年版，第77页。

〔4〕 证明价值，是指一个材料在多大程度上能够证明案件事实。

第二，国际刑事法院没有设置专门的侦查机关，检察官承担着案件的调查与向法庭提交材料的责任。检察官可以自行根据国际刑事法院管辖权内的犯罪开始调查。可以要求国家、联合国机构、政府间组织或非政府组织，或检察官认为适当的其他可靠来源提供案件材料。[1]案件的各项证据往往分散在多个国家，检察官的证据收集工作通常借助于国际司法协助进行，国家依照本国的程序法进行证据收集。而世界上大部分的国家都认可技术侦查证据的可采性，那么从证据获取方法的角度来看，国际刑事诉讼对技术侦查材料的证据能力持承认的态度。

（二）"一般禁止"模式：技术侦查所获材料不具证据可采性

与美国、俄罗斯等国家或国际组织不同，少部分国家或地区对技术侦查措施所获材料采取较为保守的态度，否认采取技术侦查措施所获材料的证据可采性，仅将通过技术侦查措施获得的材料作为犯罪线索使用，本文称其为"一般禁止"模式。在这种一般禁止模式下，立法原则上不允许技术侦查所获材料被作为证据使用，不得提交给法庭，不得在开示或者在交换程序中予以展示，采用这种模式的国家主要有英国、加拿大。由于加拿大早期主要受英国法影响，法律理念与立法方式与英国立法相似。

1. 英国立法对技术侦查所获材料证据可采性的规定

在英国，与中国语境下的"技术侦查"相对应的侦查措施主要包括通信截收与秘密监视。[2]对于通信截收的规制，最早始于1663年，规定在内政部发布的公告中，[3]在其后的300多年中，英国都缺乏明确的法律依据。对于由其所获的材料的证据能力规定更是缺乏，由此看来几乎所有经由技术侦查所获的证据只要不违反相关的规定，原则上便都可以被法官所采纳。这种无成文法规制的状态持续到《英国1985年通信截收法》的出台。该法出台的直接诱因是1983年欧洲人权法院在"马龙诉英国案"[4]中判决英国败诉：欧洲人权法院认为英国警方对马龙实施的监听行为违反了《欧洲人权公约》对于

---

〔1〕 Rome Statute of the International Criminal Court, s15（1）and（2）.

〔2〕 通信截收，是指在通信传输过程中，任何人通过改变或干扰通信系统及其运行，通过系统监测运输情况，监测发到或经由系统发送的无线电报的传输，让该通信的发送或者预期接受者以外的人获得通信的部分或全部内容。秘密监视，是指对人及其活动、谈话及其通信进行监控、观察和收听及对其结果予以记录的秘密侦查活动。

〔3〕 邓立军：《外国秘密侦查制度》，法律出版社2013年版，第3页。

〔4〕 Malone v. the United Kingdom, 8691/79［1984］ECHR 10（2 August 1984）.

通信自由权的规定。此后，英国迅速出台了《英国 1985 年通信截收法》，首次对邮件和公共电信传输中通信的截收进行成文法的规制，也对所获材料的证据容许性进行了规定。根据该法第 9 条规定，通信截收的任何材料均不得被作为证据使用。英国是一个十分保守的国家，对于法律传统从不轻易突破，时至今日，对于通信截收材料的证据能力，仍然采取禁止的态度，但出现了允许使用的例外。《英国 2000 年侦查权法》第 15 条至第 18 条对通信截取所获材料的证据容许性态度发生了些许变化。在某些诉讼中可以使用通信截收材料：因本法及其他相关法律中规定的犯罪所提起的诉讼；因许可证的强制履行而由国务大臣提起的民事诉讼；移交特别移民上诉委员会的诉讼及由其引起的所有诉讼。[1]虽然英国立法顺应犯罪打击的时代需求作出了适当的调整，但从总体上看，该法仍然对技术侦查材料证据容许性采用排斥的态度。十多年后出台的《英国 2016 年侦查权法》对技术侦查材料作为指控犯罪的证据容许性仍旧采取排除的态度。[2]由此可见，虽然不同的成文法对非法通信截收所获材料作为指控犯罪的证据容许性有不同的规定，但是从总体上看都采取禁止的态度。

不可否认，英国对于通信截收材料证据容许性的禁止性立法具有一定的现实意义：首先，从打击犯罪的角度来看，禁止通信材料作为能够保护侦查秘密，避免侦查机关在通信截收等方面的侦查技术与能力暴露，防止犯罪分子反侦查技术与能力提高，进而保存侦查机关打击犯罪的实力。英国的警察、情报部门和海关等公共当局尤其强调禁止通信材料作为证据使用的现实意义，他们认为，一旦将相关材料在法庭上出示，会使他们损失许多有价值的"商业秘密"。[3]其次，从隐私权保护的角度来看，可以充分保障犯罪嫌疑人、被告人以及其他被监听的案外人的个人隐私受到侵犯。无论是通信截收还是秘密监视都是以牺牲国民的某些方面的隐私为代价的，而公开将监听材料与通信截收材料作为证据使用将直接导致公民个人隐私受到侵犯。英国开放权利组织执行董事吉姆·基洛克称《英国 2016 年侦查权法》为"一种更适合独裁而不是民主的监督法"。[4]最后，从侦查人员安全的角度来看，有利于保护侦

---

〔1〕 邓立军：《外国秘密侦查制度》，法律出版社 2013 年版，第 22 页。

〔2〕 Investigatory Powers Act 2016, s. 56.

〔3〕 郭华：《技术侦查的诉讼化控制》，中国人民公安大学出版社 2013 年版：第 195 页。

〔4〕 Katie Collins, "UK Surveillance Law Marks a 'Worse than Scary' Shift", https://www.cnet.com/ news/snoopers-charter-investigatory-powers-bill-royal-assent-surveillance-uk/, 2016-11-29/2018-10-15.

查人员与情报人员的安全。如果将监听材料作为证据在法庭中出示，很可能会暴露某些侦查人员或情报人员的身份信息，此后他们的个人及家庭成员可能遭到犯罪分子及其同伙的报复，人身安全难以保障。

但是，过于强调人权保护，绝对禁止技术侦查材料作为证据使用在犯罪控制方面来看也是不现实的，随着犯罪形势的日益严峻，英国立法在公民隐私权保护方面作出重大的让步，但是为避免以牺牲公民合法权利为代价去追究犯罪这一过犹不及的现象，在证据使用、保存销毁以及权力救济方面，英国立法者给与了一定的制度保障。由此可见，认可技术侦查所获材料的证据能力是世界司法发展的趋势，对于人权保障与犯罪控制之间存在的价值冲突也并非不可缓和。

2. 加拿大立法对窃听材料证据可采性的规定

对通过技术侦查获得的材料，加拿大采取原则上禁止作为证据使用，例外允许的态度。在加拿大，与中国语境下的"技术侦查"相对应的侦查措施主要包括司法窃听[1]。

根据《加拿大刑事法典》第184.1条第2款"截获通信的可采性"的规定，根据第1款从私人通信中拦截获得的内容不具有证据可接纳性，但为了指控实际的、企图或威胁的人身伤害的诉讼除外，这些诉讼包括就本章提出的授权申请，或针对任何人的搜查令或逮捕令的诉讼。[2]从立法意图的角度来看：首先，加拿大原则上不允许在庭审中使用通过窃听手段获取的材料，很大程度上在于对侦查秘密的保守，因为将通过窃听手段获得的材料作为证据使用需要进行证据展示，以及在法庭审判中公开受控辩双方的交叉询问，那么很有可能会暴露侦查的手段以及方法泄露侦查秘密，不利于侦查手段的持续利用以及关联案件的侦破。其次，对于某些实际的、企图或威胁的人身伤害犯罪，允许通信拦截材料作为证据使用，主要是基于公民人身安全保障考虑而作出的让步，但作为证据使用必须符合法律规定的条件，如向被告方

---

〔1〕 司法窃听对象为私人通信，即在加拿大或意图让加拿大接收的发话人有理由认为不被旁人窃听的情况下作出的口头通信或电讯，并包括电子处理的无线电通信，以防发话人、意图接收人之外的人接受信息。这种通信可以是口头的，也可以是电信。口头通信是指，面对面的口头交流。无线电通信是指符合《无线电通信法》规定的链接公共转换电话网的器械上使用无线电通信。参见邓立军：《外国秘密侦查制度》，法律出版社2013年版，第127页。

〔2〕 See article 184.1（2）of Criminal Code（R.S.C.，1985，c.C-46），https://laws-lois.justice.gc.ca/eng/acts/C-46/page-40.html#h-63.2016-11-29/2018-10-19.

进行告知。由此可见，加拿大在对技术侦查证据能否作为证据使用的问题上，即使允许例外情形，也采取十分严谨的措施对公民权利进行保障与救济。

二、非法技术侦查证据排除模式的域外立法考察

非法采取技术侦查措施所获的证据如何处理，是技术侦查证据制度中的重点内容。由于本文讨论的技术侦查措施包括秘密监听、邮件检查、密搜密取、密排秘录、电子监控等，由此所获的证据主要为实物类证据。因此，在对域外非法技术侦查证据排除规则进行考察时，对非法言辞证据的排除规则将不进行探究。

（一）"自动排除+例外规定"模式

纵观全球设立了非法证据排除规则的国家可知，只有美国对非法技术侦查证据采取自动排除的模式，但随着近年来美国的国内犯罪率愈来愈高，破案的压力愈来愈大，立法对此也作出了例外规定，形成了具有其本土特色的"自动排除+例外规定"排除模式。

非法证据排除规则最早源于美国，美国联邦最高法院在1914年的"威克斯诉美国案"中确立了非法证据排除规则。经过几十年的发展，形成了一套严密的非法证据排除规则。针对执法人员对公民人身进行搜查、进入公民住宅搜查、扣押实物证据规定了明确的前提条件和十分严格的程序。除法律规定的几种特殊情况外，执法人员都要求事先以合理理由向法官申请搜查令。关于通过非法技术侦查手段获取的证据，在严格执行非法证据排除规则的原则性规定的前提下，美国也建立了一些特殊的规则：

对于通信截取证据，任何人在经依法授权获悉了依法窃取的关于有线的、口头的或电子通信的信息或其派生证据时，均可以在联邦或州的机构或地方政治实体前景宣誓后作证透露这些通信的内容及其派生证据。如果违反这些规定，根据《美国法典》第2515条，这些信息及其衍生证据不得在任何机关的审判、听证或其他程序中被采纳为证据。对于非法监听证据，法院不会主动进行排除，需经当事人的申请。在开庭前10天必须将监听资料的副本送达当事人，然后当事人可以自行决定是否提出排除动议。《美国法典》第2518条第10款第1项规定了提出动议的理由。在相关程序开始前，任何受害人都可以提出动议，如果动议被驳回，当事人在批准或驳回命令签发之日起30日内提出上诉。对于其他非法获得的实物类证据，传统上采取绝对排除的原则，

只要是非法取得的物证，都应该予以排除，法官没有自由裁量权。值得注意的是，美国在排除非法证据时，不仅排除证据本身，对由其派生的其他证据，即"毒树之果"也需要一并排除。

在"自动排除+例外规定"排除模式下，首先，技术侦查证据的使用需要经过专门的开示程序，在开庭前10天必须将监听资料的副本送达当事人。便于当事人与辩护人知悉被监听或通信被拦截的情况，检查其合法权利是否存在被侵犯的情形，并有足够的时间准备答辩或提出非法证据排除动议，防止检察官在诉讼中发起突袭。其次，非法证据排除启动的申请主体为非法技术侦查行为的受害人，是指有线、口头或电子通信中的一方当事人，在申请的动议被驳回后，当事人仍然有一次救济的机会，可以在30日内提出上诉。与大部分国家不同，美国法官不主动排除证据，即技术侦查证据的违法性认定需要经过当事人提出排除的动议。证据的开示与当事人提出证据排除动议的规定平衡了控辩双方在诉讼程序中的力量，也保持了法官的中立地位。最后，在排除的价值判断方面，没有授予法官太大的自由裁量权。但考虑到在特定情况下排除非法证据会带来较大的负面影响（如犯罪追诉的需要），法院也会对某些非法证据作出不予排除的裁决。但这种"强制排除+例外规定"的模式需要以美国判例法制度为依托。

（二）"裁量排除"模式

实物类证据的裁量排除模式已为全球大部分国家采用，在这种模式下，法官对证据是否属于非法证据以及是否对其进行排除的自由裁量权更大，也更容易实现个案正义。下文将就英国、加拿大、法国、德国、日本等国家对非法技术侦查证据排除的相关规定进行介绍，以期为下文我国非法技术侦查证据排除规则设立提供可借鉴的思路。

1. 英国立法关于非法技术侦查证据排除的规定

在英国，如果警察的窃听行为违反了正当程序要求，那么法官可以对其适用非法证据排除规则。在一般性非法证据排除规则下，判例法要求法官应当排除有倾向性的证据，即当取证过程存在可能影响案件公正审理的情况时，法官应当排除由此获得的证据。《1984年警察与刑事证据法》第78条设立了法官对非法证据的排除享有自由裁量的权力。在《2003年刑事司法法》中又重申了该规定。非法取证有两种情形，即非法获取实物证据以及违反正当程序规范取证。判例法确立了一般性的标准，在存在"重大的和实际性的"违法行为"即严重侵害公民权益或者对司法廉正造成严重侵害"的情形下，对通过该措施获得的证据予以排除。对普通违反程序取得的证据，法官可允许其使用。那么对于非法采用这类措施所获证据的排除，便应当遵守前文阐述的一般性非法证据排除规则，对违法窃听行为是否可能影响诉讼公正性，应当遵循判例对相关情形的判断。

由此看来，英国对非法监听证据排除的落脚点并非单纯以程序是否违法进行判断，同时还需要考虑该证据能否真实地证明案件事实，即英国法官在考虑是否排除一项监听证据时，需要基于两个因素作出判断，即收集程序的违法性与证据的真实可靠性。在判断程序违法性严重程度时，以两项标准进行考量：其一是公民合法权益的侵害程度，在采取秘密监视的案件中表现为对公民隐私权的侵犯。一般来说，如果将公民生活细节、医疗信息等个人隐私予以暴露，可能对其日后生活造成严重影响，那么就需要对其进行排除。其二是使用该项证据将可能导致司法严重不公，也需排除相关证据。另外，与前者相较，在对证据的真实可靠性要素进行考量时，法官自由裁量权的范围更大、更具有个案性，因为需要法官结合案情进行考量。

2. 加拿大立法关于非法技术侦查证据排除的规定

《加拿大宪法》既规定了公民的刑事程序基本权利，也规定了抽象的救济性机制，还规定了具体的非法证据排除规则。《加拿大权利和自由大宪章》第8条规定了公民免于不合理搜查、扣押的权利；第24条第2款规定了具体的非法证据排除规则"对于那些以侵犯公民基本权利的方式获取的证据，法院如果认为采纳它们将使得司法制度的声誉受损害的，即可以将这些证据排除"。[1]

加拿大对非法技术侦查证据的排除采取裁量排除的立法理念与英国的立法理念稍有不同，在排除证据的考量因素中不直接强调人权保护，而是将具体的非法证据排除规则写入宪法，通过对其他因素的综合考虑最终实现公民权利的保障。当事人若成功启动非法证据排除程序便涉及排除标准的问题，即如何构成"对司法制度的声誉受损害"，加拿大最高法院认为首先要判断是否存在事实上的宪法侵权行为，如果答案是肯定的，将进入第二步分析，即

---

〔1〕 See section 8 and 24（2）of Canadian Charter of Rights and Freedoms, https://laws-lois.justice.gc.ca/eng/const/page-15.html，2018-12-25.

该侵权行为是否给司法制度名誉带来损害。这时需要考量三个要素：该证据是否影响了审判公正，宪法性侵权行为的严重程度，排除之后对司法造成的影响。但在非法窃听证据排除的情形下，法官在判断该证据是否影响了审判公正时，却很少会认为这些材料影响了审判公正，因为这类证据的存在方式和证据价值与发现它们的方式并无多少关联。

3. 法国立法关于非法技术侦查证据排除的规定

法国也是典型的采取裁量排除模式的国家之一，当证据被发现是由非法侦查手段获取时，利用侦查无效制度进行规制。与英国、加拿大等国家不同，法国没有明确设立非法证据排除规则，针对通过非法手段获取的证据，法国以侦查无效制度实现对程序违法行为的制裁以及非法证据排除的效果。

《法国刑事诉讼法》第171条规定："违背本法典的任何规定或有任何其他有关刑事诉讼程序规定的实质性诉讼行为，如果侵害了有利害关系的一方当事人的利益，均使其行为无效。"第174条规定："宣布无效的文件或证据，应从审查案卷中撤出……部分宣布无效的诉讼文件或证据，应予注销……禁止引用被全部或部分宣布无效的文件或证据中的任何情况以反对对方当事人，否则，追究律师或者法官的纪律责任。"第206条规定："如果发现有无效情事，可宣布案卷所附某一文件无效，必要时，还可以宣布后续诉讼中的某些文件无效。"[1]

由此可以看出，某一侦查行为若被认定为无效，由其所获的证据将会一并被宣布无效，不可在法庭中使用。对于被告人的抗辩权，虽然法国给予了较为细致的规定，如当事人否认录制谈话是其本人的声音，可以要求打开这些封存件进行审核等，但哪些侦查行为属于违法行为、对相关证据是否有效的判断，一般由法官就个案进行自由裁量，纳入法庭辩论的范畴之内。侦查无效分为两类：一类是法律明文规定无效，即法律明确规定某一手段，不符合该规定，违背条文的预审行为就会被宣告无效，监听违法行为属于这一类无效事由之一。另一类是"实质无效"事由，这是通过判例确认某些取证手续无法律明确规定但应当视为实质性手续不被遵守时，引起的行为或文书无

---

〔1〕《法国刑事诉讼法典》，余叔通、谢朝华译，中国政法大学出版社1997年版，转引自梁立峥："非法技术侦查证据排除制度比较研究——以英、美、法、德四国为样本的分析"，载《江南社会学院学报》2017年第1期。

效。采取不正当手段录制律师与其当事人的谈话属于此类。

4. 德国关于非法技术侦查证据排除的规定

德国仅是将非法言辞证据纳入非法证据排除规则的排除对象中。对于非法物证的排除问题，则由证据禁止制度予以规制。证据禁止，是指在刑事诉讼中对证据的适用须作一定的限制，"如果侦查机关以非法之方式取得证据，法院即不应加以利用"。[1]证据禁止制度又可分为证据取得之禁止与证据使用之禁止两个子制度，是证据审查与判断的重要制度。监听结果如需被承认其证据能力，那么秘密监听的实施就必须符合法定实体条件和程序条件。也就是说，证据取得之禁止规范的对象为证据收集手段，只有侦查行为合乎法律规定，所获的技术侦查材料才具有证据能力。但是，证据取得的合法并不必然导致材料可以被作为证据使用，如果片段或总结性地播放或朗读，则属于违法，那么由此获得的材料，如监听结果便不具有证据能力，此即证据使用之禁止。以邮件扣押为例，《德国刑事诉讼法》规定，邮件扣押后的开启权归法官所有，在特殊情形下，法官可以将开启权交由检察院行使，若被扣押的邮件并非由法官或其授权的检察院开启，则禁止将邮件内容作为证据提出。

在证据禁止制度之下，并非绝对地禁止由非法技术侦查措施获取的材料，根据个案进行判断是德国理论界和实务界的主流观点。他们认为，由法官根据利益权衡原则加以裁量决定更为妥当。根据相关判例和理论，非法技术侦查措施构成证据禁止的情形主要包括：证据系通过违反宪法的手段取得的、违反电话监听实体要件而取得的、通过存在任意瑕疵的监听所取得的、不合乎比例地通过偷听取得的；超过刑事诉讼法典规定的可以适应技术侦查措施的案件范围而使用技术侦查措施的；实施技术侦查措施审批同意书存在重大瑕疵的；不符合最后手段原则而实施技术侦查的；滥用紧急权力而实施技术侦查的。但如果非法取得的证据通过合法的调查同样可以取得或者取得证据的非法性本身并不构成证据的瑕疵，则不构成证据禁止。[2]

实务界对许可证外获得的材料的证据能力评价多从平衡个人利益与社会总体利益的需要角度进行考量，其结果多倾向于人权保护，德国最高法院曾

---

〔1〕 梁立峥："非法技术侦查证据排除制度比较研究——以英、美、法、德四国为样本的分析"，载《江南社会学院学报》2017年第1期。

〔2〕 何家弘主编：《外国证据法》，法律出版社2003年版，第447页。

在 1983 年作出的一份判决书中表明，附带监听材料与涉嫌所监听的罪名是否具有关联性为证据是否可以被使用的判断标准，并根据《德国基本法》第 10 条关于邮政和电信秘密规定得出禁止的结论。

5. 日本立法关于非法技术侦查证据排除的规定

在日本，技术侦查材料被视为法院委托收集的证据，在监听结束时由见证人加盖封印，加盖封印后的记录媒体应当连同记载法定事项的有益于监听的情况报告不加延迟地被递交到签发令状的法官所属法院的法官处。

从启动非法证据排除规则的主体来看，当事人具有异议权，可以通过"声明异议"来发动对证据能力与证明力的调查，法官也可以主动依职权启动非法证据排除规则，无需经过当事人的申请。从非法证据的举证责任的分配来看，采取的是辩方首先说明理由，控方负担主要证明责任和法官依职权调查相结合的证明责任分配方法。在程序被启动之初，被告人或其辩护人就非法证据排除提出的声明异议，应当说明理由，控方就应当针对其合法性进行举证，法院在审查之后应当及时作出裁定。从裁判的结果来看，法官对于非法技术侦查证据认定的裁量权的行使具有终局效果，无论法官对被告人提出的异议是否承认，对相关证据是否排除，被告人都不可再次提出异议。

虽然法律授予了案件被告就非法技术侦查证据提出异议的权利，但法官作为案件事实与法律的唯一审判者，对非法技术侦查证据排除的裁判又具有终局性，因此自由裁量模式在实务中造成的不良影响不容忽视。一方面，负责事实审理的法官会因为受到非法证据的潜在污染而影响内心的评判标准，形成主观预断，从而使非法证据排除程序的存在价值大打折扣；另一方面，整个庭审活动可能会因为程序审理和实体审理的交叉进行而影响诉讼效率，偏离了庭审活动的重心。由于各国司法体制和法官队伍的构成不同，法律在设定非法证据排除程序的裁决主体时会作出不同的价值选择。即使在非法证据排除规则发展相对成熟的美国，治安法官也无法在审前过滤掉所有的非法证据。[1] 由此可见，在采取自由裁量排除模式的国家，维护公民的正当权益与限制法官自由裁量限度是一国非法技术侦查证据排除规则构建的关键所在。

6. 意大利立法关于非法技术侦查证据排除的规定

意大利立法对违背法定程序获取的证据以严格的非法证据排除规则进

---

〔1〕 侯敏娜："域外非法证据排除程序的考察及启示"，载《政法学刊》2017 年第 6 期。

行规制。《意大利刑事诉讼法》第271条第1款规定："如果窃听是在法律允许的情况以外进行的或者未遵守第268条和第286条第1款和第3款规定，产生于上述窃听活动的材料不得使用。"也就是说，立法在原则上禁止一切在法律允许的情况外实施的窃听，以及未严格遵循执行窃听的程序性规定实施窃听，由此获取的材料不得进入法庭审判。但是，当窃听对象是《意大利刑事诉讼法》第200条第1款所列举的人员因其职务或职业原因而了解的事实时，那么该窃听活动所取得的材料也不得加以使用。这些职业人员主要包括医生、律师、公证人员等，他们与被窃听的被告进行通信的内容，受到法律特殊保护，不可作为证据使用。例外情形是这些人员对这些事实已经做过陈述或以其他方式进行过传播。这一规定源于"作证豁免权"的规定[1]，对于因自己职务原因得知案件信息的人员，无作证的义务。也是对这些职业人员社会公信力的保障。另外，如果窃听所得的材料要在其他诉讼中使用，那么必须证明使用的必要性。这一规定源于德国的"目的拘束原则"，即基于哪种目的收集的材料，原则上都只为该目的而进行使用，要求使用与收集目的的一致性。

由此可见，意大利对非法技术侦查证据的排除制定了严格的规则，限制了法官自由裁量权运用的范围。另外，从职业特殊保护与禁止他案件听的具有该国特色的规则中可以看出，自由裁量权的行使还受特殊规则的限制。

7. 欧洲人权法院判例中关于非法技术侦查证据排除的规定

1953年9月3日生效的《欧洲人权公约》是《世界人权宣言》通过后第一个区域性国际人权条约。欧洲人权法院是执行《欧洲人权公约》的司法机构，在众多组织机构中实践性最强，使得缔约国公民的基本人权受到国内法与国际法的双重保护。欧洲人权法院对非法技术侦查证据的规制，主要体现在公约第6条"公平审判权"与第8条"隐私与家庭生活受到尊重的权利"的适用上。第6条与第8条规定的适用遵照"双重评价"原则，即首先考察一行为是否确实导致了第8条规定的公民隐私权受到侵害，如果肯定了这种侵权性，那么便进一步地考量是否侵犯了公约第6条规定的公正审判权。

《欧洲人权公约》第8条规定了隐私与家庭生活受到尊重的权利，其中通信秘密与自由作为现代隐私权的重要组成部分，当然地属于第8条所能涵盖

---

〔1〕 邓立军：《外国秘密侦查制度》，法律出版社2013年版，第297页。

的权利范围之内。通信秘密的保护要求公民与他人的通信中，相关内容不受任何组织或个人的非法检查、窃听、传播、泄露与修改等。随着时代的改变，人民通信方式日益多样化，那么第8条中的"通信"的含义应作扩大解释，除邮件、信件、有线电话以外，还应涵盖电子邮件、无线电话等。在"A诉法国案"中，法国人A夫人受到一名叫格林的警察的告发，称A夫人雇他去杀害皮埃尔，并将通话录音提交给巴黎警察总署。1981年6月，巴黎调查法官指控A夫人与包括格林在内的5个人犯谋杀罪。A夫人随后根据《法国刑法典》和《法国邮政通信法》，指控格林和布兰侵犯了她隐私权与通信秘密权，法官以录音不侵犯私生活，与一方同意将电话公开不构成通信秘密罪为由，判决A夫人败诉。A夫人在1989年向人权委员会提出申诉，随后案件提交至欧洲人权法院。[1]欧洲人权法院认为格林作为一名警官，虽然没有向其长官报告，但其行为属于履行一个高级警官的职责，已经对A夫人通信自由的权利造成了影响。其次，这一行为没有经过司法程序或依调查法官的命令，已经构成了违法监听行为。最终，欧洲人权法院判决A夫人胜诉。由此可见，对于监听证据是否合法的问题，欧洲人权法院通过两个因素进行考察：其一，实施录音的行为是否已经干预了缔约国公民的通信秘密与通信自由。其二，这一种干预是否符合法律规定或经过授权。

《欧洲人权公约》第6条规定了公平审判权，公平审判权的保障对司法具有四项要求，即司法独立、司法平等、司法客观与司法程序正当。其中，司法程序正当的实现要求基于被告人充分的诉讼权利，主要包含辩护权的实现。2009年在"纳图宁诉芬兰案"中，芬兰侦查机关对被告人采取监听措施收集其共同贩卖毒品犯罪相关证据，在审前程序中根据芬兰当时的法律规定，自行销毁了与案件无关的监听录音材料。在庭审过程中，被告要求控方出示全部监听录音，因为其认为侦查机关销毁的与案件无关的录音中恰恰包含了证明其无罪的证据。控方最终无法提供已被销毁的证据，被告人以芬兰政府侵犯其公正审判权为由诉至欧洲人权法院。[2]欧洲人权法院认为，在公正审判权中主要涉及的是证据开示程序，应当将证据全面、完整地向被告进行开示，在可行的范围内将有罪无罪的证据一并予以开示，芬兰侦查机关的行为违反

---

〔1〕 万鄂湘主编：《欧洲人权法院判例评述》，湖北人民出版社1999年版，第402页。

〔2〕 程雷："技术侦查证据使用问题研究"，载《法学研究》2018年第5期。

了《欧洲人权公约》第6条的规定，最终欧洲人权法院裁决纳图宁胜诉。通过该案，欧洲人权法院提出了对技术侦查证据在使用中的具体要求：控方一旦使用监听证据，即应保存全部录音材料；是否开示全部相关录音以及能否在案件诉讼过程中销毁无关材料，需要经过法官审查，辩方有权参与这一决定过程；开示技术侦查证据的范围，经由司法程序决定，方符合对审权的基本要求；是否开示全部相关录音以及能否在案件诉讼过程中销毁无关材料，需要经过法官审查，辩方有权参与这一决定过程；开示技术侦查证据的范围，经由司法程序决定。[1]

三、域外非法技术侦查证据排除的立法启示

通过对域外相关立法规定的考察，我们可以发现：其一，两大法系不断靠近。对通过技术侦查所获材料的审查与判断，成文法化的程度越来越高。其二，对通过合法技术侦查手段所获材料能否作为证据使用，即技术侦查所获材料的证据能力或证据可采性问题。除少部分国家或地区外，大部分国家都认可其证据资格。其三，对通过非法技术侦查措施获取的材料是否具有证据能力或证据可采性问题，全球视野下有两种不同的做法，即"自动排除＋例外规定"模式、裁量排除模式。但采用自动排除模式的国家为了降低犯罪率，近年设了可不予排除的例外情形。其四，大部分国家都注重对犯罪嫌疑人权利的保护，这体现在赋予犯罪嫌疑人更多的质证权利的保障，如当事人有权请求鉴定、检查监听资料封存件。

他山之石，可以攻玉。对域外先进立法经验的总结与评价，可以为我国非法技术侦查证据排除规则的设立与完善提供以下几点启示：

（一）技术侦查证据开示与质证权的保障

在刑事诉讼庭审阶段，维持控辩双方实力的平衡进而实现司法公正是世界各国纷纷追求的目标。尤其是在实施技术侦查措施的案件中，被告人的权利往往被置于受侵犯的风险之中却不自知，保障被告人诉讼权利对维持控辩双方平等抗衡具有重大价值。从域外各国或地区对非法技术侦查所获证据排除的规定来看，不难发现，各国对被告人诉讼权利的保障主要包括证据开示与抗辩权两个方面。

---

〔1〕 程雷："技术侦查证据使用问题研究"，载《法学研究》2018年第5期。

由于技术侦查措施具有隐秘性的特征，被监听或监视的对象对此往往不知情，如果在法庭审判之前未告知其相关情况，被告人难以对该证据进行质疑，也难以发现其隐私权等实体权利是否被侵犯。因此，许多国家和地区在立法中都明确规定需要提前向被告人告知情况并开示证据，允许被告人接触相关材料。《美国法典》第 2518 条对监听结果的告知与送达进行了规定：在监听结束后的 90 日内，法官应将监听结果告知被监听人，主要包括监听令状申请与签发的相关情况；签发的日期与持续时间；监听的相关内容。[1]若监听的结果需要被作为证据使用，则必须在开庭前 10 日将相关令状与资料的副本送达当事人，让其有足够的时间检查相关材料并提出排除的动议。

在实施技术侦查措施的案件中，当事人对监听或秘密监视等所获材料的抗辩受到了更多的保护，排除动议更容易实现。在法国，当事人如果否认被录制的谈话属于自己的声音，可以要求对封存的录音进行审核，在相关工作人员的陪同下，核实相关材料。在日本，当事人可以通过声明异议来启动对证据能力与证明力的调查。而在美国，如果异议被驳回，当事人还具有上诉的权利。由此可以看出，域外多个国家都通过允许当事人接触并检查证据，或降低非法证据排除规则启动的门槛来保障当事人的基本权利。这对我国构建非法技术侦查所获证据排除规则具有重大的借鉴意义。

我国刑事庭审中，技术侦查原始证据在审判阶段的使用率极低，出于侦查手段保密性的考虑，往往以录音材料与说明类材料代替原始材料[2]。以监听材料为例，原始音频一般不会在庭审过程中播放，被告人或辩护人也难以通过庭前程序接触技术侦查材料的原件，可查阅的往往只是纸质版翻音文件、情况说明或相关的审批文书。我国《刑事诉讼法》规定，当事人启动非法证据排除规则需要提供相关线索，当事人无法对证据进行检查，难以发现相关线索或材料，更无法启动非法证据排除规则。另外，我国适用技术侦查措施的案件中有相当一部分都是系列性的重大犯罪案件，若贸然设立类似外国立法中的事后告知制度，对侦查秘密的保护与案件侦查来说，将会产生更大阻力。因此，为保障被告人抗辩权的实现，应允许辩护人查阅技术侦查原始材

---

〔1〕 18 U.S.C. §2518.

〔2〕 张冬亮："《刑事诉讼法》修改后对技术侦查手段获取证据如何质证的一些思考"，载《法治论坛》2019 年第 2 期。

料，涉及侦查秘密或特情身份的部分可通过技术手段进行脱密处理。

允许当事人与辩护律师参与排除程序对当事人权利保障以及法官中立裁量具有重要意义。我国没有设立预审法官制度，非法证据在法官阅卷时便会对其造成影响，形成主观预断，若不允许当事人及其辩护人参加排除程序，发表意见，只由法官单独审查或由检察官协助法官审查，非法证据对法官内心的污染则会大大加深。因此，在排除程序中应当允许当事人或辩护人就非法证据的问题发表意见，使法官处于中立的裁判者地位。

（二）细化证据合法性的考量因素

除美国外，世界各国或各地区对于非法实物类证据都采取裁量排除的模式。对非法技术侦查所获材料的排除由法官自由裁量是世界立法发展的趋势。欧洲人权法院考量监听证据是否合法时，从具有先后顺序的两个方面进行考察：监听行为是否干预了缔约国国民的通信自由和通信秘密；干预行为是否经授权或符合法律规定。而英国则以程序违法严重性与证据的真实可靠性两个方面为考量因素。加拿大则从三个角度对证据是否排除进行衡量，即是否影响审判公正、侵权行为的严重程度以及排除之后所带来的影响。虽然各国对证据是否具有合法性的考量因素与标准不尽相同，但我们可以发现各国各地区都力求细化考量的标准，并使其具有实践性意义。

以我国技术侦查措施审批程序合法性审查为例，我国采取自行审批的模式，有权决定采取技术侦查措施的国家机关主要有公安机关、检察院以及国家安全机关，拥有审批权的机关对本机关职务范围内技术侦查措施的实施进行审查与批准。[1]自我审批的制度具有防止侦查秘密外泄与审批效率高等便利之处，正因如此，对之实行外部监督实属不易，只能倚靠技术侦查实施部门与批准部门都严格遵守法律规定，但外部监督机制的空缺也将侦查机关与其上级审批机关置于一个不受信任的状态。[2]另外，刑事诉讼法对技术侦查审批程序仅要求"严格的批准手续"，但相关司法解释却没有进一步规定，致使即使许多工作在一线的司法人员也不了解批准手续究竟有多"严格"。在现有制定法对技术侦查作出规定的基础上，可从申请与批准两个方面，对批准

---

〔1〕 参见 2012 年《公安机关办理刑事案件程序规定》第 256 条及 2013 年《检察机关执法工作基本规范》第 262 条。

〔2〕 王琳："论刑事诉讼中的'监听'"，载《人民检察》2002 年第 9 期。

程序的合法性进行审查。

在申请程序方面，需要核实呈请技术侦查报告书中申请的主体、内容、期限、制作日期等项目与批准文书所载明的内容是否存在冲突。公安部 2012 年出台的《公安机关办理刑事案件程序规定》第 256 条规定，需要采取技术侦查措施的，应当制作呈请采取技术侦查措施报告书，报设区的市一级以上公安机关负责人批准，制作采取技术侦查措施决定书。如果批准的日期早于呈请报告书的申请日期或晚于实施技术侦查措施的日期，那么便存在"倒签"采取技术侦查措施决定书的嫌疑，在这种情形下实施技术侦查属于程序违法行为。

在申请环节的审查过程中往往需要结合批准文书进行核实，在很大程度上已经将批准环节中需要审查的硬性项目（如批准主体是否合法、批准时间是否恰当等）一并进行审查。那么，在批准环节的审查中，更多地需要考察一些"软性"因素，需要法官进行价值判断。其中最为重要的是对有关目标采取技术侦查的必要性进行考察。要证明采取技术侦查确实存在必要性，至少应当证明案件存在以下两种情形：其一，在初查阶段或后续的侦查过程中获得的信息能够证明案件属于典型的法定可以实施技术侦查的犯罪案件。由于我国法律没有对可实施技术侦查的案件范围作出明确的规定，法官在审查时必须以是否符合"重罪原则"作为判断的标准[1]，可从罪名与情节的角度综合分析。其二，合理地使用其他合法侦查手段无法得到相关证据。此处应当注意"合理"的判断。例如，采用监听措施快速知悉毒品藏匿处所，即使最后发现嫌疑人根本没有转移或销赃的计划，若通过搜查等方式最终能获得嫌疑人藏匿的毒品，但侦查期间将长达数十个月，在这种情况下，也不能否定实施监听措施的合理性。

---

[1] 杨希："技术侦查措施适用案件范围研究"，广东财经大学 2017 年硕士学位论文。

科技定位侦查中的个人信息保护

——以比较法为视角

王仲羊*

摘 要：保护个人信息不仅是私法和实体法领域的重要使命，也是公法和程序法领域的时代命题。以科技定位侦查为代表的数据获取和分析行为加剧了个人信息的失控危机。对此，美国的隐私权和欧盟的个人信息权提供了不同的分析框架，但前者存在明显弊端，需要后者予以补充。应顺应域外个人信息保护的发展趋势，重视对非内容信息和第三方数据的保护，并由司法保护模式和统合式保护模式转向立法保护模式和层级化保护模式。在我国，应以不受监控的权利和不被分析的权利为判断工具，对取证行为进行梯度化的体系建构，完善审批程序和令状程序，赋予信息主体同意权、知情权与删除权。

关键词：个人信息保护；科技定位侦查；个人信息权；隐私权；技术侦查

引 言

私法主体的侵权行为业已成为个人信息保护中主要的情境假设和研究命题，但学界对国家恣意攫取个人信息的行为却缺乏理论省察。在大数据时代，公权力机关能够将公民的外在行为物化为个人信息，在强化社会控制的同时，也衍生出了数据集权主义风险。其中，以科技定位为代表的侦查行为能够获取个人的实时定位和行动轨迹，描摹出巨细靡遗的数字人格，加剧了个人信息的失控危机。对此，如何使技术演进服膺正当程序原理，平衡个人信息的

---

* 作者简介：王仲羊，清华大学法学院博士研究生。本文发表于《情报杂志》2019 年第 2 期。

公共应用与权利保障，避免出现全景敞视主义的监控图景，成为信息时代刑事诉讼领域的重要命题。加强刑事诉讼中的个人信息保护，既是程序规范和证据原理自我完善的时代契机，亦符合个人信息保护从私法过渡到公法，由实体法过渡到程序法的历史走向。故而，本文以侵权性征强烈的科技定位侦查作为提炼公法问题的窗口，剖析刑事诉讼中个人信息保护的权利基础和发展趋势，并对技术侦查条款进行体系调适、程序优化和权利建构，以加强数字正当程序的理论供给。

二、刑事诉讼中个人信息保护的权利框架

对于科技定位侦查中公权行为与基本权利之间的互动关系，美国和欧盟提供了不同的解读方案，分别形成了以隐私权为核心和以个人信息权为核心的权利框架。但前者存在明显弊端，需要后者予以补充，共同构成公法领域个人信息保护的权利基础。

（一）美国：以隐私权为核心的权利框架

美国联邦法院通过"卡茨案"[1]建构起隐私合理期待的权利框架，为公民捍卫个人信息提供了宪法保护。近年来，隐私合理期待理论通过判例解释得以发展，在科技定位侦查中呈现出"空间—时间—种类"的演进趋势。首先，美国联邦法院通过"诺茨案"[2]和"卡罗案"[3]构建了隐私权判断的空间标准。在"诺茨案"中，追踪器的使用并未使警方知晓被告住宅内的情形，因此没有侵犯其隐私利益；而在"卡罗案"中，警方却利用无线电发射装置（Beeper）揭露了住宅内部事实，侵害了公民在住所中具有的隐私合理期待。由此，"室内/室外"的空间标准为警方执法划定了明确边界。其次，为了规制执法中频繁运用的 GPS 定位技术，法官在"琼斯案"[4]的协同意见中引入了马赛克理论（Mosaic Theory），实现了空间标准向时间标准的跃迁。其认为单一行程的片段证据虽不构成对隐私利益的侵害，但连续 28 天的监控会产生聚沙成塔的拼盘效应，致使被告的隐私无处遁形。该判决意识到长时间的持续性监控破除了私人领域和公开场所的空间隔阂，凸显出了时间参量在衡量隐私利益

---

[1]　Katz v. United States 389 U. S. 347（1967）.

[2]　United States v. Knotts 103 S. Ct. 1081（1983）.

[3]　United States v. Karo 104 S. Ct. 3296（1984）.

[4]　U. S. v. Jones 132 S. Ct. 955（2012）.

中的重要作用，为个人在公开场所的连续活动提供了制度保护；最后，从时间标准向种类标准的转变发生在"卡朋特案"[1]的判决中。本案认为手机基站信息具有隐蔽性、持续性、侵入性、回溯性等特性，不同于银行账户、手机号码等普通商业记录，搜集此类信息应当获取搜查令。[2]由此，手机基站信息成为一种独特的数据种类，受到宪法的特殊保护。并且，种类标准具有开放性，日后或可吸纳更多种类的信息。[3]

在科技定位侦查领域，以隐私权为核心的权利框架还覆盖通信秘密与自由、财产权和信息隐私权。其一，通信秘密与自由是宪法保障隐私权的具体样态，旨在保障公民通信的有无、对象、时间、方式及内容等不受国家及他人的任意干涉。其不仅捍卫通信内容免遭监听，亦保护通联记录等通信状态信息不受非法调取。其二，财产权附着于隐私权的框架之内，成了判断隐私利益存否的方法之一。虽然在"卡茨案"之后，侵入法则让位于隐私合理期待理论，但隐私权说并未推翻财产权说，只是在原有的财产权基础上，增加了一个新的判断标准。[4]在判断科技定位侦查是否干预基本权利时，应聚用财产权的侵入法则与隐私合理期待理论。诸如进入汽车内部安装 GPS 追踪器、将视频监控探头对准私人住宅、利用"粘胶纤维法"（flock fiber method）在汽车座椅上喷洒纤维喷雾剂以追踪嫌疑对象的行为，应认定侵犯财产权，进而构成搜查；对于未使用有形力的情形，则应诉诸隐私权的判断路径。其三，为了因应数据时代的发展趋势，隐私权的分析视角发生变化，由保证独处、免受打扰的权利转化为主体对个人信息的控制。[5]美国法院也对宪法各修正案进行了重新诠释，推演出了信息隐私权的权利内涵。[6]

然而，以隐私权为核心的权利框架存在诸多弊端，亟待自身的发展完善

---

〔1〕 Carpenter v. U. S. 138 S. Ct. 2206 (2018).

〔2〕 Susan Freiwald, Stephen Smith, "The Carpenter Chronicle: A Near-Perfect Surveillance", 132 Harv. L. Rev. 209~221 (2018).

〔3〕 Greg Nojeim, Wider Implications of Carpenter v. United States, 2 Int'l J. Data Protection Officer, Privacy Officer & Privacy Couns. 9 (2018).

〔4〕 Orin S. Kerr, "The Fourth Amendment and New Technologies: Constitutional Myths and the Case for Caution", 102 MICH. L. REV. 801, 820~823 (2004)

〔5〕 Charles Fried, "Privacy", 77 Yale L. J. 475, 483 (1968).

〔6〕 参见 ［美］阿丽塔·L. 艾伦、理查德·C. 托克音顿：《美国隐私法：学说 判例与立法》，冯建妹等编译，中国民主制出版社 2004 年版，第 20~30 页。

或其他权利体系的补益。其一，保护对象的局限性。一方面，其仅关注信息获取阶段的隐私利益，而对之后的分析处理阶段置若罔闻。[1]《美国宪法第四修正案》聚焦搜查行为的存否及其合理性，一旦证成取证行为符合令状原则或例外，则不再规制后续的信息存储、分析、使用行为。另一方面，隐私权仅涵涉首次可识别的私密性个人信息，对其他公开信息持放任态度。但在大数据时代，对公开信息的二度挖掘或多次关联亦可描摹出完整的数据人格，但隐私权保护范围的偏狭使得此类信息处于法律保护的真空地带。其二，保护方式的消极性。虽然隐私权发展出信息控制等内涵，但其本质上仍是一种消极防御性权利，在该权利遭受侵害之前，个人无法积极、主动地行使。[2]其更强调公权力机关的程序恪守义务，而非直接赋予相对人保障性权利。其三，保护边界的模糊性。隐私权需要先行圈定系争数据是否构成隐私，只对属于隐私的个人信息提供保护。然而，隐私是一个暧昧不明、灵活多变的概念，在个案中常凭法官的个人好恶与价值倾向进行主观判断。[3]例如，美国联邦最高法院确认手机基站信息具有隐私利益，但却无法解释为何与之相似的银行账户、电话号码无法被纳入隐私权的范畴。[4]其四，保护程度的绝对性。隐私权将隐私与秘密等同，呈现出信息状态的极端化。"信息要么属于完全公开的状态，要么属于完全私人的状态，缺少一个在公开和私人之间的中间状态。"[5]这种以"秘密说"为核心的隐私权变相怂恿公民，如欲真正保有对某些资料的隐私，就不要告知任何人，也不要向第三方机构披露。

（二）欧盟：以个人信息权为核心的权利框架

个人信息权是指信息主体对个人信息所享有的支配、控制并排除国家或他人侵害的权利。其致力于对人性尊严与人格完整的追求，强调信息的自主价

---

〔1〕 Elizabeth E. Joh, "Policing by Numbers: Big Data and the Fourth Amendment", 89 Wash. L. Rev. 63 (2014).

〔2〕 王利民："论个人信息权的法律保护——以个人信息权与隐私权的界分为中心"，载《现代法学》2013年第4期，第66页。

〔3〕 参见[澳] 胡·贝弗利-史密斯：《人格的商业利用》，李志刚、缪因知译，北京大学出版社2007年版，第179~180页。

〔4〕 Carpenter v. U. S. 138 S. Ct. 2232 (2018) (Kennedy, dissenting).

〔5〕 [美] 尼尔·M. 理查德、丹尼尔·J. 索洛韦伊："Prosser教授的隐私权理论"，载张民安主编：《隐私权的比较研究——法国、德国、美国及其他国家的隐私权》，中山大学出版社2013年版，第320页。

值与使用价值。[1]该权利从正面赋予公民决定是否揭露个人信息及在何种范围内、于何时、以何种方式、向何人揭露之决定权。从反面又禁止国家或他人违反本人意愿处理个人信息，以避免人格塑造的结果偏离既定预期。起初，个人信息权与隐私权处于耦合状态，但在欧盟《通用数据保护条例》等相关立法的引领下，其逐渐与隐私权分离，成了一项独立的基本权利。[2]近年来，欧盟的相关理论为我国学界所继受，学者相继在民法[3]、宪法[4]、行政法[5]、刑法[6]等领域证成了个人信息权独立的权属地位，相关论点亦得到了《民法总则》第 111 条等实体法的支持。刑事诉讼中的个人信息权是一项程序性权利，既有对上述实体权利的承继与借鉴，亦立足于其独特的法律关系，重点解决刑事司法领域诉讼主体之间有关个人信息的获取、存储、使用、分析的相关问题。

在科技定位侦查领域，个人信息权表现为不受监控的权利（right not to be localized）和不被分析的权利（the right to not be measured, analysed or coached）。前者针对监控过程，指向信息收集阶段的信息自决；后者针对监控结果，偏重信息分析阶段的信息控制。一方面，不受监控的权利保障个人对实时位置信息的控制，免遭公权力的不当搜集与持续窥探，破除了隐私权理论中"公共场所无隐私"的逻辑悖论。科技定位技术的发展催生出了监控型侦查范式，致使民众深陷被"老大哥"时刻窥探的焦虑之中，进而窒碍了人格的自由发展。例如，侦查机关通过 GPS 追踪器持续而精确地掌握车辆的位置、移动方向、速度及停留时间等活动行踪。对此，不受监控的权利旨在防堵监控国家的产生，确保人们在公共场所与私人领域的行止自由。例如，《意大利宪法》第 2 条规定了"匿名权"，以保护民众不被他人或国家持续注视与监控；另一

---

〔1〕 参见谢远扬："信息论视角下个人信息的价值——兼对隐私权保护模式的检讨"，载《清华法学》2015 年第 3 期，第 104~106 页。

〔2〕 参见项焱、陈曦："大数据时代欧盟个人数据保护权初探"，载《华东理工大学学报（社会科学版）》2019 年第 2 期，第 82 页。

〔3〕 参见王利民："论个人信息权的法律保护——以个人信息权与隐私权的界分为中心"，载《现代法学》2013 年第 4 期，第 62~72 页；叶名怡："论个人信息权的基本范畴"，载《清华法学》2018 年第 5 期。

〔4〕 参见姚岳绒：《宪法视野中的个人信息保护》，法律出版社 2012 年版。

〔5〕 参见赵宏："从信息公开到信息保护：公法上信息权保护研究的风向流转与核心问题"，载《比较法研究》2017 年第 2 期，第 31~46 页。

〔6〕 参见刘艳红："民法编纂背景下侵犯公民个人信息罪的保护法益：信息自决权——以刑民一体化及《民法总则》第 111 条为视角"，载《浙江工商大学学报》2019 年第 6 期，第 21~31 页。

方面，不被分析的权利保障公民在数据获取的后续环节运用个人信息的裁量权，避免侦查机关过度处理和使用信息，克服了隐私权对数据分析行为规制失灵的现象。随着大数据时代留痕能力的强化和数据挖掘技术的演进，人们在日常生活中的活动轨迹成了剖析个体的数据基础。例如，通过对手机基站信息的汇总与整合，侦查机关可以勾勒出完整的数字人格，解析出其交友关系、宗教信仰、性关系、兴趣嗜好等立体化信息。一旦数据处理行为存在剖析私人生活轮廓之虞，就会使人格塑造的结果偏离既定预期，其对人性尊严和自主价值的折损远超一般的监控行为，理应成为大数据时代的重点规制对象。对此，不被分析的权利不仅抗制私密的生活样貌免遭还原的实害状态，也同样规制行为模式不被过分挖掘。例如，荷兰拉特诺研究所在向欧盟委员会提交的报告中指出：在人工智能时代，对隐私的保护就意味着捍卫公民免遭电子测量及个人信息不被分析的权利。[1]

个人信息权为分析科技定位侦查提供了全新的解读视角，其具有如下优势，可以补充隐私权保护框架的不足。其一，保护对象的全面性。一方面，个人信息权既规制信息获取行为，也规制后续的信息存储使用行为。"公民的数据信息权不仅体现在披露与否上的自由意志，还体现在如何运用上的自由裁量。"[2]信息获取行为系对公民"点"状行踪和"线"状行踪的平面式监控，而信息分析行为却构成对个人信息的立体式入侵，故应当受到更为严格的规制。另一方面，个人信息权不仅保护私密信息，也保护碎片化的公开信息。个人信息权的立论基础是人格尊严与个性发展，因此无论私密信息还是公开信息，都会影响人格塑造的进行方向，因此均有保护价值。其二，保护方式的积极性。其不仅科以公权力机关消极的作为义务，更关注诉讼主体尤其是辩方积极行使的程序性权利。例如，根据欧盟《以犯罪预防、调查、侦查、起诉或者刑罚执行为目的的自然人个人数据保护指令》[3]的相关规定，

---

〔1〕 Rathenauinstituut, Human Rights in The Robotagf 43 (2017), https://www. rathenau. nl/en/digitale-samenleving/human-rights-robot-age.

〔2〕 张可："大数据侦查措施程控体系建构：前提、核心与保障"，载《东方法学》2019 年第 6 期，第 89 页。

〔3〕 Directive (Eu) 2016/680 of the European Parliament and of the Council of 27 April 2016 on the protection of natural persons with regard to the processing of personal data by competent authorities for the purposes of the prevention, investigation, detection or prosecution of criminal offences or the execution of criminal penalties, and on the free movement of such data, and repealing Council Framework Decision 2008/977/JHA.

信息主体享有知情权、访问权、更正权、删除权等数据权利。并且，这些权利与正当程序相联结，以保障信息持有人诉讼权利的顺利实现。例如，知情权得到事后告知程序、辩护律师在场程序、证据开示程序、非法证据排除程序的制度保障。其三，保护边界的明确性。其跳过了信息是否为"隐私"的判断环节，避免了隐私概念本身所产生的歧见。"个人信息自主权所保护之个人信息，并无所谓秘密与公开、重要与不重要、敏感与中性的差别，其保护范围概为所有之个人信息。"[1]其四，保护程度的相对性。个人信息兼具私人自治与公共使用的属性。[2]个人信息的公共性是政府将其用于公共用途的正当基础。[3]因此，在刑事诉讼领域，个人信息权旨在平衡个人信息的自主价值和政府数据治理的权力需求之间的法权结构，打造个人信息有序共享的法治图景。当然，个人信息权的权利框架也存在运作难题。由于其是肇始于私法领域的权利类型，需要克服部门法迁延与法域移植带来的嫁接困境。再者，个人信息权过于积极的权利面相与宽泛的保护范围与现行刑事司法的原则不无冲突。对于如何实现相关权利的适度运用与制度落地，仍需审慎的设计考量。

三、刑事诉讼中个人信息保护的发展趋势

元数据、第三方数据等新兴问题的出现打破了传统的刑事诉讼规则，公民信息权利的勃兴也要求刑事司法机构主动变更保护模式、细化规范密度。唯有顺应以下个人信息保护的发展趋势，方能实现刑事诉讼法律规范的现代化。

（一）从保护内容信息转向保护非内容信息

域外各国普遍采纳内容信息/非内容信息的立法框架，以规制公权力机关对个人数据的获取。例如，《美国存储通信法》规定，对近 6 个月内电子通信内容的事后调取，需取得法院基于合理根据（probable cause）标准核发的搜查令状；而对非内容通信的调取，则仅需满足"具体及清楚的事实"，该标准相当于合理怀疑（reasonable grounds）的程度。网络犯罪公约委员会也对个人

〔1〕 张红："指纹隐私保护：公、私法二元维度"，载《法学评论》2015 年第 1 期，第 91 页。

〔2〕 参见高富平："个人信息保护：从个人控制到社会控制"，载《法学研究》2018 年第 3 期，第 92～97 页。

〔3〕 参见林鸿潮："个人信息在社会风险治理中的利用及其限制"，载《政治与法律》2018 年第 4 期，第 2 页。

信息进行了注册人信息、交互信息和内容信息的区分。[1]受域外立法例影响，近年来，国内学者也主张在通信监察、网络监控和电子取证领域采用此种分类方法。[2]

然而，在信息时代一味固守内容信息/非内容信息的二分法将有违比例原则，导致规范结果显著失衡。从权力运行的角度而言，非内容信息虽未提供实质内容，但提供了语境素材（context），为破案缉捕和司法鉴真提供了丰富资源。并且，随着大数据挖掘技术的成熟，侦查机关愈发青睐对数据形式而非数据内容的获取。例如，美国联邦法院行政局公布的 2012 年通信监察报告显示，该年度实际执行监听令状共 633 张，但其中对通信内容的实时监听仅有 3 张，而对非内容信息的获取占极大比重。[3]从权利保障的角度而言，之所以规制监听等获取内容信息的行为，正是因为其能揭示出个人生活的细节全貌。通过数据挖掘技术对海量元数据（metadata）进行汇总整合，并将之与其他信息相比对，可以勾勒出更为全面的数字人格，其对公民私密领域的侵入性并不低于内容信息。此外，二者之间的界限并非泾渭分明。例如，通过微信发送的实时位置信息，其既是内容信息，也是非内容信息。

基于数据形式与数据内容侵犯个人信息的同质化倾向，应提高获取元数据的法律门槛，强化对非内容信息的保护。有学者主张，应为内容信息和非内容信息提供同样的保障，针对元数据的监视活动必须获得搜查令。[4]这种方案可以弥补传统的刑事诉讼规则在元数据问题上的规制失灵，既保障了公民对言谈信息（say）的控制，也关照了对行动信息（do）的自决。域外的司法判例也持此立场。在"卡朋特案"的判决中，法院认为手机基站定位信息虽为非内容信息，但其揭示的内容巨细靡遗，获取方式便捷廉价，适用对象

---

[1] 参见裴炜："犯罪侦查中网络服务提供商的信息披露义务——以比例原则为指导"，载《比较法研究》2016 年第 4 期，第 97 页。

[2] 相关观点参见陈永生："论电子通讯数据搜查、扣押的制度建构"，载《环球法律评论》2019 年第 1 期；刘梅湘："侦查机关实施网络监控措施的程序法规制——以域外法的相关规定为参照"，载《法商研究》2017 年第 1 期；谢登科："论电子数据与刑事诉讼变革：以'快播案'为视角"，载《东方法学》2018 年第 5 期。

[3] The Administrative Office of the United States Courts，Wiretap Report 2012，http://www.uscourts.gov/statistics/table/wire-6/2012/12/31.

[4] Bryce Clayton Newell & Joseph T. Tennis，"Me, My Metadata, and the NSA: Privacy and Government Metadata Surveillance Programs"，*Conference* 2014 *Proceedings*，pp. 345~355.

广泛，致使手机变成了安装在用户身上的"脚踝监控器"。因此，对此类信息的收集必须获得搜查令。

（二）从规制信息获取行为转向规制信息调取分析行为

大数据时代侦查机关在取证环节的角色发生变化，由之前的信息获取者转变为信息使用者。一方面，第三方平台留存了公民海量的数字记录，侦查机关调取这些数据，以作为数据挖掘、碰撞、比对的信息基础。调取行为虽未直接对信息主体取证，但其与后续的分析行为相连接，借由大数据还原出公民的生活全貌，构成对私密领域的入侵。但在实践中却通常被认为是任意侦查行为，规范保护密度显有不足。[1]另一方面，通过搭建大数据平台，侦查机关得以共享其他行政机关的信息红利。办案人员对其他部门数据库中存储信息的查询检索实质上是一种变相的证据调取行为。这种行为通过数字验证和人机交互的方式即可实现，但其法律门槛限于内部授权，欠缺应有的司法规制。

对调取分析行为的检视应回归个人信息控制的视角，摒弃美国隐私理论中的第三方原则。第三方原则为调取行为背书，主张公民在自愿移交给第三方机构的信息中没有隐私，政府调取此类数据不受《美国宪法第四修正案》的规制。但该理论无视公民对个人信息披露和扩散的自主性，无法证立调取行为的正当性。一方面，公民将数字记录留存在第三方机构的事实本身，并不能推断出这种披露行为具有自愿性，更不意味着公民彻底放弃了个人信息权。否则，"人们将会只有两种痛苦且不合理的选择：一种是在'楚门的世界'里享受各种便利服务，或是在石器时代的洞穴内保有隐私"。[2]另一方面，公民对个人信息于他人处的继续扩散仍然享有控制权，而第三方原则却剥夺了信息主体对数据流转范围的控制。公民向第三方机构披露信息，而非向所有人披露信息，更不意味着其默认政府的调取分析行为。因此，从个人信息自主控制的角度观察，第三方原则的理论根基是可疑的。故而在美国"琼斯案"的判决中，索托马纳尔大法官明确指出第三方原则不适合数字时代。[3]有学者也预示，第三方原则迟早会走向消亡。[4]

---

〔1〕 参见阎刚："论侦查实务中的调取证据"，载《四川文理学院学报》2014年第1期，第43页。

〔2〕 李荣耕："论侦查机关对通信记录的调取"，载《政大法学评论》2010年第115期，第13页。

〔3〕 U. S. v. Jones 132 S. Ct. 957（2012）（Sotomayor concurring）.

〔4〕 Mary-Kathryn Takeuchi, "A New Third-Party Doctrine: The Telephone Metadata Program and Carpenter v. United States", 94 Notre Dame L. Rev. 2243（2019）.

收集分析第三方数据已成为主流的侦查措施，其与信息获取行为在侵犯个人信息方面具有同质性，因此必须对其予以程序规制。例如，必须满足一定程度的启动条件，经由司法部门的令状许可，履行事后告知义务等。公安机关共享其他部门信息的做法，也需恪守比例原则。对此，域外的立法规范与司法判例为我们提供了宝贵经验。例如，《德国刑事诉讼法》第 98 条 a、b 和第 98 条 c 分别规定了计算机排查侦缉和数据对比。[1]前者规制对刑事司法部门以外的单位留存的数据进行挖掘分析的行为，后者规制在刑事司法内部数据库之中进行的查询比对行为。此外，在美国的"卡朋特案"的判决中，法院直接缩减了第三方原则的适用范围，拒绝将之应用于手机基站信息。

（三）从司法保护模式转向立法保护模式

司法保护模式委任法官通过个案裁决和令状审查，判定科技定位侦查的法律性质和实施细则；立法保护模式则诉诸规范修订的方式，明确科技定位侦查的性质定位和程序要件。两者的核心争点在于，当某类新型侦查措施出现时，司法与立法何者能对之进行更为有力的控制。两种保护模式各具优劣，但就演进趋势而言，呈现出由司法保护模式向立法保护模式转变的局面。

司法保护模式秉承英美法系实用主义的传统，尊重法官在个案适用中续造解释法律的裁量权。美国以隐私合理期待理论为纲，通过逐案判断的方式，先后将无线电追踪器定位、直升机空中探测、红外线测温仪测量、GPS 追踪器定位、手机基站定位等侦查措施纳入搜查的规制范围。日本最高裁判所也通过类推适用令状的方式，以应对变动的科技发展。例如，将通信监听类推适用附条件的勘验令状。司法保护模式充分发挥了法官的主观能动性，能够借由解释类推等方式接纳包容科技侦查措施，在发展既有理论的同时，也避免了由规范的机械滞后引发的规制困局。但是，司法保护模式存在固有弊端：一方面，实用主义的取向决定其致力于解决个案问题，而非创制清晰的规则标准，不仅适用范围存在明显局限，也加剧了判决之间的矛盾风险。例如，美国联邦最高法院直接承认"卡朋特案"的判决是"狭隘的"。其仅判定获取 7 日以上的手机基站定位信息不适用第三方原则，而没有解释其他类似信息是否适用，更未建立一套清晰的取证标准与逻辑体系，这为执法机关平添了认识障碍与操作难题。另一方面，判断过程的主观性破坏了既成理论体系

---

〔1〕 参见《德国刑事诉讼法》第 98 条。

的统一，不利于人权保障的稳定性。例如，《日本刑事诉讼法》规定了强制侦查法定主义：强制侦查必须有法律明文规定，始得为之。但若允许法官在个案中类推适用令状或选择令状的附加条件，则会造成以司法令状替代立法创设强制侦查种类与程序的现象。这与强制侦查法定主义有所扞格，甚至有架空强制侦查法定主义之虞。

立法保护模式延续大陆法系规范主义的传统，强调立法在个人信息保护领域的主导作用。《德国刑事诉讼法》在第 100 条 g、h、i、j 和第 163 条 f 分别规定了提取电信通信数据、使用 GPS 等跟监设备、IMSI-Catcher 追踪、提供 IP 位址等基本数据以及长期跟监的适用范围、授权要求、持续时限等。立法保护模式的弊端在于规范的机械滞后，难以及时、灵活地因应日新月异的科技进步。并且，如何实现技术标准的规范表达，保证法律既能囊括现行的取证手段，又能为可预期范围内的科技进步留存空间，颇为考验立法者的智慧。但是，此种模式适用范围广泛、逻辑标准统一、判断方式客观，有利于维持法秩序的安定性与人权保障的稳定性。其既避免了前后判决之间的相互龃龉，又为侦查实践提供了明确指引，故而备受各国青睐，业已成为科技定位侦查领域保护个人信息的不二法门。例如，美国已出现从司法保护模式向立法保护模式迁延的苗头。美国联邦国会提出了《地理位置隐私及监控法（草案）》，其中明定，在个案中警察必须取得法官基于相当理由标准的令状，才可以获取相对人的位置信息。日本最高裁判所在 2017 年"GPS 案"的判决中回归强制侦查法定主义的立场，拒绝类推适用勘验令状规制具有持续性与全面性特质的 GPS 侦查行为。其认为，应当委由立法机关作第一次判断，规范 GPS 侦查的实施期间、第三人在场和事后通知等措施。

（四）从统合性保护模式到层级化保护模式

以立法规范是否呈现比例化与精细化，可将个人信息保护区分为统合性保护模式和层级化保护模式。二者的分歧表现在，是否意识到各类取证行为对个人信息的干预程度有所差异，是否给予不同类型的个人信息以同样的保护。

统合性保护模式违背比例原则，未对各种侵权行为依照侵权方式、侵权对象、取证目的、信息种类进行类型化区分，呈现出立法的混同性与粗疏化。其或是忽略了传统侦查行为与科技侦查手段在干预个人信息方面的差异。例如，意大利最高法院裁定 GPS 追踪与人力跟踪监视同属普通侦查措施，而无视二者在资讯量多寡、跟丢可能性和监控状态上的差别[1]。或是即使认识到应提高科技侦查的规范密度，却仍未对各类技术侦查措施形成梯度控制。例如，我国《刑事诉讼法》对技侦措施采取大一统的规制方式，对于任何的记录、行踪、通信、场所监控，不分对象、种类、目的、情形，其授权主体、案件范围、适用时限均齐平笼统。统合性保护模式既为侦查机关滥用定位措施提供了制度动因，导致个人信息保护效果不彰，也容易致使某些侵权轻微的技术手段受到不成比例的程序控制，无法满足实务部门打击犯罪的诉求。

层级化保护模式以比例原则为轴心，对侵权行为的程度方式以及个人信息的类型进行界分。荷兰法律将监控行为区分为系统型监控与非系统型监控，前者需要获得检察官审批的令状，后者可由警察自行决定。是否构成系统型监控受诸多因素的影响。例如，是否使用感官增强工具、监控地点、监控频率、监控持续时间、被监控对象的嫌疑程度等。[2]此外，层级化保护模式还对信息种类进行界分，并将之与程序规则相联结。例如，荷兰法律区分一般数据与敏感数据。在取得检察官授权的情况下，针对相对严重的犯罪，警察可以获取一般数据；而如果数据中包含敏感信息，譬如关于宗教信仰、种族、健康状况、政治观点、性生活或工会会员身份的数据，则警察必须获得逮捕令，其适用的案件范围也仅限于特别严重的犯罪。[3]这种层次区分体现出宽严相济的程序特点，得以形成对个人信息的梯度保护。

四、刑事诉讼中个人信息保护的法律建构

以美国为代表的隐私权框架和以欧盟为首的个人信息权框架，均是在权利视域下审视数据保护问题，这与我国刑事司法领域个人信息保护中秉持的安全思维与权力话语大相径庭。[4]我国《刑事诉讼法》《国家安全法》《反恐怖主义法》对于个人信息保护的相关规定，与其说是权利保障条款，不如说

---

〔1〕 Cass., sez. un., 27 febbraio 2002, no. 16130（It.）. 130.

〔2〕 B. Koops, B. Newell, I. Skorvanek,（2019），"Location Tracking by Police：The Regulation of Tireless and Absolute Surveillance"，*UC Irvine Law Review*，9（3），pp. 649~650.

〔3〕 B. Koops, B. Newell, I. Skorvanek,（2019），"Location Tracking by Police：The Regulation of Tireless and Absolute Surveillance"，*UC Irvine Law Review*，9（3），at 674.

〔4〕 参见孙平："系统构筑个人信息保护立法的基本权利模式"，载《法学》2016年第4期，第72~73页。

是秘密保守条款或权力授予条款。[1]此外，这种权力导向的保护框架仍存在诸多问题。例如，现行技术侦查条款无法规制元数据挖掘行为和第三方数据调取行为，并呈现出统合性保护模式的特征，未能形成个人信息保护的比例层次。鉴于现行规范在价值取向、规制范围和立法技术上存在的诸多弊端，应从体系建构、程序建构和权利建构三方面予以整饬。

（一）刑事诉讼中个人信息保护的体系建构

个人信息保护梯度体系的建构，需要回归个人信息权的保护框架。在科技定位侦查领域，个人信息权旨在避免监控国家的信息收集、分析行为过度揭露民众的生活全貌。根据比例原则的要求，愈能还原出生活样貌的侦查措施，愈应受到严格的程序规制。因此，应以不受监控的权利和不被分析的权利为判断工具，按照权利干预程度的不同，将各类侵权措施分为三类：

1. 轻度侵犯个人信息权的任意侦查措施

譬如通过手机定位和GPS定位追捕嫌犯的行为。追踪嫌犯的活动获取了其实时的"点"状位置信息，侵犯了不受监控的权利。但一旦抓捕完毕，一次性的侵扰行为即告终止，并未侵犯不被分析的权利。然而，虽然我国《刑事诉讼法》第150条将基于追捕目的的技侦措施与基于取证目的的技侦措施相区别，并规定前者无须遵守严格的批准手续。但从个人信息权的角度审视，追缉行为并无接续的信息分析行为，其揭露的数据质量有限。因此，应将这种行为从技术侦查中剔除。[2]

2. 侵犯个人信息权的分析型技术侦查措施

譬如，公安机关从第三方机构调取手机基站信息的行为。调取行为主要发生在侦查机关和第三方机构之间，没有直接实时监控公民的地理位置，并未干预不受监控的权利。但通过调取行为，公安机关掌握了个体的行踪轨迹，再借由数据挖掘技术，可揭示出个人的宗教信仰、性生活、健康状况、交友

---

〔1〕 例如，《刑事诉讼法》第54条规定，司法机关和行政机关收集、调取证据，对涉及国家秘密、商业秘密、个人隐私的证据，应当保密。第152条规定，侦查人员对采取技术侦查措施过程中知悉的国家秘密、商业秘密和个人隐私，应当保密。在这些隐私条款的相关规定中，个人隐私常与国家秘密和商业秘密并列出现，其强调的是国家机关的消极作为义务，而并不关注信息主体的相关权利。参见朱福惠："被害人个人隐私信息保护的理论证成与体系化建构"，载《国家检察官学院学报》2019年第3期，第70~71页。

〔2〕 参见万毅："解读'技术侦查'与'乔装侦查'——以《刑事诉讼法修正案》为中心的规范分析"，载《现代法学》2012年第6期，第185页。

倾向等敏感信息，严重侵犯了不被分析的权利。较之一次性的调取行为，后续的分析行为致使民众的生活全貌产生被窥探的实害状态或潜在风险，理应成为规制重点。至于如何规制信息调取及分析行为，学界有两种不同主张：一种主张坚持技术侦查应当具有实时性，调取类措施和分析类措施应另起炉灶设置单独的侦查程序，其规范密度应与技术侦查相当。[1]该观点认识到调取类措施与实时监控类措施在侵权途径上的分殊，凸显出对数据调取和数据挖掘的规范意义；另一种主张则对"记录监控"的内涵进行解释，认为技术侦查仍可作为规制调取分析行为的有力框架。[2]笔者认为，在《刑事诉讼法》短期内难以大修的背景下，应对两种观点进行调和。第一步，应先将调取分析行为纳入技术侦查的规制范畴，加强对数据调取和数据挖掘的程序供给。第二步，应将技术侦查措施进行比例层分，分为分析类技侦措施和监控类技侦措施。前者在侵权程度和侵权方式上均弱于后者，应视为低层级的技术侦查，在程序上可以适当放宽。

3. 严重侵犯个人信息权的监控型技术侦查措施

譬如利用 GPS 追踪器收集证据的行为。侦查机关持续而全面地窥探公民实时的举止行动和精确定位，侵犯了不受监控的权利；将前述环节获知的信息交由数字技术加工，可以积沙成塔地拼凑出公民穿梭于世间的全貌，干预了个体不被分析的信息自决。相较于分析类技侦措施，其应适用更为严格的程序，属于高层级技术侦查措施。原因有四：其一，从人权保障的角度看，监控类技侦措施既构成实时监控的状态，又会营造出间接监控的笼罩效果，叠合性侵犯了两种权利，而分析类技侦措施主要侵犯不被分析的权利。其二，从取证行为的角度看，监控类技侦措施多为侦查机关主动推进，对权利的干预更为直接。例如，美国警方利用 StingRay 追踪器直接模拟基站台位置，收集犯罪嫌疑人的手机定位，而无须经由第三方调取。其三，从信息特性的角度看，相较于发生在过去、业已储存的信息，面向未来的信息在质与量上有更多不确定性。美国联邦最高法院在"格雷厄姆案"[3]中认为取得预期性信

---

[1] 参见程雷："刑事司法中的公民个人信息保护"，载《中国人民大学学报》2019 年第 1 期，第 109~110 页。

[2] 参见刘梅湘："监控类技术侦查措施实证研究"，载《华东政法大学学报》2019 年第 4 期，第 99 页。

[3] 846 Federal Supplement, 2d Series.

息（prospective）比收集回溯性信息（retroactive）更具侵入性。其四，从技术原理的角度看，利用即时信息的定位精度更高。例如，历史手机基站信息主要利用通联记录和方向角资料进行探索，仅能锁定概略位置；而即时手机基站信息主要通过注册资料和三角测量资料，其精确程度大大提升。[1]

（二）刑事诉讼中个人信息保护的程序建构

刑事诉讼中的个人信息保护除了需要形塑宽严相济的体系外，还需要建构相应的程序制度规制各类侵权行为。对此，传统的隐私权保护路径提供了既成经验，主要包括审批程序和令状程序。

1. 个人信息保护的审批程序

审批程序主要包括审批主体、审批心证门槛、审批的最后手段原则三个方面。其一，运用司法审查或准司法审查规制科技定位侦查已成为域外法治国家的共同智识，[2]而我国的自行授权模式排除了中立司法机关的监督。应适时地在两类技术侦查中落实法官保留原则。在紧急情况下，检察官亦可作为授权主体，但事后需要得到法官肯认。对于上述任意侦查措施，则仅需办案人员或县级以上公安机关负责人审批即可。其二，设计授权主体的心证门槛应遵循比例原则，形成强弱相间的梯度结构。例如，美国在监听方面的心证门槛分为四阶，从强到弱依次为清楚及令人信服的标准、合理根据标准、合理怀疑标准和关联性标准。[3]我国应借鉴域外先进的法治经验，对现行一元制的启动标准进行改良。监控类技侦措施应采取合理根据标准，分析类技侦措施则选用合理怀疑标准，任意侦查措施满足关联性标准即可。其三，审批程序应落实最后手段原则，即办案机关在申请监控令状时，必须细致说明已经采取过其他调查方式却没有取得预期效果，或为何采取其他调查措施不可行。[4]而我国《刑事诉讼法》规定的"根据侦查的需要"颇具主观性，既可以被理解为只有在不得已的情况下采取，也可以被理解为只要有侦查需要

---

〔1〕 参见黄政龙："美国行动电话定位追踪法规范研究"，载《警大法学论集》2010年第18期，第204~206页。

〔2〕 参见胡铭："英法德荷意技术侦查的程序性控制"，载《环球法律评论》2013年第4期，第7~9页。

〔3〕 参见胡铭："英法德荷意技术侦查的程序性控制"，载《环球法律评论》2013年第4期，第6~18页。

〔4〕 参见王新清、李响："美国电子监控与情报搜集制度研究——兼论我国反恐情报与技术侦查制度的完善"，载《中国刑事法杂志》2017年第1期，第104页。

即可采取。[1]对此，应将之解释为启动技术侦查的必要性原则。监控类技侦措施应在穷尽其他调查措施后方能实施，但分析类技侦措施和任意侦查措施无须遵循最后手段原则的规定。

2. 个人信息保护的令状程序

令状程序旨在将侦查对象特定化，限制侦查机关获取的资讯量。[2]我国《刑事诉讼法》第 150 条和《公安机关办理刑事案件规定》（2012 年）第 256 条要求侦查机关在批准实施技术侦查时需制作技术侦查措施决定书，列明技侦措施的种类、适用对象和期限。技术侦查措施决定书具备了司法令状的雏形，但仍需进一步通过令状的精细化设计为个人信息提供更为周延的保护。在科技定位侦查领域，令状包括但不限于以下内容：被监控者的姓名、案由及罪名、监控的技术方法、监控期限、监控的场所范围、授权监控的机关和授权人的身份等。其中，监控类技侦措施的案件范围应遵循重罪原则，分析类技侦措施则无须限制适用范围。至于监控时限，笔者认为，可以不设置实施的最短期限，而着重规制其最长时限，并将延长次数限制为 1 次。

令状内容还应包括令状指示规则，对办案人员的信息获取、储存、分析、销毁行为进行加重告知。授权主体在令状中应提醒侦查人员注意以下事项：其一，使用科技定位工具时应尽量减少对无关第三人信息权利的干预。例如，侦查机关应尽可能将虚拟基地台指向特定区域，尽量避免在人流密集之处使用，以免获取大量无辜第三人的信息。其二，搜集的资料应遵循目的拘束原则，不得另做他用。在满足特定程序要求的情况下可以另案使用，但应绝对禁止用于行政事务。其三，搜集的信息除为调查或证明犯罪行为而有保留必要者，其他资料应予销毁。其四，执行人员于缴还令状时应报告执行情况。

（三）刑事诉讼中个人信息保护的权利建构

以欧盟为代表的个人信息权逐渐脱离了隐私权的范畴，主张赋予信息主体积极的数据权利，以弥补传统隐私权保护框架的不足。个人信息权理应同辩护权、阅卷权、上诉权等一起纳入诉讼基本权利的范围。在科技定位侦查领域，个人信息权主要包含同意权、知情权和删除权。

---

〔1〕 参见刘梅湘："监控类技术侦查措施实证研究"，载《华东政法大学学报》2019 年第 4 期，第 100 页。

〔2〕 参见刘梅湘：《侦查中的网络监控法制化研究》，法律出版社 2017 年版，第 194 页。

1. 同意权的权利建构

在私法领域，信息主体的知情同意通常能证成信息处理行为的合法性。但在刑事司法领域，由于侦查行为的强制性，往往容易忽视信息主体自愿同意的意志自由。其实，同意意味着信息主体对自身权利的合法让渡，只要同意是建立在自愿知情的基础之上，便不致造成侵犯数据权利的情形。此外，"同意具有将强制侦查化为任意侦查的功能"[1]，其具有弱化侵权性征的作用，可以为简化侦查程序提供法理依据。例如，在搜查过程中，警察只需基于善意取得相对人的同意，就可以实施无令状搜查。因此，部分数据获取和挖掘行为也可以信息主体的知情同意作为合法性基础，只要同意确实出于自愿的意思表示，便可以无须经由内部审批或司法授权。但是，监控型侦查措施由于严重侵犯公民的个人信息权，故而不受合意性的约束，即便信息主体自愿同意，也必须遵循相关程序。

2. 知情权的权利建构

知情权的建构既需给予辩方数据知悉的权利，也需科以公权力机关告知义务。一方面，辩方能够通过阅卷权和证据开示程序寻找有利于己的材料以及鉴别电子数据的真伪。在知情范围上，应当包括被收集使用的信息来源、信息类型、应用范围、技术原理和算法模型，以及运用信息产生的结论等。并且，为避免辩方由于欠缺信息分析能力产生"数据倾倒"[2]的现象，在必要时可以将专家辅助人制度导入侦查阶段。[3]另一方面，侦查机关的告知义务分为概括告知与特定告知。前者主要告知不特定对象公共视频监控的位置、数据库搜集的数据种类等信息，发挥事前风险提示的作用。特定告知主要针对犯罪嫌疑人，在有碍侦查的因素消除之后，应告知其被监控追踪的事实，以便利相对人的事后救济。通知的内容包括姓名、罪名、监控理由、监控的方式和期间、监控的授权主体以及被监控者的诉讼权利等。如果存在有碍侦查的情形，可以选择延迟告知，但对延迟告知的决定应由法官授权。

---

〔1〕 陈卫东、程雷："任意侦查与强制侦查理论之介评——以同意取证行为为核心的分析"，载何家弘主编：《证据学论坛》（第7卷），中国检察出版社2004年版，第24页。

〔2〕 参见裴炜："个人信息大数据与刑事正当程序的冲突及其调和"，载《法学研究》2018年第2期，第59页。

〔3〕 张可："大数据侦查措施程控体系建构：前提、核心与保障"，载《东方法学》2019年第6期，第93~94页。

3. 删除权的权利建构

删除权的行使方式有依申请启动和依职权启动两种。依申请启动主要是赋予犯罪嫌疑人、证人、第三人向公权力机关申请删除过期信息、错误信息以及储存达到最大期限信息的权利。2018 年法国国民议会初步审议《数据保护法草案》，草案规定数据主体对国家基因数据库、禁入体育场黑名单或犯罪记录等档案信息拥有访问、更正和删除的权利，并按照侵权性质规定了数据留存的比例期限。[1]删除权的程序运作应以"申请—审查"的方式进行，法官拥有准许与否的裁量权。由于此项权利与公共安全、言论自由产生紧张关系，故应限制诸如危害国家安全犯罪、性犯罪等重罪案件的罪犯不得申请行使删除权[2]；依职权启动主要是科以公权力机关删除义务。我国《刑事诉讼法》第 152 条规定，对采取技术侦查措施获取的与案件无关的材料，必须及时销毁。但此项规定仍有拓展景深，譬如将销毁范围由与案件无关的信息扩展到与案件有关的信息。在刑事诉讼活动结束之后，数据留存的合法性业已耗尽，故应设置合理期限（如 1 年至 3 年），销毁相关记录。此外，应区分敏感信息与一般信息，分别设置合理的留存期限。

---

〔1〕 https://blogs. dlapiper. com/privacymatters/france-draft-data-protection-law-one-step-closer-to-a-final-version/，访问日期：2020 年 4 月 18 日。

〔2〕 参见郑曦："'被遗忘'的权利：刑事司法视野下被遗忘权的适用"，载《学习与探索》2016 年第 4 期，第 66 页。

英国通信截取的最新制度及对我国的启示

——基于《英国 2016 年侦查权法》的考察

孙明泽*

摘 要:［目的/意义］《英国 2016 年侦查权法》规定了通信截取、通信数据的获取、存留及访问,明确了不同方式在通信截取中的地位。令状审查的双锁机制、必要性原则等将通信截取程序丰富化。该法案对我国通信截取立法具有重要研究价值。［方法/过程］通过比较研究,总结《英国 2016 年侦查权法》的特色制度及对相关术语的界定。同时对法案进行客观评价,争取为我国通信截取、刑事电子数据收集及技术侦查的完善提供借鉴。［结果/结论］我国通信数据截取的程序改革应当坚持两步走的道路:坚持重罪原则和必要性原则,将通信截取与获取进行区分。

关键词:《英国 2016 年侦查权法》;通信截取;双锁机制;通信数据获取

一、问题的提出

信息技术的发展逐渐地改变了人们的生活,智能手机、网络通信的出现使人类通信进入信息化时代。英国凭借发达的信息技术,在通信技术刑事诉讼立法化方面取得丰富的经验。从 1957 年的博奇特报告到《英国 2016 年侦查权法》等涉及通信截取的法律文件,丰富了英国的通信截取程序。《英国 2016 年侦查权法》顺应英国打击犯罪、保障国家利益的趋势,将通信截取运用于刑事案件。该法案作为规定通信截取程序的专门立法,目的在于监管侦查权的行使,并将通信截取行为限定在法律的框架内。我国于 2012 年将技术侦查措施和电子数据纳入《刑事诉讼法》的规定,但是由于两制度在我国处

* 作者简介:孙明泽,博士研究生,研究方向:刑事诉讼法、刑事侦查。本文发表于《比较法研究》2018 年第 5 期。

于立法初期，还存在适用原则、具体程序设置等方面的问题。英国通信截取的规定有其先进之处，对我国刑事电子数据收集及技术侦查措施的完善具有参考价值。

二、《英国 2016 年侦查权法》的特色制度及相关术语界定

《英国 2016 年侦查权法》中的特色制度属于英美法系的传统，在司法审查、适用原则等方面体现了英美法保障权利与限制权力的精神。同时，法案中也存在大量术语需要界定，"定向通信截取""获取"等如何理解，也需要进行阐释。

（一）《英国 2016 年侦查权法》的特色制度

令状审查的双锁机制、令状原则、重罪原则以及通信截取与获取的分离立法属于《英国 2016 年侦查权法》具有重要特色的制度。上述制度在保障通信截取的合法进行方面具有重要价值，能够促使侦查机关权衡打击犯罪与保障人权的关系。

第一，令状审查的双锁机制。令状审查的双锁机制是指截取通信的令状需要进行双重审查，除需要内政大臣审查外，还应当由司法专员进行审查的机制。签发截取通信的令状时，内政大臣需要进行必要性审查，在满足维护国家安全、预防或者打击严重犯罪等条件并符合比例原则的情况下，内政大臣可以批准令状。但令状并非立即生效，须接受司法专员的审查，在符合比例性原则和必要性原则时，司法专员可以签发令状。如果令状不具备批准条件，其必须进行书面回应，将拒绝的理由以书面形式提出。法案出台之前，英国所有要求授权在该国境内进行通信拦截的请求均直接向内政大臣提出，民政事务局长只负责发出截取令状并向警方发出刑事调查令[1]，并未出现司法专员的审查。令状审查的双锁机制主要体现在：一是合法的通信截取的令状需要内政大臣的批准，也需要接受司法专员的审查。二是授权其他机构或者个人获取通信数据的令状也需要内政大臣和司法专员双重审查。三是设备拦截通信中，内政大臣有权向情报机构签发设备拦截令状，除紧急情况外，设备截取令状还需要司法专员审查。四是批量通信截取令状及批量获取通信

---

[1] David G. Barnum, "Judicial Oversight of Interception of Communications in the United Kingdom: An Historical and Comparative Analysis", Ga J Int'l & Comp L., 2016, 44 (2), p. 292.

数据也需要经过内政大臣和司法专员的双重审查。

第二，基本原则的规制。《英国2016年侦查权法》涉及的基本原则有比例原则、必要性原则、令状原则以及重罪原则。一是比例原则。内政大臣和司法专员在批准令状前，需要审查令状的签发是否符合比例原则。如果令状签发符合比例要求，则可以批准申请。同时令状的更新与修改也需要审查是否符合比例。二是必要性原则。具有下列情形时签发令状才具有必要性：基于国家安全利益的考虑、基于预防或者打击严重犯罪的需要、为了维护与国家利益和安全相关的经济的良好运转、为保护因维护国家安全利益需要而签订的国际条约的效力、通过签发截取令状获取的信息能否通过其他途径获取。三是令状原则。法案对获取、截取、存留数据的行为都通过令状进行规制，每种行为都需要内政大臣及司法专员审查。这既体现了保障权利的精神，也体现了制约国家公权力的理念。四是重罪原则。通信截取令状签发的条件之一为"为了预防或者打击严重犯罪"，说明通信截取的案件范围已经被限制在重罪领域，对于轻罪、违警罪等并不适用。恐怖主义犯罪具有"危害人身""破坏财产""严重干扰电信系统"等特点[1]，对国家利益和公共安全具有威胁，属于通信截取的对象范围。

第三，通信截取与获取的分离立法。通信截取与获取是两种不同的方式，但在司法实践中容易混淆，《英国2016年侦查权法》将通信截取与获取分开立法对规范司法实践中的截取与获取行为具有重要的作用。法案第二部分第一章规定了以令状形式拦截和审查通信数据的行为，并且明确了令状的签发权力、司法专员和内政大臣的批准；第三部分规定了获取通信数据的授权，包括获取数据的定向授权等内容，在形式上与通信截取区别开来。同时，不仅通信截取与获取分开规定，而且通信数据的存留也是专门规定在法案的第四部分。在对批量授权问题的规定上，法案同样采取了截取、获取与存留分离的规定，并未将三者混淆。

（二）《英国2016年侦查权法》相关术语的界定

《英国2016年侦查权法》属于通信截取的最新立法，涉及多个术语的界定问题，特别是对不同术语之间的关系、自身具有的特征等需要进行分析。

---

[1] Christos Boukalas, "U. K. Counterterrorism Law, Pre-emption, and Politics: Toward Authoritarian Legality", New Crim. L. Rev. 2017, 20 (3), p.363.

下文仅就容易混淆的定向通信截取、通信数据的获取、保留以及访问进行阐述。

第一，定向通信截取（targeted interception）。定向通信截取是英国通信截取立法的传统，《英国 2014 年数据存留与侦查权法》明确通信截取必须针对特定对象，但因例外规定还是允许窃听外部通信。《英国 2016 年侦查权法》对定向通信截取作出了详细的规定，扩大了截取令状适用的范围。[1]该法案第 15 条规定了定向截取令状，定向截取令状是指授权或要求收件人通过令状所述行为获取以下信息的令状：令状所述的通过邮政服务或电信系统传送过程中截获的通信、令状所述的通过邮政服务或电信系统传送通信中取得的次要数据、根据令状所述将获得的信息披露给令状发出者或代表人。同时，定向截取令状还适用于以下情形：为完成令状明确授权或要求的行为以及为从这种通信中取得次要数据而进行的工作；根据发出令状的人或其代表提出的要求实施令状时得到协助；向邮政运营商或电信运营商获取相关系统数据的行为。定向通信截取是经过授权的特定主体根据令状要求截取特定通信数据的行为。其具有以下特征：一是主体特定，定向截取的主体是经过授权的特定主体。二是对象特定，定向截取的对象为令状的收件人或者其代理人。三是范围特定，定向截取的范围应当以令状述明的范围为限，不得超出该范围过度截取通信数据。

第二，通信数据的获取（obtain communications data）。获取通信数据的行为包括被授权官员的下列行为：从任何个人或电信系统取得通信数据、被授权官员认为拥有或可能拥有数据的人需要披露该数据、未持有但有能力获取该数据的特定人获取后向被授权官员披露的行为、以通知方式要求电信运营商将被授权人员认为其拥有或可能拥有的通信数据披露于获授权人。因此，通信数据的获取是指被授权官员有权从持有与案件有关的所需数据的个人或者电信运营商处取得通信数据的行为。通信数据的获取具有以下特征：一是主体特定，有权获取通信数据的只能是经过公共机构授权的官员。二是对象不受限制，通信数据获取的对象是所有持有或者可能持有所需通信数据的个人或者电信运营商。三是获取方式多样，被授权官员既可以直接向持有数据的个人或者电信系统获取，也可以由持有通信数据的个人或者网络运营商

---

[1] Lukia Nomikos, "Are We Sleepwalking Into a Surveillance Society", BLR, 2017, 4, pp. 113, 115.

披露。

第三，通信数据的存留（retention of communications data）。该法案第四部分规定，在符合必要性原则和比例原则的前提下，基于维护国家安全和公共安全利益、预防与打击犯罪等目的，内政大臣有权要求网络运营商存留相关数据。内政大臣要求网络运营商存留通信数据的，应当进行书面通知，通知内容包括网络运营商的信息、需要存留数据的信息、数据存留期限、相关要求或者限制以及数据的存在情况。存留通知于送达网络运营商或者通知明确载明的时间开始时生效。通信数据存留的期限不超过 12 个月，起算时间为网络运营商首次掌握相关数据或者收到通知之日时起。收到通知时已经存在的数据，内政大臣可以要求网络运营商继续存留通信数据。通信数据的存留具有以下特征：一是由内政大臣发出通知。通信数据的存留通知由内政大臣向发出并且对通知执行情况进行审查。二是通信数据由网络运营商存留。内政大臣有权要求网络运营商在特定时间内保存设备上的通信数据，以备用于之后案件侦查。三是存留的通信数据并非都与刑事犯罪有关。内政大臣通知网络运营商存留通信数据既可以发生于犯罪之后，也可以在刑事犯罪出现之前以防患于未然。

第四，通信数据的访问（access）。英国上诉法院认为，通信数据的访问与存留在立法上进行区分具有必要性，必须根据不同的背景和目标对二者进行评估。[1] 法案对通信数据的访问并没有进行专门的规定，只是散见于部分条文，从理论上讲，通信数据的访问与截取、获取以及存留存在差异。通信数据的访问是指内政大臣或者经过授权的高级官员对存留于网络运营商处或者已经取得的通信数据进行查看的行为。通信数据的访问具有以下特征：一是通信数据的访问属于对国家已经掌握的数据采取的活动。内政大臣或者经过授权的高级官员针对网络运营商已经存留的通信数据可以进行审查，对案件侦查具有价值的通信数据有可能进入刑事诉讼程序。二是通信数据的访问属于通信截取、通信数据获取及保留的后续行为。需要访问的通信数据已经被掌握，访问属于通信截取、通信数据获取及保留的后续行为，而非原始存在。

---

〔1〕 Abu Bakar Munir, Siti Hajar Mohd Yasin, Siti Sarah Abu Bakar, "Data Retention Rules: A Dead end", Eur Data Prot L Rev, 2017, 3（1）, p.78.

三、对《英国 2016 年侦查权法》的评析

《英国 2016 年侦查权法》是英国通信截取程序改革的重要一步，该法案在通信数据截取的立法史上也具有显著地位，特别是双锁机制的规定具有重要意义。但同时该法案也存在不足之处，扩大了侦查机关截取通信数据的范围，并且在司法审查机制方面没有迈开步伐。

（一）"双锁机制"改变了英国通信截取的行政审批模式

《英国 2016 年侦查权法》调整和更新了通信截取权力的授予与监管方式，将双锁机制适用于截取令状。通信截取令状的签发不再仅受制于内政大臣，除此之外还需要司法专员的批准。海外拦截、特定拦截、通信数据的存留、设备拦截、批量拦截等令状的签发都采取内政大臣与司法专员双重审批的机制。该法案出台之前，英国通信截取程序采取纯粹的行政审批模式，通信截取令状需要内政大臣审批。

传统行政审批模式体现了英国对待通信截取的保守态度，与英美法系国家司法审查在刑事诉讼中的地位不匹配。传统行政审批模式是英国运用现代信息技术打击犯罪中发展而来的方式，该种方式表明英国不愿意用过多的力量限制通信截取。作为现代侦查手段，通信截取在打击犯罪过程中具有重要价值，对于提高诉讼效率具有不可替代的作用。但是，利用通信截取手段侦查犯罪将侵犯被侦查人的隐私，会使更多的人成为受害者。因此，通信截取虽然是打击犯罪、有效侦查的重要方式，但是与个人隐私保护相比，我们更应该保护多数人的利益。《欧洲人权公约》及其他的国际公约出现公民隐私权保护的规定，隐私权保护已经成为刑事诉讼发展的趋势，这既是保障人权的体现，也是人类社会文明进步的体现。正如有的学者所指出，侵犯性的监听属于严重侵犯个人隐私生活的措施，这类措施应当受到严格审查，审查标准应当坚持《欧洲人权公约》第 8 条规定的必要性原则和比例性原则[1]。

（二）比例性原则和必要性原则的规定体现了程序性思维

比例原则要求通信截取应当坚持合理限度，禁止因收集部分电子数据而

---

[1] Nick Taylor, "Regulation of Investigatory Powers Act 2000: Intrusive Surveillance", J Crim L, 2006, 70（4）, p.285.

扣押电子数据载体[1]。在监听等侦查措施中，必要性原则要求穷尽其他侦查方式时才可以使用监听[2]。通信截取作为电子数据收集的方式，遵循比例原则体现了程序性思维。"为了国家安全、公共安全或者国家经济福祉的利益、为了防止失序或者犯罪、为了维护健康或者道德以及为了维护他人的权利与自由"，可以进行适当干预[3]。还有学者认为，刑事电子数据收集中的比例原则应当包括四项基本要求：侦查目的的正当性、侦查手段与目的的匹配性、侦查干预基本权利的谦抑性及侦查成本与收益的平衡性[4]。

比例原则体现了以下程序思维：其一，打击犯罪与保障人权之间的平衡。通信截取对犯罪嫌疑人乃至案外人的个人隐私侵犯可能性较大，同时作为实现打击犯罪的手段，是发现犯罪事实的有效方式。侦查（警察）机关在截取通信数据时需要平衡二者之间的关系。其二，侦查手段与隐私权保护的权衡。通信截取作为侦查手段，对公民个人隐私具有重要影响。比例原则要求侦查机关收集电子数据时，应当采取对公民隐私侵犯程度最小的行为。同时，可以采取常规手段收集证据的，侦查机关应当采取常规手段。其三，成本与效益之间的平衡。通信截取属于运用技术手段侦查案件，特别是在技术侦查中，投入的时间、警力以及费用将非常大，甚至有的情况下无法收到实质效果，通信截取的比例原则要求评估成本与收益，追求最佳效果。

必要性原则在《英国 2016 年侦查权法》中体现了保障人权和公共利益的思维。有学者认为，电子数据的收集应当在打击犯罪和保障人权之间进行权衡[5]，同时还应当考虑其他与公共利益相一致的利益[6]。通信截取作为收集电子数据的方式，在贯彻必要性原则时也应当注重人权保障与打击犯罪之间的平衡，特别是对人权保障以及公共利益的保护。法案通过五个方面对必

---

[1] 楚挺征："电子数据证据在检察机关自侦工作中的运用——以修改后的刑事诉讼法为视阈"，载《云南社会主义学院学报》2014 年第 3 期，第 172 页。

[2] 刘梅湘：《侦查中的网络监控法制化研究》，法律出版社 2017 年版，第 164 页。

[3] 林钰雄："论通信之监察——评析欧洲人权法院相关裁判之发展与影响"，载《东吴法律学报》2018 年第 4 期，第 5 页。

[4] 裴炜："比例原则视域下电子侦查取证程序性规则的构建"，载《环球法律评论》2017 年第 1 期，第 82~84 页。

[5] 梁静："电子证据在刑事诉讼中的收集与认证"，载《河南财经政法大学学报》2012 年第 4 期，第 120 页。

[6] 皮勇："《网络犯罪公约》中的证据调查制度与我国相关刑事程序法比较"，载《中国法学》2003 年第 4 期，第 150 页。

要性原则作出规定：国家安全利益的考虑、预防或者打击犯罪的需要、维护与国家利益和安全相关的经济的良好运转、维护因国家安全利益需要而签订的国际条约的效力、通过签发截取令状的形式获取的信息能否通过其他途径获取。五项内容涵盖了人权保障和公共利益保护，体现了刑事侦查的程序性法治思维。

（三）通信截取与通信数据的获取分离立法具有严谨性

通信截取与其他术语在被用于侦查刑事案件之初并未完全区分，通信截取、获取以及存留等术语的关系不明确。随着科学技术的发展，计算机技术在刑事诉讼领域的广泛运用，刑事立法的严谨性要求对不同术语进行区分。《英国2016年侦查权法》将"通信截取"与"通信数据的获取"区分立法体现了立法者立法的严谨性。

通信截取、获取与存留属于不同的行为，三种行为对个人隐私的侵犯程度、强制程度等不同，应当在立法时进行区分。有的学者提出，在网络犯罪案件中，由于需要提取的电子证据处于互联网存储或传输状态，在通常情况下很难调取原件，只能通过截取、复制方式获得通信数据。[1]该学者还提出了电子数据的存留、提供以及扣押、提取等，但是并没有作出明确界定。通信截取属于侦查机关利用科学技术对传输中的电子通信进行截获的行为；通信数据的获取则是侦查机关要求网络服务商将储存于传输系统中或者储存于设备上的私人信息提供给侦查机关的行为；通信数据的存留是指侦查机关或者网络服务商通过各种手段将截取或者获取的通信数据存储于移动硬盘等设备上的行为。三种手段都对被截取人的个人隐私具有威胁，但是通信截取对被截取人的隐私侵犯没有其他两类严重，存留属于严重侵犯个人隐私的方式，如果保存不当或者被披露，将对当事人造成不可弥补的损失。

（四）令状签发的例外体现了英国令状审查探索中的畏难情绪

虽然《英国2016年侦查权法》具有进步意义，但并非完美无缺。英国在令状签发方面迈出了向司法审查的重要一步，但是改革并不彻底，没有彻底改变原有的行政审查模式。同时，法案并没有对侵犯个人隐私造成的损害如何救济作出规定，对通信截取造成的个人隐私侵犯不能仅仅进行"理论上"

---

〔1〕 皮勇："新刑事诉讼法实施后我国网络犯罪相关刑事程序立法的新发展"，载《法学评论》2012年第6期，第118页。

的救济，而是应当采取"实际""有效"的救济。[1]在令状审查的双锁机制中，虽然内政大臣批准令状的决定在获得司法专员审查批准前不产生效果，但是存在例外情况：在紧急案件中，仅有内政大臣的批准也可以进行截取。这就是说司法专员的审查有例外规定，虽然司法专员并没有明确的法律规定赋予其法官身份，但是法案规定了司法专员在审查时需要遵循法庭法官审查的相同标准。因此，内政大臣签发令状的例外规定是不是对司法专员审查的例外呢？法案规定了紧急案件中内政签发令状之后应当及时向司法专员说明令状内容，但是"紧急案件""及时"如何理解？如果司法专员不批准内政大臣的截取令状，那么截取的法律后果为何？对被截取人造成的伤害如何补救？这些问题都是立法者应当考虑的。

四、英国通信截取程序改革对我国的启示

《英国 2016 年侦查权法》在英国通信截取程序立法史上具有里程碑意义，法案中规定的特色制度与原则具有先进之处，对我国具有借鉴价值。

（一）由行政审批到"双锁机制"：令状签发模式的嬗变

令状原则是英美法系国家普遍遵循的原则，虽然英国本次对通信数据的改革并没有完全确立令状审查制度，但是，"双锁机制"的规定对我国仍具有重要的借鉴价值。

我国法律制度受到了大陆法系国家法律制度的影响，使得我国通信截取程序立法处于保守状态。虽然 2012 年《刑事诉讼法》增加了"技术侦查措施"的规定，但是技术侦查特别是通信截取的令状审查存在不足。技术侦查的案件适用范围、审批程序等都存在模糊规定的地方。《刑事诉讼法》作为限制公权、保障私权的程序法，应当对技术侦查措施的适用作出明确规定，这是程序法定原则的要求。[2]采取严格的批准手续应当考虑以下问题：首先，批准的主体。技术侦查的批准主体应当明确，同时应当避免侦查机关内部的自我审批。其次，审批的期限。技术侦查的审批应当有期限的限制，不应当出现技术侦查措施结束之后再补办批准手续的情形。最后，批准技术侦查后

---

〔1〕 Cole Mark D. Annelies Vandendriessche, "From Digital Rights Ireland and Schrems in Luxembourg to Zakharow and Szabo/ Vissy in Strasbourg", Eur Data Prot L Rev, 2016, 2 (1), p.127.

〔2〕 陈卫东：《刑事诉讼法理解与适用》，人民出版社 2012 年版，第 304 页。

对当事人造成权益损害的，应当明确承担损害后果的机关。《英国2016年侦查权法》规定的"双锁机制"对我国具有借鉴价值。虽然目前我国没有确立成熟的令状制度，但是令状制度在我国已经受到重视。由于我国长期采取行政审批模式，短时间内还无法做到彻底接受令状制度与司法审查，所以，我国可以在英国通信截取令状审批"双锁机制"的基础上加以改进。笔者曾专门撰文对刑事诉讼中的通信截取程序规制进行研究，并提出了"两步走"的初步设想，在此，笔者再次提出并对该设想进行深入讨论。

第一，现阶段应当由检察院审批公安机关申请的令状，并定期向法院披露。通信截取等侦查措施本身的技术性、侵犯隐私性以及秘密性的特点决定了该类技术侦查措施存在被滥用的风险[1]，因此需要签发令状限制滥用通信截取行为。检察机关作为司法机关应履行客观公正义务，由其签发公安机关提出的令状具有可行性。人民检察院享有法律监督权，检察机关有权审查公安机关申请的令状。同时检察院签发的令状需向法院披露，法院应当及时审查。

第二，待我国令状制度发展成熟后，法院应当行使签发通信截取令状的权力。人民法院是我国的司法机关，需要彻底贯彻公正审判义务，其具有严格的中立性特征，能够最大限度地做到打击犯罪与保护人权的统一。检察机关也是我国的公诉机关，并且今后的发展方向也是强化检察院的公诉权，因此，需要将通信截取令状的签发权转交至人民法院。

（二）重罪原则与必要性原则：通信截取的限制

重罪原则是英国通信截取规定的特色，虽然《英国2016年侦查权法》并没有明确何为"重罪"，但是令状的签发条件包括"为了预防或者打击严重犯罪"。因此，通信截取仅适用于严重犯罪，只是法案对"重罪"的模糊规定使其操作性不强。

对于重罪与轻罪的划分，世界上的不同国家存在不同的标准，以刑期为标准，有学者总结了六种情形：法国的10年标准；西班牙、奥地利的3年标准；俄罗斯的2年标准；德国、瑞士的1年标准；加拿大的6个月标准和泰国

---

〔1〕 刘军："技术侦查的法律控制——以权利保障为视角"，载《东方法学》2017年第6期，第26页。

的 1 个月标准。[1]可以看出，仅就刑期来看，世界范围内关于重罪与轻罪的划分标准存在较大差异。有学者认为，我国重罪与轻罪的分界线应当为 3 年有期徒刑，因为我国刑法分则很多罪名量刑幅度轻重的分水岭是 3 年。[2]还有学者认为我国判处 10 年以上有期徒刑的犯罪都是严重犯罪，[3]即 10 年以上是重罪的标准。《刑事诉讼法》通过列举的方式明确技术侦查措施适用于严重犯罪案件，但未涉及通信截取问题。

我国虽然有技术侦查的规定，但应当对其进行细化规定，特别是对通信截取适用的案件范围作出规定。《博茨瓦纳宪法》也规定了隐私数据的保护，只有在涉及国家安全、严重犯罪时才可以进行监听，禁止滥用通信监听措施。[4]目前，国内多数学者主张重罪的标准为 3 年，笔者也曾持赞成态度，在《网络法律评论》发表的《刑事侦查中的通信数据截取问题研究》一文中，主张我国通信截取的案件适用范围应当限制在 3 年有期徒刑以上刑罚。但是经过慎重思考之后，发现通信截取的案件适用范围不能仅仅从刑期进行限制，还应当考虑社会危害程度等因素。同时，考虑到目前我国对技术侦查的立法处于起步阶段，通信截取的适用范围不宜过大。我国通信截取的标准最好设置为 10 年，同时，还应当考虑犯罪对社会的危害程度等因素，如果属于严重危害社会安全的犯罪则可以适当降低标准。

通信截取还应当坚持必要性原则。必要性原则要求通信截取应当根据案件需要事实，不得任意为之。通信截取也应当坚持必要性原则，侦查机关能够通过其他手段侦查、解决案件时，应当采取其他手段，而不能采取侵犯个人权利程度更为严重的技术侦查措施，更不得随意使用通信截取手段。《英国 2016 年侦查权法》规定了必要性审查的情形，内政大臣在签发通信截取令状时，必须审查申请令状的理由，只有在必要时才可以签发令状。特别是在打击恐怖主义犯罪案件中，处理好打击犯罪与保障人权之间的关系成了立法者

---

〔1〕 王文华："论刑法中重罪与轻罪的划分"，载《法学评论》2010 年第 2 期，第 29~30 页。

〔2〕 郑瑞平："比较法视野下我国刑事速裁程序之完善"，载《中国刑事法杂志》2016 年第 6 期，第 23 页。

〔3〕 全国人大常委会法制工作委员会刑法室编：《关于修改中华人民共和国刑事诉讼法的决定条文说明、立法理由及相关规定》，北京大学出版社 2012 年版，第 113 页。

〔4〕 Badala Tachilisa Balule, Bojosi Otlhogile, "Balancing the right to privacy and the public interest: Surveillance by the state of pri-vate communications for law enforcement in Botsw ana", *Stat-ute Law Review*, 2016, 37（1）, p. 25.

需要考虑的问题。[1]因此，只有在有必要对犯罪嫌疑人采取截取通信数据措施时才可以实施该行为，否则所获证据应当依法排除。

我国《刑事诉讼法》应当确立通信截取的必要性原则，结合重罪原则界定通信截取案件适用范围。正如学者所言："在采用通信监察以外的其他方法都无法收集或者调查证据时，才可以声请通信监察，落实通信监察的最后手段原则。"我国通信截取程序可以进行如下完善：首先，结合刑期和社会危害性程度初步界定通信截取的案件适用范围。其次，从国家安全的角度界定通信截取的案件范围。最后，基于国际刑事司法协助的考虑采取通信截取措施。为了打击恐怖主义犯罪等危害全人类的犯罪，可以基于刑事司法协助的需要采取通信截取措施。

（三）通信截取与获取：分离立法的价值

通信截取与获取是两个不同的语词，但是在对通信截取与获取的研究中很少有学者对两词进行区分。有的学者认为网络犯罪案件中需要提取的电子证据处于互联网存储或传输状态，通常情况下很难调取原件，只能通过截取、复制的方式获得通信数据。这种观点只有部分学者认可，并未形成主流观点，并且该学者在文章中对各种概念也未进行明确界分。

通信截取是侦查机关利用科学技术截取传输中的电子通信行为，该行为侵犯被截取人的隐私权等权利程度较轻。通信数据的获取是侦查机关要求网络服务商将传输过程中或者储存的私人信息提供给侦查机关的行为，该行为侵犯利害关系人的隐私权等权利程度较大。《英国2016年侦查权法》对通信截取与获取分别作出规定，对不同侦查行为进行区分，能够有效规制通信截取。此外，法案还单独规定通信数据的存留，明确通信数据存留的独立地位。英国分别规定通信截取、获取，既规制了侦查行为，也保护了被侦查对象的个人隐私。

我国目前还没有针对通信截取程序的规定，更不存在对通信截取、获取等方式的区分。我国通信截取程序需要完善，细化相关规定。通信截取的细化应当从以下方面着手：首先，参与主体。通信截取是侦查机关的行为；通信数据的获取是侦查机关在特定条件下要求网络服务运营商提供个人通信数据

---

〔1〕 吴常青、吴轩、李春蕾："英国秘密情报向诉讼证据转化制度研究"，载《情报杂志》2018年第2期，第25页。

的行为。其次，个人基本权利的受伤害程度。通信截取侵犯个人基本权利的程度较轻；通信数据的获取侵犯个人基本权利较重。从上述两个方面入手可以有效实现对通信截取的规制。

结　语

《英国2016年侦查权法》作为规制通信截取程序的最新立法，在立法技术及制度构建方面都较之前立法具有进步。但同时也应当认识到该法案存在的不足，特别是没有实行彻底的截取令状司法审查模式。我国技术侦查措施与电子数据作为《刑事诉讼法》作出规定的内容，在具体程序的构建方面还存在继续完善的空间。我国技术侦查措施以及刑事电子数据收集都应当受到刑事诉讼程序的规制，这将是我国《刑事诉讼法》今后完善的方向。

域外技术侦查审批机制的分析与借鉴

吴俊柳[*]

摘　要：2013 年 1 月 1 日生效实施的新《刑事诉讼法》规定了技术侦查的主体，技术侦查的适用案件范围，技术侦查的适用对象，技术侦查的期限，技术侦查的申请与批准机制，技术侦查所获材料的保存与销毁，技术侦查所获材料的证据能力等，这表明我国技术侦查的立法正在逐渐步入法治化的轨道。技术侦查的法治化进程是保障人权的需要，也是司法程序公正的需要，具有较大的进步意义。但是由于我国技术侦查的规定过于原则，缺乏可操作性，需要对其进行改革与完善，使其更加规范和科学。本文主要从审批机制角度研究如何改革与完善我国的技术侦查制度，通过对美国、英国、德国和日本等国的技术侦查审批模式的比较研究，分析和总结其共同性规律，并以此作为推进我国技术侦查审批机制法治化变革的有益参考。

关键词：技术侦查；审批机制；司法审查；秘密侦查

通过对当今各国刑事侦查活动的考察可知，技术侦查在各国或者地区的运用已经相当普遍，受政治、经济、文化以及司法传统等因素的影响，各国在技术侦查的立法模式、审批程序、执行方法等方面存在共同点的同时，其制度也存在较大的差异，通过比较研究，可以了解世界其他法治国家或者地区技术侦查审批机制的异同，学习借鉴域外的有益经验，借此完善我国技术侦查审批机制就具有重要意义。本文首先对海洋法系中的美国和英国的技术侦查审批机制进行分析，然后再对大陆法系的德国和日本的技术侦查审批机制进行研究，最后总结了其共同性规律。

---

* 作者简介：吴俊柳，法律硕士，广东佛山市公安局干警。

一、海洋法系国家技术侦查审批机制

（一）美国

美国是世界上最早确立技术侦查制度的国家，其技术侦查措施主要包括：通讯监控（电子监听、电子窃听、邮件检查）、有形监控（秘密拍照、追踪定位等）等。

1. 监听的审批机制（参见表1）

表1　美国监听的审批流程

申请主体	审批流程
联邦侦查机关	联邦调查局或其他侦查机关申请监听令状 ↓ 联邦检察总长、代理检察总长、副检察总长、助理检察总长、代理副检察总长、检察总长特别指定刑事部门之代理助理检察总长进行审核，提出核发监听书之申请书 ↓ 联邦法院法官经审查同意后，签发监听许可证
州地方侦查机关	各州犯罪调查机关或其他有义务调查犯罪之政府有关部门提出申请 ↓ 各州检察长或其下属机关之检察长进行审核，提出监听申请 ↓ 州法院之法官经审查同意后，核发监听许可证
联邦检察官	联邦检察官提出监听申请书 ↓ 联邦有管辖权法官经审查同意后，核发监听许可证

由上述流程可以看出，无论哪种情况的监听审批，都是由检察官向法官提出申请，在获得法官签发的监听许可证后才能实施监听，也即监听的核准权在于法官。具体的审批程序包括：

第一，法官审查检察官提交的申请书是否包括以下内容：①提出申请的侦查人员或者执行人员以及授权申请的官员的身份；②申请人对申请签发监听令所依据事实的全面完整的陈述；③如果存在已经尝试过其他侦查手段并且失败了的情况，必须有全面完整的陈述；④详细说明监听所需的持续期间；⑤申请人或批准申请的人对以前曾经监听过相同的人、设施或者住所再次提出监听的，必须进行完整详细的描述；⑥如果要求延长监听期限的申请，必须写明监听的结果尚未获得，以及对未能获得监听结果之合理解释。[1]

第二，法官在审阅完申请书后，经审查符合以下条件的才可以签发监听令状：

①具有合理根据确信行为人正在实施、已经实施或将要实施本章第2516条所列举之罪名；②具有合理根据相信通过监听可取得该犯罪之具体证据；③已经尝试过普通的侦查手段并失败了，或者即使采用也不可能获得成功或太危险；④具有合理根据相信作为监听对象的通信设备或场所正在或即将被用于与实施上述犯罪有关的活动，或者被这个人所租用或登记在其名下或通常由他使用，但法律另有规定的情形除外。[2]

第三，法官签发的监听令状必须记载以下内容：①被监听人的身份（如果知道的话）；②授权监听的通信设备或场所的性质与位置；③授权监听电话的机关与授权人的身份；④授权监听的机关；⑤批准进行监听的期间，并说明在首次获得所欲监听的通信后，监听行为是否会自动终止。[3]

第四，监听令状授权监听的期限。在美国，监听令状授权监听的期限不能超过30天，监听期限可以延长，但是必须重新办理审批手续。延长批准的期限不能超过30天。

第五，紧急监听的审批程序。此外，美国还规定了紧急监听的审批程序，即在紧急情况下，符合法定的情况，侦查机关可以不经过法官的事先批准而实施无证监听。但是，必须在48小时内向法官提交书面申请，追认无证监听的合法性。如果法官没有认同，监听行为必须立即停止，相关录音材料应该

---

〔1〕 邓立军：《外国秘密侦查制度》，法律出版社2013年版，第63~64页。
〔2〕 参见《美国法典》第199章第2518条第4项规定。
〔3〕 参见《美国法典》第199章第2518条第4项规定。

马上销毁。紧急情况的法定条件包括：①有导致他人死亡或者严重身体伤害的并且有迫在眉睫的危险的；②有危险国家安全利益的阴谋活动的；③有组织犯罪的密谋活动，并且在经适当努力获得法官授权之前必须对有线的、口头的或电子的通讯进行监听。[1]

2. 邮件检查的审批程序

邮件检查与秘密搜查在美国侦查手段体系中是两类被单列的侦查手段且通常未被作为秘密监控手段对待。在美国，邮件检查对象是信件和密封的包裹，侦查机关为了能够准确掌握犯罪证据、犯罪规律、犯罪团伙构成等情况，对犯罪对象的邮件进行检查并从中发现相关线索和证据。和监听行为一样，侦查机关需要向法院申请搜查令状才能进行检查，侦查机关的邮件检查需要经过法院的批准才能进行。

3. 秘密搜查的审批程序

秘密搜查，就是执法人员为了不打草惊蛇，秘密侵入搜查现场，搜集有关案件的证据，同时可以拍照和提取样本。美国的侦查机关在秘密搜查之前，先要向法院提交申请书，在获得法院签发的搜查令状之后，侦查机关才能进行秘密搜查，否则就属于违法搜查。

（二）英国

英国是海洋法系国家的典型代表，近年来，在规制技术侦查方面迈出了较大的步伐，其成功的经验值得我们予以深度关注。总体来说，英国技术侦查的立法受到欧洲人权法院的重大影响。欧洲人权法院就 Malone v. the United Kingdom 一案判决英国败诉促使英国制定并颁布了《1985 年通信截收法》，从而改变了英国通信截收长期以来无法可依的局面。[2]2000 月 28 日，英国颁布了《2000 年侦查权规制法》，同时宣布废除《1985 年通信截收法》，这是英国技术侦查步入法治化轨道的标志。在英国技术侦查措施体系中，我们选取通信截收和秘密监视来考察，以探究该国技术侦查的审批机制。

1. 通信截收的审批机制

英国的通信截收原则上推行许可证制度，英国警察作为政府公共权力部

---

〔1〕 邓立军：《全球视野与本土架构——秘密侦查法治化与刑事诉讼法的再修改》，中国社会科学出版社 2012 年版，第 191 页。

〔2〕 邓立军："英国通信截收制度的变迁与改革"，载《中国人民公安大学学报（社会科学版）》2007 年第 3 期。

门之一若要实施通信截收，必须事先获取国务大臣签发的许可证，否则即属非法截收，其所获证据可能面临被排除的危险。英国通信截收的审批机制主要反映在通信截收许可证的申请与签发上，《2000年侦查权规制法》及其《通信截收实施细则》对此规定了较为详细的审批流程。(参见图1)

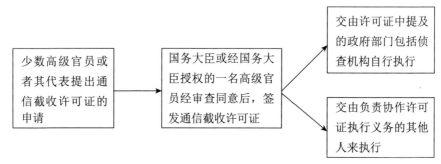

图1　英国通信截收的审批流程

第一，通信截收的申请主体只能是少数高级官员或者其代表。这主要包括两大类：一是保安及情报机构的首长，包括保安局（军情五处）局长、秘密情报局（军情六处）局长、政府通信中心主任、国家刑事情报局局长以及国防情报局局长；二是执法机构的首长，包括大都市警察局局长、北爱尔兰警察局局长、根据《1967年警察法（苏格兰）》运作的任何警队的警察局局长以及海关关长。[1]

第二，国务大臣或经国务大臣授权的一名高级官员在审查通信截收的申请时，只有在下列情形下才可签发截收许可证：维护国家安全利益；阻止或侦查严重犯罪；保护英国的经济利益；执行任何国际互助协议。此外，还须考虑签发许可证的必要性、依据许可证而获得的信息可否通过其他合法途径取得以及经许可证授权的行为和此行为所寻求获得的结果是否相称，否则国务大臣不得签发许可证。[2]

第三，国务大臣或经国务大臣授权的一名高级官员所签发的截收许可证分为普通许可证和由国务大臣签发的证明书两种形式。普通许可证上必须指

---

〔1〕　邓立军：《全球视野与本土架构——秘密侦查法治化与刑事诉讼法的再修改》，中国社会科学出版社2012年版，第161页。

〔2〕　参见《2000年侦查权规制法》第6条第1款和第2款。

定或描述作为截收对象的人或要实施截收的某一座单独的房产，并载明规定的地址、号码、装置或其他能够指明许可证要求列明的发送人或接收人的信息或地点的要素。而证明书须有对截收材料的说明，以使国务大臣认为为维护国家安全利益、为阻止或侦查严重犯罪、为保护英国的经济利益必须对这些材料进行检查，因而有必要进行截收。[1][3]

第四，通信截收许可证的有效期是 3 个月。有效期届满后失效，如果需要继续侦查，国务大臣可以批准续期，续期为 3 个月。遇有紧急情况下或其他法定情形，经国务大臣明确授权的一名高级官员也可以签发许可证。许可证的有效期为 5 日。延长许可证有内政大臣审核，延长的期限从延长之日起算 6 个月。

2. 秘密监视的审批机制

英国《2000 年侦查权规制法》根据监视的侵扰程度不同，将监视分为指向性监视与侵入性监视两种。所谓指向性监视，是指为了实现特殊侦查或特殊行动的目的，而采取监视的方式以获得某人秘密信息的一种秘密侦查行为；而侵入性监视则必须具备两大条件：一是必须是针对发生在居住建筑或私人交通工具（如车辆）内的事情进行；二是它必须是在建筑物或交通工具内有人在场或者是借助于监视设施来实施的。[2]由于侵入式监视更容易侵害公民的隐私权，所以其审批制度的设计也就更加严格。（参见表 2）

表 2　英国秘密监视的审批流程

监视种类	审批流程
指向性监视	执行机构提出采取指向性监视的申请，原则上以书面形式提出，紧急情况下可采用口头形式 ↓ 该申请交由在相关公共机构中拥有国务大臣令中所规定官衔的个人审查，满足授权条件才能授权实施指向性监视

〔1〕 邓立军：《全球视野与本土架构——秘密侦查法治化与刑事诉讼法的再修改》，中国社会科学出版社 2012 年版，第 161 页。

〔2〕 邓立军：《外国秘密侦查制度》，法律出版社 2013 年版，第 24~25 页。

监视种类	审批流程
侵入式监视	凡是情报机构、国防部以及皇家武装力量、皇家海关与税务局、国内税务局都可以提出侵入性监视的申请，提交申请书 ↓ 该申请书交由国务大臣或高级授权官员审查，符合授权条件的则制定授权书，交由执行机构执行

第一，有关机关提交的秘密监视申请书需阐明以下九个方面的内容：①针对特定案件存在授权必要性的理由与根据；②通过指向性监视所寻求达到的目标具备相称性的理由；③监视的种类；④监视目标认为的身份说明；⑤通过监视意欲获得的资料的解释；⑥任何潜在的、间接的侵入之细节以及侵入的正当化理由；⑦通过监视可能获取的任何秘密信息的细节；⑧要求监视的机构的机关；⑨许可或拒绝授权的人员、日期及时间的后期记录。

第二，在秘密监视的授权条件方面，指向性监视的授权条件包括三个方面：①指向性监视是为了维护英国的国家安全利益、经济繁荣；预防和侦查犯罪或者防止社会混乱；公共安全；公共卫生的保护；税收等的评估和征收；其他由国务大臣在命令中所具体规定的目的。②指向性监视的实施具有必要性。③所授权的监视与该授权实施所能谋求的东西必须是相称的。[1]侵入式监视的授权条件有两个：①为了维护国家安全利益、预防或侦查严重犯罪、维护英国的经济繁荣的目的。②通过监视所要达到的目必须具有适度性。[2]

第三，在秘密监视的有效期间方面，指向性监视的书面授权的有效期间为3个月，而紧急情况下的授权期间为72小时。如需延长，经申请可再次延长3个月，而紧急情况下的指向性监视，经批准可再次延长72小时。至于侵入式监视，一般期间为3个月，如需延长，必须依照法律程序处理。

二、大陆法系国家技术侦查审批机制

(一) 德国

德国作为大陆法系国家，该国的技术侦查体制承继了大陆法系制定法的

---

〔1〕 参见《2000年侦查权规制法》第28条第2款和第3款。

〔2〕 参见《2000年侦查权规制法》第32条第2款。

传统，由刑事诉讼法典加以规定，技术侦查手段主要包括窃听、邮件检查、秘拍秘录等。在德国技术侦查权力的配置中，由法官负责技术侦查行为的审批，紧急情况下，在延误就有危险时，也可以由检察官决定，但必须在法定期限内获得法官认可，否则即失去法律效力。对于某些秘密侦查行为，若延误就有危险，而又不能及时取得检察官或法官同意，警察机关可先行决定。可见在德国，法官、检察官和警察都可能成为技术侦查的审批主体。

1. 邮件检查的审批机制

根据《德国基本法》第 10 条第 1 项的规定，公民有书信、邮政、电信通讯的自由，并受法律的保护。德国很注重对个人权利的保护，对邮件检查和扣押有严格的程序要求。(参见表 3)

表 3 德国邮件检查的审批流程

审批主体	审批流程
法官	法官审查采取邮件检查的申请，看是否符合实体条件 ↓ 法官签发司法令状，要求邮局、电报局将涉嫌犯罪的邮件提交给检察院 ↓ 检察院将未开启的邮件提交法官，只有法官才有权打开邮件并阅读（紧急情况下，检察院也享有开启邮件的阅读权）
检察官	在延误就有危险时，检察院也可以命令实施涉嫌犯罪邮件的扣押 ↓ 该扣押令要在3日内未交给法官的确认，否则失去效力

可见，在邮件检查的审批机制中，一般情况下，邮件检查只能由法官享有审批权力，但是紧急情况下也可由检察官来担任审批主体，不过事后需要得到法官的确认。这种对紧急情况的灵活处理，既保证了侦查效率，又确保了司法监督的效果，值得其他国家或地区借鉴。

法官在对申请邮件检查的审查中，如果需要签发司法令状，则必须满足以下两个条件：①对嫌疑人已经实施严重犯罪存在理由充分的怀疑；②无法采用其他侦查手段或者其他侦查手段已被证明无效。只有这两个条件同时成立，法官才会签发司法令状，并要求邮局将有关邮件移交检察院，检察院再将未启封的邮件移交法官，由法官开启。因为走正常的程序需要耗费很多时间，有的案件如果不及时开启邮件，可能会导致危险结果的发生。法官根据需要，有权随时将邮件的开启权移交给检察官，由检察官代为开启邮件。

2. 监听的审批机制

在德国早期，为保护公民的隐私权，对监听行为是明文禁止的。但是，随着毒品犯罪和有组织犯罪案件的持续上升，德国开始认识到监听技术对打击犯罪的必要性，并于1992年颁布的《打击违法毒品交易和其他有组织犯罪法》》（简称有组织犯罪法）确立了住宅外监听程序。到了1998年，《德国基本法》规定，为了侦破重大犯罪，可以对住宅实施监听。由此，我们可以将德国的监听分为住宅外监听和住宅内监听两种，根据所适用的对象不同，二者在审批程序上也有所差异。（参见表4）

表4　德国监听的审批流程

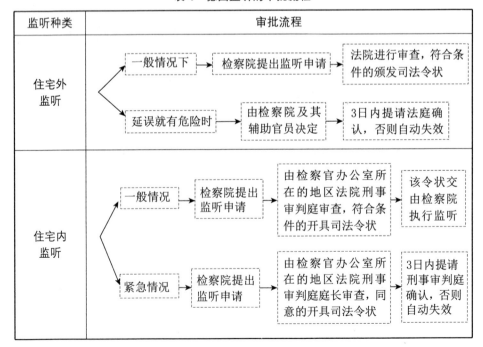

可见，德国的监听原则上只能由法官审批，但在延误就有危险时，检察官也有一定的审批权，但这种审批权必须事后获得法官追认，否则自动失效。法官主要从以下两个方面审查监听申请：首先，法官需要审核申请监听的罪名是否为法律规定的严重犯罪，主要审查是否为《德国刑事诉讼法》第100条a第2款列举的有关严重犯罪的具体罪名：包括反和平罪、叛国罪、危害公共秩序罪、谋杀罪、抢劫罪、诈骗罪、不正当竞争罪、行贿罪和受贿罪等，如果不是在所列举的罪名中，监听的申请将被驳回。其次，法官需要审核监听的必要性。法官主要审查的条件是，是否其他的侦查手段都无法查清案情，如果其他的侦查手段都能够达到侦查的目的，那么法官有权不予审批。只有同时符合上述两个条件以后，法官才能对申请做出同意的决定，并签发司法令状。相对而言，住宅内监听的审批更为严格，检察官并无决定权，一般情况下其司法令状由三名法官组成的审判组织做出，只有在延误就有危险时，才可以由一名法官作出。[1]

德国监听的有效期限：住宅外监听的有效期限原则上不得超过3个月，如果法定前提条件继续存在，准许延期，每次延长不得超过3个月；而住宅内监听的最长期限为4个星期，期满后准许延期的，每次可以延长4个星期。无论是住宅外监听还是住宅内监听，都没有延长期限的次数限制。

3. 秘拍秘录的审批机制

相对于监听而言，秘拍秘录对个人隐私权的侵犯相对较小。德国传统的观点认为，在公共场所中，人与人的交流是公开的，人们应该意识到个人的隐私权在公共场所是难以得到保护的，而且警察为了及时查明案件的真相，对公共场所实施监控是一种基本的侦查行为，因此，德国并没有特殊的规定来规制侦查机关的秘拍秘录行为。直到1992年德国颁布《打击违法毒品交易和其他有组织犯罪法》（简称有组织犯罪法），才正式规定了必须获得授权以后侦查机构才能秘拍秘录。此处的"秘拍秘录"，主要是指需要使用红外线摄像机等特殊设备才能进行的秘拍秘录。

相对于对监听的规制，《德国刑事诉讼法》对秘拍秘录的程序性规定较少，条件宽松得多，其审批机制也较灵活。原则上侦查机构要经过授权才能实施秘拍秘录，但在实践中该秘密侦查行为即便没有司法授权，侦查机构也

---

〔1〕 戴莹：《刑事侦查电子取证研究》，中国政法大学出版社2012年版，第180页。

可以实施，且并非仅仅针对严重犯罪。另外，秘拍秘录的实施也缺乏起码的期限规定。这些都表明，侦查机关在行使这些权力的时候享有较大的自由裁量权。

（二）日本

虽然日本在传统上是属于大陆法系国家，但是该国深受海洋系国家的影响，不过日本在受到海洋法系（特别是美国）影响的同时，并没有放弃本民族的法制传统，从而走上兼具两大法系特点的法治道路。日本在技术侦查的法制化过程也受到两种法系的影响，因此，该国的技术侦查审批机制及其理论都值得我们去关注。

关于日本的技术侦查审批机制，我们主要考察监听的审批机制（参见图2）。1999年，日本通过的《关于犯罪侦查中的监听通讯的法律》（以下简称《日本通信监听法》）规定了四类犯罪可以适用监听程序，分别是毒品犯罪、枪械犯罪、集团非法越境罪、有组织杀人罪。

图2　日本监听的审批流程

第一，在申请主体方面，有权申请监听的人员仅限定在一部分检察官和司法警察。[1]监听的申请必须由检察官或者司法警察员（警视以上的警察官）、海上保安官、毒品监督官向地方法院提交申请。为了防止监听程序被滥用，日本对申请主体作出了限制，规定只有司法警察员才享有提起申请的权力，而其他警员例如司法巡察员就没有提出申请的权力。而且，还规定了只有具有警视以上级别的司法警员才具有提出申请的权力。在日本，警衔被分为警视总监、警视监、警视长、警视正、警视、警部、警部补、巡查部长、

––––––––––––––
〔1〕 〔日〕西原春夫主编：《日本刑事法的重要问题》，金光旭等译，法律出版社、成文堂2000年版，第155页。

巡查九级,《日本通信监听法》规定警视以上级别的警察才享有提出申请监听的权力,这就进一步缩减了申请人的范围,有利于防止申请的随意性。另外,关于哪些检察官才能享有监听申请权,由日本最高检察厅总检察长确定。

第二,在审批主体方面,接受并审查监听申请的部门是地方法院。日本的法院分为最高法院、高等法院、地方法院、家庭法院和简易法院,地方法院和家庭法院为同一级别的法院。日本之所以决定由地方法院作为监听申请的审查和授权部门,主要有以下两个原因:一是,地方法院主要负责大部分刑事案件的一审,而适用监听的案件涉及的都是比较严重的罪行,因此决定由地方法院作为监听申请的审查和授权部门,有利于强化对监听适用是否恰当的审查。二是,地方法院的法官都是从有 10 年以上从事法律工作经验的律师、检察官等职业中选出的优秀人才,然而简易法院的法官是只有 3 年以上从事法律工作经验的律师、检察官。相比之下,地方法官具有更加丰富的经验和精深的法律专业知识,决定由地方法院作为监听的审查和授权部门,能够充分显示对监听对象隐私权的尊重和保护。

第三,监听令状的主要内容包括:嫌疑人的姓名、嫌疑事实的要旨、罪名、罚条、应受监听的通信、作为监听对象的通信手段、实施监听的方法和场所、可以监听的期间、关于实施监听的条件、有效期限以及期满后不得着手监听并且必须返还监听令状的旨意、签发的年月日以及最高法院规则中规定的其他事项。[1]

第四,在监听的有效期限方面,《日本通信监听法》规定,法官在签发监听令状时,一次最长只能授权监听 10 日。但是根据检察官或司法警察员的请求,地方法官认为必要时,可以延长 10 日以内的期间,累计可以监听的期间不得超过 30 日。

三、域外技术侦查审批机制的启示

(一)技术侦查审批机制全球模式考察

第一,考察各国技术侦查的审批模式,主要有司法授权模式和行政授权模式。根据前面的研究来看,美国、德国、日本的技术侦查措施一般都需要取得法院签发的司法令状以后才能实施,也即推行的是"司法授权模式",这

---

〔1〕 参见《关于犯罪侦查中监听通信的法律》第 6 条。

是当今世界法治国家的主流模式。而英国技术侦查措施的授权推行的是"行政授权模式",该国之所以在技术侦查措施的授权上推行"行政授权模式",这主要与英国加强技术侦查措施的内部控制有关。

第二,司法授权模式和行政授权模式的利弊分析。司法授权模式的优点在于:①司法授权模式能够通过建立完善的司法审查制度保障技术侦查的适用对象或者有关人员的人权免受任意侵犯。②技术侦查手段作为行政权的一种,具有积极主动干预社会生活的特性,司法审查制度的功能就是约束任意和违规的技术侦查行为。③司法授权模式体现了分权制衡的思想,将技术侦查的申请权、决定权和执行权分割开来,有利于实现程序的公开、公平、公正,确保程序正义得到实现。司法授权模式的缺点在于,审批程序较为严谨,审批过程需要的时间较长。而犯罪案件的发生具有突发性,而且侦查证据和线索会随着时间的推移而湮灭或消失,这就要求侦查人员及时收集证据和线索。技术侦查作为侦破案件的重要手段,能否及时实施对证据和线索的收集以及破案率的高低会造成重大影响。然而司法授权模式由于在审查方面需要耗费较多的时间,往往导致技术侦查难以及时实施,侦查效益受到影响就难以避免。对于行政审批模式来说,因为是内部审批,不存在部门之间的沟通问题,涉及部门少,审批手续较为简便,审批程序需要的时间较短,这就使得技术侦查能够及时实施,防止了侦查线索的流失,也有利于证据的及时收集。但同时,因为行政审批模式是内部审批,是一种封闭的运行模式,缺乏必要的外部监督,也不符合分权制衡的思想,这就很容易滋生任意和违规的技术侦查行为。因此,各国技术侦查的授权模式很少采用行政审批模式。

综上所述,出于控制权力和保障人权的考虑,司法授权模式作为技术侦查审批模式的主流模式被绝大多数法制发达国家或地区所采用,而行政审批模式由于其自身的缺陷很少被采用。

(二)紧急技术侦查的审批制度分析

根据前述研究,除了规定常规情况下的技术侦查授权模式以外,还有一些国家对紧急技术侦查的审批制度作了规定。例如,德国规定,在紧急情况下,如果不及时实施监听就会有危险结果的发生,检察院及其辅助官员有权作出监听的决定,但是检察院的命令必须在3日内得到法院的追认,如果没有得到法院的追认,监听的行为视为无效。正常监听的审批程序需要走冗长的司法程序,这是为了保护隐私权作出的选择,但是在紧急的情况下,如果不及时监听，就有可能危害他人生命或者导致恐怖案件的发生，为了及时阻止此类事件的发生，及时的监听是十分必要的。与德国类似，美国也规定了紧急技术侦查的审批制度，同时

美国对什么是"紧急情况"还作了具体规定：①有导致他人死亡或者严重身体伤害的并且有迫在眉睫的危险的；②有威胁国家安全利益的阴谋活动的；③有组织犯罪的密谋活动，并且必须在法官授权之前实施监听。我国技术侦查的审批制度可以参考和借鉴美国和德国的上述规定。

（三）技术侦查的期间制度分析

根据前述研究，美国、英国、德国、日本等国都对技术侦查的期间制度作了规定。例如，德国监听最长的期限不超过 3 个月，期满后如果法定的前提条件继续存在，则可再延长 3 个月。又如，英国通信截收和秘密监视的有效期通常也是 3 个月，期限届满需要继续进行通信截收和秘密监视的，可以依照法定程序延长。

相对于德国和英国来说，美国和日本对技术侦查的期间限制更加严格一些。美国规定授权监听的期限不能超过 30 天，监听期限可以依昭法定程序延长，但是必须重新办理审批手续，延长批准的期限不能超过 30 天。日本规定获得授权的监听一次最长只能持续 10 日，但是根据检察官或司法警察员的请求，地方法院法官认为必要时，可以延长 10 日以内的期间，累计可以监听的期间不得超过 30 日。通过立法对技术侦查的期间进行明确规定，这有利于及时侦破案件，提高侦查效率，也有利于保护有关人员的合法权益。

论德国电信监听的法律规制

——基于基本权利的分析

黄　河[*]

摘　要： 通信自由和通信秘密属于《德国基本法》中具有较高保护位阶的法益，而刑事诉讼中的电信监听对公民的这一基本权利进行了限制。基于法律保留原则，《德国刑事诉讼法》对电信监听作出了详细的程序性限制。另外，电信通信过程中所产生的数据和通话内容，不能理所当然地适用电信监听的有关规定，针对不同的电信数据，《德国刑事诉讼法》有不同的适用条款。此外，在反恐时代，对于刑事追诉机关是否有权通过植入"木马程序"来进行秘密侦查（例如"网络搜查"和"源端监听"），目前在德国尚存在较大的争议。

关键词： 基本权利；电信数据；电信监听；网络搜查

在数字通信时代，通信技术拉近了人与人之间的距离，提高了通信的效率，深刻地改变了人类的通信交往方式。现今，移动电话和电子邮件等通信方式因其便捷性和及时性，广为犯罪嫌疑人所利用。在恐怖主义犯罪等严重的暴力犯罪中，犯罪嫌疑人也经常使用人们日常生活中普遍使用的通信工具（例如 WhatsApp、Telegram 和 Facebook 等）进行联络。由于德国历来十分强调对通信隐私和个人信息数据的保护，因此给侦查机关的破案和调查取证制造了很大障碍。而在侦查阶段，如果刑事追诉机关不采取电信监听或者其他类似的秘密侦查措施，就很难有效地发现案件事实真相和收集相关证据。在这一背景下，欧盟委员会于 2001 年制定了关于《计算机犯罪的协定》（Übereinkommen über

---

　*　作者简介：黄河，中国政法大学比较法学研究院讲师，德国波鸿鲁尔大学法学博士。

Computerkriminalität）〔1〕，并于 2006 年专门制定了《数据存储指令》（Richtlinie über die Vorratsdatenspeicherung2006/24/EG）。〔2〕德国作为欧盟成员国，有义务将欧盟所制定的法律转化为国内法，这也促使德国立法者开始启动国内法修法工程。在刑事诉讼法领域，德国于 2008 年通过了《刑事诉讼法（修正案）》。该修正案主要对电信监听以及其他秘密侦查措施的相关规定进行修订，适度扩大了侦查机关秘密侦查的权限，同时也为该秘密侦查措施设置了严格的条件。由于刑事诉讼中不同的侦查措施侵犯和干预的公民基本权利的具体内容有所不同，导致针对不同的数据以及不同的通信阶段所适用的法律依据有所不同。换言之，在电信通信中，借助通信工具发送的所有数据和信息并不能理所当然地全部适用电信监听的相关规定。基于此，本文将对不同形式的数据所对应的不同侦查措施展开详细的论述。此外，网络搜查问题的合法性问题以及网络搜查和传统意义上的搜查与电信监听（包括"源端监听"）之间的区别问题也将有所论及。

一、作为基本权利的通信秘密权

通信自由和通信秘密属于《德国基本法》中具有较高保护位阶的法益，因为通信自由关涉人的尊严和隐私，属于个人人格自由发展的重要条件。〔3〕德国联邦宪法法院（BVerfG）在判例中强调：《德国基本法》第 10 条所规定的公民享有通信自由和通信秘密的基本权利，确保了个人之间能够自由和秘密地进行信息、思想和意见的交流，维护了人作为有思维和自由行动的个体所具有的尊严。〔4〕通信自由和通信秘密不仅对于个体而言具有上述基本法所保护的利益，对于民主国家而言，也具有重要的政治和社会意义。一方面，通信自由和通信秘密归根结底是保障言论自由，维护了自由和民主的国家制度和架构；另一方面，通信自由和通信秘密使得个体之间在进行意见和思想交流时，对社会存有合理、可靠的信赖。没有自由和秘密的通信保障，可信赖

---

〔1〕 https://rm. coe. Int/CoERMPublicCommonSearchServices/DisplayDCTMContent? documentId = 090 000168008157a，访问日期：2017 年 2 月 9 日。

〔2〕 http://eur-lex. europa. eu/LexUriServ/LexUriServ. do? uri = OJ：L：2006：105：0054：0063：DE：PDF，访问日期：2017 年 2 月 9 日。

〔3〕 BVerfG NJW 2006, S. 976（977）.

〔4〕 BVerfG NJW 1985, S. 121（122）.

的交流只能以面对面的方式来进行，在极端情况下，社会可能将陷入人人自危的境地。另外，从经济发展的角度出发，有效地保护公民之间可信赖的沟通交流也具有十分重要的意义，因为商业信息的交流同样需要可信赖的渠道，否则只会增加交易的成本。

当然，《德国基本法》如此重视保护通信自由和通信秘密，与过往的历史教训是密不可分的。德国联邦宪法法院在判例中指出，正是国家以自身安全和民众安全为借口，频繁、恣意地干涉和侵犯公民基本权利的历史教训，才使得《德国基本法》第 10 条保障通信秘密的基本权利具有了特别重要的意义。[1]例如，普鲁士时代的书报检查和两德分裂时期德意志民主共和国对公民密不透风的监听和书信检查等。正是这些历史教训使得通信自由和通信秘密的宪法保障在德国人眼中显得弥足珍贵。

《德国基本法》第 10 条第 1 款规定：信件、邮政和电信秘密不可侵犯。《德国基本法》对这三种通信往来方式所共同保护的是个人交流的保密性（Vertraulichkeit individueller Kommunikation）。其中，信件秘密（Briefgeheimnis）专指以书面形式来完成的通信交流，并限于尚未拆封的信件。信件在私人方式传递过程中，被他人拆开的，构成侵犯信件秘密。但如果信件在邮政部门传递的过程中，被邮政部门的公职人员私自拆封的，则构成第二种形式的侵犯邮政秘密（Postgeheimnis）。邮政秘密所保障的时间范围从信件或包裹交给邮政部门开始，到专门递送至收件人时结束。而电信秘密（Fernmeldegeheimnis）[2]则是指以电子形式而非书面形式传递的内容，包括电话、手机、互联网和传真等。[3]根据《德国电信法》（Telekommunikationsgesetz）第 3 条的定义，电信是指发送、传输和接收信号的技术过程。这里所强调的是整个传输"过程"本身，而非传输之前的准备和传输完成之后的形态。结合《德国基本法》第 10 条的规定，电信秘密所保护的范围仅限于传输过程的保密性（Vertraulichkeit des

---

[1]　BVerfG NJW 1992, S. 1875（1875）.

[2]　1949 年制定《德国基本法》时，当时电子通信工具还只限于固定电话，并且远不如今天这么普及，因此立法者所用的是"远程通信"（Fernmelde）这一词汇。现如今，随着科技的发展，电信交流方式日益普及并且方式多种多样，因此立法者在 2004 年制定《德国电信法》（Telekommunikations-gesetz）的时候选择了"电信"（Telekommunikation）这一术语，这两个术语的基本含义一致。而法教义学也开始逐渐放弃旧的术语"远程通信"（Fernmelde），转而使用新的术语"电信"（Telekommuni-kation）。

[3]　Manssen, Staatsrecht Ⅱ, 9. Aufl., 2012, Rn. 555 ff.

Übertragungsvorgangs）。[1]在技术日益成熟和进步的背景下，个人之间为突破空间间隔的限制而进行有效的交流，在很大程度上须依赖于电子形式的传输方式，但这种传输方式也最容易受到第三者的非法干预和侵犯，因为对整个传输过程的干预可以在当事人完全不知情的情况下被秘密地掌控。因此，《德国基本法》第 10 条特别强调对于电信秘密这一基本权利的保障。

德国对电信秘密这一基本权利并非毫无限制。《德国基本法》第 10 条第 2款专门针对通信秘密作出了限制性规定。其一，《德国基本法》第 10 条第 2款第 1 句规定，通信秘密权利只能根据法律予以限制。法律之外的行政规范、命令和内部条例并不构成对基本权利进行干预和限制的合法基础。在具体实践中，任何国家机关均只有依据法律的具体授权，才能对公民的此项基本权利进行限制。[2]其二，因为通信秘密属于较高保护位阶的基本权利，所以立法者明确指出，对该基本权利的限制属于特别法律保留事项（besonderer Gesetzesvorbehalt）。特别法律保留事项区别于一般法律保留事项（allgemeiner Gesetzesvorbehalt），后者指在《德国基本法》中对某一具体的基本权利进行限制时，立法者仅简单地提及此项权利只能根据法律予以限制，并没有对其他限制基本权利的前提作出进一步明确的要求。而特别法律保留事项则是指立法者在某一具体的基本权利条款中，特别指出法律对于基本权利进行限制时，应"满足一定的前提要件、追求特定的目的或是使用特定的方式"。[3]针对通信秘密这一基本权利，立法者在《德国基本法》第 10 条第 2 款第 2 句明确规定，如果对此项基本权利的限制有利于保护联邦或州的自由民主的基本秩序或保障联邦和州的生存或安全，法律可规定不将此项限制告知受限制人，由议会指定机构和辅助机构对有关情况进行审查，以取代法律诉讼。由此可以看出，只有为了达到国家安全和维护基本的社会秩序的目的，国家机关才可以通过事先不告知的方式来监督和侦听公民的通信。

在过去的几十年里，有组织犯罪、毒品犯罪，尤其是恐怖主义犯罪等严重犯罪活动日益具有隐蔽性，给德国刑事侦查机关（包含反恐情报机关）的

---

〔1〕 Manssen, Staatsrecht Ⅱ, 9. Aufl., 2012, Rn. 559.

〔2〕 赵宏："限制的限制：德国基本权利限制模式的内在机理"，载《法学家》2011 年第 2 期，第 153 页。

〔3〕 赵宏："限制的限制：德国基本权利限制模式的内在机理"，载《法学家》2011 年第 2 期，第 156 页。

侦查活动以及相应的犯罪预防工作带来了极大的挑战，因此立法者通过不断地修订刑事诉讼法以及制定专门法律［例如"G-10 法案"（《信件、邮件和通信秘密限制法》，Gesetz zur Beschränkung des Brief-，Post-und Fernmeldegeheimnisses）］[1]授权有关机关在特定的条件下对公民的通信秘密这一基本权利进行干预和限制。其中主要涉及电信监听、通信记录的扣押和搜查以及数据存储等问题。对此，下文将进行专门论述。

二、刑事诉讼中的电信数据

《德国刑事诉讼法》针对电信数据，区分了不同的数据形态，不同的数据形态所适用《德国刑事诉讼法》的规定是完全不同的，因此有必要对不同的数据形态分别进行论述。

（一）基本数据

根据《德国电信法》第 3 条第 3 项和第 14 条的规定，基本数据（Bestandsdaten）是指顾客与电信服务商之间缔结、变更和终止电信合同的相关信息。基本数据包括客户资料信息，但不包含客户的具体使用信息。具体而言，主要涵盖以下几个方面的信息：号码和其他识别码、开户人姓名、地址和出生年月、固话的装机地址、移动电话的设备标识码（IMEI）、合同缔结日期。上述基本数据信息并不涉及电信交流的过程本身，因此该数据不属于《德国基本法》第 10 条规定的通信秘密的保护范围。侦查机关如需调取该信息，适用的法律依据是《德国刑事诉讼法》第 100 条 j 的规定，即侦查机关为了查明案件事实或者查获犯罪嫌疑人的逗留地点信息，可以要求电信运营商提供犯罪嫌疑人的基本数据，电信运营商对此有配合义务。调取基本数据需要获得法官的批准，在紧急情况下，检察官可以发出该命令，但事后应当立即通知

---

〔1〕 该法案于 1968 年制定，2001 年立法者又对该法进行了大幅度的重新修订。根据"G-10 法案"，如果有特定的事实表明，某人预谋或已经实施严重的有组织犯罪和恐怖主义犯罪，则联邦、州情报以及军队情报部门可以针对此人进行信件、邮件的监督和通信侦听。与《德国刑事诉讼法》第 100 条 a、b 的电信监听和第 99 条规定的邮件扣押（Postbeschlagnahme）相比，"G-10 法案"中的限制信件、邮件和通信秘密权只需要本部门的正职或副职领导批准即可，无须获得法官的批准授权。另外，邮政部门和电信运营商具有配合情报部门调取信息的义务，并且应当给予相应的配合，例如信件应当分类和单独存放并及时提交给情报部门进行检查。对被执行监听的对象而言，电信运营商应当存储其往来通信数据至少 6 个月。情报部门的监听及信件和邮件的检查完全在秘密的情况下进行，电信和邮政部门的工作人员不得向被监听和监督之人透露相关信息。

法官并获得其追认。调取基本数据与下文中将详细论及的电信监听的不同之处在于，前者并没有犯罪类型的限制，即无论是轻罪还是重罪，只要是侦查办案所必需的基本数据，侦查机关都有权调取。

在实践中，有组织犯罪和恐怖主义犯罪嫌疑人经常更换手机号码，以躲避警方的追查。为此，立法者于 2008 年在《德国刑事诉讼法》中新增第 100 条 i 的规定，允许侦查机关使用"国际移动用户识别码捕捉器"（IMSI catcher），通过虚拟的网络基站，侵入目标手机获取其机器识别码、卡号以及定位信息。即便是犯罪嫌疑人更换手机号码，侦查机关在犯罪嫌疑人开机之后也仍然能够立即查获犯罪嫌疑人的新手机号和定位信息，并进而启动电信监听。由于"国际移动用户识别码捕捉器"所获取的信息并不属于通话内容本身，因此也不属于《德国刑事诉讼法》第 100 条 a、b 规定的电信监听的范畴。

（二）往来数据

往来数据（Verkehrsdaten），也被称为"业务数据"（traffic data），[1]根据《德国电信法》第 3 条第 30 项并结合第 96 条所提供的定义，往来数据指运营商在提供和维持电信服务过程中所产生的所有数据。该数据主要是运营商为了计费目的而在通信系统中自动记录的数据和信息，包括主叫和被叫业务的号码及其他识别信息、通话起止时间和通话时长、客户所使用的具体业务、手机通话的地点信息以及动态 IP 地址信息等。[2]因为往来数据不涉及通话过程中的内容信息，只涉及通信过程中的背景数据，并且只是电信运行系统所自动产生的，因此与基本数据一样，也不属于《德国基本法》第 10 条规定的通信秘密所保护的范围。侦查机关如需调取该往来数据，并非适用《德国刑事诉讼法》第 100 条 a、b 电信监听以及第 100 条 j 调取基本数据的规定，而是应当适用第 100 条 g 的规定，即如果有一定的证据表明行为人涉嫌犯罪，

---

〔1〕 Directive 2002/58/EC of the European Parliament and of the Council of 12 July 2002 Concerning the Processing of Personal Data and the Protection of Privacy in the Electronic Communications Sector，http://eur-lex. Europa. eu/legal-content/en/ALL/? uri=CELEX：32002L0058&qid=1471435792858，访问日期：2017 年 2 月 9 日。

〔2〕 因为静态的 IP 地址在进行通信之前已经被固定分配给了使用者，而且具有很强的身份识别特征。因此，在德国刑事诉讼中，该静态 IP 地址属于基本数据，侦查机关要查询静态的 IP 地址，适用的法律依据是《德国刑事诉讼法》第 100 条 j 的规定。而动态的 IP 地址属于运营商在一定期限内分配给使用者的，可能随着通信过程的进行而不断变更，因此属于往来数据，在刑事诉讼过程中要调取该数据，应当适用第 100 条 g 的规定。

为了满足查明案件事实之需，侦查机关可以向电信运营商调取犯罪嫌疑人的电信往来数据，但调取该数据必须与查清犯罪事实的重要性之间构成适当的比例，即比例原则的限制。同时，第 100 条 g 明确规定，调取犯罪嫌疑人的往来数据，只能在其他的侦查措施显然无效的情况下进行，不能被作为首要的侦查手段。调取往来数据同样需要获得法官的批准，在紧急情况下，检察官可以发出该命令，但事后应当立即通知法官并获得其追认。

在德国刑事诉讼中，近年来一直争议不断的一个问题是往来数据的存储问题（Vorratsdatenspeicherung）。根据《德国电信法》第 96 条的规定，基于计算资费的目的，电信运营商有权存储一定期限内的客户的往来数据，《德国电信法》第 97 条则规定，在完成资费计算后，电信运营商应当及时删除该数据。对于该存储的最长期限，法律并没有作出硬性规定，而是交由各个电信运营商自行规定，但自通信账单寄出后，最长不得超过 6 个月。[1]这里涉及的问题是，电信运营商是否有义务存储相关往来数据，以及为了满足侦查案件事实的需要，侦查机关是否有权要求电信运营商提供该存储的数据。

2006 年 3 月 16 日，在强化打击有组织犯罪、跨国犯罪和恐怖主义犯罪的背景下，欧盟发布指令，要求其成员国应该制定相应的法律依据，以确保电信运营商至少应当保存 6 个月的往来数据信息。2008 年 1 月，德国为了转化欧盟指令，对《德国电信法》作出了相应的修改，新增了第 113 条 a、b。根据该立法修正案，所有的电信运营商都有义务保存 6 个月以内的往来数据。

但德国联邦宪法法院在 2010 年 3 月 2 日的判决中认为，《德国电信法》第 113 条 a、b 违反了《德国基本法》，属于无效的条款。德国联邦宪法法院的此项判决所带来的后果是，电信运营商没有存储往来数据的义务，而只有根据《德国电信法》第 96、97 条的规定，基于计算资费的目的，存储最长不超过 6 个月的客户往来数据的权利。在实践中，在很多情况下，德国电信运营商是给顾客提供包月和包年的套餐，即运营商并不需要基于计算资费的目的而存储往来数据。另外，不少运营商为互联网使用者提供的是免费服务，例如代理服务器。对于这种免费服务，根据《德国电信法》第 100 条的规定，电信服务商有权最多存储 1 周以内的往来数据。因此，立法上针对往来数据存储的限制性规定以及德国联邦宪法法院的判决导致了侦查机关在刑事诉讼

---

〔1〕 Bärin, KMR-Kommentar zur Strafprozessordnung, Stand：2016, vor §§ 100a ff. Rn. 22.

中调取犯罪嫌疑人的相关信息和数据受到了很大程度的制约和限制。德国联邦参议院在《刑事诉讼法》修改草案中指出，2008 年 5 月至 8 月期间，在警察和检察官在刑事诉讼过程中作出的调取往来数据的决定中，共有 449 次没有获得该数据。[1]而德国联邦刑警总局的统计数据则显示：2010 年 3 月至 2011 年 4 月，侦查机关提出的要求运营商提供往来数据的申请有 5082 次，85%的案件（4292 次）中，侦查机关都没有获得任何相关往来数据信息。尤其是当用户通过代理而匿名使用互联网时，运营商更是无法提供有价值的相关信息。[2]

2014 年 4 月 14 日，欧洲法院在裁定中宣布欧盟委员会于 2008 年所作出的指令（Richtlinie 2006/24/EG）违反《欧洲人权公约》，这意味着欧盟委员会之前的各个成员国应当将欧盟指令转化为国内法的要求无效。换言之，根据欧洲法院的判例，德国立法者已经没有义务将有关往来数据的存储义务转化为国内法，但鉴于目前日益严峻的反恐形势，立法者仍决定在 2015 年底重新对《德国电信法》第 113 条 a～g 进行修改。根据《德国电信法》第 113 条 b 的规定，所有的电信运营商均应当将往来数据存储 10 个星期，将定位信息存储 4 个星期。同时，根据第 150 条的规定，该条款并非自新的《德国电信法》颁布之日起（2015 年 12 月 18 日）开始生效，而是自 2017 年 7 月 1 日起正式生效。颁布该过渡性规则的目的在于给电信运营商足够的时间更新存储和技术设备。总而言之，《德国电信法》的修订，将为刑事侦查机关和安全情报机关打击有组织犯罪和恐怖主义犯罪收集证据提供强有力的制度保障。

（三）内容数据

内容数据（Inhaltsdaten）在德国立法中并没有明确的概念界定。主流观点认为，内容数据应当指在通信过程中所产生的所有信息和信号，即《德国电信法》第 3 条第 22 项所指的通信数据。内容数据不仅包括传统意义上的电话通话内容，而且包括通过电信设施所传输的数字和模拟信号，如电子邮件、短信、彩信和语音消息等。

电话通信作为侦查机关侦听的对象，在范围的界定上没有多大的疑问，

---

〔1〕 BT-Drucks, 17/1482, S. 1 (3).

〔2〕 Bundeskriminalamt, Abschlussbericht zur statistischen Datenerhebung Mindestspeicherfristen im BKA, 2011, S. 16.

即指通话双方正式通话的整个过程。而电子邮件的通信过程，则需要进一步的界定。电子邮件通信从技术层面来讲，大致可被分为四个阶段，[1]该四个阶段的区分对于刑事诉讼法中的强制措施和基本法所规定的公民的基本权利保护而言，实际上具有重要的区分意义，因为每一个阶段都对应着不同的基本权利所保护的目的和刑事诉讼法中强制措施所应当适用的具体条款。

如下图所示，电子邮件通信的第一个阶段指发送方通过自己的计算机或客户端将邮件发送至源端邮件服务器；第二个阶段指源端邮件服务器通过 TCP连接，将邮件发送至目的端邮件服务器（也有可能源端邮件服务器与目的端邮件服务器属于同一个服务器）；第三阶段指接收方通过自己的计算机或客户端连接目的端邮件服务器并查收邮件；在第四个阶段中，接收方查收邮件后，将信息继续存储在目的端邮件服务器上，或者将邮件信息（如附件）下载保存在自己的电脑和其他通信工具之上。

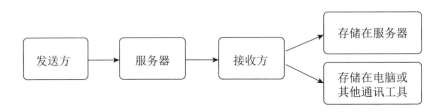

电子邮件通信的第一阶段和第三阶段，由于数据正在传输中，毫无疑问应当属于电信通信的过程，如果侦查机关要对此阶段的通信进行侦听，则应当适用《德国刑事诉讼法》第100条 a、b 关于电信监听的规定。而对于第二阶段和第四阶段是否属于通信过程，不无异议。首先，就第二阶段而言，邮件从发件人处达到源端邮件服务器后，源端邮件服务器只是先把邮件临时存放在邮件缓存队列中，等待发送。然后，源端邮件服务器与目的端邮件服务器之间建立通信连接，最后一步源端邮件服务器才将邮件缓存队列中的邮件依次发送出去，这一过程是存在一定的时间差的。如果侦查机关只是介入了

---

〔1〕 Klesczewski, Straftataufklärung im Internet-Technische Möglichkeiten und rechtliche Grenzen von strafprozessualen Ermittlungseingriffen im Internet, ZStW 123 (2012), S. 737 (744)；Beulke, Strafprozess-recht, 12. Aufl., 2012, Rn. 253b. 部分观点将电信通信的过程细分为 7 个阶段。以电子邮件为例，依次分为撰写、发送、到达服务器、服务器转递至收件人、到达收件人、收件人查收、查收后继续留存在服务器或者下载至电脑。Graf, in：BeckOK-StPO, Stand：2017，§ 100a Rn. 26.

源端邮件服务器缓存队列中的电子邮件，则应该适用《德国刑事诉讼法》中哪一具体条款？针对这一问题德国学界曾经争议不断。德国联邦最高法院（BGH）在判例中认为，这一阶段，侦查机关应当适用《德国刑事诉讼法》第 94 条保全（Sicherstellung）、第 99 条信件扣押（Postbeschlagnahme）以及第 102 条搜查（Durchsuchung）的规定，不应当适用电信监听（Telekommunikationsüberwachung）的规定。因为在这个过程中，邮件处于待发送状态，意味着其属于"静止"状态而非通信的动态"过程"。[1]但随后，德国联邦宪法法院在这一争议问题上作出新的判决，认为不能人为地将第二阶段中的服务器临时存储邮件从整个的通信过程中割裂开来，整个的通信过程应当是一个完整的过程，即邮件从发送方到达接收方为止。如果将中间过程单独分裂出来，会导致《德国基本法》和《德国刑事诉讼法》中公民基本权利保障水平的降低，因为《德国刑事诉讼法》第 100 条 a、b 允许侦查机关进行电信监听的限制门槛较高，而且需要受到比例原则的限制。而保全、扣押和搜查的门槛则较低，例如搜查可以针对犯罪嫌疑人以外的第三人实施。因此，德国联邦宪法法院认为，电子邮件通信的前三个阶段都应当适用《德国刑事诉讼法》第 100 条 a、b 的规定。[2]

至于电子邮件通信的第四个阶段，通信过程已经结束，不论接收方是否已经查收，还是查收后将该邮件继续保留在服务器上或下载至个人电脑和客户端，都应当适用《德国刑事诉讼法》第 94 条"保全"（Sicherstellung）、第 99 条"信件扣押"（Postbeschlagnahme）以及第 102 条"搜查"（Durchsuchung）的规定。因为在这个阶段，侦查机关介入服务器或者扣押个人电脑进行搜查，侵害的不再是通信秘密权。通信秘密权保障的是公民通信的过程，如果通信双方并不在一起，在很多情况下，人们完全依赖通信传输媒介，但这一传输过程很容易为通信双方之外的第三人（包括但不限于刑事侦查机关）通过秘密的方式侵入和干预，因此，《德国基本法》和《德国刑事诉讼法》设置了较严格的保障制度。而在通信过程结束后，通信双方完全可以自由地决定是立即删除自己的通信记录还是继续保留该消息，从通信安全保障需求的角度看，这一阶段中"通信已经结束"与前三个阶段所涉及的正在进行的"通信

---

〔1〕 BGH NStZ 2009, S. 397（397）.

〔2〕 BVerfG StV 2009, S. 617（617）.

过程"相比，后者更需要得到较高水平的保障。[1]

基于同样的理由，手机中存储的短信和语音信息也都不属于"内容数据"。如果侦查机关要调取这些数据，只能依据《德国刑事诉讼法》第 94 条"保全"（Sicherstellung）、第 99 条"信件扣押"（Postbeschlagnahme）以及第 102 条"搜查"（Durchsuchung）的规定来进行。

三、电信监听中的程序性问题

（一）电信监听的前提要件

如上所述，立法者通过授权法律的形式，在《德国刑事诉讼法》中专门规定了第 100 条 a、b，可以对电信通信过程进行监听。电信秘密权属于《德国基本法》所保护的重要范畴，因此立法者也对电信监听的前提要件作出了如下限制：

第一，只有在犯罪嫌疑人可能涉嫌严重犯罪时，才允许侦查机关实施电信监听。为了防止侦查机关滥用电信监听的权力，《德国刑事诉讼法》第 100 条 a 第 2 款具体列举了 42 个严重犯罪的具体罪名，这一系列罪名的列举属于一个封闭式的结构（Katalog），在立法技术上并没有采取"等严重犯罪"的兜底性条款。立法者在决定将哪种严重犯罪纳入第 100 条 a 规定时，一个参考因素是该犯罪在通常情况下是否会被判处 5 年以上的自由刑。此外，立法者也会根据刑事政策的要求来决定某一类犯罪是否应当被纳入该条款。事实上，在《德国刑事诉讼法》的立法变迁中，第 100 条 a 属于修订次数最多的一条。除了谋杀、抢劫、诈骗、洗钱、有组织犯罪和恐怖主义犯罪等 11 种犯罪没有变动之外，立法者一直在根据不同年代的刑事政策的需求，及时地调整电信监听中所涉及的严重犯罪的具体罪名（到目前为止，立法者删除了 19 个罪名，新增了 31 个罪名）。[2]

第二，电信监听应当遵循次属性原则。由于电信监听会侵犯公民重要的通信秘密权，因此立法者在《德国刑事诉讼法》第 100 条 a 的法条原文中明确要求侦查机关必须是为查明案件事实和确定犯罪嫌疑人的行踪，在采取其他措施显然没有任何效果或者存在重大困难的情况下，才允许进行电信监听。

---

〔1〕 Beulke（Fn. 17），Rn. 253b.

〔2〕 Bär（Fn. 14），§ 100a Rn. 20.

因此，电信监听是属于迫不得已的一种次属性手段（Subsidiarität），[1]不应当是首要的侦查措施。如果采取其他的侦查措施会花费较长时间从而导致诉讼程序被延迟，基于次属性原则的考虑，则可以采取电信监听的措施。[2]除此之外，从相反的角度来思考，如果不采取通信监听的措施，采取通常的其他侦查措施会给侦查机关造成重大的额外人力和物力上的消耗，则开展电信监听并不会被视为违反次属性原则。[3]

第三，电信监听应当遵循比例性原则。德国联邦宪法法院在判例中认为，电信监听决定的作出还应当遵循比例原则，犯罪嫌疑人的罪行和限制其基本权利的措施之间不应当显失比例。[4]立法者于 2008 年在修订本条时，采纳了德国联邦宪法法院的观点，在《德国刑事诉讼法》第 100 条 a 中新增了第 4款，即在具体个案中，犯罪嫌疑人的罪行应当是严重的，才可以对其进行电信监听。换言之，不是所有的犯罪嫌疑人，只要其涉嫌第 100 条 a 第 2 款所列举的严重犯罪便都毫无例外地可以实施电信监听，因为罪行的严重性并不等于罪名的严重性。

（二）电信监听决定的作出和执行

根据《德国刑事诉讼法》第 100 条 b 第 1 款的规定，电信监听属于法官保留事项，即侦查机关事先应当获得侦查法官的批准。如果情况紧急，检察官可以作出临时的监听决定，但事后应当立即通知侦查法官并获得其同意。如果检察官作出临时监听决定后 3 日之内并没有获得侦查法官的同意或批准的，则检察官所作出的该决定失效，但是失效之前按照法定程序所获得的证据可以作为证据使用。[5]

在作出监听决定时，需要考虑犯罪嫌疑人是否具有《德国刑事诉讼法》第 100 条 a 所具体列举的严重犯罪的嫌疑。该嫌疑不能是凭空臆断的，需具有特定的事实基础，法官在考虑是否应当作出电信监听的决定时，应当考虑

---

〔1〕 Meyer-Goner, Strafprozessordnung, 57. Aufl., 2014, § 100a Rn. 12.

〔2〕 Nack, in: Karlsruher Kommentar zur Strafprozessordnung, 7. Aufl., 2013, § 100a Rn. 23.

〔3〕 Schäfer, in: Löwe/Rosenberg, Die Strafprozessordnung und das Gerichtsverfassungsgesetz, 26. Aufl., 2013, § 100a Rn. 43.

〔4〕 BVerfG NJW 2003, S. 1787（1787）.

〔5〕 Schnarr, Zur Verknüpfung von Richtervorbehalt, staatsanwaltschaftlicher Eilanordnung und richterlicher Bestätigung, NStZ 1991, S. 214（214 f.）；Meyer-Goner（Fn. 22），§ 100b Rn. 1；不同意见参见 Wolter, in: Systematischer Kommentar zur Strafprozessordnung, 5. Aufl., 2016, § 100d Rn. 5.

刑事侦查中的基本经验（kriminalistische Erfahrung），[1]即结合案件事实，并根据侦查机关的主观判断，本案中犯罪嫌疑人完全有可能实施了应当追究其刑事责任的犯罪行为。

2008 年，在对《德国刑事诉讼法》第 100 条 b 进行修订时，立法者强调电信监听决定必须以书面的形式作出，即便是由检察官在紧急情况下所作出的决定也不例外。在书面的决定中，法官和检察官应当说明采取电信监听的详细理由，以备事后对该决定的合法性进行审查。根据《德国刑事诉讼法》第 100 条 b 第 2 款的规定，在书面决定中，应当明确被监听的对象，尤其是在涉及手机电信监听时，要列明移动电话的设备标识码（IMEI）。

在德国，电信监听措施的执行由检察官负责，而在具体落实监听措施的过程中，在某些情况下可能需要电信运营商的协助才能完成。因此，《德国刑事诉讼法》第 100 条 b 第 3 款专门就电信运营商的配合义务作出了原则性的规定，《德国电信法》和《德国电信监听条例》（Telekommunikations-Überwachungsverordnung）则对电信监听中的电信运营商的配合义务作了进一步的规定。根据《德国电信法》第 110 条以及《德国电信监听条例》第 5 条的规定，在德国境内的电信运营商应当配合侦查机关依据《德国刑事诉讼法》第 100 条 a、b 的规定对犯罪嫌疑人进行电信监听，电信运营商应当配合侦查机关在监听过程中安装技术装置，以将特定的通信信号的副本传输至侦查机关。侦查机关没有自行安装技术装置的，电信运营商在条件允许的情况下有义务向侦查机关提供通信信号的副本。[2]如果电信运营商没有履行配合义务，根据《德国电信法》第 115 条的规定，联邦网络署（Bundesnetzagentur）可以对其作出 50 万欧元以下的罚款。

电信监听决定的有效期最长为 3 个月，如果电信监听的前提要件仍然存在，根据实际案情的需要，每次最多可以延长 3 个月。《德国刑事诉讼法》并没有对延长的次数进行限定，理论上可以无限次地延长。但是，《德国刑事诉讼法》第 100 条 b 第 4 款规定，如果电信监听的前提要件不存在了，则应当及时终止监听。该终止监听的决定由检察官作出。为了强化通信监听的法官

---

〔1〕 Kinzig, Die Telefonüberwachung in Verfahren organisierter Kriminalität: Fehler bei der richterlichen Anordnung, Mängel des Gesetzes, StV 2004, S. 560（563）.

〔2〕 BGH NStZ-RR 2015, S. 345（345）.

保留原则以及对监听过程的控制，检察官在终止监听决定后有义务向侦查法官报告监听过程中的基本情况，但是法律并没有强制要求检察官在监听终结后将所有的细节或收集到的证据详细地向侦查法官进行汇报。在司法实践中，检察官只需将简短的书面说明呈交给侦查法官。[1]

基于监听过程的隐秘性，为了保障公民的通信自由和通信秘密权不至于因刑事追诉机关的滥权而被肆意地侵犯，德国立法者在 2008 年修订《德国刑事诉讼法》第 100 条 b 有关电信监听的规定时，新增了第 5 款和第 6 款的规定，即各个联邦州以及联邦总检察官应当向联邦司法部汇报每一年度（每一年度截止至 6 月 30 日）所作出的电信监听决定的基本情况。联邦司法部在其基础上汇总所有的数据后，通过官网对外公布相关的统计数据（参见下图）。[2]从 2008 年至 2015 年电信监听的统计数据来看，近年来，在德国刑事诉讼中，电信监听的总量在逐年上升；从 2011 年起，互联网通信中被监听的次数有大幅度的上升。其中，2015 年针对固定电话的监听次数为 3332 次，针对互联网的监听次数为 7431 次，涉及对移动电话的电信监听次数为 21 905 次，占整个电信监听的绝大多数。

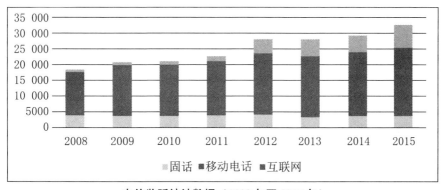

电信监听统计数据（2008 年至 2015 年）

（三）电信监听与证据禁止

在电信监听中，并非只要违反刑事诉讼中的程序性规定就一定会直接导

---

[1] Bär (Fn.14), § 100b Rn.24.

[2] https://www.bundesjustizamt.de/DE/Themen/Buergerdienste/Justizstatistik/Telekommunikation/Telekommunikationsueberwachung_node.html，最新统计数据日期：2016 年 7 月 14 日，访问日期：2017 年 2 月 9 日。

致证据被禁止使用。换言之，违反程序而获得的证据并非全部被视为非法证据而被禁止使用，而是需要负责案件审理的法官根据违反程序的性质具体情况具体分析。

《德国刑事诉讼法》第 100 条 a 规定，只有在犯罪嫌疑人可能涉嫌严重犯罪时，才允许侦查机关实施电信监听。如果犯罪嫌疑人并非涉嫌实施了本条第 2 款具体列举的 42 个严重犯罪的具体罪名，则通过电信监听所获取的证据应当被禁止使用。

从德国联邦最高法院的判例和学界主流观点来看，违反《德国刑事诉讼法》第 100 条 b、第 101 条的规定（电信监听的一般性程序要件）而收集到的证据仍然可以使用，例如违反管辖权的规定所作出的电信监听决定。[1] 另外，监听决定没有以书面形式作出，例如，检察官以口头形式向侦查法官提出电信监听的申请，法官也以口头形式准许的，电信监听所获得的证据也并非直接属于非法证据而被禁止使用。[2] 此外，侦查机关没有留意到电信监听决定最长 3 个月的规定，在决定失效后并没有立即向侦查法官申请延长监听决定，对于这种非故意的违反时间限制的行为，如果侦查机关补办延长申请的时间间隔较短，则监听决定失效后至延长监听决定这一期间所获得的证据是可以使用的。[3]

对于违反法官保留原则的电信监听而获取的证据，原则上属于非法证据而禁止使用，[4] 例如，电信监听没有获得侦查法官的批准或者"紧急情况下"没有获得检察官的批准。根据德国联邦宪法法院 2001 年的判例，检察官故意规避法官保留原则，肆意地扩大解释"紧急情况下"检察官可以在没有获得侦查法官的准许下而直接作出电信监听决定的，所获得的证据属于非法证据，应被禁止使用。[5] 但如果检察官只是错误地估计了形势，误认为属于

---

〔1〕 Meyer-Goßner（Fn. 22），§ 100a Rn. 35.

〔2〕 BGH NJW 2005，S. 1060（1060）.

〔3〕 BGH NJW 1999，S. 959（959）.

〔4〕 BGH NJW 1988，S. 1223（1223）；BGH NJW 1983，S. 1570（1570）；Meyer-Goßner（Fn. 22），§ 100a Rn. 35；Graf（Fn. 17），§ 100a Rn. 82；Wohlers，Die Nichtbeachtung des Richtervorbehalts，Probierstein für die Dogmatik der unselbst ndigen Verwertungsverbote，StV 2008，S. 434（436）；Jäger，Zulässigkeit der Beschlagnahme und Verwertung von E-Mails，StV 2002，S. 243（244）.

〔5〕 BVerfG NJW 2001，S. 1121（1121）.

"紧急情况"而率先作出电信监听决定，所获得的证据可以作为证据使用。[1]另外，检察官在紧急情况下所作出的电信监听决定，本应当在 3 日内报请侦查法官的批准，如果检察官只是稍微地拖延办理，例如第 4 天才向侦查法官申请，这一期间所获得的证据也可以作为证据使用。[2]

如果电信监听过程中所收集的信息涉及犯罪嫌疑人"私人生活的核心领域"（Kernbereich privater Lebensgestaltung），则属于非法证据而被禁止使用，侦查机关应当立即删除此类信息。"私人生活的核心领域"包括犯罪嫌疑人与自己非常信赖之人（神父、律师、医生和核心的家庭成员）之间的通信交流。

另外，需要指出的是，在电信监听过程中，侦查机关如果发现犯罪嫌疑人有涉嫌其他犯罪的证据，只有在该新犯罪也属于《德国刑事诉讼法》第100 条 a 第 2 款所列之严重犯罪的情况下，侦查机关所收集的证据才允许被使用，否则也属于禁止使用的证据之一，这就排除了侦查机关"声东击西"规避法律的可能性。

四、电信监听中的特殊问题

在德国刑事诉讼中，如何有效地对网络通信进行侦查一直是实务界和法律界的重大争议问题，其中主要涉及"源端监听"（Quellen-TKÜ）和"网络搜查"（Online-Durchsuchung）的合法性问题。

由于部分网络语音通话和视频通话在通信过程中已被电信运营商加密，因此在实践中，很难对这一部分通信内容进行有效的监听，典型的例子如Skype 语音和视频通话。目前，Skype 采用的是端对端 256 位加密，即在语音和视频通话发送前进行加密，在通话对方收到后进行解密，整个的 Skype 软件之间的语音和视频通话过程并没有其他的节点中转，因此，这一过程中，目前是没法进行解密和监听的。[3]因此，侦查机关能否采取所谓的"源端监听"（Quellen-TKÜ）技术，向目标电脑植入"木马"程序，以便于警方在电子设备的后台对加密通信内容进行监听，例如，在 Skype 通话数据发送前未加密状态下进行侦听，或者在通话数据达到被接收方后，Skype 软件解密该通

---

〔1〕　BGH StV 2008, S. 63（63）.

〔2〕　Graf（Fn. 17），§ 100a Rn. 82.

〔3〕　而通过 Skype 软件向固定电话通话以及 Skype 软件之间的即时文本消息的发送之间因为需要经过其他节点进行中转，因此对这一过程进行监听完全是有可能的。

话数据之后进行侦听？这一问题在德国存在相当大的争议。

在论述"源端监听"的合法性问题之前，我们有必要先对网络搜查（On-line-Durchsuchung）问题进行说明。网络搜查是指通过网络的方式向目标电脑或手机等电子通信设备植入"木马"程序或后台程序，以监控犯罪嫌疑人的使用情况，并将犯罪嫌疑人硬盘和其他存储设备中的数据偷偷上传至刑事侦查机关的服务器中。德国联邦最高法院在 2007 年的判例中认为，网络搜查措施不属于《德国刑事诉讼法》第 102 条所规定的传统意义上的搜查措施和第100 条 a、b 所规定的电信监听，因而属于违法。法院认为，一方面，传统意义上的搜查是指侦查机关对犯罪嫌疑人的住宅或者办公室进行的现场搜查，而网络搜查是通过秘密的方式对犯罪嫌疑人的电脑所实施，侦查机关并不在现场。另一方面，网络搜查也不能简单等同于电信监听，因为网络搜查在一定期限内始终处于"持续"状态，而电信监听的过程只涉及从通信开始到通信结束的这一个有期限的"过程"。另外，网络搜查虽然也是通过电信设备将被调取电子设备中的资料传输至侦查机关，但这显然跟"通信过程"并没有直接的相关性，因为通信过程要求的是通信的双方必须是"人"，而网络搜查所涉及的是"物"。[1]因此，《德国刑事诉讼法》第 102 条的搜查措施和第 100条 a、b 所规定的电信监听并不能成为网络搜查的合法性基础。

德国联邦宪法法院在 2008 年的裁定中遵循了联邦最高法院在上述判例中的观点，认为刑事诉讼中的网络搜查措施不合法，并在理由中进一步指出：虽然网络搜查不涉及公民的通信秘密这一基本权利（通过电信监听所限制和干预的公民基本权利），但从《德国基本法》第 2 条公民人格自由发展的权利和第 1 条人的尊严这两个基本权利中可以推导出一个新的基本权利，即信息技术系统的秘密和完整性的保障权利（Gewährleistung der Vertraulichkeit und Integrität informationstechnischer Systeme）。在数字时代，公民人格自由发展的权利在很大程度上已经离不开电脑和网络，尤其是电脑等通信设备中存有公民大量的个人信息，通过获取这些信息，完全可以获得一个人完整的个性特征。如此一来，每一个人在侦查机关面前，完全是一个赤裸裸的形象。因此，如果国家不能给公民提供安全、无漏洞的信息技术系统保障，最终便会使人格的自由

---

〔1〕 BGH NJW 2007, S. 930（930 ff.）; vgl. auch Jahn/Kudlich, Die strafprozessuale Zulässigkeit der Online-Durchsuchung, JR 2007, S. 57（57 ff.）.

发展以及人的尊严受到严重侵害。另外，公民的信息自决权（informationelle Selbstbestimmung）也会因为网络搜查这一强制措施而遭受不当侵害，因为在原则上，公民没有向国家提供个人信息的义务。[1]因此，德国联邦最高法院和德国联邦宪法法院就网络搜查问题的合法性和合宪性问题的重要判决导致目前在德国刑事诉讼中，网络搜查没有合法依据。2008年，联邦参议院试图在《德国刑事诉讼法》中新增关于网络搜查的第100条k，但是这一立法动议最终无疾而终。[2]

从技术层面而言，"源端监听"与前述所提及的"网络搜查"技术在本质上较为接近，即都是通过植入"木马"程序。因此，有的学者也将"源端监听"视为"网络搜查"的下位概念。[3]但是，德国联邦宪法法院在上述2008年的裁定中明确将两者进行了区分。德国联邦宪法法院认为，虽然两者都是向目标电脑植入"木马"程序，但"网络搜查"所指向的是电脑中的文件，在犯罪嫌疑人毫不知情的情况下，侦查机关通过该"木马"程序遥控目标电脑，在电脑中搜寻相关信息或文件，并悄无声息地将其传输至侦查机关的电脑中。"源端监听"则指向的是犯罪嫌疑人通过目标电脑正在进行的网络语音通话或视频通话，"木马"程序针对的是犯罪嫌疑人与他人通信的过程。因此，两者之间存在一定的区别。在该裁定中，德国联邦宪法法院认为，"源端监听"仍然属于《德国刑事诉讼法》第100条a所规定的电信监听的范畴。此外，通过"木马"程序所进行的"源端监听"，只有在技术层面能够保障该"木马"程序只是截取了犯罪嫌疑人的电信通话数据，而没有将目标电脑中的其他文件和个人信息传输至侦查机关的情况下，"源端监听"才具有合法

---

〔1〕 BVerfG 27.2.2008-1 BvR 370/07, 1 BvR 595/07, NJW 2008, S. 822（822 ff.）.

〔2〕 BR-Drs. 365/08. 虽然刑事诉讼法未能就网络搜查进行规制，但是《德国联邦刑警法》（Bundeskriminalamtgesetz）第20条k规定了"信息技术系统的秘密侦查"（Verdeckter Eingriff in informationstechnische Systeme），即网络搜查，允许联邦刑事警察在特定的前提条件下，在面对严重危害生命、身体和自由的犯罪时，可以采取网络搜查措施。在德国，警察和监狱执行机关都属于地方事务，其立法、人员配备和保障措施等由各个联邦州自行规定。联邦刑警总局的职责范围包括协调各个州的警察打击犯罪，对跨州的有组织犯罪和恐怖主义犯罪也有前期的侦查和采取预防措施的职责。因此，《德国联邦刑警法》对网络搜查的许可，意味着联邦刑警总局完全可以采取网络搜查的措施来预防和打击恐怖主义犯罪。到目前为止，德国联邦宪法法院并没有宣布《德国联邦刑警法》的网络搜查的规定违反《德国基本法》。当然，德国联邦刑警总局单纯通过网络搜查所获得的信息，在刑事诉讼中的主审阶段，并不能作为证据使用，因为刑事诉讼法中并没有对网络搜查进行合法化，因此该信息仍属于非法证据。

〔3〕 Graf（Fn.17）, § 100a Rn. 27.

性，否则就属于非法的"网络搜查"。[1]

虽然德国联邦宪法法院的该裁定确认了"源端监听"的合法性，但侦查机关在"源端监听"中所使用的"木马"程序的功能在实践中是否仅仅截取了电信通话的数据，尚存在一定的质疑。2011年10月，德国一个名叫"混沌电脑俱乐部"（Chaos Computer Club，CCC）的私人团体对外发布消息称，德国联邦刑警总局在对犯罪嫌疑人进行监听时，普遍使用了所谓的"联邦木马"（Staatstrojaner）程序，并认为该"木马"软件存在诸多安全漏洞，联邦刑事侦查机关可以通过该软件秘密获取公民的个人信息。[2]该报告在德国引发了广泛的关注和不安，民众担心刑侦机关可能会超越法律的授权范围，进而对民众的个人隐私生活构成严重的侵犯。例如，通过该木马程序在背后操控个人电脑的音频输入设备和摄像头或者自动地将硬盘里的所有文件偷偷上传。德国联邦刑警总局对此予以否认，并坚持认为在刑事案件的侦查过程中警方并没有采取违背法律程序的做法，但这并不能打消民众对此的怀疑。2016年2月22日，德国联邦刑警总局和联邦内政部对外宣布，经过长时间的开发，联邦刑警总局已经成功开发出一款新的"联邦木马"程序。该程序主要用于在电脑设备的后台对加密通信内容进行监听，并不会将目标电脑中的其他数据传输至侦查机关。联邦刑警总局认为，该木马程序已通过联邦数据保护专家委员会（BfDI）、联邦信息技术安全局（BSI）以及第三方专家的评估验收，今后在重大暴力犯罪案件的侦查过程中将投入使用。[3]新的"联邦木马"程序投入使用，能否打消民众的疑虑，有待进一步的观察。

结　语

在当今世界反恐形势日益严峻的背景下，各国都相应地采取措施积极应对恐怖主义等严重的暴力犯罪，在刑事政策、公共安全的预防体系等方面，采取多层次、多维度的反恐策略和处置措施，防范恐怖主义犯罪给人民的生命财产和国家安全带来危害。从德国联邦司法部发布的电信监听统计数据来看，每年德国刑事侦查机关依法作出的监听决定的数量在逐年上升，体现出

---

〔1〕　BVerfG（Fn. 45），822 ff.

〔2〕　参见 http://www.ccc.de/de/updates/2012/schaar-bericht，访问日期：2017年2月9日。

〔3〕　http://www.zeit.de/digital/datenschutz/2016-02/staatstrojaner-bundestrojaner-bka-quellen-tkue，访问日期：2017年2月9日。

电信监听作为重要的侦查手段越来越受到刑事追诉机关的"青睐"，但电信监听措施侵害到了《德国基本法》第 10 条所保护的公民通信秘密权。因此，立法者在《德国刑事诉讼法》中对各种电信数据进行了区分，并根据数据的本质和规范的保护目的，分别作出了详尽的规定。由此可以看出，德国刑事司法的"精细化"程度和水平是相当高的。同时，《德国刑事诉讼法》第 100 条 a、b 特别规定了相应的电信监听的前提要件，与侦查机关其他的数据采集强制措施相比，侦查机关采取电信监听的措施需要满足更为严格的前提要件。虽然侦查机关违反电信监听的程序性规定并不会直接导致证据被禁止使用，但如果侦查机关严重违反程序（例如，故意规避电信监听中的法官保留原则），则所获得的证据原则上都属于非法证据而被禁止使用。换言之，在电信监听过程中，侦查法官能够对检察官和警察的行为进行有效的制约和监督。总而言之，德国为电信监听专门设置的较高保护门槛，体现了德国立法者对公民通信秘密权的重视；另一方面也反映出，即便是在面对恐怖主义等严重暴力犯罪时，德国在打击犯罪和保障人权方面，天平的重心也并非完全偏向一方。

2015 年 6 月，第十二届全国人大常委会第十五次会议初次审议了《中华人民共和国网络安全法（草案）》。2015 年 7 月 6 日至 2015 年 8 月 5 日，草案在中国人大网公布，向社会公开征求意见。之后，根据全国人大常委会组成人员和社会各方面的意见，立法者对草案作了修改。2016 年 11 月 7 日，全国人民代表大会常务委员会正式通过了《网络安全法》，该法自 2017 年 6 月 1 日起施行。《网络安全法》第 7 条规定，立法机关通过制定本法，旨在依法开展网络空间治理、强化打击网络违法犯罪，以建立多边、民主、透明的网络治理体系。另外，《网络安全法》第 12 条明确规定："……不得利用网络从事危害国家安全、荣誉和利益，煽动颠覆国家政权、推翻社会主义制度，煽动分裂国家、破坏国家统一，宣扬恐怖主义、极端主义，宣扬民族仇恨、民族歧视，传播暴力、淫秽色情信息，编造、传播虚假信息扰乱经济秩序和社会秩序，以及侵害他人名誉、隐私、知识产权和其他合法权益等活动。"虽然在互联网时代，国家强化打击利用网络从事的违法犯罪活动在任何一个国家都属于合法、合理的，但令人疑惑的是，《网络安全法》第 48 条第 2 款规定"电子信息发送服务提供者和应用软件下载服务提供者，应当履行安全管理义务，知道其用户有前款规定行为的，应当停止提供服务，采取消除等处置措施，保存有关记录，并向有关主管部门报告"。换言之，立法者希望给电信运营商设定"安全管理义务"，即如果其发现电子通信过程中存在法律、行政法规禁止发布或者传输的信息，具有采取"消除措施、保存记录等具有明显公权力属性的行为方式，实际上是授予其监控公民私人生活的巨大权力"。[1]

反观德国刑事诉讼中的电信监听以及《德国电信法》有关电信运营商对电信监听的配合义务的规定，德国并没有授权电信运营商主动"过滤敏感信息"，因为只有刑事侦查机关可以设置过滤机制（Filterung），而电信运营商被禁止在运营过程中获取通信内容以及其他的信息（《德国电信法》第88条第1款），即只有侦查机关基于合法的电信监听的决定，才能获取公民的通信内容。在这一点上，电信运营商有配合义务，即将相关通信内容的副本交给侦查机关。除此之外，电信运营商没有任何的权利和义务获取公民具体通信的内容。

在这一问题上，德国法的相关规定值得我们认真反思和对待。即便是在"反恐战争"的背景下，侦查机关仍不能不惜一切代价地去查清案件的事实真相。在数字和互联网时代，通信秘密和通信安全对于每一个公民而言均意义重大。人类社会发展的历史，也是一部个体之间相互往来，进行物质、精神交流的社会活动的历史，共同生活和相互交往是社会生活的基本形态。显然，当今社会人们之间的交流往来已经不可能依赖传统社会中的飞鸽传书和邮差的千里加急快报，而面对面"四只眼睛注视下"的交流也已完全不能满足我们的交流需求，人们只能更多地依赖远距离的通信传输技术。这也再次表明了通信秘密之于每个人的重要性。如果一个国家不能有效地保护社会群体中个人交往的信赖利益，最终只会导致人们生活在一个没有秘密的"透明"社会里。在那样一个社会里，在极端情况下，无论是位居庙堂的官员还是处在江湖之远的平民，都不会感到安全和舒心，因为每个人都不希望自己成为他人眼中那个"穿着新衣服的皇帝"，不希望自己的生活成为"他人的生活"（Das Leben der Anderen）。[2]

---

〔1〕 张翔："检查公民通信是谁的权力？"，载 http://dxw.ifeng.com/xsc/zhangxiang/1.shtml，访问日期：2017年2月9日。

〔2〕 2007年第79届奥斯卡金像奖最佳外语片《窃听风暴》的中文直译片名。

德国技术监听制度

石家慧[*]

摘　要：《德国刑事诉讼法》第100条a、c、f依次规定了电信监听、住宅等非公共场所监听和非住宅场所监听措施。第100条d规定了涉及"核心隐私领域"的信息的证据排除，第100条e则规定了监听措施需要遵守的程序规定。德国立法者对技术监听措施持谨慎态度，意在兼顾保护隐私和打击犯罪。相较而言，我国关于技术侦查部分的规定尚有较大的改进空间。基于这种改革需求，本文将从德国相关法律文本出发，结合法院判例，讨论德国技术监听制度，包括各个监听措施的法律基础、需要满足的条件、对技术监听的司法审查以及对监听证据的排除。此外，本文还整理展示了德国司法部公布的部分技术监听的数据，以期反映德国相关实践情况。希望这些能够对中国技术侦查制度的完善提供一些有益思路。

关键词：技术监听；"核心隐私领域"；电信监听；住宅监听；证据排除

2017年8月，德国议会通过法案[1]对《德国刑事诉讼法》中涉及技术监听部分的条款进行了修改和体系上的重构。[2]根据现行条款，《德国刑事诉讼法》第100条a、c、f条依次规定了实施电信监听、住宅等非公共场所监听和非住宅场所监听需要满足的条件。第100条d规定了涉及"核心隐私领域"

---

　*　作者简介：石家慧，中国政法大学法学学士和法学硕士，现德国科隆大学法学院外国刑法和国际刑法研究所博士生在读，本文为其博士研究课题的一部分成果摘录。课题受托马斯·魏根德（Thomas Weigend）教授指导。

〔1〕　Gesetz zur effektiveren und praxistauglicheren Ausgestaltung des Strafverfahrens vom 17. 8. 2017（BGBl. 2017 I 3202）.

〔2〕　内容上较大的变化是增加了《德国刑事诉讼法》第100条b关于对信息系统远程进行秘密搜查的相关措施。本文将着重论述监听方面的措施，因此对该条不做过多阐述。

信息的证据排除，第 100 条 e 则规定了监听措施需要遵守的程序规定。从立法体系而言，《德国刑事诉讼法》按照技术监听的对象和场所对监听措施进行了分类，根据措施对公民权利——主要是隐私权——的侵犯程度规定了不同的实施标准。从具体内容和篇幅而言，这些标准规定得非常详细，穷尽了可以适用相应措施的每一条犯罪。第 100 条 d 更是以单独一条的形式强调了"核心隐私领域"的不可侵犯。这些都体现了德国立法者对技术监听措施的持续关注和慎之又慎的态度，意在兼顾保护隐私和打击犯罪。本文将从《德国基本法》和《德国刑事诉讼法》等角度讨论德国技术监听制度，并结合法院判例和实证数据对德国实践情况进行介绍，希望为中国技术侦查制度的完善提供一些有益思路。

一、技术监听措施的宪法基础

《德国基本法》的法律文本中并没有"隐私"字眼，但是许多不同条款都体现了隐私权的内容。联邦宪法法院更是基于《德国基本法》第 1 条和第 2 条将隐私权解释为了人类尊严和"人格自由发展权"的固有内容。第 10 条和第 13 条则分别规定了通信秘密和住宅的不可侵犯。相应地，德国技术监听制度则必须符合这些宪法规定。

（一）"核心隐私领域"（Kernbereichprivater Lebensgestaltung）

《德国基本法》第 2 条第 1 款同时保护公民自由和人格发展。联邦宪法法院通过解释《德国基本法》第 2 条第 1 款和第 1 条第 1 款确立了"一般公民权利"（allgemeines Persönlichkeitsrecht）。[1]该权利旨在保护公民不受来自公权力的侵犯并且为个人创造出一个完全可以自决的私人领域。[2]早在 1957 年，联邦宪法法院即判决宪法为每一个公民保留了私人生活领域，在该领域中，人类自由不可侵犯。[3]在影响较大的"录音带案"中，联邦宪法法院将私人领域分为两个层次："核心隐私领域"和公权力在满足一定条件下可以侵

---

〔1〕 BVerfGE 54, 148, 153; 27, 1. 6.

〔2〕 BVerfGE 27, 1. 6; 34, 269, 282.

〔3〕 BVerfGE 6, 32, 41. （"Hieraus ergibt sich, daß dem einzelnen Bürger eine Sphäre privater Lebensgestaltung verfassungskräftig vorbehalten ist, also ein letzter unantastbarer Bereich menschlicher Freiheit besteht, der der Einwirkung der gesamten öffentlichen Gewalt entzogen ist."） The case itself focused on the behavior freedom （"Handlungsfreiheit"）.

犯的私人领域。[1]"核心隐私领域"禁止一切来自公权力的侵犯。在关于被告人日记是否可以被采纳为证据的案件中（后文称为"日记案"），联邦宪法法院进一步阐述了"核心隐私领域"的两项判断标准：①所涉个人是否在主观上具有将某信息保密的意愿；②所涉信息是否与私人事项高度相关，以及是否侵犯了他人利益。[2]联邦宪法法院表明，即使是在"核心隐私领域"公民的活动也是具有社会联系的，问题仅在于这种联系在何种程度和范围上涉及他人和公共社会利益。[3]如果相关信息与犯罪活动具有直接联系，例如包含了具体犯罪计划或是描述了犯罪实施过程，那么该信息就不属于"核心隐私领域"。[4]联邦宪法法院在一个涉及居所监听的案件中[5]进一步强调，在"核心隐私领域"公民能够自由表达内心思想，例如感情、观点和个人经历等，而不必畏惧公权力的监听，这对于人格的自由发展非常重要。[6]

联邦最高法院承认"核心隐私领域"这一概念要晚于联邦宪法法院。在早期案例中，联邦最高法院仅仅提出了"私人领域"这一概念。其表示，如果犯罪严重侵犯了重要法益，例如生命权，那么私人领域的保护效力就必须终止。[7]但是联邦最高法院并没有赋予该"私人领域"完全不受侵犯的地

---

〔1〕 BVerfGE 34, 238, 245, 248. （"Wann eine heimliche Tonbandaufnahme den schlechthin unantastbaren Bereich privater Lebensgestaltung berührt und wann sie lediglich den unter bestimmten Voraussetzungen dem staatlichen Zugriff offenstehenden Bereich des privaten Lebens betrifft, läßt sich nur schwer abstrakt umschreiben."）

〔2〕 BVerfGE 80, 367, 374. *Manfred Baldus*, JZ 2008, 219, 225.

〔3〕 BVerfGE 80, 367, 374.

〔4〕 BVerfGE 80, 367, 375. （"Vielmehr hängt die Verwertbarkeit von Charakter und Bedeutung des Inhalts ab. Enthalten solche Aufzeichnungen etwa Angaben über die Planung bevorstehender oder Berichte über begangene Straftaten, stehen sie also in einem unmittelbaren Bezug zu konkreten strafbaren Handlungen, so gehören sie dem unantastbaren Bereich privater Lebensgestaltung nicht an."）

〔5〕 BVerfGE 109, 279, 313, 314. *Roggan*, StV 2011, 762, 763.

〔6〕 BVerfGE 109, 279, 313. （"Zur Entfaltung der Persönlichkeit im Kernbereich privater Lebensgestaltung gehört die Möglichkeit, innere Vorgänge wie Empfindungen und Gefühle sowie Überlegungen, Ansichten und Erlebnisse höchstpersönlicher Art zum Ausdruck zu bringen, und zwar ohne Angst, dass staatliche Stellen dies überwachen. Vom Schutz umfasst sind auch Gefühlsäußerungen, Äußerungen des unbewussten Erlebens sowie Ausdrucksformen der Sexualität.）

〔7〕 BGHSt 19, 325, 333. （"Handelt es sich um hinreichenden Tatverdacht schwerer Angriffe auf das Leben, auf andere bedeutsame Rechtsgüter, auf den Staat oder um andere schwerere Angriffe auf die Rechtsordnung, so wird der Schutz des privaten Lebensbereichs gegebenenfalls zurücktretenmüssen."）

位，而是要进行利益平衡以确定某信息是否应该受到保护。[1] 在上文提到的"日记案"中，联邦最高法院同样对其进行了利益衡量，并判定该日记可以被作为证据，以使用证明被告人实施了谋杀。被告人将之上诉至联邦宪法法院。如上所述，联邦宪法法院详细阐述了"核心隐私领域"的两项认定标准，并强调在"核心隐私领域"不能进行利益衡量，该领域享有完全保护。但是，联邦宪法法院法官对案件所涉日记是否属于该"核心隐私领域"产生了分歧而最终未能作出判决。[2] 这也体现了判定"核心隐私领域"在实际操作中的困难。联邦最高法院和联邦宪法法院的不同论证曾引发下级法院的困惑，不知是应该进行利益衡量还是应该优先判定信息是否属于"核心隐私领域"。[3] 鉴于联邦宪法法院对于宪法解释的权威地位，联邦最高法院之后也接受了"核心隐私领域"这一概念并将之作为证据排除的理由之一。[4]

比如，联邦最高法院曾认定被告人在汽车中的自言自语属于"核心隐私领域"。[5] 被告人被怀疑谋杀了自己的妻子。在获得法院批准的情况下，警察对其电信、住宅和汽车实施了监听。被告人在独自开车的过程中自言自语，数次提及犯罪活动并言道"我们杀了她"。[6] 在审判中，地方法院采纳了这份监听证据，而联邦最高法院则认为该证据属于"核心隐私领域"而予以排除。联邦最高法院认为，被告人是在完全私密的环境下下意识地自言自语，应该被视为"有声的思想"，属于思想自由保护的范畴。[7] 而自言自语涉及的犯罪内容在此时应该让步于自言自语这种形式应该享有的隐私保护。这一点不同于日记或是与他人之间的对话。后者属于个人自愿放弃了其思想的安全性。[8] 当然，该判决也遭到了质疑。

通过上述判决我们可以看出，"核心隐私领域"并不是指一个特定的物理

---

〔1〕 BGHSt 19, 325, 329, 332ff.

〔2〕 BVerfGE 80, 367.

〔3〕 Gerhard Fezer, Grundfragen der Beweisverwertungsverbote, 1995, S. 6ff.

〔4〕 § 31 sec. 1 Bundesverfassungsgerichtsgesetz: "Die Entscheidungen des Bundesverfassungsgerichts binden die Verfassungsorgane des Bundes und der Länder sowie alle Gerichte und Behörden."

〔5〕 BGH, NJW 2012, 945.

〔6〕 BGH, NJW 2012, 945, 945.

〔7〕 BGH, NJW 2012, 945, 946.

〔8〕 BGH, NJW 2012, 945, 946.

区域，而更多地是指高度私人的活动或是信息本身。[1]虽然私人住宅对于人格尊严具有重要意义，但其也并不是任何时候都被视为"核心隐私领域"。在满足法律规定（如《德国刑事诉讼法》第100条c）的条件下，侦查人员可以对住宅进行监听。只是发生在住宅内部的对话或是活动更容易被法官等认为属于"核心隐私领域"。如果在个案中有足够证据证明住宅内的活动不属于"核心隐私领域"，与犯罪活动相关，那么侦查人员便可以对住宅进行监听。[2]而如果证明在非住宅发生的对话等属于"核心隐私领域"，那么也不得对其进行监听。[3]例如，上一段落中提及的在汽车中自言自语的案件。

如前所述，联邦宪法法院已经在一系列判例中阐述了何种信息应该属于"核心隐私领域"，明确表示涉及具体犯罪信息的内容不受保护。对于技术监听到的内容，联邦宪法法院表示其具有不可预测性。侦查人员不可能事前完全预测出被监听者的对话内容是否会属于"核心隐私领域"。在受威胁的法益足够重大的情况下，"核心隐私领域"的信息在技术监听过程中被记录是可以容忍的。只是事后必须立刻删除且不得用作证据，也不能被用于其他侦查活动。该规定被《德国刑事诉讼法》第100条d以成文法的形式规定下来。

（二）对言辞的权利（das Recht am gesprochenen Wort）

在"录音带案"中，联邦宪法法院承认了人格自由发展权包括对于言辞的权利。[4]其认为言辞的内容和不同的表达形式，以及进行的时间地点都可能是高度私人化的。每一个公民都有权利决定其言辞是否被录音以及什么时候播放该录音。[5]如果公民总是担心有人在未经其允许的情况下对其在非公共场合的谈话进行录音，从而害怕该录音会不利于自己，那么这将严重违反其人格自由发展权。[6]根据合比例原则，只有在保护公共利益更为重要的情况下，才能够允许未经当事人允许对其言辞进行录音。而何时公共利益更为重要，则可以按照《德国刑事诉讼法》的相关规定进行理解。

---

〔1〕 What kinds of contents should be regarded as "core area of privacy" were described by the BVerfG, see BVerfGE 109, 279, 313, 314.

〔2〕 This can also be called "Korrektur" function of concrete situations, *Edda Weßlau*, in: Fredrik Roggan (Hrsg.), Lauschen im Rechtsstaat, 2004, S. 51.

〔3〕 VerfGE 109, 279, 321.

〔4〕 BVerfGE 34, 238, 246.

〔5〕 BVerfGE 34, 238, 246.

〔6〕 BVerfGE 34, 238, 246, 247.

除了对言辞的权利，联邦宪法法院还承认公民具有对于自身照片的权利（das Recht am eigenen Bild）、[1]对数据的自决权（das Recht auf informationelle Selbstbestimmung）[2]和对信息体系完整性的权利。照片和数据等保护的信息必须高度涉及私人事项才能被认为属于"核心隐私领域"。商业谈判或是公共信息等不在受保护之列。

（三）《德国基本法》第 10 条：通信自由不可侵犯

《德国基本法》第 10 条规定公民通信自由不可侵犯，通信包括信件、邮政包裹和远程通信。对于信件秘密的保护起源于法国大革命时期。1831 年的《德国海森选帝侯宪法》第一次赋予了公民信件自由权利。在第二次世界大战之后，联邦德国在西方盟军的支持下开始起草宪法，同样规定了通信自由。1968 年，联邦德国议会通过了《关于限制信件、邮政包裹和远程通信的法律》，[3]对《德国基本法》第 10 条作了修改。第 10 条包括 2 款，第 1 款规定了通信自由不可侵犯，第 2 款则笼统地规定了法律保留，即只有在法律允许的情况下，才可以对通信自由进行限制。联邦宪法法院认定通信自由保障了公民通过自由交流信息、思想和观点的方式自由发展自身人格，保障了公民的人格尊严。[4]联邦宪法法院认定该宪法权利除了保护公民的个人通信自由之外，还体现了《德国基本法》的客观价值。[5]通信自由以保障思想自由交流的方式增强整个社会对于通信的信任，从而增强了整个社会的互信，该权利对于自由民主的法治国家也是必不可少的。[6]

该条是《德国刑事诉讼法》第 100 条 a 的直接宪法基础。第 100 条 a 允许侦查人员对通信进行监听并规定了监听适用的标准。

（四）《德国基本法》第 13 条：住宅不可侵犯

1949 年通过的《德国基本法》第 13 条仅有 3 款，1998 年增加了 4 款，[7]现共有 7 款条文。增加的 4 款主要是对住宅不可侵犯进行限制，其目的在于

---

[1] Di Fabio, in: Maunz/Dürig, § 2, Rn. 193.

[2] BVerfGE 65, 1, 43.

[3] *Gesetz zur Beschränkung des Brief-, Post-und Fernmeldegeheimnisses.*

[4] BVerfGE 67, 157, 171; 106, 28, 35; 110, 33, 53.

[5] Löwer in: v. Münch/Kunig, Grundgesetz-Kommentar, Bd. 1, 5. Aufl. 2000, Art. 10 Rn. 5.

[6] Durner in: Maunz/Dürig/Durner, 90. EL Februar 2020, GG Art. 10 Rn. 2, 41.

[7] *Gesetz zur Änderung des Grundgesetzes (Artikel 13) vom 26. März 1998 (BGBl I S. 610).*

更加有效地打击犯罪，特别是有组织犯罪。[1] 现行第 3 款允许以侦查犯罪为目的对住宅实施监听。这为《德国刑事诉讼法》第 100 条 c 住宅监听提供了合宪性基础。议会在通过修改草案时还强调，随着有组织犯罪的日益猖獗，为了更有效地执法，有必要对在住宅中进行的对话进行监听。[2]

《德国基本法》第 13 条使用了德文 "Wohnung" 一词。该词在日常用语中常被理解为私人住宅。但是，在宪法语境下对该词的理解比日常用语更为宽泛。联邦宪法法院对于该词的解释是与公共领域隔离的区域，可以是通过墙、门或是标记进行隔离。[3] 私人住宅毫无疑问受到第 13 条的保护。有争议的是工作场所是否也在第 13 条的保护范围内。学界通说将 "Wohnung" 一词分为狭义上的住宅和广义上的住宅。狭义上的住宅就是指私人用于个人生活的空间，也是日常意义上的住宅。除了房屋本身，还包括附属的私人花园、地下室、阳台、车库等。宾馆房屋和度假屋等也属于狭义住宅范畴。车辆一般不包括在内。广义上的住宅则是指用于经营、工作和以社交为目的的场所。联邦宪法法院在 1971 年的案例中就确认《德国基本法》第 13 条保护经营场所。[4] 保障工作场所的不可侵犯也是人格自由发展的一个不可或缺的方面。[5] 联邦最高法院也曾将一个仅允许特定人进入的办公室视为广义的住宅。[6]

第 13 条明确提及了对住宅的技术监听，这表明其本身认为该行为是对住宅的一种侵犯，只是在特定情况下予以合法化。联邦宪法法院同样认为《德国基本法》第 13 条保护的住宅并不是一个物理概念，包括在住宅中进行的活动。[7] 所以获取住宅中的声音本身是一种对住宅的侵犯，因此需要宪法规定将该行为

---

〔1〕 BT-Drs. 13/8650, S. 1. （"Der Gesetzentwurf soll im Interesse einer wirksamen Bekämpfung insbesondere der Organisierten Kriminalität die verfassungsrechtliche Grundlage für den Einsatz technischer Mittel zur akustischen Überwachung von Wohnungen zum Zweck der Strafverfolgung schaffen. "）

〔2〕 BT-Drs. 13/8650, S. 4. （"Das Organisierte Verbrechen hat in der Bundesrepublik Deutschland in der letzten Zeit erheblich zugenommen. Für eine wirksame Strafverfolgung in diesem Bereich ist es, auch nach Auffassung zahlreicher Experten aus der staatsanwaltschaftlichen und polizeilichen Praxis, notwendig, das gesprochene Wort in Wohnungen abhören und aufzeichnen zu können. "）

〔3〕 Gornig, in: *v. Mangoldt/ Klein/ Starck*, Kommentar zum Grundgesetz: GG, 6. Aufl. , Band I, Art. 13, Rn. 15.

〔4〕 BVerfGE32, 54, 68ff.

〔5〕 BVerfGE32, 54, 70.

〔6〕 BGH NStZ 1997, 196.

〔7〕 BVerfGE 109, 279, 327.

合宪化。此外,《德国基本法》第 13 条仅允许监听措施被用于侦查刑事案件并且仅限于严重犯罪。议会给出的立法解释也强调,对住宅的监听只能被作为"最后手段"使用。[1]如果存在其他替代措施,则不得对住宅进行监听。[2]

对于住宅的监听被视为对人权的严重限制和对隐私的严重侵犯,因此只能在极为特殊的情况下才能够被使用。从后面的实证数据中可以看出,德国在实践中采取住宅监听的案件十分有限。[3]由此可以看出,德国从立法到司法到执法,各个环节对该措施都是持非常谨慎的态度。

二、《德国刑事诉讼法》中的技术监听

如前所述,《德国刑事诉讼法》第 100 条 a（电信监听）、第 100 条 c（住宅监听）和第 100 条 f（非住宅场所监听）,分别规定了实施各个措施需要满足的条件。

（一）电信（Telekommunikation）监听:《德国刑事诉讼法》第 100 条 a

1. "电信"的定义

该条的直接宪法依据是《德国基本法》第 10 条第 2 款。《德国电信法》第 3 条将电信定义为"借助电信设施发送、传输和接受信号的技术过程"。[4]该词与《德国基本法》第 13 条中的"远程通信"基本同义。技术形式既包括传统的电话,也包括手机、无线电、卫星、传真、电子邮件和网络聊天工具等。[5]联邦宪法法院曾表示《德国基本法》第 10 条不仅保护通信内容,还保护整个通信过程,包括与通信相关的数据。[6]例如,通信的时间以及对象、电话号码、通信时长和通信 IP 地址等。[7]

---

〔1〕 BT-Drs. 13/8650, S. 5. （"Abhörmaßnahmen als besonders schwere Eingriffe in das Wohnungsgrundrecht dürfen nur ultimaratio der Strafverfolgung sein."）

〔2〕 下文第二章将对此进一步论述。

〔3〕 参见下文第五章。

〔4〕 § 3 Nr. 22 *Telekommunikationsgesetz*（TKG）（BGBl. I 3108）:"'Telekommunikation' der technischeVorgang des Aussendens, Übermittelns und Empfangens von SignalenmittelsTelekommunikationsanlagen".

〔5〕 Vgl. Schäfer, in: Löwe/Rosenberg, § 100a Rn. 45.

〔6〕 BVerfGE 85, 386, 396; 100, 313, 358. Vgl. "Verbindungsdaten" isdefinedby § 2 Nr. 4 *Telekommunikations-Datenschutzverordnung*（TDSV）vom 18. Dezember 2000（BGBl. I 2000 S. 1740）as:"personenbezogene Daten eines an der Telekommunikation Beteiligten, die bei der Bereitstellung und Erbringung von Telekommunikationsdiensten erhoben werden."

〔7〕 BVerfGE 67, 157, 172; 85, 386, 396; 100, 313, 358.

2017 年的法律修订将法条适用范围从正在进行的电信通信扩展为包括已经完结的通信。因为正在传输的电信信号通常是加密的，侦查人员监听到此类信号会存在解密的难题，增加侦查难度。[1]鉴于此，第 100 条 a 第 1 款允许侦查人员获取尚未发出的和已经完结的未加密通信。[2]

2. 第 100 条 a 规定的犯罪目录

第 100 条 a 第 2 款详细列举了可以适用电信监听的犯罪。该目录按照规定犯罪的法律文本进行分类，其中最重要的就是《德国刑法》。这类犯罪可再细分为三类，即威胁国家安全的犯罪、侵犯个人权利的犯罪和破坏公共和经济秩序的犯罪。是否将某罪名列入目录主要取决于犯罪的严重程度（例如谋杀和强奸）以及犯罪的属性（例如有组织犯罪）。

第 100 条 a 第 1 款要求运用监听手段进行侦查的犯罪必须是严重的犯罪。根据《德国刑法》，严重犯罪是指量刑起刑点是在 5 年以上的犯罪。除此之外，该条款还要求在具体案件中犯罪行为也必须是严重的。此时，法官必须结合案件具体情况判断犯罪行为和导致的后果是否严重，以及案件的可能量刑结果。法官还被要求只有在其他侦查方式会明显更困难或是无望的情况下，才可以批准技术监听措施。根据 2018 年德国司法部公布的电信监听数据，最常使用监听手段的是涉及毒品类的犯罪，占据所有使用电信监听程序的 39%。[3]

3. 对于律师的监听

《德国刑事诉讼法》第 137 条第 1 款规定犯罪嫌疑人得在刑事诉讼任何阶段获得律师的帮助。第 53 条第 1 款（律师拒绝作证权）和第 148 条（律师客户对话不受监控）保障了律师客户特权。原则上，客户和律师之间的对话不得被监听。[4]

而第 100 条 a 定义的电信通信也属于第 148 条保护的范围。此外，第 160 条 a 禁止监听享有拒绝作证权的律师和其客户之间的交流。但是，其第 4 款规定了例外情况，即如果律师本人被怀疑实施了第 100 条 a 犯罪目录当中的

---

[1]　Weigend, Mobile Phones as a Source of Evidence in German Criminal Procedure, in: Essays in Honor of Masahito Innouye, Tokyo 2019, p. 877.

[2]　See BT-Drs. 18/12785, S. 46; Roggan, StV 2017, 821, 822.

[3]　参见下文第五章。

[4]　LRkk 26 14; Schmitt, in: Meyer-Goßner/Schmitt, § 100a, Rn. 21; *Gerhard Werle*, Schutz von Vertrauensverhältnissenbei der strafprozessualenFernmeldeüberwachung?, JZ 1991, 482, 487.

某一项犯罪，那么可以对律师实施监听。此时，重要的是区分律师的通话是关于本人犯罪的还是其在履行专业职能。在 1985 年的一个案件中，犯罪嫌疑人 P 因为被怀疑实施了谋杀而逃往他国。为了找到 P 的藏匿地点，侦查人员对 P 的律师 A 进行了监听。监听证实 A 向 P 汇款以支持其在国外的生活。A 被以妨害司法的罪名起诉。[1]联邦最高法院认为，如果律师本人涉嫌实施第 100 条 a 犯罪目录中的犯罪，那么宪法本身并没有禁止对律师实施监听。但是仅仅是涉嫌实施此类犯罪并不能够将侵犯第 148 条保护的权利的监听行为正当化。[2]因此 P 和 A 之间的对话并不能成为证据。

（二）场所监听：《德国刑事诉讼法》第 100 条 c、f

《德国刑事诉讼法》将场所监听区分为住宅的监听和非住宅的监听。

对公开言辞的录音并不需要司法令状。第 100 条 c、f 条规定对于住宅和非住宅的非公开言辞的监听需要法官批准的令状。非公开言辞是指自言自语或是仅允许特定人员在场的谈话。[3]在判断谈话是否公开时需要考虑谈话参与人员的主观意愿。如果发言人想要其谈话内容公开，或是明知其内容会被公开，那么即使谈话发生在私人住所也被视为公开谈话，不受第 100c 条的保护。[4]

第 100 条 c 规定的措施适用的犯罪目录参见第 100b 条的犯罪目录。相较于第 100 条 a 的犯罪目录，该目录明显更短，对一些罪名要求到达"特别严重"的程度。[5]此外，第 100 条 c 要求只有在其他措施不合比例的困难或是无望的情况下，才可以采取住宅监听。其措辞较第 100 条 a 中类似的表述也更为严厉。第 100 条 d 第 4 款还特别强调，如果有线索显示发生在住宅中的对话可能涉及"核心隐私领域"，那么不得对其进行监听，以试图减少"核心隐私领域"的信息被监听的概率。在实践中，侦查人员通常考虑谈话人之间的关系，如夫妻或其他家庭成员、密友等。这些法律规定都体现了立法者将住宅监听视为更具有侵犯性的措施，视之为"最后手段"，并为此设立了更高的监听门槛。

第 100 条 f 针对的是住宅之外发生的非公开对话，例如汽车或是监狱中的

---

[1] BGHSt 33, 347.

[2] BGHSt 33, 347, 349.

[3] Pierre Hauck, in: Löwe/Rosenberg, §100c, Rn. 83, 27. Auflage, 2018.

[4] Lenckner/Eisele, in: Schönke/Schröder, §201, Rn. 7.

[5] 例如，第 100 条 b 第 2 款第 1 项（i）中的严重抢劫罪和导致死亡的抢劫罪。

对话。[1]非公开对话的含义同第 100 条 c 相同，犯罪目录与第 100 条 a 中的相同。实施该措施的门槛要低于第 100 条 c 中的住宅监听。

三、对技术监听司法审查

《德国刑事诉讼法》第 100 条 e 详细规定了技术监听需要遵守的程序性事项其中核心内容就是无论是哪种技术监听措施都要求法官进行审查并签发司法令状。

（一）令状的批准

原则上，技术监听都需要检察官提前向法官申请令状。只有在紧急情况下，检察官才可以签发"紧急令状"。此类紧急令状必须在签发 3 天内获得法官的追认，否则无效。[2]

在德国，法院作为中立和独立的司法机构，被认为最合适作为监督机关。因此，《德国刑事诉讼法》第 162 条和第 169 条规定了各级法院"侦查法官"（Ermittlungsrichter）以负责审查和批准各项侦查措施。电信监听和非住宅的监听即需要检察官向其所在地的基层法院申请监听令状。对于第 100 条 c 规定的住宅监听，第 100 条 e 设置了更高的批准级别，即需要州法院所在地的中级法院（Langesgericht）中的特别刑事庭进行审查。[3]

对于检察官签发"紧急令状"的权利，联邦宪法法院也做了严格的限制。其认定"紧急令状"只能是一种例外情况，而不能在一般意义上减损法官的司法审查权。[4]检察官必须具有具体的证据能够证明紧急事态的存在，抽象意义的假设并不能成为"紧急令状"的正当化理由。[5]此外，紧急事态不能是警察或是检察官刻意拖延而导致的。[6]

（二）司法审查的实证考察

第 100e 条对监听措施规定了详细且严格的司法审查，意在限制侦查权的

---

[1] BGH NStZ 1999, 145.

[2] 《德国刑事诉讼法》第 100 条 b 第 1 款。

[3] § 100e Ⅱ StPO.

[4] BVerfGE 103, 142.

[5] BVerfGE 103, 142, 155（"Im Konkreten sind reine Spekulationen, hypothetische Erwägungen oder lediglich auf kriminalistische Alltagserfahrung gestützte, fallunabhängige Vermutungen als Grundlage einer Annahme von Gefahr im Verzug nicht hinreichend. Gefahr im Verzug muss mit Tatsachen begründet werden, die auf den Einzelfall bezogen sind. Die bloße Möglichkeit eines Beweismittelverlusts genügt nicht."）; AG Essen StraFo 08, 199, 200; Amelung, NStZ 01, 337; Schäfer, in: Löwe/Rosenberg, Bd. Ⅱ, § 105, Rn. 22.

[6] Müller und Trurnit, StraFo 08, 144, 145; AG Essen StraFo 08, 199, 200.

滥用。即便如此，也依然是警察主导申请和批准程序。根据相关实证研究，88%的申请材料是由警察准备的，在97%的案件中，检察官直接按照这些材料向法官申请监听措施。[1]而法官进行判断的唯一信息来源就是这些申请资料。虽然法官可以要求检察官补充材料，但是在实践中法官并没有兴趣和动力仔细审查这些材料，更多地则仅仅是起到"橡皮图章"的作用。[2]一名法官在访谈中坦言，作为一名法官，其并不确定自己是否能够作出比一线警察更为正确的决定。[3]鉴于此，法官对于驳回检察官的申请是非常谨慎的。[4]根据一项实证调查，法官直接批准了92.3%的申请而未作出任何更改。马普所的一项调查证实了相同的情况，超过90%的申请直接被批准，4%的申请法官要求补充，法官仅在1%的申请中作出了变更。[5]

而检察官反映的问题则是不能及时找到法官进行申请。[6]即使在工作时间，也存在无法联系到法官的情况。[7]为了进一步加强事前司法审查力度，联邦宪法法院要求法院必须从组织上保障检察官更方便地联系到法官。[8]此外，联邦宪法法院还要求检察官必须将支持其"紧急令状"的材料提交法院进行审查。[9]该材料必须证明检察官曾经试图联系法官但却失败了。[10]联邦最高法院则表示，如果检察官刻意或是任意利用"紧急令状"规避司法审查，所获证据可能被排除。[11]在实践中，检察官很少需要针对监听措施签发"紧

〔1〕 *OttoBackes and Christoph Gusy*, Wer kontrolliert die Telefonüberwachung?: Eine empirische Untersuchung zum Richtervorbehalt bei der Telefonüberwachung, 2003, 37~39. 该研究中对警察的访谈证实了警察在监听措施中的主导地位。OttoBackes and Christoph Gusy, 73, 75.

〔2〕 Rüdiger Deckers and Björn Gercke, Strafverteidigung und Überwachung der Telekommunikation, StraFo 2004, 84, 87.

〔3〕 Rüdiger Deckers and Björn Gercke, StraFo 2004, 84, 87.

〔4〕 OttoBackes and Christoph Gusy, 91.

〔5〕 Hans-Jörg Albrecht, Claudia Dorsch, and Christiane Krüpe, Rechtswirklichkeit und Effizient der überwachung der Telekommunikation nach den §100a, 100b StPO und anderer verdeckter Ermittlungsmaßnahmen, Max-Planck-Institut f. ausländ. u. inter. Strafrecht, 2003, 452.

〔6〕 OttoBackes and Christoph Gusy, 104.

〔7〕 OttoBackes and Christoph Gusy, 105.

〔8〕 BVerfGE 103, 142, 156. （"Dem korrespondiert die verfassungsrechtliche Verpflichtung der Gerichte, die Erreichbarkeit eines Ermittlungsrichters, auch durch die Einrichtung eines Eil-oder Notdienstes, zu sichern."）

〔9〕 BVerfGE 103, 142, 159, 160.

〔10〕 BVerfGE 103, 142, 160.

〔11〕 BGH 51, 285.

急令状"，即使签发了令状大部分事后也都得到了法官的追认。[1]

（三）司法审查标准

在批准令状之前，法官需要审查检察官所申请的措施是否满足第 100 条 a 等对应条款的规定，如犯罪目录、犯罪的严重程度等。此外，法官还要考虑措施是否可能侵犯"核心隐私领域"；是否有足够的事实证明犯罪嫌疑人有可能实施了犯罪；警察或是检察官是否有相应的技术条件；监听措施是否必要且合乎比例；等等。令状必须以书面形式签发。第 100 条 e 第 3 款列举了令状应该包含的内容，如在可能情况下注明被监听人的姓名和住址、所涉罪名、监听措施类型、持续时长、终止时间、技术设备的类型、技术设备具体安装方案、预期得到的结果以及与所涉案件的关联性。[2]此外，法官还必须说明签发令状的理由，这包括支持被监听人嫌疑的事实、措施的必要性与合比例性以及措施不涉及"核心隐私领域"的理由。对于电信监听令状则必须包括被监听的电话号码或其他设备编码，而住宅监听则要求注明住宅地址或是具体的房间。

第 100 条 e 中列举的这些内容应该被视为是最低标准，法官可以根据具体案件情况添加其他说明或是要求。法官应该尽可能详细地描述监听措施或是监听对象，以防止实施不必要的监听。而且令状中包含的信息也是之后审判中法官审查监听措施合法性和判断非法证据排除的重要依据。辩护律师也需要根据令状内容来检验监听措施的实施是否符合令状要求。

四、非法监听证据的排除

德国刑事诉讼法在传统上是法官职权主义，诉讼的主要目的是发现事实真相。在历史上，上诉和事实再审被认为足以保障审判的公正，因此并不存在非法证据排除这一概念。[3]德国的证据排除概念是在 20 世纪初叶由贝林（Beling）教授第一次提出，[4]并得到了广泛的关注和讨论。1950 年，《德国刑事诉讼法》第 136 条 a 第 3 款第一次以成文法的形式规定了非法证据排

---

〔1〕 OttoBackes and Christoph Gusy, 53, 54, 79, 110; Albrecht/Dorsch/krüpe, 451.

〔2〕 例如，Bruns, in: KK, §100d, Rn 7~8.

〔3〕 Roxin/ *Schünemann*, Strafverfahrensrecht, 29. Aufl., 2017, §24, Rn. 22.

〔4〕 Beling, die Beweisverbote als Grenzen der Wahrheitserforschung im Strafprozess, 1903.

除规则。[1]一方面，发现事实真相仍然是德国刑事诉讼的主要目标；另一方面，这已经不再是唯一的目标。刑事诉讼在人权保护方面起到的作用越来越被认可。联邦最高法院判决称刑事诉讼并非是不计代价地去追求真相。[2]

德国关于证据排除的主流理论将证据排除分为"非法收集证据的禁止"和"非法使用证据的禁止"。前者禁止侦查人员以法律禁止的方式收集证据，如第136条a，而后者则是禁止检察官和法官在庭审中接纳特定信息作为证据，如属于"核心隐私领域"的信息。此处将着重讨论"非法使用证据的禁止"。

（一）基本理论

根据德国的主流观点，并不是所有非法收集的证据都需要排除。有些判例甚至宣称不排除是常态，排除是例外。[3]如果《德国刑事诉讼法》明确规定了某种情况证据需要排除，那么则必须予以排除。这种情况被称为"明示的证据使用禁止"，如第136条a。而大部分情况则是法律没有明确说明违反某项程序规定搜集的证据是否需要排除。此时便需要法官结合具体情况来判断是否需要排除相关证据。为明确何时需要排除证据，法院和学界也进行了实践探索和广泛的讨论，发展出了几种理论。

1. "权利范围"理论（Rechtskreistheorie）

该理论认为被告人只能就违反以保护自己权利为目的的法律条文而获得的证据申请排除。联邦最高法院于1958年首次提出该理论，用以限制非法证据排除的范围。在案例中，一名证人在未被告知其有拒绝作证的权利（《德国刑事诉讼法》第55条）的情况下作出了不利证词。被告人因为该证词被判定有罪。被告人上诉申请排除该证词。联邦最高法院认为证人的证词可以被用

---

〔1〕 BGBl. 1950, 455, 484f.

〔2〕 BGHSt 14, 358, 365. （"Es ist auch sonst kein Grundsatz der Strafprozeßordnung, daß die Wahrheit um jeden Preis erforscht werden müßte."）

〔3〕 例如：BVerfG NJW 2011, 2417, 2419. （"Daran gemessen bedeutet ein Beweisverwertungsverbot eine Ausnahme, die nur nach ausdrücklicher gesetzlicher Vorschrift oder aus übergeordneten wichtigen Gründen im Einzelfall anzuerkennen ist. Die strafgerichtliche Rechtsprechung geht daher davon aus, dass insbesondere das Vorliegen eines besonders schwerwiegenden Fehlers ein Verwertungsverbot nach sich ziehen kann … . Die Unzulässigkeit oder Rechtswidrigkeit einer Beweiserhebung führt auch nach Auffassung des BVerfG nicht ohne Weiteres zu einem Beweisverwertungsverbot."）

以判定被告人有罪，因为第 55 条保护的是证人的权利而非被告人的权利。在该案中，被告人的权利并没有被剥夺。[1]法院还强调，被告人没有权利就每一项程序错误而申请上诉。[2]该理论遭到了一些抨击。主要是因为"权利范围"这个词本身并不是一个既存的法律名词，而联邦最高法院也未能够为其提供一个明确的定义，其被认为违反了法律明确性原则。[3]

2. "保护目的"理论（Schutzzwecklehre）

该理论首次由格伦瓦尔德（Grünwald）教授提出。[4]根据该理论，收集证据中被违反的法律条文的目的对于决定是否排除相关证据起到决定性的作用。如果采纳非法获得的证据会令法律条文的目的无法实现，或者会进一步侵犯被保护的法益，那么非法获得的证据应该被排除。[5]该理论旨在防止已经被侵犯的法益被进一步侵犯。联邦最高法院已经在数个判例中适用了该理论。例如，联邦最高法院排除了被告人在未被告知其沉默权的情况下做出的有罪供述。[6]在其判决中，联邦最高法院表示，判断非法证据是否应予排除需要考虑被违反的条文在保护被告人权利中扮演的角色。如果被违反的条款并不是主要为了保护被告人的权利，那么违反该条文所搜集的证据则不需要排除。反之，如果被违反的条文对于确保被告人的程序权利是极为重要的，那么证据应予排除。[7]在本案中，联邦最高法院认定被告人被告知沉默权的

---

〔1〕 BGHSt 11, 213, 218. （"Anders als bei einem Verstoß gegen § 52 Abs. 2 StPO ist die Verwertung einer Zeugenaussage, die unter Verletzung der Belehrungspflicht des § 55 Abs. 2 StPO zustande gekommen ist, gegenüber dem Angeklagten nicht unzulässig. Da sein Rechtskreis durch den Verfahrensfehler nicht wesentlich berührt wird, steht ihm auch nicht das Recht zu, sich gegen die Verwertung einer solchen Aussage im Revisionsrechtszug zu wehren."）

〔2〕 BGHSt 11, 213, 214.

〔3〕 Eb. Schmidt, JZ 1958, 596; Rudolphi, MDR 1970, 93; Jäger, Beweisverwertung und Beweisverwertungsverbote im Strafprozess, 2003, S. 16; Jäger, Du sollst nicht von Dritten profitieren! JA 2017, 74; Tobias Paul, Unselbständige Beweisverwertungsverbote in der Rechtsprechung, NStZ 2013, 489.

〔4〕 *Grünwald*, JZ 1966, 489.

〔5〕 *Grünwald*, JZ 1966, 489, 497.

〔6〕 BGHSt 38, 214.

〔7〕 BGHSt 38, 214, 220. ["Dient die Verfahrensvorschrift, die verletzt worden ist, nicht oder nicht in erster Linie dem Schutz des Beschuldigten, so liegt ein Verwertungsverbot fern; ein Beispiel ist der Verstoß gegen § 55 Abs. 2 StPO (BGHSt 1, 39; 11, 213). Andererseits liegt ein Verwertungsverbot nahe, wenn die verletzte Verfahrensvorschrift dazu bestimmt ist, die Grundlagen der verfahrensrechtlichen Stellung des Beschuldigten oder Angeklagten im Strafverfahren zu sichern."]

权利是公正审判原则不可或缺的一部分，因此违反该权利的证词应予排除。[1]

在另一个案件中，被告人的血样被医疗助手强制采集。根据《德国刑事诉讼法》第81条a，只有医生才有权利采集血样，因此被告人申请排除该血样作为证据。[2]联邦最高法院拒绝了被告人的申请。首先，证据的质量并不会因为采集人的身份而受到影响。其次，被告人身体的完整性的权利已经被侵犯了，采纳该证据并不会再次侵犯被告人的身体完整性。该判决体现了"权利范围"理论和"保护目的"理论的区别：如果在该案中适用前者，那么血样极可能会被排除，因为被告人的权利被侵犯了。

与"权利范围"理论一样，该理论也因缺乏明确性而遭到了批判。很多条文的目的是不容易确定的，或是存在意见分歧的。[3]

3. 利益平衡理论（Abwägungslehre）

就当前的实践状况而言，利益平衡理论成为主流，得到了很多学者的支持。[4]该理论的核心是在决定证据是否需要排除时衡量相关利益和价值。[5]该理论经常被用于解决存在多种利益冲突的情况。[6]与前两种理论不同，该理论并没有特别强调某一方面，而是要求考虑各个相关的因素以作出综合的判断。

支持证据排除的因素通常涉及被告人被侵犯的权利和被违反的程序规则的重要性。具体而言，包括但不限于：公正审判原则和禁止强迫自证其罪原则，权利被侵犯的程度，被违反的法条的目的，以及违反是否是善意的。[7]反对证据排除的因素则通常为对公共利益的考量，如证据排除会对发现真实

---

[1] BGHSt 38, 214, 220. （"Die Anerkennung dieses Schweigerechtes entspricht der Achtung vor der Menschenwürde. Sie schützt das Persönlichkeitsrecht des Beschuldigten und ist notwendiger Bestandteil eines fairen Verfahrens."）

[2] BGHSt 24, 125.

[3] Eisenberg, Rn. 366; *Jugl*, 63; *Kelnhofer*, Hypothetische Ermittlungsverläufe im System der Beweisverbote, 1994, 73.

[4] 例如：BVerfGE 38, 105, 118.

[5] *Hubmann*, Wertung und Abwägung im Recht, 1997, S. 147.

[6] Klaus Rogall, "Abwägungen" im Recht der Beweisverbote, in Udo Ebert, Claus Roxin, Peter Rieß and Eberhard Wahle（Hrg.）: Festschrift für Ernst-Walter Hanack, 1999, S. 293, 297.

[7] BGHSt 24, 125, 130f. （"Hinzu kommt, daß die Polizeibeamten in gutem Glauben gehandelt, nämlich irrig die tatsächlichen Voraussetzungen angenommen haben, unter denen der Beschuldigte zur Duldung der Blutentnahme gezwungen werden durfte, ihr Vorgehen also rechtmäßig im Sinne des § 113 StGB war."）

造成何种影响，是否会妨碍有效司法，[1]所涉犯罪是否严重，[2]以及证据对于证明犯罪是否重要等。

对于该理论的抨击主要在于其结果的不可预测性。[3]此外，该理论还被认为并没有真正让法院在实际判案中进行利益衡量，反而成了法院采纳非法获得的证据的理由。[4]

法院为了进一步限制非法证据的排除还提出了"假定侦查过程"理论。[5]该理论认为，如果某项非法收集的证据本可以通过合法的方式获得，那么则可以采纳该证据。例如，上述采集血样的案例中，联邦最高法院提及，该血样本可以以符合第81条a的方式采集，因此也不应该被排除。[6]但是法院也不是在任何时候都适用该理论的。联邦最高法院曾经排除了一份没有令状的监听证据，尽管侦查人员本可以获得令状。[7]德国学界对于"假定侦查过程"理论基本持否定态度，认为应该限制使用。[8]其认为，该理论除了为法院提供一个采纳非法证据的理由之外没有任何其他贡献。事后的假设并不能够弥补已经被侵犯的权利。[9]

不论德国法院采取上述何种理论来排除非法证据，其对排除非法证据均持谨慎态度，认为其仅为例外情况。联邦宪法法院认为公正的实现是以有效

---

〔1〕 BVerfGE 44, 353, 373ff. （"Bei der gebotenen Abwägung steht auf der einen Seite das Interesse der Allgemeinheit an der Gewährleistung einer funktionstüchtigen Strafrechtspflege, zu deren Aufgaben auch die Verfolgung und Ahndung von Straftaten nach dem Betäubungsmittelgesetz gehört und deren Organe dabei im Rahmen der Besonderheiten des jeweiligen Falles auf die Inanspruchnahme der ihnen durch die Strafprozeßordnung zur Verfügung gestellten Zwangsmittel angewiesen sind."）; 80, 367, 375.

〔2〕 BGHSt 19, 325, 332. （"Handelt es sich um hinreichenden Tatverdacht schwerer Angriffe auf das Leben, auf andere bedeutsame Rechtsgüter, auf den Staat oder um andere schwerere Angriffe auf die Rechtsordnung, so wird der Schutz des privaten Lebensbereichs gegebenenfalls zurücktreten müssen."）; 34, 397, 401 （"... daß die Verwertung heimlich hergestellter Tonbandaufnahmen in Fällen schwerer Kriminalität gerechtfertigt sein kann. Entsprechendes gilt auch für Tagebuchaufzeichnungen."）

〔3〕 Svenja Schröder, Beweisverwertungsverbote, S. 46ff.

〔4〕 Svenja Schröder, Beweisverwertungsverbote, S. 47.

〔5〕 Schröder, Beweisverwertungsverbote, 72ff; *Werner Beulke*, ZStW 103 （1991）, 657, 660ff; Fezer, NStZ 2003, 625, 629; Jahn/Dallmeyer, NStZ 2005, 297, 301.

〔6〕 BGHSt 24, 125, 130; BGHSt 58, 32.

〔7〕 BGHSt 31, 304.

〔8〕 例如, Markus Löffelmann, Die normativen Grenzen der Wahrheitserforschung im Strafverfahren, 2008, 58 andFn 76; *Wohlers*, in: Festschrift für Gerhard Fezer, 325ff; *Eisenberg*, Rn. 409.

〔9〕 Werner Beulke, ZStW 103 （1991）, 657, 663; *Wohlers*, in: Festschrift für Gerhard Fezer, 324ff.

的司法为前提的，因此有效的刑事诉讼体系也是法治国不可分割的一部分。[1]所以，在决定证据排除时，法院必须要考虑到有效司法和发现真相所涉的公共利益。[2]基于此种考虑，联邦宪法法院尽量避免过于频繁地排除非法证据。[3]

（三）排除监听证据的理由

通过前面的论述可知，有些证据无论如何都是需要被排除的，而有些证据的排除则是利益衡量的后果。排除证据可以是基于宪法，也可以是基于《德国刑事诉讼法》。

1. 宪法作为证据排除的理由

（1）"核心隐私领域"。对于"核心隐私领域"的概念，笔者在前文中已经进行了详细的论述，其是排除监听证据重要理由之一。在"录音带案"中，联邦宪法法院强调即使存在重大的公共利益也不能够侵犯"核心隐私领域"。[4]该领域享有完全的保护，禁止任何公权力的侵犯。那么，也就是说，一旦认定监听证据属于"核心隐私领域"，无论是否合法取得，都需要被排除。相关信息不仅不能够在庭审中作为证据，而且也不能够作为侦查线索。

"核心隐私领域"的证据排除规则来源于《德国基本法》，被《德国刑事

---

〔1〕 BVerfGE 33, 367, 383; 38, 105, 115; 44, 353, 374. 〔 "Das Interesse an einer leistungsfähigen Strafjustiz gehört in den Gewährleistungsbereich des Rechtsstaatsprinzips（Art. 20 Abs. 3 GG）. Soweit der Grundsatz der Rechtsstaatlichkeit die Idee der Gerechtigkeit als wesentlichen Bestandteil enthält, verlangt er auch die Aufrechterhaltung einer funktionstüchtigen Rechtspflege, ohne die Gerechtigkeit nicht verwirklicht werden kann. "〕 A generaldiscussion on theconceptof "funktionstüchtigen Strafrechtspflege" canbefound, Herbert Landau, Die Pflicht des Staates zum Erhalt einer funktionstüchtigen Strafrechtspflege, NStZ 2007, 121.

〔2〕 BVerfGE 33, 367, 383; 38, 105, 116; 38, 312, 321; 39, 156, 163; 41, 246, 250; 44, 353, 374（ "Wiederholt hat das Bundesverfassungsgericht deshalb die Bedürfnisse einer wirksamen Strafverfolgung anerkannt, das öffentliche Interesse an einer möglichst vollständigen Wahrheitsermittlung im Strafprozeß betont und die Aufklärung schwerer Straftaten als wesentlichen Auftrag eines rechtsstaatlichen Gemeinwesens bezeichnet" .）; 77, 65, 76; 80, 367, 375.

〔3〕 Ugur Karaaslanoglu, S. 39; Christoph Pitsch, S. 287. BGHSt 32, 68, 71. （ "... darf ein Verfahrensfehler, der ein Verwertungsverbot für ein Beweismittel herbeiführt, nicht ohne weiteres dazu führen, daß das gesamte Strafverfahren lahmgelegt wird. "）It should make clear here that this argument is limited to the case of small procedural mistakes. When the violation of procedural rule is obvious, this argument cannot be used to support the admission of the evidence obtained through such violation. See Florian Eder, Beweisverbote und Beweislast im Strafprozess, 2015, Fn. 142.

〔4〕 BVerfGE 34, 238, 245. （ "Selbst überwiegende Interessen der Allgemeinheit können einen Eingriff in den absolut geschützten Kernbereich privater Lebensgestaltung nicht rechtfertigen; eine Abwägung nach Maßgabe des Verhältnismäßigkeitsgrundsatzes findet nicht statt. "）

诉讼法》第100条d第2款以成文法的形式予以明确。该款规定禁止收集属于"核心隐私领域"的信息，不得将该信息用于庭审，且应该立刻删除。该条款同样赋予了"核心隐私领域"完全的保护，以与联邦宪法法院判例保持一致。[1]

（2）禁止强迫自证其罪。另外一个可能被作为排除监听证据的理由是禁止强迫自证其罪。[2]尽管该权利并没有被明确规定在《德国基本法》中，也没有被规定在《德国刑事诉讼法》中，但联邦宪法法院认为强迫公民自证其罪不仅违反了一般人格权，还侵犯了人格尊严以及"法治国"原则。[3]

一般情况下，秘密监听并不违反禁止强迫自证其罪原则，因为监听是秘密进行的，并不构成对被监听者的强迫。但是，联邦最高法院也曾结合案件具体情况认定监听证据违反了禁止强迫自证其罪的原则。在该案中，犯罪嫌疑人已经明确援引沉默权，但是卧底警察却滥用犯罪嫌疑人的信任促使其提供了犯罪信息。[4]联邦最高法院认为，在该案中，犯罪嫌疑人的自由意志因其羁押状态和与卧底的长时间接触而受到严重限制，因此违反了禁止强迫自证其罪的原则。[5]但是，该案属于例外的情况，联邦最高法院强调，只有在侦查人员主动将犯罪嫌疑人置于一个类似审讯的环境，对其进行精神上的施压以促使其供述的时候，才能够排除由此得来的监听证据。[6]

2. 违反程序规则作为排除理由

尽管《德国刑事诉讼法》第100条e规定了技术监听应该遵守的程序规则，但是却并没有规定排除条款。根据前文所述法院判例，并不是每一项程序错误都会导致证据排除。那么，法院需要解决的问题就是违反《德国刑事诉讼法》第100条e的程序而获得的监听证据是否需要排除，以及何时需要

---

〔1〕 Vgl. BVerfGE 129, 208; *Schmitt*, in: Meyer-Goßner/Schmitt, §100a, Rn. 24.

〔2〕 BGHSt 31, 304, 308.

〔3〕 BVerfGE 56, 37, 43. More discussion on legal foundations of Nemo-tenetur-principle can be found: *Tobias Mahlstedt*, 63ff.

〔4〕 BGHSt 52, 11. Another similar case is BGHStNStZ 2009, 343.

〔5〕 BGHSt 52, 11, 22ff.

〔6〕 BGHSt 52, 11. ("Mit dem Grundsatz der Selbstbelastungsfreiheit ist es jedenfalls nicht vereinbar, dem Beschuldigten, der sein Schweigerecht in Anspruch genommen hat, in gezielten, vernehmungsähnlichen Befragungen, die auf Initiative der Ermittlungsbehörden ohne Aufdeckung der Verfolgungsabsicht durchgeführt werden, wie etwa durch Verdeckte Ermittler, selbstbelastende Angaben zur Sache zu entlocken."); Thomas A. Bode, Verdeckte strafprozessuale Ermittlungsmaßnahmen, Springer, 2012, 163.

排除。对此，联邦最高法院将第 100 条 e 中监听令状包含的各项要求分为实体要求和形式要求。[1]犯罪目录、侦查目的、嫌疑程度等被视为实体要求，而书写形式、法院管辖权和措施的时长等则属于形式要求。[2]如果监听违反了这些重要的实体要求，那么由此获得的信息便必须被排除。[3]而例如令状中的拼写错误等形式问题则不影响监听证据的采纳。具体个案中的排除决定则是由法官在利益平衡之后作出综合判断。

《德国刑事诉讼法》第 100 条 e 的核心内容就是要求所有监听措施都需要法官令状。对于检察官签发的"紧急令状"，法官需要在事后进行审查。如果法官发现紧急令状是不必要的，或是警察、检察官滥用权限，那么则排除相应监听证据。例如，在一个案件中，警察于 4 周前就知道犯罪嫌疑人 G 住在某房子中。但是警察只在逮捕后 2 个半小时后才找到检察官要求搜查其房屋。检察官在没有试图联系法官的情况下签发了紧急搜查令。联邦最高法院认定存在滥权，司法审查权被刻意忽视，所得证据应予排除。[4]尽管该案件不是关于监听证据的，但却可以反映出法院对于紧急令状的理解。

联邦最高法院并没有直接宣称任何没有令状而实施监听，所获证据一并予以排除。其更倾向于在个案中进行利益平衡，令状缺失则是平衡过程中需要考虑的一个因素。联邦最高法院强调，法院有义务查明真相，因此证据排除应是一种例外而非常态。只有存在明确规定或是其他重大理由时，才可排除证据。[5]

监听措施只能被用于侦查犯罪目录中的犯罪。所得信息也不得被用于证

---

[1] Vgl. BGHSt 31, 304, 309（"…einer wesentlichen sachlichen Voraussetzung für die Anordnung der Maßnahme nach § 100 a StPO…"）；BGHSt 41, 30, 32.

[2] Pierre Hauck, in: Löwe/Rosenberg, § 100a Rn. 97ff. BGH NStZ 1996, 48.

[3] BGHSt 31, 304, 308; 32 68, 70; 41, 30, 31.

[4] BGHSt 51, 285, 292ff. *Kai Müller and Christoph Trunit*, StraFo 2008, 144, 147.

[5] BGHSt 51, 285, 290ff.（"Dabei muss beachtet werden, dass die Annahme eines Verwertungsverbots, auch wenn die Strafprozessordnung nicht auf Wahrheitserforschung „um jeden Preis" gerichtet ist, eines der wesentlichen Prinzipien des Strafverfahrensrechts einschränkt, nämlich den Grundsatz, dass das Gericht die Wahrheit zu erforschen und dazu die Beweisaufnahme von Amts wegen auf alle Tatsachen und Beweismittel zu erstrecken hat, die von Bedeutung sind. Daran gemessen bedeutet ein Beweisverwertungsverbot eine Ausnahme, die nur nach ausdrücklicher gesetzlicher Vorschrift oder aus übergeordneten wichtigen Gründen im Einzelfall anzuerkennen ist. Maßgeblich mit beeinflusst wird das Ergebnis der demnach vorzunehmenden Abwägung vom Gewicht des infrage stehenden Verfahrensverstoßes. Dieses wird seinerseits wesentlich von der Bedeutung der im Einzelfall betroffenen Rechtsgüter bestimmt."）

明不在犯罪目录中的犯罪。联邦最高法院曾判决，将电信监听所获信息用于侦查或是起诉非目录中罪名违反了《德国基本法》第10条。[1]此外，联邦最高法院还曾拒绝排除超期监听所获证据。[2]

（三）证据排除的"长臂效果"（Fernwirkung）

德国证据排除理论中的"长臂效果"类似美国的"毒树之果"，其主要讨论的问题是在原始证据在庭审中被排除的情况下，该原始证据的衍生证据是否也需要被排除。[3]对这一问题，学界的观点并不统一。[4]反对排除决定的"长臂效果"的观点认为其会严重阻碍法庭查明真相，某一程序错误不应该导致整个诉讼过程瘫痪。[5]而支持的观点则认为如果否认"长臂效果"那么排除规则很容易被规避。[6]

德国法院一般只在人格尊严和基本权利被严重违反的情况下才承认证据排除的这种"长臂效果"。[7]例如，如果获得证据的手段是《德国刑事诉讼法》第136条a所禁止的（如刑讯逼供），那么衍生证据也应该被排除。[8]排除涉及"核心隐私领域"的信息也具有"长臂效果"。"核心隐私领域"信息衍生出的证据也需排除，[9]甚至连衍生证据也不得作为侦查线索。[10]此外，

---

〔1〕 BGHSt 26, 298, 302, 303; 28, 122, 125, 129. See also BGHSt 32, 10, 14, 15. （"Die Ergebnisse einer Telefonüberwachung dürfen zum Beweis einer Straftat, die nicht Anlaß für die Überwachungsanordnung war, jedenfalls dann verwendet werden, wenn diese Straftat ihrerseits im Katalog des § 100a Satz 1 StPO aufgeführt ist."）

〔2〕 BGH 44, 243.

〔3〕 Sarah Ossenberg, Die Fernwirkung im deutsch-U. S.-amerikanischen Vergleich, 2011, S. 8.

〔4〕 Robles, 180ff. See also *Christoph Pitsch*, S. 311. Vgl. BGHSt 51, 1, 8. （"Die Literatur bejaht hingegen überwiegend eine Fernwirkung des Verwertungsverbots bei Erkenntnissen aus einer rechtswidrigen Tele-kommunikations-Überwachungsmaßnahme." ）*Sarah Ossenberg*, S. 50ff; *Weigend*, StV 2003 436; *Eisenberg*, Rn. 403ff.

〔5〕 BGH 36, 364; LR-StPO, 29. 136a, Rn. 75.

〔6〕 Eisenberg, Rn. 404~408.

〔7〕 Rogall, ZStW 1991, 40; *Eisenberg*, Rn. 408; Ambos, Beweisverwertungsverbote, 147 and Fn. 904.

〔8〕 Eisenberg, Rn. 408; *Weigend*, StV 2003 436.

〔9〕 LR, 29Aufl. , 100a, Rn. 234; 100d, Rn. 23.

〔10〕 BVerfGE 129, 208, 229 （"Das gesetzliche Verwertungsverbot in § 100a Abs. 4 Satz 2 StPO schließe auch eine Nutzung der Informationen als Ermittlungsansatz aus." ）; LG Ulm, Beschluß vom 19. 04. 2004-1 Qs 1036/04, StV 2006, 8f. （"Weiter muß gewährleistet sein, daß Informationen aus dem un-antastbaren Bereich privater Lebensgestaltung der durch diese Maßnahme betroffenen Personen weder im Haupt-sacheverfahren verwertet noch zum Anknüpfungspunkt weiterer Ermittlungen werden." ）; Schmitt, in: Meyer-Goßner/Schmitt, § 100a, Rn. 25; Bruns, in: KK, § 100a Rn. 67.

《德国刑事诉讼法》第 100 条 d 第 2 款要求立刻删除"核心隐私领域"的信息，那么则在客观上阻止了该信息的进一步使用。如果原始证据是经过法院利益衡量之后才被排除的，那么衍生证据的可采性则需要法官在个案中决定。在一个较早的案例中，被告人在非法监听证据的影响下供述了罪行。联邦最高法院排除了该供述。[1]在之后的一个案件中，侦查人员通过非法监听获知被告人会与其他两人会面。侦查人员监控了该次会面并逮捕了此三人，并根据三人的供词逮捕了其他被告人。[2]联邦最高法院认为三人并不是在非法监听证据的影响下作出的供述，因此拒绝排除其供词。[3]如果排除供词，则会导致整个诉讼程序瘫痪。

根据法院历年的判例，非法获得的证据一般可以作为侦查线索用于进一步侦查，或是用于申请其他侦查措施的令状。[4]而排除是否具有"长臂效果"则是由法官在个案中综合各种情况进行利益衡量后加以决定。[5]

五、技术监听的实证分析

根据《德国刑事诉讼法》第 101 条 b 的要求，德国司法部每年会公布关于《德国刑事诉讼法》第 100 条 a、c 监听措施具体实施情况的相关数据。截止至本文撰稿之日，德国司法部网站可以查询到 2000 年至 2018 年的相关报告。[6]报告包括各州签发原始令状数量，监听所涉的罪名等数据。本节实证分析的数据则来源于这些历年的报告。

（一）原始令状数量

一个刑事程序中有可能存在多个监听令状，一个监听令状可能监听一部

---

[1] BGHSt 27, 355; thisruling was confirmed in BGSt 32, 68, 70. （"Richtig ist es schließlich auch, daß ein Beweisverwertungsverbot für solche Bekundungen von Beschuldigten besteht, die unter dem Eindruck des Vorhalts von unzulässig gewonnenen Erkenntnissen aus einer Telefonüberwachung gemacht worden sind."）.

[2] BGHSt 32, 68, 70. KK, 8. Aufl., 65.

[3] Ingram Lohberger, Mittelbare Verwertung sog; Zufallserkenntnisse bei rechtmäßiger Telefonüberwachung nach §§ 100 a, b StPO?, in: Festschrift für Ernst-Walter Hanack zum 70. Geburtstag, 1999, S. 253, 261; *Ambos*, 149ff.

[4] Sabine Gless, "Germany: Balancing Truth Against Protected Constitutional Interests", in Stephen Thaman (eds.), *Exclusionary Rules in Comparative Law*, Springer, 2013, 113, 129.

[5] Eisenberg, Rn. 408; LR-StPO, 29. 136a, Rn. 75; Weigend, StV 2003 436; *Ossenberg*, 50ff; Ambos, 147ff.

[6] https://www.bundesjustizamt.de/DE/Themen/Buergerdienste/Justizstatistik/Telekommunikation/Telekommunikationsueberwachung_ node. html，访问日期：2020 年 8 月 18 日。

电信设备或是多个设备。

表 1　2008 年至 2018 年适用《德国刑事诉讼法》第 100 条 a、c
措施的程序数量和签发令状的情况

年份	适用第 100 条 a 措施的程序（个）	根据第 100 条 a 签发的原始令状（份）	涉第 100 条 a 措施的每个程序中平均原始令状（份）	适用第 100 条 c 措施的程序（个）
2008	5348	13 949	2.6	7
2009	5301	17 208	3.2	8
2010	5493	17 351	3.2	4
2011	5516	18 029	3.3	10
2012	5678	19 616	3.5	8
2013	5669	19 398	3.4	7
2014	5625	19 795	3.5	6
2015	5945	18 640	3.1	6
2016	5738	17 510	3.1	6
2017	5629	15 669	2.8	12
2018	5104	15 787	3.1	12
总计	61 046	192 952	34.8	86

表 1 表明：在 2008 年至 2018 年间，涉及使用电信监听的平均每个程序含有三个以上的监听令状，而根据第 100 条 c 签发的住宅监听的令状则相对极少。其中一个重要的原因就是第 100 条 c 设置了比第 100 条 a 更高的审查标准。另一个原因就是住宅监听的花费更高。

（二）利用技术监听侦查的犯罪类别

表 2　2018 年适用《德国刑事诉讼法》第 100 条 a 措施侦查的犯罪类别

	2018 年适用第 100 条 a 措施进行侦查的犯罪类别	程序数量（个）	占所有涉电信监听程序的比例
1	毒品类犯罪（第 100 条 a 第 2 款第 7a 和 b 种情况）	8792	39%

续表

	2018 年适用第 100 条 a 措施进行侦查的犯罪类别	程序数量（个）	占所有涉电信监听程序的比例
2	诈骗和电脑诈骗（第 100 条 a 第 2 款第 1n 种情况）	2874	13%
3	团伙盗窃（第 100 条 a 第 2 款第 1j 种情况）	2341	10%
4	杀人和谋杀（第 100 条 a 第 2 款第 1h 种情况）	1895	8%
5	抢劫和敲诈勒索（第 100 条 a 第 2 款第 1 种情况）	1278	6%
6	叛国罪（第 100 条 a 第 2 款第 1a 种情况）	1098	5%
7	侵犯人身自由的犯罪（第 100 条 a 第 2 款第 1i 种情况）	495	2%
8	逃税（第 100 条 a 第 2 款第 2c 种情况）	436	2%
9	破坏公共安全的犯罪（第 100 条 a 第 2 款第 1d 种情况）	396	2%
10	公共危险类犯罪（第 100 条 a 第 2 款第 1u 种情况）	279	1%
11	其他	2630	12%
总计		22 514	100%

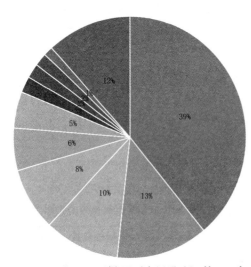

图 1　2018 年适用《德国刑事诉讼法》第 100 条 a 措施侦查的各类犯罪比例图

数据显示：在 2018 年，电信监听最常被用于侦查毒品类犯罪，占所有采取电信监听程序的 39%。经过考察历年的数据，其他年份亦是如此（例如：2017：38%；2016：42%；2015：42%）。其他经常使用电信监听侦查的犯罪为团伙盗窃、诈骗和杀人等。

表 3　2008 年至 2018 年适用《德国刑事诉讼法》第 100 条 c 措施侦查的犯罪类别和所涉程序数量[1]

适用第 100 条 c 措施侦查的犯罪类别和所涉程序数量 （2008 年至 2018 年）	程序
谋杀和杀人	36
毒品类犯罪	22
构建有犯罪组织和恐怖组织	21
叛国罪	7
性犯罪和儿童色情读物	3
侵犯人身自由的犯罪	2
偷渡外国人入境联邦	1
洗钱	1
贪污贿赂	1

数据显示：住宅监听措施最被常用于谋杀和杀人罪。之后是毒品类犯罪和构建犯罪和恐怖组织罪。

（三）住宅监听的成本花费

表 4　2008 年至 2018 年适用《德国刑事诉讼法》第 100 条 c 措施的成本花费

年份	相关报告中显示了 成本的程序数量	成本（欧元）	每一个程序平均 成本（欧元）
2008	6	265 211	44 201. 83
2009	3	34 900	11 633. 33

---

〔1〕　因为存在一个程序中的住宅监听令状援引多种犯罪罪名的情况，因此在按照犯罪类别计数时存在程序重复计数的情况。使用住宅监听程序的确切数量参见表 1。

续表

年份	相关报告中显示了成本的程序数量	成本（欧元）	每一个程序平均成本（欧元）
2010	3	3200	1066.67
2011	6	108 437	18 072.83
2012	8	266 502.48	33 312.81
2013	2	16 180	8090.00
2014	4	6550	1637.50
2015	2	134 292	67 146.00
2016	3	3300	1100.00
2017	1	40 000	40 000.00
2018	3	81 068.08	27 022.69
总计	41	959 640.56	253 283.66

表4显示：在2008年至2018年，适用《德国刑事诉讼法》第100条c住宅监听的花销是每程序253 283.66欧元。最高花费是2012年下萨克森州的一个案件，23天的监听共花费102 737.93欧元，其中大部分支出是翻译费用。

（四）技术监听效率的实证分析

首先需要明确的是，技术监听的效率和有效性并不是同一概念。技术监听对于打击犯罪是有效的，这一点毋庸置疑。但是，考虑到该措施对于公民隐私的侵犯，仅仅是有效并不能将该类措施正当化。只有在实施技术监听的同时，将对公民权利的侵犯控制在一定程度内，宪法和法律才能够容忍该措施。这也是联邦宪法法院"刑事诉讼不能不计代价寻求真相"理念的一种体现。对于技术监听在实践运用中打击犯罪和保护公民权利二者之间的关系，则是监听技术效率的问题。通过考察实证数据，可以检验立法的效果。技术监听的效率可以从多个方面理解，比如被监听的犯罪嫌疑人占所有被监听人数的比例，监听程序获得的有用信息占所有涉及监听程序的比例等。但是，因为德国司法部报告公开的数据有限，关于电信监听的报告并不包含相关数据被用以分析电信监听的有效性，只有关于第100条c的住宅监听措施的报告反映了部分效率问题。

表 5　2008 年至 2018 年适用《德国刑事诉讼法》第 100 条 c 措施监听的
人员和获得有用信息的情况

	适用第 100 条 c 监听的犯罪嫌疑人人数	适用第 100 条 c 监听人员总数（犯罪嫌疑人＋第三人）	犯罪嫌疑人占所有被监听人员比例	适用第 100 条 c 措施获得有用信息的程序数量	适用第 100 条 c 措施的程序总数量	适用第 100 条 c 措施获得有用信息的程序数量占所有程序数量的比例
2008	29	90	32.2%	4	7	57.1%
2009	29	33	87.9%	5	8	62.5%
2010	15	20	75.0%	3	4	75.0%
2011	21	45	46.7%	6	10	60.0%
2012	26	104	25.0%	5	8	62.5%
2013	32	57	56.1%	4	7	57.1%
2014	36	49	73.5%	5	6	83.3%
2015	29	44	66.0%	3	6	50.0%
2016	11	26	42.3%	3	6	50.0%
2017	36	41	87.8%	5	12	41.7%
2018	61	136	44.9%	9	12	75.0%
总计	325	645	50.4%	52	86	60.5%

表 5 中的有用信息既包括对采取监听措施的原始程序起作用，也包括对其他犯罪程序起作用。约 50% 被监听人员是犯罪嫌疑人，60.5% 的程序中住宅监听得到了有用信息。历年报告还部分注明了原因，比如，监听未获得预期结果，被监听的住宅无人居住，或是犯罪嫌疑人仅在住宅中短暂逗留等。也包括监听质量太差以至于无法辨认声音，嫌疑人已经被捕，已经采取了其他替代侦查措施等原因。

侦查中运用大规模监控的法律规制

纵 博*

摘 要：大规模监控是针对不特定对象的高科技监控手段，在侦查中有多种功能。由于部分大规模监控在侦查中运用会侵害公民基本权利，所以属于应由法律规制的强制侦查措施。大规模监控的运用使侦查由被动性、调查性、回溯性、对象特定性侦查向主动性、预防性、即时性、对象非特定性侦查过渡，给传统的侦查及其法律规制理论带来了一些难题和挑战。为实现公民权利保护的实效性，应将侵害公民基本权利的各种大规模监控措施纳入《刑事诉讼法》的规制范围。为此，我国必须对现有的侦查理论和规范进行修正，改革立案制度，扩大技术侦查的对象范围；根据大规模监控的用途及监控内容的不同进行宽严有别的规制；对于侦查中大规模监控运用的规制，应从程序规范及证据规则两方面进行，前者包括适用范围、适用条件、适用主体、批准程序、实施程序等方面，后者包括非法运用大规模监控获取证据的排除规则，以及根据大规模监控的科技特征而设置的不可靠证据排除规则。

关键词：大规模监控；强制侦查措施；法律规制

大规模监控是随着计算机技术、电子技术、大数据技术的发展而出现的针对不特定社会公众的高科技监控手段，如公共场所视频监控、网络信息监控、通信基本信息监控、手机软件用户信息监控等，这些监控技术既可能由作为公权力主体的国家机关掌控使用，也可能由企业、个人等非公权力主体掌控使用。大规模监控的特点是规模庞大、被监控对象不特定、基本上是秘密运作。2013 年以后曝光的美国国家安全局主导运行的"棱镜计划"（Prism）、"上行计划"（Upstreag）、"无界线人计划"（Boundless Informant）等

---

* 作者简介：纵博，安徽财经大学法学院副教授，法学博士。本文发表于《法学论坛》2019 年第 3 期。

监控项目，就是国家机关运用大规模监控的典型代表。[1]这一系列监控计划的曝光，在国外掀起了巨大风暴，使人们对政府的大规模监控感到不寒而栗。正如英国作家乔治·奥维尔在其小说《一九八四》中所描绘的那样，人们的一举一动均被"老大哥"通过各种高科技设备监控，个人毫无隐私和秘密可言。

大规模监控除了可以像在美国"棱镜计划"中那样被用来防范恐怖主义犯罪和其他犯罪、保障国家安全之外，还可以用作行政管理、商业用途。在刑事司法领域当然也有其运用空间，即在刑事侦查中被用来发现犯罪、查获犯罪嫌疑人、收集证据或信息等。在我国的刑事侦查实践中，对各类大规模监控的运用已经非常普遍，如通过公共场所视频监控发现案件线索、查获嫌疑人踪迹、收集视听资料证据；通过网络巡逻监控发现网络色情或诈骗犯罪线索并展开侦查；等等。在能够运用于侦查的大规模监控中，有一些不可避免地会侵害公民的基本权利，因此应对其进行必要的法律规制。大规模监控在侦查中的运用，使侦查由被动性、回溯性、特定性侦查向主动性、即时性、弥散性侦查过渡，给传统的强制侦查及其法律规制理论和实践带来了巨大的挑战。法律的发展普遍落后于科技，即便是在科技与法律均较为发达的国家，虽然有部分学者关注到了大规模监控对公民权利的侵害性，[2]但对于大规模监控的法律规制也远未完成。本文意在考察侦查实践中几种主要的大规模监控运用，对其给我国侦查措施的法律规制所带来的问题进行分析，以求引起学术界和实务界对这一问题的关注，为日后将对大规模监控的运用纳入法律规范提供理论借鉴，在维护侦查利益的同时也为公民权利提供保障。

一、大规模监控在刑事侦查中的功能

一般而言，在侦查过程中大规模监控有以下几种功能：

---

〔1〕 参见本刊："斯诺登事件一周年回顾之网络监控项目"，载《保密科学技术》2014 年第 6 期，第 14 页。

〔2〕 Marc Jonathan Blitz, "The Fourth Amendment Future of Public Surveillance 9", Remote Recording and Other Searches in Public Space f 63 *American University Law Review* 21 , 86 (2013); Russell L. Weaver, "Cybersurveillance in a Free Society", 72 Wash. & Lee L. Rev. 1207, 1241 (2015) ; Bart W. Schermer, "Surveillance and Privacy in the Ubiquitous Network Society", 1 *Amsterdam Law Forum* 63, 76 (2009) ; Celine C. Cocq & Francesca Galli, "The Use of Surveillance Technologies for the Prevention, Investigation and Prosecution of Serious Crime", 9 *EUI Working Paper Law* 2015/41.

（一）预防、发现、同步监控、制止犯罪

大规模监控的存在本身便是对潜在犯罪者的震慑，发挥着犯罪预防的功能，这也是政府建设这类监控项目的主要目的之一，尤其是街道上遍布的治安监控摄像头，其主要目的就在于预防犯罪。一旦通过监控发现了犯罪，就立刻开始对犯罪过程进行监控、记录，甚至可以在发现犯罪行为后立刻采取措施将其制止。因此，大规模监控在侦查中的运用兼具犯罪预防和犯罪侦查功能。然而，根据我国的刑事诉讼理论及规范，这种运用是否属于"侦查中"的运用，是颇有疑问的，因为我国以立案作为刑事侦查的程序开端，而侦查机关在运用大规模监控进行监控时，通常并未立案。在犯罪发生之前，监控技术发挥着犯罪预防功能，但在犯罪发生的同时就立刻转化为犯罪侦查功能，对犯罪进行监控和记录，使犯罪预防与犯罪侦查之间近乎无界限。那么这种监控技术的使用是否属于"侦查中"的使用，如何对其进行法律规制就构成了后文笔者将要讨论的问题。

（二）搜寻犯罪嫌疑人、被害人、证人等特定主体

在犯罪发生后，嫌疑人可能会立即逃离现场，被害人、证人等也可能离开现场而不知所踪。为查获犯罪嫌疑人踪迹，或寻找被害人或证人，可以使用公共场所视频监控、手机基站定位监控等手段，从不特定人群中搜索特定对象，以便将嫌疑人抓获归案，或继续进行下一步的侦查取证。这种运用方式虽然是为了查找特定对象，但是其是从不特定对象中进行搜寻，所以其并不是针对特定对象的监控，仍属于针对不特定对象的监控。

（三）收集诉讼证据

这是目前大规模监控运用于侦查的主要方式，即在案件发生后直接将相关的监控内容收集作为证据，相对于前两种功能而言，这是事后对大规模监控的结果的运用。这种运用方式的特别之处在于，除了侦查机关自行实施的监控之外，还可能是侦查机关之外的其他公权力机关或非公权力机关基于行政管理、商业用途而实施的，在监控实施的时候可能并未启动侦查程序，监控结束之后才启动侦查并将监控材料收集作为证据。因此，监控行为并非侦查行为，但监控材料却是侦查取证的对象，并被转化为刑事证据，所以刑事诉讼法对于这种运用方式的规制应主要体现在监控材料的证据能力问题上。即根据前期监控行为是否侵害公民基本权利、是否符合刑事诉讼取证合法性的要求而判断监控材料是否因违反强制措施法定主义而不具有证据能力。但

对监控材料证据能力的判断要根据前期监控实施者是侦查机关等公权力主体还是企业、个人等非公权力主体而定。因为刑事诉讼法主要规制的是公权力机关的权力行使，所以为了保障司法公正和公民基本权利，防止侦查机关借其他公权力机关之手而滥用大规模监控，应将侦查机关与其他公权力机关作为一体对待，由刑事诉讼法对其监控行为及监控结果的证据能力进行规制。虽然实施主体、批准主体、具体程序有所不同，但应当要求具备基本相同的条件才可实施监控行为。正如美国联邦法院在保护公民《美国宪法第四修正案》的权利问题上将行政搜查与刑事搜查一体对待一样。[1]而对于非公权力主体实施监控行为来说，除非是侦查机关对其进行事前的指使、委托，使个人成为国家公权力机关"手足之延伸"，[2]否则原则上无需以刑事诉讼法对其监控行为和结果进行规制。而侦查机关从非公权力主体处调取监控材料作为证据也只是一般调查取证行为，仅受刑事诉讼法中一般调查取证规范的调整。

（四）对特定对象进行通信、行踪、场所、行为等监控

侦查中大规模监控的运用与 2012 年《刑事诉讼法》所规定的技术侦查措施并不相同，因为我国技术侦查措施的基本要件之一就是在实施时必须针对特定的、明确的对象，而大规模监控在运用时，通常并非针对特定的、明确的对象。[3]但侦查人员在运用大规模监控时，却可以随时针对特定对象进行监控，如利用公共场所视频监控对某人行踪和行为进行监控，利用网络信息监控来监控某人的往来邮件、网页搜索行为。若根据目前的技术侦查理论及规范，这种情形可按技术侦查措施予以规范。但从反面来看，除了这种情形之外，上述其他三种功能因为并未针对特定对象而无法按技术侦查措施进行规范。

---

〔1〕 参见［美］约书亚·德雷斯勒、艾伦·C.迈克尔斯：《美国刑事诉讼法精解》（第1卷·刑事侦查），吴宏耀译，北京大学出版社 2009 年版，第 319 页。

〔2〕 即欠缺国家追诉机关身份的个人，受国家追诉机关之委托、指使而从事取证活动，在国家机关处于优势支配地位时，个人即取得国家机关手足之延伸地位。参见林钰雄：《刑事诉讼与国际人权》，元照图书出版有限公司 2007 年版，第 160 页。

〔3〕 我国 2012 年《刑事诉讼法》第 149 条规定："批准决定应当根据侦查犯罪的需要，确定采取技术侦查措施的种类和适用对象……"第 150 条第 1 款规定："采取技术侦查措施，必须严格技照批准的措施种类、适用对象和期限执行。"2012 年《公安机关办理刑事案件程序规定》第 255 条明确规定，技术侦查措施是指由设区的市一级以上公安机关负责技术侦查的部门实施的记录监控、行踪监控、通信监控、场所监控等措施。技术侦查措施的适用对象是犯罪嫌疑人、被告人以及与犯罪活动直接关联的人员。

二、大规模监控运用于侦查时的性质判断

（一）强制侦查措施的判断标准

根据日本学者的观点，侦查措施分为强制侦查措施与任意侦查措施，二者的界分标准为是否侵犯公民的重要权利，所谓强制侦查措施即侵犯重要利益的措施，而任意侦查措施则是不侵犯重要利益的措施。强制侦查措施应受法律的严格规制，也即遵循强制侦查措施法定主义；而任意侦查措施虽然也应遵循必要性、紧急性、适当性原则，但无需由法律进行严格规制。[1]虽然其他国家的刑事诉讼理论可能没有明确提出强制侦查与任意侦查的概念，但在对侦查措施进行法律规制方面，各国基本上都是遵循二者区别对待的原理，只不过对某种措施属于强制侦查措施抑或任意侦查措施的具体判断标准可能存在不同。据此，判断侦查中大规模监控的运用是否需要法律规制，就应先判断这种运用是否属于强制侦查措施，也即是否会侵犯公民的重要权利。而且，需要注意的是，这里的"是否侵犯公民重要权利"是指侦查措施是否侵害了任意公民的重要权利，而不限于犯罪嫌疑人、被告人的重要权利，由于犯罪嫌疑人、被告人之外任何第三人对侦查机关的强制性措施具有更小的容忍义务，[2]所以刑事诉讼法对不特定第三人的权利应给予更严格的保护，对其重要权利的侵害当然更应属于强制侦查措施。

在我国的立法和传统的理论中，并无强制侦查措施的概念，只有强制措施的概念，即仅包括拘传、拘留、逮捕、取保候审、监视居住五种针对人身的强制措施。对此，已有学者明确指出，这是对强制措施概念的不当限缩，因为强制措施应包括人身保全措施、证据保全措施、暂时性处分，[3]也就是说，只要侦查措施会对公民的人身权、财产权等基本权利有所侵犯，就应属于强制措施。[4]学术界目前基本上达成共识的是，对于强制侦查措施应进行广义界定，不限于人身强制措施，也包括其他对公民基本权利造成侵害的侦查措

---

〔1〕参见［日］田口守一：《刑事诉讼法》，刘迪等译，法律出版社 2000 年版，第 28~31 页。

〔2〕参见林钰雄：《刑事诉讼法》（上），中国人民大学出版社 2005 年版，第 305 页。

〔3〕参见万毅："论我国刑事强制措施体系的技术改良"，载《中国刑事法杂志》2006 年第 5 期，第 70~71 页。

〔4〕参见万毅："中国侦查制度改革的若干基本问题"，载《山东警察学院学报》2005 年第 4 期，第 73 页。

施。[1]

之所以将判断是否构成强制侦查措施的标准限于是否侵犯公民的基本权利，是因为如果将侵害公民所有权利的侦查措施均作为强制侦查措施予以法律规范，会造成立法和司法的成本过大，也会影响侦查的实效性。如德国就将强制侦查措施界定为对公民的人格自由权、生理权利、财产权、住宅权、邮电通信秘密权、职业自由权、信息自主权这几类权利造成侵害的侦查措施；[2]而在日本对于强制侦查措施的界定中，判例也显示出了采取侵犯重要利益说的倾向。[3]对于我国来说，基于现实考虑，同样也只能以是否侵害公民基本权利作为强制侦查措施判断的标准。需要指出的是，此处的基本权利不等于宪法权利，虽然学者提出刑事诉讼中权利保护的宪法化问题有其积极意义，[4]但宪法作为基本法，毕竟不可能将公民所有的重要权利都纳入其中，如隐私权在我国就是作为一项民事基本权利而存在的，宪法除了规定通信秘密权之外，并未将其他隐私纳入规范。而且，随着科技的发展，宪法也无力对新类型的公民权利作出及时规范，加之欠缺成熟的宪法解释机制，而规制强制侦查措施又具有一定的紧迫性，所以不能将基本权利等同于宪法权利，否则反而不利于规制强制侦查措施。宪法权利一般来说当然属于基本权利，但基本权利不限于宪法权利。

虽然我国的刑事诉讼立法没有明确采用强制侦查措施与任意侦查措施的区分，但从相关立法、司法解释条文及立法理由说明等资料来看，同样也是存在二者界分的。如在我国《刑事诉讼法》所规定的侦查措施中，搜查、扣押、技术侦查以及人身强制等措施，由于会对公民基本权利造成侵害，所以均属于强制侦查措施，其实施以法律授权和审批为前提；而询问证人、鉴定则不属于强制措施，其实施不以法律授权和审批为前提，与此类似的如侦查中的摸排、走访等方法，也无需法律予以规制而可以由侦查机关自由实施。从立法说明中我们可以更清晰地看出这一点，如对于 2012 年《刑事诉讼法》

---

[1] 参见李明："论刑事强制措施法定原则——兼评程序法定原则"，载《中国刑事法杂志》2008 年第 3 期，第 56 页。

[2] 参见［德］克劳思·罗科信：《刑事诉讼法》（第 24 版），吴丽琪译，法律出版社 2003 年版，第 273 页。

[3] 参见万毅："论我国刑事强制措施体系的技术改良"，载《中国刑事法杂志》2006 年第 5 期，第 31 页。

[4] 参见陈瑞华："刑事被告人权利的宪法化问题"，载《政法论坛》2004 年第 3 期，第 26~35 页。

增设的技术侦查措施，全国人大法工委刑法室作了如下说明："考虑到技术侦查措施在执行过程中可能涉及公民个人隐私和公共利益，必须在法律中加以必要的限制。因此，本条对采取技术侦查措施的案件范围、程序及执行主体作了规定。"[1]可见，之所以将技术侦查措施纳入《刑事诉讼法》规范，就是因为立法者认为技术侦查措施因可能侵害公民的个人隐私和公共利益而属于强制侦查措施。而之所以未将大规模监控纳入《刑事诉讼法》规范，笔者揣测原因可能有如下几个：其一，因为立法要遵循循序渐进原则，先将亟待解决的针对特定对象的技术侦查纳入规范；其二，因为这一问题比较复杂，所以就暂时未予规范；其三，更有可能是因为立法者尚未认识到部分大规模监控的侵权性。因此，对于大规模监控在侦查中运用是否需要法律规制，仍需先从学理上对其运用时是否属于强制侦查措施进行判断。

（二）域外的相关判例及理论

对于这一问题，我们可以考察一下域外的相关理论和实践。在对侦查中大规模监控运用的法律规制问题研究较多的英美法系国家，对于上述问题的分析也基本遵循强制侦查与任意侦查界分的主线。以美国为例，对于大规模监控的运用研究最多的是上述第四种功能，也即通过大规模监控对特定人进行监控是否应予以法律规制。对这一问题的研究是被置于《美国宪法第四修正案》之下进行分析的，即通过论证大规模监控在侦查中是否构成《美国宪法第四修正案》的"搜查"，进而判断其是否需要"合理的根据"、是否应遵循令状主义。自1967年的"卡茨案"（Katz v. United States）之后，是否构成"搜查"的判断标准便转变为了"是否侵犯公民的合理隐私期待"，但这一标准有诸多例外情形，如"开放场所例外"（open field）就是其中之一，即人们对于公共领域的活动不享有合法的隐私期待。[2]按照这一例外，运用视频监控等手段监控个人在公共场所的活动，就不会侵犯个人的合理隐私期待，因而不构成搜查，但这一理论目前已经遭到学术界的挑战，并被美国联邦最高法院进行了一定的修正。如有学者提出，虽然个人在公共场所的隐私会有所减

---

[1] 参见全国人大常委会法制工作委员会刑法室编：《关于修改中华人民共和国刑事诉讼法的决定：条文说明、立法理由及相关规定》，北京大学出版社2012年版，第185页。

[2] 参见［美］约书亚·德雷斯勒、艾伦·C.迈克尔斯：《美国刑事诉讼法精解》（第1卷·刑事侦查），吴宏耀译，北京大学出版社2009年版，第69~89页。

少，但绝不意味着所有隐私都荡然无存，[1]特别是人们对于政府不会运用高度侵犯性的监控科技对其在公共场所的私密性行为进行监控有合理的期待，如其在公共场所读的信件、书籍，或者与他人的交谈。[2]因此，政府有义务保护公民在特定环境下的隐私权，只有在有合理理由的情况下才能使用公共场所视频监控等措施对公共场所中的特定人进行监控。[3]在2012年的"琼斯案"中，美国联邦最高法院的五位大法官认为，过于密集和长久的公共场所监控，依然应受《美国宪法第四修正案》的规制。阿利托（Alito）大法官针对该案案情指出，如果只是对个人在公共场所的活动进行短暂的监控，不会构成搜查；但如果进行长期的监控就会侵害个人的合理隐私期待，并构成搜查。美国联邦最高法院在此案中吸纳了哥伦比亚上诉法院所持的理论，即长期的监控使国家能够将个人在公共场所的活动片段拼凑成窥看其生活全貌的"马赛克"（mosaic）图画或"智力拼图"（jigsaw puzzle）。[4]可见，美国联邦最高法院已经改变了以往个人在公共场所无合理隐私期待的观点，这意味着侦查机关如果运用大规模监控对特定个人进行监控可能就会构成强制侦查措施，应由《美国宪法第四修正案》进行规制。

虽然英美法系对大规模监控在侦查中运用的研究主要集中在第四种功能上，但对于其他三种功能——针对不特定对象的监控——也有所涉及。例如，对于公共场所视频监控来说，曾有学者主张在侦查中使用时，如果不针对特定对象，就不构成搜查，因为这种情形与"琼斯案"中针对特定对象的GPS追踪并不相同。[5]其他学者反驳认为，虽然运用这种监控并未针对特定对象，但这种观点忽略了两点：其一，只要承认侦查中运用大规模监控对个人进行

---

〔1〕 Nick Taylor, "State Surveillance and the Right to Privacy", 91 *Surveillance & Society* 66, 75 (2002).

〔2〕 Robert D. Bickel, Susan Brinkley & Wendy White, "Seeing Past Privacy", Will the Development and Application of CCTV and Other Video Security Technology Compromise an Essential Constitutional Right in a Democracy, or Will The Courts Strike a Proper Balance", 33 *Stetson Law Review* 299, 304 (2003).

〔3〕 Marc Jonathan Blitz, "Video Surveillance and the Constitution of Public Space: Fitting the Fourth Amendment to a World That Tracks Image and Identity", 82 *Texas Law Review* 1349, 1356 (2004).

〔4〕 Maic Jonathan Blitz, "The Fourth Amendment Future of Public Surveillance: Remote Recording and Other Searches in Public Space", 63 *American University Law Review* 22, 27 (2013).

〔5〕 See, e. g., Allison Linn, Post 9/11, "Surveillance Cameras Everywhere", NBCNEWS (Aug. 23, 2011, 7: 38 AM), http://www.nbc-news.com/id/44163852/ns/business-us_ business/t/post-sui, veil-lance-cameras-eveiywhere, 访问日期：2017年1月8日。

监控可能构成搜索，那么针对不特定多数人的监控当然也会构成搜索，比如把 GPS 追踪器像"琼斯案"那样安装在众多的车辆之上以追踪其在公共道路上的行踪；其二，对不特定人的监控往往是为了确定哪个人有犯罪嫌疑，是对特定对象进行监控的前奏。所以，对不特定对象进行的监控也会构成《美国宪法第四修正案》规定的搜查。实际上，美国已有相关的案例对此问题作出裁判，如早在 1983 年的"诺茨案"（United States v. Knotts）中，法官就认为针对不特定对象的 24 小时拉网式监控是可能构成搜查的。按照这种观点，如果针对特定对象的公共场所视频监控会构成搜查，那么针对不特定对象的公共场所视频监控当然也会构成搜查。该学者同时认为，这种针对不特定对象的监控在法律规制上可以宽松一些，如在令状要求、合理根据方面，可以适当放宽要求。[1]在斯诺登事件之后，美国于 2015 年 6 月通过了《美国自由法案》（USA Freedom Act），取消了政府进行的针对国内的大规模电话数据监控，而转由电信公司进行数据存留，此举显然是为了应对国内民众对政府大规模监控的反对之声。

从以上美国将大规模监控运用于侦查的相关理论和实践来看，他们是采取以公民权利侵害为中心的分析方法，即探讨运用大规模监控时是否因场所、持续时间、手段的不同而对公民权利构成侵害来判断是否属于强制侦查措施，而且其实践案例表明，法官的判断随着监控技术的进步和公民权利保障程度的提高而变化，在立法方面，对大规模监控运用于侦查的法律规制也日益严格。

（三）大规模监控在我国侦查中的性质判断

上述大规模监控在侦查中的几种功能中，美国的相关理论和实践主要集中于第四种，即用大规模监控对特定对象进行监控。但如果按照我国《刑事诉讼法》及司法解释对技术侦查的现有规范，这倒不是主要问题，因为我国并未采取美国那样的以公民权利侵害为中心的分析方法。我国技术侦查的要件是"对象的特定性+秘密性+技术性"，只要符合这几个要件，就认为可能会侵害公民隐私权等权利，所以应由法律规制。但究竟是否侵害了公民权利，则不作具体分析。所以，如果侦查人员运用大规模监控对个人在公共场所的活动进行监控，如追踪某人行踪，或通过放大功能监控其正在读取的手机信息、纸质文件等，就会构成行踪监控等技术侦查措施，应受《刑事诉讼法》

---

[1] Blitz, supra, note 20, at 71.

中技术侦查规定的规制。所以，在美国成为主要问题的，在我国倒不是主要问题。对于这种技术侦查型的大规模监控，关键在于研究转化为技术侦查措施的标准，也即如何判断其从无特定对象的监控转化为针对特定对象的监控。

而前三种功能并非针对特定对象进行监控，只是利用针对不特定对象的监控以发现犯罪，或查找特定人、收集证据。为何仍需要进行法律规制呢？对于这个问题，美国学者的思路是直接将对个人权利的分析扩展至不特定公众的"由小见大"方法，只要对特定对象的监控因侵害公民权利而属于强制侦查措施（相当于构成我国的技术侦查措施），那么对不特定公众的监控同样属于应予规制的强制侦查措施。但由于我国现行的技术侦查构成要件为"对象的特定性+秘密性+技术性"，所以无法采取类似于美国的"由小见大"的分析方式，因为这三种功能都不针对特定对象，不符合技术侦查的构成要件。所以，对于其他三种功能，要首先从这几种功能在我国应属于强制侦查措施还是任意侦查措施进行分析，而起点在于分析侦查中运用大规模监控是否会侵害公民的基本权利。

从目前常见的几类大规模监控在侦查中针对不特定对象的运用来看，其主要会涉及以下几类公民基本权利：

（1）隐私权。隐私权是一项具体人格权，是指自然人享有的私人生活安宁与私人信息秘密依法受到保护，不被他人非法侵扰、知悉、搜集、利用和公开的一种人格权。信息时代个人隐私更容易被公权力侵害，所以隐私权的保护也随着科技的发展而不断强化。如美国是通过不断扩充隐私权的涵盖范围而将个人的各类信息纳入公法保护，而德国则发展出了含义更宽泛的"信息自决权"，将保护范围拓展至"所有能够直接或是间接识别自然人的信息资料"，但"信息自决权"的概念仍存在一些争议，[1]而且从公法保护角度来看，其核心仍是传统的公民隐私和私密领域。在我国，虽然隐私权主要由《民法典》等民事法律进行保护，但隐私权同样也有其宪法基础，即宪法保护公民人格尊严的具体化。[2]我国以往的刑事诉讼立法、实践和理论对于隐私权关注不足，但随着社会的发展，对个人隐私加以法律保护的呼声越来越高，尤其体现在技术侦查（秘密侦查）的法治化问题上，是公法领域对公民隐私

---

〔1〕　参见林钰雄：《刑事诉讼法》（上），中国人民大学出版社 2005 年版，第 71 页。

〔2〕　参见王利明："隐私权概念的再界定"，载《法学家》2012 年第 1 期，第 109~116 页。

权保护的重要方面。[1]因此，2012 年《刑事诉讼法》以技术侦查措施可能涉及公民隐私权为由而将其纳入法律规范，顺应了这一趋势。在运用于侦查的大规模监控中，最可能损害的就是不特定公众的隐私权，而且这种侵害是直接的、现实的。如前述美国国家安全部进行的"棱镜计划"，对不特定用户的电子邮件、即时消息、视频、照片、存储数据、语音聊天等进行深度监控。而"无界线人"计划仅在 2013 年 3 月，就获取了全世界范围内的网络监控情报 971 亿条，电话监听记录多达 1248 亿条。我国公安机关目前也配备了相当强的网络监控警力，能够实现对网络聊天、网页内容甚至电子邮件等网络信息的有效监控，在此过程中当然也不可避免地会涉及公民隐私，从而构成强制侦查措施。

（2）通信自由权。我国《宪法》第 40 条规定了公民的通信自由与通信秘密，但从性质上看，二者并不相同。通信自由权是一种自由权，是指公民通过通信工具来表达其意愿的自由；通信秘密是一种隐私权，是指公民通过书信、电话、电报、传真、邮件、电子邮件等通信方式表达其意愿，不得被任何人非法扣押、隐匿、拆阅、录音、窃听或采取其他方式获取其内容，[2]所以通信秘密可以被涵盖在隐私权之内。通信自由权是公民自由权的一部分，因此也属于公民基本权利。大规模监控对通信自由权会产生直接影响和间接影响。直接的影响包括：侦查机关通过大规模监控对包含特定关键词或内容的通信进行过滤、拦截，不可避免地会直接侵害公民的通信自由权。间接的影响包括：人们如果知道侦查机关随时会对通信进行监控，无法保障其通信秘密，可能就不敢再采取现代科技所带来的简便的、低成本的通信方式了，这相当于变相剥夺了公民通过各种通信工具进行交流的权利，尤其是特定职业的从业者，如律师、记者、独立调查人员等。美国的非政府组织"人权观察"曾专门针对政府大规模监控对记者、律师职业的影响发布过一个报告，其中就专门指出了这一点。[3]但对于强制侦查措施的判断来说，只能根据某

---

〔1〕 参见熊秋红："秘密侦查之法治化"，载《中外法学》2007 年第 2 期，第 154~156 页。

〔2〕 参见周伟："通信自由与通信秘密的保护问题"，载《法学》2006 年第 6 期，第 58 页。

〔3〕 See Human Rights Watch report, With Liberty to Monitor All. How Large-Scale US Surveillance Is Harming Journalism, Law f and American Democracy, Printed in the United States of America, July 2014, pp. 34~61 , downloaded from：http://www. specialsci. cn/views/ f. aspx？ name = hclaws&gui = lawsl602231552 7392, 访问日期：2017 年 1 月 10 日。

种监控技术是否直接侵害公民的通信自由权来进行判断，而不能根据间接的影响来判断。因为间接的影响是或然的、不确定的，如果以间接影响作为判断标准，可能会产生无限推演，无论侦查机关运用何种大规模监控，都会得出侵犯公民通信自由权的结论，进而导致侦查举步维艰。因此，正如不能因为公民惧怕在路上被警察盘查、询问就不敢外出而将警察的盘查、询问一概视为强制侦查措施一样，也不能因为公民害怕侦查人员的大规模监控会侵犯其通信秘密而不敢使用某种通信方式就认定该种大规模监控的运用构成强制侦查措施。

（3）表达自由权。所谓表达自由权，即公民享有的受法律规定、认可和保障的使用各种媒介手段与方式公开发表、传递自己的意见、主张、观点、情感等内容而不受任何他人或组织干涉、限制或侵犯的权利。其主要包括：言论自由、新闻出版自由、艺术表现自由和集会自由。可见，表达自由是比言论自由更宽泛的概念，包括但不限于以言论的方式进行表达，还包括通过集会等方式进行的表达。从属性上看，表达自由也是宪法自由权利的重要内容，[1]所以同样属于公民基本权利。侦查中运用大规模监控对表达自由也有直接和间接的影响。直接的影响包括：侦查机关通过大规模监控对特定信息进行过滤、拦截，会直接侵犯人们的表达自由权。间接的影响包括：若人们知道侦查机关可以毫无限制地运用大规模监控，并且可以将监控材料作为对公民不利的刑事证据使用，或者不正当地使用这些监控材料，就会抑制人们通过各种途径表达自己意见、诉求、建议的动机。英美法系国家有学者对此曾尖锐地指出，如果政府的大规模监控措施毫无法律规制，会导致人们噤若寒蝉，进而阻碍人们行使各项民主权利。[2]在澳大利亚维多利亚州，法律改革委员会为公共场所监控而发布的法律改革咨询文件也专门指出公共场所的监控会吓阻对政府持异议者，使他们不敢自由表达其正当观点，从而相当于变相剥夺其民主权利。[3]同理，对于刑事诉讼中的强制侦查措施判断来说，

---

〔1〕 参见杜承铭："论表达自由"，载《中国法学》2001年第3期，第56页。

〔2〕 Melissa De Zwart, Sal Humphreys & Beatrix Van Dissel, "Surveillance, Big Data and Democracy: Lessons for Australia from the US and UK", 37 *UNSW Law Journal* 713, 747（2014）.

〔3〕 See The Victorian Law Reform Commission report, Surveillance in Public Places Consultation Paper, Published in 2009, p. 12, downloaded from: http://www. specialsci. cn/views/f. aspx? name = hclaws&gui = laws09080448176c9, 访问日期：2017年1月10日。

也只能以大规模监控是否直接侵害公民的表达自由权作为判断标准。

（4）财产权。财产权是公民的宪法权利，也是公民保持其人格独立性、得以立足于社会的一项基本权利。在一些情形下，大规模监控会对公民财产权造成侵害，如进行网络过滤及监控时，可能将合法且具有经济价值的电子文件、电子邮件、即时通信消息错误判断为非法消息而屏蔽、清除，使当事人遭受经济损失。[1]侦查中运用大规模监控对财产权的侵害，包括对公民已有财产造成的损害，以及对必然获得的财产造成的损害，只要大规模监控的运用会造成这两种损害，就会构成强制侦查措施。

综上，当侦查机关运用大规模监控对上述公民基本权利造成侵害而构成强制侦查措施时，应进行必要的法律规制。不同的大规模监控在侦查中运用时，是否会对公民基本权利造成侵害，要根据各种大规模监控的特征、运用方式以及可能涉及的公民权利类型进行具体分析。如果某种大规模监控的运用不会侵害公民基本权利，则属于任意侦查措施，其运用过程需遵循必要性、紧急性、适当性原则，但无需遵循侦查措施法定主义。而非公权力机关实施大规模监控措施，除非是基于侦查机关的指使或委托，否则不构成强制侦查措施。另外，在大规模监控运用于侦查的前三种方式中，第一种功能虽然也会对上述公民基本权利构成侵害，但由于其兼具犯罪预防与犯罪侦查功能，对其如何进行法律规制也是需要单独研究的问题。

三、对几类大规模监控的具体分析

根据上述原理，我们可以对目前已经常用于侦查实践的几种大规模监控是否构成强制侦查措施进行具体的分析，对大规模监控运用于侦查的法律分析路径进行演示，以深化对这一问题的理解。

（一）公共场所视频监控

公共场所视频监控目前在世界各地都被普遍使用，其中用途之一便是刑事侦查，既可将监控视频作为诉讼证据，也可利用视频监控发现犯罪、追踪特定对象。当其被用于侦查时，最有可能涉及的就是公民的隐私权。国外的学术界对此关注较多，但长期以来，国外的司法实务界却基本上都不认为公

---

[1] Lee Nolan Jacobs, "Is What's Yours Really Mine? Shmueli v. Corcoran Group and Penumbral Property Rights", *Journal of Law and Policy*, 837, 880 (July. 2009).

共场所视频监控会侵害公民的隐私权，在高度重视隐私权的英美法系国家也是如此。以美国为例，在 2012 年之前，没有任何一个法官判决公共场所视频监控侵害公民隐私权构成《美国宪法第四修正案》规定的搜查，虽然有不少学者对此提出公共场所视频监控依然会侵害公民隐私权，所以应受到法律规制和司法审查，[1]但对于司法实务并未产生影响。以至于有学者悲观地认为，寄希望于法院通过司法审查而判定公共场所视频监控侵害公民的隐私权，是不太现实的。[2]但 2012 年美国联邦最高法院在"琼斯案"中作出裁判，认为根据"马赛克"理论，警方在被告人的车辆上安装 GPS 对被告人的行踪进行长达 28 天的监控，属于持久、密集的公共场所监控，构成《美国宪法第四修正案》规定的搜查，即虽然每个人都可以知悉特定人在公共场所的个别活动或行为，但仅是该特定人的部分或片段信息而已，对特定人在公共场所进行长期的监控就如同个别、细小的瓷砖结合在一起而形成马赛克镶嵌画，从而可窥见个人生活的全貌，因此构成搜查。[3]虽然美国联邦最高法院并未界定何谓持久、密集的监控，但该案说明美国联邦最高法院对大规模监控是否会侵害公民权利的态度有所变化，至少认可了大规模监控对个人进行持续的、密集的监控属于强制侦查措施。若按这种观点，公共场所视频监控与 GPS 一样，只要被用来对个人进行持续、密集的监控便构成搜查。可见，该判例针对的是利用大规模监控对特定对象进行监控的法律问题，相当于我国的技术侦查问题，而对于针对不特定公众的公共场所视频监控，目前仍未有相关案例。但有学者提出，如果对不特定公众的公共场所视频监控进行了录像或放大，就侵害了公民隐私权，只不过对此可以放宽在令状及合理根据方面的要求。[4]

在我国，即便公民身处公共场所，如果利用公共场所视频监控系统对特定个人进行行踪或行为监控，均属于应受《刑事诉讼法》规制的技术侦查措

---

[1] Quentin Burrows, "Scowl Because Youre on Candid Camera: Privacy and Video Surveillance" 31 Vai. U. L. Rev. 1079, 1092 (1997); Robert D. Bickel, Susan Brinkley & Wendy White, "Video Security Technology Compromise an Essential Constitutional Right in a Democracy or Will The Courts Strike a Proper Balance?", 33 Stetson L. Rev. 299, 323 (2003); Jeremy Brown, Till Pan, "Regulating the Use of Video Surveillance of Public Places", 23 Berkeley Tech. L. J. 755, 766 (2008).

[2] Thomas J. Hickey, Christopher Capsambelis & Anthony LaRose, "Constitutional Issues in the Use of Video Surveillance in Public Places", 39 No. 5 Crim. Law Bulletin ART 1, 13 (Fall 2003).

[3] Blitz, supra, note 20, at 22.

[4] Blitz, supra, note 20, at 84~86.

施。但当用于其他三种用途时，如果实行的是针对不特定对象的、一般性的公共场所视频监控，而且也未利用录音、放大等高级功能，在法律上通常难以构成对公民隐私权的侵害，因为这种一般性的公共场所视频监控有如下两个特征：①公开性，视频监控的存在通常并不是隐蔽的，公民能够看到监控摄像头的存在，并且很多地方还有公共视频监控的告知标志，所以对公民在公共场所的活动监控并非是秘密进行的，公民已经享有知情权，并可据此调整其行为；②自然性，这种一般的、概括的视频监控，与警察在公共场所用肉眼观察行人的性质类似，具有一定的自然性，而当人们身处公共场所时，其行踪、动作等事项的秘密性本来也会产生一定的缩减，人们一般无权以维护隐私权为由阻止他人看到身处公共场所的自己，也无权阻止这种公共性的监控视频拍摄到自己。所以，这种公共视频监控在实施时不会侵害公民隐私权，侦查机关通过调取这种公共性监控视频以收集证据或查获犯罪嫌疑人，是对监控资料的事后使用，也不属于侵害公民隐私权，不构成强制侦查措施。

不过，虽然不针对特定对象的公共场所视频监控不属于强制侦查措施，但由于视频监控的录像功能会将人们的行为记录下来，供侦查机关事后仔细观察，所以仍然和自然的肉眼观察有所不同，而且视频录像极有可能录下肉眼难以观察到的公民隐私行为，所以对监控视频的使用仍需要遵循必要性、保密性原则。正如我国有学者所建议的，对于公共场所监控视频，应保障其使用上的合目的性；相关材料应严格保密，并在合理的期限内销毁，[1]否则侦查机关及其侦查人员应承担相应的法律责任，但这是另外一个问题，与本文的主旨关系不大。

（二）网络信息监控

此处的网络信息监控是指针对不特定网络服务商或用户所实施的对网络数据传输的实时监测、对网上言论的过滤、对网站的屏蔽或封锁、对电子邮件的监控、对网络即时通信的监控等，[2]但不包括针对特定公民的网络传输数据及其电脑中存储资料的网络监控，因为那属于《刑事诉讼法》所规定的

---

〔1〕 参见李晓明："公共视频监控系统与隐私保护的法律规制——以上海世博会为视角"，载《华东政法大学学报》2009 年第 1 期，第 27 页。

〔2〕 参见刘品新主编：《电子取证的法律规制》，中国法制出版社 2010 年版，第 144 页。

技术侦查措施，毋庸置疑应由法律进行严格规制。网络信息监控包含的项目繁杂，笔者将择其要者进行具体分析。

1. 对网站内容的过滤及监控

所谓对网站内容的过滤及监控，即通过软件与人工相结合的方式，对网络上各类网站的信息进行过滤及监控，并对被过滤及监控的内容进行记载以备查询和作为证据。在我国一般是由公安机关公共信息网络安全监察部门负责网站内容过滤及监控，具体的方式各地做法不一，但基本上是通过信息网络报警处置平台的实时信息过滤报警系统结合人工判断的方式，以关键词匹配、基于内容的理解、机器学习等过滤技术，对各类网站的信息进行分析、筛选、监控，以屏蔽网络上的非法信息，并接受来自不同客户端的非法信息报警数据。[1]除公安机关外，其他国家机关、企业甚至个人也可以采取一些技术手段对互联网、局域网的网站内容进行过滤及监控。对于网站内容的过滤及监控来说，所采取的具体监控手段决定了其是否会构成强制侦查措施。

（1）一般来说，涉及网站内容构成犯罪的，都是由网站内容过滤及监控发现犯罪线索，而转化为刑事案件的，所以网站内容过滤及监控在刑事侦查中的运用主要是发现犯罪并将相关的过滤及监控信息（网页、域名、IP 地址等）以及相应的日志、记录移送给刑事侦查人员，以供查获犯罪嫌疑人或作为证据使用，属于大规模监控在侦查中运用的第一、三种方式。但这种监控所针对的是互联网上的各类公开网站，监控目的在于发现网站中的各类违法信息，在性质上类似于行政执法活动，更恰当地说是类似于行政检查行为，[2]由于网站所有者对公开网站并无隐私权可言，[3]所以这种监控并未侵害公民的任何权利，其监控措施及监控结果的运用在性质上应当属于任意侦查措施。

（2）当侦查机关不仅进行记录或保存证据，还通过软件或人工对网站进

〔1〕 参见李强："互联网有害信息实时过滤报警系统的实现"，载《计算机工程与设计》2006 年第 18 期，第 3419~3422 页。

〔2〕 参见田芳："技术侦查措施合宪性审查中的动态平衡保障理论"，载《比较法研究》2015 年第 1 期，第 123 页。

〔3〕 参见［美］Marjie T. Britz：《计算机取证与网络犯罪导论》，戴鹏、周雯、邓勇进译，电子工业出版社 2016 年版，第 249 页。

行拦截、屏蔽、删除时，与公安机关办理行政案件时扣押、扣留相关物品进行证据保全的性质类似，[1]可能会侵害公民的表达自由权和财产权，因为对于网站上的各类信息是否属于违法信息，无论是机器还是人工都有可能产生错误判断，从而将公民发布的合法信息作为非法信息删除、屏蔽并上报给侦查机关，如将合法表达诉求认定为煽动暴力抗拒法律实施、将艺术作品认定为色情作品、将正常的网络金融信息认定为网络诈骗等，从而直接侵害公民的表达自由权或对信息享有的合法财产权。所以，采取拦截、屏蔽、删除等措 施的网站监控是可能构成强制侦查措施的。

2. 对电子邮件的监控

电子邮件即通过网络邮件服务器以及相关的邮件收发协议提供信息交换的通信方式，目前已经成为人们相互交流的重要手段。对电子邮件的监控是网络信息监控的一部分，这种监控主要涉及公民的隐私权、通信自由权，是网络信息监控中较为敏感的一种监控措施。对电子邮件的监控可被分为对内容信息的监控和非内容信息的监控。[2]前者是对电子邮件内容进行的监控，监控的主要目的是通过关键词过滤技术发现包含非法内容的电子邮件，如果怀疑特定邮件包含非法内容，可能会阻止邮件的发送并断开链接，监控收发双方的邮箱地址和 IP 地址；后者指对电子邮件的邮件用户名、IP 地址、收发时间等非内容信息进行监控，监控的目的主要是掌握某些涉嫌非法的电子邮件的收发情况。

（1）电子邮件的内容信息是具有高度隐私性的内容，对电子邮件内容的监控主要是为了发现犯罪线索、保存相关邮件作为证据使用。对邮件内容的监控会严重侵害公民隐私权，而在采取断开链接等手段时，也会侵害公民的通信自由权。在国外，公权力机关对公民邮件内容的监控一般会受到法律的严格规制，无论是对特定个人的邮件进行监控还是对不特定公众的邮件进行监控，都必须严格遵循法律规定的条件和程序。如美国联邦最高法院在 1967

---

〔1〕《公安机关办理行政案件程序规定》第 107 条第 1 款规定："对下列物品，经公安机关负责人批准，可以依法扣押或者扣留：（一）与治安案件、违反出入境管理的案件有关的需要作为证据的物品；（二）道路交通安全法律、法规规定适用扣留的车辆、机动车驾驶证；（三）《中华人民共和国反恐怖主义法》等法律、法规规定适用扣押或者扣留的物品。"

〔2〕参见陈永生："计算机网络犯罪对刑事诉讼的挑战与制度应对"，载《法律科学（西北政法大学学报）》2014 年第 3 期，第 143 页。

年的"卡茨案"（Katz v. United States）判决中表明内容信息要受《美国宪法第四修正案》的保护，并且 1986 年颁布的《电子通信隐私法》也对电子通信服务提供商自愿披露客户内容信息设定了严格的条件。[1]而在德国，对电子邮件内容信息的监控是对公民"秘密通信自由权"和"资讯科技基本权"的干预，所以其实施具有较高的门槛，必须符合重罪原则、补充性原则等。[2]尽管如此，电子邮件监控的法律规制还是存在一些难题。如在美国，当事人自愿向第三人披露信息后就不再享有合理的隐私期待，警方对该信息的获取也就不会构成搜查，但所有的电子邮件在发送和接收时都要经过网络服务商（ISPs）的服务器，那么是否就意味着公民自愿向网络服务商披露电子邮件内容而丧失了合理的隐私期待呢？[3]再如，在德国，对于正在进行的邮件通信进行监控，属于通信监察；而对通信已经结束的电子邮件则适用搜索扣押的规定，前者严格而后者宽松，所以对于当事人发送后暂处于收件人电子邮箱服务商的服务器中的邮件，应适用通信监察规定还是搜索扣押规定呢？[4]这些问题是对电子邮件内容信息进行监控时必须予以解决的。但无论如何，公民对其电子邮件内容信息是享有隐私权的，对内容信息的监控及对监控结果的利用当然属于强制侦查措施。

但在我国则面临另一个难题。根据我国《刑事诉讼法》和《公安机关办理刑事案件程序规定》的相关条款，必须是针对特定对象的通信监控才构成技术侦查，而针对不特定多数的电子邮件内容进行监控，则不符合技术侦查的构成要件，即便是《刑事诉讼法》第 143 条关于扣押邮件的规定，也只是适用于犯罪嫌疑人而不适用于其他普通公民，这就意味着虽然《宪法》第 40 条规定了保护公民的通信自由和通信秘密，但如果在侦查中需要对不特定对象的电子邮件内容进行监控或者要将监控结果作为证据，在《刑事诉讼法》上却没有直接的规范，要么只能认定为广义的"违法"，要么只能私下运用并

---

〔1〕参见陈永生："计算机网络犯罪对刑事诉讼的挑战与制度应对"，载《法律科学（西北政法大学学报）》2014 年第 3 期，第 145 页。

〔2〕参见王士帆："网路之刑事追诉——科技与法律的较劲"，载《政大法学评论》2016 年第 2 期，第 350~360 页。

〔3〕Russell L. Weaver, "Cybersurveillance in a Free Society", 72 Wash. & Lee L. Rev. 1207, 1232 (2015).

〔4〕参见王士帆："网路之刑事追诉——科技与法律的较劲"，载《政大法学评论》2016 年第 2 期，第 359~360 页。

通过一些手段转化为合法证据而使用。但从原理上来看，对不特定对象电子邮件内容的监控是对公民隐私权、通信自由权的侵害，所以当然应属强制侦查措施，应由《刑事诉讼法》予以严格规制。

（2）对电子邮件非内容信息的监控主要是为了掌握电子邮件的流向，从中发现犯罪线索或规律。根据美国调查新闻网站 The Intercept 得到的机密文件，美国国家安全局使用了一个名为 ICReach 的搜索引擎。该引擎包含大量的通信元数据，其中就包括电子邮件的收件人、发件人和发送时间等，但不能显示邮件内容。该搜索引擎的主要功能就在于让各个部门的分析人员从中发现重要的情报线索。[1]

相对于电子邮件的内容信息而言，非内容信息的隐私度要低很多，因为正如公民去邮局邮寄信件，就不可能不让别人看到邮寄地址、对象等信息一样，由于收发电子邮件必须通过网络服务商的服务器，所以收发邮件时所产生的用户名、IP 地址、收发时间等非内容信息也无法绝对保密。正因如此，各国对电子邮件的非内容信息保护程度均较低。如在美国，在 2007 年的"福里斯特案"（United States v. Forrester）中，审判法官就判决电子邮件发件人和收件人的姓名以及 IP 地址不受《美国宪法第四修正案》的保护。而根据《美国法典》第 18 章第 2703 节规定，政府机构只要申请取得相应的传票，如根据联邦或者州法律授权的行政传票或者联邦或州的大陪审团或者法庭的传票，就可以要求电子通信服务提供商披露客户的姓名、住址、时间长度、服务种类等非内容信息。[2]而《欧洲网络犯罪公约》也对非内容信息作出了较为宽松的规定，如对非内容信息的监控不受重罪原则的限制，并未明确要求司法审查。

一般来说，如果对电子邮件非内容信息的监控未达到侵害公民隐私的程度，则属于任意侦查，无需进行严格的法律规制，但如果监控公民的大量甚至全部电子邮件的收发去向，就可能会窥见其生活概貌，而构成对其隐私的侵犯，所以对于这种持续性、密集性的监控应当予以法律规制。

---

〔1〕 参见"曝美国家安全局秘密搜索引擎，为政府提供监控数据"，载 http://www.cq.xinhuanet.com/2014-09/01/c_1112305255.htm，访问日期：2017 年 1 月 15 日。

〔2〕 参见陈永生："计算机网络犯罪对刑事诉讼的挑战与制度应对"，载《法律科学（西北政法大学学报）》2014 年第 3 期，第 144 页。

3. 对网络即时通信的监控

网络即时通信是指基于互联网网络通信协议产生的点对点或点对面的通信服务，可以提供即时文件、文字、图像、语音、视频等多种格式的媒体数据，方便人们进行沟通，我们熟知的腾讯 QQ、微信，微软 MSN 等都是这类即时通信服务软件，网络聊天室也属于即时通信的一种。即时通信软件可以采取 C/S（客户端/服务器）或 B/S（浏览器/服务器）两种运行模式，区别就在于前者需要安装即时通信客户端，后者则在浏览器中运行。[1]而按照通信方式则可分为点对点、通过服务器中转两种方式。前者通信方发送的消息无需通过服务器中转，采取对等通信方式（peer to peer）进行直接通信，这种方式占主流；后者则需要通过服务商的服务器进行中转。[2]

随着网络即时通信的迅速发展，对即时通信的监控也在侦查中发挥着日益重要的作用，可以通过对不特定公民的即时通信进行监控而发现案件线索、获取嫌疑人对外联系情况，也可以将通信记录提取作为证据。因此，无论是在我国还是在其他国家，对即时通信的普遍性监控在侦查中都被广泛运用。按照监控对象的不同，网络即时通信的监控可被分为对公开聊天室的监控和对封闭聊天的监控。

（1）对公开聊天室的监控。公开的聊天室是指基于即时通信而提供的一种面向所有人的网络通信服务，一般采取直接登录方式或会员注册登录方式。对公开聊天室的主要监控目的在于发现网络聊天中的违法犯罪行为并及时采取侦查措施，当然也可将监控所得的聊天记录作为证据使用。从性质上来看，对公开聊天室的监控与警察在街头的巡逻性质有些相像，因为每个公民在公开聊天室所发表的言论或文件都可以被任何其他人看到，就像在街头的谈话也可能被警察听到。如果警察只是对聊天室进行人工检查、浏览，仅是在发现违法信息时进行记录，就不会对公民的任何权利构成侵害，因为这与警察在街头发现并记录违法行为的性质相同。但在对公开聊天室的监控中，如果通过软件而采取关键词识别、屏蔽等自动监控技术，在发现疑似违法信息时断开链接、上报截获的聊天记录及用户名、IP 等信息，便会对公民的表达自

---

〔1〕 参见张杰："即时通信，你了解多少"，载《中国计算机用户》2004 年第 27 期，第 54 页。

〔2〕 参见张彦来："浅议即时通信信息在侦查中的应用"，载《江西公安专科学校学报》2008 年第 5 期，第 81 页。

由权构成侵害，并构成强制侦查措施。德国学界普遍认为对于公开聊天室的监控就如同现实世界的街头巡逻，无需特别干预授权，[1] 显然有过于绝对化之嫌，忽视了公开聊天室监控与街头巡逻所采取的后续措施的差别。

在我国，司法机关在刑事侦查过程中也对公开聊天室进行监控并将所得材料作为证据使用，[2] 但对于这种监控的性质却并无定论，现行法律和司法解释对此也并无规范。因此，对公开聊天室进行的监控以及对所获监控材料的使用，应根据监控所采取的技术手段判定其是否属于强制侦查措施，并进行必要的规制。

（2）对封闭聊天的监控。目前，公开聊天室已经日趋式微，而点对点、点对面的封闭聊天软件占绝对多数，如我们日常用的 QQ、微信中的点对点聊天、QQ 群和微信群中的点对面聊天。对不特定公民的封闭聊天的监控主要是用于发现犯罪线索、查获特定对象踪迹、事后提取用作证据。从原理上来说，封闭聊天与当事人之间的私密谈话一样，应享有隐私权保障，侦查机关不得随意窃听，否则就是对公民通信隐私的侵害，而在采取拦截、屏蔽技术时，也构成对公民通信自由权的侵害。但问题在于，即时通信与面对面聊天甚至电话通信的原理都有所不同，所以在对即时通信监控进行法律规制方面也存在一些难题。如在美国，很多法官在裁判即时通信记录的证据可采性时，都将适用于电话通信的"默示同意理论"作为裁判的依据，也即因为当事人明知发送即时通信消息会被对方保存、记录，那么对方所作的保存或记录如果作为对当事人不利的证据，就不属于违法，因为这是当事人一方默示同意其通信被保存或记录。[3] 按照这种观点，对即时通信的监控就很难构成《美国宪法第四修正案》规定的搜查，因为当事人对即时通信不具有合理的隐私权期待。然而，这种观点却忽视了普通公民根本就不可能清楚了解即时通信的技术原理，而且很多即时通信软件都是以用户接受其隐私权政策作为使用的前提条件，用户也未必真实自愿地同意其通信记录被保存或记录。

---

〔1〕 参见王士帆："网路之刑事追诉——科技与法律的较劲"，载《政大法学评论》2016 年第 2 期，第 367 页。

〔2〕 相关案例如"北京警方打掉一色情网络聊天室"，载 http://news. sina. com. cn/o/2005－11－08/Il317389408s. shtml，访问日期：2017 年 1 月 15 日；"甘肃破获特大网络吸贩毒案，视频聊天室直播吸毒"，载 http://www. northnews. cn/2011/1103/551240. shtml，访问日期：2017 年 1 月 15 日。

〔3〕 Nicole Cohen, "Using Instant Messages as Evidence to Convict Criminals in Light of National Security: Issues of Privacy and Authentication", 32 *Criminal and Civil Confinement* 313, 326 (2006).

因此，在对新型通信工具进行法律判断时，不应将公民的主观意愿作为主要判断标准，而应将侦查机关对公民基本权利的实质性侵害作为主要标准，才能对侦查机关利用新型科技的侦查行为进行充分的规制。正如在对合理隐私期待的标准设定问题上，美国联邦最高法院将重心置于隐私权期待的客观标准而非主观标准，因为公民在主观上是否具有对某个事项的合理隐私期待是难以判断的，主观标准具有内在风险。[1]公民在使用新型通信技术时，当然不会时刻考虑是否会被侦查机关监控，所以不能机械地适用法律原则，而应以公民权利保护为核心，对新型通信科技与公民权利之间的关系作出与时俱进的分析。对于封闭聊天来说，无论其技术原理如何变化，公民对通信的隐私权都并未消失，不能因为使用即时通信面临着被监控的风险就否认公民的通信隐私权。因此，侦查机关对不特定公民的封闭聊天进行监控以及对监控材料的利用，属于应由刑事诉讼法进行规制的强制侦查措施。但在我国，侦查机关对不特定公民的封闭聊天进行普遍性监控，却同样不符合《刑事诉讼法》规定的技术侦查构成要件，而且最新颁布的《关于办理刑事案件收集提取和审查判断电子数据若干问题的规定》也未将其作为一项特殊的强制侦查措施予以规制。

（三）基本信息监控

通信基本信息监控是指侦查机关通过技术手段对除上述网络通信之外的其他通信方式的次数、时间、地点等信息进行普遍性监控，以发现涉嫌犯罪的通信线索，并据此进行侦查，或将通信信息作为证据使用。通信基本信息的保存和记录属于通信服务商的正常业务记录活动，因此对通信基本信息的监控一般都需要通信服务商的配合，由其直接向侦查机关提交通信数据，或者由侦查机关直接从其数据库中进行随时查询、访问、监控，如果侦查机关只是事后从通信服务商处调取通信信息，便不属于监控行为，而是普通的侦查取证行为。典型的通信基本信息监控如美国国家安全局开发的 ICReach 搜索引擎的数据库，其中包含数千亿的电话通信记录，这些电话通信记录可以显示拨打号码和呼叫时间，但不留存通话声音。[2]再如 2015 年泄露出的斯诺登档案曝光信息显示，美国通信巨头美国电话电报公司（AT&T）长期与美国

---

〔1〕 参见［美］约书亚·德雷斯勒、艾伦·C. 迈克尔斯：《美国刑事诉讼法精解》（第 1 卷·刑事侦查），吴宏耀译，北京大学出版社 2009 年版，第 74~76 页。

〔2〕 参见"曝美国家安全局秘密搜索引擎，为政府提供监控数据"，载 http://www.cq.xinhu-anet.com/2014-09/01/c_1112305255.html，访问日期：2017 年 1 月 15 日。

国家安全局合作，自 2011 年起，AT&T 开始向美国国家安全局每天转发超过 11 亿条的国内手机通话记录，不仅如此，AT&T 还向国家安全局提供其他公司用户的通话记录。[1]

在性质上，对通信基本信息的监控与对电子邮件非内容信息的监控类似，都是对相对来说隐私程度较低的内容进行的监控，但基于"马赛克效应"，通过对这些本身隐私度较低内容的密集、持续监控，就能探知公民的生活细节，对公民的隐私权构成侵害。尤其是随着移动通信的日益发达，通过移动通信的基本信息就可以判断公民的行踪、行为习惯甚至交往对象等生活细节。所以对于通信基本信息的监控是否属于强制侦查措施要根据对这些本身隐私度低的通信基本信息的监控是否因过于密集、持续而足以深度侵害公民隐私权来判断，而不可一概而论。在英美法系国家，司法界曾认为通信基本信息不属于公民享有合理隐私期待的事物，所以对其进行监控不构成搜查，典型的如美国的"马里兰案"（Smith v. Maryland）。[2]但随着通信技术的发展以及公民权利观念的演变，在侦查中运用通信基本信息的法律问题已经日益彰显。如警察在侦查中比较普遍地使用移动通信服务商所提供的基站转储（cell tower dump）数据，包括通话时间、位置等信息。对于基站转储数据是否属于公民隐私，实务界的态度并不一致，多数美国法院认为依《美国法典》第 18 章第 2703 节的规定，只要有相关令状、法庭命令或者服务商、消费者的同意，获取基站转储数据就是合法的，无关《美国宪法第四修正案》的适用。但在加拿大却有法官认为，公民对基站转储数据享有合理的隐私期待，政府针对不特定公民进行这种数据的收集显然是不合理的，所以应排除该证据。而且，对此问题美国有学者认为，根据《美国宪法第四修正案》的精神，对公民权利的保护应随着监控科技的发展而发展，而公民对基站转储数据是享有隐私权的，所以应当以法规的形式为公民权利提供更严格的保护。[3]在我国，侦查中已经较为普遍地通过查询特定公民的通信基本信息而进行追踪、

[1] 参见"美国安局监控帮手竟是 AT&T"，载 http://business, sohu. com/20150818/n419187043. shtml，访问日期：2017 年 1 月 15 日。

[2] 参见［美］约书亚·德雷斯勒、艾伦·C. 迈克尔斯：《美国刑事诉讼法精解》（第 1 卷·刑事侦查），吴宏耀译，北京大学出版社 2009 年版，第 97 页。

[3] Brian L. Owsley, "The Fourth Amendment Implications of the Government's Use of Cell Tower Dumps in Its Electronic Surveillance", *Journal of Constitutional Law*, 48（Oct. 2013）.

取证等侦查活动，虽然通信基本信息的隐私程度较低，但对通信基本信息的监控却会构成行踪监控、通信监控等技术侦查措施，而无论其对公民的隐私权侵害程度高低。然而，侦查机关对不特定公民的通信基本信息进行普遍性的监控，无论是否因过于密集、持续而侵害公民隐私权，都不属于技术侦查，也缺乏其他法律规制。因此，应将因过于密集、持续并侵害公民权利的普遍性通信基本信息监控作为强制侦查措施予以规范。

（四）手机软件用户信息监控

随着智能手机的普及，各类手机应用软件也迅速发展。但手机软件在方便人们生活的同时，也带来了一个重要问题，那就是对公民隐私权的侵入日益严重。根据金山毒霸对超过 8 万款手机应用软件的权限分析来看，大部分都要求获取与其功能无关的权限，其中 50%获取准确定位，59%获取范围定位，32%获取 wifi 位置，23%读取通信录，11%读取通话记录，16%读取短信，14%接收短信，44%获取手机号码，15%发送短信，14%拨打电话，15%打开摄像头，14%记录音频信息。[1]虽然各种软件对用户信息的收集基本上均以用户同意为前提，但面对冗长的隐私政策及宽泛的信息范围界定，普通公民一般并无甄别、拒绝的能力，更遑论一些手机软件是以用户接受其隐私条款为使用前提的。总之，在功能日益强大的手机软件面前，人们的隐私权空间似乎也随之缩减。如果手机软件所收集的公民信息未被用于刑事侦查，那么对其进行规制便是行政法、民法乃至刑法的任务，但当这些信息被用于刑事侦查时，就面临着是否构成强制侦查措施、是否需要刑事诉讼法规制的问题。

英美法系国家，近年来对手机软件收集信息的法律问题也进行了颇多研究，尤其是针对手机软件的位置定位功能是否构成对个人隐私权的侵害、运用于侦查时是否属于强制侦查措施进行了一些探讨。如有美国学者认为，手机软件获取用户位置等信息是对公民合理隐私期待的侵犯，但由于《美国宪法第四修正案》以及"卡茨案"对公民的合理隐私期待的界定较为狭窄，已经不适合运用于现代科技，而且《电子通信隐私法》也未能为公民隐私权提供充分的保护，所以应当修改成文法，为公民权利提供更好的保护。[2]也有

---

〔1〕 南婷、郭宇靖、王晓洁："手机安全存隐患，个人隐私在'裸奔'"，载《新华每日电讯》2013 年 10 月 16 日。

〔2〕 Christian Levis, Smartphone, "Dumb Regulations. Mixed Signals in Mobile Privacy, 22 Fordham Intellectual Property", *Media and Entertainment Law Journal*, 191, 243（2011）.

学者认为,《美国宪法第四修正案》是应当适用于手机软件收集公民信息的,否定这一点的法官是错误理解了《美国宪法第四修正案》以及判例的精神。[1]还有学者认为,政府强制利用手机软件收集公民位置信息除了要遵循《美国宪法第四修正案》的令状要求之外,还要保障公民的知情权、救济权,并有实质性的司法审查予以保障。[2]而对于手机软件所收集的其他信息类型,英美学者探讨得较少。总体上看,英美法系国家的实务界似乎对于手机软件收集公民信息持较为保守的态度,而学术界则积极主张对其进行严格的法律规制,但目前只有少数法院在类似案件中作出过积极的裁判。[3]

相比以上其他种类的监控,手机软件收集信息有一些特殊性。其一,由于手机一般是随身携带,而且定位功能更为精确,所以手机软件收集信息比上述的通信基本信息更能披露公民的生活及行动细节,甚至与追踪器的功能别无二致;其二,手机软件收集的信息种类更为繁多,有一部分是属于软件必备功能的正常商业记录,如用户在手机软件上团购商品或服务之后消费的时间、地点、金额信息;但有一部分是超出软件正常功能的额外收集信息,如音视频播放软件要求收集用户位置信息,这部分信息对公民隐私的侵犯性更强。所以对于侦查中运用手机软件收集信息,不能一概而论,要根据其运用方式、信息的种类而判断是否属于强制侦查措施。

(1) 如果侦查机关只是事后从手机软件服务商处收集、调取其保存的各种公民信息,则不属于监控行为,而是一般调查取证行为。对于正常的商业记录的调取只受刑事诉讼法关于一般调查取证条款的限制,而对于软件所收集的额外信息,固然是对公民隐私权的侵犯,但这种侵犯是由手机软件服务商造成的,并无侦查机关公权力的介入,所以不属于强制侦查措施。对这种侵犯公民隐私权的信息收集行为进行规制属于行政法、民法或刑法问题,无需刑事诉讼法规制。

(2) 如果侦查机关事前指使、委托软件服务商收集公民的各类信息,并随时准备用于侦查,则要根据信息类型及其监控程度进行判断。如果侦查机

〔1〕 Lauren E. Babst, "No More Shortcuts, Protect Cell Site Location Data with a Warrant Requirement 9 21 Michigan", *Telecommunications and Technology Law Review*, 363, 400 (2015).

〔2〕 Susan Freiwald, "Cell Phone Location Data and the Fourth Amendmen, A Question of Law Not Fact", 70 *Maryland Law Review* 681, 749 (2011).

〔3〕 Babst f, supra, note 61, at 389.

关要求软件服务商协助收集、监控其正常商业记录，即便这些商业记录包含公民的隐私事项，只要监控未达到过于密集、持续的程度，也不应属于强制侦查措施，因为软件使用行为被记录是使用某种手机软件的必然结果，对此公民都应知情，而且公民也应清楚地知道使用某种软件所产生的记录可能被用作不利于其的证据，如使用团购软件时对商品或服务进行的恶意评价。如果对正常商业记录的收集和监控过于密集、持续，可以透过这些记录而窥见公民的生活细节，严重侵害公民隐私，则属于强制侦查措施。对于手机软件正常功能之外额外收集的信息，如果侦查机关事前要求软件服务商予以收集、监控，也属于强制侦查措施，因为这种信息的收集和监控可以窥见公民隐私，而公民对此却无从得知和预测，因此属于侵害程度较强的监控措施，应按照强制侦查措施予以规范。

四、侦查中大规模监控运用的规制路径

从对以上几类大规模监控的分析可以看出，能够运用于侦查的大规模监控，大多数都因侵害公民权利而属于强制侦查措施，所以在理论上和立法中，都应将这部分大规模监控在侦查中的运用纳入法律规制视野。但从实然角度来看，大规模监控在侦查中的运用使侦查模式发生了巨大的变化，上述几类大规模监控除了可以在案发后用于查获嫌疑人、收集证据等传统侦查用途之外，都还具有预防、发现、同步监控、制止犯罪的功能（甚至是其主要功能）。也就是说，大规模监控的运用使侦查在由被动性、调查性、回溯性、对象特定性侦查向主动性、预防性、即时性、对象非特定性侦查过渡。如果说用于案发后侦查取证的大规模监控可能仅有对象的非特定性这一特征是明显区别于其他侦查措施，在理论和规范层面扩大强制侦查措施的对象范围尚可解决法律规制难题的话，那么案发前运用的既有预防功能又有侦查功能的大规模监控则同时兼具上述主动性、预防性、即时性、对象非特定性等特征，给传统的侦查及其法律规制理论带来了真正的难题。所以，我们要根据大规模监控给侦查模式带来的变化，探讨对其进行合理、有效的法律规制的路径。

（一）大规模监控的运用所带来的侦查模式变化

1. 侦查目的的预防性

传统的侦查是一种回溯性活动，即在犯罪发生后所进行的确定犯罪嫌疑人、收集证据等活动，而针对未来可能发生的犯罪，不得行使侦查权。然而，

随着科技和社会的发展，侦查权的运动维度也随之扩展，不再局限于针对已然犯罪的回溯性调查，而是延伸至广泛的犯罪情报收集、精准的犯罪预防、积极的犯罪治理方面。正如我国学者所总结的，信息化时代侦查权的定位是：不再仅仅定位于通过被动反应式侦查以追诉打击犯罪，而是将侦查权能向犯罪预防甚至消除犯罪原因、条件的领域拓展和扩张，侦查权不再限定启动于犯罪行为发生乃至犯罪结果形成阶段，而是前瞻性地向引发犯罪或催生犯罪的相关因素和条件介入和干预。[1]在侦查中基于预防、发现、同步监控、制止犯罪而运用大规模监控也明显具有这种特征，正如国外学者所言，新型监控科技的运用使犯罪侦查与犯罪预防（情报收集）之间的界限变得模糊，使侦查模式转型为"预防性的、先发制人的、情报主导的"（prevention，proactive investigations and intelligence-led policing）。[2]那么，大规模监控在侦查中的这种运用究竟属于何种性质、应由行政法规制还是刑事诉讼法规制就是首先要解决的问题。在我国最主要的侦查机关——公安机关——兼具行政职能与侦查职能的前提下，侦查向预防犯罪功能方面的扩张，进一步模糊了刑事侦查与行政职能之间的界限。

2. 侦查行为与犯罪的共时性

传统的侦查在时间上与犯罪是呈先后顺序的，即"犯罪—立案—侦查—破案"的时序关系，但大规模监控的运用则使侦查与犯罪呈现共时关系，即随着公共场所视频监控、网络信息监控等大规模监控的发展，犯罪发生的同时就会处于侦查机关的监控之下，侦查行为与犯罪行为形成共时同步关系。虽然，传统侦查措施中，技术侦查、秘密侦查也以监控为主要内容，但一般是在确定犯罪嫌疑人之后而针对特定对象实施的，而大规模监控则使侦查机关的监控在没有确定对象的情况下保持对各类犯罪的即时监控，形成侦查权力运行的新形态。[3]但侦查行为与犯罪的这种共时性也对我国的刑事诉讼理论和规范提出了挑战，如立案程序、强制侦查措施的实施条件、刑事诉讼法的

---

〔1〕 参见韩德明："从回溯调查到犯罪治理：侦查权范式的演化趋向"，载《中国人民公安大学学报（社会科学版）》2015年第5期，第45页。

〔2〕 See Celine C. Cocq & Francesca Galli, "The Use of Surveillance Technologies far the Prevention, Investigation and Prosecution of Serious Crime", *EUI Working Paper LAW* 2015/41, p. 56.

〔3〕 参见韩德明："信息化背景下侦查权范式的要素系谱"，载《中国人民公安大学学报（社会科学版）》2016年第4期，第67~68页。

规制范围等。

3. 侦查对象的广泛性

传统的侦查措施在性质上都是只能针对特定对象而实施的，如讯问、询问、搜查、扣押等，即便在实践中扩大了适用范围，也仅是个例，而且限于资源和条件，其对象范围必然有限。然而，当在侦查中运用大规模监控时，却具有侦查对象的广泛性特征，尤其是当对潜在犯罪进行监控时、未确定嫌疑人时、广泛收集各类大数据以供侦查使用时。信息、网络技术在侦查中的运用，使侦查对象由确定性和具体性向广泛性、非特定性和弥散性转变，不特定公众的诸多信息都暴露在侦查机关的监控视野之中，而且其范围是近乎无限的。因此，正如国内学者所言，当下的侦查权在实践运行中已经逾越了《刑事诉讼法》结构并突破了法定概念的界定范围，侦查权绝非那种仅针对具有确定的法律和事实根据、需要或已经立案的刑事案件及其犯罪嫌疑人，大量发现犯罪、追踪犯罪、监控犯罪和预防犯罪的侦查行为已经不再将客体对象限定为确定的犯罪嫌疑人，而是扩大到存在相互关联性的社会大众，甚至在某些情况下，出于发现和监控犯罪的需要，无关民众的私密行为和信息也容易成为侦查行为的对象。[1]监控技术的进步将侦查的对象在无形中扩张至无穷多，但我国《刑事诉讼法》所规定的各类侦查措施却具有特定对象，尤其是与大规模监控最为接近的技术侦查措施，更是明确要求有明确的对象，使《刑事诉讼法》对技术侦查的规范难以涵盖大规模监控的运用。

（二）域外对侦查中大规模监控运用的法律规制方式

综上可见，大规模监控的运用使侦查模式发生了如上变化，也为侦查的法律规制带来了一些新的难题。由于集预防犯罪和侦查犯罪于一体且不具有特定监控对象的大规模监控技术在实践中运用的普及，域外各国同样也面临着这些难题，我国可以考察域外的解决方法，从中寻求借鉴。以下是英、美、德、法、意等国家针对大规模监控运用的法律规制概况。

在美国，针对刑事侦查中特定人的监控主要受《美国宪法第四修正案》规制，此外也有部分成文法对此作出规范，如1968年《综合犯罪控制与街道

---

〔1〕 参见韩德明："信息化背景下侦查权范式的要素系谱"，载《中国人民公安大学学报（社会科学版）》2016年第4期，第67~68页。

安全法》、1980年《隐私保护法案》、1986年《电子通信隐私法案》等。但对于基于犯罪预防目的而实施的针对不特定对象的大规模监控，则由其他专门法律进行规范，主要包括《爱国者法案》第215条（允许收集与被授权调查有关联的任何实物或商业记录）、《外国情报监视法》第702条（允许收集涉外通信信息以及定义广泛的国外情报）、12333号行政命令（由里根总统于1981年签发，对情报收集活动作出授权，但目前政府利用该行政命令进行大规模监控活动），[1]另外如前所述，《美国自由法案》改变了电话数据大规模监控的方式。虽然如此，在实施过程中，这些成文法或行政命令仍然要受到是否合宪的审查，尤其是《美国宪法第四修正案》对政府监控仍具有重要的限制作用。[2]可见，虽然不针对特定对象的广泛监控主要由情报部门实施，而非一般意义上的侦查部门，但情报部门进行的监控必然有一部分最终被用于侦查、追诉，所以虽然有专门的成文法对此进行规范，但同样要最终受制于宪法规范。与之类似，英国为了回应欧洲人权法院针对政府监控不符合《欧洲人权公约》第8条所要求的"合法性"的批评，制定了《英国2000年侦查权规制法》，其中授予政府监控通信、获取通信数据等广泛的监控权力，这些监控权力在进行犯罪侦查和犯罪预防时均可行使。[3]

在德国，《德国刑事诉讼法》第100条c非常有前瞻性地将"使用其他的特别侦查技术手段"对象扩展至"不可避免地被涉及的第三人"，并且第98条a、b还允许采取"栅网追缉"这种大规模数据监控手段筛选犯罪嫌疑人，[4]在一定程度上从形式上解决了大规模监控的合法性问题，但为了防堵警察滥权的漏洞，德国还在行政法上对此作出了一定规范，如《数据保护法》（Bundesdatenschutzgesetz or BDSG）第6条b明确规定只有符合如下条件使用公共场所视频监控才是合法的：①国家机关为履行其职责；②为对某些场所

---

〔1〕 See Human Rights Watch report, With Liberty to Monitor All: How Large — Scale US Surveillance Is Hanning Journalism, Law 9 and American Democracy, Printed in the United States of America, July 2014, pp. 8~14, downloaded from I httpl//www. specialsci. cn/views/f. aspx? name = hclaws&gui = laws 16022315552 7392, 访问日期：2017年1月10日。

〔2〕 Weaver, supra note 45, at 1239.

〔3〕 See Celine C. Cocq & Francesca Galli, The Use of Surveillance Technologies for the Prevention f Investigation and Prosecution of Serious Crime9 EUI Working Paper Law 2015/41, p. 8.

〔4〕 ［德］克劳思·罗科信：《刑事诉讼法》（第24版），吴丽琪译，法律出版社2003年版，第72页。

进行控制；③为保护特定的合法利益，且没有理由认为这些利益的重要性低于保护公民数据的重要性。[1]

法国、意大利两国均区分基于犯罪侦查的司法性监听和基于犯罪预防的行政性监听。[2]法国对于两类监听统一以1991年通过的646号法律在《法国刑事诉讼法》中增加电信截留一节进行规范，而行政性监听后来又被吸收整合进了《国内安全法》。意大利对于司法性监听由《意大利刑事诉讼法》第266条进行规范，而对于行政性监听则以2001年颁布的438号法律《反恐怖主义紧急法》）进行特别规范，该法在性质上属于特别刑事诉讼法。[3]对于监控范围更为广泛的数据保留，[4]欧盟还专门于2006年发布了《数据保留指令》（Data Retention Directive），[5]要求各成员国按照该指令要求贯彻实施各类通信相关数据保留的义务，以供警察或安全部门在获得批准时查看、使用这些数据。目前，法国和意大利已经全面贯彻《数据保留指令》的要求，而德国则在经过几轮争议之后，部分贯彻了《数据保留指令》的要求。

从以上国家法律规制的概况来看，无论是大陆法系国家还是英美法系国家，对于侦查中大规模监控运用的法律规制都处在探索阶段，并且做法不一，但从已有的法律规制中，我们可以看出如下两个共同特点：

（1）以刑事诉讼法或同位阶法律规制。由于多数大规模监控都具有对公民权利的侵害性，所以各国均以刑事诉讼法或同位阶法律对其运用进行规制，美国虽然针对大规模监控有专门立法，但最终还是与其他刑事侦查措施一样

---

〔1〕 See The Victorian Law Reform Commission report, Surveillance in Public Places Consultation Paper, Published in 2009, p. 119, downloaded from: http://www. specialsci. cn/views/f. aspx? name=hclaws & gui=laws09080448176c9, 2017-1-10.

〔2〕 这里的监听，英文原文为"interception"，是一个广义概念，不限于电话监听，还包括对通过电子邮件或其他通过网络的通信的监控。如《英国2000年侦查权规制法》将作为监听对象的"通信系统"界定为"任何为了便利通信传送而利用电能或电磁能的系统"。

〔3〕 See Celine C. Cocq & Francesca Galli, "The Use of Surveillance Technologies for the Prevention", *Investigation and Prosecution of Serious Crime f EUI Working Paper Law* 2015/41, pp. 9~11.

〔4〕 数据保留，英文原文为"data retention"，是指"对通信数据、位置数据及其他能够确定特定用户的数据的保留"（"traffic data and location data and the related data necessaiy to identify the subscriber or user"），欧盟的《数据保留指令》规定"数据保留"适用于"固网电话、移动电话、互联网接入、电子邮件、网络电话"（fixed network telephony, mobile telephony, Internet access, Internet email and Internet telephony）。

〔5〕 在欧盟的法律体系中，"Directive"具有高于国内法的地位，它提出具体立法目标，要求不同立法体系的成员国采取适合的立法措施将"Directive"的指令内容付诸实施。

受制于宪法修正案，英国、德国、法国、意大利均以刑事诉讼法或同位阶法律对大规模监控进行规范，有的国家还以其他行政法作为补充性规制手段，但总体上各国都是以公民权利保障为出发点，以刑事诉讼为立足点而设计具体的法律规制路径。这就说明，虽然大规模监控使犯罪侦查与犯罪预防之间的界限变得模糊，但各国仍主要从犯罪侦查角度对大规模监控的运用进行规制，因为大规模监控的运用最终仍要落脚于对犯罪的追诉，而且刑事诉讼法的规制本身也具有更严格的门槛和标准，对于公民权利保障来说具有更强的力度。

（2）对大规模监控的规制尺度相对宽松。与普通的刑事侦查措施相比，各国法律对于大规模监控的规制尺度相对宽松，如在美国，虽然理论上认为针对未发现之犯罪或尚未进行之犯罪的所谓"前瞻性侦查"更具有侵犯性，[1]但实际上美国法律对大规模监控的规制并不严格，根据《爱国者法案》第 215 条，政府可以收集任何与被授权的调查"相关的实物或商业记录"，而且这里的"相关性"要求较低。《外国情报监视法》第 702 条则授予政府更为广泛的监控涉外通信的权力，虽然针对国外的大规模监控由外国情报监控法庭予以审查，但该法庭秘密运作，很少不批准政府的申请。[2]在法国，一般侦查中针对特定对象的监听只能针对最低刑期为 2 年以上徒刑的犯罪，必须由法官批准，但对于行政性监听则只要基于"预防恐怖主义犯罪和有组织犯罪、国家安全、科技和经济的保护、限制违法行为"等抽象理由即可提出申请，由总理或国防部部长、内政部部长等行政官员批准即可；对于视频监控系统的安装运用，则只需基于"保障安全、维护公共秩序"之理由，由各部代表或巴黎警察局长批准即可实施；对于数据保留，由警察提供获取数据的正当理由，由检察官、内政部长批准即可，在特殊情况下，持有法官事前授权检察官颁布的许可令的警察也可直接作出决定。其他国家也类似，如在英国、意大利、德国，对于无特定对象的、兼具预防和侦查功能的大规模监控的规制均较一

---

〔1〕 参见 ［美］伟恩·R. 拉费弗、杰罗德·H. 伊斯雷尔、南西·J. 金：《刑事诉讼法》（上），卞建林等译，中国政法大学出版社 2003 年版，第 11～12 页。

〔2〕 See Human Rights Watch report，With Liberty to Monitor All'. How Large-Scale US Surveillance Is Harming JournalismfLawf and American Democracy 9 Printed in the United States of America，July 2014，p. 15，downloaded from：http：//www. specialsci. cn/views/f. aspx? name＝hclaws&gui＝lawsl6022315527392，2017-1-10.

般刑事侦查措施宽松。之所以如此，其一可能是因为无特定对象的大规模监控对公民权利的侵害面广但程度较轻（如数据保留），仅是通信内容之外的时间、地点、次数等相关数据，与直接针对通信内容的监听所造成的侵害相比显然要轻得多；其二可能是因为与一般侦查措施针对已然发生的犯罪不同，大规模监控针对尚未发生的犯罪或正在发生的犯罪，若有效运用，能提高侦查效率和精确度，还能遏制可能发生的犯罪，所以对大规模监控的规制要实现公民权利与侦查利益之间的平衡，相对一般侦查措施来说注重其对侦查利益、公共安全的促进作用。

（三）我国对侦查中大规模监控运用的法律规制路径

综上，虽然大规模监控在侦查中的运用在法律规制方面有诸多难题，但法律对这一新鲜事物不能视而不见，所以对于我国来说，同样有必要研究如何对其进行法律规制。根据如上理论分析及比较法角度的借鉴，下文将从规制方式、现有规范的修正、规制力度等方面进行具体论证。

1. 规制方式

对于大规模监控在侦查中运用的后三种功能，即通过大规模监控查获特定主体行踪、收集证据、监控特定对象，因为仍属纯粹的侦查行为，所以仍用《刑事诉讼法》进行规制即可，关键在于对现有相关规范的修正，扩大技术侦查的适用对象范围（如下文所述）。但对于兼具侦查及预防功能且并无特定对象的大规模监控的运用，则存在如何进行法律规制的问题。目前，我国《刑事诉讼法》及司法解释对此并未涉及，2015 年颁布的《反恐怖主义法》第 45 条实际上突破了《刑事诉讼法》的规定，允许基于反恐情报工作需要而进行技术侦察（查），但缺乏程序性规范；[1]同年颁布的《国家安全法》对国家进行网络管理、收集涉及国家安全的情报信息作出授权性规定，但同样缺乏程序性规范；[2]2017 年 6 月实施的《网络安全法》针对刑事侦查的相关规定也仅有对网络运营者的义务规定及网信部门和有关部门维护网络安全的

---

〔1〕《反恐怖主义法》第 45 条规定："公安机关、国家安全机关、军事机关在其职责范围内，因反恐怖主义情报信息工作的需要，根据国家有关规定，经过严格的批准手续，可以采取技术侦察措施。"

〔2〕《国家安全法》第 42 条规定："国家安全机关、公安机关依法搜集涉及国家安全的情报信息，在国家安全工作中依法行使侦查、拘留、预审和执行逮捕以及法律规定的其他职权。"第 52 条规定："国家安全机关、公安机关、有关军事机关根据职责分工，依法搜集涉及国家安全的情报信息。国家机关各部门在履行职责过程中，对于获取的涉及国家安全的有关信息应当及时上报。"

职权的原则性规定。[1]因此，无论是刑事诉讼法还是行政法，都没有对大规模监控作出有效的规范。有学者认为，可以借鉴英国的模式，通过统一的警察职权行为法，对行政行为与侦查行为进行统一的授权。[2]当然，也有学者认为应当突破刑事诉讼程序结构对侦查权概念重新进行定义，设定侦查权的启动条件、限定范围、规制程序，[3]也即由《刑事诉讼法》进行规制。

从上文的比较法考察来看，奉行行政违法与刑事犯罪一元制的英美法系国家，基本上都是直接以宪法、刑事诉讼法或同位阶法律对大规模监控进行规制，而大陆法系国家则基本上同时以刑事诉讼法和行政法对大规模监控进行规制，如《德国刑事诉讼法》和《德国数据保护法》，《法国刑事诉讼法》和《法国国内安全法》。之所以如此，就是因为在行政违法与刑事犯罪一元制的情况下，对公权力的规制无需进行部门法的区分，无非是对行政行为或侦查行为的实施标准要求不同而已。[4]而在二元制的情况下，则面临着部门法的区分问题。兼具侦查及预防功能的大规模监控措施既是一种日常的行政管理手段，也会随时转化为刑事侦查手段，因此在日常行政管理中就由行政法对大规模监控进行规范，但一旦通过大规模监控发现犯罪、进行侦查监控，则后续监控的合法性就应由刑事诉讼法进行规范。当然，这种二元制的规制也会带来一些问题，如行政管理与刑事侦查的界限难以区分、其合法性判断依据不易确定、容易诱使侦查人员以行政行为之名而行侦查之实。

我国也是行政违法与刑事犯罪二元制，因此从立法体系化的角度来说，对于兼具侦查及预防功能的大规模监控也只能采取以《刑事诉讼法》和行政

---

[1] 《网络安全法》第28条规定："网络运营者应当为公安机关、国家安全机关依法维护国家安全和侦查犯罪的活动提供技术支持和协助。"第30条规定："网信部门和有关部门在履行网络安全保护职责中获取的信息，只能用于维护网络安全的需要，不得用于其他用途。"第50条规定："国家网信部门和有关部门依法履行网络信息安全监督管理职责，发现法律、行政法规禁止发布或者传输的信息的，应当要求网络运营者停止传输，采取消除等处置措施，保存有关记录；对来源于中华人民共和国境外的上述信息，应当通知有关机构采取技术措施和其他必要措施阻断传播。"

[2] 参见刘方权："'两面一体'：公安行政权与侦查权关系研究——基于功能的分析"，载《法学论坛》2008年第4期，第87~88页。

[3] 参见韩德明："从回溯调查到犯罪治理：侦查权范式的演化趋向"，载《中国人民公安大学学报（社会科学版）》2015年第5期，第52页。

[4] 如在美国，对于行政搜查，要求令状"具有行政法版本的合理根据"，但对刑事搜查则要求一般意义上的"合理根据"参见［美］约书亚·德雷斯勒、艾伦·C. 迈克尔斯：《美国刑事诉讼法精解》（第1卷·刑事侦查），吴宏耀译，北京大学出版社2009年版，第318页。

法同时进行规制的方式，即《刑事诉讼法》必须将用于侦查的大规模监控纳入规制范围，同时由行政法对各种日常行政管理性质的大规模监控进行规范。但问题在于，如何从制度上克服上述二元制规制所带来的问题呢？为此，有必要采取如下两点措施：其一，应当建立严格的案件登记备案及移交制度。若监控是由侦查人员自行进行的，则在发现犯罪后就应进行登记备案，并按照《刑事诉讼法》的要求进行后续监控；当其他行政机关或侦查机关的其他部门通过大规模监控发现犯罪时，要即时进行登记备案并将案件移交给侦查机关的侦查部门，之后侦查机关的侦查部门就必须按照《刑事诉讼法》的要求进行后续监控，或指示其他行政机关或侦查机关的其他部门按照《刑事诉讼法》的要求进行后续监控。登记备案及移交后，就以此时点作为判断后续监控合法性的基础。这样既可以保障监控的连续性、实效性，又能有效地实现二元规制的对接。其二，细化行政法中大规模监控的实施要件，严格规范其实施程序。如前所述，目前的《反恐怖主义法》《国家安全法》《网络安全法》对于大规模监控都仅有授权性规定，而缺乏实施要件和程序规范，为了实现行政法与刑事诉讼法的协调，应当对行政法中的大规模监控作出更明确的规范，对于侵害公民基本权利的大规模监控要提高法律门槛，这样才能防止侦查人员借行政行为之名而行侦查之实。同时，对于因情况紧急而无法进行即时登记备案的监控，只能按照行政法判断监控行为及其结果的合法性，因此完善行政法的相关规定也是判断监控合法性所必需的。

2. 现有规范的修正

要以《刑事诉讼法》对运用于侦查的大规模监控进行规制，必须在反思目前侦查理论的基础上，对部分规范进行修正，否则就会出现规范上的矛盾和窒碍。

首先，我国《刑事诉讼法》将侦查界定为"依照法律进行的专门调查工作和有关的强制性措施"，而立案是侦查的开始，也是侦查的前提。[1]立法如此规定的本意是以立案作为控制侦查行为的程序手段之一，防止侦查机关不经过立案而滥用侦查措施。但从实践角度来看，犯罪的突发性、隐蔽性要求侦查必须能够随时启动，否则就可能会贻误侦查取证良机。而大规模监控在侦查中的运用则更是如此。大规模监控往往在犯罪发生的同时就可以进行密切监控，并开始取证，使犯罪预防与侦查之间几乎没有明显界限，对于这种

---

〔1〕 参见郎胜主编：《中华人民共和国刑事诉讼法修改与适用》，新华出版社2012年版，第231页。

监控技术的运用，以立案作为启动侦查措施的控制手段是不现实的，而且也是没有必要的，因为只有保持监控的这种即时性，才能有效地侦查或预防犯罪，若以立案作为强制性要求，则会减损监控的实效，而更大的问题是使《刑事诉讼法》对侦查的规制无法涵盖立案之前大规模监控的运用。实际上，我国早有学者提出，应取消立案作为一个独立诉讼程序的地位，而将之改造为侦查程序的前期工序，即作为犯罪信息登记程序。[1]这一建议对于侦查人员自行进行的兼具预防及侦查功能的大规模监控来说可能更为适用。因此，为了实现《刑事诉讼法》对兼具预防及侦查功能的大规模监控的规制，就必须对侦查的概念进行重新界定，将侦查权授权扩张至危险性犯罪原因和态势的监控、干预和及时制止领域或阶段，[2]取消立案作为启动侦查的程序关口，规定只需进行如上所述的登记备案程序即可，即通过大规模监控发现犯罪时就进行即时的登记备案。

其次，我国《刑事诉讼法》对于与大规模监控最为接近的技术侦查措施，明确要求必须具有特定对象，其本意是防止技术侦查实施的扩大化，但这一要求却不符合强制侦查措施的法律规制原理。在有明确嫌疑对象的案件中，技术侦查可以针对特定对象而实施，但在并无明确嫌疑对象的案件中，或为了广泛收集数据而寻找线索的案件中，就无法确定特定的对象，在兼具预防及侦查功能的大规模监控中，当然更无法确定特定对象，而无特定对象的监控措施，就不能构成技术侦查，也无法适用技术侦查条款进行规制，这显然是不合理的，因为同一监控技术，针对特定对象实施属于受法律规制的技术侦查措施，而针对不特定公众实施时，其影响面更广、侵权对象更多，却难以受到法律规制。从上文其他国家的法律规制方式来看，虽然有的国家区分有特定对象的司法性监控和无特定对象的行政性监控，但均以刑事诉讼法或其他高位阶法律进行同等的规制，而且有的国家根本不区分这两类监控而进行统一规制，这两种方式都比我国现行的技术侦查规定更为合理。所以，应对技术侦查的概念进行修正，使技术侦查能够涵盖有特定对象的监控及无特定对象的监控，使技术侦查成为一个涵盖范围更大的广义概念，以原则性规

---

〔1〕 参见万毅："侦查启动程序探析"，载《人民检察》2003年第3期，第28页。

〔2〕 参见韩德明："从回溯调查到犯罪治理：侦查权范式的演化趋向"，载《中国人民公安大学学报（社会科学版）》2015年第5期，第52页。

定与具体规定结合的方式，对构成强制侦查措施的大规模监控运用进行明确的规范，将大规模监控的规制主要纳入技术侦查范畴之内。

3. 规制的力度

因为大规模监控在侦查中运用的情形比较复杂，所以《刑事诉讼法》对其规制也应区别情形而力度恰当。具体而言，不同用途的大规模监控所受的规制力度应有所差别；监控内容不同，所受的规制也应有所不同。

（1）在大规模监控的几种不同用途中，如果是将其作为变相实施针对特定对象的监控手段，就相当于目前《刑事诉讼法》所规定的技术侦查措施，这种监控对公民权利的侵害具有"面窄但度深"的特点，因此对其规制力度应较大。从其他国家的做法来看，对于针对特定对象的监控都实行更为严格的控制，尤其是侵害个人隐私权的电讯截留、通信监听等措施。在将大规模监控的运用纳入《刑事诉讼法》规范之后，对于将其作为变相监控特定对象手段的，要与其他针对特定对象的监控措施同等规制，更为明确地规定针对特定对象监控的条件、程序，提高对公民基本权利的保护力度。

用于证据收集、在人群中搜寻特定对象、兼具预防及侦查功能的大规模监控，对公民权利的侵害具有"面广但度浅"的特点，所以对用于这几种用途的大规模监控的规制力度应小于上述针对特定对象的监控，达到与其他一般强制侦查措施相似的规制力度即可，以实现公民权利保护与遏制犯罪间的平衡。有的监控技术的运用甚至并无侵权性，如查看以往的公共场所监控视频，属于任意侦查措施，无需法律授权也可实施。

（2）针对不同的监控内容，法律规制的力度也应有所不同。一般而言，针对特定对象的监控往往是对内容信息的监控，针对不特定对象的监控往往是对非内容信息的监控，但也不尽然，如美国的"棱镜计划"并无特定监控对象，但对于电子邮件、即时消息、文件传输等均可监控内容信息。无论何种用途的大规模监控，若监控的是内容信息，就应当受到更为严格的法律规制，因为内容信息是公民隐私权的重要保护内容，也是对大规模监控进行规制的主要意义所在。而对于非内容信息的监控，则可以相对放宽，因为非内容信息有的属于正常商业记录，有的虽然不属于商业记录，但涉及的隐私权侵害较为轻微，非内容信息经过拼凑之后也往往只能反映个人的部分生活细节，与对内容信息监控的侵害性不可相提并论，所以对其规制力度也可以适当放宽。从前述欧洲各国贯彻《数据保留指令》的情况来看，其程序及实体要求均比对内容信息的监控宽松，美国也同样如此。我国也有几位学者提出，在网络监控、计算机犯罪侦查、广义的监听中应当区分内容信息与非内容信息而进行不同的规制，[1]但对于其他类型的能够区分内容信息和非内容信息的监控技术也应同样如此，如此才符合比例原则的要求。

4. 程序规制与证据规则

对于侦查中大规模监控的运用，要从程序及证据方面进行双重的规制。在程序方面，在对现有的侦查概念、技术侦查适用对象范围进行改造的基础上，根据大规模监控的不同用途和监控内容进行规范。对于兼具侦查及犯罪预防功能且长期实施的大规模监控，应对实施条件、实施主体、实施周期、批准程序、技术标准、监控材料保管及保密等事项作出详细规范。而对于其他三种用途的大规模监控运用，则需从申请主体、申请条件、批准程序、实施程序等方面进行规范，其中对于侦查机关之外的其他公权力机关实施的监控，若侦查机关事后进行监控证据的收集，则监控证据的合法性要依据行政法所要求的大规模监控实施条件进行判断。为此，还需要做好《刑事诉讼法》与授权其他公权力机关实施监控的法律法规的协调衔接，在核心要件上应实现基本一致。

在证据规则方面，主要是制定非法运用大规模监控而获取证据的排除规则，以及根据大规模监控的科技特征而设置不可靠证据的排除规则，以发挥对侦查取证的引导作用。

对于非法监控证据排除规则来说，我国《刑事诉讼法》第56条规定的非法证据排除规则从字面上仅限于犯罪嫌疑人、被告人口供等言词证据和物证、书证，在第50条依然维持证据的形式分类的前提下，若依文义解释，难以涵盖视听资料、电子数据这两类证据，相关的司法解释也未将非法证据排除的范围涵盖视听资料和电子数据，而通过大规模监控收集的恰恰基本上就是这两类证据，因此，有必要将这两类证据正式纳入非法证据排除规则的范围。但由于侦查中大规模监控运用的复杂性，对所获证据的非法证据排除应根据其运用目的、监控对象、侵权程度而进行区别对待，做到宽严适当。

---

[1] 曾赟："侦查的法治实践：美国经验与中国路径"，载《法学研究》2015年第3期，第166~169页。

另一方面，基于大规模监控的高科技特征，应当有相应的证据规则保障监控证据的可靠性，即在监控证据的产生、收集、流转、保管环节中，如果存在可能会影响监控证据真实性、完整性的因素，且无法以其他方式确定监控证据的真实性和完整性，就应当将该证据排除，以防止采纳了这些不可靠证据而导致错误认定事实。目前，我国司法解释已经有了相当数量的这类证据规则，主要集中在《最高人民法院关于适用〈中华人民共和国刑事诉讼法〉的解释》中，但其中针对视听资料、电子数据的不可靠证据排除规则较为简陋，缺乏可操作性。2016 年颁布的《关于办理刑事案件收集提取和审查判断电子数据若干问题的规定》虽然对电子数据的提取、移送、审查判断作出了较为详细的规定，但在不可靠证据排除方面的规范依然不足，仅在第 27、28条规定了电子数据因存在瑕疵或缺陷导致不可靠而应当排除的几种情形，[1]这几种情形并未涵盖电子数据的产生、收集、流转及保管全过程。所以，应继续完善保障电子数据、视听资料证据可靠性的证据规则，这类证据规则的基本原理为：除非能够确认电子数据、视听资料的真实性、完整性，否则，如果在其产生、收集、流转、保管环节中存在影响其真实性或完整性的因素，就应当将其排除。

结　语

从以上对侦查中大规模监控的运用及其法律规制问题的探讨来看，作为一类用途广泛的监控手段，大规模监控固然可以提升侦查效率和精确度，还能发挥一定的犯罪预防作用。但同时，这类监控技术的运用也会对公民权利造成不同程度的侵害，因此应对其在侦查中的运用予以必要的法律规制。大规模监控会对传统的侦查及其法律规制原理造成一定的冲击，所以必须对侦查及其法律规制理论进行一定的调整，才能符合对大规模监控进行法律规制的要求。一般而言，法律的发展总是落后于科技的进步，所以对新兴事物的

---

〔1〕《关于办理刑事案件收集提取和审查判断电子数据若干问题的规定》第 27 条："电子数据的收集、提取程序有下列瑕疵，经补正或者作出合理解释的，可以采用；不能补正或者作出合理解释的，不得作为定案的根据：（一）未以封存状态移送的；（二）笔录或者清单上没有侦查人员、电子数据持有人（提供人）、见证人签名或者盖章的；（三）对电子数据的名称、类别、格式等注明不清的；（四）有其他瑕疵的。"第 28 条："电子数据具有下列情形之一的，不得作为定案的根据：（一）电子数据系篡改、伪造或者无法确定真伪的；（二）电子数据有增加、删除、修改等情形，影响电子数据真实性的；（三）其他无法保证电子数据真实性的情形。"

规范不足似乎有着正当理由，但随着信息化时代的来临，法律面临着越来越多的挑战，若不加快应对的步伐，将造成法律与实践之间越来越大的裂痕，在法律适用技术并不发达的我国，这一问题将会尤为突出。本文所探讨的侦查中大规模监控运用的法律规制问题，就是对缩小法律与科技之间距离的尝试，希望通过本文对这一问题的提出，引起学术界和实务界的关注，将大规模监控的运用纳入法律规制日程之内，为其在侦查中的合法、有效运用提供规范框架。

英美技术侦查救济机制的新趋势
及其对我国的启示

严椰铭*

摘　要：经多年发展，英美的技术侦查法治体系臻于成熟，构建出了包括技术侦查的事前审批、事后监督、救济在内的一系列技术侦查配套制度。在救济机制方面，英国与美国在启动主体、受理机构、受案范围、处理结果等方面各有优劣。英国的技术侦查救济机制偏重于对个案的解决，而美国的救济机制则更倾向于通过实现规则统一，达致社会整体正义。从长远来看，我国技术侦查法治体系应吸取英国和美国的成功经验，在构建救济机制的同时，也要加强对技术侦查报告等制度的建设。

关键词：技术侦查；救济机制；侦查权独立法庭

一、英国技术侦查成文法的变化与技术侦查救济措施的反思

（一）《英国 2016 年侦查权法》扩大了截取通信的适用范围

《英国 2016 年侦查权法》于 2016 年 11 月 29 日颁布，总体而言，该法的规定可以被归纳为三个方面：其一是梳理侦查权和相应的监督措施，使其更为清晰明确；其二是设立侦查权监察专员，并将过去分属于三个机构的监督职能收归侦查权监督专员享有；其三是修订了诸如截取通信、通信数据等重要概念。特别值得注意的是，《英国 2016 年侦查权法》细化了狱中截取通信的规定，并将之纳入了侦查权监察专员法定监察范围。这与截取通信监察专员从 2002 年起，将"监狱中的截取通信"纳入《截取通信监察专员年度报

---

*　作者简介：严椰铭，中山大学粤港澳发展研究院 2017 级立法学专业博士生。

告》进行监督的做法密不可分，[1]也充分佐证了技术侦查报告对检讨并完善成文法所发挥的积极作用。

为规范侦查权的行使，《英国 2016 年侦查权法》梳理了技术侦查权的规定，将事后监督权交由侦查权监察专员统一行使，体现的是英国技术侦查法治化的积极面向。但该法对通信（communication）、通信数据（communications data）以及截取通信（interception of communication）等重要概念的修改，却反映了英国技术侦查法治的另一种"逆向"趋势。该法案在议会讨论阶段引发了关于国家安全与人权保护的激烈争论[2]，在颁布实施后，则引发了另一场关于英国"脱欧"仍需履行对其他欧盟成员国国民数据保护的国民待遇的争论。[3]

《英国 2016 年侦查权法》将通信界定为"涉及邮政运营者或邮政服务的包括被运送物在内的物品"[4]以及"涉及电讯运营者或电讯服务的言语、音乐、声响、视觉图像、描述性数据、通信信号"[5]。《英国 2000 年侦查权规制法》则规定，除了令状所授权截取的目标通信外，在截取操作中"未经令状授权但出于技术原因无可避免地被获取的通信"亦属于被截取通信的范畴。[6]与《英国 2000 年侦查权规制法》的规定[7]相比，表面上限缩而实际上却扩展了通信的范围。

通信数据的范畴亦有扩张。通信数据是实施截取活动的线索，虽不直接反映通信各方的交流内容，但可以由其推知通信各方所在位置、基本信息等，若未经许可获取，亦侵犯个人隐私。[8]《英国 2016 年侦查权法》改变了《英

---

〔1〕 英国截取通信监察专员监督狱中截取通信的惯例，参见 2011 Annual Report of the Interception of Communications Commissioner, p. 50; 2016 Report of the Interception of Communications Commissioner, p. 50.

〔2〕 See Andrew D. Murray, "LSE Law Department Briefings on the Investigatory Powers Bill-Comparing Surveillance Powers: UK, US and France (December 15, 2015)", *LSE Law-Policy Briefing Paper No.* 27038 52, Available at SSRN: https://ssrn. com/abstract = 2703852 or http://dx. doi. org/10. 2139/ssrn. 2703852, p. 3.

〔3〕 See Andrew D. Murray, Data transfers between the EU and UK post Brexit, International Data Privacy Law, 2017, Vol. 7, No. 3, pp. 149~164（p. 163. ）

〔4〕 Investigatory Powers Act 2016, section 262（2）.

〔5〕 Investigatory Powers Act 2016, section 261（2）.

〔6〕 Investigatory Powers Commissioner's Office, Annual Report of the Investigatory Powers Commissioner 2017, p. 40, par. 7. 3.

〔7〕 Regulation of Investigatory Powers Act 2000, section 1（1）, section 81（1）.

〔8〕 严椰铭："论我国技术侦查报告制度的构建"，广东财经大学 2015 年硕士学位论文，第 26 页。

国 2000 年侦查权规制法》对通信数据所作的大而化之的界定，即将"通过通信系统的流量数据（traffic data）以及任何借由邮政或电讯系统传递的有关信息"[1]细化为"与邮政经营者或邮政服务有关的数据"[2]以及"与电讯经营者或电讯服务有关的实体数据和事件数据"。[3]具体而言，《英国 2000 年侦查权规制法》规制的通信数据包括流量数据、通联记录、客户基本信息资料等数据，仅与通信的参与人、时间、地点有关，而不包括通信内容。而《英国 2016 年侦查权法》规制的通信数据亦不包括通信内容，除了电信流量数据、通联记录、客户基本信息资料之外，邮政业务数据、邮政服务使用记录、邮政客户基本信息资料，以及由电讯系统传送的人际、物际、人物交互的实体数据和识别或描述电讯系统某一事件的事件数据也属于受该法规制的通信数据。

《英国 2016 年侦查权法》对截取通信的定义亦有较大变化，该法一改以往的否定式定义——界定非法截取通信，变为以列举形式规定合法截取通信，将之分为截取目标通信令状、检查目标通信令状、互助调查令状[4]，辅之以其他合法截取形式的特殊规定。由此，被截取的通信范围得以扩张，由经令状授权截取公共邮政系统或电讯系统中传输的通信、经同意截取私人电讯系统传输通信[5]，修订为获令状授权、通信当事方同意、域外请求而截取的通信。

综上，《英国 2016 年侦查权法》扩大了截取通信的适用范围，其主要体现在对通信、通信数据等重要概念的扩张，以及增加截取通信的合法形式要件这两个方面。

（二）技术侦查申诉处理的收紧

英国受理技术侦查申诉的机构为侦查权独立法庭（Investigatory Powers Tribunal）。该机构依《英国 2000 年侦查权规制法》设立，受理与行使侦查权有关的申诉。该机构成立后，2001 年至 2016 年受理申诉的数量整体呈现上升趋势，[6]尤其是 2013 年斯诺登事件后，受理的申诉案件明显增加（详见图

---

[1] Regulation of Investigatory Powers Act 2000, section 21 (4).

[2] Investigatory Powers Act 2016, section 262 (3).

[3] Investigatory Powers Act 2016, section 261 (5).

[4] Investigatory Powers Act 2016, section 15 (2) ~ (4).

[5] Regulation of Investigatory Powers Act 2000, section 1 (1) ~ section 1 (3).

[6] See Investigatory Powers Tribunal, 2016 Statistical Report of the Investigatory Powers Tribunal, Figure 2-Complaints received over the last 10 years.

1）。单从 2012 年至 2016 年裁决结果的变化趋势来看，侦查权独立法庭作出支持申诉裁决的比例亦在逐步增长。简言之，侦查权独立法庭对被申诉侦查行为的审查愈加严格，处理结果也在逐步收紧。但从绝对值来看，支持性裁决的数量仍然较少。

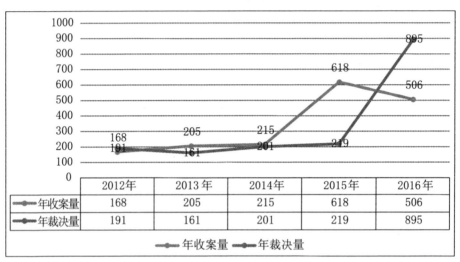

	2012年	2013 年	2014年	2015年	2016年
年收案量	168	205	215	618	506
年裁决量	191	161	201	219	895

图 1　英国侦查权独立法庭 2012 至 2016 年申诉案件量〔1〕

　　侦查权独立法庭的裁决结果共分为七种，分别为：①不支持申诉，包括被申诉的侦查行为不存在，以及被申诉的侦查行为并未违法等两种情形；②侦查权独立法庭无管辖权；③申诉期限届满；④申诉无理缠扰；⑤驳回申诉，比如经必要提示后，申诉形式要件仍不齐备者；⑥撤回申诉；⑦支持申诉，包括裁决被申诉的侦查行为违法，或者附加要求被申诉机构补救。〔2〕以上七种裁决结果，除去客观原因导致的②③⑤以及基于申诉人意愿的⑥以外，能反映侦查权独立法庭对申诉支持态度的仅有⑦，可将其称为"支持性裁决"；反映其否定态度的有①和④两种结果，可将其称为"否定性裁决"。

---

〔1〕　数据来源：《英国侦查权独立法庭 2016 年数据报告》。英国侦查权独立法庭 2015 年共收案 618 件，包括 367 件由"隐私国际全球运动"引发的申诉；2016 年共收案 506 件，包括 297 件由前述事件引发的申诉；2016 年共裁决 895 件，包括 2016 年 4 月 15 日公开听证会后裁决的 665 件"隐私国际全球运动"申诉。See Investigatory Powers Tribunal, 2016 Statistical Report of Investigatory Powers Tribunal, footnote 3~4, par. 2 of "Volume of Complaints".

〔2〕　Investigatory Powers Tribunal, 2011~2015 Report of the Investigatory Powers Tribunal, p. 18.

侦查权独立法庭公布的数据显示（详见图 2）：2012 年否定性裁决占年度总裁决的比例为 84.82%，2013 年为 83.85%，2014 年为 78.11%，2015 年为 75.80%，2016 年为 77.39%，平均值为 79.99%；支持性裁决占年度总裁决的比例于 2012 年至 2016 年分别为 0%、0%、0%、3.65% 和 6.52%，平均值为 2.03%。

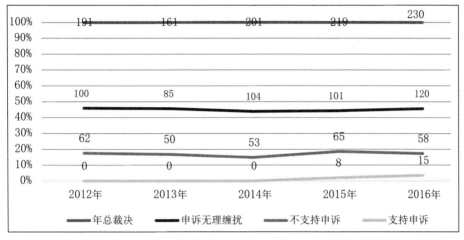

图 2　英国侦查权独立法庭 2012 年至 2016 年裁决结果（支持性裁定和否定性裁定）[1]

这种收紧态势可能基于以下几方面的原因：

一是主观原因。斯诺登事件后，普通公众对技术侦查侵扰其日常生活可能性的关注度逐年上升，政府公共机构对此问题给予了更多关注，投入了更多精力，以更多样化的形式履行信息公开义务。2013 年与往年相比，问询技术侦查专门监督机构的数量明显增多。2013 年、2014 年截取通信监察专员在《截取通信监察专员年度报告》中，专门就公众担心的截取通信活动对隐私权

---

〔1〕　数据来源：《英国侦查权独立法庭 2011 年至 2015 年报告》和《英国侦查权独立法庭 2016 年数据报告》。图 2 中，2015 年和 2016 年的年收案量数据已分别刨去 367 件、506 件由"隐私国际全球运动"引发的申诉案件数；2016 年就该运动引发的申诉召开听证会，裁决总数为 665 件。因该听证会后总裁决数与 2015 至 2016 年合计申诉案件数多一件，侦查权独立法庭的两份报告以及有关资料又语焉不详，为减少误差，同时避免 2016 年数据出现畸高，遂删除这两项数据。See Investigatory Powers Tribunal, 2016 Statistical Report of the Investigatory Powers Tribunal, Figure 4 Number of Complaints Received and Outcome by Year.

潜在的侵扰问题进行回复，[1]

二是客观原因。技术侦查令状的批准量上升，出现违法行为的概率也在逐步增加。近年来英国安全形势愈加紧张，恐怖活动犯罪[2]、有组织犯罪[3]频发，尤其是 2017 年英国不到半年内接连发生多起恐怖袭击事件。在此背景下，作为打击恐怖活动犯罪、有组织犯罪常用侦查手段的技术侦查，其运用频次也会受到影响（截取通信令状的数量变化表现得较为明显，详见图 3），同时，违法技术侦查行为也会相应增加。

	2013年	2014年	2015年	2016年	2017年
■截取通信令状	2760	2795	3059	3007	3535
■执法机构直接式监视	9664	8333	7118	6237	5989
■侵入式监视	392	321	289	237	248

■截取通讯令状 ■执法机构直接式监视 ■侵入式监视

图 3　英国 2013 年至 2017 年技术侦查令状数量[4]

目前，侦查权独立法庭提供的数据截至 2017 年年底，2018 年及其之后

---

[1] See Interception of Communications Commissioner's Office, Annual Report for 2013, Report of the Interception of Communications Commissioner, pp. 41~45. Also see Interception of Communications Commissioner's Office, Annual Report for 2014 : Report of the Interception of Communications Commissioner, pp. 11~12.

[2] See Home Office, Operation of police powers under the Terrorism Act 2000 and subsequent legislation: Arrests, outcomes, and stop and search, Great Britain, quarterly update to June 2018, Figure 3. 1, Figure 3. 2, p. 9.

[3] See National Crime Agency, National Strategic Assessment of Serious and Organised Crime 2018 , par. 2, p. 8.

[4] 数据来源：英国 2013 年至 2016 年各年份的《截取通信监察专员年度报告》和《秘密监视监察专员年度报告》，以及《侦查权监察专员 2017 年年度报告》。直接式监视还包括由执法机构以外的其他机构实施的，此处仅选取了由执法机构执行的数据。

的数据暂未公布。虽不能借已有的数据推断 2017 年恐怖袭击威胁增加以及《英国 2016 年侦查权法》颁布对侦查权独立法庭当年裁决结果的影响程度，但可以预见的是，申诉案件数量会在一定时间内增加或保持相对平稳。

二、美国技术侦查救济措施和实施效果的反思

（一）美国联邦最高法院对《美国宪法第四修正案》的解释

《美国宪法第四修正案》规定了公民不受不合理搜查和扣押的基本权利。作为批准技术侦查所须遵循的规则之一，其核心概念"搜查""不合理"的界定标准，经由美国联邦最高法院有关判例的推动，多年来常有变化。

美国联邦最高法院受理的涉及《美国宪法第四修正案》的刑事案件可以被分为两类：一类是《美国宪法第四修正案》的实体性问题（如确认侦查行为违宪与否）；另一类是《美国宪法第四修正案》的救济性问题（如刑事检控中，被侦查行为侵害的申诉人权利是否应予以救济）。[1]美国有学者统计了 1982 年至 2015 年期间美国联邦最高法院判决的与《美国宪法第四修正案》有关的案件。结果显示：从案件构成上来看，涉及实体问题的案件多于涉及救济问题的案件，且在判决结果方面，前者胜诉率较高，为 27.5%，后者胜诉率仅为 8.3%。[2]

实际上，美国联邦最高法院对由刑事案件上诉人所提起的、涉及其"不受不合理搜查和扣押权利"的审判，是行使对宪法的解释权，其作用体现在以下两个方面：一方面，美国联邦最高法院为判断技术侦查行为是否违宪，保障上诉人基本权利，提供了救济途径。这种救济方式的依据在于美国联邦法院对抗各州立法时所具有的法律至上性。[3]另一方面，美国联邦最高法院的判决对技术侦查实践亦有普遍性指引的作用。美国学者爱德华·S. 考文认为，美国司法审查建立在宪法制约政府部门、法律由法院确认并适用、解释普通法律的职能专属法院这三个原则之上，也正因为法院对法律解释权的专

---

〔1〕 Brent E. Newton, Vol. 13 Stanford Law Review of Civil Rights and Civil Liberties 1 (2017), par. 2, p. 11.

〔2〕 Brent E. Newton, Vol. 13 Stanford Law Review of Civil Rights and Civil Liberties 1 (2017), par. 2, p. 26.

〔3〕 ［美］爱德华·S. 考文：《司法审查的起源》，徐爽编，北京大学出版社 2015 年版，第 168 页。

享才使"法院的宪法解释也是作为普通法律的一部分，具有独立的效力"。[1]

（二）对救济效果的反思

对于这种救济方式的效果问题，有学者认为，只有通过条款规定和"将有效防止不法侵害发生置于首位"救济措施的实行，才能保护《美国宪法第四修正案》所规定的不受不合理搜查和扣押的权利。[2]但美国联邦最高法院过分关注令状签署要件和例外规则的构建，而忽视了案件审理本身以及案件判决结果对搜查、扣押实践能起到的约束作用。[3]还有学者认为，"卡茨案"确立的"合理隐私期待"的规则，对于侦查行为而言划定过窄，使得一些本应受《美国宪法第四修正案》约束的行为，因"未违背合理隐私期待"，即不属于搜查与扣押行为，而被排除在外。[4]

此外，美国联邦最高法院大法官不同的意识形态立场，与裁决结果之间亦存在关联性。一般而言，法庭署名的裁决更易体现大法官的意识形态立场，针对上诉人的上诉请求，"保守派"大法官倾向于投反对票，"自由派"大法官倾向于投赞成票。[5]

从以上分析可推知，美国联邦最高法院提供的救济对保障个体权利，实现个人正义所起到的作用是较为有限的。但从社会整体来看，美国联邦最高法院若妥善运用好宪法解释权，能起到规范并遏制技术侦查权滥用的实际效果。

三、英美技术侦查救济措施对我国的启示

从上文的分析可知，美国联邦最高法院提供的救济和英国侦查权独立法庭提供的救济，在当事人、案件受理范围、处理结果对实践的影响方面均存

---

［1］ ［美］爱德华·S. 考文：《司法审查的起源》，徐爽编，北京大学出版社 2015 年版，第 157 页第 2 段。

［2］ David Gray, "Collective Standing under the Fourth Amendment", 55 *American Criminal Law Review* 77（2018），p. 103.

［3］ David Gray, "Collective Standing under the Fourth Amendment", 55 *American Criminal Law Review* 77（2018），p. 103.

［4］ David Gray, "Collective Standing under the Fourth Amendment", 55 *American Criminal Law Review* 77（2018），p. 96.

［5］ Brent E. Newton, *Vol. 13 Stanford Law Review of Civil Rights and Civil Liberties* 1（2017），par. 3, p. 26.

在较大差异。例如，美国联邦最高法院受理的涉及技术侦查的案件，除被采取技术侦查措施的被告人以外，并不包括英国侦查权独立法庭受理的"有理由怀疑自己曾被采取技术侦查措施的个人"[1]的诉请。基于美国联邦法院受理上诉案件的规则，提起上诉须先经其许可，而英国侦查权独立法庭则不存在这一限制，对于申诉人向其提出的符合形式要件的申请，其均应受理。美国联邦最高法院提供的救济是履行宪制责任，行使宪法解释权，其判决结果是普通法的一部分，而英国侦查权独立法庭则是履行一般性的法定职能。此外，两者还在审理程序、决定机制上有所差异。虽然除了对技术侦查行为进行审查之外，美国联邦最高法院依据《美国宪法第四修正案》进行的审查还包括民事案件和其他刑事案件，英国侦查权独立法庭的审查还包括对其他侦查行为的申诉案件，上述两者之区别依然成立。

美国联邦最高法院提供的救济侧重于实现社会整体正义，且在案件选择和结果表决上也带有大法官强烈的个人印记；英国侦查权独立法庭的侧重点则在于实现个案正义，在对案件进行详尽的审查后作出裁决。向英国侦查权独立法庭提出申诉，是法律赋予的实现技术侦查领域个体正义的救济手段。虽不排除侦查权法庭审查后，发现未有申诉人所主张技术侦查行为的存在，但申诉确实起到了保障公民基本权利，纠偏违法技术侦查行为的作用。无论是美国联邦最高法院受理的上诉，还是英国侦查权独立法庭受理的申诉，均是由当事人（上诉人或申诉人）启动，面临的不确定因素较多，案件（样本）的数量和充足性难以得到充分保障，对技术侦查整体情况的反馈与纠偏的作用有限。相较而言，在这两方面，技术侦查报告则更具优势。

技术侦查报告是，"由报告主体定期或不定期地就某一时间段内技术侦查措施整体的实施情况，以书面方式向报告客体进行说明的事后监督活动"。[2]技术侦查报告在功能上偏重于综合、整体地反映技术侦查权运行情况，有些国家或地区还会设置专门的技术侦查监督机构，并由其巡查和检讨侦查机关是否存在滥用技术侦查权、出现错误或者纰漏从而侵犯个人权利的情形。[3]

综上所述，在技术侦查法治体系的建设中，有必要设置救济机制；一方

---

〔1〕 Regulation of Investigatory Powers Act 2000, section 65（2）(b), 65（4）, 65（5）.

〔2〕 严椰铭："论我国技术侦查报告制度的构建"，广东财经大学 2015 年硕士学位论文，第 11 页。

〔3〕 参见严椰铭："论我国技术侦查报告制度的构建"，广东财经大学 2015 年硕士学位论文，第 12~15 页。

面，可以保障个体正义得以申张，事后纠正技术侦查行动中的不法行为；另一方面，可以在一定程度上缓解公众对于技术侦查行为的焦虑情绪和恐惧心理。此外，还不能忽视技术侦查报告制度的建设。从长远来看，技术侦查报告更能为整体法治环境的改善提供持续的支持与动力。

俄罗斯司法监听制度及其启示

张汝铮*

摘 要：受法律传统影响，俄罗斯技术侦查的法治化进程较之欧洲其他法治发达国家明显滞后得多。自 2002 年起，《俄罗斯联邦刑事诉讼法》历经多次修订和增补，其中最为重要的是在第 58 号法律中增订的第 186 条下规定了司法监听这一技术侦查措施。至此，俄罗斯侦查机关实施司法监听行为具备了法律上的依据。俄罗斯司法监听制度秉承并借鉴了大多数法治国家的选择，构建了司法监听的程序性制裁机制，加强了司法审查力度。对俄罗斯司法监听法治化演进的历史轨迹进行考察，总结其中具有普适性的现代法治规则，有助于对我国技术侦查措施诉讼化问题的研究提供参考与借鉴。

关键词：司法监听；秘密侦查制度；俄罗斯

当前，有组织犯罪与现代科学技术融合已呈常态，世界各国基于打击犯罪之考量，在侦查实践中广泛采用包括司法监听在内的技术侦查措施。出于打击犯罪与保障人权的双重需要，许多法治发达国家在法律中规定司法监听这一侦查行为的同时，也为其设置了诸多程序性限制，避免其滥用而导致公民基本权利受损。基于重打击轻程序的法律传统，俄罗斯曾经一度在侦查实践中广泛使用司法监听且毫无规制。如何在侦查实践中完善技术侦查制度仍是俄罗斯当前积极探索并亟待解决的难题。通过对俄罗斯司法监听法治化演进的历史轨迹进行考察，总结其中具有普适性的现代法治规则，有助于对我国技术侦查措施诉讼化研究提供参考与借鉴。

---

* 张汝铮，大连海事大学刑法学专业博士研究生，中国刑事警察学院禁毒学系副教授。本文发表于《中国刑警学院学报》2017 年第 4 期。

一、司法监听立法模式的比较法考察及俄罗斯的抉择

考察当今法治国家或地区有关司法监听的立法模式，大致分为两种：一是单行立法模式，即国家（地区）制定专门的单行法，逻辑严谨地规范司法监听行为。这种立法模式要求高，出台一部体系完整且涵盖广泛的单行法需要立法者耗费大量司法资源，因此这就决定了仅有少数法治发达的国家或地区才能制定这种专门的监听法律，较为典型的有美国、英国、日本；二是分散型立法模式，即将司法监听作为一章或一节规定在刑事诉讼法或其他法律文件中。此种立法模式要求低且能保证刑事诉讼法的完整性和逻辑一致性，因此世界上多数国家或地区选择这种立法模式，如俄罗斯、德国、法国、加拿大、意大利等均采取这种选择。俄罗斯对司法监听采取的就是分散型立法模式，该侦查行为不仅规定在《俄罗斯联邦刑事诉讼法》中，在《俄罗斯联邦侦缉行动法》及《俄罗斯联邦通信法》中亦有照应性规定。究其原因，一方面受俄罗斯的法律历史传统所限，另一方面，人权保障在打击犯罪面前的节节退让也是技术侦查措施法治化进程异常艰难的原因。

二、俄罗斯司法监听法治化的演进与发展

（一）俄罗斯司法监听法治化之立法进程

苏联解体、政局动荡、经济衰退等诸多原因，曾让俄罗斯的犯罪态势严峻且复杂，犯罪规模日渐扩大，有组织犯罪与恐怖活动尤为突出。一方面，鉴于常规侦查手段难以破解困境，进而司法监听等技术侦查措施前所未有地频繁适用；另一方面，尚无任何法律对该措施加以规制，犯罪嫌疑人或者刑事被告人的合法权益得不到保护，使得"人和人的权利和自由具有至高无上的价值"这一宪法原则沦为空谈。对技术侦查手段进行法律授权，防止其恣意滥用而侵犯人权便成为历史之必然。"法律授权具有理论上的正当性以及制度设计上的合理性，它不仅能为犯罪侦查提供锋利宝剑，发挥一般侦查措施难以发挥之效用。而且还突破一般侦查措施获取证据材料的屏障。"[1]

1990年6月12日，俄罗斯成为独立的主权国家，它在最大限度继承苏联法律体系的基础上对原有法律制度进行改革，开始构建吸收比较法经验的后

---

[1] 郭华：《技术侦查的诉论化控制》，中国人民公安大学出版社2013年版。

苏维埃时代刑事诉讼模式。特别是1993年的《俄罗斯联邦宪法》确立了无罪推定、控辩平等、非法证据排除等一系列正当程序原则、强化公民隐私权的宪法性保障。例如，《俄罗斯联邦宪法》第23条规定了公民的私生活、个人和家庭秘密不受侵犯，只有根据法庭决定才能对公民的通信自由与通信秘密权利进行限制。一方面，传统侦查手段在日益猖獗的恐怖主义和有组织犯罪面前失灵，促使俄罗斯实践中广泛地运用着包括司法监听在内的技术侦查措施，战略性预防并侦破犯罪；另一方面，人权保障入宪，提出对技术侦查措施进行诉讼化控制。基于此，2001年俄罗斯联邦国家杜马通过的《俄罗斯联邦刑事诉讼法》增订了174-1条"监听和记录谈话"。将这种最有可能侵犯公民隐私权的公权力行为置于法律框架下加以约束。尽管这一过程充满了对抗与冲突，但司法监听在俄罗斯的规范化与法治化进程仍然迈出了可喜的一步。

此外，《俄罗斯联邦侦缉行动法》和《俄罗斯联邦通信法》亦对司法监听问题作出相应的配套性规定，这表明为解决日渐严峻的犯罪态势，必然要给予司法监听行为提供充足的法律依据。尽管正当程序对犯罪控制作出了妥协与让步，但是仍需兼顾人权保障原则。

（二）俄罗斯司法监听的制度架构

纵观世界各国司法监听的立法，其制度架构通常包括司法监听的适用案件范围、适用对象、启动条件、批准授权、实施程序以及司法监听获得材料的使用等几个方面。

1. 司法监听的适用案件范围与对象

在《俄罗斯联邦刑事诉讼法》中，司法监听被规定在第186条中，法条名称为"谈话的监听和录音"。该条款规定，如果有足够的理由认为，犯罪嫌疑人、刑事被告人及其他人的电话交谈或其他谈话含有对刑事案件有意义的信息，且该案件属于严重犯罪和特别严重犯罪的案件，在侦查中允许使用监听谈话和录音这一侦查行为，且该监听和录音须根据法院作出的裁判进行。由此可见，俄罗斯的司法监听只能针对严重犯罪和特别严重犯罪实施，而何谓"严重犯罪和特别严重犯罪"亦成为理解司法监听适用范围的关键。《俄罗斯联邦刑法》第15条规定，根据犯罪行为的社会危害性的性质和程度，将刑法中规定的行为分为轻罪、中等严重的犯罪、严重犯罪和特别严重的犯罪4类。其中，最高刑罚为5年以上10年以下剥夺自由的故意行为是严重犯罪，若该故意行为的最高刑罚为10年以上剥夺自由或更重的，在俄罗斯刑法中被界定为特别严重的犯罪。当前，多数法治国家或地区在实施司法监听时都奉行"重罪原则"，俄罗斯亦不例外。即将司法监听与相关犯罪的严重程度相匹配，公民基本权利只有在涉及特殊公共利益之保护时才可能让渡。

《俄罗斯联邦刑事诉讼法》规定，司法监听的适用对象只能是犯罪嫌疑人、刑事被告人以及其他人的电话或其他谈话。其中，法律仅对"犯罪嫌疑人"和"刑事被告人"作了明确规定，并未涉及"其他人"。在侦查实践中，所谓"其他人"是指根据案情需要有必要监听他们电话交谈的人。通过监听他们的谈话有可能查明犯罪嫌疑人或刑事被告人的活动轨迹或其他罪证，进而找出其他涉案相关人员。

2. 司法监听的启动条件

《俄罗斯联邦刑事诉讼法》对司法监听的启动规定了两条途径：一是依职权启动。如果侦查员有足够的理由认定。严重犯罪或特别严重犯罪案件中的犯罪嫌疑人、刑事被告人或其他人的电话或谈话可能对刑事案件有重要意义，或者证人、被害人或其近亲属以及其他亲近的人面临暴力、勒索或其他犯罪威胁的，可根据法院裁判进行司法监听。《俄罗斯联邦侦缉行动法》进一步规定，在下列条件下有权机关可依职权启动司法监听：①存在即将发生重大犯罪的刻不容缓的事由，如得到失踪人口的信息；②有资料表明，可能发生的事件或行为威胁俄罗斯联邦的安全等[1]。二是依申请启动。在上述第二种情形下，如果被害人、证人或是他们的近亲属以及其他亲近关系人提出书面申请，要求进行司法监听，那么根据法院裁判也可以进行。司法监听须经检察长和法官的双重批准才能启动。依申请而启动的电话监听应当在48小时内通知相关法院。

3. 司法监听的批准授权

《俄罗斯联邦刑事诉讼法》第29条第2款规定了对电话或其他谈话进行监听和录音应当经法院授权。侦查员可提出书面申请，法院经审查并签发司法令状后方能实施该行为。俄罗斯联邦刑事诉讼程序中的"侦查员"，是指有权以侦查形式开展刑事调查的公职人员。侦查员可能分属俄罗斯联邦侦查委员会、联邦安全局机关、联邦内务部机关及联邦禁毒总局机关等不同部门，根据法典规定在其职权范围内对联邦境内发生的复杂刑事案件进行调查。其中，第151条第2款分别规定了上述不同机关的侦查员具体对哪些刑事案件

---

〔1〕 ［俄］Л. П. 伊申科：《刑事侦查学》，张汝铮译，中国人民公安大学出版社2014年版。

开展侦查活动。此外，下列情形中。即使没有法律授权仍然可以进行司法监听：①有证据表明可能即将发生严重犯罪或特别严重犯罪；②有证据表明对公民生命、健康存在现实威胁。

如果侦查员是依职权而提出司法监听的申请．那么申请书中应该标明：①需要司法监听的刑事案件；②实施的理由；③被监听者的姓、名、父称，以及实施监听和录音的期限；④受委托采取司法监听的有权机关名称。如果是依申请而启动司法监听程序，那么依照《俄罗斯联邦刑事诉讼法》的规定，只有当被害人、证人及其近亲属和其他亲近的人面临现实犯罪威胁时，可提出书面申请并获法院批准后进行。《俄罗斯联邦刑事诉讼法》第 5 条、第 56 条明确定义了"被害人""证人""近亲属"和"亲近的人"的内涵。上述人员可申请启动司法监听程序，是为了更好地贯彻刑事诉讼程序中的被害人以及证人保护原则。现实中，某些犯罪行为的发生刻不容缓，如果只能严格地依职权才能启动司法监听往往会贻误时机，甚至导致对侦破案件至关重要的犯罪证据灭失。依申请启动司法监听程序，一方面可以保证侦查员及时展开侦查活动，收集指控证据，另一方面有利用于保障公民生命财产健康安全，这已经成为俄罗斯司法监听申请程序的重大特色。需要注意的是，法律还规定了对某些具有诉讼法律地位的人——法官、联邦国会议员、律师等的谈话进行监听和录音的行为必须受到限制。例如，根据 1996 年 2 月 20 日的《俄罗斯联邦宪法法院决定》，在任何条件下都不允许监听联邦国会议员的电话交谈。根据《俄罗斯联邦法官地位法》第 15 条规定，在法官资格委员会同意针对某法官提起刑事案件前，禁止监听该法官的电话交谈。

与此同时，《俄罗斯联邦侦缉行动法》第 8 条第 4 款规定了紧急情况下实施司法监听的简易程序。该程序规定可根据下列条件实施监听行为：①出现对公民生命、健康和财产的威胁；②公民提出申请或是出具书面同意；③侦缉行动部门的负责人予以确定并签署决定。

4. 司法监听的执行

一旦法院批准实施司法监听，侦查员须将法院的决定移送有权机关执行。在俄罗斯联邦有权实施司法监听的机关为侦缉行动部门。《俄罗斯联邦侦缉行动法》中规定了下列机关设置侦缉行动部门：俄罗斯联邦内务部机关、安全局机关、保卫局机关、海关、对外情报局机关、执行局机关以及禁毒总局机关。上述各机关的侦缉行动部门依据法律授权作为实施司法监听的主体。司法监听期限通常为 6 个月。如果没有必要继续采取这项措施，应当在该刑事案件的审前调查终结之前，可根据侦查员的决定予以撤销。如果根据实际需要确有必要继续监听，那么经法官核准可以延长司法监听的期限。

5. 司法监听所获材料的处置

在实施司法监听期间，侦查员有权在任何时间向有权机关调取录音进行检查和放听。录音进行封存并应当注明录音开始与结束的具体日期和时间，记录该段声音信息是采取何种技术手段。检查和放听录音的过程中应当有见证人在场，必要时可邀请专家以及被监听人参加。侦查员应当制作检察和放听笔录，其中应当记载侦查员认定的录音中与刑事案件相关的部分内容。其他参加人员既可以在侦查品制作的笔录中标注收听意见，也可以单独形成笔录阐述本人意见。笔录中应当记载以下内容：检查和放听的地点与时间、具体参加人员、包括检查和放听的主体与对象、录音设备和声音载体、同一载体记录的具体录音片段以及该录音片段的内容。在笔录中还需要记录对案件有重要意义的信息内容是什么，其中包括被录音的谈话的起始句与结束语。检查和放听后应当将录音载体加封，并由侦查员和见证人在上面签名。作为物证进行保管的录音应当保存完好，排除他人放听和复制的可能性，并从技术上保证该载体可以重复放听。如果当事人对录音的原始性和完整性存疑，必要时可进行法庭验声仪鉴定。

三、对俄罗斯司法监听制度的评析

（一）确立了司法监听的司法控制原则

侦查学的发展历史证明，技术侦查必然伴随犯罪而产生，这一规律同样出现在俄罗斯。然而。俄罗斯因技术侦查滥用而遭受的灾难性损失是其他任何国家所无法比拟的。其中有其特定的政治背景和历史必然性，但不容否认，技术侦查权力因缺乏监管被滥用乃是导致该后果的重要原因。俄罗斯法学家阿列克谢耶娃指出："关于监听，长久以来它被广泛地使用着，却没有法律予以规制。甚至在 20 世纪 90 年代提出监听的法治化问题时，众多具有威望的法学家坚决反对，认为这种侦查行为不为法治社会所允许"[1]。学者们争论

---

[1] Алексеева Л. Б. Рец. И. Л. , Петрухин Личные тайны（человек и власть），МосКВа：Институт государства и права РАН, 1998：232.

不休，实践派的侦查员则认为，司法监听只能作为一种侦缉措施（秘密手段）存在，不可以也不应当作为侦查行为规定在刑事诉讼法中。然面，1990 年 4 月 24 日欧洲人权法院受理的"克拉斯林诉法国案"对俄罗斯的司法监听法治化进程产生重要影响。本案中法国受到欧洲人权法院指责，认为法国对"私人与家庭生活、住宅的通讯受到尊重的权利"保障不力[1]。这一事件最终推动了 1992 年《俄罗斯联邦侦缉行动法》的出台，其中第 6 条就明文规定了监听电话或其他谈话。这意味着司法监听作为一项侦查行为应当在宪法原则下实施且其有法律依据。

随后，俄罗斯国家杜马于 2001 年通过了《俄罗斯联邦刑事诉讼法》，借鉴了英美法系国家的当事人主义刑事诉讼模式，加强法院在刑事诉讼的中心地位。司法审查机制的确立使得侦查权，包括极易侵犯个人隐私权的技术侦查权的诉讼化控制力度不断加强。在审前程序中，凡涉及犯罪嫌疑人，刑事被告人根本权益的侦查行为，只能经由法院批准后方可实施。此外，审前调查地的法院在审前程序中有权受理申诉。这表明，俄罗斯对技术侦查措施的司法审查与控制不仅限于事先许可，还强调事中控制，避免技术侦查权被非法滥用。这种保障机制对抑制技术侦查行为滥用、保障人权以及减少侦查阶段公职人员的渎职行为起到了积极的作用。

司法监听作为一种极易侵犯公民隐私权的行为，世界各国均采取相应措施对其予以规制，但有的国家采取司法令状原则，有的则奉行行政令状主义。俄罗斯规定了司法监听只能根据法院的裁判实施。法院秉承司法公正原则，凭借其中立地位对侦查行为进行事前审核把关，可以有效杜绝和防范侦查机关的滥权行为。

（二）构建司法监听的程序性制裁机制

《俄罗斯联邦刑事诉讼法》第三编"证据与证明"构建了"非法证据排除规则"。根据法律规定，犯罪嫌疑人、刑事被告人供述、被害人陈述和证人证言三类言词证据。若系经由非法手段获得一律予以排除。此外，还规定了违反本法典要求所获得的其他证据，也不允许采信。《俄罗斯联邦刑事诉讼法》第 84 条规定了"其他文件"，司法监听所获取的录音带、录像带就属于

---

[1] 邓立军："俄罗斯的秘密侦查制度"，载《四川警察学院学报》2012 年第 4 期，第 49~53 页。

这一证据种类，也即是法律规定的"其他证据"。关于排除非法监听取得证据的问题，俄罗斯在刑事诉讼中特别设计了"庭前听证"这一程序。庭前听证由独任法官不公开进行该程序依申请启动，法官不会主动提出排除证据要求。控辩双方均有权申请从法庭出示的证据清单中排除任何证据。申请中应当明确提出要求排除的证据，以及法典规定的排除证据的根据与事由。如果辩方以控方非法取证为事由而申请排除证据的，根据法律规定，该证明责任由检察长承担。在其他情况下，证明责任在提出申请的一方。这一制度设计是基于平衡诉讼格局。因为对于诉讼力量相对弱小的辩护方而言，若由其证明非法取证难度较大，而将举证责任归于控方，能够有效地贯彻和执行非法证据排除规则。一旦法院根据举证情况作出了排除证据的裁判，则该证据不允许采信，它将不再只有法律效力，不得作为刑事判决或其他法院裁判的根据。该程序进一步对非法监听进行约束和控制。

四、俄罗斯司法监听法治化对我国的启示

（一）程序控制——行政令状主义向司法控制模式转变

长期以来，我国的司法监听在审批程序上一直采用行政内部批准模式，在适用经验上一贯强调秘而不宣，适用目的主要基于打击犯罪和政权保卫之需要。政治价值的衡量始终制约着技术侦查从"幕后"走向"前台"，制约其诉讼化的实现。虽然从行政控权角度来看，我国对包括司法监听在内的技术侦查一向奉行"严格审批手续"，如公安机关内部的执行权与决定权分开。审批级别较高，审批权归于市级以上公安机关负责人。尽管这种借助行政级别的控制模式对于抑制技术侦查权的滥用具有一定的积极作用，但仍然与刑事诉讼的正当程序原则相悖。纵观当今世界各国的立法现状，绝大多数国家在适用司法监听时，严格遵守"司法最终裁决"原则。在司法监听的审批程序上采用司法令状控制，将决定权与执行权分属不同机关。更好地体现了权力相互制约的基本要求，有效地避免非法监听或滥用监听得到线索作为证据。保障"毒树之果"规则获得有效适用。

当然，对司法监听的决定权在立法上并非一定授权法官，例如，作为法治发达国家的英国在通讯截收立法中采用的就是行政令状主义。这与英国在技术侦查立法上存在诸多制约与监督机制，且这些机制在英国的司法体制中可充分发挥作用有关，我国对此不能直接复制。但是，我国刑事诉讼实行的

"公检法机关分工负责、相互配合、相互制约"原则，可以对监听的司法控制模式提出新的注解，我们可以在两方面予以特别关注：一是在立法上将司法监听的决定权赋予人民法院，是否实施监听以及实施的期限均由法院决定。这是最理想的设计。然而，在当前我国三机关相互配合制约的机制下。妥协的办法是检察机关审查决定，公安机关实施监听，这样可体现最低的正义要求。二是对司法监听在实施过程中是否存在必要性采取动态监督。借鉴逮捕必要性审查制度，对司法监听也采用类似机制。不仅体现为违法行为的事后纠错，而是注重非法监听的事先监督。

（二）违法救济——非法监听程序性制裁制度的构建

鉴于不当监听往往会损害被监听人的权益，因此法律应当赋予违法行为侵害者一定的救济权利。根据我国的实际情况，法律可赋予当事人下列权利以对抗侦查机关的不当监听：①当事人对监听资料存有异议时，可申请鉴定并检查封存原件；②对于诉讼活动已无意义的监听资料，当事人基于隐私维护有权申请销毁；③否定证据力，对非法监听获取的材料，当事人有权申请法庭予以排除。

司法监听作为一项重要的侦查行为，其运作必须遵循法定的程序与步骤，如若违反则必须接受程序性制裁并承担不利后果。就司法监听的程序性制裁而言，非法证据排除规则和诉讼行为无效制度是其必不可少之内涵。而无论是非法证据排除规则，抑或是诉讼行为无效制度，都宣告了严重违反法定程序的行为在法律上不能产生预期的法律效力。这两项内容体现了现代法治控制国家权力，保护公民个人权利的基本理念。仅当此程序性制裁制度真正地构建起来，才能消除司法监听权力滥用之滋生土壤。

电子监视国际准则研究

邓立军*

摘 要：国际法已经对电子监视的国际准则作了规定，主要包括合法性原则、必要性原则、相称性（比例性）原则、充分保障原则、获得救济原则等。通过比较，我国技术侦查立法在合法性原则、必要性原则、相称性（比例性）原则、充分保障原则、获得救济原则等方面与电子监视的国际准则存在一定的差距。从履行国际法所确立的义务出发，我国需要以电子监视的国际准则为标准，加强对技术侦查立法的改革与完善：技术侦查措施的适用案件范围必须以重罪为原则加以清晰界定；明确规定技术侦查措施的种类；明确规定技术侦查措施的数据保管链条；必须建立技术侦查措施的必要性原则；必须建构科学合理的技术侦查措施的批准机制；必须建立非法实施技术侦查措施的程序性制裁机制；建立技术侦查运行中的个人权利的救济机制。

关键词：电子监视；国际准则；技术侦查措施；秘密侦查

2013 年 6 月，斯诺登将美国国家安全局关于"PRISM"监听项目的秘密文档披露给了《卫报》和《华盛顿邮报》，引爆了轰动全球的"棱镜门事件"。为应对"棱镜门事件"产生的恶劣影响，2013 年 12 月，联合国大会通过了第 68/167 号决议，对监控和截获通信信息可能对人权造成的负面影响深表关切。联合国大会申明，人们在网络之外拥有的权利也必须在网上得到保护，大会还呼吁所有国家尊重并保护数字通信中的隐私权。联合国大会强调非法或任意监控和/或截获通信以及非法或任意收集个人数据是高度侵入性

* 作者简介：邓立军，广东财经大学法治与经济发展研究所常务副所长，广东财经大学法学院教授，法学博士。基金项目：国家社会科学基金项目（19BFX106）、司法部国家法治与法学理论研究项目（17SFB2029）。

行为，侵犯了隐私权和表达自由权，可能背离了民主社会的信念。联合国大会吁请所有国家审议其关于通信中监控、截获和收集个人信息的程序、做法和立法，并强调称，各国务必确保充分而有效地落实其在国际人权法之下的义务。联合国大会促请各国：尊重并保护隐私权，包括数字通信方面的隐私权；采取措施制止侵犯这些权利的行为，并创造条件防止发生这类行为，包括确保相关国家法律符合各国按照国际人权法承担的义务；审查其涉及通信监控和截获以及个人数据收集的程序、做法和立法，包括大规模监控、截获和收集方面的程序、做法和立法，以确保充分而有效地履行其按照国际人权法承担的全部义务，维护隐私权；设立或维护现有的独立有效的国内监督机制，使其能够确保国家通信监控、通信截获以及个人数据收集工作具备适当的透明度并接受问责。以此为契机，对我国 2012 年《刑事诉讼法》修订时增设的技术侦查措施立法进行深入的反思和检讨，既是履行联合国大会决议的要求，也是进一步改革与完善技术侦查措施立法的需要。2012 年《刑事诉讼法》的修订改变了长期以来技术侦查措施无法可依的尴尬局面，揭开了其神秘的面纱，有利于保障公民的合法权利，从而进一步提高我国的国际形象。但是，基于多种因素的影响和制约，技术侦查措施立法仍然存在很多的缺陷与不足，迫切需要改革。如何改革？改革的路径和标准是什么？究竟要达到何种程度技术侦查措施立法才可以称得上完善？对于这些问题，笔者认为，技术侦查措施立法的完善是永远没有止境的，但是它有一个最低限度标准，那就是必须遵循电子监视的国际准则，这也是我国技术侦查措施立法完善的最低限度标准。目前，我国理论界对电子监视的国际准则还很少关注，缺乏起码的研究和探讨，因此加强电子监视国际准则的研究重要且紧迫。

一、何谓电子监视：基于国际法视角的考察

电子监视虽然是一种已经日渐被揭去神秘面纱的侦查行为，但是让人觉得奇怪的是，其至今仍没有得到国际公约的清晰界定。第 55 届联合国大会于 2000 年 11 月 15 日通过的《联合国打击跨国有组织犯罪公约》和第 58 届联合国大会于 2003 年 10 月 31 日通过的《联合国反腐败公约》都对电子监视作了规定，但是由于各缔约国无法就电子监视达成一致意见，所以仍然没有对电子监视作出界定。但是，从国际公约的规定来看，电子监视属于特殊侦查手段的表现形态

之一，所以厘清特殊侦查手段对于我们理解电子监视具有不可忽视的重大意义。关于什么是特殊侦查手段，国际社会同样没有达成一致意见，至少《联合国打击跨国有组织犯罪公约》《联合国禁止非法贩运麻醉药品和精神药物公约》和《联合国反腐败公约》都没有作出明确的界定。目前全球最具影响力的观点是欧洲委员会（Council of Europe）于2005年4月20日发布的《欧洲委员会部长理事会向成员国提出的关于对包括恐怖主义行为在内的严重犯罪的"特殊侦查手段"的 Rec（2005）10 号建议》［Recommendation Rec（2005）10 of the Committee of Ministers to Member States on "Special Investigation Techniques" in Relation to Serious Crimes Including Acts of Terrorism］对"特殊侦查手段"的定义，即主管机关在刑事调查中为侦查和调查重罪和犯罪嫌疑人而采用的各种技术，其目的是以不惊动目标人的方式收集信息。[1]2017年7月5日，欧洲委员会发布了新的《欧洲委员会部长理事会向成员国提出的关于对包括恐怖主义行为在内的严重犯罪的"特殊侦查手段"的 Rec（2017）6 号建议》［Recommendation CM/Rec（2017）6 of the Committee of Ministers to member States on "special investigation techniques" in relation to serious crimes including acts of terrorism］，将"特殊侦查手段"重新定义为，主管机关在刑事调查中为预防、侦查、调查、起诉和制止严重犯罪和犯罪嫌疑人而采用的各种技术，其目的是以不惊动目标人物的方式收集信息。[2]两相比较，欧洲委员会关于"特殊侦查手段"的定义并没有发生根本性的变化，其核心要旨是"以不惊动目标人物的方式收集信息"。目前，欧洲委员会的观点已经得到了世界各国的广泛认同，也对联合国产生了一定程度的影响。例如，联合国毒品和犯罪问题办公室也持与欧洲委员会类似的观点：特殊侦查手段也被称为"秘密侦查手段"，不同于常规的调查方法，既包括秘密手段，也包括技术的使用。由于在了解犯罪行动、收集资料和证据用于国内检控方面存在危险和困难，这些手段在对付老练的有组织犯

---

　　〔1〕　Council of Europe: Committee of Ministers, Recommendation Rec（2005）10 of the Committee of Ministers to Member States on "Special Investigation Techniques" in Relation to Serious Crimes Including Acts of Terrorism, 20 April 2005.

　　〔2〕　Council of Europe: Committee of Ministers, Recommendation CM/Rec（2017）6 of the Committee of Ministers to member States on "special investigation techniques" in relation to serious crimes including acts of terrorism, 5 July 2017.

罪集团时特别有用。[1]循此观点，笔者也将电子监视视为特殊侦查手段的表现形态之一，这就排除了那些公开形态的电子监视。

虽然电子监视没有在国际公约里得到清晰界定，但是由于该范畴的极度重要性，联合国有关组织一直对此予以高度重视，并开始在有关文献中对电子监视的概念界定进行探索。2004 年 9 月，联合国毒品和犯罪问题办公室发布的《联合国侦查人员和检察人员实用反腐败手册》对"电子监视"作了如下描绘：电子监视是指采用电子方式收集信息和情报，它包括一些隐秘性活动，比如录像、电话监听或者窃听，还包括采用合作证人和线人隐匿或使用的视听设备和发射机。[2]

2007 年 12 月，联合国毒品和犯罪问题办公室与成员国执法、检察和司法当局的专家代表召开了系列会议中的第一次会议。2007 年 12 月 3 日至 5 日在维也纳国际中心举行了第一次关于电子证据收集的非正式专家组会议。2009 年 3 月 17 日至 18 日，第二次东南亚国家区域专家组会议在首尔数字法医中心举行。这次会议汇集了来自不同国家和地区的少量执法官员和法律专家。这些会议的最初目标是利用参会者的专业知识和经验制定电子监视的培训手册。然而，基于这一问题的复杂性，会议决定首先应当主要依靠专家组会议起草一份关于监视规定和实践的比较研究报告，同时也要在该领域开展更广泛的研究。经过多年努力，2009 年，联合国毒品和犯罪问题办公室发布了《当前适用电子监视侦查严重和有组织犯罪的实践》（Current Practices of Electronic Surveillance in the Investigating of Serious and Organized Crime）。《当前适用电子监视侦查严重和有组织犯罪的实践》指出，"电子监视"一词涵盖了一系列的功能和实践。为了更好地理解电子监视的含义，将其分解成若干部分是有意义的。以前监视被区分为秘密监视/公开监视，或者根据与目标的接触程度来划分，即远程监视或者直接监视。这些划分可能会造成错误的二分法，尤其

---

〔1〕 联合国打击跨国有组织犯罪公约缔约方会议，偷运移民问题政府间工作组 2013 年 11 月 11 日至 13 日，维也纳临时议程＊项目 2，特殊侦查手段方面的良好做法，CTOC/COP/WG. 7/2013/2, https://www. unodc. org/documents/treaties/organized_ crime/2013 _ CTOC _ COP _ WG7/CTOC _ COP _ WG. 7_ 2013_ 2_ C. pdf, accessed 5 July 2020.

〔2〕 United Nations Office on Drugs and Crime, United Nations Handbook on Practical Anti-Corruption Measures for Prosecutors and Investigators, https: www. unodc. org/documents/treaties/corruption/Handbook. pdf, accessed 5 July 2020.

是对于现代监视技术来说，公开/秘密的界线不大容易绘制，基于功能的角度建立框架也许更有益处。为此，联合国毒品和犯罪问题办公室进一步指出"电子监视"包括音频监视、视频监视、追踪监视、数据监视等四种主要形态。[1]

表1　电子监视的形式

音频监视	视频监视	跟踪监视	数据监视
电话监听	隐蔽视频装置	全球定位系统（GPS）/收发机	计算机/互联网（间谍软件/临时文件）
网络语音协议	车载视频系统	移动电话	黑莓/移动电话
监听装置（室内监听）	便携式视频装置热成像/前视红外仪	无线射频识系（RFID）	击键监控
	闭路电视监控系统	生物信息技术（在机场等处的视网膜扫描）	

毫无疑问，联合国关于电子监视的国际准则对改革和完善我国技术侦查措施的立法具有重要指导意义和参考价值，我国作为缔约国必须遵循。我国虽然于2012年修正《刑事诉讼法》时规定了技术侦查措施，并对其适用条件和程序问题作出了初步规定，但并没有采用电子监视的术语，而是继续沿用长期以来的技术侦查措施。通过比较，我国的技术侦查措施与电子监视在内涵与外延上是高度吻合的，这就说明我国技术侦查措施的立法应遵循有关电子监视的国际准则。但是技术侦查措施与电子监视也存在细微的差异，例如邮件检查尤其是对传统的纸质邮件检查是不可能被列入电子监视范畴的。

二、国际法中有关电子监视的规定

（一）全球性国际法与电子监视

国际法对电子监视的规定主要体现在国际人权法领域，国际人权法有关

---

〔1〕　United Nations Office on Drugs and Crime, Current Practices of Electronic Surveillance in the Investigating of Serious and Organized Crime, https://www.unodc.org/documents/organized-crime/Law-Enforcement/Electronic_ surveillance.pdf, accessed 5 July 2019.

电子监视的规定具有全球性指导意义，各缔约国负有必须履行的义务。正如联合国大会在第 68/167 号决议中所重申的，国际人权法为评估对个人隐私权的干涉行为提供了普遍框架。究竟有哪些国际人权法对电子监视作出了规定？通过梳理，下列国际人权法中的有关规定与电子监视存在关联：一是《世界人权宣言》第 12 条规定，任何人的私生活、家庭、住宅和通信不得任意干涉，他的荣誉和名誉不得加以攻击。人人有权享受法律保护，以免受这种干涉或攻击。二是《公民权利及政治权利国际公约》[1]第 17 条规定，任何人的私生活、家庭、住宅或通信不得加以任意或非法干涉，他人的荣誉和名誉不得加以非法攻击。人人有权享受法律保护，以免受这种干涉或攻击。三是《儿童权利公约》第 16 条规定，儿童的隐私、家庭、住宅或通信不受任意或非法干涉，其荣誉和名誉不受非法攻击。儿童有权享受法律保护，以免受这类干涉或攻击。四是《残疾人权利公约》第 22 条规定，残疾人，不论其居所地或居住安排为何，其隐私、家庭、家居和通信以及其他形式的交流，不得受到任意或非法的干预，其荣誉和名誉也不得受到非法攻击。残疾人有权获得法律的保护，不受这种干预或攻击。缔约国应当在与其他人平等的基础上保护残疾人的个人、健康和康复资料的隐私。这几部国际公约虽然均没有直接提及电子监视，但是电子监视的适用毫无疑问会涉及对私生活、家庭、住宅或通信的干涉，所以上述公约中"私生活、家庭、住宅或通信不得加以任意或非法干涉"的规定其实也为电子监视设立了基本的框架。

《联合国打击跨国有组织犯罪公约》第 20 条[2]和《联合国反腐败公约》

---

[1] 如无特别标注，本文中的《公约》均指《公民权利及政治权利国际公约》。

[2] 《联合国打击跨国有组织犯罪公约》第 20 条规定："1. 各缔约国均应在其本国法律基本原则许可的情况下，视可能并根据本国法律所规定的条件采取必要措施，允许其主管当局在其境内适当使用控制下交付并在其认为适当的情况下使用其他特殊侦查手段，如电子或其他形式的监视和特工行动，以有效地打击有组织犯罪。2. 为侦查本公约所涵盖的犯罪，鼓励缔约国在必要时为在国际一级合作时使用这类特殊侦查手段而缔结适当的双边或多边协定或安排。此类协定或安排的缔结和实施应充分遵循各国主权平等原则，执行时应严格遵守这类协定或安排的条件。3. 在无本条第 2 款所列协定或安排的情况下，关于在国际一级使用这种特殊侦查手段的决定，应在个案基础上作出，必要时还可考虑到有关缔约国就行使管辖权所达成的财务安排或谅解。4. 经各有关缔约国同意，关于在国际一级使用控制下交付的决定，可包括诸如拦截货物后允许其原封不动地或将其全部或部分取出替换后继续运送之类的办法。"

第 50 条[1]都规定了特殊侦查手段，但是这两部公约对电子监视的规定同样是十分粗疏的，它只是规定各缔约国均应在其本国法律基本原则许可的情况下，视可能并根据本国法律所规定的条件采取必要措施，允许其主管当局在其境内适当使用电子或其他形式的监视，以有效地打击有组织犯罪和腐败犯罪，至于电子监视在国际适用时则必须充分遵循各国主权平等原则，除此以外，则无更为具体的指导准则。

（二）区域性国际法与电子监视

经过梳理，与电子监视关联的区域性国际法主要有：

第一，《欧洲人权公约》。《欧洲人权公约》第 8 条规定："（1）人人有权享有使自己的私人和家庭生活、住宅和通信得到尊重的权利。（2）政府机构不得干预上述权利的行使，但是，依照法律规定的干预以及基于在民主社会中为了国家安全、公共安全或国家经济福利的利益考虑，为了阻止混乱或犯罪，为了保护健康或道德，为了保护他人的权利与自由而有必要进行干预的，不受此限。"

第二，《美洲人的权利和义务宣言》。《美洲人的权利和义务宣言》第 5 条规定，保护荣誉、个人声誉和私人及家庭生活权。人人享有受法律保护以及防止污辱性攻击其荣誉、声誉和个人及家庭生活的权利。

第三，《美洲人权公约》。《美洲人权公约》第 11 条规定，人人都有权使自己的荣誉得到尊重，自己的尊严得到承认。不得对任何人的私生活、家庭、住宅或者通信加以任意或者不正当的干涉或者对其荣誉或者名誉进行非法攻击。人人都有权受到法律的保护，免受上述干涉或者攻击。

第四，《有关个人数据自动化处理之个人保护公约》（The Convention for

---

[1]《联合国反腐败公约》第 50 条规定："一、为有效地打击腐败，各缔约国均应当在其本国法律制度基本原则许可的范围内并根据本国法律规定的条件在其力所能及的情况下采取必要措施，允许其主管机关在其领域内酌情使用控制下交付和在其认为适当时使用诸如电子或者其他监视形式和特工行动等其他特殊侦查手段，并允许法庭采信由这些手段产生的证据。二、为侦查本公约所涵盖的犯罪，鼓励缔约国在必要情况下为在国际一级合作时使用这类特殊侦查手段而缔结适当的双边或多边协定或者安排。这类协定或者安排的缔结和实施应当充分遵循各国主权平等原则，执行时应当严格遵守这类协定或者安排的条款。三、在无本条第二款所述协定或者安排的情况下，关于在国际一级使用这种特殊侦查手段的决定，应当在个案基础上作出，必要时还可以考虑到有关缔约国就行使管辖权所达成的财务安排或者谅解。四、经有关缔约国同意，关于在国际一级使用控制下交付的决定，可以包括诸如拦截货物或者资金以及允许其原封不动地继续运送或将其全部或者部分取出或者替换之类的办法。"

the Protection of Individuals with regard to Automatic Processing of Personal Data)（本文以下简称《个人数据保护公约》）。20 世纪 80 年代，在欧盟数据保护的法律框架下，英国逐步通过立法对个人数据和隐私进行保护。1981 年，欧洲议会通过了《个人数据保护公约》，这是世界上首部涉及个人数据保护的国际公约。该公约的目的在于确保各缔约国领域内的每个人，不论其国籍或者住所，其权利和基本自由均应得到充分的尊重，特别是针对个人的隐私权保护。按照《个人数据保护公约》的规定，个人数据是指有关识别或者可以识别个人（数据主体）的任何信息；对个人信息的自动化处理是指通过数据储存，对数据进行逻辑和/或算数运算，数据修改、删除、恢复或者传播等自动化方式对数据进行全部或者部分处理。《个人数据保护公约》的适用对象既包括公共机构，也包括团体、协会、基金会、公司、企业和其他直接或间接由个人组成的机构的信息保护。在数据的处理方面，该公约要求在对个人数据进行处理的过程中要做到：①公正、合法地获取与处理；②以明确、合法的目的进行储存，并不得以不符合这些目的的方法使用；③处理数据的行为必须适度，且没有超越行为目的的范围；④数据必须准确无误，且要及时更新；⑤数据要以特定形式存储，可以允许对数据主体进行与数据保护目的相适应的识别。该公约授权自然人对个人的数据享有如下权利：①信息关系人有权随时确认自动化个人数据档案是否建立，确认此档案的主要目的和档案控制人的身份、经常居住地或者主要营业地；②信息关系人有权在合理的期限内确认在自动化档案中是否存有与其相关的数据，同时有权要求以易于理解的形式将这些数据的信息传递给其本人；③信息关系人有权在个人数据处理主体违反公约关于数据质量和特殊类别数据要求的情况下，要求数据处理修改或者删除与其相关的数据；④在个人数据确认、信息传递或者删除的请求被拒绝时，信息关系人有权要求救济。上述四项内容构成了《个人数据保护公约》完整的个人信息关系人权利体系。

第五，欧盟《通用数据保护条例》。欧盟于 2016 年颁布的《通用数据保护条例》（General Data Protection Regulation，GDPR）于 2018 年 5 月 25 日生效，这部被誉为最严格的个人数据保护方案取代了欧盟于 1995 年颁布的《数据保留指令》（Data Protection Directive 95/46/EC）。该条例的主要亮点在于提高对欧盟公民的隐私保护力度和范围，在欧盟范围内确立基础性原则和处理方法，具体体现在：对个人数据的定义不断扩张；条例的适用范围更加广泛；

数据主体权利的增强；明确个人数据处理的六大原则；加大监管及处罚力度等。

第六，《保护所有移徙工人及其家庭成员权利国际公约》。《保护所有移徙工人及其家庭成员权利国际公约》（1990 年 12 月 18 日）第 14 条规定，移徙工人或其家庭成员的隐私、家庭、住宅、通信或其他联系，不应受任意或非法干涉，其荣誉和名誉也不受非法攻击。移徙工人及其家庭成员应有权享有法律保护，不受此种干涉或攻击。

第七，《欧盟基本权利宪章》。《欧盟基本权利宪章》第 7 条规定，人人有权要求尊重其私人和家庭生活，家庭和通信。《欧盟基本权利宪章》第 8 条规定，人人有权保护其个人数据；该数据只要在基于特定目的，且获得数据所有人同意或者其他法律规定的情况下才能被公平地处理，人人有权访问已收集的有关他的数据，并有权销毁。应由独立的机构控制这些规则的实施。

第八，《阿拉伯人权宪章》。《阿拉伯人权宪章》第 16 条规定："被指控犯有刑事罪行的任何人都应被认为是无辜的，除非根据依法作出的最终判决被证明有罪，以及在调查和审判过程中他应享有以下最低保证：……（8）在任何情况下尊重其安全及其隐私的权利。"第 21 条规定："任何人的隐私、家庭、住所或来往信件均不得受到任意或非法干预，也不得对其名誉或声誉进行非法攻击……（2）人人有权获得法律保护，免受此类干扰或攻击……"

（三）分析与评价

综合上述，区域性国际法与全球性国际法一样规定了所有人的私人和家庭生活、住宅和通信受到尊重的权利，或承认和尊重其尊严、人身完整或名誉的权利。换句话说，隐私权和确保隐私权在法律和实际中受到保障的必要性、根本重要性和持久相关性同样得到了普遍承认。至于通过电子监视等干预个人隐私权，必须符合只有在并非任意或非法的情况下干涉个人隐私权才能得到国际法的许可。联合国人权事务委员会在第 16 号一般性意见中解释指出，"非法"一词的意思是"除法律所设想的个案以外不得有干涉情事。国家授权的干涉必须根据法律，但法律本身必须符合《公约》的规定和目标"。换句话说，如果国内法与《公约》的条款相冲突，则该国内法律所允许的干涉也是"非法的"。"任意干涉"一词也可推广引申，使之适用于法律所规定的干涉。联合国人权事务委员会解释说，使用这个概念的用意是"确保法律所规定的干涉都符合《公约》的规定和目标，而且无论如何要在个别情况中合情合理"。人权事务委员会将合理性的要求解释为"对隐私的任何干涉都必须与所追求的目标成比例，应当为任何特定案件情节所必须"。

在区域性国际法中，对电子监视的法律规制作出最大贡献的当属欧洲人权法院。欧洲人权法院作为该公约的缔约国公民获得最后救济的途径，在发挥人权保障功能，促进各缔约国电子监视的立法方面发挥了十分重要的作用。它在裁判有关案件时对《欧洲人权公约》所作的解释后来逐渐演变为各缔约国必须遵循的立法原则，并对《欧洲人权公约》以外的缔约国的立法产生了很大的影响。

三、电子监视国际准则的主要内容探讨

针对电子监视国际准则究竟包括哪些，联合国的有关机构、民间组织和学者根据国际法的有关规定提出了一些观点，总体来看大同小异。下面，笔者将列举几种典型的观点。

2009年，联合国毒品和犯罪问题办公室发布的《当前适用电子监视侦查严重和有组织犯罪的实践》指出：一般而言，在严重犯罪调查中限制使用电子证据监控的原则或政策的考虑因素包括：①必要性原则，电子证据收集的适用是收集所需证据或信息的必要手段。②辅助性原则，其他不太具有侵入性的调查或侦查手段不足以收集机密性证据，存在保护所获信息机密性的适当机制，包括并非授权或许可对象的第三方的隐私。③司法控制原则，证据收集过程由法官或具有一定的必要条件和特定标准的其他独立当局进行监督。④比例原则，对隐私的侵犯与涉嫌犯罪的严重性以及预期获得的证据相称。如果这些原则在立法中没有（以某种形式或者其他形式）得到具体体现，其有时会被纳入其他规范性文件之中，例如实施细则。[1]

国际非营利性的宣传数字版权和法律的组织——电子前锋基金会（总部设在美国）于2013年指出，根据联合国有关公约、条约、决议的规定，通信监控等技术侦查措施的立法必须遵循以下十三条基本国际准则：①合法性原则，任何对隐私权的侵犯均必须得到法律清晰而又精确的规定。②目的合法

---

〔1〕 United Nations Office on Drugs and Crime, Current Practices of Electronic Surveillance in the Investigating of Serious and Organized Crime, https://www. unodc. org/documents/organized - crime/Law - Enforcement/Electronic_ surveillance. pdf, accessed 3 March 2019.

原则，法律只应允许指定国家当局为实现与之相对应的合法目标进行通信监视，该合法目标属于民主社会所必需的重要法律利益。③必要性原则，实施通信监控必须是达成合法目标的唯一手段，或者存在多种手段时通信监控可能是侵犯人权力度最小的手段。④适当性原则，法律授权的通信监控对于实现已经确认的特定的合法目的必须是适当的。⑤比例原则，通信监控只能适用于已经发生或存在即将发生严重犯罪的高度可能性。⑥司法审查原则，通信监控的决定必须由独立的、公正的司法机关裁决，并与执行机关相分离。⑦正当法律程序原则，即要求各国尊重和保障公民个人的人权，任何干涉人权的合法程序都必须通过适当列举的方式在法律中予以规定，始终如一地执行，并为广大公众所知晓。⑧通知用户原则，应将有关授权通信监控的决定通知公民个人，并使其有足够的时间和信息对监控的决定提起上诉。⑨透明原则，对于通信监控手段与权力的范围及其使用，国家必须保持透明度。⑩公众监督原则，各国应建立独立的监督机制以确保通信监控的透明度和问责制的履行。⑪通信与系统完整性原则，国家不得强制服务提供商、硬件或者软件的销售商在其系统中装设监控或监听设备，或者纯粹基于国家监控目的而收集或保留特殊信息。⑫保障国际合作原则，国家不得利用司法协助程序或者外国对受保护信息提出的申请损害国内通信监控方面的法律限制。⑬防止非法获取原则，国家应当立法将公共部门或私人部门的有关人员非法实施通信监控的行为犯罪化。[1]

联合国人权事务高级专员办公室指出，电子监视要遵循合法性、必要性和相称性的总体原则。首先，对第17条规定的隐私权施加任何限制都必须由法律作出规定，而法律必须使于了解把握，足够清楚和确切，使任何一名个人都能够参考法律确定哪些人有权力以及在何种情况下进行数据监控。施加的限制对于实现合理目标而言必须是必要的，并且与目标相称，采用侵入性最小的办法。此外，对权利施加的限制（例如，出于保护国家安全或他人生命权的目的干涉隐私）必须能够表明有实现目标的可能性。限制权利的当局有义务表明施加的限制与合法目标相关。此外，对隐私权的限制不得使权利

---

〔1〕 International Principles on the Application of Human Rights to Communications Surveillance, final version 10 July 2013, https://necessaryandproportionate. org/files/2016/03/04/en_ principles_ 2014. pdf, accessed 3 March 2019.

的实质失去意义，同时必须遵守其他人权，包括禁止歧视。施加的限制如果不符合这些标准，就属于非法限制，以及/或干涉隐私权则具有任意性。

此外，也有一些学者对电子监视的国际准则进行了探讨。例如，美国弗吉尼亚大学法学院副教授阿什利·迪克斯（Ashley Deeks）指出，电子监视必须符合以下原则：合法性和适用规则的通知；限制收集或查询数据的原因；定期审查监视授权；限制数据保留；优先采取国内行动；中立的监督机构。[1]

总体来说，以上观点没有本质性差异，尤其在电子监视要遵循合法性、必要性和相称性（比例性）原则方面表现出了高度的一致性，至于其他原则基本上属于这三个原则的延伸和拓展。

（一）合法性原则

合法性原则绝对不是只要有法律对电子监视作出规定就可以了，而是有着丰富的内涵。联合国及其下属机构对电子监视的合法性原则提出了很多细致的、具体的条件和要求。例如，2014 年 6 月 30 日，联合国人权事务高级专员办公室发布《数字时代的隐私权》（U. N. Doc. A/HRC/27/37）的报告指出："对第 17 条所规定的隐私权的任何限制必须具有法律规定，并且该法律必须容易获取、清晰和精确，以便个人可以依据法律确定谁有权在什么情况下进行数据监视……国家必须确保对隐私权、家庭、住所或家庭权利的任何干涉获得法律的授权。该法律必须：（a）可公开访问；（b）载有条文确保针对通信数据的收集、访问和使用符合特定的法律目标；（c）足够精确，详细说明可能允许任何此类干扰的精确的条件，授权程序，可能受到监视的人员的类别，监视持续时间的限制，使用和存储所收集数据的程序；和（d）规定有效防止滥用的保障措施。"[2]2014 年 7 月 16 日，联合国人权事务高级专员办公室在有关数字时代隐私权的新闻发布会上指出，若符合包括国际人权法在内的法律规定，对电子通信数据的监控的确可以成为合法执法或情报所需的有效和必要措施。然而，除了其他限制之外，各国必须证明这种监控的必要性，并且他们将只会采取符合清晰、准确和易用立法的措施。又如，2014 年 9 月

---

〔1〕 Ashley Deeks, "An International Legal Framework for Surveillance", *Virginia Journal of International Law*, Vol. 55, p. 291, 2015.

〔2〕 Report of the Office of the United Nations High Commissioner for Human Rights, The Right to Privacy in the Digital Age, U. N. Doc. A/HRC/27/37 (30 June 2014).

23 日，联合国发布的《在反恐中促进和保护人权与基本自由的特别报告员的报告》(Report of the Special Rapporteur on the Promotion and Protection of Human Rights and Fundamental Freedoms While Countering Terrorism, U. N. Doc. A/69/397) 指出，《公约》第 17 条明确规定，人人有权受到保护，禁止非法或任意干涉其隐私权。这导入了"法律的质量"的要求，所谓"法律的质量"是指必须符合三个条件：①措施必须具有一定的国内法依据；②国内法本身必须与法治和《公约》的要求相一致；③国内法的有关规定必须是公开的、清晰的、准确的。[1]再如，信息通信技术的进步正在极大地改善即时通信和信息分享。通过改善信息的获取并为全球辩论提供便利，它们增强了民主参与。通过放大人权维护者的声音并协助揭露虐待行为，这些强有力的技术使改善人权的享有充满前景。但与此同时也产生了一个明显的问题，即这些新技术容易受到电子监控和被截获信息。近期的发现揭示了新技术正如何被隐秘发展，这通常是为上述做法提供便利，其有效性令人不寒而栗。高级专员在有关声明中警告（2013 年 9 月和 2014 年 2 月），这种监控威胁到个人的权利，包括隐私权和言论与结社自由权，并阻碍了活跃的民间社会的自由运转。为此，联合国大会于 2014 年 12 月 18 日发布的《数字时代的隐私权》(U. N. Doc. A/RES/69/166) 指出："特别指出，数字通信的监视必须与国际人权义务相一致，并且必须依照法律框架执行。该法律框架必须可公开获取、清晰、准确、全面且无歧视，并且不得任意或非法干涉任何隐私权，牢记实现合法目标的合理条件，并呼吁《公约》的缔约国必须采取必要的步骤以通过必要的法律或其他措施执行《公约》所确认的权利。"[2]

2018 年 11 月 24 日，联合国大会第 73 届会议第三委员会在讨论"促进和保护人权：人权问题，包括增进基本自由切实享受的各种途径"的议程项目 74（b）时指出：注意到技术的迅猛发展使全世界所有人都能使用新的信息和通信技术，同时也加强了政府、企业和个人进行监视、截取和数据收集的能力，这可能会侵犯或践踏人权，尤其是《世界人权宣言》第 12 条及《公约》第 17 条阐述的隐私权，因而是一个令人日益关切的问题。这次会议还强调非

---

〔1〕 Report of the Special Rapporteur on the Promotion and Protection of Human Rights and Fundamental Freedoms While Countering Terrorism, U. N. Doc. A/69/397 (23 September 2014).

〔2〕 U. N. General Assembly Resolution on the Right to Privacy in the Digital Age, U. N. Doc. A/RES/69/166 (18 December 2014).

法或任意监控和/或截取通信以及非法或任意收集个人数据，包括在域外实施或大规模实施此种行动，属于高度侵扰行为，侵犯了隐私权，可能影响到表达自由权，并可能背离民主社会的基本信条，特别指出对数字通信的监控必须符合国际人权义务，必须依据法律框架进行，这个框架必须可开放查阅、清晰、精确、全面且无歧视，而且对隐私权的任何干涉都不得任意或非法，同时铭记哪些是追求合法目标的合理方式，并回顾《公约》缔约国必须采取必要步骤，通过必要的法律或其他措施，以落实《公约》确认的权利，强调各国在截取个人数字通信和/或收集个人数据时、在分享或以其他方式提供通过信息和情报交流协议等途径获取的数据时、在要求包括私营公司在内的第三方披露个人信息时，必须遵守与隐私权有关的国际人权义务。

总体来说，由于存在对隐私权的严重干预，所以有关通信监视除了必须具有法律依据以外，最重要的是有关通信监视的立法必须具备"清晰、准确、全面且无歧视"的特定要求。就当今世界各国的通信监视立法来说，有关通信监视法律依据问题已经普遍得到了解决，但是对于满足"清晰、准确、全面且无歧视"的特定要求则存在一定的差距。

（二）必要性原则

对于如何理解电子监视的必要性原则，虽然有关国际人权公约多次提及对隐私权的干预要遵循必要性原则，有关联合国的决议也多次提及要确保必要性原则的贯彻和落实，但是目前并没有统一的法律框架。不过有关的国际文献和欧洲人权法院的判决一直在探索必要性原则的内涵。2013 年 12 月，联合国人权事务高级专员办公室指出，联合国大会通过了第 68/167 号决议，对监控和截获通信信息可能对人权造成的负面影响深表关切。大会申明，人们在网络之外拥有的权利也必须在网上得到保护，大会还呼吁所有国家尊重并保护数字通信中的隐私权，吁请所有国家审议其关于通信中监控、截获和收集个人信息的程序、做法和立法，并强调称，各国务必确保充分而有效地落实其在国际人权法之下的义务。大会第 68/167 号决议回顾称，国际人权法提供了一个普适的框架，任何干预个人隐私权的行为都应接受评估。至今已有 167 国批准的《公约》规定，任何人的隐私、家庭、住宅或通信都不得受到任意或非法干涉，他们的名誉或名声也不得受到非法攻击。其还进一步声明："人人有权享受法律保护，以免受这种干涉或攻击。"其他国际人权文书载有类似的条款。国际人权法之下的隐私权并非绝对，任何干涉行为的必要性、合法性和适度性都必须接受谨慎而细致的评估。在这里只是提出，任何干涉隐私权的行为必要性都必须接受谨慎而细致的评估，但是究竟什么是"必要性"却不得而知。又如，2013 年 4 月 17 日，联合国促进和保护意见和言论自由权问题特别报告员发布的特别报告指出："法律框架必须确保通信监视措施：……（b）对实现合法目标具有完全的和明显的必要性。"〔1〕其同样没有对任何干涉隐私权的行为的必要性作出解释。必要性原则的解释是联合国人权专家、美洲人权委员会和欧洲人权法院共同努力的结果。

2013 年 12 月 31 日，美洲人权委员会表达自由特别报告员办公室发布的《言论自由和互联网》指出，为了使在线通信监视程序具有适当性，各国必须证明在民主社会中对隐私权和表达自由权的限制对于实现他们所追求的目标而言具有严格的必要性。关于通信监视的严格必要性的意见认为，仅仅认为该措施是"有用的""合理的"或"适当的"是不够的。为了使得限制具有合法性，必须明确表明施加限制是真实性和迫切性的要求。也就是说，上述合理而令人信服的目标不可能通过任何其他对人权限制较小的方式得以实现。〔2〕

2016 年，联合国人权专家针对"John Doe（Kidane）v. The Federal Democratic Republic of Ethiopia 案"指出，埃塞俄比亚的监视活动对于为了保护第 19 条第 3 款所规定的目标而言也不可能具有"必要性"。必要性要求意味着为了达成政府的合法目标而所做的限制不仅仅是有用的、合理的或可取的。除此之外，一国还必须以具体和个性化的方式论证试图消除的威胁的确切性质，以及表达权利与威胁之间的直接和紧迫的联系。必要性还意味着需要对相关限制的比例性进行评估。特别是，各国必须表明限制（权利）对于实现其保护功能是适当的……在那些可能实现其保护功能的根据中是侵入性最低的……［并且］与所要保护的利益成比例。〔3〕

欧洲人权法院在多个案件的判决中提及了必要性原则，主要包括："Klass

---

〔1〕 Report of the Special Rapporteur on the Promotion and Protection of the Right to Freedom of Opinion and Expression, Frank La Rue, U. N. Doc. A/HRC/23/40 (17 April 2013).

〔2〕 The Office of the Special Rapporteur for Freedom of Expression of the Inter-American Commission on Human Rights, Freedom of Expression and the Internet (31 December 2013).

〔3〕 John Doe (Kidane) v. The Federal Democratic Republic of Ethiopia, Brief of AmiciCuriae, United Nations Human Rights Experts in Support of Plaintiff-Appellant andReversal, D. C. Ct. App. , Case No. 16-7081, pp. 14~15, 17~18 (1 November 2016).

and Others v. Germany" "Malone v. The United Kingdom" "Leander v. Sweden" "Rotaru v. Romania" "Dragojević v. Croatia" "Roman Zakharov v. Russia" "Szabó and Vissy v. Hungary" 等，但是没有深入研判必要性原则的构成要素。2016 年 1 月 12 日，欧洲人权法院在 "Szabó and Vissy v. Hungary" 的判决中指出 "严格的必要性" 标准有两个目的：保障民主制度和在具体行动中获得重要情报。在对该案件的判决中，合议庭仍然没有阐明 "严格的必要性标准"，但是主张将该标准与所追求的目标联系起来，并指出其他不太具有侵入性的方法已经被证明是不成功的，或者在特殊情况下其他不太具有侵入性的方法被认为不可能成功时适用监视措施，才可以被认为具有 "严格的必要性"。[1]

（三）比例性原则

电子监视的实施也必须接受比例性原则的约束。2014 年 9 月 23 日，联合国报告员发布的《在反恐中促进和保护人权与基本自由的特别报告员的报告》指出，各国有义不容辞的义务证明对《公约》第 17 条规定的隐私权的任何干扰都是实现合法目标的必要手段。这就要求在使用的手段和寻求实现的目标之间必须有合理的纽带。它还要求选择的措施是可能达到预期结果的措施中具有最小侵入性的。比例原则涉及侵犯互联网隐私权的程度与公共机构出于公共利益而进行的调查所获得的收益之间的权衡。但是允许对公约权利的干扰程度是有限的。如联合国人权事务委员会强调："在任何情况下都不得加以限制或者以损害《公约》权利的实质的方式援引。" 就秘密监视而言，委员会强调，对通信的干扰必须由法定的机构逐案判断。任何侵犯隐私权的行为的比例性问题均应由法官根据具体情况来进行个案判断。[2]

2009 年 12 月 28 日，联合国发布的《在反恐中促进和保护人权与基本自由特别报告员的报告》（U. N. Doc. A/13/37）指出："［保护隐私权］要求各国在诉诸其他措施之前要先用尽较小侵入性的技术……各国必须将此原则纳入现有和未来的政策，因为它们体现了政策的必要性，并相应地体现了其比例

---

〔1〕 Szabó and Vissy v. Hungary, App. No. 37138/14, European Court of Human Rights, Judgment, Concurring Opinion of Judge Pinto De Albuquerque (12 January 2016).

〔2〕 Report of the Special Rapporteur on the Promotion and Protection of Human Rights andFundamental Freedoms While Countering Terrorism, U. N. Doc. A/69/397 (23 September 2014).

性。"〔1〕

2013年4月17日,联合国发布的《促进和保护意见和言论自由权问题特别报告》(U. N. Doc. A//HRC/ 23/40)指出:"法律框架必须确保通信监视措施:……(c)遵守比例原则,并且在可以采用侵入性较小的技术时或者尚未用尽侵入性较小的技术时不得采用。"〔2〕

2017年3月22日,联合国人权理事会发布的《数字时代的隐私权》(Doc. A/HRC/34/L. 7/Rev. 1)指出:"……认识到有必要在国际人权的基础上进一步讨论和分析数字时代如何促进和保护数字隐私权,程序保障,有效的国内监督和补救措施,对隐私权和其他人权的监督,以及与之关联的监视实践中的非任意性原则,合法性原则,必要性原则和比例性原则等有关问题。同时呼吁各国应确保对隐私权的任何干扰都要遵循合法性、必要性和比例性原则。"〔3〕

除了上述联合国的决议和报告提及电子监视要遵循比例性原则以外,联合国人权委员会在有关案件中也提及要遵循比例性原则。例如,1994年,联合国人权委员会在"Toonen v. Australia 案"中指出:对隐私的任何干扰都必须与所寻求的目标成正比,并且在任何情况下均具有必要性。〔4〕

(四)充分保障原则

为了防止电子监视的滥用,联合国、欧洲人权法院、美洲人权委员会在有关的决议、报告和判决中一再强调要加强对隐私权的充分保障。早在1988年,联合国关于人权的第16号一般性评论就指出:各国必须采取有效措施,以确保有关没有获得法律授权的人接受、处理和使用私生活方面的信息,并确保其使用不得与《公约》的目的不符。〔5〕2006年,欧洲人权法院在

---

〔1〕 Report of the Special Rapporteur on the Promotion and Protection of Human Rights and Fundamental Freedoms while Countering Terrorism, U. N. Doc. A/HRC/13/37 (28 December 2009).

〔2〕 Report of the Special Rapporteur on the Promotion and Protection of the Right toFreedom of Opinion and Expression, Frank La Rue, U. N. Doc. A/HRC/23/40 (17 April 2013).

〔3〕 U. N. Human Rights Council Resolution on the Right to Privacy in the Digital Age, U. N. Doc. A/HRC/34/L. 7/Rev. 1 (22 March 2017).

〔4〕 U. N. Human Rights Committee, Toonen v. Australia, Comm. No. 488/1992, U. N. Doc. CCPR/C/50/D/488/1992 (31 March 1994).

〔5〕 U. N. Human Rights, General Comment No. 16: Article 17 (Right to Privacy), U. N. Doc. HRI/GEN/1/Rev. 1 at 21 (8 April 1988).

"Weber and Saravia v. Germany 案"中指出："为避免滥用权力，成文法应规定的最低限度保障措施：可能导致签发截取令的犯罪的性质；电话可能遭遇窃听的人员的类别；限制电话窃听的持续时间；检查、使用和存储所获得的数据应遵循的程序；与其他方交流数据时应采取的预防措施；可能会删除录音或销毁磁带的条件。"[1]在探索防范电子监视的滥用方面，联合国与其他国际组织认为充分保障原则主要应该包涵以下要素：

第一，合理怀疑。也即在侦查机构开展电子监视以前，必须有一定的证据怀疑行为人将要实施、正在实施或已经实施犯罪，才能够签发许可证。1978 年 9 月 6 日，欧洲人权法院在"Klass and Others v. Germany 案"的判决中指出：根据《德国基本法》第 10 条的规定，必须先满足一系列限制性条件才可以采取监视措施。因此，允许的限制措施只是局限于有事实依据怀疑正在实施、将要实施、已经实施的特定的严重犯罪。只有在通过其他方法不能查清犯罪事实或者存在相当大的困难时才能采取措施。即使这样，监视也可能只覆盖特定的嫌疑人或其推定的"联系人"。因此，即使立法存在争议，也不允许进行所谓的探索性监视或一般监视。[2]

第二，有效监督。电子监视由于具有秘密性的特点，所以就更容易被滥用，故而加强监督就显得更有必要性。对此，联合国早在 2014 年 12 月 18 日大会通过的决议《数字时代的隐私权》[根据第三委员会的报告（A/69/488/Add. 2 和 Corr. 1）通过]中就提及了加强监督的重要性：认识到需要以国际人权法为基础，进一步讨论分析与促进和保护数字时代隐私权、程序性保障、国内有效监督和补救、监控对隐私权及其他人权的影响有关的问题，还需要审查非任意性和合法性原则以及对监控做法进行必要性和相称性评估的重要意义，同时呼吁所有国家设立或维护现有独立、有效、资源适足且公正的国内司法、行政和（或）议会监督机制，能够确保本国的通信监控、通信截取和个人数据收集具备适当的透明度并接受问责。[3]此外，2014 年 9 月 23 日联

---

〔1〕 Weber and Saravia v. Germany, App. No. 54934/00, European Court of Human Rights, Decision on Admissibility (29 June 2006).

〔2〕 Klass and Others v. Germany, App. No. 5029/71, European Court of Human Rights, Judgment (6 September 1978).

〔3〕 U. N. General Assembly Resolution on the Right to Privacy in the Digital Age, U. N. Doc. A/RES/69/166 (18 December 2014).

合国发布的《在反恐的中促进和保护人权与基本自由的特别报告员的报告》指出了加强对电子监视的监督的重要性：监视系统需要有效的监督，以最大限度地减少伤害和滥用。要建立保障措施，传统上是采取通过司法令状的方式予以独立授权和/或通过传票程序提供独立审查的机会。[1]同时指出了加强对电子监视的监督的重要性：第 17 条提供的核心保障之一是秘密监视制度必须配备适当的程序性保护措施才能防止被滥用。这些保障措施可以采取多种形式，但通常包括独立的事先授权和/或随后的独立审查。最佳做法是需要立法机关、司法机关、执行人员的参与，以及独立的民间监督……同时要求各国应建立有力的且独立的监督机构并有权进行事前审查，考察授权申请时不仅要考虑国内法的要求，而且要考量《公约》的必要性和比例性要求。[2]此外，欧洲人权法院也在诸多判决中表明了加强对电子监视实施监督的重要性。

第三，数据保存。对电子监视所获得的数据保存问题同样引起了国际社会的关注，因为这也是一个严重关系到隐私权的重要问题。2015 年 5 月 22 日，联合国促进和保护意见和表达自由权问题特别报告员发布的报告（U. N. Doc. A/HRC/29/32）指出，广泛的强制性数据保留政策限制了个人的匿名能力。一国要求互联网服务提供商和电信提供商收集和储存所有用户在线活动的记录就会不可避免地导致国家拥有每个人的数字足迹。一国收集和保留个人记录的能力扩大了其进行监视的能力，并增加了个人信息被盗窃和泄露的可能性。[3]针对世界各国保留电子监视所获得的数据的乱象，联合国大会于 2016 年 12 月 19 日通过的《数字时代的隐私权》的决议强调各国在截取个人数字通信和（或）收集个人数据以及要求包括私营公司在内的第三方披露个人信息时，必须遵守与隐私权有关的国际人权义务，注意到第 16 号一般性评论建议各国采取有效措施，防止非法保留、处理和使用国家当局和工商企业存储的个人数据，又注意到工商企业收集、处理和使用个人数据的能力不断增强会给在数字时代享有隐私权带来风险，欢迎工商企业自愿采取措施，使其关于国家当

---

〔1〕 Report of the Special Rapporteur on the Promotion and Protection of Human Rights and Fundamental Freedoms while Countering Terrorism, U. N. Doc. A/HRC/13/37 (28 December 2009) .

〔2〕 Report of the Special Rapporteur on the Promotion and Protection of Human Rights andFundamental Freedoms While Countering Terrorism, U. N. Doc. A/69/397 (23 September 2014).

〔3〕 Report of the Special Rapporteur on the promotion and protection of the right to freedom of opinion and expression, U. N. Doc. A/HRC/29/32 (22 May 2015).

局获得用户数据和信息的要求的政策对用户具有透明度。[1]也就是说，数据保留要遵循自愿、安全、透明的原则，不得强制第三方保留数据，也不得泄露数据，同时还要将保留数据的情况告知用户。

第四，透明性。缺乏透明性是世界很多国家电子监视的共同性缺陷。2014年7月16日，联合国人权事务高级专员办公室发布报告称，某些政府在数字监控政策与实践中"令人不安地"缺少透明性，报告呼吁通过立法等途径给予规范。为了防止滥用电子监视，国际社会应该确保电子监视的透明度。2013年12月31日，美洲人权委员会表达自由问题特别报告员办公室发布的《言论自由和互联网》指出，国家必须对监视通信的法律及其应用的标准保持透明。"最大披露"原则适用于此问题，并且确实管控着所有的国家行为，它们是公开的，只能是在最严格的情况下对公众保密，但前提是保密是根据法律建立的，旨在实现《美洲人权公约》下的合法目标，并且在民主社会中是必需的。此外，各国应披露有关请求截取的数量以及已被批准和拒绝的监视的一般信息，应包括尽可能多的信息，例如服务提供商的请求明细、调查的类型、调查所涵盖的时间等。服务提供商应能够公开披露他们使用的程序，他们收到的来自政府当局请求的信息，以及他们收到的请求类型和请求数量。就这一点而言，注意到各种互联网公司都采用了发布透明度报告的做法披露了政府要求访问他们收到的某些方面的用户信息。[2]

(五) 获得救济原则

公民的隐私权等权利一旦受到电子监视的侵害，他们就有获得救济的权利，这也是国际公约的当然要求。《公约》要求缔约国确保为公约之下权利受到侵犯的受害者提供有效补救。第2条第3款（乙）项进一步要求公约缔约国承担"保证任何要求此种补救的人能由合格的司法、行政和立法当局或由国家法律制度规定的任何其他合格当局断定其在这方面的权利；并发展司法补救的可能性"。国家还必须保证相关当局在批准此等补救时确能付诸实施。正如联合国人权事务委员会在第31号一般性意见中所强调的，如果缔约国不对侵犯权利行为的指控进行调查，可能会引起对于公约的再次违反。此外，

---

〔1〕 U. N. General Assembly Resolution on the Right to Privacy in the Digital Age, U. N. Doc. A/RES/71/199 (19 December 2016).

〔2〕 The Office of the Special Rapporteur for Freedom of Expression of the Inter-American Commission on Human Rights, Freedom of Expression and the Internet (31 December 2013).

制止目前还在进行的侵权行为是有效补救权利的关键内容。对通过数字监控侵犯隐私行为的有效补救可采取司法、立法或行政等不同形式。有效的补救通常具有某些共同特点。其一，这类补救必须为声称其权利受到侵犯的个人所知晓，可为其提供。因此，通知（制定了一般的监控制度或具体的监控措施）和申诉权（质疑这类措施）是确定有效补救途径的重要问题。各国在通知方面采取不同方针：一些国家要求在调查结束时对监控目标进行事后通知，但许多国家不要求通知。一些国家可能正式要求在发生刑事案件的情况下进行这类通知。但在实际中，这一约束似乎常被忽视。在国家层面，有关个人质疑司法的申诉权的方针也各不相同。欧洲人权法院的裁决指出，虽然监控制度的存在可能干涉隐私，但只有在有"合理可能性"认为一个人实际受到非法监控的情况下，才可由法庭审理所称权利受到侵犯的指控。其二，有效的补救涉及对所称侵权行为快速、彻底和公正的调查。这也许应由一个"在民主社会所允许的限度内接受充分的正当程序保障和司法监督的独立监督机构〔……〕"提供。其三，有效的补救必须能够制止正在进行的侵权行为，例如，命令删除数据或提供其他赔偿。这类补救机构"可不受任何障碍地接触一切有关信息；拥有进行调查所必要的资源和专门知识；有权下达具有约束力的命令"。其四，当侵犯人权行为升级至严重侵犯程度时，非司法补救将不再适当，因为需要提出刑事起诉。[1]

2013 年 4 月 17 日，联合国促进和保护意见和表达自由特别报告员发布的报告（U. N. Doc. A/HRC/23/40）指出，个人应享有被告知其遭受通信监视的合法权利，或者国家已经访问了其通信数据。认识到提前通知或同时通知可能会损害监视，但是应在监视完成后立即通知个人，并有可能就使用通信监视寻求救济措施。[2]

2014 年 9 月 23 日，联合国在反恐中促进和保护人权与基本自由特别报告员发布报告指出，国家不得强制设置破坏救济权利的固定的条件。[3]

---

〔1〕 Report of the Office of the United Nations High Commissioner for Human Rights, The Right to Privacy in the Digital Age, U. N. Doc. A/HRC/27/37 (30 June 2014).

〔2〕 Report of the Special Rapporteur on the Promotion and Protection of the Right to Freedom of Opinion and Expression, U. N. Doc. A/HRC/23/40 (17April 2013).

〔3〕 Report of the Special Rapporteur on the Promotion and Protection of Human Rights and Fundamental Freedoms While Countering Terrorism, U. N. Doc. A/69/397 (23 September 2014).

2014 年 12 月 18 日，联合国大会发布的《数字时代的隐私权》再次强调了救济的重要性："呼吁所有国家……（e）向因为隐私权受到非法或任意监视的个人提供有效的补救措施，并遵守国际人权义务。"[1]

四、对我国技术侦查措施立法改进的建议

国际人权法为增进和保护私隐权，包括在国内和域外监控、截获电子通信及收集个人数据的情形下增进和保护隐私权提供了明确和普遍的框架。然而，许多国家的做法表明，这方面缺乏充分的国家立法及/或执法不力，程序性保障薄弱，且监管无效，所有这些因素均导致任意或非法干涉隐私权的行为未被追究责任。为此，联合国早在 2014 年 12 月 18 日大会通过的决议《数字时代的隐私权》就促请各国：①尊重和保护隐私权，包括在数字通信背景下的隐私权；②采取措施制止侵犯这些权利的行为，并创造条件防止发生此类行为，包括确保本国相关法律符合本国按照国际人权法承担的义务；③审查本国涉及监控和截取通信以及收集个人数据，包括大规模监控、截取和收集方面的程序、做法和立法，通过确保充分且有效地履行本国按照国际人权法承担的所有义务来维护隐私权。[2]在此背景下，分析我国技术侦查措施立法与电子监视国际准则的差距，并探讨如何依据电子监视国际准则来改革与完善我国技术侦查措施立法就具有了重要意义。

（一）我国技术侦查措施立法尚需改进之处

1. 我国技术侦查措施立法与合法性原则

技术侦查措施的实施其本质是对隐私权等权力的干预，根据国际法的规定，只有在并非任意或非法的情况下干涉个人隐私权才能获得国际法的许可。长期以来，我国技术侦查措施主要依靠政策、内部绝密文件来规范，主要有《公安部关于侦查工作的若干制度的规定——技术侦查工作部分》《公安部关于严格控制使用技术侦查手段的通知》《刑事侦查工作细则》《公安部关于技术侦查手段的使用原则和管理办法的暂行规定》《公安部关于技术侦查工作的规定》和《公安部关于加强公安技术侦查工作的意见》等。但是这些都不是

---

〔1〕 U. N. General Assembly Resolution on the Right to Privacy in the Digital Age, U. N. Doc. A/RES/69/166（18 December 2014）.

〔2〕 U. N. General Assembly Resolution on the Right to Privacy in the Digital Age, U. N. Doc. A/RES/69/166（18 December 2014）.

法律，而是属于秘密的规则。正如 2014 年 7 月 16 日在有关数字时代隐私权的新闻发布会上，联合国人权事务高级专员办公室所指出的："秘密的规则和对法律的秘密诠释——即使是由法官作出的——都不符合法律应明确易用的原则。"2014 年 7 月 16 日，联合国人权事务高级专员办公室指出，许多国家、国家立法和对数字监控的监督都尚显不足。这会造成对任意或非法干涉隐私权缺乏问责。若符合包括国际人权法在内的法律规定，对电子通信数据的监控的确可以成为合法执法或情报所需的有效和必要措施。然而，除了其他限制之外，各国必须证明这种监控的必要性，并且他们将只会采取符合清晰、准确和易用立法的措施。通过深刻反思，我国技术侦查措施立法与合法性原则之间的差距主要在于制度设计的不清晰、不准确、不全面，个别程序还存在制度歧视现象。

（1）技术侦查措施适用的案件范围界限不清。《刑事诉讼法》第 150 条第 1、2 款分别对公安机关、人民检察院可以适用技术侦查措施的案件范围作了列举式规定，这种立法体例大体上遵循了技术侦查措施只能适用于重罪之普遍法治原则。但是对于公安机关适用技术侦查措施的范围，除了"危害国家安全犯罪、恐怖活动犯罪、黑社会性质的组织犯罪、重大毒品犯罪"以外，还包括"其他严重危害社会的犯罪案件"。对于这一类案件究竟应如何理解，容易让人产生歧议。从立法技术来看，这似乎是立法机构为了避免"挂一漏万"而使用的"绝招"，但是事实上，这样的"兜底条款"只会将技术侦查措施适用的案件范围作无限延伸，从而导致技术侦查措施的适用范围变得过大。因为对何谓"其他严重危害社会的犯罪案件"范围的界定，其决定权无疑是掌控在侦查机关手中的，从而导致立法规制技术侦查措施的立法意图落空。

人民检察院可以适用技术侦查措施的案件范围，在监察体制改革以后已经被大大压缩。2018 年 11 月 1 日，最高人民检察院第十三届检察委员会第八次会议通过《关于人民检察院立案侦查司法工作人员相关职务犯罪案件若干问题的规定》，目前主要局限于 14 类案件：非法拘禁罪（《刑法》第 238 条）（非司法工作人员除外）；非法搜查罪（《刑法》第 245 条）（非司法工作人员除外）；刑讯逼供罪（《刑法》第 247 条）；暴力取证罪（《刑法》第 247 条）；虐待被监管人罪（《刑法》第 248 条）；滥用职权罪（《刑法》第 397 条）（非司法工作人员滥用职权侵犯公民权利、损害司法公正的情形除外）；玩忽职守罪（《刑法》第 397 条）（非司法工作人员玩忽职守侵犯公民权利、损害司法公正的情形除外）；徇私枉法罪（《刑法》第 397 条第 1 款）；民事、行政枉法裁判罪（《刑法》第 397 条第 2 款）；执行判决、裁定失职罪（《刑法》第 399 条第 3 款）；执行判决、裁定滥用职权罪（《刑法》第 399 条第 3 款）；私放在押人员罪（《刑法》第 400 条第 1 款）；失职致使在押人员脱逃罪（《刑法》第 400 条第 2 款）；徇私舞弊减刑、假释、暂予监外执行罪（《刑法》第 401 条）。从目前已经发布的立案标准来看，有不少并未涉及何谓重大或者特别重大的立案标准问题，这同样会使技术侦查措施适用的案件范围或者无法确定，或者由长官意志随意确定，存在被滥用的风险。

（2）技术侦查措施的批准程序模糊不清。《刑事诉讼法》第 150 条第 1、2 款分别对公安机关、人民检察院适用技术侦查措施的批准程序作了规定，也即要经过严格的批准手续或者经过批准。笔者认为，从立法机关的意图来看，其是希望继续沿袭长期以来的有关技术侦查措施的批准手续。但是遗憾的是，由于技术侦查措施长期以来处于神秘化的境地，不仅法学界而且连实务界都对这一立法用语难以理解，以致造成了诸多误解。

例如，有学者指出，"经过严格的批准手续"的表述，不是准确的法律语言。至于为什么不准确，以及如何才能更加准确，该学者未能做进一步的阐述。又如，在接受《京华时报》采访时，当该报记者问及"在实践中如何防止技术侦查被滥用"时，陈光中教授说："规定要严格技术侦查的审批程序，但怎么严格没有说明确。秘密侦查规定了县级以上公安机关负责人决定，技术侦查由哪一级批准没有规定，我认为这个要卡得更严，是不是由省一级侦查部门的领导批准？"[1] 由此看来，作为著名刑事诉讼法学家的陈光中教授对新《刑事诉讼法》所规定的"经过严格的批准手续"究竟指的是什么也是一头雾水。

不仅法学界如此，不少实务界人士也对此不明所以。2011 年 8 月，全国人大常委会委员在审议《刑事诉讼法（修正案草案）》时，多位常委会委员也对此感到困惑。全国人大常委会副秘书长何晔晖指出，现有技术侦查立法存在的一个主要问题是批准手续比较笼统。其中第 147 条规定："根据侦查犯罪的需要，经过严格的批准手续，可以采取技术侦查措施。"这个规定太笼统了，什么是"严格"？怎么才算是"严格的批准手续"？"根据侦查犯罪的需

---

[1] "对话陈光中：公检法全不赞成'沉默权'入法"，载《京华时报》2011 年 9 月 19 日。

要"是自己立案自己批准？究竟是报到法律监督机关批准还是报到人民法院批准？何晔晖进一步指出，在法律中出现这样的表述方式不是特别合适，建议增加具体的审批程序上的规定。比如说，要经过省级检察机关和公安机关主要负责人审批等。同样，全国人大常委会委员李祖沛在审议时也提出了类似观点。他认为，对"严格的批准手续"要有明确的规定，否则解释上以及实际执行中就会有很大的空间，很难真正落实所谓的"严格"，这一条应该进一步具体化。

从《刑事诉讼法》的规定来看，对于技术侦查措施的适用审批问题，第150条第1、2款规定的是"经过严格的批准手续"，而第150条第3款规定的则是"经过批准"。从立法用语来看，这两种表述很显然是不一样的，一个包含有"严格的"形容词进行限制，另一个则没有"严格的"限制修饰语。那么是不是可以理解为在追捕时采取技术侦查措施并不需要经过"严格的批准手续"，而是采取"不怎么严格的"或者"宽松的批准手续"批准以后就可以采取技术侦查措施？这样会产生以下问题："严格"的批准手续与"不怎么严格"的或者"宽松的批准手续"这两者之间的差距是什么？在侦查实践中又如何把握二者之间的界限？笔者认为，从侦查实践来看，需要采取追捕措施缉拿归案的犯罪嫌疑人、被告人中有相当一部分所犯罪行比较严重，比如危害国家犯罪、严重暴力犯罪、重大经济犯罪、毒品犯罪等，这些犯罪嫌疑人长期潜逃，其人身危险性以及对社会的潜在危险性都很大。因此，采取技术侦查措施予以追捕是必要的，这样有利于充分利用现代高科技手段及时消除社会隐患和打击犯罪。但是问题的关键是：同样是技术侦查措施的运用，为什么不严格遵循相同的审批标准呢？审批标准的"二元化"存在着极大的隐患，可能会造成侦查机关的滥权。而且，对于追捕所必需的技术侦查措施而言，究竟哪些是必需的，哪些是不必需的，也并没有一个统一的标准进行衡量，极易造成侦查实践中的混乱。

（3）技术侦查措施的种类模糊不清。对于技术侦查措施的种类问题，《刑事诉讼法》没有作出明确的规定，只是在第152条规定，采取技术侦查措施，必须严格按照批准的措施种类、适用对象和期限执行。至于技术侦查措施的种类究竟包括哪些，仍然是一个不解之谜。这就给执法机关留下了很大的空间，某种侦查措施是否归属于技术侦查措施的范畴完全由执法机关自己说了算，这不仅会增加普通公民的恐惧感，也会增加技术侦查被滥用的风险。

（4）技术侦查措施所获材料的保管链条不清。刑事诉讼法对技术侦查措施所获材料的规定主要有：对采取技术侦查措施获取的与案件无关的材料，必须及时销毁；采取技术侦查措施获取的材料，只能被用于对犯罪的侦查、起诉和审判，不得用于其他用途；采取技术侦查措施收集的材料在刑事诉讼中可以作为证据使用。如果使用该证据可能危及有关人员的人身安全，或者可能产生其他严重后果，则应当采取不暴露有关人员身份、技术方法等保护措施，必要的时候，可以由审判人员在庭外对证据进行核实。也就是说，刑事诉讼法对技术侦查措施所获材料的保管链条是缺乏规定的。

2. 我国技术侦查措施立法与必要性原则

从前述国际法的规定来看，所谓必要性原则，是指实施通信监控必须是达成合法目标的唯一手段，或者存在多种手段时通信监控可能是侵犯人权力度最小的手段。对于技术侦查措施的适用条件，刑事诉讼法作了非常简略的规定，即"根据侦查犯罪的需要"。从历史渊源上分析，该立法用语肇始于1993年《国家安全法》与1995年《人民警察法》的既有规定。《国家安全法》第10条规定，国家安全机关基于侦察危害国家安全犯罪的需要，根据国家的有关规定，经过严格的批准手续，可以采取技术侦察措施。《人民警察法》第16条规定，公安机关因侦查犯罪的需要，根据国家有关规定，经过严格的批准手续，可以采取技术侦察措施。由此可见，《国家安全法》中的"因侦察危害国家安全犯罪的需要"与《人民检察法》中的"因侦查犯罪的需要"的立法用语被稍加改造后（将"因"字改为"根据"）被照搬到新《刑事诉讼法》中，即成了技术侦查措施的适用条件——"根据侦查犯罪的需要"。由此来看，技术侦查措施的适用条件并非2012年《刑事诉讼法》的首创，而是对《国家安全法》或者《人民警察法》既有规定的历史承继。笔者认为，如此规定技术侦查措施的启动条件存在诸多问题：第一，用语模糊不清，欠缺确切性。对于什么是"根据侦查犯罪的需要"很难作出准确界定，严重悖离法律语言的本质特点——确切性。确切性即要明确、具体、严谨，"明确"要求概念清晰，界限分明，忌概念含混不清、模棱两可；"具体"要求法律应深入其所调整的社会生活的每一个角落，准确无误；"严谨"即要求语句和结构周密准确、无懈可击，尽量避免模糊性与多样性。就《刑事诉讼法》第150条第1、2款的规定而言，使用"根据侦查犯罪的需要……"等法律用语，但是却未对何谓"需要"作出精确、详尽解释，这样势必会给侦查机关以巨大的自由裁量空间，侦查机关往往从提高侦查效率的角度出发而不是从保障人权的角度出发，这势必就会动辄以"侦查需要"为由，发动技术侦查措施。这样一来，一方面包括犯罪嫌疑人、被告人在内的公民合法权益将面临被侵扰的巨大风险，因为技术侦查措施与生俱来所具有的易侵权性的本质，将会被无限放大，极易造成滥用的现象。从实践来看，极有可能造成侦查机关想用就用的现象，导致技术侦查措施完全失去控制，从而抵销立法机构试图规制技术侦查措施的意图。

3. 我国技术侦查措施立法与比例性原则

什么是比例原则？一般有广义和狭义两种解读。广义的比例原则包括妥当性原则、必要性原则和狭义的比例原则。此处专指狭义的比例原则。德国著名法学家赫尔曼教授对所谓"狭义的比例原则"作出过如下描述：按照这个原则，刑事追究措施，特别是侵犯基本权利的措施在其种类、轻重上，必须要与所追究的行为大小相适应。其意指，对于轻微犯罪，不得适用可能会给公民权益造成重大侵害的侦查措施。而对于秘密侦查由于其蕴含着侵犯人权的巨大风险，必须对其适用案件范围进行严格限制。只能对重罪才能实施。反观我国刑事诉讼法的规定，对于技术侦查措施适用的案件范围虽然有所限制，但是依然存在边界不清的问题，导致侦查机关的自由裁量权过大，导致在实践中不少较轻的犯罪也适用了技术侦查措施，这与被奉为法治化圭臬的比例原则仍有很大差距。

4. 我国技术侦查措施立法与充分保障原则

我国技术侦查措施立法与充分保障原则之间的差距主要体现在：一是缺乏对技术侦查措施的有效监督制度。例如，"各自为政、互不干扰"的审批机制存在太多弊端，其中最突出也是最致命的弊端是导致技术侦查措施的审批缺乏必要的监督，因为这种来自于内部的审批机制很难发挥监督功能，从而极有可能导致技术侦查措施的滥用，其后果不堪设想。二是技术侦查措施的数据保存制度缺乏明确规定，导致参与执行技术侦查措施的商业部门的权利与义务不清，容易导致技术侦查措施的数据的滥用与泄漏。数据的滥用与泄漏，本身就是对隐私权的侵犯，很容易让用户成为"透明人"。更可怕的是，一旦这些数据沦为算法技术的分析对象——算料，那么算法技术有可能会进一步挖掘、整合和加总这些数据，从不同系统的"数据脚印"中，印证、解释和再现个体的一切活动轨迹，个人隐私将无处遁形，个人行动还会被诱导。

三是技术侦查措施的适用严重缺乏透明度。2014 年 7 月 16 日，联合国人权事务高级专员办公室指出，政府在监控政策、法律和做法方面缺乏透明度，该现象令人不安，阻碍了评估这些政策、法律和做法是否符合国际人权法及确保问责制的努力。

5. 我国技术侦查措施立法与获得救济原则

众所周知，技术侦查措施最容易侵犯公民人权，具有易侵权的天然属性，所以在制度设计上必须遵守和落实"尊重和保障人权"的规定，在价值理念上体现我国宪法所规定的"国家尊重和保障人权"的原则和精神。

(二) 以电子监视国际准则为标准改革我国的技术侦查措施立法

我国的技术侦查措施立法存在的问题不少，与电子监视国际准则存在较大的差距，亟须改革。第 68 届联合国大会通过《数字时代的隐私权》决议，强调非法或任意监控、截取通信、非法搜集个人数据是对隐私权和言论自由的侵犯。这种现象在我国同样存在，如何改革，当然只能以电子监视国际准则作为改革的目标。联合国大会第 68/167 号决议回顾称，国际人权法提供了一个普适的框架，任何干预个人隐私权的行为都应接受评估。至今已有 167 国批准的《公约》规定，任何人的隐私、家庭、住宅或通信都不得受到任意或非法干涉，他们的名誉或名声也不得受到非法攻击。它还进一步声明："人人有权享受法律保护，以免受这种干涉或攻击。"其他国际人权文书载有类似的条款。国际人权法之下的隐私权并非绝对，任何干涉行为的必要性、合法性和适度性都必须接受谨慎而细致的评估。

1. 技术侦查措施的适用案件范围必须以重罪为原则加以清晰界定

由于技术侦查措施的易侵权性，所以世界各国均规定技术侦查措施的适用案件范围只能局限于重罪，这是世界各国技术侦查立法所普遍遵循的基本原则。从我国《刑事诉讼法》的规定来看，立法机构虽然对技术侦查措施的适用案件范围作了限定，但依然存在不少问题，目前最重要的是要对"其他严重危害社会的犯罪案件"作进一步的清晰化处理，以改变目前边界模糊不清的状态，以免给滥权留下空间。那么要如何限制呢？笔者认为，如果继续采取"罪名列举式"虽然也不失为一种可行的立法体例，但容易因列举过多而造成极度繁琐的状况，也容易出现"挂一漏万"的现象。因此，鉴于《刑事诉讼法》第 150 条第 1 款已经对侦查实践中运用技术侦查措施较为频繁的案件进行了列举的现状，作为兜底条款，笔者主张采用"以刑划线法"来界定其他可以适用技术侦查措施的范围，综合权衡。从严格限制技术侦查措施的角度出发，笔者认为以可能依法判处 10 年以上有期徒刑的犯罪为限，否则不允许采用技术侦查措施。

2. 明确规定技术侦查措施的种类

对于技术侦查措施的种类究竟包括哪些，立法一直是空白的，这违反了电子监视的国际准则。《公安机关办理刑事案件程序规定》（2020 年）规定，技术侦查措施是指由设区的市一级以上公安机关负责技术侦查的部门实施的记录监控、行踪监控、通信监控、场所监控等措施，但是该规定仍然模糊不清，无法获悉究竟包括了多少种技术侦查措施。立法不对技术侦查措施的种类作出明确规定，极易导致执法机关任意将有关措施纳入技术侦查措施的范畴，危害巨大。笔者建议在《刑事诉讼法》中通过列举的方式明确规定技术侦查措施的种类。

3. 明确规定技术侦查措施的数据保管链条

技术侦查措施的数据保管链条缺乏明确规定，后果是很严重的：一方面很容易导致执法机构与执法人员肆意损毁、伪造、拼接、遗失技术侦查证据，造成出入人罪的严重后果，另一方面技术侦查证据的泄露也很容易损毁相关人员的声誉，所以要对技术侦查措施的数据的封存、听取、阅览、复制、保存、销毁等作出清晰的规定，同时要强化对技术侦查措施的数据保管链条的外部监督。

4. 必须建立技术侦查措施的必要性原则

技术侦查措施虽然是侦破犯罪的"利器"，但也存在明显的"双刃剑"效应，容易侵犯人权，因此不能轻易启动技术侦查措施，而只能作为常规侦查手段的补充、例外和最后手段，也即只有在常规侦查手段难以侦破案件时或者常规侦查手段的适用存在较大危险时，才能够允许启动技术侦查措施，这样可以最大限度地限制技术侦查措施可能带来的负效应。技术侦查措施的必要性原则在世界各国立法中得到普遍遵循。然而反观新《刑事诉讼法》对技术侦查措施的启动条件却是"根据侦查犯罪的需要"。对于"根据侦查犯罪的需要"之规定，新《刑事诉讼法》并未作出明晰的、具体的解释，笔者认为此等模糊的表述与秘密侦查的必要性原则相去甚远。从词义上分析，"需要"更多的是反映主体的主观需求，而没有反映主体对客观情势的研判及其结果的抉择问题。另外，由于技术侦查措施在侦破犯罪方面相比于常规侦查手段更显优势，这样就很容易使侦查人员出于功利等动机更加倾向于优先采用技术侦查措施，以致有些侦查人员患上了"技术侦查依赖症"。这样容易导致技术侦查措施的失控，也容易给技术侦查人员带来危险。因此，笔者建议应当通过立法解释确立技术侦查措施的必要性原则，即技术侦查措施只有在常规侦查行为难以侦破案件时或者存在较大危险时才能被采用。

5. 必须建构科学合理的技术侦查措施的批准机制

正如 2014 年 7 月 16 日在有关数字时代隐私权的新闻发布会上联合国人权事务高级专员办公室所指出的："细心和高度专注的监督在此方面尤为重要。正如我们在报告中指出的，对数字通信的任何监控都必须受到独立机构的监督和全面指导。"就改革思路而言，有学者主张将技术侦查措施的审批权交由人民检察院来行使，其根据是人民检察院是我国的法律监督机关，它对国安机关、公安机关的技术侦查活动行使审批权是其法律监督职能的重要因素之一。[1]对此，笔者持反对意见。理由如下：其一，检察院虽然是法律规定的我国的法律监督机关，但长期以来受制度设计的问题以及司法实践运作层面的影响，法律监督乏力已经成为众所周知的现实，所以如果不从制度上做根本性的变革是不可能取得法律监督的实效的。其二，刑事诉讼法的制度设计又为检察院有效履行法律监督设置了障碍。2012 年《刑事诉讼法》虽然赋予了检察院适用技术侦查措施的权力，但只是局限于技术侦查措施的决定权，而没有技术侦查措施的执行权。这种将技术侦查措施的决定权与执行权相分离的体制既是对既往有关规定的承袭，也是对拘留体制的借鉴。作出如此制度设计最主要的理由是考虑到检察院承担反腐败的政治任务，如果既赋予其决定权，又赋予其执行权的话，有可能会导致技术侦查措施沦为政治斗争、权力斗争的工具，所以对其执行权与决定权的切割与剥离可以在一定程度上限制这种现象的发生。但是这样一来，在技术侦查措施的运行中，就势必会形成一种公检相互牵制的局面。对于检察院决定采取技术侦查措施的案件，公安机关出于抗制法律监督的目的而抗拒执行或久拖不决的话，检察院是没有任何办法制约的。这样势必会出现一种情况：检察院为了自己侦办的案件利益而放松甚至完全放弃对公安机关技术侦查措施的法律监督，以换取公安

---

〔1〕 陈光中主编：《中华人民共和国刑事诉讼法再修改专家建议稿与论证》，中国法制出版社 2006 年版，第 457 页。

机关的技术侦查措施的执行权，从而达成一种默契的妥协。所以，那些希望由检察院来担负起技术侦查措施审批权的观点是不具有可行性的。其三，《刑事诉讼法》赋予了人民检察院技术侦查措施的决定权，如果真像某些学者所说的将技术侦查措施的决定权统一收归检察院的话，那么谁来监督检察院对自侦案件决定采取技术侦查措施的行为呢？在《刑事诉讼法（修正案草案）》讨论期间，不少人指出可以仿照职务犯罪案件逮捕决定权"上提一级"的办法，将技术侦查措施的决定权"上提一级"，借此加强对检察院采取技术侦查措施的法律监督力度。

综上所述，笔者认为，在将来的刑事诉讼法修订中，我国必须改变现行的"各自为政、互不干扰"的审批机制，推行司法审查机制，将技术侦查措施的审批权统一交由法院来行使，这既是由法院在技术侦查中地位的中立、超然所决定的，也是对国际例行做法的学习与借鉴。

笔者认为，从我国现行宪法、法律的规定及公安、国安机关在国家司法体系中的强势地位来看，司法审查机制的建立将面临重重障碍，而要建立技术侦查措施的司法审查机制就更是难上加难。也许正是意识到这一困难，在刑事诉讼法修改过程中，对于技术侦查措施的批准手续如何进一步细化的问题，立法者提出了"省级人民检察院的批准""省级公安机关负责人批准""同级检察机关批准""同级检察机关的上级检察机关（即相对于侦查机关上提一级）"等多种方案，[1]却很少有人提及建立司法审查机制的问题。笔者认为，坚持"相对合理主义"的立场是一种比较理性的抉择。从现实出发，有以下几点需要说明：

技术侦查措施批准标准的"二元化"亟待改革。正如前面所述，《刑事诉讼法》第150条第1、2款规定公安机关、人民检察院对法定范围内的案件采取技术侦查措施时，必须"经过严格的批准手续"，而在追捕被通缉或者被批准、决定逮捕的在逃的犯罪嫌疑人、被告人时采取技术侦查措施则只须"经过批准"便可，从而形成了技术侦查措施批准标准的"二元化"。依立法意旨来看，对于追捕时所采取的必需的技术侦查措施，其批准标准与公安机关、人民检察院侦查法定范围内的案件时采取技术侦查措施的批准标准不在同一

---

[1] 高一飞、聂子龙："打击犯罪与保护人权的艰难平衡——评刑诉法修正案中侦查程序部分中的争议问题"，载《河北法学》2012年第1期。

层面，前者显然低于后者。因为前者的批准手续并不受"严格的"限制。笔者认为，对追捕时所采取的必需的技术侦查措施批准标准的降格似有为公安机关、人民检察院捕获在逃的犯罪嫌疑人、被告人而网开一面之嫌，有利于更快捷地将在逃的犯罪嫌疑人、被告人捕获归案，这对于缓解公安机关、人民检察院日益巨大的追捕压力是有利的，但是如此规定也容易造成公安机关、人民检察院借"追捕"之名而行"侦查"之实，即以追捕在逃的犯罪嫌疑人、被告人为名而采取技术侦查措施，其目的则在于收集案件的证据材料，从而回避了本应该履行的"严格"的批准手续，造成技术侦查措施的滥用。此外，追捕时所采取的必需的技术侦查措施除了技术跟踪以外，并不具有独特性、专属性，与公安机关、人民检察院侦查法定范围内的案件采取的技术侦查措施也并无严格的界限。如监听、邮件检查既可被用于确定在逃的犯罪嫌疑人、被告人的位置而适用于追捕，也可以被用于侦查法定范围内的案件以获取证据，其对公民权益的侵扰并无二致，那为什么又要规定其必须遵循不同的批准标准呢？无论是从法理还是司法实践来看，其都很难让人信服。基于上述分析，笔者认为，追捕时所采取的必需的技术侦查措施也必须履行"严格的"批准手续。

6. 必须建立非法实施技术侦查措施的程序性制裁机制

技术侦查措施在我国长期以来一直处于十分神秘的境地。为了保守所谓的侦查机密，通过技术侦查措施所获取的证据材料长期以来一直不允许被公开作为证据使用，这种做法在以往发布的内部机密、绝密性文件中一再得到体认。《刑事诉讼法》改变了这种长期以来技术侦查措施所获证据材料不能被公开作证据使用的非常规做法，允许技术侦查措施所获证据材料可以作为证据使用，这就是《刑事诉讼法》第 154 条："依照本节规定采取技术侦查措施收集的材料在刑事诉讼中可以作为证据使用。如果使用该证据可能危及有关人员的人身安全，或者可能产生其他严重后果，应当采取不暴露有关人员身份、技术方法等保护措施，必要的时候，可以由审判人员在庭外对证据进行核实。"根据《刑事诉讼法》的规定来看，技术侦查措施所获得的证据涉及绝大多数证据种类，但是《刑事诉讼法》第 56 条所规定的绝对排除的证据种类包括犯罪嫌疑人、被告人的供述、证人证言、被害人陈述，而相对排除的证据种类包括物证、书证。也就是说，我国现行非法证据排除规则适用的证据种类只限于这五种，而不能延及其他证据种类，但是在目前技术侦查措施中，侦查机关所获得的证据往往包括视听资料（录音磁带、录像带、磁盘、光盘等），如通过监听所获得的录音资料，通过秘密拍照获得的录像资料等，就不在可以排除的范围之内，即使这些资料是通过非法程序所获得的，这也同样为技术侦查措施的滥用留下了空间。

综上所述，由于我国目前的非法证据排除规则只适用于有限的证据种类，而没有扩及所有的证据类型，技术侦查措施所获证据种类有些恰好就不在排除之列。这样还容易造成另一种后果，如果侦查机关所获得的证据种类被排除以后，它有可能会采取其他侦查措施获取不会被法律排除的证据种类，从而对现有的非法证据排除规则的生存构成严重威胁。所以，笔者建议我国的非法证据排除规则适用于所有的证据类型，尤其是应该适用于技术侦查措施所获取的视听资料等证据。

7. 建立技术侦查运行中的个人权利的救济机制

加强对技术侦查中个人权利的保护主要包括：其一，应当赋予当事人以"知悉权"。对于技术侦查措施而言，推行适度公开原则显得尤为重要，这样不仅可以确保对侦查机关行使技术侦查权的法律监督落到实处，也可以有效行使自我保护权，从而在合法权利受到侦查机关非法侵扰时能够及时知悉，并且及时采取有效的防御措施。从这个角度来看，《刑事诉讼法》在将来第三次修正时，应当赋予当事人以"知悉权"，也即除非存在特殊情况，侦查机关应当将实施技术侦查的情况在法定期间内通知当事人，否则侦查机关将承担不利的法律后果。其实，类似赋予当事人以"知悉权"的制度设计，在当今世界各国或者地区的技术侦查立法中，已经是一项得到普遍承认的制度安排。如日本就明确规定，监听结束后30日内，除不能确定当事人或者通信当事人所在不明的以外，检察官或者司法警察员应当将监听内容及其他相关事项以书面方式通知监听记录中的通信当事人。除了应当赋予当事人以"知悉权"以外，我国刑事诉讼法还应当赋予当事人以下权利，以制约技术侦查措施权的实施：其一，当事人对技术侦查措施所获材料享有审查和提出异议权。其二，当事人对非法技术侦查措施所得证据享有申请排除权。其三，辩护方享有技术侦查措施所获材料的使用权。另外，还应当赋予当事人以"获得赔偿权"。就《国家赔偿法》的规定而言，公民的人身权利与财产权利在受到行使侦查、检察、审判职权的机关以及看守所、监狱管理机关及其工作人员侵犯时，可以获得一定范围内的刑事赔偿，但主要只是限于错误拘留、逮捕等七种情形。[1]有关公民受到非法技术侦查时的赔偿问题，2018 年《刑事诉讼法》仍然没有得到规定，这不能不说是个遗憾。举例来说，在监听活动中，时常发生有关执法人员泄露监听内容，对当事人的隐私造成损害，或者存在不当监听的情形，执法工作人员可能受到民事制裁或者刑事制裁，而国家机关则必须承担相应的国家赔偿责任。例如，《美国法典》规定，任何因违法监听通信内容，或其内容遭非法披露、故意使用之被害人，得请求违法行为者负民事赔偿责任，赔偿受害人所受损害与所失利益，包括损害赔偿及惩罚性损害赔偿（punitive damages）、合理的律师费用与其他诉讼费用，其计量标准为每日 100 美元至 1000 美元之间。[2]

唯其如此，当事人的权利才不会出现被虚置的现象。因为法谚早就表明："没有救济，就没有权利。"司法实践表明，救济权是与原权利具有同等重要地位的法律权利。对此，美国一名法官对救济权的重要性作了如下阐述：公民权利的精髓在于公民受到侵害时，每个公民都有权请求法律保护。政府的职责就在于给予这种保护。[3]

---

[1] 《国家赔偿法》第 17 条规定："行使侦查、检察、审判职权的机关以及看守所、监狱管理机关及其工作人员在行使职权时有下列侵犯人身权情形之一的，受害人有取得赔偿的权利：（一）违反刑事诉讼法的规定对公民采取拘留措施的，或者依照刑事诉讼法规定的条件和程序对公民采取拘留措施，但是拘留时间超过刑事诉讼法规定的时限，其后决定撤销案件、不起诉或者判决宣告无罪终止追究刑事责任的；（二）对公民采取逮捕措施后，决定撤销案件、不起诉或者判决宣告无罪终止追究刑事责任的；（三）依照审判监督程序再审改判无罪，原判刑罚已经执行的；（四）刑讯逼供或者以殴打、虐待等行为或者唆使、放纵他人以殴打、虐待等行为造成公民身体伤害或者死亡的；（五）违法使用武器、警械造成公民身体伤害或者死亡的。"第 18 条规定："行使侦查、检察、审判职权的机关以及看守所、监狱管理机关及其工作人员在行使职权时有下列侵犯财产权情形之一的，受害人有取得赔偿的权利：（一）违法对财产采取查封、扣押、冻结、追缴等措施的；（二）依照审判监督程序再审改判无罪，原判罚金、没收财产已经执行的。"

[2] 18U. S. C. 2520（2）.

[3] 转引自陈永生：《侦查程序原理论》，中国人民公安大学出版社 2003 年版，第 340 页。

《英国1985年通信截收法》：
立法背景、制度架构及当代命运

邓立军[*]

摘　要： 近年来，在我国秘密侦查的理论研究中，有个别专家、学者提到了《英国1985年通信截收法》，这原本有利于开阔理论研究的视野，但由于时空阻隔，加之国内中文译本的缺失，我国的很多专家、学者并不了解该法已被废止，目前仍在有关著述中将其视为生效法律文本加以引用，以资论述。这不能不说是件很遗憾的事，其危害后果也是很严重的，在理论研究层面容易造成混淆视听，以讹传讹的不良学术之风，在实务层面还可能会对将来的秘密侦查法治化工作造成误导。为了纠正上述误区，笔者将以《英国1985年通信截收法》的英文法律文本为依据，对该法的立法背景、制度架构及其当代历史命运作一探讨，以引起国内学界的关注。当然，由于历史的局限性，尽管《英国1985年通信截收法》存在不少缺陷，但是该法在立法与司法过程中的利弊得失对我国秘密侦查的法治化（尤其是"技术侦查"的法治化）仍然具有重要的借鉴意义。

关键词： 通信截收；秘密侦查；技术侦查

《英国1985年通信截收法》（the Interception of Communication Act 1985）早在1985年7月25日就已经颁布。然而，该法进入我国学者的视域却是在时隔15年以后。从文献检索来看，较早对《英国1985年通信截收法》进行介绍的是宋英辉教授，他于2000年5月在《法学研究》上发表了《刑事程序中的技术侦查研究》一文，对《英国1985年通信截收法》做了只有大约三百字

---

* 作者简介：邓立军，广东省普通高校人文社会科学重点研究基地——广东财经大学法治与经济发展研究所副所长，广东财经大学法学院教授，法学博士，硕士研究生导师。

的介绍。[1]此后，宋英辉教授的研究成果在有关研究秘密侦查的论著中得到了较为广泛的引用。然而，无论是宋英辉教授还是其他学者都忽略了一个事实：就在《英国 1985 年通信截收法》被介绍到我国的当年，该法已经被废止，并被《英国 2000 年侦查权规制法》（The Regulation of Investigatory Powers Act 2000）所取代。《英国 1985 年通信截收法》之所以被废止，当然是因为该法存在较为严重的缺陷，难以担负起打击犯罪与人权保障的重任，然而我国法学界并不知道，直到目前仍在有关著述中将其视为生效法律文本加以引用，以资论述。这不能不说是件很遗憾的事，其危害后果也是很严重的，在理论研究层面容易造成混淆视听，以讹传讹的不良学术之风，在实务层面还可能会对我国的秘密侦查立法工作造成误导。为了纠正误区，笔者将在收集大量外文文献的基础上，以《英国 1985 年通信截收法》的英文法律文本为依据，[2]对该法的立法背景、制度架构及其当代历史命运作一探讨，以期引起国内学界的关注。虽然由于历史的局限性，《英国 1985 年通信截收法》存在不少缺陷，但是该法在立法与司法过程中的利弊得失对我国技术侦查措施的法治化仍然具有重要的借鉴意义。

一、《英国 1985 年通信截收法》的立法背景

英国刑事侦查制度史研究表明，通信截收被运用于打击犯罪活动始创于英国女王伊丽莎白一世统治时期。不过，在相当长的一段历史时期，英国的通信截收工作一直处于无法可依的状态。据史料考证，关于英国通信截收之规制，最早始于 1663 年，是年 5 月 25 日在英国内政部发出的"公告"中，才首次提及可以根据国务大臣发出的截收令状对邮件实施扣押、拆阅。1762 年，英国法官卡姆登（Camden）提出了规制通信截收之四条准则：其一，唯

---

〔1〕 宋英辉教授在《刑事程序中的技术侦查研究》一文中将 the Interception of Communication Act 1985 翻译为《通信截获法》（参见宋英辉："刑事程序中的技术侦查研究"，载《法学研究》2000 年第 3 期）。此外，我国对 the interception of communication act 1985 还有其他两种代表性译法：《通信窃听条例》（参见汪建成、黄伟明：《欧盟成员国刑事诉讼概论》，中国人民大学出版社 2000 年版，第 87 页）；《1985 年通信窃取法》（参见孙长永：《侦查程序与人权——比较法考察》，中国方正出版社 2000 年版，第 28 页）；《1985 年通话拦截法》（参见［英］麦高伟、杰弗里、威尔逊：《英国刑事司法程序》，姚永吉等译，法律出版社 2003 年版，第 58 页）。

〔2〕 《英国 1985 年通信截收法》的英文法律文本可以通过登录英国法律网（www. legislation. gov. uk）或者英国议会网（www. parliament. gov. uk）获取。

有在法律或普通法原则对通信截收有授权规定时，通信截收才有具有合法性的可能；其二，特定授权行为之范围不许随意扩张，即使官吏依据法律或普通法原则获得合法授权以实施某项行为，但并非意味着其对于与该特定授权行为极其近似之行为也拥有合法授权；其三，官吏所实施的行为必须有时间限制，若历时过久，则此种行为难谓合法；其四，仅仅是为了国家利益而实施的官方行为不一定具有合法性。卡姆登（Camden）提出的规制通信截收之四条准则在缺乏成文法的背景下对规范英国通信截收发挥了重大作用。在当时的英国，要申请实施通信截收须具备下列条件：一是必须针对重大恶性之犯罪。例如，当时向警察、海关、税务局颁发通信截收许可证主要是为了侦查大规模走私犯罪，尤其是现金走私；而向安全部门颁发通信截收许可证主要则是为了侦查间谍、破坏性怠工、颠覆以及反政府之暴力行为。二是必须在所有通常调查手段均告失败，而别无他法时方可运用，并且要有相当理由足以确信经由通信截收可发现犯罪。三是必须具有通信截收的必要性。后来，随着通信科技的日益发达、电话等新型通信方式的出现，1937 年英国政府决定在"政策"上由国务大臣签发许可证，授权对与犯罪有关的电话交流实施截收（即所谓监听）。但这里所谓的"公告"或"政策"显然不具有法律的性质和样态，也就是说，英国的通信截收活动依然缺乏明确的、清晰的法律依据。而这种由国务大臣签发许可证，授权实施通信截收的做法意味着通信截收行为尚处于行政机关的自我控制之下，司法审查机制尚未渗透到通信截收的领域内。在 1957 年到 1981 年，英国政府向公众发表了有关通信截收的官方报告书，即 the Birkett Report（1957 年）、the Interception of Communication in Great Britain（白皮书，1980 年）、the Diplock Report（1981 年）。这些报告书的内容涉及通信截收的程序，保障措施及其相关监督措施等诸多方面，但是遗憾的是，这三份官方报告书均没有提出制定通信截收法的立法建议。然而，在 1984 年，欧洲人权法院就"Malone v. the United Kingdom 案"所作的判决对推进英国通信截收的立法进程，[1]促使《英国 1985 年通信截收法》的出台起到了巨大的推动作用。该案也因为彻底改变了英国通信截收无法可依的状态而在英国刑事司法史上具有里程碑式的意义。

为了更清楚地了解"Malone v. the United Kingdom 案"的来龙去脉，笔者

---

〔1〕 Malone v. the United Kingdom, 8691/79〔1984〕ECHR 10（2 August 1984）.

在此将对该案作一简介。原告马龙（Malone）因为涉嫌购买赃物的犯罪行为被起诉，并于 1978 年 7 月在 Newington Causeway 刑事法院和其他 4 名犯罪嫌疑人同时接受审判。在审判中，马龙发现他以前使用的家庭电话被监听，监听所获材料在警察搜查中被利用，并且监听是根据内政大臣发布的许可证进行的，目前他的家庭电话依然处于被监听状态。对此，马龙最初是想要求警察停止监听，后来决定要求高等法院先行确认监听行为的违法性。其理由主要有以下两点：其一，未经本人同意就监听并记录其谈话内容，并将谈话内容向他者披露是违法的，即使警察的上述行为系根据内务大臣签发的许可证进行的。同样，在没有获得本人同意的情况下，把监听到的内容向首都警察、内政大臣或内政部职员披露也是违法的。其二，原告马龙对通过自己的电话说的话具有财产权、隐私权、通信秘密权，因此实施电话监听的行为侵害了他的这些权利。其三，电话监听违反了《欧洲人权公约》第 8 条之规定，可是英国政府对此却没有任何救济方法。

英国高等法院的副大法官罗伯特·梅加里驳回了原告马龙的诉讼请求，并针对原告马龙提出的三点理由作了如下答复：

第一，针对原告马龙提出的警方电话监听缺乏法律依据，因而系违法的主张，梅加里副大法官认为，尽管从现行法的规定来看，警方实施电话监听确实缺乏明确的法律依据，但因此就立刻说警方实施的电话监听是违法的未免"极端肤浅"。他解释说，未获法律授权的住宅搜查行为之所以是违法的，是因为该行为构成了对住宅的非法入侵。然而，警方通过邮政部实施的电话监听不包含任何非法入侵行为。电话监听系邮政部使用该部所有的器具和电话线，并且该监听行为发生在邮政部建筑物的内部，所有的一切行为都是在邮政部的支配领域进行的，对原告马龙的住宅并未构成任何非法入侵行为。同时，原告马龙也没有任何财产因警方的电话监听而受到侵犯，因为没有哪种财产权（著作权除外）可以以言辞形式沿着线路进行传输。

第二，针对原告马龙提出的隐私权受到非法侵犯，要求予以保护的主张，梅加里副大法官认为，在英国法上既不存在一般意义上的隐私权保障问题，也不存在特殊意义上的隐私权保障问题。原告马龙提出的要求对其电话交流进行隐私权保障的主张于法无据，法院没有职责对原告所谓的"隐私权"加以保护，因此对原告的该项诉求不予认可。

第三，针对原告马龙提出的警方的电话监听侵犯了他的通信秘密权的主张，梅加里副大法官认为，无论是邮政部抑或监听他人的电话交流都没有义务保守所谓的通信秘密。首先，由邮政部向用户提供的电话服务并非以事先订立的契约为依据，因而也就不可能暗含这样一个条款，即电话交流之私密性应当得到尊重并免受邮政部的监听。其次，由于英国不存在"应当尊重通过电话监听所获悉的谈话内容的私密性"之一般性规定，故而电话用户必须承受电话系统中与生俱来的被监听的风险。最后，在任何情况下，警察都有权实施电话监听，只是实施电话监听的方法不包括入侵或其他违法之情形。即使假设原告对其电话交流拥有通信秘密权，但如果存在正当的理由，并且其目的系维护公共利益，在满足某些特定要件的前提下，这种"假设"的通信秘密权是可以被侵犯的。这些要件包括：警察有证据认为监听将在实质上有助于侦查、预防犯罪或者发现犯罪人，或者有助于寻找犯罪线索。不过，有一点要引起注意，通过电话监听获得材料的使用必须符合上述防控犯罪的目的，与防控犯罪无关的监听信息应当控制在最小的知情范围内，以防止不当扩散。

第四，针对原告马龙提出的警方的电话监听违反了《欧洲人权公约》第8条的主张，梅加里副大法官认为，英国作为《欧洲人权公约》的成员国负有"尊重个人或家人的生活、居住或通信"的公约义务，但是这应该由立法加以解决而不应在个别判决中任其缓慢地进化，作为法官的"我"，最多也只能提出这一希望而已。

第五，针对原告马龙提出的内政大臣没有权限允许监听的主张，梅加里副大法官认为，英国并没有任何法律规定政府进行监听是违法的。事实上，政府的电话监听没有违反任何法律，也完全没有必要根据制定法或普通法进行任何的授权。概言之，梅加里副大法官认为，政府可以自由行使任何没有被法律禁止的权力。

基于上述理由，梅加里副大法官驳回了原告马龙的诉讼请求。

由于该案不能在英国国内进行上诉，原告马龙于1979年7月19日依据《欧洲人权公约》第25条之规定向欧洲人权委员会提出申诉（No. 8691/79），欧洲人权委员会于1981年7月13日宣称接受原告马龙的申诉。1983年5月16日，欧洲人权委员会依照法定程序把案件转交给了欧洲人权法院。欧洲人权法院通过对本案事实和法律问题进行详细审查后认为：从总体上看，英国并没有全面的、系统的法律制度对通信截收加以规制，但在英格兰及威尔士，警察截取通信的行动已有"详细程序"可循。可是，这种所谓的"详细程序"，并不具备法律的性质和样态，"不单含混不清，更易导致不同的解释"。[1]对于是否需要一张有效的许可证才可以授权实施通信截收，也没有作出清晰的规定。最重要的是，对于根据何种目的以及采取何种方式实施通信截收才有可能获得内政大臣的授权同样没有明确的规定。综上，内政大臣的酌情决定权可以说是不受任何限制的。欧洲人权法院在进行上述审查后得出如下结论：我们难以肯定地指出哪些通信截收权的要素已经被包括在法规之内，以及哪些要素可由行政机关自行酌情决定。有鉴于该重要事项所涉及的法律含混不清，英格兰及威尔士的法律并没有合理地、清晰地指明政府机关行使酌情决定权的范围及方式。[2]据此，欧洲人权法院认为，英国法律未能对政府当局的滥用通信截收的行为提供足够的防卫措施和起码的救济手段，英国市民欠缺在法治社会里所应有的最低限度的法律保障。综合上述，欧洲人权法院认为英国警方实施的电话监听违反了《欧洲人权公约》第 8 条的规定，侵犯了马龙的通信自由权，并于 1984 年 8 月 2 日判决英国败诉。

根据《欧洲人权公约》的规定，欧洲人权法院就"Malone v. the united Kingdom 案"所作的判决为终审判决，英国必须执行，同时欧洲委员会部长理事会负责监督该判决的执行。为了执行"Malone v. the united Kingdom 案"所作的判决，英国政府于 1985 年 2 月发布了通信截收之白皮书（the Interception of Communication Act in the United Kingdom 1985），表明英国将要制定通信截收法的意图和主张。在发出白皮书后不久，英国就制定并颁布了《英国 1985 年通信截收法》，该法首次将邮件和经由公共电信系统传输的通信的截收纳入了法律规制的轨道。

二、《英国 1985 年通信截收法》之制度架构

概观之，《英国 1985 年通信截收法》由 12 个法律条文及两个附件构成。12 个法律条文的内容包括禁止通信截收（Prohibition on interception），截收许可证（Warrants for interception），许可证的范围（Scope of warrants），许可证的签发与期间（Issue and duration of warrants），许可证等的修正（Modification

---

[1] Malone v. the United Kingdom, (1984) 7 EHRR 14, Para85.

[2] Malone v. the United Kingdom, (1984) 7 EHRR 14, Para79.

of warrants etc)、隐私保护（Safeguards）、特别法庭（The Tribunal）、专员（The Commissioner）、证据排除（Exclusion of evidence）、修正、保留与废止（Amendments，saving and repeal）、简称、生效与适用范围（Short title，commencement and extent）。两个附件分别规定了特别法庭（schedule 1）和《英国1984年电讯法》第45条之修正（schedule 2）等内容。为了更清楚地了解这部法律，笔者在此将对该法作一详细研究。

（一）禁止通信截收

《英国1985年通信截收法》第1条规定了禁止通信截收。内容包括：任何人故意截收经由邮政或公共电信系统传输的通信，其行为构成犯罪，并将依照不同情形承担相应的法律责任。对于经简易程序判决的案件，犯罪嫌疑人将被处以法定最高限额以下之罚金；对于经正式起诉程序判决的案件，犯罪嫌疑人将被处以2年以下有期徒刑，单处或并处罚金。[1]无论是经简易程序判决的案件还是经正式起诉程序判决的案件，在英格兰及威尔士地区，均须经检察总长的同意，在北爱尔兰地区，须经北爱尔兰检察总长的同意，始得为之。[2]但是，下列四种情况下的通信截收不构成犯罪：一是通信截收行为系遵照国务大臣依法签发的令状实施的；二是截收者有合理之根据确信通信截收收受者或者发送者已经同意此项截收；三是为确保邮政或公共电信服务之供应，或者与执行此项服务有关法规时的截收；四是被截收之通信为无线电信，而该截收已经获得国务大臣的授权，截收之目的在于考量是否依《英国1949年无线电信法》核发执照，或为防止或侦测无线电信之干扰。[3]

（二）通信截收许可证

《英国1985年通信截收法》第2、3、4、5条对通信截收许可证作了较为详细的规定，涉及签发通信截收许可证的条件，通信截收许可证的申请与签发、范围、期间及其修正等。

第一，签发通信截收许可证的条件。根据《英国1985年通信截收法》第2条之规定，国务大臣签发许可证必须符合下列条件之一：为了维护国家安全利益；为了防止或者侦查重大犯罪；为了维护英国国家的经济福祉。[4]这里

---

〔1〕　See section 1（1）of The Interception of Communication Act 1985.

〔2〕　See section 1（4）of The Interception of Communication Act 1985.

〔3〕　See section 1（4）of The Interception of Communication Act 1985.

〔4〕　See section 1（4）of The Interception of Communication Act 1985.

所谓的"重大犯罪"，依据《英国 1985 年通信截收法》第 10 条第 3 项之规定包括两种情况：暴力犯罪、获得大量财务收益之犯罪或多数人追求共同目的之犯罪；犯罪行为人年满 21 岁，无犯罪前科，但仍有可能被判 3 年以上有期徒刑之犯罪。[1]这里所谓的"维护国家经济福祉"，系指被截取通信者的行为对英国国家的经济造成重大威胁，而必须通过收集有关外国的情报作为英国政府外交政策的参考，以保障英国国家之经济利益。因此，只有在基于收集英国国境以外对英国国家的经济造成重大威胁的行为时，才可以签发允许截收之令状。此外，国务大臣还必须考虑通过通信截收获得的材料是否可经由其他合理方法取得。换言之，如果通过其他合理方法也可以获得的话，国务大臣就不得签发通信截收许可证。

第二，通信截收许可证的申请与签发。关于通信截收许可证的申请问题，《英国 1985 年通信截收法》并未明文规定由何机关提出截取通信的申请。不过从 1980 年英国政府通信截收之白皮书 the Interception of Communication in Great Britain（白皮书，1980 年）来看，申请实施通信截取之机关主要有警察、海关以及情治单位。由警方所提出的通信截取的申请，主要是为了侦破上述之"重大犯罪"，同时还需满足"必要性"条件，即通过通常的调查方法已经失败，或从案件情况来看，即使尝试亦不可能成功者。由海关所提出的通信截取的申请，上述条件亦须同时具备，提出通信截取的申请的目的主要系针对毒品走私案，以及将严重损及国家税收或国家经济之欺诈案件的调查。由情治单位所提出的通信截取的申请，主要系颠覆政府活动、恐怖活动、间谍活动等可能侵害国家利益的案件，其目的乃为收集相关之情报。至于通信截收许可证的申请方式，《英国 1985 年通信截收法》亦未明文规定，依 1980 年英国政府通信截收之白皮书 the Interception of Communication in Great Britain（白皮书，1980 年）之记载，所有令状之申请，均应以书面为之。通信截收许可证原则上只能由国务大臣亲自签发，在情况紧急下，助理国务大臣以上官员也可以代为签发，但必须获得国务大臣的书面明确授权。[2]

第三，通信截收许可证的范围。《英国 1985 年通信截收法》第 3 条对通信截收许可证的内容作了规定，主要包括：许可证必须特别指明即将截收的

---

[1] See section 10 (3) of The Interception of Communication Act 1985.

[2] See section 1 (4) of The Interception of Communication Act 1985.

通信的发送或收受之地址；许可证必须指明被截收人的姓名、住所及电话号码或者单位的名称、处所；等等。但是，如果所要截收的通信属于国际通信，或者是为了截收国际通信而有必要截收其他通信，国务大臣还必须另行签发证明书，以证明所要截收的资讯确实符合本法所规定的条件。对于该另行签发的证明书，勿须特别指出欲截收之通信在英国国内的地址。[1]

第四，通信截收许可证的期间及修正。《英国 1985 年通信截收法》第 4、5 条对通信截收许可证的期间及修正作了规定。主要内容包括：①首次签发的许可证的期间。一般来说，国务大臣亲自签发的通信截收许可证的有效期限为 2 个月，自许可证被签发之时起计算。在紧急情况下，助理国务大臣以上官员代为签发的许可证的期间自签发之日起至第二个工作日届满。②许可证延长期间。如果首次签发的许可证的期间不能满足侦查工作的需要，就有必要延长。如果申请机关提交的书面文件载明了仍然继续存在保卫英国国家安全利益和经济福祉的事实，并且确有必要续展期间，那么有权之官员可以批准续展 6 个月。相反，如果申请机关提交的书面文件没有载明上述事实，那么有权之官员最多可以批准续展 1 个月。[2]③许可证的撤销与更正。国务大臣认为没有必要继续截收时，应该立即撤销许可证。国务大臣可以在任何时间修正许可证或者证明书以使其符合通信截收的法定条件或者更加便利于通信截收活动的实施。在紧急情况下，国务大臣也可以授权有关官员对许可证或者证明书加以修正，但有效期只限于 5 个工作日。[3]

（三）隐私之保护

为了防止通信截收所获材料的不当扩散而损害当事人的隐私权，《英国 1985 年通信截收法》第 6 条规定了保障隐私权的相关措施。具体来说，就是国务大臣在签发通信截收许可证时，必须采取必要之措施以保证截收材料被披露的范围、获得该材料的人数、材料被复制的程度、材料被复制的份数均已被限制在最小限度内。如果材料的保存已经不再必要，则应当立即予以销毁。[4]

（四）通信截收之法律监督及其违法通信截收的救济渠道

为了防止通信截收权力被滥用以及当该权力被滥用时能够给受害人以赔

---

〔1〕 See section 3 of The Interception of Communication Act 1985.

〔2〕 See section 4 (6) of The Interception of Communication Act 1985.

〔3〕 See section 5 of The Interception of Communication Act 1985.

〔4〕 See section 6 of The Interception of Communication Act 1985.

偿，《英国 1985 年通信截收法》设立了两个法律监督机构，一个是特别法庭（tribunal），另一个是通信截收专员（commissioner）。

特别法庭的职责是处理其通信被截收的个人提出的申请。在通信截收违法时，特别法庭可以向申请人说明截收违法，并可以向首相提出调查报告。特别法庭认为必要时，可以发出以下命令：撤销关于截收的令状或相关的证明书；禁止复制通过截收所得到的资料；向内政大臣提出赔偿申请人的损失。特别法庭的裁决具有终局性，即使对该裁决不服，也不得向法院起诉。[1]此外，《英国 1985 年通信截收法》还对特别法庭成员的薪水及津贴等作了规定。

通信截收专员主要负责通信截收活动的法律监督，包括审查授予国务大臣的权限是否得到妥当执行以及所作的决定是否适当；协助特别法庭执行授予他的职能；[2]调查违法截收；[3]提交年度报告书。专员每年度都要向首相提交关于通信截收实施情况的报告书。如果报告书记载的内容可能威胁国家安全、妨害对重大犯罪的预防及侦查，以及使国家经济状况恶化的情况时，可由首相与专员协商，将其从报告书中删除。[4]

（五）证据排除

《英国 1985 年通信截收法》规定，任何国王所委任之公务员、邮政局及任何从事邮政业务之人、任何公共电讯接线生及公共电讯系统之从业人员，如果故意截收经由邮政或公共电信系统传输的通信其行为构成犯罪，在任何法院或法庭之诉讼程序中，有关通信截收所获材料都不得在法庭加以引证或者针对通信截收所获材料开展交叉询问活动。[5]这就说明《英国 1985 年通信截收法》并没有确认通信截收所获材料的证据许容性。

三、《英国 1985 年通信截收法》的评价及其当代历史命运

（一）《英国 1985 年通信截收法》的评价：侧重于缺陷的分析

《英国 1985 年通信截收法》的出台对于加强公民隐私权的保障力度，消弥英国政府当局通信截收无法可依的危机与困局具有重要意义，但由于立法

---

〔1〕 See section 7（3）（4）（5）of The Interception of Communication Act 1985.

〔2〕 See section 8（1）of The Interception of Communication Act 1985.

〔3〕 See section 8（5）of The Interception of Communication Act 1985.

〔4〕 See section 8（7）（8）of The Interception of Communication Act 1985.

〔5〕 See section 9 of The Interception of Communication Act 1985.

过于仓促，加之随着时代的发展，通信领域发生的巨大变化使该法的不适应性日益凸显，在很大程度上影响了该法功能的发挥。概而观之，《英国 1985 年通信截收法》的缺陷主要体现在以下几个方面：

第一，诸多关键性专业术语未加以界定导致了理解上的歧义与执法中的混乱。《英国 1985 年通信截收法》第 10 条对 15 个法律专业术语进行了解释和界定，但是真正作出明确解释和界定的只有 10 个，包括 " 1984 年法" (the 1984 Act)、"地址" (address)、" 复制件" (copy)、" 国际通信" (external communication)、"截收所获之资料" (intercepted material)、"人" (person)、"公共电信服务" (public telecommunication service)、"电信服务" (telecommunication service)、" 特别法庭" (the Tribunal)、"工作日" (working day)。对于其余 5 个专业术语"高级司法职位" (high judicial office)、"公共电信接线员" (public telecommunications operator)、" 公共电信系统" (public tele-communication system)、" 法定最高额" (statutory maximum)"无线电报" (wireless telegraphy)，《英国 1985 年通信截收法》并没有作出明确解释和界定，而是要求比照《英国 1984 年电讯法》《英国 1876 年上诉管辖法》《英国 1982 年刑事法》《英国 1949 年无线电信法》等法律的规定来理解和执行，但事实上，这些法律原本就没有对这些专业术语作出明确解释，从而使这种混乱一直延伸至《英国 1985 年通信截收法》。此外，《英国 1985 年通信截收法》对何谓"截收"、何谓"通信" 等诸多关键性专业术语也同样未能加以界定，从而导致了理解上的歧义与司法实践中的混乱状态。

第二，只禁止截取借 "公共电信系统" 传输的通信，在价值取向上流于狭隘。在这里首先要对何谓 "公共电信系统" 作出解读。"公共电信系统" 虽然在《英国 1985 年通信截收法》中出现过，但是该法并未对这一术语作出明确解释，于是从判例法途径探讨 "公共电信系统" 的含义就变得不可避免了。1994 年 "女王诉埃弗克案" [1] 就是探讨 "公共电信系统" 含义的典型判例。在该案中，法官裁定，警方截取电话谈话的行为并不属于《英国 1985 年通信截收法》第 1 条的调整范围，因为该法的目的是 "通过将那些截取借由公共电信系统" 传输的电信的行为规定为独特的罪行，立法维系那个由政府控制 (而非私人控制) 的通信系统的诚信……该法的目的并非在于提供任何

---

〔1〕 R v Effik〔1994〕3 WLR 583.

一般性的保障，使人们免受监听以及使个人隐私免受任意侵扰，也并没有规定什么人可以在获得授权后对在私人处所内进行的电话谈话进行监听。[1]至于为什么只禁止截取借"公共电信系统"传输的通信，而对于"私人电信系统"却不需要加以保障，法官的理由是，"把自己的私人器材接驳致公共电信系统的人，完全有能力保障其器材免受干扰，但是他却不能保障该公共电信系统免受干扰。如果公共电信系统受到干扰，其私人器材将变得毫无用处。因此，有必要通过立法对公共电信系统加以保障"。显而易见，该判决理由的"潜台词"就是"私人电信系统"是不需要加以保障的，针对"私人电信系统"实施的截取活动也无需获得国务大臣的授权，而借截取行动获得的证据却可以被作为指控犯罪的依据。

那么，这种立法的价值取向是否符合欧洲人权法院所宣称的法治精神呢？答案当然是否定的。这也是《英国 1985 年通信截收法》的重大弊端之一。尤其是自《英国 1985 年通信截收法》制定颁布以来，电信业的变革浪潮日渐汹涌，电信科技以及通信服务业出现了巨大的变化。移动电话、无线寻呼、网络通信日益普及、私人电信业务不断扩展，以及提供包裹和文件邮递服务的私人公司的数量的大规模增长等问题都已超出了《英国 1985 年通信截收法》所能调整的范围。其缺陷与不适应性日益显露，公民的隐私权再次面临被侵犯的巨大威胁，要求改革现行立法的呼声日益高涨。

第三，"绝对排除"截收电信行动所获材料之证据能力，严重削弱了检控犯罪的能力。根据《英国 1985 年通信截收法》第 9 条之规定可以看出，该法对截收电信行动所获材料之证据能力，在价值取向上持一种"绝对排除"的态度。尽管法律有如此规定，但是英国国内对此却存在重大争议，观点冲突也异常激烈。检视英国的立法与司法实践，较早对"绝对排除"截收电信行动所获材料之证据能力问题进行探讨是从有关判例开始的。在这方面"佩斯顿案"堪称典型。在该案中，英国上议院指出，保障目标人物（犯罪嫌疑人或被告人）和那些无辜但与他们有接触的人的隐私，以及保守截取通信的秘密，较之将不曾使用的资料全面披露具有更为重大的意义。审理该案的法官指出："进行监察和将监察行动保密的需要是不容否定的。此外，亦有必要在可行的情况下尽量保护那些在未经同意的情况下其谈话被监听的人的隐私。

---

[1]　[1994] 3 WLR 583，at 592.

这便是《英国 1985 年通信截收法》第 2 条和第 6 条之规定的缘由。这种立法处置与目前要求审判过程应当增强'透明度'的舆论存在冲突。其中一样必然要放弃。基于该法律的历史、结构和内容，我深信要舍弃的是全面披露不曾被使用的资料的责任。虽然这个折中的办法易于受人批评，但这也许是最佳的做法。"[1]

1999 年 6 月，英国内政大臣向英国国会提交的一份名为《英国截取通信活动》的咨询文件对于是应该保留还是废除《英国 1985 年通信截收法》第 9 条进行了集中讨论。该咨询文件汇集了英国国内正反两方面的意见，其中主张保留论者的论据主要有：一是使用截取电信所获得的材料作为证据，系指控那些雇佣他人犯罪的幕后策划人的少数几种方法之一；二是反恐怖主义行动的现实需要。劳埃德勋爵（Lord Lloyd）负责的《反恐怖法调查研究》讨论了关于截取电信所获得材料证据的能力问题。该调查研究建议《英国 1985 年通信截收法》第 9 条应予修订，以容许控方在遇到影响国家安全的情况时，可以援引截取电信所得的材料作为证据……三是《英国 1985 年通信截收法》第 9 条的规定破坏了"平等武装"原则。《欧洲人权公约》第 6 条规定，缔约国有义务保证人人有权得到公正的审判，其内涵要求是控辩双方必须处于"平等武装"状态，任何证据或程序规则若使其中一方比另一方占有优势，就是对该原则的背离。《英国 1985 年通信截收法》第 9 条的规定使控方获悉截取通信所得的材料，从而令控方在准备案件时占据明显优势，也是对"平等武装"原则的损害和破坏，进而导致法律程序有欠公允。四是其他许多国家都可以在刑事案件中使用通过截取通信而获得的证据进行犯罪检控，放眼全球，除了英国和爱尔兰之外，大多数国家都允许使用截取所得的证据，而且这种做法也符合《欧洲人权公约》第 6 条的规定及其精神实质。

在主张废除《英国 1985 年通信截收法》第 9 条的呼声高涨的同时，也有不少人主张保留该条规定，认为应当禁止将截取电信行动所获得的材料作为证据。其依据主要有：一是可以有效避免暴露执法机关截取通信的能力与风险；二是限制了在检控过程中传播截取通信材料的范围和程度，从而增强了对犯罪嫌疑人、被告或其他无辜者的隐私的保护；三是许可截取通信所得的材料作为证据，可能在短期内给提高检控案件的成功率带来好处，但同时也

---

[1] R v Preston [1993] 4 All ER 638, at 669.

会使犯罪分子了解和掌握执法机关的截取能力，从而增强其反侦查的伎俩和能力，从长久来看必然会降低检控案件的成功率；四是许可截取通信所得的材料作为证据，可能会暴露情报的来源，或收集情报的能力和方法，还有可能会危及情报提供人员的人身安全，进而损害公共利益。[1]

尽管主张废除和保留的观点争论已久但依然难以分出高下，没有得出一个令人满意的结论。"政府欢迎大家提供建议以建立一个机制，容许截取所得的材料作为证据，并允许向辩方作适当的披露，但提供建议者注意到了新机制对敏感资料、资料来源，以及对刑事司法制度有效运作所造成的影响。"[2]但从英国政府的立法取向来看，很显然是倾向于保留《英国 1985 年通信截收法》第 9 条的规定，因为保障有关人员的隐私和保守侦查机密的重要性远胜于对犯罪的揭露和证实，对于那些鼓吹取消禁用截取电信作证据使用的人士提出来的修法建议，英国政府拒不采纳。从立法上来看，虽然《英国 2000 年侦查权规制法》的出台，宣告了《英国 1985 年通信截收法》的终结，但《英国 1985 年通信截收法》第 9 条的规定却得以沿袭，这就是《英国 2000 年侦查权规制法》的第 17 条。[3]从该法第 17 条的规定来看，截取电信所得材料依然被排除在证据范畴之外，这就决定了有关"截取电信所得材料可否作为证据"的讨论还将继续下去。

（二）《英国 1985 年通信截收法》的当代历史命运

欧洲人权法院就"Malone v. the United Kingdom 案"判决英国败诉促使英国制定并颁布了《英国 1985 年通信截收法》，从而改变了英国通信截收长期以来无法可依的局面。但是，随着时间的推移，《英国 1985 年通信截收法》的弊端日益显露，民众要求改革的呼声不断高涨。为适应时代发展的需要，2000 年 7 月 28 日，由英国议会通过并经女王批准颁布了《英国 2000 年侦查权规制法》，同时宣布废除《英国 1985 年通信截收法》。较之于《英国 1985 年通信截收法》，《英国 2000 年侦查权规制法》是一部规制秘密侦查的较为全面的法律，除继续对通信截收的秘密侦查行为规制以外，还将秘密监视、秘密人工情报源行为等秘密侦查行为纳入了规制的范畴。就通信截收的立法而

---

[1] Interception of Communication in the united kingdom, para8. 1-8. 8.

[2] Interception of Communication in the united kingdom, para8. 6.

[3] 有关《英国 2000 年侦查权规制法》第 17 条的介绍参见邓立军：《全球视野与本土架构——秘密侦查法治化与刑事诉讼法的再修改》，中国社会科学出版社 2012 年版，第 158~164 页。

言，《英国 2000 年侦查权规制法》在规制通信截收的范围、程式、步骤等诸多方面显得更加完善和成熟，在加强打击和惩治犯罪力度的同时，也更加注重对公民必要的、合理的隐私权的保护。《英国 2000 年侦查权规制法》不仅有力克服了《英国 1985 年通信截收法》的诸多弊端，也使该国的通信截收制度更加完备和发达，是英国通信截收制度步入法治化轨道的标志，堪称当世之典范。

特殊侦查手段[1]

邓立军　赖经纬/译*

引　言

特殊侦查手段（SITs）是一种在执法活动中采用的秘密侦查犯罪的方法。关于特殊侦查手段内涵的界定和外延的列举，目前还没有被普遍接受的观点，并且，由于特殊侦查手段处于不断发展之中，其具体包括哪些侦查手段很难全面厘清。2005年，欧洲委员会通过了适用于成员国的关于特殊侦查手段的建议。[2]该建议将特殊侦查手段定义为：特殊侦查手段是指主管当局在刑事侦查中为侦破严重犯罪和查明犯罪嫌疑人，在不惊动目标人物的情况下收集犯罪信息的侦查措施。与情报机关相比较而言，显著不同的是，[Rec（2005）10]体现了执法机关需要优先考虑的事项和任务，执法官员首要关切的是必须确保收集到的犯罪信息能够作为指控被告的证据，并且能够被法庭所采纳。因此，执法人员收集信息的方式必须符合国内和国际法律的条件。本文将重点介绍与特殊侦查手段相关的问题和挑战，并提出可能的建议。

　＊译者简介：邓立军，广东省普通高校人文社会科学重点研究基地——广东财经大学法治与经济发展研究所常务副所长，广东财经大学法学院教授，法学博士，硕士研究生导师；赖经纬，广东财经大学法学院研究生。

〔1〕　2020年3月，联合国亚洲及远东地区预防犯罪和罪犯待遇研究所举办了第12届《联合国反腐败公约》培训计划，这次培训计划的重要工作成果就是对特殊侦查手段进行了探讨，来自日本、塞拉利昂、阿富汗、乌兹别克斯坦、印度尼西亚、秘鲁、老挝以及联合国亚洲及远东地区预防犯罪和罪犯处遇研究所的多位学者和专家就"特殊侦查手段"展开了热烈的讨论，最终形成了"特殊侦查手段"（special investigative techniques）的报告，该报告包括特殊侦查手段面临的问题与挑战、最佳实践、建议的解决方案等内容，本文即为原英文版本的翻译稿件。

〔2〕　该建议就是所谓的"2005年第10号建议"，通常简称为"［Rec（2005）10］"。

一、问题和挑战

（1）大多数国家缺乏专门的法律规定允许在贿赂案件中使用特殊侦查手段。在一个国家中，由于特别法规定禁止在贿赂案件中实施截取通信，使得侦查人员无法在侦查中使用该手段。然而，该国确实有特别法规定允许在其他类型案件的侦查中使用截取通信。

（2）一些国家的特别法（如《刑事诉讼法》），授权在贪腐案件中使用特殊侦查手段。但是，由于缺乏相应的技能或是人手不足，侦查人员通常没有使用这些特殊侦查手段。

（3）一些国家的法律允许使用特殊侦查手段，但实施与否需要考虑对个人的隐私权尊重，需要在执法机关获取情报以打击犯罪的需要与个人的隐私权保护之间取得平衡。

（4）一些国家已经签署了有关使用特殊侦查手段的国际条约或双边条约。但是，这些国家中的某些国家尚未制定国内法来履行国际义务或者与其承担的国际义务保持协调一致，因此这些国家没有相应的机制规定如何采纳通过特殊侦查手段获取的证据。在这种情况下，使用特殊侦查手段获取的用来证实腐败犯罪的证据很难被法庭采纳。

（5）缺少经费维护特殊侦查中需要用到的设备。

二、最佳实践

（1）为了使侦查人员学习侦查技术并增进对特殊侦查手段的了解，一些国家举办了培训。警察和侦查人员应当接受充分培训，包括掌握特殊侦查手段的技术原理和操作方法，了解刑事诉讼法的有关规定以及熟悉各种互联网服务。

（2）法律应扩大截取通信手段的适用范围，将其适用于包括贿赂在内的相关犯罪。多数国家还允许采用监听技术来侦查贿赂案件。这就使得侦查人员可以采用适当的侦查手段并提高了定罪率。

（3）在启动特殊侦查手段之前，侦查机关应当先获得法院的批准令状。令状申请书的主要内容应包括嫌疑人身份、涉嫌的犯罪、拟使用的秘密侦查手段、实施秘密行动的合理依据以及拟采取的秘密行动的开始日期和持续时间。法院将对该请求进行考量，如果有足够的证据支持进行秘密侦查，法院将批准该请求。如果证据不足以支持秘密行动，法院应拒绝该请求。所有公司实体和法人都必须在法院令状的范围内配合侦查机关接受调查。未经法院许可，侦查机关不得出示令状。

三、建议

（1）应当鼓励各国颁布法律，许可使用包括截取通信在内的特殊侦查手段，以侦查贿赂案件。

（2）为了提高包括特殊侦查在内的侦查实效，我们需要尽一切努力来训练和增强侦查人员和警察侦查贪腐犯罪的能力，确保有关部门具有利用现代侦查方法侦查犯罪的技术能力。

（3）在我们推动使用新技术侦查贿赂案件的同时，我们也尊重人权，尊重嫌疑人、受害者和证人的隐私权。我们鼓励每个国家做出适当的努力，以增进公民对侦查机关使用特殊侦查手段打击犯罪的理解，同时坚持令状原则以确保尊重个人权利和隐私与国家追究严重犯罪的需要之间保持平衡。

（4）对于那些已经签署了国际条约但尚未制定有关特殊侦查手段的国内法的国家，我们鼓励它们尽快制定国内法，为使用特殊侦查手段侦破案件以及对这些案件进行起诉制定特别程序。

（5）鼓励各国执行有关特殊侦查手段的法律。

（6）鼓励各国政府拨出特别预算，用于使用和维护特殊侦查所需的装备。

结　论

近年来，诸如贿赂之类的严重贪腐犯罪一直在发展。犯罪分子实施此类犯罪的手段和流程越来越复杂。与不断发展和进化、往往具有跨国性质的复杂犯罪作斗争变得非常具有挑战性。

关键在于负责侦查和追诉严重贪腐犯罪的司法机关能够使用特殊侦查手段，以应对这些犯罪的特殊性及其带来的挑战。尤其是鉴于这些犯罪的跨国性越来越强，为了使打击犯罪更为有效，各国应当分享在适用特殊侦查手段方面的经验，以应对和减少严重腐败案件的发生。

适用特殊侦查手段打击跨国有组织犯罪[1]

邓立军　赖经纬/译*

引　言

跨国有组织犯罪对主权国家的安全构成了严重威胁，已经成了国际社会关注的焦点。跨国有组织犯罪表现为多种方式，其中最突出的是贩毒、洗钱、拐卖妇女儿童、非法制造和贩运枪支、非法移民等，其结果导致世界各国出现了严重的社会问题。

事实证明，运用传统侦查手段打击跨国有组织犯罪十分艰难，而且效率低微。现实迫使执法机关强烈呼吁适用诸如包括控制下交付、特工行动、电子监控（电话监听、通信截取等）在内的特殊侦查手段以实现对跨国有组织犯罪的有效管控。

然而，围绕着特殊侦查手段的运用一直存在争议，这在一定程度上阻碍了执法机构使用特殊侦查手段。特殊侦查手段的运用可能会破坏法治，也可能会侵犯人权，欺骗手段的运用还有可能会使政府机构陷入困境。人们担忧

* 译者简介：邓立军，湖南邵阳人，广东省普通高校人文社会科学重点研究基地——广东财经大学法治与经济发展研究所常务副所长，广东财经大学法学院教授，法学博士，硕士研究生导师；赖经纬，广东财经大学法学院硕士研究生。

　〔1〕　2001年，联合国亚洲及远东地区预防犯罪和罪犯待遇研究所第116届国际培训课程在日本举行，此次培训课程的主要议题是讨论如何有效打击跨国有组织犯罪，来自马来西亚、巴西、乌干达、日本、中国、印度尼西亚、美国以及联合国亚洲及远东地区预防犯罪和罪犯处遇研究所的多位专家和执法实务人士就"在刑事司法程序中打击跨国有组织犯罪的有效方法"展开了热烈的讨论，最终形成了"适用特殊侦查手段打击跨国有组织犯罪"（special investigative tools to combat transnational organized crime）的论文，该文对国际社会适用控制下交付、特工行动、电子监控的现状、常见的争议和问题、建议的解决方案进行了广泛而深入的研究，其结论对我国控制下交付、隐匿身份侦查、技术侦查的立法、司法与执法具有重要的参考价值。本文即为原英文版本的翻译稿件。

政府会以国家利益为幌子压迫国民。因此，特殊侦查手段的运用常常会激发政治方面的敏感性争议。

最大的问题是，如何在遵循法治和尊重人权的前提下使用这些手段。这个问题没有标准答案，其取决于每个国家的法律制度、实践和文化。因此，在多大程度上尊重公民个人隐私权，同时还能够保障人们的安全使其免受有组织犯罪的侵扰之间有必要缔结协议。

循着这一思路，本文试图分析这些特殊侦查手段，研究的重点在于特殊侦查手段的现状、常见问题以及可能的解决方案。此外，本文还将分析主要国家现有的法律框架以及使用特殊侦查手段所获证据在审判中的可采性问题。

二、控制下交付

（一）现状

控制下交付被认为是打击跨国有组织犯罪，特别是打击非法贩运毒品最有效的侦查手段之一。它被定义为一种技术，系指为了调查犯罪和查明涉嫌实施该犯罪的人，在主管当局的知情和监督下，允许非法或可疑货物运出、通过或运入一国或多国领域的侦查手段。[1]

在实施控制下交付时，执法人员密切监视此类货物的运输，为了尽可能多地识别贩运网络的成员，这样可能会推迟逮捕，以便在最佳的取证时机实施抓捕。这种创新的侦查手段可以非常有效地抓获犯罪集团的首要分子。然而，对于许多国家的国内法而言，采用这种方法是不被允许的，因为它使本来可以预防的犯罪发生了。

自1988年《联合国禁止非法贩运麻醉药品和精神药物公约》（本文以下简称《1988年联合国公约》）第11条被认可和适用以来，这一侦查手段经常被执法机构用于打击国内和国际毒品犯罪。很显然，控制下交付已经成为打击非法贩毒的最有效武器之一，因为它使得执法机构能够准确地识别、逮捕和起诉承运人和实际运输者，以及这些犯罪的主犯、组织者和资助者。除了贩毒之外，这种手段已经扩展到侦查其他类型的有组织犯罪，例如，贩运枪支、贩运被盗车辆……

事实上，几乎所有的公约参加国都在运用控制下交付打击毒品与枪支贩

---

〔1〕 Article 2 (i), The Draft UN Convention against Transnational Organized Crime (A/AC. 254/36).

运。其中，意大利、日本和巴基斯坦三个国家制定了一些与实施控制下交付有关的特别法律或条例，而其他国家则根据执法机构的裁量权，授权警察、检察机关、海关等相关部门根据条例或部门准则实施这一侦查手段。依据这些国家的现行刑事法，侦查阶段收集的证据经法院裁定后可以采用。然而，在巴西，尽管《反有组织犯罪法》（the Organized Crime Law）规定了控制下交付，但由于法律规定还很不完善，该国侦查机关迟迟不愿使用。为此，该国正在努力健全其法律。

在意大利，某些法律规定允许针对非法毒品贩运、洗钱和非法武器与爆炸物贩运开展控制下交付行动。然而只有当其他侦查手段被证明是不成功的或者是无效时，才可以使用该手段。这些法律还要求执法人员在执行控制下交付行动时迟延逮捕和扣押。[1]

在日本，自1992年《毒品特例法》（The Law on Special Provisions for Nar-cotics）[2]制定以来，截至2000年10月，日本的执法机构大约执行了160次控制下交付。[3]

（二）常见的争议和问题

控制下交付的适用通常成了最受关切的问题，特别是当一个国家的法律对此没有明确规定时，有关机关应当如何适用呢？在这个问题上，大多数国家的法律并没有明确规定使用这一手段是非法的，因为，在颁布法律时，立法者并没有认识到它是一种侦查犯罪活动的手段。因此可以假定，虽然这种侦查手段没有得到法律的明确认可，但不能说是非法的。控制下交付通常是实现侦查目的的一种手段，也是抓获非法货物买卖双方的一种好方法。然而，问题在于它是否真的有效？是否有必要实施？它的优点和缺点是什么——从侦查的角度来看，它是一个有效的手段吗？会导致逮捕吗？有哪些法律规定，裁判规则是怎样的？

在讨论这些问题时，人们发现控制下交付有利也有弊。从积极面来看，这是逮捕整个非法贩运辛迪加网络最有效的方法，而不仅仅是逮捕发货方和

---

〔1〕 Article 97 & 98 of Republic President Decree（DPR）309/90 and Article 12-4 DPR 306/92.

〔2〕 Law Concerning Special Provisions for theNarcotics and Psychotropics Control Law, etc, and other Matters for the Prevention of Activities Encouraging Illicit Conducts and Other Activities Involving Controlled Substances Through International Cooperation.

〔3〕 Isamu Ikenoue, UNAFEI lecture, 2 October 2000.

收货方。但从消极面来看，这是非常危险的，一旦失败，非法货物或者物品就会进入市场流通。

在实践中，控制下交付行动是十分艰难和复杂的，涉及多个国家时就更是如此。如果当事国的法律制度与实践存在歧异，同时各执法机构又缺乏合作与协调，那情况就会更糟糕。

在实施控制下交付时，执法机构常常会因担心非法货物的失控而屡受困扰。更糟糕的是，如果控制下交付的是武器的话，一旦失控就将直接危及安全。因此，日本的有关法律规定，枪支的控制下交付只能以"干净控制下交付"的方式进行。

(三) 建议的解决方案

关于这些问题的解决办法，我们可以从成功的先例中获取经验。一个典型的例子是，1998 年三个国家联合成功实施了"干净控制下交付"行动，6 公斤假可卡因从美国经韩国转运到日本，并最终在日本抓获收货人。[1]在这个特殊的案件中，美国缉毒署出于安全考虑，用假可卡因替换真可卡因，并且根据日本法律对被抓获的收货人进行了起诉。这项行动的成功取决于妥当的计划，以及有关国家之间的紧密合作与协调。

我们可以从这一先例中获得以下几点经验：

(1) 要想获得控制下交付的成功就必须加强与控制下交付有关当事国的紧密联系和合作。循着这一思路，在具体运作过程中，任何国家的执法机构都必须在国内和国际层面构建和维持情报与信息的交流机制与网络。《1988 年联合国公约》为创建流畅的信息交流机制奠定了基础，也为制定旨在促进国际合作与协调的法律和政策提供了依据。毋庸置疑，控制下交付的成功既取决于执法机构的国内合作与协调，又取决于国际合作与协调，所有国家的每一个执法机构都必须建立起情报与信息的交流机制，同时这些情报与信息部门应当紧密联系，彼此密切合作。此外，只要有必要就应当组建跨机构的特别行动队。在国际协助的执法实践中，这些情报与信息部门应当履行其作为联络点的功能。联络点应当与有关国家加强沟通，以促进国际控制下交付的成功实施。

(2) 由于能够及时收集准确信息，大大减轻了执法机构对丢失货物和嫌

---

〔1〕 Mune Ohno, UNAFEI lecture, 2 October 2000.

疑人逃跑的担忧，与特工行动结合实施的控制下交付产生了良好的效果。

（3）有必要研发新技术以更好地实施控制下交付，例如复杂的监控设备（跟踪发射器、信息发射器和接收器、热成像摄像机等）。

这些对策有助于解决控制下交付行动中出现的上述问题。

为了避免干净控制下交付对案件审判造成的不利影响，我们需要制定法律或条例来规定干净控制下交付。在日本，《毒品特例法》授权司法当局惩罚企图实施任何犯罪的违法者，包括进口、出口、运输、接收或持有任何毒品或其他管制物品的违法者。日本执法人员可以援引此法实施干净控制下交付。

除了这些措施以外，伴随着全球跨国有组织犯罪问题的日益复杂化，任何国家要想有效地实施控制下交付都需要快捷灵活，易于适应新情况并且在技术和理念上有与此相适应的政策和对策。还可能需要跨学科研究和基本概念研究，用全新的观念和方法指导行动，并加强国际合作。同时，信息网络系统的建立也将产生良好的效果，它使许多国家能够相互分享它们的知识、专长，以及为解决控制下交付行动中出现的各种问题提供可行的方法。毫无疑问，在一个国家取得成功的方法，在另一个国家不一定总是能够获得成功，因为法律和刑事诉讼程序的理念取决于每个国家的社会、文化和历史背景及其政策。因此，措施必须适当，并且符合任何国家的国情，而适当的方法应该从已经获得的情报中去选择，并考虑到我们必须打击跨国有组织犯罪的基本理念。

控制下交付虽然是一个简单的概念，但它需要高超的技能和专业精神、团队合作和机构之间的合作。因此，无论是在国内层面还是在国际层面，控制下交付能够取得多大程度的成功取决于参与机构的合作、协调与监控的紧密程度如何。还可以预见的是，联合实施控制下交付作为打击除毒品以外的非法货物贩运的国际合作的一部分，将对打击跨国有组织犯罪产生巨大影响。

三、特工行动

（一）现状

特工行动是另一种有效的打击跨国有组织犯罪的侦查手段，在许多情况下，它与控制下交付联合使用。一些国家的执法机构雇用卧底探员收集有关犯罪团伙的信息和证据，研究其作案手法，并评估其未来的计划和策略。这些信息被用于防范和侦查。特工行动本身就含有欺骗的成分，可能需要与动机和行为有问题的人合作，因此其实施应该仔细考虑和严密监控。

特工行动是指秘密雇员（特工）在一段时间内实施的一系列相关的秘密活动（涉及使用假名或伪装身份的侦查活动）。[1]它可能持续时间很短，只有几个小时，也可能相当长，持续几年。它可能只针对单一的犯罪案件，或针对一个长期的犯罪集团。通过这种秘密行动，执法人员能够在犯罪分子讨论他们的计划并寻求协助时伪装成犯罪人员，进而渗透到有组织犯罪集团的最高层。[2]

特工行动极其敏感，有引诱无辜者实施犯罪活动的危险。因为这种手段有潜在的问题，它的实施需要特殊的准备。在大多数毒品犯罪案件中，秘密特工都是执法机构的官员，他们假扮成毒品的购买者。这种侦查方法非常危险，因为如果被犯罪集团成员发现，执法人员的生命将处于危险之中，因此，行动必须由有相关侦查活动经验的人员进行精心计划。

除巴西和印度之外，所有公约参加国都采用了特工行动来调查犯罪，包括毒品和枪支贩运、洗钱、盗赃物贩运、妇女贩运等。其中，中国、德国、意大利、日本（仅针对毒品和枪支贩运）、马来西亚和巴基斯坦等 6 个国家有一些关于实施特工行动的特别法律或条例，而其他国家则根据有关职能部门制定的准则开展行动。在这些国家，实施特工行动需要获得某种形式的同意或许可。例如，在德国需要获得检察官和法官的同意，在美国需要获得机构主管和检察官的同意，在意大利需要获得检察官的同意，在日本对贩毒实施特工行动需要获得卫生和福利部长的同意，对枪支贩运的实施特工行动需要获得地方公安委员会的同意。

事实证明，对于大多数国家而言，特工行动对打击跨国有组织犯罪是非常有效的。在这方面最典型的例子是美国的"1994 年的迪内罗行动"（Operation Dinero 1994）和"1995 年的绿冰二号行动"（Operation Green Ice II 1995），在这两次行动中，美国缉毒署的秘密特工设立了向贩毒者提供洗钱服务的幌子公司。这两次行动都非常成功，摧毁了复杂的贩毒组织。"1994 年的迪内罗行动"在美国、西班牙、意大利和加拿大缴获了三幅珍贵的油画和 9000 万美元，并逮捕了 116 名嫌疑犯。而由来自 27 个不同执法机构的 200 多名特工参

---

〔1〕 US Attorney General Guidelines on FBI Undercover Operations Revised 11/13/92.

〔2〕 Bruce G. Ohr, UNAFEI lecture, 24 October 2000.

与的"1995 年的绿冰二号行动"的结果是 80 起案件被起诉。美国缉毒局另一项最成功的特工行动是 1984 年以来在新墨西哥和新泽西进行的"管道和车队行动"(Operations Pipeline and Convoy),在 1986 年 1 月 1 日至 2000 年 9 月期间缉获了大麻 1 199 855 千克、可卡因 133 419 千克、快克可卡因 896 千克、海洛因 487 千克、甲基苯丙胺 4617 千克和 6.04 亿美元。[1]

在泰国,该国警方最近宣布,他们于 2000 年 10 月初从一名 28 岁的男子手中缴获了 200 万片甲基安非他明药片,这名男子试图将这些药片卖给一名秘密特工。[2]

(二) 常见的争议和问题

特工行动的正当性要求查明被告行为的刑事责任,如果做不到这一点,行动合法性往往就会受到质疑。例如,在美国,为了使特工行动不会因为存在陷阱或者其他辩护事由被成功抗辩,所有执法人员在实施特工行动之前都必须考虑以下三点:其一,虽然在法律上合理的怀疑不是启动特工行动所必需的要件,但是官员被要求明确阐明执法目的的合法性,以便开始侦查。其二,执法人员应尽可能避免使用持久性或强制性手段,而只能为目标犯罪分子创造机会或提供便利以实施犯罪。其三,执法人员应如实记录并被要求证明被告在与执法部门接触之前就有犯罪意图。这些因素还包括先前的逮捕记录、先前犯罪的证据、被告对特定犯罪事件周围环境的熟悉程度以及被告参与犯罪活动的愿望程度。最有说服力的有利证据通常出现在被告最初与执法机构接触时,执法人员应该仔细记录以成功反对陷阱抗辩。在日本,该国法院[3]裁决的某些司法判例指出下面几点是实施特工行动的正当化理由:

(1) 由于涉及贩毒案件的复杂性及其侦查所面临的困境,使用该侦查手段在法律上是可以接受的。

(2) 使用该手段的一般指导原则是应符合公共利益、秩序和道德。执法人员不应诱使事先没有犯罪意图的人实施非法行为。

很明显,在日本和美国,这一指导原则是特工行动的基础,因此,除非

---

〔1〕 US Department of Justice, Drug Enforcement Administration, Internet Site <www. usdoj. gov/dea/ programs/money. htm&www. usdoj. gov/dea/programs/pipecon. htm as at 10/19/00>.

〔2〕 The Daily Yomiuri, 11 October 2000.

〔3〕 Supreme Court, 1st Petty Bench, 5 March 1953, 7Sai-han Keishu 3-482, Tokyo High Court, 3 A-pril1997, Koken Sokuho 3065-37 & Tokyo High Court, 16 March 1953, 3 To-ko-jiho 3~120.

这一原则得到保障，否则特工行动不会获得合法批准。因此，毫无疑问，有必要进行预先调查，并详细记录执法人员和犯罪嫌疑人之间的谈话，并将其作为证据妥善保存。同时，在实施特工行动时，有几个潜在的常见问题需要注意：

（1）泄露真实身份的风险使秘密特工命悬一线。因此，必须考虑他们的人身安全。

（2）有时加入犯罪集团的新成员必须经历非法的"清白测试"，被要求实施犯罪行为，如滥用非法药物、杀人、盗窃、实施暴力等。然而，特工不得实施任何刑事犯罪是一项基本原则。

（3）秘密特工的工作压力很大，需要全天候伪装，并且经常暴露在实施犯罪的诱惑之下。因此，需要管控官员和后备成员为行动提供密切监控。

（4）有时，某些国家在适用特工行动的过程中拒绝提供合作。这就阻碍了秘密特工在他国的活动，特别是在犯罪具有跨国性质的情况下。

（三）建议的解决方案

为防止泄露其身份，秘密特工必须：

（1）获得一个能够被充分证实的身份背景，以此作为支撑，同时获取关于目标犯罪组织的详细资料。

（2）提前考虑每一个可能引发对特工怀疑或敌意的情景。

（3）接受详细的测试，通常包括心理特征分析，以确保他/她拥有内在的能力以便能够从容地适应新的身份。

关于在严重案件中使用特工行动，为了衡量行动对特工和公众的利弊，美国设有一个由检察官和侦查员组成的委员会，即特工行动审查委员会。该委员会负责审查、批准和控制所有敏感的特工行动。要获得批准，必须以书面形式提交特工行动的建议，包含对可疑犯罪活动及其参与者的完整描述，详细说明建议的特工行动方案、特工行动小组的专业能力、特工行动的持续时间、可能会遇到的法律问题，并且必须评估特工和公众面临的风险。事实表明，设立该委员会是一种有效的措施。

如果秘密特工被要求实施任何暴力行为，行动将立即被阻止。在美国，每当特工行动显示暴力犯罪即将发生时，执法机关必须采取必要手段防止暴力的发生。这可能包括警告潜在的受害者，逮捕造成危险的人，或者终止特工行动。在某种程度上使秘密特工参与犯罪的合法化也是必要的。考虑这一点，应该选择有能力处理任何意外情况的特工，并允许他们参与特工行动。经过训练和具有经验是秘密特工的首要标准。

那些实施特工行动取得成功的国家，应当将该国与其他国家开展紧密国际合作的经验与专门技术拿出来分享。加强区域组织和次级区域组织的合作是最为重要的，因为有效的特工行动往往涉及区域内的多个国家，但也会因为缺乏国家间的协议而常常遭遇障碍。

三、电子监控

（一）现状

使用电子监控如监听、截取通信等是一个非常敏感的问题，这个话题通常会引起争议。人权积极分子指出电子监控存在合宪性和侵犯人权的问题导致这一侦查手段在许多管辖区被限制或中止使用，因为其通常是非法的。然而，法律往往在规定的条件下允许其合法使用，以保护其他人的权利不受犯罪侵犯。为了协调其适用和尊重隐私权，必须根据有关国家的要求遵守若干条件。这些条件包括从主管当局（法官、检察官、部长等）获得许可，尽量不干涉私人事务/谈话，提交详尽的报告，密切监督监听行为等。当然，只有在其他侦查手段已经失败、不可行或不适当的情况下，才能采用这一手段。

电子监控是打击有组织犯罪的唯一最重要的执法武器。没有任何证据比被告自己的话更能证明犯罪事实。通过参与者自己的陈述，可以获得可靠、客观的犯罪证据。此外，电子监控使执法机构能够在实施犯罪之前了解共谋者的犯罪计划，这就使他们能够调查犯罪活动，如走私违禁品和策划犯罪的集会，或在适当情况下扰乱和中止犯罪活动，因而电子监控特别有助于防止暴力犯罪的发生。[1]

电话监听和对所有电子通信的监控是电子监控最具争议的方面，然而在协助执法机构打击跨国有组织犯罪方面非常有效。监听或电话监听被简单地定义为在双方不知情的情况下，在发射机和接收机的电子电路上插入监听设备，监听双方之间的电话交谈。它旨在获取各种非法活动的信息和情报，只有少数机构有权使用这些设备。通常在允许监听之前会进行审查，这意味着执行机关必须提交要求监听特定号码的理由以及嫌疑人的背景和相关活动，

---

[1] Bruce G. Ohr, UNAFEI lecture, 24 October 2000.

以供主管当局审查该行动的正当性。它要求以非常专业的方式实施。

监听可以有效地打击诸如贩毒、洗钱、卖淫、赌博、绑架等罪行，因为有组织犯罪集团经常使用电话实施这些犯罪。例如，如果从买方处收到毒品订单，则双方指定一个秘密会合点进行毒品交易。只有电话交谈的双方知道转接点，因此，除非通过监听通信的方式，否则侦查机关很难获得有助于查清犯罪实际情况的相关信息。

监听被用来定位或追踪毒品，以便逮捕携带毒品的贩运者。通过采用这一手段，不仅可以逮捕毒品的携带者，而且可以逮捕犯罪集团的大多数成员，从而消灭犯罪集团。

为了分析电子监控在缔约国的运行现状，我们将这些国家分为两类：法律没有规定允许使用这种手段的国家和法律有规定允许使用这种手段的国家。没有对电子监控进行立法的国家有斐济、老挝、尼日利亚、巴布亚新几内亚、坦桑尼亚和泰国。然而，值得注意的是，其中一些国家根据有关当局内部发布的规定，继续使用监听技术，目的是收集情报，而不是收集法庭证据。

另一方面，印度尼西亚、巴基斯坦和乌干达都有法律规定允许使用这种手段，由警察局长授权实施。在印度，《1885年电报法》允许在公共紧急情况下进行通信监听，而巴基斯坦《1996年电信（重组）条例》和《1933年无线电报法》规定内政部长可以授权实施通信监听。在马来西亚，《1952年危险药物法》《1988年危险药物（没收财产）法》《1997年反腐败法》和《1951年打击绑架法》都规定在检察官的授权下可以进行通信监听。

然而，有些国家法律规定只有在获得法官的许可后，才能使用电子监控。这些国家包括巴西、中国、德国、意大利、日本、菲律宾和美国。这些国家中的大多数国家的法律均规定，可以适用电子监控的犯罪必须属于性质严重的犯罪，并且只有在证明其他侦查手段不切实际或不能实现侦查目的的情况下才可使用。在美国，实施监听的提议要经过一个严格的审查程序，也即实施监听的提议要先经由检察机关审查后，再提交给位于华盛顿的司法部批准，最后才能被提交给法官审批。然而，法律允许在紧急情况下未经法官批准实施监听，但必须在监听后48小时内获得批准。即使获得许可，也需要向法院提交定期进度报告。1998年，美国法院共批准了1329宗截取电信、口头通信及电子通信的案件。[1]

在日本，授权使用电子监控的法律于 1999 年颁布，并于 2000 年 8 月 15 日生效；而在德国，《1968 年刑事诉讼法》允许使用监听手段。

（二）常见的争议和问题

适用电子监控的主要争议和问题如下：

（1）阻碍电子监控实施的主要问题是许多国家的法律没有对此作出明文规定。即使在有立法的情况下，它也常常被施加严格的条件，例如，限制截取通信的时间、旷日持久的批准程序以及将私人谈话与犯罪相关的谈话进行分类。在被授权截取与特定犯罪有关的通信的情况下，当犯罪分子正在讨论授权令中未包括的新犯罪时，监听是否应继续成为一个问题。执行机关是应该继续监听这一关联犯罪还是在获得新的批准前停止监听。根据《意大利刑事诉讼法》的规定，对于可能处以最低 4 年监禁的罪行，在获得授权后都可以被监听。而在包括黑手党犯罪在内的严重犯罪案件中，监听可以继续进行，即使这种犯罪没有被列在最初的授权令中。另外在日本，尽管只允许对 4 类犯罪（毒品相关案件、贩运枪支、非法贩运移民和有组织杀人）进行监听，但如果所讨论的内容中涉及可处以至少 1 年监禁的犯罪，则可以允许继续监听。类似地，在美国和德国，法律为对这些相关联的犯罪进行监听留有一定的余地，但监听结束后应立即申请授权。

（2）缺乏资金购买昂贵的电子设备。

（3）围绕着电信监听威胁人们隐私权的争论和争议一直存在。

（4）长期以来缺乏语音专家在法庭上证明监听到的声音是被告的声音。

（5）移动电话、预付费电话、互联网通信等新型通信方式的出现导致截取或者绑定特定的所有人通常存在困难。

（6）经常会出现电话公司/供应商以保护其客户的保密性和隐私等为理由，拒绝与侦查机关合作进行监听。

（7）值得注意的是，在某些情况下有些国家拒绝合作，特别是在跨国有组织犯罪的侦查中。

（三）建议的解决方案

为了解决上述问题，首先，应当制定授权的法律使电子监控的运行切实

---

[1] Administrative Office of the U. S. Court, 1998 Wiretap Report.

可行和取得实效。这些法律应当为实施信息监控和截取提供充足的时间，减少审查批准程序所花费的时间，规定涵盖电话和口头通信截取在内的多种电子监控方法，以有效打击跨国有组织犯罪。在无法制定单独的电子监控法的国家，应当将有关规定纳入与打击跨国有组织犯罪相关的其他法律之中。此外，法律应促使电话供应商/公司与侦查机关合作进行电子监控。再次，各国应当进行协调，以便有效解决在该手段应用于哪类犯罪方面这一问题上存在的差异。最后，在实施过程中应当进行国际合作。与此同时，成功适用电子监控的国家应当向尚未取得成功的国家传授专业技术。

结 论

总而言之，使用新的侦查手段对打击日益猖獗的跨国有组织犯罪是非常必要的。从适用的结果来看，特工行动、控制下交付和电子监控已经展示出了高规格的产出能力，可以获得良好的效果，它们作为打击跨国有组织犯罪的最有效的侦查手段而引人注目。然而，与所有创新一样，这些手段的落实必须克服许多问题，包括缺乏立法或立法不力、缺乏训练有素的执行人员、来自市民社会的质疑以及通过这些手段获得的证据的可采性问题。

有效适用这些侦查手段的最终解决方案在于避免误用。因此，政府和执法机构需要制定适当的准则，并对执行人员进行监管以避免滥用。国家之间应当加强合作，承认跨国有组织犯罪的危害性以及国家之间分享经验和相互支持对打击跨国有组织犯罪的重要性。东盟的"东盟警察组织"、欧洲的"欧洲警察署"和"东非警察局长合作组织"等区域警察组织的成立增强了国际刑警组织的力量，大大提高了国家之间必需的合作能力。

运用特殊侦查手段打击洗钱的目前形势、问题与对策[1]

邓立军　赖经纬/译*

一、引言

洗钱，简而言之就是"使非法所得在形式上合法化的行为"，可能发生在每个以非法获利为动机的犯罪中。非法贩运毒品和其他严重犯罪中的洗钱问题已经成为危及金融和贸易体系乃至政府机构的完整性、可靠性和稳定性的全球性威胁。面对这种日益增长的威胁，需要整个国际社会采取对策摧毁犯罪分子及其非法所得的避风港。将犯罪所得尤其是现金洗净后再次投资，涉及一系列复杂的金融交易，如电汇、购买汇票或银行本票、地下钱庄等，最

* 邓立军，1973 年生，湖南邵阳人，广东省普通高校人文社会科学重点研究基地——广东财经大学法治与经济发展研究所常务副所长，广东财经大学法学院教授，法学博士，硕士研究生导师；赖经纬，广东财经大学法学院硕士研究生。本文系作者主持的 2019 年国家社会科学基金项目《正当法律程序视野下的监察调查措施研究》（19BFX106）的前期研究成果。

〔1〕　2001 年联合国亚洲及远东地区预防犯罪和罪犯待遇研究所第 117 届国际研讨会在日本东京举行，此次研讨会的主要议题是"打击洗钱犯罪的目前形势与对策"，其中研讨会第三组的议题是"运用特殊侦查手段打击洗钱的目前形势、问题与对策"（Current Situation, Problems and Solutions for Special Investigative Tools in Combating Money Laundering），来自巴基斯坦、日本、南非、坦桑尼亚、印度尼西亚、泰国、德国以及联合国亚洲及远东地区预防犯罪和罪犯处遇研究所的 Mr. Ahmed Nasim、Mr. Takashi Itoyama、Ms. Ronel Van Wyk、Mr. Saidi Ally Mwema、Mr. Soeparno Adi Soeryo、Mr. Mitsuru Nishikori、Mr. Pisan Mookjang、Mr. Peter H Wilkitzki、Mikinao Kitada、Hiroshi Iitsuka、Hiroshi Tsutomi 等多位专家就此议题展开了热烈讨论，最终形成了"运用特殊侦查手段打击洗钱的目前形势、问题与对策"的论文，该文对国际社会适用控制下交付、特工行动、电子监控打击洗钱的现状、常见的争议和问题、建议的解决方案进行了广泛而深入的探讨。本文的翻译获得了联合国亚洲及远东地区预防犯罪和罪犯处遇研究所的专门授权，基于篇幅考虑，译文略去了原文的注释，在此谨表歉意。对此有需要者可以检索原文查询，"Current Situation, Problems and Solutions for Special Investigative Tools in Combating Money Laundering"的访问网址为：https://www. unafei. or. jp/publications/pdf/RS_ No58/No58_ 40RS_ Group3. pdf。

终目的都在于使犯罪所得变得"干净"并用于合法商业交易之中。

在过去的几年中，我们目睹了工业化和运输、通讯全球化带来的好处。但是，从消极的一面来看，我们可以看到，犯罪分子从未像今天这样轻轻松松就越过边界，扩大他们的犯罪活动领域，变得更加狡猾和有组织性。因此，国内和国际社会需要共同努力，以应对本国和跨国有组织犯罪带来的威胁，增强执法人员打击洗钱犯罪的能力。

还应当指出，执法机构之间出现的新型多边合作形式，一方面是为了应对犯罪全球化的需要，但是另一方面，这种新型多边合作方式在实践中已经出现了很多问题，究其原因在于缺乏法律法规的规制，特殊调查手段作为现代技术还未得到更充分地应用。

要证实洗钱犯罪，重要的是要证明客观的洗钱行为与犯罪分子明知所得为非法这一主观意志之间存在关联。通过对这些犯罪活动的持续监控，我们将能够有效地调查和证实洗钱犯罪。

本文旨在研究三种特殊侦查手段，即控制下交付、电子监视（如窃听等）、特工行动，这三种特殊侦查手段都是打击洗钱犯罪的有力武器。我们将对这三种特殊侦查手段逐一进行简要的分析和讨论。我们还将考察各国的法律框架，并发现当前使用这些特殊侦查手段在调查洗钱犯罪中存在的问题。最后，我们呼吁各国修改国内法的相关规定以便更好地运用上述侦查手段打击犯罪。

二、控制下交付

（一）引言

根据《联合国打击跨国有组织犯罪公约》第 2（i）条的规定，控制下交付是指为了侦查犯罪和查明涉嫌实施该犯罪的人，在主管当局的知情和监督下，允许非法或可疑货物运出、通过或运入一国或多国领域的侦查手段。实施控制下交付，其目的是为了进一步调查犯罪，并查明参与犯罪的人员。

控制下交付是一种国际和国内公认的用于监控和打击犯罪的侦查手段，这些犯罪包括洗钱罪及其上游犯罪，例如贩毒、贩运枪支、走私、盗窃机动车等等。

控制下交付包括两种形式，即原物控制下交付和替代物控制下交付。如果将非法货物运达目的地或者对非法货物实施部分替代以后再运达目的地，这就是所谓的原物控制下交付。如果经调查发现存在隐匿非法货物的条件，并且在托运货物被转运之前用伪造货物替代全部或者大部分非法货物，那么所实施的控制下交付就是干净的控制下交付。如果货物的最终目的地是在初次发现该货物的国家内，则实施的是"国内控制下交付"。如果货物的最终目的地是在初次发现国家之外的其他国家，则实施的是"国际控制下交付"。

在侦查洗钱犯罪中实施干净控制下交付的典型案例是"骡车行动"（Operation Mule Train），这是一次在美国实施的特工行动。1998 年 7 月 1 日，经联邦调查局洛杉矶分局和洛杉矶警察局为期两年的调查之后，从事支票兑现业务的超级邮件国际有限公司（Supermail International, Inc.）的首席财务官、总裁和副总裁因涉嫌洗钱罪被捕。公司档案显示，该公司是美国西部最大的支票兑现企业之一，号称是美国向墨西哥和拉丁美洲提供汇款服务的主要代理商之一。在许多银行业务被削减的市中心区域，独立的非银行金融机构的数量不断增多，而该公司被认为是其中重要的且正在成长的一家公司。

在联邦大陪审团对包括超级邮件国际有限公司在内的 11 名被告提出 67 项罪名的起诉后，这三名高管以及其他六名员工和合伙人被逮捕，受到多项涉及串谋、洗钱、逃避货币报告要求、协助和教唆的指控，并被没收犯罪所得。该调查的最初目标是该公司位于加利福尼亚州瑞塞达的一个网点。调查人员隐匿身份与经理接洽，该经理同意将"毒资"洗净以换取佣金。随后，卧底探员将假装成毒品收益的现金交给经理，后者将这些现金兑换成公司签发的汇票。由于资金数额较大，经理还寻求了其他网点同事的帮助。1997 年 4 月，当一位新经理接管瑞塞达（Reseda）网点的业务时，他请来了该公司的高管，包括首席执行官、总裁和高级副总裁。高管们根据现金的数量收取佣金后授权签发了汇票，并将大笔"毒资"电汇到佛罗里达州迈阿密的一个秘密银行账户，这些现金则被用于维持公司网点的运营。

为了逃避执法部门的调查，对于所有这些交易活动，该公司既没有提交现金交易报告，也没有提交可疑活动报告，但是存储现金的银行提交了可疑活动报告和现金交易报告，这些报告极大地增强了已经获得的其他情报的价值。本案中被告共计清洗了 320 多万美元毒资。据信此次调查是美国历史上最大的"打击"利用支票兑现业务从事洗钱的行动之一。

（二）常见的争议和问题

在许多国家，控制下交付被视为一种刑事侦查手段，但是其国内法并无特别的法律授权。在那些国家，控制下交付依据警察、检察官、海关等执法机构制定的部门指导纲领实施。这些机构主要运用控制下交付打击洗钱、贩运毒品、非法贩运武器和赃物以及贩运人口等。现代技术被犯罪分子运用于犯罪活动之中，犹如助纣为虐，故而有必要制定新的法律以授权执法机构在他们的侦查技术中采用相似的现代技术。

此外，由于发达国家与发展中国家在经济技术上的差距，发展中国家往往缺乏技术人才和现代侦查设备等资源进行取证，这在一定程度上影响了打击洗钱犯罪的实效。打击洗钱犯罪必定需要物力和人力两方面的资源。控制下交付作为一种有效的侦查手段已经被很多国家所采用。然而，执法机关不愿意透露他们使用这种侦查手段的情况，以免被犯罪分子所利用。

（三）建议的解决方案

洗钱罪和诸如贩毒、走私枪支、腐败、欺诈、勒索等上游犯罪的侦查难度都是很高的。因此，这些犯罪的侦查不仅需要高超的技能、专业能力、团队合作能力，而且还需要使用特殊侦查手段。因此，在实施控制下交付时应当考虑以下几点：

1. 必须确保控制下交付所获得的情报没有被提前泄漏，过早公开情报将会使控制下交付的任何努力都徒劳无功。

2. 无论如何要尽可能地将毒品、火器等非法货物移出，并用无害物质予以替代。应当注意的是，干净控制下交付不但可以减少非法货物遗失的风险，而且也可以为组织监视活动提供更大的自由度，并可以避免惊动那些实施反监视活动的犯罪人。

3. 最终交付货物时，执法官员应与交付货物的公司合作，执法官员应扮作司机的助手跟随送货车，后面还应有该行动的其他团队人员负责监控，同时通过摄像或其他证据确定收货人的身份。

4. 对于国际控制下交付而言，还必须考虑以下特殊因素：

（1）调查地国和目的地国有效的法律规定；

（2）是否有足够的时间在调查地国与目的地国的执法机构之间达成均可接受的行动计划；

（3）目的地国的当局是否有能力实施控制下交付以查明和侦查主犯。

三、电子监控

(一) 引言

由于犯罪分子采用更先进的技术和更复杂的方法实施犯罪,刑事侦查的难度越来越大。侦查人员要想跟上时代的步伐,必须使用先进的侦查手段。其中一种行之有效的手段就是电子监控,包括无声视频监控和对口头通讯及电子通讯的有线监听。事实上,将犯罪分子谈及自己所犯罪行的讲话记录下来,不仅有助于证明犯罪分子的犯罪事实,而且还可以让执法部门了解共谋者的犯罪计划,提前采取措施以防止暴力犯罪的发生。电子监控可以简单地定义为截取通过电报、电话、电脑等传输的口头通讯或电子通讯,并利用技术手段监听和记录通信。电子监控可以被有效地适用于打击洗钱、贩毒和敲诈等犯罪活动。

(二) 常见的争议和问题

实施电子监控的主要问题是需要在侦查犯罪和保护个人的宪法权利即保护个人对隐私的合理期待之间建立平衡。为了达到这种平衡,各国的国内法禁止任何未经授权的电子监控。不过,想要获得对通讯进行截取的授权,需要符合既定的要求。授权对口头通讯、电报和电子通信进行电子监听以及无声视频监控的许可证只能由法官签发。例如,在美国,执法人员必须将监控范围限制在相关的谈话或活动上,明确规定监控的时限,并且需要证明常规的侦查手段要么已经失败,要么理论上没有成功的可能,要么太危险而无法实施。换言之,在获得截取许可证之前,执法人员必须用尽常规的侦查手段,除非这些手段会惊动被侦查的犯罪分子。一种传统的侦查手段是在屋主在场的情况下,根据搜查令的授权对个人的住宅进行搜查,但犯罪分子不一定会将能够证明其犯罪活动的有价值的信息藏匿在家中。如果执法机关使用线人或卧底警官进行侦查,即使假定线人或卧底警官会把获知的所有信息都提供给执法机关,但目标人物仍然可能不暴露一丝信息。综上所述,法院将在评估以下几个要点后决定是否签发令状:

1. 常规的侦查手段已经失败了;

2. 常规的侦查手段大概率会失败;

3. 常规的侦查手段太危险而无法实施。

（三）建议的解决方案

我们认为电子监控是一种有效的侦查手段，其原因在于电子监控具有极强的渗透性，能够在犯罪分子不知情的情况下将他们的言行记录下来，但是我们也认为电子监控只有在必要的时候才能使用。如果侦查人员能够使法院相信已经尝试过传统的侦查手段并且失败了，同时还能够解释每一种传统的手段例如审讯、人工监视、搜查等在特定案件的侦查中是徒劳的或危险的，那么就意味着证明了实施电子监控的必要性。同时，由于电子监控可以跨境实施，这就要求成员国之间就协作实施电子监控达成多边和双边协议。

在分析缔约国使用电子监控的情况时可以发现，有的国家有规制电子监控的法律规定，有的国家则没有。例如，德国、日本、巴基斯坦、南非和美国等国家都制定了基于刑事侦查目的实施通讯截取的法律。有些国家虽然没有立法，但是仍然将其作为刑事侦查手段。

最后应当指出，由于洗钱犯罪更有可能是跨国犯罪，因此像其他特殊侦查手段一样，电子监控的实施也需要开展国际合作。允许实施跨国电子监控的最低要求应该是，实施电子监控的授权条件必须满足任何一个参与国法律的要求。

四、特工行动

（一）引言

洗钱的方式可以说是数不胜数。不入流的犯罪分子可能会通过在一个国家购买贵重物品随后在另一个国家抛售的方式来洗钱。而对于有更多资金需要清洗的犯罪分子和通过犯罪活动获得大量非法收益的犯罪组织而言，仅仅依靠单一的洗钱方式是不能确保安全的。他们通常运用更复杂的洗钱方案，这些方案可能利用到空壳公司和错综复杂的国际金融交易网络。

无论是毒品犯罪、有组织犯罪还是洗钱犯罪，犯罪分子在交易中使用的手段都变得更加先进，更加复杂而难以被发现。特工行动被证明是打击洗钱犯罪最成功的侦查手段之一。实施特工行动需要做好充分的计划和准备，并且在实践中妥当处置，这对警察的专业能力和道德水平提出了很高的要求，他们面临着在其他执法活动中没有遭遇过的问题。特工行动是获取犯罪分子活动情报的有效手段，所获得的情报对掌握犯罪分子的动态来说不可或缺，借助这些情报可识别、逮捕犯罪分子，将其绳之以法，还可以追回赃物，同时特工行动也是侦查或预防犯罪活动的最有效的手段之一。

洗钱犯罪中的特工行动是指在一段时间内，执法部门使用合法的方式派遣特工收集有关洗钱活动的大量信息和证据的侦查方法。执法机构派遣特工潜入犯罪组织收集情报，以便能够瓦解它们。特工行动有多种类型，涵盖了从短期的"买就抓"到持续数月或数年的长期调查。此外，特工行动有两种行为方式：一种是利用犯罪组织内的秘密线人提供有关犯罪分子活动的情报和证据；另一种是派遣秘密警察（特工）化装成不同的身份潜入犯罪组织获取情报和证据。这两种方式通常同时使用，以有效地应对犯罪的威胁。

以适当方式实施的特工行动成本高昂，在某些情况下特工行动是一种有争议的侦查手段。此外，特工行动还是一种具有高度危险性的侦查手段，可能会伤及无辜的民众。因此，应当从情报的敏感性、公众的参与、特工和线人的安全以及行动期间证据的收集等角度考虑如何采取适当的措施。

在洗钱案件中成功实施特工行动的一个典型例子就是"卡萨布兰卡行动"（Operation Casablanca）。该项行动由美国海关总署策划实施并于 1998 年 5 月结束。这是美国执法史上涉案数量最多的、最复杂的、最重大的毒资洗钱案。这次特工行动从毒贩手中缴获了 9800 多万美元的现金、超过 4 吨的大麻和 2 吨的可卡因。美国洛杉矶联邦地区法院的起诉书指控 26 名墨西哥银行员工和墨西哥的康非亚（CONFIA）、塞尔芬（SERFIN）、班科默（BANCOMER）等 3 家银行清洗黑钱。此外，委内瑞拉的工业银行（BANCO INDUSTRIAL DE VENEZUELA）和加勒比海银行（BANCO DEL CARIBE）的银行家也被指控参与了洗钱计划。在"卡萨布兰卡行动"中，卧底特工被介绍给毒品卡特尔的财务经理，通过订立契约，卧底特工获得了在美国主要城市的街头"收取"毒品收益的机会。后来，这些卧底特工被介绍给墨西哥银行家，后者为他们开设了银行账户。"收取"的毒品收益被运回加利福尼亚州的洛杉矶，存入美国海关总署控制的秘密银行账户。然后，资金被电汇到墨西哥银行官员开设的账户中。墨西哥的银行官员提取佣金以后，他们在该国银行的美国账户中签发了墨西哥银行汇票。这些银行汇票通过亲自交付或者快递的方式返还给了美国的卧底特工，最后卧底特工按照洗钱者的指示支付了资金。

法院下达命令，允许扣押通过这些账户清洗的全部毒资和支付给银行家的佣金。由于墨西哥银行汇票是在墨西哥银行的美国账户上开出的，因此，法院命令允许没收这些美国账户上的上述资金。经过调查，塞尔芬

（SERFIN）和班科默（BANCOMER）这两家银行对洗钱犯罪表示认罪，总计被没收财产 1600 万美元，这两家银行还分别被处以 50 万美元的罚金。而针对塞尔芬（SERFIN）银行的指控被撤销，但是该银行被提起了民事诉讼，并被没收了 1200 万美元。

包括 12 名墨西哥银行家及其同伙在内的 20 人对洗钱和走私毒品的指控表示认罪。三名墨西哥银行家经陪审团审判后被定罪，三名墨西哥银行家被宣告无罪。1999 年 12 月，三名委内瑞拉银行家因洗钱指控被定罪。在这次调查期间，最初被扣押的 9800 万美元中，有 6400 万美元已被美国政府收缴。

（二）常见的争议和问题

特工行动是否合法，以及是否在法律范围内执行是各国必须处理的最普遍的问题。并且，行动中使用的方法不应侵犯有关人员的宪法权利。长期以来除非政府采取了极不公正的行动，否则美国最高法院都会维持特工行动和"反向圈套行动"的有效性。行动是否极不公正可以从四个方面考量：（1）所采取的行动类型是否与犯罪危害性相称；（2）是否有犯罪集团存在；（3）政府对犯罪集团的酌处权或者控制程度；（4）政府行为对犯罪活动造成的影响。

此外，加强对特工行动的批准和监督也是很重要的。批准必须以书面的形式签发，并阐明以下事实和情况：（1）根据适用的部门准则，必须对被指控的犯罪行为或者企业启动侦查活动；（2）拟实施的特工行动是获取证据或必要情报的有效手段；（3）特工行动以及时和有效的方式收集证据或情报的同时，也应当尽量减少对公民权利的侵扰；（4）已经按照总检察长或国家检察官的要求，获得了使用线人或机密来源的批准；（5）卧底探员参与可预见的非法活动具有正当性。

另一个引起法律争论的问题是特工的作用问题。有时特工非但不能防止犯罪，反而有可能进一步推动和促进犯罪。在洗钱犯罪案件中，实施行动的特工必须要参与到洗钱犯罪中去。在这种情况下，特工的参与会不会构成犯罪，主要决定于主观意图问题。特工行动的目的是为了防止进一步可能发生的犯罪，而不能在客观上帮助实施洗钱犯罪。必须要在卧底特工"依法参与非法活动"与行动期间的"合法引诱犯罪"之间划清界限。各国法院应当在各自的法律框架内处理这一问题。

特工行动作为一种侦查手段，在美国以及其他国家都被证明是成功的。参与国也认可这一侦查手段的重要性。大多数代表所在的国家都采用了特工行动来侦查犯罪，包括毒品犯罪和贩运枪支、洗钱、转移赃物、贩卖妇女等。日本只能在调查麻醉品犯罪和贩运枪支犯罪时使用，马来西亚则有一些关于实施特工行动的特别法律或条例。

《德国刑事诉讼法》规定，如果有足够的事实迹象表明发生了相当严重的刑事犯罪，并且能够说明使用其他手段侦查犯罪将没有成功的可能或者更难实施，则可以实施特工行动。基于卧底特工自身存在的问题和正当程序的要求，法院在对被特工引诱实施犯罪的人进行判决时需要非常慎重，但特工行动这一侦查手段本身并没有受到广泛的质疑。在美国及其他许多国家，这一侦查手段的使用缺乏法律的规制，但是被认为是一种有价值的侦查工具。

如果特工在行动中被要求施行暴力，则各国不应当许可实施这样的行动。在无法避免的情况下，应采取必要措施防止暴力的发生。各国应考虑在日常司法实践中通过法律对特工行动等侦查手段进行规范。

执法机构的主要情报来源于那些在犯罪组织内部的人，促使这些人向警方提供情报的因素有很多，尽管这些人的品格和声誉不佳，但是使用线人仍然是执法部门最古老和最重要的侦查手段之一。执法机构应该保护线人的权利和义务，并做好保密工作。执法机构应当适当保留关于线人信息的记录，并应当隐瞒每个线人的身份。

线人应该明确知道他们在为执法机构工作时可以做什么和不可以做什么。通过授予有限的和特定的权力，执法机构可以有效地控制线人的活动。然而，线人往往有必要光顾毒品交易场所等发生犯罪活动的地方，在那里他们可能会被其他机关逮捕，并被指控犯罪。因此，管理线人的执法人员应当有效控制线人的活动，并应限制线人参与此类活动的时间。

（三）建议的解决方案

在这方面，各国应当考虑并采纳联合国提出的建议，履行国际法规定的义务将洗钱行为犯罪化。《欧洲委员会关于洗钱、搜查、扣押及没收犯罪收益的公约》（1990年）第4条提及了特殊侦查的权力和手段。该条规定成员国有义务采取必要的立法和其他措施，使其能够使用特殊侦查手段打击洗钱犯罪。

对于法院而言，采取何种方法开示特工行动中获取的证据是非常重要的。法院必须认识到不披露有关涉案人员的信息和所使用的技术手段的重要性。因为披露这些信息可能会导致执法人员的生命受到威胁，并将暴露特工行动中使用的方法，这就使得今后这些方法的适用难以奏效。

根据《欧洲联盟成员国刑事互助公约》（2000 年）第 14 条的规定，执法人员秘密侦查犯罪或者使用虚假身份侦查犯罪时，成员国可以同意相互提供协助。

五、结语

我们认为，应当将控制下交付、电子监视和特工行动等特殊侦查手段纳入国内法加以规制，其目的是强化反洗钱法的实施。同时要加强执法力度，发现洗钱者并起诉他们。特殊侦查手段的使用不仅不会降低传统侦查手段的作用，而且还能极大地增强侦查实效。

由于技术的发展，全球通信和世界贸易协定不断增加，在可预见的未来，洗钱犯罪将继续对执法人员的侦查能力构成挑战。因此，重要的是，伴随着现代技术被犯罪分子运用于犯罪活动之中，故而有必要制定新的法律以容许执法机构在侦查技术中适用此类现代技术。

随着技术的进步，洗钱手法也将不断进化。我们应当全球共同努力，推动建立反洗钱的法律和制度。我们还必须通过加强培训和国家之间的情报交流来打击洗钱活动。此外，各国还应继续与其国际伙伴在双边和多边互助协议的框架内开展密切合作，促成进一步的行动，以便能够有效地打击洗钱犯罪和其他犯罪，并最终赢得反洗钱斗争的胜利。

当前适用电子监视侦查严重和
有组织犯罪的实践[1]

邓立军　陈懿雯/译*

引　言

(一) 问题

在侦查某些严重犯罪，特别是有组织犯罪时，采用电子监视的价值是毋庸置疑的。电子监视可以获取通过其他渠道无法获取的信息。一些国家利用秘密电子监视已经将近一个世纪。而在其他国家，这还是一个新兴现象，而在某些国家甚至完全没有使用电子监视。

执法机关不应当将使用电子监视作为首选的侦查工具，只有当其他侵扰性更小的手段无效或者没有合理的替代方法来获取关键信息或证据时，才能考虑使用电子监视。即便使用电子监视是合适的，通常也需要与其他侦查方法结合使用才能发挥最大的效率。

对于那些没有任何监管或者在某些方面缺乏立法的司法管辖区，为所收集的电子证据的使用，建立一个平衡的制度是一个挑战。需要注意在电子证

* 译者简介：邓立军，广东省普通高校人文社会科学重点研究基地——广东财经大学法治与经济发展研究所常务副所长，广东财经大学法学院教授，法学博士，硕士研究生导师；陈懿雯，广东财经大学法学院硕士研究生。本文系作者主持的 2019 年国家社会科学基金项目《正当法律程序视野下的监察调查措施研究》（19BFX106）的前期研究成果。

〔1〕　2009 年，联合国毒品和犯罪问题办公室为了帮助世界各国尤其是《联合国打击跨国有组织犯罪公约》的缔约国开展电子监视的培训和立法活动，专门组织有关专家和学者起草了《当前适用电子监视侦查严重和有组织犯罪的实践》（Current practices in electronic surveillance in the investigation of serious and organized crime），并将其公开出版（United Nations Publication, Sales No. E. 09. XI. 19, ISBN 978-92-1-148246-1）提供给世界各国立法机构，以促进世界各国尤其是《联合国打击跨国有组织犯罪公约》的缔约国电子监视的培训和立法工作。本文即为原英文版本的翻译稿件。出于编辑方便的需要，本文删除了部分注释。

据收集的有效使用与公民权利的保护之间达成平衡。这包括使用这种手段的成本与作出有罪判决获得的最终公共利益之间的平衡。立法者、检察官、执法人员等应仔细权衡这些因素。

还应该指出的是，在一些国家，联邦制的存在意味着电子监视可以在地方和国家两个层面进行规制。联邦法律通常适用于跨地域犯罪的侦查，但是有组织犯罪当然也应当由地方执法机关进行侦查。本文不可能全面考虑一国内各个州、区域或者省的法律规定，但是在提及一些有价值的例子时会触及这些法律规定。

（二）电子监视

"电子监视"一词涵盖一系列功能和实践。为了更好地理解电子监视的含义，将其分解为若干部分是有意义的。以前电子监视被分为秘密监视/公开监视，或根据与目标的接触程度来划分为远程监视或者直接监视。这些划分可能会造成一种错误的二分法，尤其是对现代监视技术来说，公开/秘密的界限不大容易区分。因此，基于功能的角度建立框架也许更有帮助。下表提供了一些例子。尽管这也有不足的地方，因为现代监视技术往往具有多种功能。

音频监视	视频监视	跟踪监视	数据监视
电话监听	隐蔽视频装置	全球定位系统收发机	计算机/互联网（间谍软件/临时文件）
网络语音协议	车载视频系统	移动电话	黑莓/移动电话
监听装置（室内监听）	便携式视频装置热成像/前视红外仪	无线射频识别装置	击键监控
	闭路电视监控系统	生物信息技术（在机场等处的视网膜扫描）	

本文对监视实践的讨论仅限于电子监视，不包括其他形式的监视，如使用秘密特工。因此，在本文中，"监视"和"电子监视"是同义的，并且可以互换使用。

（三）过程

2007年12月，联合国毒品和犯罪问题办公室与各成员国执法、检察和司法当局的专家代表召开了系列会议中的第一次会议。2007年12月3日至5日在维也纳国际中心举行了关于电子证据收集的非正式专家组第一次会议。2009年3月17日至18日，第二次东南亚国家区域专家组会议在首尔的数字法医中心举行。每次会议都有来自不同国家和地区的少数执法官员和法律专家参加。预计随后将举行更多的定期专家组会议。

这些会议的最初目标是利用参会者的专业知识和经验制定电子监视培训手册。然而，由于这一问题的复杂性，会议决定首先应当主要依靠专家组会议起草一份关于监视规定和实践的比较研究报告，同时也要在该领域开展更广泛的研究。本文将广泛描述在多个司法管辖区内执法机关和侦查机关在电子监视证据的收集、使用和储存方面的情况和面临的挑战。

（四）目标

开展电子证据收集比较研究的目的是揭示当前实践，这将成为成员国在侦查严重犯罪时规范和使用电子证据收集的重要参考工具。本质上，本文旨在：

·有助于更好地理解使用电子监视过程中关于证据收集、处理和使用所涉及的全球实践和法律问题。

·阐明执法机关和侦查机关在侦查严重犯罪时使用电子证据收集所面临的挑战。

·为试图对犯罪侦查过程中的电子证据收集制定政策或法规的国家提供一些指导、选择和建议。

本文旨在协助立法起草者、政策制定者、法律从业人员、执法部门和其他侦查机关参与或考虑电子证据收集。本文希望对各项措施和备选办法进行全面描述，各国可根据本国特定的社会、政治和经济情况，考虑将这些措施和办法纳入到各自的法律制度和实施程序当中。

（五）适用范围

警务资源丰富、侦查技术发达的国家，规制和使用特殊侦查手段的历史往往更长。这一点在研究中会有所反映，但这并不代表任何偏见，而只是反映当前和过去的经济现实中不可避免的局限。

尽管存在这些局限性，但本文的前期工作涉及跨多个区域的广泛研究，但是有些地区缺乏相关信息。因此，司法管辖区的不同和方法的多种多样是应当予以考虑的。正在举行的区域专家组会议的与会者将会提供更多国家实例，并对此加以补充和扩展。

在本文中，联合国毒品和犯罪问题办公室只关注用于侦查严重犯罪的电子监控。然而，电子证据收集技术用于侦查不太严重的犯罪也可能是适当的。

（六）架构

首先，本文描述了多边框架和国际框架，而电子证据收集被安排在本文的第二部分。其次，第三部分重点阐述了国家政治制度，尤其是国内电子监视授权的程序和规章。第四部分讨论了限制电子监视使用的政策考虑、原则和权利。这方面的首要问题是保护个人的隐私权，这是在实施监视时必然会侵犯的权利。第五部分讨论技术发展的速度和快速的技术进步可能给立法者带来的困境，以及对私人安保人员的管理。最后，第六部分总结了与电子监视的使用和监管有关的技术和管理方面的挑战。

（七）定义

下列定义尽可能取自《联合国打击跨国有组织犯罪公约》：

"有组织犯罪集团"，系指由三人或多人所组成的、在一定时期内存在的、为了实施一项或多项严重犯罪或根据本公约确立的犯罪以直接或间接获得金钱或其他物质利益而一致行动的有组织结构的集团。

"严重犯罪"，系指构成可受到最高刑至少四年的剥夺自由或更严厉处罚的犯罪的行为。[1]（构成"严重犯罪"的司法管辖区之间的差异将在下文进一步讨论）。

"特殊侦查手段"，系指在犯罪侦查活动中，为了侦查和调查严重犯罪，执法机关在不惊动目标人物的情况下收集情报所采用的手段。

"授权书"，应包括"授权"和"指示"。

"监视"（或"电子监视"），描述监视用途的法律很少对监视本身进行定义。相反，有关规定往往会对"截取""通信"以及其他从简单到复杂的、更多的专业设备进行界定。在本文中，监视是指在执法过程中通过技术手段收集或监测一人或多人的信息。本文将聚焦于前述的基于预防犯罪或起诉犯罪的目的而实施的监视。

二、多边路径和国际路径及问题

（一）国际框架

《联合国打击跨国有组织犯罪公约》是呼吁成员国将全球有组织和严重罪

---

[1]《联合国打击跨国有组织犯罪公约》第2条。

行犯罪化的基本国际性文件。其目的是促进合作更有效地预防和打击跨国有组织犯罪，并且已经成为联合国毒品和犯罪问题办公室打击有组织犯罪倡议的基础文件。该公约第 20 条提到了"特殊侦查手段"。

《联合国打击跨国有组织犯罪公约》第 20 条规定：

2. 为侦查本公约所涵盖的犯罪，鼓励缔约国在必要时为在国际一级合作时使用这类特殊侦查手段而缔结适当的双边或多边协定或安排。此类协定或安排的缔结和实施应充分遵循各国主权平等原则，执行时应严格遵守这类协定或安排的条件。

3. 在无本条第 2 款所列协定或安排的情况下，关于在国际一级合作时使用这种特殊侦查手段的决定，应在个案基础上作出，必要时还可考虑到有关缔约国就行使管辖权所达成的财务安排或谅解。

国内的电子监视规则并不是凭空出现的。这与区域性和国际性因素密切相关，包括国际文书规定的国家义务。在这方面最常提到的权利，并且通常与使用监视并列的是隐私权。保护隐私权免遭任意侵犯是《公民权利及政治权利国际公约》第 17 条规定的一项基本人权。《公民权利及政治权利国际公约》有 160 个缔约国，由此产生的义务遍及世界大部分地区。

《公民权利及政治权利国际公约》第 17 条规定：

一、任何人的私生活、家庭、住宅或通信，不得无理或非法侵扰，其名誉及信用，亦不得非法破坏。

二、对于此种干涉或破坏，人人有受法律保护之权利。

《欧洲人权公约》第 8 条规定：

1. 人人有权享有使自己的私人和家庭生活、住宅和通信得到尊重的权利。

2. 政府机构不得干预上述权利的行使，但是，依照法律规定的干预以及基于在民主社会中为了国家安全，公共安全或国家经济福利的利益考虑，为了阻止混乱或犯罪，为了保护健康或道德，为了保护他人的权利与自由而有必要进行干预的，不受此限。

《欧洲人权公约》也有一项保护其公民隐私的类似条款。欧洲人权法院根据《欧洲人权公约》第 8 条声明，该条保护"私人生活得到尊重的权利"。

欧洲人权法院审理了若干涉及执法部门实施电子监视的案件。[1]这些内容将在本文的第四部分进一步阐述。

欧洲委员会的《欧洲警察道德准则》也体现了对保护隐私权的关注。此外，《欧洲警察道德准则》还规定对警方获取数据的使用应遵循国际数据保护原则。[2]

（二）跨境合作

随着有组织犯罪在全球范围的蔓延，执法部门（至少）具有全球性的互助能力也是很重要的。事实上，随着网络上有组织犯罪的日益全球化，有效跨境合作的需求也可能增加。在实践中，出于追求效率的现实原因，以及因官僚主义的拖延导致的失败，执法部门经常不愿意提出跨境电子证据收集或监视的协助请求。

1. 跨境合作：管辖问题和挑战

跨境侦查使得执法部门和其他侦查机关面临着独特的挑战。在另一个司法管辖区内使用电子证据收集的手段，必须由侦查管辖区向预期发生监视的国家提出申请。后者可能只在相关犯罪触犯其本国刑法的基础上才允许侦查。实践中，这种情况经常发生。但是，从一个管辖区到另一个管辖区持续进行电子证据收集很少是顺利的或迅速的。在启动电子证据收集的实践中，官僚主义的程序和繁文缛节会造成较长时间的延误。此外，被要求执行电子监视的司法管辖区希望了解已经获得的所有证据，以查明已经实施、正在实施或可能实施的犯罪是否违反了本国刑法。

在即将进行刑事审判的国家以外的其他国家所获得的证据，其可采性可能会令人质疑。这个领域的国内法复杂而又多变，各司法管辖区在维持证据

---

〔1〕 欧洲一体化与人权协会和埃基姆季耶夫诉保加利亚案（第 62540/00 号）2007 年 6 月 28 日；埃拉希诉英国（第 30034/04 号）2006 年 9 月 20 日；休伊特森诉英国（第 50015/99 号）2003 年 8 月 27 日；可汗诉英国（第 35394/97 号）2000 年 5 月 12 日；马龙诉英国（第 8691/79 号）1984 年 8 月 2 日。需要注意的是，《英国 1998 年人权法》将《欧洲人权公约》纳入英国法律，这可能导致在过去十年中由英国上诉到欧洲人权法院的案件不成比例地增加。

〔2〕 欧洲委员会，《欧洲警察道德准则》第 41 条和第 42 条。"数据保护原则"由经合组织于1980 年制定，该组织广泛禁止非法存储个人数据、存储不准确的个人数据，或者滥用或者未经授权披露此类数据。

保管链方面都制定有不同的制度。而且一般来说，如果证据是在另一个司法管辖区而不是在刑事审判地收集的话，就可能难以满足当地法律关于证据可采性的条件。

在两次专家组会议上，与会者都指出，从另一个司法管辖区请求提供数据是存在问题的。这方面面临的挑战包括：

- 延误；
- 被要求提供证据的当局缺乏承诺和灵活性；
- 向提出请求的司法管辖区所提供的证据之形式可能在指控时面临挑战；
- 各司法管辖区对严重刑事犯罪的定义不同。

2. 跨境计算机网络上的无形数据

因为储存在外国服务器上但在本地可以访问的无形数据的增加而使得跨境管辖权面临的挑战变得更加复杂。2009 年，专家组会议提出了获得另一个司法管辖区内托管数据的问题，例如，在国内可访问的存储在外国计算机网络上的信息。讨论的焦点是这在多大程度上造成了法律上的困境，由此可能引发的两种后果至少有一种会显现出来。要么对执法机关的行为进行必要的限制，要么在储存了执法机关想要访问的数据的司法管辖区内实施的侦查行为可能是非法的。在不知道电子数据存储的网络属于哪个司法管辖区的情况下，这种困境会进一步恶化。

3. 司法协助条约

《联合国打击跨国有组织犯罪公约》第 18 条规定在侦查和起诉严重犯罪时缔约国有义务提供司法协助。协助条约似乎在一些少量的规定电子证据收集的国家立法文件中有所反映。[1] 欧洲检察官组织和欧洲刑警组织等组织在区域范围内促进和鼓励跨境合作，但并非所有地区都能采取此类举措。因此，在侦查和起诉严重罪行方面，有待进一步制定有效策略以促进和鼓励司法互助。

从历史维度来看，司法协助条约在跨境刑事侦查中发挥了重要作用。总的来说，这些协定旨在加快和促进刑事侦查方面的跨境合作。通常在可能需要跨境协助的情况下，每个国家会指定一个国家机关负责与不同国家或司法管辖区之间的直接沟通，但是任何司法协助条约都不允许进行跨境监视。在

---

〔1〕《英国 2000 年侦查权规制法》第 5 条。

大多数情况下，这些协定只是为了建立开放的沟通渠道而运作的。许可或授权仅在获得该许可或授权的国家/地区有效。如果 A 国希望在 B 国进行监视，它可能需要提供理由以证明监视是必要的，但 B 国依据其主权作出决定。如果并非所有缔约国都承认该行为是犯罪，或者某些犯罪被明确排除在外，那么就可以拒绝提供协助。

4. 多边协定

随着技术进步、通信技术和世界旅行的快速发展，犯罪国际化的速度也呈指数级增长。在这方面，多边协定越来越重要。

> 《欧盟刑事事项法律互助公约》于 2000 年 5 月 29 日通过。它为跨境电子监视多边合作提供了范例。
>
> 该公约旨在通过完善现有法律文件中的条款并促进其适用，来鼓励欧盟内部以及与挪威、冰岛的司法机关、警察和海关当局之间的合作。
>
> 第 17~20 条规定了通信截收，作为截收请求的基础，并要求接到截收请求的成员国承诺遵守这一请求。

如果没有司法协助协议或其他相关条约或协议，《联合国打击跨国有组织犯罪公约》本身可以作为成员国合作的基础。

专家组会议表达了对于遵循国际议定书可能导致侦查延误的担忧。与会者发表评论指出，目前非正式合作似乎是一种更有效的跨管辖区的合作工具。也就是说，在外国侦查机关中有私人关系。这种方法的主要问题是，如果不遵循正式机制，所收集的证据在提出请求的司法管辖区的法庭上可能不被采纳。

5. 其他网络和方案

涉及严重犯罪侦查的非正式和正式网络对于电子证据收集中跨境合作的顺利进行越来越有价值。在两次专家组会议上，与会者一致支持进一步改善跨境合作的倡议。最近的一个例子表明英国在这方面作出了努力。

目前英国皇家检控署提出建立"全球检察官打击电子犯罪网络"（GPEN）的提案，国际检察官协会支持该提案。他们的提议指出，全球互联网使用的增加：

犯罪分子可以利用信息和通信技术提供的机会，这会对执法机关和检察机关产生影响。在互联网上，犯罪分子不分国界，普遍认为电子犯罪是扩展最迅速的犯罪形式。这类案件的技术性质正在增加，可用于实施犯罪的工具也在增加。

此外，还有越来越多的复杂的国际计算机攻击。因此，检察官在侦查期间向警务人员提供建议并有效地起诉此类案件，这一点非常关键。

为此，全球检察官打击电子犯罪网络将包括建立一个安全的网站，作为来自世界各地的检察官的数据库，并提供在线培训课程和演示。

关注跨境监视问题的其他网络包括：

· 跨境监视工作组

· 机场地理信息系统项目。该项目重点关注操作问题（由奥地利组织，包括奥地利邻国）

· 国际电子监视委员会。该组织每年举行一次会议，包括澳大利亚、新西兰、美国、加拿大、荷兰和英国等成员

· 欧洲电子监视工作组

· 欧洲司法网络[1]

· 伊比利亚美洲国际法律合作网络

· 东南欧检察官咨询小组

· 国际警察局长协会

三、规范：许可和授权

（一）何时需要令状或授权书？

执法部门使用电子证据收集手段通常建立在以令状为基础的制度上，但

---

〔1〕 有关刑事司法协助，参见 www. consilium. europa. eu/cms3_ fo/showPage. asp? id＝475&lang＝EN&mode＝g#，访问日期：2009 年 1 月 3 日。

需要接受某种形式的监督。[1]但是，并非所有的电子监视都需要令状。执法部门在公共场所进行的电子监视并不总是需要令状。例如，这通常包括视频监控，例如车载视频系统、便携式视频装置[2]和警方闭路电视监控系统。这些监视形式通常受到行为准则和指导方针的规制。[3]

如果在监视对象具有合理的隐私权期待的情况下进行监视，则通常需要令状。例如，这些监视的形式包括通信截收，如利用固定电话、移动电话和网络语音协议以及安装和监控跟踪设备。事先获得授权可确保所获得的证据的合法性，这可能会对证据的可采性产生影响。

如果进行电子监视无需令状，通常会有其他因素限制其使用。这包括对主体合理的隐私权期待的考虑、获得一些其他许可（尽管是非司法性质的）[4]以及要求公开监视时进行通知，本文在第三部分和第四部分对此进行了讨论。

这方面的法规各不相同。在某些司法管辖区，实施电子监视的授权由法院根据法律规定颁发。在其他国家，法院起到主要监管作用。也就是说，法官可以根据案情决定是否允许实施电子监视，而不受任何立法限制。

---

[1] 《德国刑事诉讼法》第 100 条 a；《塞尔维亚共和国刑事诉讼法》第 226 条及第 228 条；《波兰刑事诉讼法》第 26 章；《斯洛伐克刑事诉讼法》第 88 条；《美国法典》第 18 编第 119 章第 2510 至 2519 条；《新西兰 1961 年犯罪法》第 11A 部分；《加拿大安全情报局法（R.S., 1985, c-23）》第 II 部分；《加拿大刑法典（R.S., 1985, c. C-46）》第 XV 部分第 487.01 条和第 492.1 条；《英国 2000 年侦查权规制法》；《澳大利亚 2004 年监视设备法》；《澳大利亚 1979 年电讯（截取和访问）法》；《南非 2002 年通信截取条例以及与通信相关的信息法》。

[2] 例如，英国已经试验并随后在警察的帽子中使用了摄像机。参见英国内政部、警察和犯罪标准局："警方使用便携式视频装置指南（2007 年）"，载 http://police. homeoffice. gov. uk/news-and-publications/publication/operational-policing/guidance-body-worn-devices? view＝Binary，访问日期：2009 年 2 月 5 日。

[3] 例如，英国内政部、警察和犯罪标准局："警方使用便携式视频装置指南（2007 年）"，载 http://police. homeoffice. gov. uk/news-and-publications/publication/operational-policing/guidance-body-worn-devices? view＝Binary，访问日期：2009 年 2 月 5 日；不列颠哥伦比亚省信息和隐私专员办公室："《公开监视制度隐私指南》（2001 年）"，载 www. oipc. bc. ca/advice/VID-SURV（2006）. pdf，访问日期：2009 年 2 月 5 日。另请注意，秘密监视的实践中也存在实施细则和指导方针，但是它们通常是对立法制度的补充，范例参见英国内政部："《秘密监视细则》实施"，载 http://security. homeoffice. gov. uk/ripa/publication-search/ ripa-cop/ covert-cop? view＝Binary，访问日期：2009 年 2 月 5 日。

[4] 例如，参见《马来西亚 1997 年反腐败法》第 39 条，允许检察官授权进行通信截取；或《加拿大刑法典》第 184 条（2）、2，允许在获得通信的发送人或预定接收人同意的情况下截收通信。另请注意，通常的例外情况是电信人员偶然截取通信，例如《英国 2000 年侦查权规制法》第 3 条（3）。

（二）申请者

在某些司法管辖区，通信截收的授权申请必须首先由一名高级的公职人员（例如总检察长）批准，然后才能向法官申请。[1]在某些国家，也可以向具有特定职责的国家工作人员进行申请。

需要指出的是，与大陆法系相比，普通法系中检察官和执法人员各自的作用大不相同。在普通法系，警察在侦查过程中享有相对自主权，而在大陆法系，情况并非如此。检察官经常在监督侦查工作中发挥主导作用。例如，在许多大陆法系国家，检察官可以授权进行电子监视。[2]相反，在传统的普通法系国家，检察官不能签发令状。

> 美国联邦司法管辖权是这种总趋势的一个例外。从技术上讲，检察官既不签发也不申请令状，执法机关将申请书送交法院审查之前，须经检察官的批准或监督，这是一种普遍的做法。

电子监视申请者在2009年专家组会议上引发了一些辩论的主题。关于检察官应否对电子监视的授权申请进行监督，与会者意见不一。该专家组根据大陆法系和普通法系的经验进行区分，这两个法系在这个问题上显然存在分歧。

一般来说，英美法系国家认为，基于问责制的需要，申请人必须是实施侦查的人（通常是但不必须是警察）。在大陆法系国家，人们认为只有检察官才有权向法官申请授权。鉴于这个问题是两个法系的基础架构之一，并且不太可能发生变更，哪一个制度更优的问题目前尚无定论。关于检察官是否应当具备授权实施电子监视的权力，也出现了类似的分歧。

（三）授权机构

1. 谁授权使用电子证据收集手段？

如果需要签发电子监视的令状，司法管辖区往往倾向于让下列三个机构中的一个来监督和许可实施电子监视。这些机构（没有特定的顺序）是：

---

〔1〕《美国法典》第18编第119章2516条。

〔2〕《斯洛伐克刑事诉讼法》第88条；《德国刑事诉讼法》第100条b（1）；《波兰警察法》第19条a（3）；《马来西亚1997年反腐败法》第39条（1）。

·法官

·检察官

·委员会/专员或其他机构

一些司法管辖区设立了专门的独立委员会或机构来监督政府包括执法机关对电子监视的使用。

> 《澳大利亚昆士兰州 2001 年犯罪和不当行为法》第 324 条允许总督会同行政会议任命一名"公共利益监督员"，以监督监视令和秘密搜查令的申请和使用。它明确规定，警察局或检察院的成员不得担任"公共利益监督员"。

在其他司法管辖区，允许在侦查严重犯罪时实施电子监视是检察官的职权。

> 在波兰，检察官可以授权监视和记录电话交谈的内容，以调查并获得未决诉讼的证据或防止新的罪行行为发生。

2009 年专家组会议讨论了这个问题，即检察官是否可以或是否应该被授权在没有进一步监督的情况下决定允许实施电子监视。

一些与会者表示关切的是，检察机关与侦查的距离可能不够远，无法针对使用监视与主体隐私权的平衡问题作出独立的决定。

2. 经同意秘密收集电子证据

在某些国家，如果通信当事人同意对通话进行录音，就足以允许收集电子证据且该记录可以作为证据。尽管如此，通信的其他当事人可能不知道正在进行录音。这种做法的基本原理是，如果获得一方当事人同意的通话录音不可采，那么法院最终将不会对通信内容进行审理。取而代之的是，当行为人诉诸法院时，法院只能依赖立遗嘱人的记忆来判断他对行为人所说过的话。这种方法的倡议者认为其可以确保法庭得到最准确的证据。

　　根据《加拿大刑法典》第184.2条之规定，如通话当事人同意，私人通话可以被截收。但仍然必须向法官提出授权申请。但是，与任何一方都不同意或都不知道在进行截收通信的情况相比，签发这种类型的授权所要证明的要素较少，法官需要知道：

　　（a）有合理理由相信已经或将要实施的犯罪行为违反本法或任何其他议会法案；以及

　　（b）私人通信的发端人或发端人拟接收的人已同意截收；以及

　　（c）有合理理由相信与（a）项提及的犯罪的有关信息，可通过所要求的截收方式获得。

　　因此，申请的准备工作没有那么复杂，处理程序也没有那么繁重。

　　如果通信的一方同意录音，其他司法管辖区不要求任何形式的授权。这对于卧底特工来说特别有用。

　　在新西兰提出的新立法中，对获得一方同意的自愿对话的录音不需要任何形式的授权。如果进入对话发生地的场所获得了合法的授权，而且该授权涵盖了听取正在录制的事项的权利，则对私人对话的录音也没有任何限制。

（四）通知

　　一些国家要求执行秘密监视之后，必须将此情况通知监视对象。但是这种情况通常有例外，而且不一定包括所有被记录或被观察到的参与相关通信或活动的人，例如非目标家庭和嫌疑人的朋友。

　　同样，《日本通信监听法》规定，在监视完成后30天内必须通知通信监听的对象。如果正在进行的侦查可能因这种通知而受到影响，地区法院法官可延长通知当事人的期限。

《加拿大刑法典》第 196 条规定，在截取活动（或由签发授权的法官确定的其他期限）90 天内，应将截取活动书面通知截取的对象。

如果侦查仍在继续，根据总检察长或部长的申请，可由上级法院的法官批准延长时间。如果对初始犯罪的侦查仍在继续，或者最初的监视发现了不属于首次签发的许可证所记载的其他犯罪的证据，那么可以不予通知。延迟通知的期限不得超过 3 年。

其他国家不要求在进行任何监视时都要发出通知，仅要求该监视违法时发出通知。

（五）申请书的内容

在建立了以许可为基础的法律体系的情况下，通常会对电子监视许可申请书必须包含的内容进行规定。这通常包括以下内容：

· 监视的对象/目标，以及监视设施和地点的概况；

· 监视的必要期间；

· 已经尝试并且失败的侦查手段的概述，或者为什么不能适用这些侦查手段的原因；

· 实施监视的合理性（下文进一步讨论）；

· 令状的签发者。

在新西兰正在施行的新的监视制度中，提出令状申请的方式有口头方式、电子方式或亲自出庭。如果司法官员确信有足够的信息，可以在申请人没有亲自出庭的情况下作出决定，可以不必亲自出庭。

（六）令状的正当性

每个司法管辖区都以不同的术语依次阐明了签发使用电子监视令状的必要条件。一般来说，申请人必须证明，出于国家安全或者预防或者侦查犯罪的目的，电子监视是必要的。

有时为了使用电话监听或通信截收装置，申请人必须证明相关犯罪属于规定的"严重犯罪"类别。各国对"严重犯罪"的定义各不相同。如上所述，根据《联合国打击跨国有组织犯罪公约》的规定，"严重犯罪"系指构成可受到最高刑至少四年的剥夺自由或更严厉处罚的犯罪的行为。《联合国打击跨国有组织犯罪公约》的缔约国应审查其电子监视制度是否符合该公约的规定。

一些国家使用最长监禁期作为衡量"严重犯罪"的基准，其他国家则列出被视为"严重犯罪"的犯罪行为清单。但是，某些罪行几乎普遍存在，其中包括对有关恐怖主义犯罪、叛国罪以及严重暴力犯罪如谋杀和绑架的侦查。对于较轻的犯罪，存在更多差异。例如，在某些情况下，对盗窃和欺诈相关犯罪行为的侦查可能足以要求签发令状。[1]如果该问题影响到该国的经济情况[2]或属于国际互助协议的规定，[3]某些司法管辖区也允许签发电子监视令状。其他司法管辖区规定，只要签发法官认为满足特定条件，就可以签发使用监视设备的令状来侦查任何罪行。[4]

立法通常会明确规定决策者在决定授权使用监视手段进行犯罪侦查时必须考虑的因素。显然，这种申请的依据是有合理的理由相信相关的犯罪已经实施、将要实施或正在实施。[5]其他考虑因素通常包括：

· 监视可能获得的证据的价值[6]
· 是否有其他方法获得所寻求的证据[7]
· 签发许可证是否符合司法机关的最佳利益[8]

申请人认为某一特定严重犯罪将要发生或正在实施，并且其调查需要使用电子监视，必须满足某种合理的标准。

而且有必要使用电子监视进行侦查，必须达到某种合理性标准。申请人

---

〔1〕《德国刑事诉讼法》第100条a；《新西兰1961年犯罪法》第312条B；《美国法典》第18编第119章第2516条。

〔2〕《英国2000年侦查权规制法》第5条；《美国法典》第18编第119章第2516条。

〔3〕《英国2000年侦查权规制法》第5条。

〔4〕《加拿大刑法典》第184.2条（2）（a）及（3）；《澳大利亚新南威尔士州1984年监听设备法》第15~16条。

〔5〕《加拿大刑法典》第487.01条；另请参见《新西兰1961年犯罪法》第312条B；德国《刑事诉讼法》第100条a。

〔6〕《澳大利亚新南威尔士州1984年监听设备法》第16条。

〔7〕《新西兰1961年犯罪法》第312条B和C；另请参见 R v Araujo〔2000〕2 S. C. R. 992，该法规定为了满足《加拿大刑法典》第186条（1）（b）规定的侦查必要性标准，警方必须确定没有其他合理的侦查方法可供适用。

〔8〕《加拿大刑法典》第487.01条。

承担证明其观点符合此标准的责任。[1]支持"合理观点"的证据通常通过以下三种方式提供：书面形式、宣誓形式或书面和宣誓形式。虽然许多司法管辖区没有具体说明书面证据或口头证据必须证明的确切事项，但是其他司法管辖区对书面证据或口头证据要证明的必要内容有相当具体的规定。此外，主审法官有要求提供额外证据的法定权力（如果不是固有的话）。

（七）令状授权事项

1. 范围

令状规定了执法机构使用监视手段的范围。对使用电子监视进行规范的大多数国家制度都规定了相应的令状必须包含的信息，通常在实质上与申请书的要求相同。对于执法部门理解其被授权合法监视的范围来说，这是既合乎逻辑的又必要的。因此，在很大程度上，令状再现了申请书的要求。所以，监视的期间、目标、地点和类型都会记载在申请书和令状当中。在决策者的自由裁量方面，后者与前者存在差异。[2]

> 《澳大利亚 2004 年监视装置法》第 21 条规定，如果首席官员认为，为了获得相关犯罪的证据或地点或犯罪者的身份，不再需要根据令状使用监视装置，则首席官员必须采取措施确保停止使用监视装置。

令状通常会对在特定的地点或物品上安装和取回监视设备作出规定。有时还要求，如果正当化使用监视（因而也包括令状）的情形不复存在，则负责监视的人将有义务停止监视。[3]

一般而言，在严重犯罪侦查中限制使用电子证据监视的原则或政策考虑因素包括：

· 必要性原则：电子证据收集的适用是收集所需证据或信息的必要手段。

· 辅助性原则（最后手段原则）：其他不太具有侵入性的调查或侦查手段不足以收集机密性证据；存在保护所获信息机密性的适当机制，包括并非授

---

〔1〕 这个标准在不同的管辖区域之间会有所不同。

〔2〕 关于监视许可申请书的内容，其典型的条件清单参见第二部分。

〔3〕 《德国刑事诉讼法》第 100 条 b（4）；《美国法典》第 18 章第 119 条第 2510 条（5）；《澳大利亚 2004 年监视装置法》第 21 条。

权或许可对象的第三方的隐私。

·司法控制原则：证据收集过程由法官或具备一定的必要条件和特定标准的其他独立当局进行监督。

·比例原则：对隐私的侵犯与涉嫌犯罪的严重性以及预期获得的证据相称。

如果这些原则在立法中没有（以某种形式或其他形式）得以具体体现的话，有时会被纳入其他规范性文件中，例如实施细则。[1]

> 例如，在危地马拉最近颁布的《监听和其他形式的通信截收技术应用条例》中，限制使用电信截收的原则具体列举如下：
>
> 第3条原则。指导这种特殊手段的原则应是：
>
> （a）必要性原则。必要性原则应被理解为，如果现有的侦查技术揭示了有组织犯罪集团成员在犯罪中使用了《反有组织犯罪法》中所确定的通信方法，就有必要使用截取通信的技术。
>
> （b）保密原则。保密原则应理解为要求该特殊手段的实施只有法律授权的官员才能知道。
>
> （c）司法控制原则。司法控制原则应理解为要求该特殊手段的实施只有法律授权的官员才能知道。
>
> （d）适当性原则。适当性原则应当是指，根据相关犯罪的性质，通信截收将能有效获取背景信息，从而能够避免、中断或揭露有组织犯罪集团成员实施犯罪的情况。

2. 期间

令状对授权使用电子监视的期间通常在立法中有明确的限制。不同司法管辖区对电子监视规定的期间不同，从10日到3个月不等。[2]但是，大多数司法管辖区规定监视期间的制度还规定，如果有必要，可以向最初签发人申

---

〔1〕 例如，参见英国内政部根据《英国2000年侦查权规制法》第71条颁布的《秘密监视实施细则》第2.4至2.5段。

〔2〕《日本通信监听法》（10日）；《德国刑事诉讼法》第100条b（2）（3个月）；《波兰1997年刑事诉讼法》第238条（3个月）；《斯洛伐克刑事诉讼法》第88条（6个月）；《英国2000年侦查权规制法》第9条（标准许可证为3个月）；《澳大利亚2004年监视装置法》第17条（90日）。

请允许延长时间。此外，签发人通常会保留随时撤销令状的权力。

（八）监视数据的使用

对电子监视获得的数据、记录和图像的使用存在限制。如果证据是通过未经许可的监视手段获得的，其可采性就存在问题。相反，根据一般证据规则，如果是根据令状或相关授权合法获取的证据，其通常具有可采性。关于证据可采性的规则在大陆法系国家中起的作用较小，因为作为裁判者的审判法官有充分的自由裁量权，并且他或她可以声称证据是适当的，因为没有陪审团的干扰。

1. 监视数据的使用：被截获的通信

《印度 2004 年非法活动（预防）法〈修正案〉》第 46 条规定，通信截收所收集的证据可以作为对被告不利的证据，条件是被告至少在审判前 10 天内已经收到授权命令的副本。或者，如果无法提前 10 天通知，只要法官确定未能提前 10 天通知并不妨碍诉讼程序，则证据仍然具有可采性。

这种情况可与英国的情况相比较。然而，应该指出的是，英国可能很快就会修改这方面的立法。

相反，在英国，通过通信截收获得的证据在诉讼程序中表面上是不可采的，但有某些例外情况。截收材料主要作为辅助侦查活动的信息。一旦截收材料实现了目的，它就会被销毁。

2. 转录

在第一次专家组会议上，与会者指出辩护律师经常质疑由录音谈话转录而来的证据的准确性。将音频一字不差地转录成文字通常是一项繁琐冗长的工作，通常交由并不必然熟悉案件的职员来完成。必须确保录音的文字记录准确无误，如果转录不准确，辩护律师会对检方案件的合法性进行攻击，这一点很重要。如果要转录的材料是外语的情况下，那么这一点尤其重要。因此，至关重要的一点是，应由与案件密切相关的人员对这种转录情况进行认真监督。

　　西班牙制度完全避免了这种困境，要求所有转录都由法院书记在辩护律师和检方在场的情况下进行。因此，关于转录是否准确性的任何分歧在诉讼的这一阶段予以解决，而不是在审判期间解决。

　　虽然在一些国家，向法院播放的是音频本身，但破译对话的转录本往往被掩盖或几乎听不见。因此，即使音频可以作为证据，关于是否准确转录的冲突也可能继续下去。因此，将音频和音频的转录本提供给事实的裁判者是明智的做法。

　　3. 获得的关于非令状所涉人员或犯罪的信息

　　在获得的令状中，秘密监视是针对 A 的，证据却是从 B 身上获得的，情况就变得更加复杂。在发现令状所记载的犯罪以外的其他犯罪的证据时，也会出现类似的证据问题。至少有一个司法管辖区明确规定，可酌情向其他执法人员披露此类信息，[1]或者在履行执法职责时以其他方式适当使用此类信息。[2]另一司法管辖区允许保留此类信息，只要这是保护国家安全或预防或侦查严重犯罪所必需的。在这一领域，各司法管辖区之间的做法不一致。下面提供了两个相反规定的例子。

　　在加拿大，经授权的电子监视发现了令状中未涉及的犯罪证据时，监视可以不受干扰地继续进行。由此获得的证据被认为是"意外收获的证据"并且是合法的。但是，如果时间超出最初令状的授权而要求延长时间，则必须在随后的申请中提及另外发现的犯罪或嫌疑人。

　　西班牙的做法与加拿大的做法形成鲜明对比。

---

　　〔1〕《美国法典》第 18 编第 119 章第 2517 条。
　　〔2〕《英国 2000 年侦查权规制法》第 15 条（3）及（4）（a）。

在西班牙，如果执行电子证据收集获得了司法授权，随后的监视发现了与最初的授权中无法预期或未提及的其他犯罪有关的信息，则必须停止监视。必须与监督法官联系，以便获得继续收集电子证据和收集其他犯罪有关证据的授权。

4. 保管链

保持通过电子监视所获材料的完整性对于确保其在法庭上可以作为证据采纳是至关重要的。两个专家组会议都提到了这个问题。各国保持证据的完整性的做法略微不同。

关于通信截收，在日本，授权期间的所有谈话都会被记录下来，然后由执行电子监视的人密封。这些材料随后由法官保存，并作为证据使用。

在约旦，通信截收所有录音的原件都送交法院保管，侦查机关只保留副本。

电子监视数据的存储时间长度也很重要，可能影响到公民或监视对象的权利。

在意大利，审判结束时，法官指示检察官如何处理所收集的电子证据。例如，如果已经证明没有发现犯罪行为，计算机就必须予以归还，或者如果在计算机上发现恋童癖的电子证据，那么法官可以命令销毁计算机。

在其他司法管辖区，保留材料的期间取决于其是否与其他正在进行的调查有关，以及被告有权上诉的时间长短。应该注意的是，长期保留材料会引起技术问题，技术很快就会过时，因此播放这种记录所需的媒介就会过时。

（九）报告的要求

通常的做法是需要编制报告，详细说明监视令状的签发和使用，[1]不过这不是普遍的要求。报告主要有两种不同的类型，每一种类型都是作为对执

---

[1]《德国刑事诉讼法》第100条e；《新西兰1961年犯罪法》第312条P；《加拿大刑法典》第195条。

法部门使用监视令状的检查。第一种是向签发法官定期报告或更新电子监视的成功与否，这发生在监视期间。第二种是统计报告，通常是一年一次，往往包括申请、批准和拒绝批准的令状数量的详细信息。

1. 向签发令状的法官报告

许多制度要求被授予令状的执法人员必须向签发令状的法官报告，报告令状所赋予的权力的执行方式以及取得的结果。[1]一些国家要求每隔几天就必须向法官提供电子证据收集进展的最新情况。此外，由于电子监视行动的机密性质，通常在授权进行监视的法官面前口头报告，或者亲自向法官递交书面报告。在第一次专家组会议上，与会者提出这是不必要的麻烦，特别是必须每72小时亲自报告的情况。当报告过于频繁时，这就可能需要灵活一点的处置方式，如每隔几天再进行报告。

> 在印度，被任命签发通信截收授命令的当局可能需要在他或她认为合适的时间间隔内进行定期报告。定期报告应表明对于授权目标已经取得的进展，并且仍然需要继续进行通信截收。

2. 年度报告

其他制度要求提交更普遍的年度报告，其中通常包括申请、批准和拒绝批准的监视设备令状的数量等数据细节。[2]有些司法管辖区要求报告列出因授权的电子监视行为而逮捕的人数或对其提起诉讼的人数。[3]至少有一个国家对各个法官批准和拒绝的许可证的数量要求进行统计。

但是，在第一次专家组会议期间，有人指出这些报告可能描绘出一幅假象。例如，如果报告要求列出当年签发的令状数量相对应的定罪数量，这就会给人一种扭曲的印象。审判期间通常超过一年，而电子证据收集所导致的定罪可能要等到监视工作开展多年之后才会发生。这些报告仍然具有价值，但在解读其内容时应当保持谨慎。

---

〔1〕《新西兰1961年犯罪法》第312条P；《德国刑事诉讼法》第100条e；《西班牙刑事诉讼法》第579条。

〔2〕《加拿大刑法典》第195条。

〔3〕《加拿大刑法典》第195条（2）。

（十）　不遵守的后果

如上文所述，在电子证据收集必须获得授权的司法管辖区内，如果没有获得令状，无论是通信截收还是进行秘密监视通常都是违法行为，特别是在当事人有合理隐私期待时。[1]因此，表面看来，实施这种监视的官员将承担刑事责任。但是，这受到若干例外情况的限制，包括例如已经取得令状[2]或者或官员善意地认为监视已获合法授权。[3]

对实施非法监视的官员很少（如果有的话）追究其刑事责任。相反，在普通法司法管辖区，实施非法监视的最严重后果是所获得的证据在对嫌疑人的诉讼程序中不予采纳。大陆法系国家的情况不一定如此，在这些国家，非法使用电子监视所获得的证据不一定不具有可采性。

非法监视或者非法使用或泄露监视所获得的信息，也可能违反相关隐私法，并可能使机构或个人面临民事诉讼。

> 在丹麦和挪威，电子证据收集是在检察官的监督下实施的。如果检察官未经司法授权就采用电子证据收集方法，这不会导致所获证据不被采纳。相反这将是法官在审判时考虑的一个因素，并因此将影响对所获信息的权衡。尽管如此，检察官实施非法电子证据收集的情形还是非常罕见的。如果并非出于善意引发的错误，它可以导致纪律处分，甚至包括刑事指控。

（十一）　紧急或急迫情况

如果存在执法机关或者有关侦查机关有理由相信存在紧急或急迫情况，并要求立即使用电子证据收集或截获通信的情形，规范性文件通常会对此作出特别规定。与其他监视领域一样，各司法管辖区也没有统一的做法。

如果存在紧急情形，立法通常允许在没有令状的情况下或者由权限较小的官员授权使用秘密监视手段。所谓紧急情形，是指对国家安全、人员或财产构成严重和紧迫威胁的情况，[4]但也可能包括如果不使用监视将有可能遗

---

〔1〕《加拿大刑法典》第184条（1）。

〔2〕如《澳大利亚1979年电信（截取和访问）法》第7条。

〔3〕《加拿大刑法典》第184条（2）。

〔4〕《澳大利亚1979年电信（截取和访问）法》第10条；《澳大利亚2004年监视装置法》第28条；《加拿大刑法典》第184.4条；《美国法典》第18编第119章第2518条（7）。

失有价值的证据的情形。[1]

> 在韩国，如果面临可能造成人员死亡或严重伤害的严重犯罪的紧急威胁，侦查人员可以在没有法院授权的情况下实施电子监视。但是，他/她必须在监视开始后 36 小时内获得使用电子监视的司法授权。

紧急授权的期间有时是有限的，在一些司法管辖区只有几天，而且通常要求在这段时间内采取措施，提出要求签发令状的申请，对于已经实施的监视可以认定具有追溯效力，[2]也可以继续进行任何必要的监视，这将会超过紧急授权许可的期间。

> 在澳大利亚，对人身、财产有重大风险或者有证据灭失风险的，可以签发实施电子监视的紧急授权。对此表示担忧的执法人员可向"适当的授权人员"申请授权。"适当的授权人员"是警察局长或澳大利亚联邦警察局的高级行政官员，这通常是需要获得司法授权的。

四、关于执法中适用电子证据收集的其他原则

(一) 合理隐私期待

如前所述，对公民隐私权的考量和政府的执法安全问题之间存在着明显的、固有的内在矛盾。无论是否需要授权，在决定使用电子监视时，电子证据收集可能会干扰隐私权，这往往是最重要的需要考虑的因素。监视对象通过行使隐私权，试图阻止所获材料被采纳为证据。[3]很显然，如果隐私权已被国内立法特别规定为一项人权，或通过司法解释隐含在各自的宪法或其他

---

[1] 《波兰警察法》第 19 条。

[2] 《美国法典》第 18 编第 19 章第 2518 条 (7)。

[3] 例如，可汗诉联合王国 (申请书 35394/97)，2000 年 5 月 20 日判决 (ECHR)；航特诉索瑟姆公司 (1984 年)，2S. C. R145 (加拿大最高法院)；凯路诉美国，533 U. S. 27 (2001 年) (美国联邦最高法院)。

立法中，那么情况尤其如此。[1]

在这方面，需要注意的是，在过去十年里，各个国家法律改革委员会的有关报告持续认为，在电子监视方面，国家利益与公民的隐私权之间应当保持平衡。[2]因此，从政策角度来看，电子监视和隐私权确实是可以并存的。如果监视发生在公共场所或没有合理隐私期待的情况下，"隐私权"争论更加容易解决。然而，越来越多的人们认为，在传统上被认为属于"私人"的地方之外，合理的隐私权期待也存在。

> 英国内政部最近发布的关于警察使用便携式视频设备（如安装在警察帽子上的设备）的指导原则指出："对处于公共场所的人的录音仅仅只能对当时在场的人公开。因此，那些情形仍被视为存在潜在的隐私。"

（二）欧洲人权法院关于私生活应当受到尊重的权利

欧洲人权法院之所以受到特别关注，因为它是唯一一个全面处理与执法部门电子证据收集有关的隐私权问题的区域法律机构，而且它提供的例子既相关又全面。

《欧洲人权公约》第8条规定，人人有权尊重其私生活和家庭生活、家庭和通信。欧洲人权法院在若干案件的审理中援引了第8条，对刑事审判中通过电子监视所获得的证据的可采性提出了挑战。下面列举两个例子。第一个具体案件是质疑电子证据收集的可采性，第二个案件中，欧洲人权法院对整个行为的合法性提出了挑战，理由是它可能侵犯了尊重私生活的权利。

---

〔1〕《欧洲人权公约》第8条；《英国1998年人权法》第1条；《加拿大人权宪章》第8条；《美国宪法第四修正案》；《西班牙宪法》第18条；《南非宪法》第14条。

〔2〕例如，澳大利亚法律改革委员会《澳大利亚隐私法审查》（2007年）；爱尔兰法律改革委员会《隐私：监视及通信截取报告》（1998年）。

可汗诉联合王国案

在本案中，申请人与一位朋友一起从巴基斯坦前往英国旅行。在英国机场，这位朋友被发现携带海洛因，价值约 100 000 英镑。可汗也接受了询问，他否认与此事有任何关联。可汗没有携带毒品，随后他被释放。可汗随后拜访了一位朋友。在这座住宅里（由于其他无关的原因），警察安装了一个监听装置。随后记录到，可汗在一次谈话中承认他是毒品进口的一方。因此，他被控犯有毒品进口罪。

申请人声称，谈话录音违反了《欧洲人权公约》第 8 条。英国政府不认为监视构成对第 8 条第 1 款的违反，但是认为这符合第 8 条第 2 款的规定。也就是说，他们认为使用秘密监视是合法的，是民主社会预防犯罪所必需的。

欧洲人权法院一致裁定，对申请人私生活权利的干涉是不合法的。在一定程度上，这是因为在所谓的侵入发生之时，英国对于警察使用秘密监视只有指导方针，没有任何法律制度。因此，实施监视没有任何法律可供遵循。

在作出上述判决时英国存在的立法空白已被弥补，但该判决对那些没有秘密监视规则的欧盟管辖区的影响仍然是相关的。如果电子监视不受管制，则可能违反《欧洲人权公约》第 8 条，因此，即使犯罪嫌疑人在地方法院被定罪，检察官和执法机关的工作也有可能遭遇进一步的上诉。此外，《欧洲人权公约》的判决在欧盟之外，还引起了《公民权利及政治权利国际公约》缔约国或将隐私权规定于宪法或法律的国家的共鸣。

欧洲人权法院还审理了至少一个挑战监视立法本身合法性的案件，理由是相关立法允许实施违反《欧洲人权公约》第 8 条的行为。[1] 在该案件中，发现存在违反《欧洲人权公约》第 8 条的情况，需要特别注意的是，法律没有针对秘密监视制度所固有的滥用风险提供充分的保障。

---

〔1〕 2007 年 6 月 28 日欧洲一体化和人权协会和埃基姆季耶夫诉保加利亚案（第 62540/00 号）。

五、其他政策考量

（一）对其他电子监视使用者的规范：私人保安

私人保安公司越来越多地从事本质上属于执法活动的事项，在这种情况下，需要考虑加强对私人调查人员和保安人员的规范。此外，在第一次专家组会议期间，一个监视规范还不太完善的国家简要地提出了这个问题。

一般而言，私人调查人员和保安人员受到单独的监管，这限制了他们从事电子证据收集的能力。在一国内部，私人保安往往通过颁发许可证制度进行管理，在颁发许可证之前必须满足某些标准。许可证将允许进行某些有限和特定的警卫或调查活动。

我们的研究还没有发现一个明确允许私人调查人员秘密截取电信的监管制度。私营保安公司可能能够在当事人对隐私没有合理期待的情况下使用其他形式的秘密的电子证据收集手段，如窃听器或视频监控设备。保护个人数据的立法也包括考虑私人侦探或调查人员在这方面的作用和影响，这并不罕见。[1]

（二）对不断变化的技术的使用进行规范

对执法部门（和其他部门）使用监视的规定频繁进行变革，并且还要接受频繁的审查，部分原因是技术的迅速发展和对国内政策问题的回应。

举例来说，一些最近完成的和正在进行的对监视规范的正式审查列举如下：

·新西兰。2007年6月，新西兰法律委员会发布了关于"搜查和监视权力"的报告，建议对新西兰的监视法规进行根本性改革。迄今为止，在新西兰唯一受到规制的监视活动是警察截取通信以及警察和海关使用追踪装置。这就给执法部门开展刑事侦查带来了不确定性。[2]

·澳大利亚。2007年9月，澳大利亚法律改革委员会发表了题为"对澳大利亚隐私法的审查"的报告，其中包括考虑通信截取立法。

·维多利亚法律改革委员会目前正在审查关于在公共场所使用监视的规定。

---

〔1〕 范例请参见《意大利个人数据保护法》第 XI 编第 135 条。
〔2〕 新西兰法律委员会《搜查和监视权力》（2007年）第25~26页。

·美国。2007年10月2日，美国国会能源和商业委员会宣布对无证监听进行调查。[1]

·南非。南非法律改革委员会对隐私和数据保护的调查已进入最后阶段。该委员会在2005年底发布的讨论文件中建议加强对数据保护的监管。[2]

> 新西兰新提议的立法提出了一项剩余令状制度，该制度是为了应对新的监视技术。因此，如果预计在刑事侦查中使用某种新技术进行监视，侦查人员可申请允许使用该技术的许可证，尽管法律没有事先预见到该特定装置或功能。这避免了因未获得授权，新证据被认为不可采信的情形，因为缺乏授权仅仅只是因为立法中没有预见到被使用的技术。

现在的监视装置往往具有多种功能，因此，国家机关不得不制定规范来应对多功能装置，甚至去应对尚未存在的设备或监视功能。

六、其他挑战

（一）资源限制

电子证据收集必定是一项成本高昂的工作。它需要能够进行监视的技术，而且技术必须经常更新以确保其有效性。此外，它需要足够的人力进行监视或通信截取和处理所获得的信息。收集的材料往往数量很多，可能需要几名官员花费很长时间才能完成。因此，资源压力很大，这往往可能成为阻碍调查机构和执法部门开展此类调查的原因。

（二）训练

在2009年专家组会议上，一些与会者强调，执法机关缺乏专业训练在很大程度上严重妨碍了他们从事电子证据收集工作的能力。此外，检察官和法官并不总是了解实施电子监视的最新技术进展。

---

[1] 美国国会能源和商业委员会："委员会对无证监听进行公开调查"，载 http://energycommerce.house.gov/Press_110/110nr98.shtml，访问日期：2009年2月5日。

[2] 南非法律改革委员会："第109号讨论文件：隐私和数据保护"，载 www.doj.gov.za/salrc/dpapers.htm，访问日期：2009年2月5日。

欧盟委员会认识到，区域性司法培训是欧盟的一项新的重要任务，尤其是在促进成员国之间的司法协助方面。欧盟委员会致欧洲议会和理事会的来文指出：

"一系列实质性的立法已经获得通过，必须由司法从业人员开始付诸实践，由于相互承认原则主要建立在成员国司法系统之间高度互信的基础上，伴随着该原则的发展，这就意味着现在的重大问题是司法培训。"

参与管理公开电子监视的调查人员应当接受有关公开电子监视的法律、规章和操作程序的培训。同时，如果要使用或者可能会使用此类证据，建议对参与案件办理的检察官和法官等其他官员也要进行培训。

（三）技术挑战

不可避免的是，监管总是在追赶技术的发展。而且，侦查人员掌握技术进步的步伐往往并不能总是赶在犯罪分子的前面。资源匮乏严重限制了侦查机关获得和使用高科技监视设备和技术的能力。

专家组会议尤其是 2007 年举行的会议讨论了目前执法人员和侦查人员在电子证据收集方面面临的一些技术挑战。下文列出了所提出的一些问题，这些问题显著表明了这种调查的日益复杂性。

1. 携号转网及漫游

携号转网意味着消费者可以更换电信服务供应商而不需要更改电话号码。另外，手机可以在不同的电信服务提供商的网络之间漫游。这可能使侦查人员难以确定通过哪个服务提供者来截收通信，反过来可能导致侦查延误，从而有可能无法获得重要证据。

2. 电子邮件、聊天和网络语音协议

电子邮件、聊天和网络语音协议传输引发了特殊的技术和法律挑战。网络语音的截取可以进行同步监控。然而，这有可能无意中记录或监测到可能享有法律特权的材料。如果材料是享有法律特权的，它不仅有可能成为不可采的证据，而且它还可能使在侦查中适用同样的技术收集的其他证据面临质疑。

由于犯罪嫌疑人在咖啡馆、机场和其他免费提供无线互联网服务的地区使用无线互联网热点使得对计算机信息的截获或监控也变得复杂。此外，合法的计算机软件包可能造成技术障碍。现在消费者可以获取一系列隐私保护和病毒防护软件。因为该软件旨在保护个人计算机免受攻击，所以它可以干扰基于计算机的电子证据收集。

3. 预付费移动电话和网吧

2007 年召开的专家组会议的与会者指出，涉嫌参与有组织犯罪的人使用预付费移动电话使追踪和截取通信变得困难，甚至几乎不可能。同样，在网吧里使用网络语音协议技术可以防止通信被轻易截取。

> 在意大利，每个购买手机（无论是预付费的还是计划中的）的人，以及每个使用网吧的人都必须向经营者提供身份证明。经营者必须对所有这些采购物品进行登记。意大利警方与一家电信服务供应商达成协议使他们能够即时查阅电话持有者的登记情况。其他欧洲国家已经表示，他们可能很快就会效仿这种做法。

4. 电信服务提供商

电信服务提供商在通信截取方面发挥着重要作用。首次专家组会议的与会者表示，虽然电信服务提供商总体上是合作的，但是如果合作不具有商业优势或者没有实际的商业优势时，有时他们就不愿意遵守合作原则。一些国家通过颁布立法来处理这一问题，不仅要求电信服务提供商确保其网络能够兼容警方的截取要求，而且不论费用多少，都必须要遵守执法机构或有关当局提出的任何协助请求。

> 在加拿大和法国，除非电信服务提供商获得报酬，否则执法部门与电信服务提供商的合作就会存在困难。在加拿大，一些电信服务提供商对电信进行加密或编码，以至于即使通信被截获也无法破译。对于允许访问纯粹通信的请求，服务提供商要求支付巨额美元，在某些情况下严重阻碍了侦查的立即开展。

2007 年专家组会议的一些参会者主张，当电信服务供应商根据许可或授权采取任何行动时，他们应当的责任应当被豁免。另一些人则对包括检察官和执法人员在内的任何一方享有法律豁免的观点表示反对，因为所有各方都应当对其行为负责。持后一种观点的人指出，如果截取是合法的，同时是根据许可证进行的，那么对他们的起诉在任何情况下都不会获得成功。

一些与会者发现，对技术支助人员的培训不足，可能妨碍刑事调查。在需要他们提供信息的情况下，电信服务提供商往往不确定他们可以向警察提供什么。因此一些与会者发现，对电信服务提供商的工作人员缺乏足够的培训，这可能会妨碍刑事侦查。如果要求他们提供信息，电信服务提供商通常不能确定什么才是他们可以合法向警方提供的信息。因此，电信服务供应商的合作程度可能会因为工作人员（正确或错误地）认为他们是否能够被允许披露信息或者被允许开展电子证据收集工作而存在差异。因此，建议加强对有关电信工作人员的培训，以便更好地促进侦查的顺利进行。

1994 年，美国颁布了《执法通信协助法》，对《美国法典》进行了修订。它明确规定了电信服务提供商在通信截取方面与执法机构合作并协助执法的义务。电信服务提供商的职责之一是有义务确保设备和服务的安装、设计或改装具有必要的监视能力。它要求电信公司被要求协助执法时，应当及时协助执法部门。

该法还设立了"司法部电信运营商合规基金"，用于向电信服务提供商和制造商支付费用，以协助支付遵守该法的费用。

---

5. 跟踪

跟踪设备产生了另一系列的技术挑战。这些设备严重依赖电力供应，因此它们的使用受制于它们的电源（通常是电池）所能维持的范围。同样的，在移动电话中使用内置全球定位系统（GPS）跟踪犯罪嫌疑人时，定位会耗尽移动电话电池的电量。

在规范跟踪设备时，有一点很重要，立法者不仅要考虑到可由当局秘密安装在物体上面或物体内部的跟踪设备的使用，而且还要考虑到在物体中已经存在的技术的使用，例如在汽车和移动电话中的全球定位系统。也就是说，任何授权制度都应当预先考虑让执法部门使用已经存在于犯罪嫌疑人手中的跟踪设备。

七、征求意见

本文件描述了在当前侦查严重犯罪和有组织犯罪方面电子证据收集面临的一些实践和挑战。其目的是在这一日益复杂的领域给成员国以帮助。欢迎对这份文件提出意见，这将大有裨益。此外，感谢已经收到的来自各司法管辖区的相关法律、指南和培训材料。